Dueck's Jahrmarkt der Futuristik

Gunter Dueck

# Dueck's Jahrmarkt der Futuristik

Gesammelte Kultkolumnen

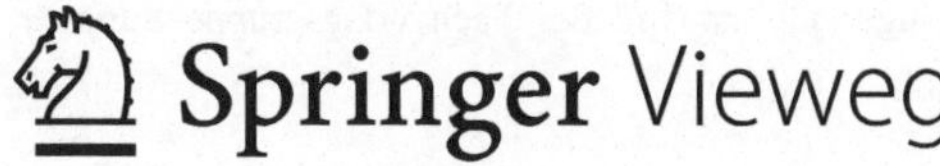

Gunter Dueck
Neckargemünd
Deutschland
www.omnisophie.com

ISBN 978-3-642-55370-7          ISBN 978-3-642-55371-4 (eBook)
DOI 10.1007/978-3-642-55371-4

Die Deutsche Nationalbibliothek verzeichnet diese Publikation in der Deutschen Nationalbibliografie; detaillierte bibliografische Daten sind im Internet über http://dnb.d-nb.de abrufbar.

Springer Vieweg


Springer Vieweg ist eine Marke von Springer DE. Springer DE ist Teil der Fachverlagsgruppe Springer Science+Business Media
www.springer-vieweg.de

# Einleitung: Lauter Kolumnen, alle Beta!

Seit 1999 schreibe ich alle zwei Monate die so genannte beta-inside Kolumne im Journal *Informatik-Spektrum*. Diese Publikation ist die Mitgliederzeitschrift der *Gesellschaft für Informatik (GI)*. Sie erscheint im Springer-Verlag und erscheint unter dem „Motto":

*Alpha! Alpha-Versionen sind Hochglanzprospekte und Außenerklärungen, Imagebroschüren und im Großen und Ganzen prächtiger Schein. Meine Kolumne aber ist gnadenlos Beta! Real! Kritisch! Mit Leidenschaft und Herzblut geschrieben! Es kommen entsprechend viele Ausrufezeichen darin vor!*

Die Kolumnen von 1999 bis 2001 erschienen in einem Sammelband *Die beta-inside Galaxie* im Springer-Verlag. Weitere Jahrgänge, von 2001 bis 2007, finden Sie in dem dicken Buch *Dueck's Panopticon*. Mit diesem Band liegt die dritte Staffel vor, sie umfasst Kolumnen von 2007 bis 2013.

Die Kolumnen enthalten alle meine wirkliche Meinung – ich bemühe mich, die Wahrheit wie ein Arzt zu sehen und zu kommunizieren. Ganz nüchtern will ich die Lage erklären. Keine Beschönigungen – keine sinnlosen Hoffnungsübungen.

Mir war das selbst nie so richtig klar. Ich regte mich neulich einmal etwas auf, weil man mich „polarisierend" genannt hatte. Das bin ich doch nicht! Dachte ich selbst. Da sprach aber mein Gegenüber die ewigen Worte: „Sie haben mit Ihren Kolumnen seit 1999 bestimmt überhaupt jedem Leser mindestens einmal auf die Füße getreten oder ihm den Kopf gewaschen, das vergessen sie Ihnen nicht. Da können ihnen als Leser alle anderen Kolumnen aus der Seele sprechen – diese *eine* aber bleibt wirlich haften."

Hmmh, dabei bin ich doch trotz aller Schärfe immer noch sanft gewesen? Habe die Wahrheit ein bisschen in Stories und Satire verkleidet? Hermann Engesser sagt doch immer, ich schriebe „mäandernd"? Ja, ja, manchmal bin ich etwas böse, wenn Sie nicht „mitgehen" wollen, zum Beispiel wenn ich das Ende ganzer Dienstleistungsbranchen vorhersage (wozu die Universitäten gehören und die Informatiker ganz speziell), wenn ich vor Raubbau an Mitarbeitern warne (das Burnout-Problem haben wir ja nun) und mich vor der Verarmung Deutschlands fürchte (die beginnt jetzt schon). Ich habe all das immer gepredigt und darunter gelitten, dass Sie mich als „Hofnarr" abhaken wollten oder sich eben auf die Füße getreten fühlen. Ich habe (das sagte ich schon im Vorwort des vorigen Bandes) nach Psychotests die zweifelhafte Gabe „to see the end from the beginning", und oft wiederhole ich im Leben wie Werner Enke im Film *Zur Sache, Schätzchen* diesen einen kultigen Satz: „Es wird böse enden." Das fühle ich oft und versuche, zum vorfreudigen Aufbruch in die Zukunft aufzufordern.

Seit einigen Jahren treibt mich das Thema „Industrialisierung der Dienstleistungsgesellschaft" und das Erfordernis höherer und ganz anderer Bildung um (neben dem Wissen die heute auch nötige „Persönlichkeit"). Viele Wirtschaftsbranchen müssen sich ganz neu orientieren (Verlage, Handel, Finanzkonzerne), auch IT Konzerne wie Microsoft, Nokia, Blackberry, Hp, IBM, Dell etc. etc. werden durch das aufkommende Cloud Computing durcheinandergewirbelt. Produkthersteller werden sich wegen des 3D-Drucks neu formieren müssen, das Internet der Dinge kommt und die Informatiker werden mehr und mehr zu „Ingenieuren", weil das Neue nicht mehr nur „kaufmännisches ERP" und „Big Data" ist, sondern echte Steuerung von komplexen Anlagen und Maschinen erfordert. Diese neue Zeit ist sicher ein Segen, weil Deutschland „in Sachen Ingenieur" weltweit führend ist – sie ist absolut kein Fluch, aber die Freude sehe ich in Ihnen so selten!

Das wäre es! Wenn ich in Ihnen Vorfreude erzeugen könnte – aber ich erwische Sie immer wieder, dass Sie nicht Abschied nehmen wollen…

Und nun zu den einzelnen Kolumnen.

Ich gebe Ihnen hier vorab kurze Abstracts aller Beiträge, dann können Sie besser wählen, was Sie zuerst interessiert. Im letzten Band hatte ich vorab meine Lieblingskolumne genannt (das ist „My Deer"). In diesem Band ist es „OpenEmpowerment".

**Life Alienation Syndrome:** Es geht hier um Eifersucht. Beim bekannten Parental Alienation Syndrome sind geschiedene Elternteile eifersüchtig, wenn das gemeinsame Kind noch den anderen liebt. So sind Familien eifersüchtig, wenn der Hauptverdiener zu viel arbeitet. Der Arbeitgeber wiederum schaut argwöhnisch auf das Privatleben der Leistungsträger. Der Tagesgeschäftsmanager mag keine Kundengefälligkeiten auf Kosten des Gewinns usw. Wenn jemand in dieser Weise eifersüchtog ist, macht er das, worauf er eifersüchtig ist, gnadenlos madig. Er entfremdet mit System. Ich möchte aufzeigen, dass das, was eigentlich nur in Scheidungsfamilien psychologisch zum Thema gemacht wird, ein ganz weit verbreitetes Übel darstellt.

**Didaktik für Profs und Mathetik für Studis:** Meine damaligen Leiden, die Professoren im Studium zu verstehen, erlebte ich in meinen Kindern neu. Die Lehre ist schlecht wie damals, die Studenten lernen unprofessionell und auf sich gestellt. Der Stoff ist nach 30 Jahren kaum verändert – mitten in einer Technologie- und Managementrevolution. Ich rege mich auf. Wenn ich diese Kolumne heute, wieder ein paar Jahre später lese – da kratze ich mich am Kopf. Ich war ganz schön mutig, so etwas zu schreiben, und ich habe bestimmt vielen auf den Fuß getreten. Aber bitte: es stimmt doch so!

**Das Momentum eines Projektes:** Damit ein Projekt gelingt, muss es in Schwung kommen und in Schwung gehalten werden. Meist denkt man, es brauche nur Geld. Wer Geld hat, wird mit dem Projekt Erfolg haben! Na, einen Berliner Flughafen bekommt man nicht so einfach aus Geld gebaut. Es gilt, die Mittel – von denen Geld nur eines ist – in Energie zu verwandeln, die das Projekt treibt, und alle erzeugten Energien sollten dem Ziel zustreben, mit Momentum!

**Geisteswissenschaft und Informatik:** Computervirtuosen werden neudeutsch auch TECHies genannt, und nur für diese Kolumne habe ich die Geisteswissenschafter analog ARTies getauft und dann die getrennten Welten der beiden verschiedenen Spezies kommentiert. Computer machen manchmal dumm, dann enthält das Internet doch wieder das Wissen der Welt, Informatik unterstützt die Forschung, aber sie industrialisiert einst geachtete Arbeitsplätze zu bloßen Call-Center-Jobs mit Mindestlohn herunter. Beide Seiten, die Techies und die Arties, sollten beide Aspekte desselben immer vor Augen haben.

**Der Turing-Mensch und Phasic Instinct:** Diese Kolumne habe ich zur Zeit des Erscheinens meines Buches *Abschied vom Homo Oeconomicus* geschrieben, das ich selbst gerne mit *Phasic Instinct* getitelet hätte. Die Hauptthese, ganz kurz: In langen Aufschwung- und Abschwungphasen der Wirtschaft bilden sich dazu passende Weltanschauungen heraus, die immer dann komplett wechseln, wenn Abschwung in Aufschwung übergeht oder umgekehrt. In einem Abschwung wird optimiert, gestresst und rationalisiert, Wettbewerb und Darwinismus werden heilig gehalten, Mitarbeiter sind bedauerliche Kostenblöcke etc. Im Aufschwung sind die Mitarbeiter die Seele des Unternehmens, sie wollen sich im Team und in der Gemeinschaft entwickeln, müssen freudig im Flow arbeiten, die Zukunft und die Innovation stehen im Vordergrund. Es gibt also verschiedene Gesamtzustände der Menschheit! Da die bisherigen Wirtschaftstheorien das nie berücksichtigten, sind sie alle falsch. Das klingt jetzt ein bisschen überheblich von mir, aber der Harvard Business Review hat das in seiner Rezension des Buches auch so anerkannt – und das Buch wurde als eines von zehn für den Wirtschaftsbuchpreis des Handelsblattes nominiert.

**Bluepedia:** Nach den Erfolgen der Wikipedia, die damals noch negativ mit dem Brockhaus und Duden verglichen wurde und nicht so kritiklos dastand wie heute, wollte ich gerne eine IBM interne Wikipedia aufbauen. Das gab Widerstände! „Darf dann jeder im Intranet unserer Firma reinschreiben, was er will?" – „Ja, schon", sagte ich. Was danach passierte, können Sie hier lesen. Es ist der Status von 2007. Bluepedia ist heute längst weltweit implementiert und selbstverständlich geworden. Es gab dafür auch einen „Corporate Innovation Award". Ich habe die Kolumne darüber ein bisschen in die Metaebene gehoben und daraus ein kleines Lehrstück über Innovation an sich gemacht.

**Sport – dank Technologie?** Meine kurze Auseinandersetzung mit dem Sport – die Technologie ist für den Sport gut oder schlecht, die extremen Belohnungen für die Sieger reizen dazu, „Dark Science" einzusetzen…

**Mathe-Gier gepaart mit Tunnelblick:** Die mathematische Optimierung sucht eine beste Lösung unter vielen, die dann Optimum genannt wird. Im Optimum ist mindestens eine Ressource komplett verbraucht, sonst ginge es ja noch besser. Mathematische Lösungen sind deshalb oft extrem, sie gehen genau an die Grenze. Banken setzen zum Beispiel ihr Eigenkapital bis an jede Grenze ein und brechen unter Umständen zusammen, wenn sie Verlust machen – denn dann sinkt das Eigenkapital und damit die Grenze erlaubter Kredite. Sie müssen folglich die Kredite zurückschrauben, machen mehr Verlust – Teufelsspirale. Diese Kolumne ist in etwa Anfang Juli 2008 geschrieben worden, also noch vor der großen Krise, die im September mit der Pleite von Lehmann erst so richtig begann. Ich wollte sagen: Mathematische Optima bergen oft Risiken, weil sie keine Reserven halten oder „Robustheit des Ganzen" fast nie als Nebenbedingung stellen.

**Projekte, Strukturen und Herzblutenergie:** Projekte scheitern sehr oft an starren Strukturen und an ausufernden Meetings. Herzblut fehlt! Oft kreieren Projekte leblose Prozesse. Es ist wie bei Frankenstein: Berater kaufen Fleisch, Augen, Knochen und Sehnen. Dann bauen sie eine Leiche zusammen, sie liegt nun endlich als Monster („neuer Geschäftsprozess") auf dem Tisch. Dann sagen die Berater zu ihrem Kunden: „Nun müssen Sie diesen Prozess nur noch zum Leben bringen." Heute versuchen es alle mit „agil sein"…

**Culture Technologies – dreimal mehr in Herz und Kopf:** Ich beginne mit dieser Kolumne, bzw. eigentlich mit einer Rede vor der damaligen Ministerin Schavan, das Ende der Kreidezeit in den Schulen zu fordern. In Anlehnung an die damals gerade beginnende weltweite Kampagne „The Smarter Planet" der IBM möchte ich einen „Brighter Planet". Ich plädiere dafür, neue Bildungstechnologien zu entwickeln und Deutschland zum Exporteur von „Culture Technologies" aufzubauen.

**Dynamische Infrastrukturen:** Dieser Begriff wurde bis 2008/2009 für flexible „atmende" IT-Strukturen verwendet. Man sah damals allergrößtes Potential darin, alles zu „virtualisieren" und ins Netz zu verlegen, besonders den Speicherplatz. Ich wurde zu Weihnachten 2008 bei der IBM zum Leiter dieses neuen Wachstumsfeldes ernannt. Fast der gesamte CeBIT-Auftritt der IBM rankte sich im März 2009 um „DI". Ich musste mich damals über Weihnachten blitzschnell einarbeiten und schrieb diesen Artikel noch vor der CeBIT. Wenn Sie diese Kolumne lesen, dann bitte auch gleich die darauf folgende.

**Cloud – über die Wolke des IT-Himmels:** Während der CeBIT diskutierte ich mit höchstrangigen IBM Managern aus den USA, ob die Kunden denn so genau wüssten, was „Dynamische Infrastrukturen" wären. Es wäre schwer zu erklären. Sie dächten darüber nach, das ganze Geschäftsgebiet anders zu benennen. Genau zur CeBIT 2009 kam der Name Cloud auf. Wir fanden ihn zuerst nicht so gut wie DI. Was soll Cloud? Ich war natürlich besorgt, die Definitionen zu ändern, weil ich dann meine ganze Umsatzbuchführung auf den Kopf gestellt sah (das ist übrigens sehr oft ein wichtiger Grund im Leben, lieber nichts zu verändern!). Ich schrieb aber gleich zur CeBIT schon einmal diese Kolumne. Über Cloud. Sie erschien im Juni 2009 (ich muss immer etwa drei Monate vorher „liefern"). Im August 2009 meldete Gartner, „Cloud sei auf dem Höhepunkt der Hypekurve" angekommen. So schnell verändert sich die IT!

**Zukunftsausschau:** Ich zitiere aus der Kolumne selbst: „Im Rahmen des BMBF-Foresight-Prozesses 2008 habe ich einmal in die Zukunft schauen sollen. In einem kleinen Team (Amina Beyer-Kutzner vom BMBF, Volker Wiedemer vom BMBF/VDE/VDI, Kerstin Goluchowicz von der TU Berlin) sind diese Gedanken wieder und wieder fruchtbar diskutiert worden. Wir nannten sie ‚Zukunftsskizzen' und verteilten sie in Englisch und in Deutsch als kleines Heftchen auf dem Internationalen Workshop ‚From Foresight to Innovation – Bridging the Gap'". Diese Kolumne enthält die Ergebnisse längeren Nachdenkens. Alles fügte sich später zu meinem Buch *Aufbrechen* zusammen. Zum Buch selbst schrieb ich eine eigene Kolumne – weiter hinten in diesem Band!

**Blitzkarriere:** Diese Kolumne bespricht gar garstige Theorien, die ich in meinem damals erschienenen neuen Buch *Direktkarriere* vom Zaum gebrochen hatte. Es handelt sich um einen sarkastischen Ratgeber, wie man es durch meine neue Lehre „Neurotic Leadership Programming (NLP)" fertigbringt, ohne jede Arbeit befördert zu werden, indem man zu dem gegebenen Managementjob genau passende Neurosen vorspielt. Ich nahm eine echte wissenschaftliche Studien zur Grundlage, die herausfand, dass hohe Business-Bosse in puncto Zwanghaftigkeit, Hysterie, Narzissmus usw. höhere Neurosenmesswerte aufweisen als Neurotiker solcher Störungen, die deswegen in Anstalten verwahrt werden. Interessant, nicht wahr? Ich leitete daraus einen „ernst" gehaltenen Ratgeber ab, der natürlich eine Satire ist, aber das merken Sie vielleicht nicht, wenn Sie alles lesen. Schauen Sie sich spaßeshalber die Rezensionen bei Amazon an, da schimpfen solche Leute, die diese Kolumne dazu nicht kennen. Manche meiner Chefs bei IBM hatten das Buch leider auch erst anders verstanden und mir das „sehr nachdrücklich gesagt".

**Das Erhabene, die Sterne und die Informatik:** Diese Kolumne ist ein Beitrag zu einem Astronomie-Sonderheft. Astronomie ist so faszinierend! Ich habe eine spezielle Beziehung zu ihr, weil meine Frau im Max-Planck-Institut für Astronomie in Heidelberg arbeitet. Dort kommen so viele Besucher vorbei! Besucht jemand noch Informatiker? Ich vergleiche die verschiedene Art der Begeisterung für die beiden Fächer und plädiere für den Aufbau einer erhabenen Vision für die Informatik der Zukunft.

**Das Zahlenwahlspiel, die Finanzkrise und mein Geduldigkeitsproblem:** Ich stelle hier ein Spiel dar, mit dem die Ökonomen seit Jahren experimentieren. Man gewinnt das Spiel, wenn man weiß, wie viel Schlaue, Überschlaue und Überüberschlaue es gibt. Es ist wichtig, den Grad der „Dummheit" zu kennen. Ich zeige, dass es etwas mit dem Vorausahnen mehrerer Züge am Finanzmarkt zu tun hat.

**Internet – aber viel mehr davon bitte!** Dies schrieb ich im Januar 2010 – es gab Gerüchte über ein iSlate (wie Schiefertafel) von Apple. Endlich! Das Internet kommt wieder ein bisschen einfacher zu uns! Ich schrieb über neue Services. Ich zitiere aus dieser Kolumne: „Die Tafel funktioniert auch als Navi über GPS. Das wird bald wahr! Ich werde Bücher darin lesen, Zeitungen blättern, die REWE-Sonderangebote studieren, ob es Cola-Light-Kisten für Johannes billiger gibt. Ich habe meine Mails per LotusLive aus dem Netz da, inklusive Messenger, ich kann per Flatrate beliebig Musik hören und Fernsehen, alle Filme zu jeder Zeit. Die Tafel funktioniert als Kamera und als Bildtelefon – alles geht damit." Das iSlate hieß dann in Wirklichkeit iPad und erschien am 3. April 2010. Heute kann es alles, was ich mir damals wünschte! Steve Balmer, Chef von Microsoft, hat meine Kolumne damals bestimmt nicht gelesen. Oder doch, und er hat gelacht? Und Nokia? Und Blackberry? Und Dell und HP? War es nicht sonnenklar, wie alle kommen würde?

**Shift happens oder AUFBRECHEN:** Anfang 2010 erschien mein Buch *Aufbrechen*, von dem einige Grundzüge in der Kolumne besprochen werden. Ich zeige auf, dass alles rund um das Internet zu einer Industrialisierung der Dienstleistungen führt. Die geht so weit, dass ziemlich viel Einfaches nicht mehr Gegenstand eines Berufes ist (und damit bezahlt wird), sondern vom einstigen Kunden nun selbst erledigt wird. Zum Beispiel brauchen wir kaum noch zur Bank! Wir kaufen im Netz und finden durch Googeln, wo wir uns sonst hätten beraten lassen (Gesundheit, Recht). Unsere Gesellschaft, so folgere ich, muss sich „upgraden" und neue Berufe und Industriezweige aufbauen, die „der Computer nicht selbst kann". Warum packen wir nicht an, warum brechen wir nicht auf? Mit selbstfahrenden Autos, 3D-Druck oder synthetischer Biologie?

**Leichenpredigt zu Lebzeiten:** Eine Fortsetzung zur vorigen Kolumne. Ich klage, dass wir eben nicht aufbrechen, sondern die Industrialisierung der Dienstleistungen als „Kostenoptimierung" sogar noch aktiv bis überaus aggressiv vorantreiben und damit (weil wir nichts Neues aufbauen) einige Wirtschaftsbranchen in den Untergang treiben. Heute (2014) werde ich oft gefragt, was denn die Printmedien, die Verlage, die Banken etc. tun sollten, um wieder gute Gewinne zu machen. Sie alle haben das Internet zehn Jahre wahrgenommen oder als neumodisch registriert. Aber erst jetzt (!) wird der Wandel durch das Internet *ernst genommen*! Ich zeige in meinen Vorträgen ab und an ein Bild eines Hundertzehnjährigen, der ein frisch geborenes Baby in den Händen hält und sagt: „Du sollst später einmal für meinen Unterhalt sorgen." Ich will sagen: Innovationen müssen zeitig betrieben werden. So viele verschlafen den Wandel, und viele davon merken es nicht, weil sie ja nicht wieder aufwachen.

**Lebensabschnittstheorien:** Die Informatik hat ihre Kinderjahre hinter sich. Sie ist erwachsen geworden. Ich selbst forschte in der Nachrichtentechnik (Kryptographie, Codierung, Netze). Die ist nun überall „drin", die Infomatik auch. Ist es nicht Zeit für eine neue Vision? So wie Industriezweige heranreifen und wieder in anderen aufgehen, so verändern sich auch Wissenschaften – genauso langsam. Wohin? Sollten wir nicht einmal nachdenken und etwas Neues wollen, wirklich wollen?

**Mein Zwitterleben – real und digirreal:** Eine wüste Satire über die grassierende Unsitte, seine Zeit mit Telefonkonferenzen zu verschwenden. Wenn Sie heute einen Manager bitten, ein Problem zu lösen, denkt er nicht etwa selbst nach – nein. Er sagt: „Wir müssen uns zusammensetzen." Und dann streiten wieder drei oder vier Leute am Telefon und zwanzig hören zu. Viele haben gelernt, während der Telefonsitzungen anderes zu erledigen. Sie steigern bei eBay und tätigen Bankgeschäfte, antworten auf Mails oder chatten paarweise über die schreckliche Konferenz. Es ist furchtbar. Bestimmt stellt man das danach fest: Die Kommunikation ist nicht gut gewesen (weil die meisten ja nicht zugehört haben). Deshalb, so finden die Manager, wäre es sicherlich besser, man würde noch mehr Telefonkonferenzen abhalten.

**Automotivierte IT:** Diese Kolumne schrieb ich Ende 2010 und forderte neues Denken rund um Autos. Es zeichnte sich damals schon ein Trend zum Carsharing ab. Die echte Idee, nur selbstfahrende Autos zuzulassen und private zu verbieten – und damit einen Großteil der benötigten Autos, der Parkhäuser und Tank-/Aufladeinfrastrukturen einzusparen, propagierte ich erst später, als ich über Googles mögliche Pläne nachdachte…

**Neurotisierende Optimierung:** Diese Kolumne schließt an eine frühere hier im Band an („Mathe-Gier"). Ich zeige, dass bei zu starker Optimierung „alles ganz verrückt" wird. Woran erkennt man das Überzogene? Wenn Menschen sehr oft „Hör auf" rufen. Das tun sie beim Sparwahn oder bei Putzteufeln… In der Wirtschaft wird Lean Management bis zum Wahnsinn betrieben – weil es falsch verstanden wird.

**Cloudwirbel:** Ich komme nochmals auf Cloud Computing zurück, diesmal Anfang 2011, also zwei Jahre nach dem Hype-Höhepunkt Mitte 2009. Jetzt – 2011 – gibt es schon Cloudlösungen, und es zeichnet sich ab, dass das Cloud Computing zu einer gigantischen Industrialisierung der IT führen wird. Heute (2014) hat die IBM ihr Intel-Server-Business an Lenovo verkauft, die Hardwareumsätze brechen ein. Die Serverhersteller stehen an einem Scheidepunkt. Sie alle haben gemeinsam Cloud Computing in den Himmel gehoben, aber nicht bedacht, dass man eben wirklich weniger Server braucht, wenn man sie in der Cloud gemeinsam benutzt – so, wie man viel weniger Autos braucht, wenn alle zu Carsharing übergehen. Vom Verkaufsschlager Cloud zum Kulturschock Cloud. Sie können vielleicht beim Lesen fühlen, worunter ich schon damals litt – an dem, was heute passieren würde. Weinender Prophet an den Ufern Babylons.

**Kooperation, Frauen und die F-Quote:** Heute wird immer härter um eine Quote von Frauen in Schlüsselpositionen gerungen. Warum sind da so wenige Frauen? Sind etwa die bösen Männer dagegen? Ich versuche eine finale Antwort. Nach psychologischen Tests sind Frauen mehr kooperativ gestimmt und Männer mehr kompetitiv. Diese Unterschiede (die es unzweifelhaft statistisch gibt) bedeuten aber, dass im Durchschnitt Männer und Frauen ganz verschiedene, ja gegensätzliche Wirtschaftsauffassungen haben. Wer „Mehr Frauen!" will, sollte sich dann auch „Mehr Kooperation!" auf die Fahnen schreiben etc. DAS ist das Problem! Die Männer sind gar nicht „gegen die Frauen", sondern gegen deren kooperativen „weiche" Auffassungen. Und deshalb werden Frauen nicht so oft befördert – es sei denn, sie haben typisch männlich kompetitive „harte" Weltsichten.

**Professionelle Intelligenz:** Nachdem ich im Buch *Aufbrechen* vor der zu starken Industrialisierung der Wirtschaft gewarnt und einen neuen Aufbruch gefordert hatte, schrieb ich ein Folgebuch zum Menschen, der ja der Industrialisierung als Person nur entgehen kann, wenn er sich höher bildet. Heute geht es in den Berufen nicht nur bloß darum, Experte zu sein, man muss auch verhandeln, anleiten, lehren, verkaufen und managen können. In einem Wort: Wir brauchen Professionals. Der Mensch hat viele Intelligenzen, die normale, die emotionale, die kreative etc., diese alle müssen wir nun aktivieren lernen. Die Schule aber füllt uns nur mit Wissen ab (aktiviert nur den „IQ"). Alles andere – das Verkaufen, Managen, Kommunizieren – kommt im Bildungssystem kaum vor, ist aber entscheidend wichtig ab Tag 1 unserer Berufstätigkeit. In dieser Kolumne finden sie eine Zusammenfassung meines Buches *Professionelle Intelligenz.*

**OpenEmpowerment:** Ich setze die vorhergehende Kolumne fort. Die Wissensgesellschaft braucht einen neuen Menschen. Erziehung und Bildung müssen sich darauf neu ausrichten. Menschen werden nicht nur gebildet und ausgebildet, sondern auch „empowert". Die heutigen Statistiken zeigen, dass Kinder mit Eltern aus der Wissensgesellschaft dramatisch bessere Chancen im Leben haben als die „anderen". Menschen aus bildungsfernen Schichten schaffen ja auch das Abitur, aber sie werden eben nach alter Sitte nach den alten Kopfnoten der Zeugnisse erzogen (Betragen, Fleiß, Mitarbeit, Ordnung). Die öffentliche Diskussion sieht nicht, dass wir unter einem neuen Menschenbild erziehen müssen, sie vergleicht nur voller Neid die Kinder von Reichen mit Kindern von Armen. Das ist nicht der Punkt. Es gibt „Empowerte Kinder" und andere. Wenn man das so sieht, hat man sofort einen Plan, die Erziehung und die Bildung neu zu konzipieren. Ich blase hier einmal dafür ins Horn.

**Shuhari und zu viel Shu im Kopf:** Shu-Ha-Ri sind drei Stufen des Lernens und Könnens in der japanischen Kampfkunst. Der Lehrling lernt und übt lange, lange Zeit alle Handgriffe hundert Prozent nach Vorschrift („Shu"). Danach versucht er, die Handgriffe zu variieren, um flexibler zu werden. Er übt, mit Überraschungen umzugehen und langsam seinen eigenen Stil zu finden („Ha"). Der Meister aber kennt keine Regel mehr, er hat sich von ihnen ganz gelöst („Ri"). Ich ziehe in der Kolumne Parallelen: Die derzeitige Industrialisierung und Prozessorientierung zwingt uns, alles 100 % nach Vorschrift zu erledigen! Das ist Stufe „Shu". Darf ein Bankberater einen eigenen Stil entwickeln und „abweichen"? Wird es noch Meister geben?

**Untrolle in Meetings und im Leben:** Im Internet gibt es bekanntlich Trolle, die absichtlich mit polarisierenden Kommentaren die Gemeinschaft stören. Auf Veganerportalen schwärmen sie von Fleisch, in Frauengruppen diskutieren sie über das „kleinere Gehirn". So verursachen sie einen Aufschrei und zerstören die Diskussionen der Gruppe. Ich fand, ich müsste einmal auf eine andere Sorte von Zerstörern hinweisen, die Untrolle. Das sind Menschen, die faktisch wie Trolle wirken, es aber nicht absichtlich sind. Die sind doch viel gefährlicher? Ich zähle viele Arten auf. Da ist derjenige, der drei Viertel der Sitzungszeit mit dem Streiten über eine schwach unrichtige Passage im zu genehmigenden Protokoll verbraucht und andere wahnsinnig macht, da sind wieder andere Leute, die auf einer einzigen Zahl herumreiten, dann…

**Genial daneben – die totale Evaluation:** Vor vielen Jahren wütete ich einmal in einer Kolumne gegen die zu starke Evaluation in der Wissenschaft („Du gleichst dem Geist, den du evaluieren kannst, nicht mir!", im Sammelband *Panopticon*). Studenten werden nur noch als Credit Points erfasst, Wissenschaftler schielen auf Impact. Aus dem ursprünglichen Interesse für Wissenschaft wird eine Sucht nach Punkten aller Art. Ich setze hier meine Kritik fort. Alles, was ich je schwarz an die Wand malte, kam doch so! Und es wird noch schlimmer! Die Wissenschaft selbst wird „mittelmäßig", wenn sie nur noch in Punktelisten gewürdigt wird. Aber nichts geschieht, keiner protestiert – ich fühle mich allein. Denn die Besten finden es gut, wenn sie viele Punkte und Boni bekommen und die

Mittelmäßigen haben zu wenige Punkte oder Impakt, um gegen das System glaubwürdig opponieren zu können. Da denke ich doch: Die Besten tragen die Schuld an dem, was nun noch kommt.

**Über phatische Kommunikation, das Netzwerken und Wenigkanalmenschen:** Phatische Kommunikation betreibt nur die Aurechterhaltung eines Kontaktes, es werden keine Inhalte gesendet. Regelmäßiges „Guten Morgen!", ist schon so etwas oder der häufige Blick des Babys zur Mutter: „Bist du da?" Heute wird das Netzwerken als absolut notwendig in den Himmel gehoben, aber die phatische Kommunikation ist kein Thema. Zum Beispiel wird das triviale Kommentieren auf Facebook absolut herabgewürdigt: „Lauter Banales!" Ja, Facebook ist oft so banal wie „Guten Tag", es hält den Kontakt, jedes Like tut das auch. Das Wesen der phatischen Kommunikation wird gar nicht gesehen. Ich versuche, deren Wert herauszuarbeiten. Es gibt seit kurzem ein kleines eBook von mir dazu: *Verständigung im Turm zu Babel.*

**Auf der Suche nach gesundem Menschenverstand:** Die Prozessorientierung der Welt ist auch dank Informatik so weit fortgeschritten, dass jede Ausnahme, die im Prozess nicht geregelt ist, zu einer Leidenstour durch wirre Instanzen gerät. Ausnahmen sind schrecklich! Deshalb vermeidet sie jeder, so gut er kann. Sogar ein Arzt könnte versucht sein, lieber eine normale Diagnose zu stellen als eine außergewöhnliche, weil er dann eine Prozessausnahme am Hals hat und Begründungen schreiben muss. Kein gesunder Menschenverstand mehr! Keine Flexibilität! Nur Konformität und ein häufiges Gefühl von Sinnverlust. Muss das sein, dem Prozess zuliebe?

**Warnung vor Lustlosigkeit auf Identitätssuche:** Der neue Mensch der Wissenschaftgesellschaft wird eine „Persönlichkeit 2.0" haben, die Unternehmen bekommen ganz neue Profile, das Menschenbild wird sich verändern. Arbeiten wir aber nun an einer Vision? Ich sehe nur lustloses Anpassen. Unternehmen auf Facebook? „Wir stellen einen Werkstudenten ein, der aufpasst, dass nichts Kritisches passiert." Neues Bildungsideal? „Wir kehren im nächsten Jahrzehnt wieder zum ganz alten G9 zurück." Ich warne wieder einmal.

**Wildes Wunschkind Innovation:** Eine Kolumne zu einem Buch von mir: *Das Neue und seine Feinde.* Die Unternehmen wünschen sich Innovation wie ein neues Kind, aber es soll bitte nicht wild sein, sondern brav angepasst, und es soll durchschlafen. Innovation ist aber neu, überraschend, laut und fordernd! Innovation ist „hysterisch", also auf Abenteuer und Neues aus – keine Langeweile! Sie erschreckt in Unternehmen das zwanghafte Prinzip (Angst, dass sich etwas ändert). Sie stört das Prozess-Immunsystem des Unternehmens, das jede Ausnahme bekämpft…

**Bluepedia und die möglichen Folgen:** Ich stelle mir im Internet neue Wissenssammlungen vor! Da steht dereinst nicht nur, was Keuchhusten ist, sondern der Arzt oder Medizinstudent findet 100 Husten-Hörproben von Patienten, damit er lernt, wie es sich anhört. Die Wikipedia und die IBM Bluepedia (hierüber im Band eine eigene Kolumne) sind erst ein Anfang. Ich gründete damals eine Software-Wikipedia, die nun etwa 1000 Einträge hat. Inzwischen (2014) ziehen wir eine Plattform hoch, in der Sie Musiknoten finden können, programmiert im LilyPond-Format…

**Vorstellungsbilder rund um die Informatik:** Welchen Platz hat eine Wissenschaft in der Welt? Welchen Stellenwert? Kernphysik stand einmal im Zentrum, dann Psychologie oder Management, jetzt Informatik. Wie ändern sich Vorstellungen? Sollte man nicht die Richtung einer Wissenschaft ändern, wenn sich die Welt verändert? Speziell: Sollte man die Informatik mehr der Welt öffnen, wo doch nun alle ein Tablet und Smartphone haben?

**Kopfwäsche durch Android:** Die Internetrevolution führt überall zu neuen Infrastrukturen. Die müssen in Deutschland natürlich erst am besten DIN-vernormt verabschiedet werden. Überall tagen Ausschüsse – ohne schnellen Fortschritt. Was tut man, wenn man neue Produkte hat und die Plattformen dafür noch fehlen? Faktisch wird eben das kostenlose Betriebssystem Android eingesetzt, in Kameras, Kaffeemaschinen, Waschmaschinen, Autos und so weiter. Bis sich ganz Deutschland etwas garantiert Bestes ausgedacht hat, ist Android überall drin. Dann können die Deutschen wieder schimpfen, dass sie von den Amerikanern abhängig sein müssen!

**Grenzkontrolle im Kopf:** Die USA hören, so hört man immer mehr, alles ab. Alles. „Alles, was Sie am Telefon je sagten und im Internet je hinterließen, ist Teil der Anklage." Beginnen wir bald, unsere Worte zu wählen, als sei die NSA wie Gott immer bei uns? Ich diskutiere die verschiedenen Sichten Europas und der USA. Ist Sicherheit des Ganzen wichtiger als die geschützte Privatsphäre? Ja, und geht es überhaupt um Sicherheit? Ich glaube immer stärker, dass die Abhörpraktiken eigentlich den Auftakt zu einer Aufrüstungsspirale für kommende Cyber-Wars bilden. Die nächsten Kriege werden doch nicht mit Panzern geführt?!

**Wahlen im Internet-Neuland:** Meine Gedanken zu den Rededuellen der Schlüsselkontrahenten vor Wahlen. Da geben sie hundert Mal geübte Antworten und krümmen sich unter der Dauerbeobachtung im Netz…

**Gegen Mesakommunikation und Ethnozentrismus:** Metakommunikation ist bemüht, das gegenseitige Verhältnis übergreifend und transparent zu klären: „Wie gehen wir ab jetzt miteinander um?" Meta ist griechisch „daüber hinaus". Mesa ist griechisch „innen". Ich wende mich gegen Mesakommunikation, die einfach nur das eigene Innen kennt, also borniert die eigenen Standpunkte vertritt, ohne das Außen eines Gedankens zu würdigen. Diese Haltung führt bei Gruppen zu Ethnozentrismus, der die Regeln, die Kultur und die Vorstellungen der eigenen Welt verabsolutiert.

# Inhaltsverzeichnis

# Kapitel 1
# Life Alienation Syndrome

Ich arbeite gerne am Sonntag. Da habe ich Ruhe. Leider mobbt mich meine Familie. Sie sagen, es gäbe noch ein Leben neben der Arbeit. Das mag sein. Aber ich finde nicht, dass sie mir die Arbeit versauern dürfen, die schon schwer genug ist. Das Gemecker meiner Familie am Wochenende führt tendenziell zu einer schlechteren Arbeitsleistung und gefährdet unsere Existenz.

## Entfremdungssyndrome

Kennen Sie das Stockholm-Syndrom? Die Bezeichnung geht auf einen in den Medien breit ausgeschlachteten Entführungsfall in Schweden zurück (August 1973). Die Geiseln fürchteten sich entsetzlich vor der Polizei, weil diese gewaltsam zu stürmen drohte. Sie begannen, mit ihren Entführern zu kooperieren. Die Geiseln sahen die Verbrecher positiver als die Retter an, die draußen ihretwegen alles in Bewegung setzten. Sie fühlten, dass sie als Geiseln der Besitz der Verbrecher waren. Besitz aber wird man doch gut behandeln? Nach der Entführung besuchten die ehemaligen Geiseln damals die Verbrecher sogar im Gefängnis und baten für sie um Gnade.

Kennen Sie das Parental Alienation Syndrome? PAS? Die Eltern eines Kindes lassen sich scheiden. Das Kind lebt bei dem einen Elternteil und ist nur ab und zu an einem Wochenende mit dem anderen Elternteil zusammen. Das Kind hat beide Elternteile sehr, sehr lieb. Nach einschlägigen Statistiken aber haben nur noch wenige Kinder länger als ein Jahr mit dem entfernten Elternteil Kontakt. Sie entfremden sich. Zuerst spielen viele Kinder eine Doppelrolle. Sie freuen sich heimlich auf das Wochenende mit dem „Vater" (der ist es meistens) und verbringen ein wundervolles Wochenende. Dann kehren sie äußerlich gelangweilt nach Hause zurück. „Kind, war es schön?" – „Ach ja, es muss sein, er ist ja mein Vater." – „Was muss sein?" – „Er wollte ins Kino, aber nicht in den Film, den ich eigentlich wollte." – „Willst du denn überhaupt noch mit ihm zusammen sein?" – „Ach, lass es noch eine Zeit lang. Ab und zu ist er ja auch nett. Er war ja auch dein Mann." – „Erinnere mich bitte nicht daran! Bitte! Verdammt!" Die meisten Kinder spielen diese Doppelrolle einige Monate lang und sind dann mehr und mehr mental überfordert. Dann entfremden sie sich dem Außen und nehmen langsam Abschied. Wenn Elternteile diese Entfremdung aktiv einleiten und betreiben, machen sie sich eines Psycho-Verbrechens schuldig. In Frankreich wird das absichtliche Entfremden wie Kindesmissbrauch bestraft. In Deutschland ist es vielleicht normal? Oder geduldet?

G. Dueck, *Dueck's Jahrmarkt der Futuristik,*
DOI 10.1007/978-3-642-55371-4_1, © Springer-Verlag Berlin Heidelberg 2014

Diese Syndrome haben dies gemeinsam: Da ist etwas draußen, was wunderschön ist und geliebt wird. Aber es steht in Konflikt zu dem, was die augenblickliche Situation dauerhaft beherrscht. Die Geiseln haben Angst, dass sie bei ihrer Rettung Schaden nehmen. Die Kinder haben Angst, den Halt bei dem für sie jetzt lebenswichtigeren Elternteil zu verlieren. Sie verleugnen die Außenwelt, um in den jetzt herrschenden Zuständen der Welt klarzukommen, in die sie hineingeraten sind. Sie lieben den Entführer oder sie hassen das Außenelternteil. Sie identifizieren sich mit der kleinen Welt um sie herum und verleugnen die da draußen. So schön sie auch ist oder sein mag.


## Das Life Alienation Syndrome

Sehen Sie das Allgemeine in diesem Besonderen?

Dieses Allgemeine möchte ich mit Ihnen zuerst an Ihrem ganzen Leben diskutieren, das klingt natürlich sehr großartig und philosophisch. Sie mögen seufzen oder die Achseln zucken, weil das Leben nun einmal nie wirklich Zuckerschlecken ist, wenn man nicht finster entschlossen ist, es so anzusehen. Sie als Leser haben mit großer Sicherheit auch nicht meine Höchstwerte in naivem Optimismus, die ich bei einer klinischen Studie in differentieller Psychologie an der Uni Heidelberg erzielt habe. Wahrscheinlich habe ich die Wissenschaft stark verändert, weil sie mich in der Zufallsstichprobe hatten. Sie schrieben mir, ich hätte den höchsten Rang in naivem Optimismus, was aber statistisch mein Leben nicht besser machen würde! Ich würde es nur (ganz falsch) so empfinden! Nun liegt die Latte der Wissenschaft auf ewig auf meiner Höhe, bis sie jemanden finden, der noch optimistischer ist.

Vor vielen Jahren war ich Manager im Wissenschaftszentrum der IBM in Heidelberg. Mein Büro im zweiten Stock lag direkt am Fahrstuhl. Sehr kommunikativ! Also, eines Tages, es mochte gegen 18 Uhr gewesen sein, da hörte ich, wie jemand einem anderen die Treppe hinunter nachrief: „Glückwunsch! Nimmst du heute einen halben Tag Urlaub?" Da bin ich echt böse geworden und habe diesen Nachruf im Abteilungsmeeting „gedisst", weil es mir „gemobbt" schien. (Beide Wörter gab es damals noch nicht.) Die Abteilung meinte aber eher, ich sollte einmal ausschlafen, es wäre doch nur Spaß gewesen. Meinetwegen! Ich habe es nie wieder gehört, ich war wegen meiner kleinen Kinder auch nicht oft so spät da.

Gut! Es war Spaß! Was aber fühlen Sie heute, wenn Ihnen der Chef um 18 Uhr nachwinkt: „Ich wünsche Ihnen einen wunderschönen langen Feierabend! Gibt es etwas zu feiern?"

So wird in Sie das LAS, das *Life Alienation Syndrome*, hineingeätzt. So beginnt es.

Die Firmen der IT ächzen unter Problemen. Ja, früher, da war ein Boom mit Gehaltserhöhungen! Da waren Überstunden ein Spaß. Der ist heute vorbei. Der Spaß ist in Indien und China. 2003 warnte ich hier an dieser Stelle vor der Billig(intellig)enzfalle, da warfen Sie mir in Briefen schwarzen Humor vor, aber es war kein Spaß! Heute wandert unsere Arbeit voll akzeptiert aus – auch Sie haben es inzwischen defätistisch und ohne Gegenwehr hingenommen, wenn Sie nicht gerade an der Uni sind, wo alles erst ein paar Jahre später auswandert. Wir melden uns nicht mehr krank, wir arbeiten uns krank. „Arbeitet 24 h am Tag! Und für den Rest eurer Zeit empfehlen wir Anti-Stress-Training und Sport und vor allem naiven Optimismus, der bei Einzelmenschen ungeheuerlich hohe Werte annehmen kann! Und vergesst nicht, Kinder mit niedrigem $CO_2$ Ausstoß zu erzeugen. Ein gutes Klima bei der Arbeit ist alles!"

Wir arbeiten alle ein bisschen unter Angst. Früher traf es nur Untüchtige, heute trifft es Tausende. Wer im falschen Werk arbeitet, ist dran – Maestro, Alleskönner oder nicht – ganz egal. Heuschreckenschwärme drohen und wollen immer mehr Arbeitnehmersonderausschüttungen. Obwohl wir gegen das Gesamtklima wehrlos sind, schuften wir, als läge es in unserer Hand allein. Wir schenken unseren Firmen ungezählte Überstunden.

Da draußen liegt unser geliebtes Leben. Das Wetter wird jedes Jahr schöner. Die Sonne scheint.

Wir arbeiten hinter Jalousien, weil wir sonst auf dem Laptop nichts sehen. Ja, wir verbringen noch die Wochenenden zu Hause. Dort verleben wir wunderschöne Stunden, aber wir beginnen mit dem Lügen wie die entfremdeten Kinder. Wir jubeln nicht mehr über rauschende Grillfeste. Unsere Chefs sagen bei den immer selteneren Betriebsfeiern: „Denken Sie daran, dass dieser Tag ein Heidengeld kostet. Trotzdem, wir investieren es gerne in Sie. Wir lieben Sie. Aber Sie müssen auch verstehen, dass wir das Investment wiedersehen wollen – als Gewinn! Genießen Sie also diese Feier ganz befreit heiter ohne weiteren Hintergedanken und vergelten Sie es morgen der Firma mit Nochmehrleistung." (Ich halte viele Reden – überall. Ich höre es!).

Wir beginnen, immer ein wenig mehr zu schweigen. Wir reden ununterbrochen davon, wie hart die Arbeit ist und dass wir sie ohne den Zeitpuffer am Wochenende nicht schaffen. Wir verbergen das Private. Wir laden uns ostentativ vor den Augen aller Kollegen Mehrarbeit für die Nacht und das Wochenende auf. „Chef, das kann ich noch am Wochenende schaffen." Wir schreiben absichtlich alle paar Stunden über das Wochenende verteilt kleine Mails. „Schaust Du mal kurz, wie hoch der Umsatz bei XX ist? Ich mache gerade die Powerpoints fertig und hoffe, dass Du jetzt am Sonntag schon aufgestanden bist." Wir rufen denen, die nicht sofort beim Frühstück antworten, am Montag im Abteilungsmeeting zu: „Schade, dass du gestern nicht sofort antworten konntest." Der Kollege könnte sagen: „Sonntag hab ich die Mail nicht an. Ich war bei einem Weinfest!" Das tut er nicht, weil der Chef unterbrechen würde: „Angesichts unserer schlechten Zahlen ist unser Meeting ein Weinfest. Die Zahlen sind übrigens immer schlecht, weil die Erwartungen zu hoch sind. Gute Zahlen verderben die Moral."

Das alles führt zum LAS. Wie das Kind den entfernten „Vater" langsam verleugnet, so schämen wir uns langsam, wenn wir ungetrübte Lebensfreude genießen. Das entfremdete Kind sagt: „Vater hatte kaum Zeit für mich, das Wochenende war nicht so schön." Wir sagen: „Am Wochenende hatte ich endlich genug Ruhe, meine eigentliche Arbeit zu machen, weil es zum Glück noch nicht politisch korrekt ist, mich zu Hause bei der Arbeit unaufhörlich anzurufen und zu drängeln." Oder: „Ich wollte eigentlich am Wochenende entspannen und mich erholen. Ich stehe unter viel zu starkem Stress und leide. Ich habe Schuppen in den Haaren und der Rücken ist verzogen. Ich kann einfach nicht mehr abspannen. Ich vergesse die Arbeit nicht. Da habe ich versucht, am Wochenende noch einen Haufen wegzuschaffen, damit ich davon ruhiger werde. Am Sonntagabend ging es mir wieder besser, ich habe passabel geschlafen, obwohl mir klar war, dass andere Kollegen eventuell gar nicht schlafen. Ich bin biologisch leider benachteiligt, weil ich mindestens sechs Stunden schlafen muss, um zu funktionieren. Das wirft mich genetisch hinter anderen zurück."

Das Kind vergisst den „Vater" (weit weg) und liebt die „Mutter" nur „allein" (nahe dran).

Die Geisel vergisst die Polizei (100 m weit weg) und „liebt" den Geiselnehmer immer dann, wenn er ein kleines Zeichen gibt – „So, jetzt nach zwei Tagen können wieder zwei kurz auf die Toilette gehen, weil die Polizei Zugeständnisse macht".

Wir vergessen das Leben und „lieben" die Arbeit. Wir „lieben" auch den Chef, denn er hat die Macht. Wenn er nur alle paar Monate ein Zeichen gibt, dass alles in Ordnung ist! Wehe, er schweigt – das bedeutet Gefahr! Irgendwie sind wir doch sein Besitz, oder? Da wird er uns doch nicht verkommen lassen, denn wir müssen für ihn ein wertvolles Gut sein? Er hat ja nur uns? Was tut er ohne uns?

Solche Vorgänge sind unter Erwachsenen wirklich normal. Auch das absichtliche Entfremden der Mitglieder eines Systems durch ein System ist keine Straftat. Warum auch? Wir sind alle erwachsene Menschen und wir haben die volle Freiheit zum Leben und zur Freude. Wenn wir uns dem Leben entfremden und ganz mit der Arbeit identifizieren, so ist es unsere ureigene Entscheidung.

Ist sie das? Ja? Gefallen uns diese Gedanken?

Wenn wir uns eingestehen würden, die Arbeit besitze uns, so wäre dieser maximale Kontrollverlust von uns mental nicht zu ertragen. Es ist besser, wir erklären die eigene Aufopferung als freie Entscheidung eines frei bestimmten Willens zur Leistung und zum Erfolg.

Liebe Leute: Wir sind wirklich frei! Denken Sie doch einmal – jetzt – ein bisschen – an Ihr Leben? An die denglische Work-Life-Balance?

So. Das war der erste Teil für meine Leser „aus der Industrie". Jetzt zu Ihnen „an der Universität".

## Basic Research Alienation Syndrome

Wenn ich auf die leisen und lauten Töne der Wissenschaftler höre, so sehnen sie sich nach nichts so sehr wie nach der völligen Freiheit der Forschung bei einem auskömmlichen Festgehalt, das nicht üppig sein muss. Freiheit der Forschung bedeutet die Möglichkeit, sich ganz ungeteilt diesem einen einzigen Gegenstand des brennenden Interesses hinzugeben. Keine Sorgen, kein Ärger, keine Nörgler. Auf den Konferenzen sind die wahren wenigen Freunde in dieser Welt, die sich dem genau gleichen Forschungsgegenstand innig widmen.

Nun aber hat sich die Macht der Forschung angenommen. Sie will Rechtfertigung für die Kosten der Forschung. Die Forschung kann großartig sein, Furore machen – am besten aber sie ist „nützlich" und bringt idealerweise sofort Geld ein. In den ersten Jahren der Kontrolle durch die Macht wurde die Forschung zum Beweise gezwungen, dass sie ein gutes Investment in die Zukunft wäre. Heute wird immer stärker sogar darauf geachtet, ob sie ein Business ist, also Gewinn in echtem Geld bringt. Unter dieser im Großen und Ganzen unerfüllbaren Forderung stöhnt sie immer lauter und bald defätistisch leiser. Denn die neuen Forscher kennen das Wort „Grundlagenforschung" bald von Geburt an schon als eine Art Schimpfwort für Kunst und Firlefanz.

„Hier bin ich Forscher! Hier darf ich's sein!", so träumen wir. Für Wissenschaftler ist das frei bestimmte Schaffen so etwas wie ein Wochenende beim „Vater" für das beim nahen Elternteil aufwachsende Kind. Auf diese reine Freude des Wissenschaftlers ist das Überwachungssystem eifersüchtig. Es fragt: „Wozu? Wozu?" – „Was bringt es denn?" – „Wie schnell kommt das Geld zurück?"

Da draußen also ist die Sonne der Forschungsfreiheit, wirklich und wahrhaft zu neuen Erkenntnissen zu kommen. Das ist der ferne Teil unserer Eltern, der im Streit ausgezogen ist. Manchmal, am Wochenende, forschen wir frei vor uns hin, weil es noch nicht ethisch ist, uns am Wochenende auch zur Arbeit zu zwingen. „Ich hatte einmal am Sonntag im Wald freie Gedanken und wundervolle Ideen. Ich werde heimlich ein Paper verfassen. Mein Leben enthält noch Glück." Und wieder am Arbeitsplatz nehmen wir die Attitüden der Macht an und formulieren Nutzen und Zukunftsfähigkeit, Wachstum und inhaltsfrei Großartigkeit in Forschungsanträge für junge Leute, die Programme abarbeiten und mit Doktortiteln belohnt werden. Sie selbst schrieben schon oft als LeserInnen früherer Kolumnen: „In Wirklichkeit gibt es keine Forschung mehr." Die Macht ist eifersüchtig auf freie Ideen, die nicht sofortigen Nutzen erbringen. Deshalb haben wir sie noch eine Zeit lang heimlich – und irgendwann entsagen wir.

Nach einem Jahr Leben bei einem Elternteil haben die Kinder den anderen Ehepartner meist schon vergessen. Bei Wissenschaftlern kann es gut und gerne fünf Jahre dauern, bis sie die Freude der Erkenntnis vergessen und nur noch Freude über genehmigte Drittmittel empfinden. Diese Freude, den Umsatz zu steigern und Geldmittel für das weitere Arbeiten zu erhalten, wandelt uns langsam. Wir beginnen, das Nahe zu lieben: den Nutzen und das Entwickeln. Wir beginnen, das Ferne zu vergessen: die Erkenntnis und das Forschen.

Manchmal muss ich etwas lächeln, wie Menschen mit den Augen rollen, wenn sie das erste Mal eine naiv aussehende Idee hören. Manager runzeln die Stirn und grummeln: „Unbezahlbar." IBM Techies schauen verklärt nach oben und meinen so etwas wie: „Das geht in dieser Architektur nicht." Mathematiker schauen vage und immer trüber: „Ich sehe keine Chance, das jemals beweisen zu können." Oder: „Die Idee ist noch zu verschwommen, sie muss konkret sein, um sich Erkenntnis nennen zu dürfen." Und die heute der Erkenntnis Entfremdeten schütteln traurig den Kopf: „Interessant – ohne Frage. Aber diese Idee passt nicht in die Fördermittellandschaft, auch nicht zum Förderschwerpunkt der DFG. Ich sehe keinen Topf, aus dem diese Idee finanziert werden könnte. Leider ist die Idee zu interdisziplinär, so dass sie nicht von einem einzigen Unternehmen finanziert würde. Ach nein, diese Idee passt viel zu wenig in eine von der Macht definierte zulässige Schublade. Eine Idee, die nicht in eine Schublade passt, findet keinen Geldtopf."

Wenn aber die Idee nützlich ist, dann leuchten die Augen! „Mama" wird glücklich sein!

Das ist die Entfremdung.

## Innovation Alienation Syndrome

Jetzt komme ich gleich in Gefahr, die Kolumne zu lang hinzuziehen. Ich denke, Sie haben das Vorstellungsbild eines Alienation Syndrome jetzt schon mehrfach verstanden?

Das reicht aber nicht. Sie müssen schon nach dem Verstehen der Idee nach und nach alle Syndrome erkennen, unter denen wir insgesamt in Mehrzahl leiden. Alle „funktionieren" nach dem gleichen Prinzip. Es gibt eine nahe Macht und eine ferne. Die beiden Mächte regieren verschiedene Denk- oder Lebensbereiche. Die nahe Macht ist eifersüchtig auch auf nur verbale positive Äußerungen zu Ideen und Prinzipien der fernen Macht. Deshalb schweigen wir in der Gegenwart der nahen Macht über die ferne. Wenn wir lange genug schweigen, denken wir nicht mehr daran. Wir beginnen, das gern zu haben, was nahe ist.

Nie mehr: „Das Wochenende mit Papa war schön."

Nie mehr: „Habe am Wochenende nicht eine Sekunde an die Arbeit gedacht!"

Nie mehr: „Ich habe eine Erkenntnis gewonnen, die in sich wertvoll ist."

Wer Geld verdienen muss und nicht gerade Produkte anbietet, die aus den Händen gerissen werden, begeht fast immer den Fehler, die Produkte dann eben billiger anzubieten. Das ist viel leichter, als sie so gut zu kreieren, dass sie eben wie Semmeln weggehen. Wer aber mit Überstunden zu niedrig bezahlte Entwicklung an der Universität produziert, hat einfach keine Zeit für Innovation.

Nie mehr: „Ich weiß, das Projekt ist im Verzug, aber ich habe eine geniale Idee, wie wir das Ganze ungeheuerlich besser machen könnten. Hört mal zu …"

Denn: „Hör auf! Ich will nicht zuhören. Der Termin steht über allem. In time, in budget, mehr ist nicht wichtig. Keine Abschweifungen, keine Extras für den Kunden, die er nicht bezahlt. Wir sind im Verzug und der Kunde ist böse. Was wird er uns anschreien, wenn wir jetzt kommen und sagen: Es wird noch mehr Verzug geben, weil wir eine neue geniale Idee haben. Es kostet auch mehr. Lassen Sie uns verhandeln. Kurz und knapp: Bist du verrückt geworden, eine Idee zu haben?"

Die Entfremdung entfernt uns von allem, wovon nicht begeistert gesprochen werden darf.

## Kunden-Entfremdungssyndrom

„Ich habe dem Kunden den Reifenwechsel umsonst gegeben, weil er länger warten musste. Jetzt war er trotz dieser ärgerlichen Verschiebung wirklich zufrieden." – „Der Kunde im Call-Center wollte eigentlich nur wissen, ob er seine vier Aktien noch behalten sollte. Das ist schwer zu sagen, weil die Depotgebühr für den kleinen Posten prozentual sehr hoch ist, aber der Kunde war emotional doch sehr dran gebunden, weil er dort mal gearbeitet hat. Er hat sich sehr für das Gespräch bedankt." – „Die Operation dauert nicht lang, einfach glatt absägen. Er verliert seine Arbeit, aus heiterem Himmel. Wir haben ihn vor der OP erstmal zwei Stunden getröstet, er drohte seelisch auseinander zu fallen. Seine Frau ist auch arbeitslos."

Die Macht sagt: „Sind wir ein Unternehmen oder eine Sozialstation? Was ist der Sinn des Ganzen? Gewinn machen. Nichts sonst. Das geht nur, wenn der Kunde die Leistung, die wir liefern, zu dem Preis akzeptiert, den wir fordern. Alles Mehr und Drumherum bedeutet Kosten. Ich will hier keine Kosten sehen!"

Nie mehr: „Der Kunde war so glücklich, Chef, weil ich viel mehr für ihn getan habe als ich muss."

Im Radio war vor ein paar Tagen der Bericht über einen Landpostboten aus Frankreich, der mit dem Rad vereinzelte Bauernhöfe abklappern muss. Er bringt den Alten oft ein Baguette mit oder ihre Medizin. Die ganze Gegend ist ihm unendlich dankbar. Er wurde bei einem Empfang der Landgemeinde hoch geehrt – ich weiß nicht mehr wie – sagen wir, er wurde Ehrenbürger der Gemeinde. Das stand in der Presse und die Post war sprachlos und leitete ein Disziplinarverfahren ein. Er verstieß ja offenbar notorisch gegen seine Dienstpflichten. Eine Entlassung stand im Raum. Die Gemeinde war empört. – Wie es weiterging, habe ich nie erfahren. Die Macht hat aber gesprochen. Das wird in weitem Umkreis für Jahre ausreichen. Vorsicht! Kunde! Distanz!

## Mitarbeiter-Entfremdungssyndrom

Drinnen regiert die Macht. Informatiker werden nach Asien outgesourct. Die im Lande verbliebenen leben in Furcht.

> Die Arbeit ist nicht ideal, aber draußen ist nichts anderes, glaube ich. Ich traue mich nicht nach außen. Wenn jemand merkt, dass ich mich bewerbe, dann wird alles unhaltbar. Im Grunde ist es überall schlecht. Deshalb will ich mich nicht beklagen. Ja, eigentlich ist meine Arbeit richtig gut – wenn ich nur etwas Zeit für sie hätte, aber die meiste Zeit ist Stress und Zank. Ich halte mich da heraus und helfe dem Chef am Sonntag …
> Wir sind so sehr unter Druck. Ich kann die Arbeitsplätze meiner Abteilung nur schwer halten. Wenn ich auch nur ein Zeichen des Lobs gebe, wird es augenblicklich falsch interpretiert. Sie nehmen mich dann beim Wort. Jedes positive Zeichen sehen sie wie eine Verheißung, wie die Erlaubnis eines Entführers zu einem Toilettengang. Besser ich lobe niemanden und ich bin objektiv. Ich verstehe, wie schwer alles ist. Die Mitarbeiter leiden. Aber als Manager leidet man viel mehr, das wollen die Mitarbeiter nicht hören. Sie sind schon mit ihrem bisschen Leid so sehr beschäftigt, dass ich mit meinem großen Leid ganz allein bin. Ich fühle mich unverstanden. Ich bin unter Druck. Niemand außer mir hier kann auch nur ahnen, was Druck ist. Sie denken immer nur daran, dass ich mehr verdiene. Nicht einmal das stimmt wirklich. Aber wenn ich ihnen das beweisen würde, würden sie mich glatt und ganz endgültig für verrückt erklären. Das würde ich mental nicht überleben.

## Self Alienation Syndrome

Auf dieses Syndrom will ich in dieser Kolumne hinaus!
Ich erkläre es jetzt aber nicht mehr? Oder?
Mir wäre es lieber, Sie malen es sich für sich selbst aus.
Entfremdung erlebt, wer zu lieben vermeidet, was die Macht nicht mag.
Zählen Sie es für sich einmal durch. Wer sich mit seinem schweren Los identifiziert, macht sich auf billigem Weg vom ihm frei. Wahre Freiheit ist aber, alles das lieben zu können, was liebenswert ist. Arbeit UND Leben. Mutter UND Vater. Firma UND Familie. Profit UND Kunde. Altes UND Neues.
Lieben Sie das Heute UND das Morgen. Weichen Sie nicht auf das Gestern aus. Die Wurzel des Übels ist immer Eifersucht eines Teils *auf das Ganze*. Halten Sie die Eifersucht doch einfach aus! Das muss sein! Das weiß ich selbst ganz bestimmt! Und Sie schreiben mir so, so oft auf meine Kolumnen: „Sie dürfen sagen und schreiben und tun, was Sie wollen. Sie sind frei. Ich möchte auch frei sein." Ach, Sie verstehen das nicht. Sie SIND frei. Und ich nicht so, wie Sie denken.

# Kapitel 2
# Didaktik für Profs und Mathetik für Studis

Unsere Ministerin hat mit normaler Politikerlogik nachgerechnet, dass eine Halbierung der Universitätsabbrecherquoten allen heute so gefürchteten zukünftigen Fachkräftemangel in Nu behebt. Da habe ich bei einer Podiumsdiskussion bei der Jahrestagung der BITKOM spontan Hochschuldidaktik gefordert. Ein Informatikprofessor erwiderte ernst, das gebe es doch schon – darin würden Studenten ausgebildet. „Das meine ich nicht! Professoren sollen es lernen!" Da herrschte Schweigen. Und haben die Studenten die Lernkunst genug erlernt?

## Die unendliche Geschichte über schlechte Lehre

Meine Kinder studieren an eliteverdächtigen Universitäten, Johannes auch wie einst ich Mathematik – und ich führe alle die Debatten zu Hause nach 30 Jahren wieder. Es hat sich nichts geändert.

Damals studierten ganz wenige Prozent eines Jahrgangs, die „Elite". Von dieser damaligen Intelligenzelite träumen die heutigen Professoren – diese Genies hätten wenigstens ein echtes Abitur und echte Intelligenz! Die würden doch im Studium etwas bringen, nicht so wie diese Herden von heutigen Viertelgebildeten! Gestern! Das war ein Traum, als nur die Stars Abitur hatten! Da machte Lehre nur Freude!

Ich schrieb mich 1971 in Göttingen für Mathematik ein. Ich wurde davor von Lehrern ernsthaft ins Gebet genommen. Ich sei wahrscheinlich kein Elite-Genie und würde untergehen. Ich solle sehr vorsichtig mit meinem Leben sein. Ich würde fertig gemacht, denn Mathematik sei eben sehr, sehr schwer. Der Assistent zählte in der ersten Vorlesung etwa 180 Anfänger durch und verriet uns seine eigene Schätzung, dass von uns nur etwa 25 bis zum Diplom kämen („die kleine Elite der Elite der Elite"), womit er am Ende nicht so ganz falsch lag, glaube ich. Beim Kaffee sagte dann ein Professor – das prägte sich mir ein: „Da gehst du raus zu den Studenten. Du weißt genau und schon immer, sie sind dumm und unkonzentriert. Das berücksichtigst du natürlich in der Vorlesung. Und du kommst raus mit der Erkenntnis, sie sind noch viel dümmer." Dann versuchten sich neben mir einige Studenten nicht länger als zwei Stunden mit den ersten Übungsaufgaben („zu schwer, mehr als Nachdenken kann ich nicht, ich habe es jetzt dreimal gemacht") und gingen sofort unter. Nach einigen Wochen versuchte allenfalls die Hälfte der Studenten überhaupt noch etwas anderes als abzuschreiben. Professoren bekreideten Tafel um Tafel mit verkürzten

G. Dueck, *Dueck's Jahrmarkt der Futuristik,*
DOI 10.1007/978-3-642-55371-4_2, © Springer-Verlag Berlin Heidelberg 2014

Lehrbuchtexten, die die unverständlich-knappen Passagen aus Büchern hier auf den Punkt brachten. Etliche Professoren schwärmten, dass sie die minimale Vorlesung gehalten hätten, jeder Beweis sei der kürzest mögliche. „Wenn sie eine einzige Zeile herausnehmen, ist alles falsch. Ich habe keinerlei Redundanz. Das ist die höchste Stufe des Schönen." – „Ich habe die Anfängervorlesung so sehr abstrakt hinbekommen, dass die Studenten im Grunde jetzt schon in mein Oberseminar kommen könnten. Ich habe ihnen schon am Anfang alles mitgegeben."

Wie gesagt, ich stamme aus einer damaligen kleinen Elite, die sich das Studium überhaupt traute und allen Schauermärchen zum Trotz das Studium antrat. Aus Liebe! Stellen gab es damals für alle. Trotzdem brach die Hälfte der Studenten bald ab, Elite oder nicht. „Wenn ich wenigstens die Aufgabenstellung verstehen würde. Ich habe das Gefühl, noch nie über eine Lösung nachgedacht zu haben. So weit kam es nicht."

Einigen wir uns hier also für die nächsten paar Seiten, dass wir die Unfähigkeit der Studenten nicht völlig darauf schieben, dass die Universitäten Masse statt Klasse zu verwalten haben?


## Ätzendes über Lehre!


Gibt es Prinzipien für die Lehre?

Verständlichkeit oder Begeistern habe ich kaum je gehört.

Oft höre ich:

*Abstraktion!* Manche abstrakten Theorien sind erschütternd wenig abstrakter als das eigentlich Abstrahierte. Nur eben unverständlich und fremd. Warum also Abstraktion für Anfänger? Ein Beispiel aus der Mathematik. Ich hörte als Student Maß- und Integrationstheorie nur für reelle Zahlen und das Lebesgue-Maß. Das war anschaulich und gut. Drei Wochen vor Semesterende brach der Professor die Vorlesung ab, fertig. Wir gingen zu sechs Stunden Übungen über und lösten eine einzige Aufgabe: „Nehmen Sie statt der reellen Zahlen irgendeinen anderen Raum und setzen Sie statt Lambda (Lebesgue) überall das allgemeine My ein. Stimmen dann die Sätze und Beweise noch?" Sie stimmten bis auf zwei. Wir hatten die Theorie im Konkreten begriffen und den Abstraktionsgrad ganz genau verstanden. Später, als ich Professor war, musste ein Examenskandidat ein Integral berechnen, das konnte er nicht. Ich lachte ihn fast aus, er hatte soeben einen Übungsschein in Maß- und Integrationstheorie erworben. Der Student schwor, dass niemals ein Integral in der Vorlesung drangekommen wäre. Skript her! Es war tatsächlich keines drin. Alles war gleich auf dem Raum linearer Funktionale erklärt, ein klitzekleines bisschen abstrakt schöner – aber keine Bodenhaftung mehr. Der Student hatte keinerlei Ahnung, was die Vorlesung mit irgendetwas anderem in dieser Welt zu tun haben mochte.

*Knappheit!* Bloß keine Redundanz, dann ist der Naturwissenschaftler ein Schwätzer wie die Geisteswissenschaftler, die sich statt in Redundanz in Fremdwörter einnebeln. Redundanz macht fast planmäßig unverständlich!

*Viel Stoff!* Das Studium hat kaum Platz für die ganze Wissenschaft, eigentlich sollten alle zwanzig Semester studieren, um wirklich etwas zu wissen. Die Regierung hat acht Semester befohlen, womit sie sicher nur 12 ernst meint. Aber dann muss man viel in die Vorlesungen hineinpacken!

*Wissenschaft muss hart sein!* Wissenschaft ist kein Schlaraffenland, in dem etwas zufällt. Studenten müssen sich quälen, so wie Rekruten bei der Armee oder Füchse bei Studentenverbindungen. Nur die Würdigen dürfen das Wissen schauen. Eine Elite-Hochschule wird deshalb darauf achten, hohe Durchfallquoten zu erzielen, damit sie sicher sein kann, keine Weichluschen zu dulden.

*Erst die Handwerksmethoden!* Bevor der Professor überhaupt zur Wissenschaft kommt, werden die Methoden und Grundlagen ausgebreitet. Es ist in diesem Stadium überhaupt nicht klar, wozu es gut sein soll, aber der Würdige übt sich in Geduld und vertraut darauf, irgendwann etwas von der Wissenschaft selbst zu erfahren. Beispiel: Bei Betriebswirten sind für das Vordiplom folgende Scheine zu erwerben: Mathe 1 für Wiwi, Mathe 2 für Wiwi, Buchhaltung 1, Buchhaltung 2, Finanzmathe 1, Finanzmathe 2, Statistik 1, Statistik 2, Statistik 3, Einführung Rechnungswesen, Jura für Wiwis, VWL (Mikro 1, 2, Makro) für Wiwis und, glaube ich, auch tatsächlich Einführung in die Betriebswirtschaftslehre. Alle so geschädigten und gepeinigten Studenten fragen bange: „Wann beginnen wir mit dem Eigentlichen? Ich will doch Manager werden?" Antwort hier und in allen Wissenschaften: „Das kommt nach dem Vordiplom." Heute die Antwort vielleicht: „Nach dem Bachelor!", also nie.

*Lehre muss nahe an der Forschung sein und kann nur von besten Professoren geleistet werden!* Ja, wo doch die Wissenschaft erst nach dem Vordiplom kommt? Ich sehe die Vorlesungen meiner Kinder. Nichts hat sich geändert, 30 Jahre lang. Meine Informatikvorlesung aus dem Jahre 1985 ist auch noch nicht so falsch heute, ich rede dann die letzte Stunde über das Internet.

Zwischenruf: Was hat das alles mit Wissenschaft oder Didaktik zu tun? Mit Studenten oder gar mit „Kunden"?

Lehre, so höre ich, ist mühsam, weil die Studenten so faul und unwillig sind. Lehre lohnt sich nicht, weil bei Beförderungen nur die Forschungsleistung zählt. Wo sind wir denn? Soll ein Pfarrer die Kirche nur noch für Hochzeiten und Beerdigungen öffnen, weil die Leute da am meisten spenden und deshalb auch genug Ministranten da sind? Gerade die Professoren hetzen immer über die profitsüchtige „Industrie", wo es nur um Eigennutz geht. Und? Lassen sie meine Kinder im Regen stehen, weil sie kein Geld dafür sehen? Obwohl ich 2000 € im Jahr überweise?

„Man kann das nicht besser erklären. Es ist nun mal schwer. Man gewöhnt sich dran, es nicht zu verstehen, so dass es sich bald so normal anfühlt, dass man es zu verstehen glaubt. Ich habe das auch durchgemacht. Es ist hart, glaubt mir. Aber es lohnt sich durchzuhalten, irgendwann hört es nämlich auf." – „Protestiert ihr nicht?" frage ich. „Es ist nicht böse gemeint. Er ist lieb. Er denkt wirklich so. Wir haben keine Chance, darüber mit ihm zu reden."

Und zuletzt ein etwas tadelnd klingender Kommentar eines bedeutenden Mathematikers über einen öffentlichen Eröffnungsvortrag vor der Tagung der Deutschen Mathematikervereinigung, zu der alle interessierten Bürger der Stadt eingeladen waren: „Ich habe selbst kaum einen Satz verstanden. Das sollte dort nicht sein." Und ich oute mich selbst: Ich verstehe bei Fachvorträgen über Mathematik, Chips, Datenbanken, was weiß ich, auch kaum einen Satz. Was mache ich da bloß? Ich habe öfter versucht, darüber mit Kollegen zu reden. Hey, wir verstehen uns gegenseitig gar nicht! Wir haben keine Ahnung, was der Professor 20 m weiter alles so erforscht! Wenn wir uns gegenseitig nicht verstehen – verstehen uns da die Studenten? Wenn wir uns nicht weiter als 20 m für andere Fachgebiete interessieren, können wir Studenten denn überhaupt für die ganze Wissenschaft begeistern? Gilt „Lebenslanges Lernen" nicht auch für uns Hochschullehrer– oder immer nur „Lebenslanges Vertiefen"? – Tja, immer wenn ich das anfange, schauen „Sie" weg. Tabu!

## Ätzendes über Marketingvorträge!

Seit etlichen Jahren muss man Drittmittel einwerben. Es ist wichtig, sich zu verkaufen. Für die eigene Forschung müssen Gelder beantragt werden. Man hatte erst gedacht, Gelder für unverständliche Anträge zu bekommen, von denen ich hunderte gesehen habe. Erst in letzter Zeit wendet sich das Blatt. Die Anträge und die Vorträge werden verständlicher. Und wie!

Bei den meisten Informatikertagungen kann man inzwischen die meisten Vorträge verstehen. Viele Firmen tragen vor, die haben einen anderen Stil, der zum gleichen Ergebnis führt, nämlich nichts mitzubekommen. „Ich bin so überglücklich, vor einem so illustren Publikum vortragen zu können, crème de la crème. Ich komme von der Firma XYZ. Die kennen Sie natürlich, oder? Na? Nein? Ich will einen klitzekleinen Teil meiner dicht gepackten halben Stunde darauf verwenden, Ihnen 20 min lang einzuhämmern, dass wir die Besten sind. Ich erkläre Ihnen, wie sehr unsere Gewinne gestiegen sind, dadurch haben Sie den Beweis, dass unsere Produkte der helle Wahnsinn sind. Deshalb muss ich nicht lange mit den Produkten die Zeit verschwenden und kann allgemein bleiben. Ich sehe einige von Ihnen hier, die meinen Vortrag schon einige Male wegen des nachfolgenden Festessens gehört haben. Nur für Sie als Insider: Wir haben unser Logo überarbeitet und den Farbschatten verändert. Es war die substanziellste Reorganisation seit der Gründung…"

Welche Prinzipien stehen dahinter? Lehre? Verständlichkeit? Begeisterung? Die Message muss rüber! Sehen wir auf die Grundsätze:

*Abstraktion!* Die wird hier *High Level* oder *Executive Speech* genannt. „Gebt Geld für mein Projekt!" Dieses Thema wird wie bei einer Sinfonie in mehreren Sätzen als Jingle oder Leitmotiv endlos moduliert.

*Knappheit!* Der reine Informationsgehalt wird bewusst vermieden. Am besten gelingt es dadurch, dass nur noch die Verbesserungsprozentsätze genannt werden. „Funktionalität gestiegen. Qualität verbessert, Preis fast stabil verglichen mit Öl."

*Viel Stoff!* Tiefe wird im Detail beleuchtet. „Hier ist ein zusätzlicher Knopf im Cockpit des Flugzeugs, der vorher nicht dort war. Wir beweisen es Ihnen mit einer heutigen Aufnahme im Vergleich zu einer historischen, die zwei Jahre alt ist. Wir arbeiten unermüdlich an der Erfüllung von Kundenwünschen."

Etc.

Je länger so eine Rede ist, desto besser. Man muss heute Airtime haben!

Dieselben Professoren, die sich schon ganz gut in Marketingvorträge hineingefuchst haben, halten dann aber wieder schreckliche Vorlesungen im Hörsaal. Da geht es nicht um Geld, klar. Dafür muss man einfach so Interesse aufbringen, weil es der Beruf ist.

## Ätzendes über Studenten

Sie werden wohl ahnungslos von der Situation überfallen. Sie sind einfach da. Niemand kümmert sich um sie. Massenvorlesungen. Die Forschung hat optimale Klassengrößen von etwa 20 berechnet. Hier aber lehrt man sie im Hörsaal. Die Übungsaufgaben haben wenig mit der Realität und oft nichts mit der Vorlesung zu tun („das schaff ich nicht mehr, das machen Sie mal als Übungsaufgabe"). Mein Sohn bringt Anfängeraufgaben mit nach Hause, die ich nicht verstehe. Ich weiß auch nicht, was ich machen soll … Eine Kommilitonin studiert für das Lehramt, sie weiß genau, dass all das niemals für die Schule gebraucht wird und nichts mit Kindern zu tun hat. „Es ist schwer, für das Lehramt zu studieren, weil du die Kinder vor Augen hast und den Beruf ja 13 Jahre passiv kennst. Dieses Wissen macht das Studium zur Hölle und ganz unerträglich. Ich weiß nicht, wo der Sinn ist. Die Bachelor-Studenten können immerhin hoffen, dass dieses Wissen im Beruf gebraucht wird. Diese Möglichkeit des Glaubens erleichtert dieses Studium sehr. Ich weiß nicht, was ich tun soll. Ich bin oft während der Vorlesung wütend. Er wollte keine Fragen zulassen. Er sagt, er weiß, dass man es nicht versteht, erst später, bei manchen. Ich bin so wütend."

Ich verstehe trotzdem nicht, warum viele nicht einmal versuchen, so etwas wie professionell an das Lernen heranzugehen, wo es doch das Leben gilt. Die Situation aber scheint ihnen den Willen zu nehmen. Es ist sind nicht die Gödelschen Sätze, das Russelsche Paradoxon oder die Kantsche Reine Vernunft, die nicht in die Köpfe wollen. Der Wille zum Verstehen fehlt. Es gibt keine Lernstrategie! (Mindestens: „Wenn er etwas schlecht erklärt, lese ich es bei Wikipedia oder in drei, vier Büchern nach.") Die Studenten wirken wie traumatisiert. Das ist der „Anfängerschock", dem später im Beruf der „Praxisschock" folgen wird, ein lähmender Geisteszustand, in dem kaum Energie bereitgestellt wird oder werden kann. Von außen sieht dieser chemische Körperzustand wie faul, interesselos, ahnungslos, ja dumm und „verwöhnt" aus, immer nur Einfaches konsumieren zu wollen. Von innen gesehen ist es Verzweiflung. Objektiv ist es Überforderungsstress.

Objektiv? Ich denke es so. Ich selbst habe mich ja durchgebissen und kann innen in mir nicht nachvollziehen, dass jemand in diesem Zustand Monate und Jahre vertrödelt und sich aller Chancen beraubt. Ich habe in meinen paar Professorenjahren genau 51 Diplomanden betreut, von denen manche ihr bisheriges Studium nur dahinvegetiert waren. 17 der 51 Studenten, also ein Drittel, gaben nach etlichen Versuchen auf, doch noch einen englischen Satz einer Originalarbeit zu verstehen. Ein Drittel beendete das Studium nach vielleicht 15 Semestern, sie diffundierten langsam in kleine Computerjobs. Keinen Plan! Ich wusste damals nie richtig, wie ich sie aufrütteln könnte. Sie hatten sich innerlich fallen lassen. Sie wagten nicht, zu Hause die Wahrheit zu gestehen, das wohl vor allem. „Mama, ich höre auf, weil ich es nicht kann", sagte endlich einer, den ich dazu ermutigt hatte. „Oh, Kind, weißt du denn, dass ich heimlich kaum noch etwas essen kann, damit du studierst? Mein Traum, unser Diplom! Versuche es doch bitte noch einmal, sonst war alles umsonst."

## Problem: mangelnde Professionalität der Lehre

Die Lehre an den Universitäten ist nicht professionell. Niemand kümmert sich um die Qualität der Lehre. Lehre ist ein Produkt der Universität und muss in Quantität, Qualität und der Nachfrage entsprechend abgeliefert werden. Die Universität muss stolz darauf sein können.

Lehre ist ein schwieriges Geschäft. „Klarheit ist das Ergebnis härtester Arbeit." Sind Vorlesungen klar? Das kostet eine Menge Arbeit. Sind wissenschaftliche Bücher klar? Selten.

Beachten Lehrende die einfachsten Regeln? Die Zuhörer anschauen, ansprechen, auf ihre Reaktionen achten? Geht nicht, man muss ankreiden oder die Folien vorlesen …

Ich will nicht weiter meckern, nur dies berichten:

IBM hat mich zu einer Woche Harvard Management Training geschickt. Wir mussten zwei Stunden zu früh kommen. Jeder stellte ein Namensschild auf, groß und leserlich. Mehrere Professoren diskutierten über alles Mögliche, die Hälfte ihrer Worte bestand aus Floskeln wie: „Gut, Tom, richtig Helen, ja, Abdullah, genau, George." Nach zwei Stunden kannten sie alle unsere Namen (140 von IBM). Sie sagten, sie machten es so vor jedem Semesterbeginn. Alle kämen zwei Stunden früher und lernten die Namen. Dann könnten die Vorlesungen pünktlich beginnen.

Merken Sie? Das ist professionell! Es ist nicht nur das viele Geld der Ex-Studenten, die Harvard gut macht. Die Studenten sind einfach echt dankbar für diese Professionalität. Ich habe eine Woche gestaunt, ehrlich. LEHRE wird dort großgeschrieben. Und hier in Deutschland wollen wir das viele Geld, wie Harvard, aber haben wir schon einmal über Professionalität gesprochen?

Ich fordere: Zur Ernennung eines Professors ist ein Didaktikstudiums-Abschluss vorzuzeigen.

Ich fordere: Dieser Studiengang ist eigens zu kreieren. Es ist doch Mode, sich exotische neue Studien auszudenken. Warum nicht diesen offensichtlichen?

Die Profs oder besonders Bald-Profs unter Ihnen werden aufschreien. „Was, ich?" Ich habe diese Forderung schon ein paar Mal diskutiert. Typische Antwort: „Unsere Hochschule bezahlt auswärtige Kurse für Informatiker oder Ingenieure für die Lehre. Man kümmert sich also darum. Das Problem ist erkannt. Wer sich also verbessern will, kann das. Es geht aber keinesfalls, dass an der Hochschule dafür extra Trainings von Didaktik-Professoren angeboten werden. So ein echter Kollege aus den harten Wissenschaften wird sich NIEMALS von anderen etwas sagen lassen. Das ist ja ganz klar. Die schämen sich doch, blöd dazustehen und sich Kritik anzuhören."

Ist das so? Dass ein Lehrer nicht lernen will? Nicht jedenfalls von Lehrern? Was sagt das über ihn? Über die Lehre? Wie hält es ein Professor Jahrzehnte lang aus, im Hörsaal unprofessionell zu arbeiten? Warum haben die Wörter Professor und Professionalität den gleichen Klang?

# Problem: mangelnde Professionalität des Lernens

Ich habe in meinen Seminaren einmal gefragt, was Studenten an Professoren am meisten hassen. Leise Stimme! (Da war bestimmt ich gemeint.) Eine Hand schreibt was, die andere wischt auf der anderen Seite schon wieder. Unklares Tafelbild, keine Nerven, die Tafel sauber zu wischen, so dass sich die Vorlesungen vermischen. Redet ununterbrochen mit dem Rücken zu den Studenten. Redet nichts, was nicht schon aufgeschrieben ist, was also nichts erklärt, nur dupliziert. Erklärt, während die Studenten noch schreiben, weil er selbst reden und schreiben kann. Das können Studenten auch, aber nicht gleichzeitig schreiben und zuhören und noch reflektieren. Der Professor hat keine Ahnung, was Studenten leicht verstehen und was nicht. Professoren erklären meist ganz stolz Lehr-Sätze, obwohl das Wichtige und schwer Verdaubare die Definitionen sind. („Heute Turingmaschinen. Sie sind definiert als dreizehn-Tupel von ganz abstrakten griechischen Zeichen. Hier. So. Beispiele kennen Sie ja. Computer. Das führe ich nicht weiter aus. Nun zeige ich Ihnen, welche Eigenschaften sie haben. Es gibt ein universelles 15-Tupel, dass alle simuliert, wir gehen dann wieder auf 6 Tupel oder noch niedriger runter, macht braucht das alles nicht, was ich hier schon mal für ewige Zeiten exzessiv definiere. Also: Satz 1: Jede Turingmaschine …"). Die normale Didaktik bittet, über jede Definition 15 min zu sprechen. Nur eine Definition pro Stunde!

Überraschend viele Professoren latschen unten hin und her, was lautstark stört. Sie halten das Raunen im Raum für Desinteresse, obwohl es immer Ratlosigkeit oder abgehängten Zynismus signalisiert. „Darf ich um Ruhe bitten!", protestieren Professoren und merken nicht, das sie gerade ein Desaster erzeugt haben.

Studenten wünschen sich halbminütige Denkpausen zur Reflexion. Frische Luft. Sie krümmen sich unter dem berühmten Satz, zwei Minuten nach Ende der Veranstaltungszeit: „Ich komme zum Schluss. Es ist ja schon Zeit. Ich will nur kurz noch den komplizierten Beweis hinschreiben, damit Sie das schon einmal haben und ich dann ohne weiteren Ballast übermorgen weitermachen kann. … So, noch kurz eine weitere Tafel voll. Geduld. Raunen Sie bitte nicht, ich bin so in Eile, ich muss mich konzentrieren …" Das sind Höhepunkte didaktischer Zuwendung und Klarheit gemischt mit körperlichem Hass in den schon ausgeschalteten Empfängern.

So etwas finden Studenten ganz schrecklich. Das ist bekannt, oder?

Jetzt kommt das Drama der Studenten in Seminaren: Sie halten genauso entsetzliche Seminarvorträge wie die Professoren Vorlesungen. Sie wischen herum, erklären nichts, hängen alle ab und überziehen total die Zeit. „Ich komme gleich zum Schluss." Drehen sich um. „Seid doch ruhig, ich bin gleich fertig. Es ist unfair zu quatschen, ihr seid schließlich die willige Staffage zu meinem erwarteten Seminarschein."

Ich sehe: Studenten lernen nicht wirklich, sie ahmen alles nach, was sie sehen und erfahren. Sie erwerben Wissen und Verhaltensweisen, aber keine Bildung oder Weisheit.

Es gibt natürlich gute und sehr gute Professoren und sehr gute Studenten zeichnen sich dadurch aus, dass sie sehr gute Professoren nachahmen und die anderen eben ganz und gar nicht! Die Masse der Studenten aber ahmt alles Mögliche nach, was sie sieht – ganz unreflektiert und unterschiedslos. „Was ist denn wichtig für die Prüfung? Ich kann das nicht wissen, was wichtig ist. Ist alles wichtig?" So fragt der Durchschnitt.

## Mathetik

Ich fordere: Studenten müssen das Lernen lernen! Sich bilden lernen!

Das ist heute eine gebräuchliche Forderung. Kennen Sie das Wort Mathetik? Ich zitiere aus Wikipedia:

*Das Wort Mathetik stammt – so führt u. a. Peter O. Chott aus – aus dem griechischen „mathein" bzw. „mathanein" und bedeutet „lernen" sowohl im Sinne eines Prozesses als auch eines plötzlichen Erkenntnisgewinnes und wurde erstmals von Platon gebraucht. Der Begriff der Mathetik war fast ganz in Vergessenheit geraten, und es ist wohl Hartmut von Hentig zu verdanken, dass er ihn 1983 in einem Gutachten für die Freie Schule Frankfurt wieder aus der Versenkung geholt hat. „Mathetik ist eine notwendige Korrektur des gedankenlos verabsolutierten Prinzips der Didaktik: dass Lernen auf Belehrung geschähe." (von Hentig, 1985). In ihrer Konzeption geht die Mathetik auf den Tschechen Jan Amos Komensky (= Johann Amos Comenius, 1592–1670) zurück, der in seiner „Großen Didaktik" die Didaktik als „Lehrkunst" und die Mathetik als „Lernkunst" bezeichnete. Maria Montessori hat den Komplex z. B. „gestaltete Umwelt" genannt, die dem Kind ein selbstgesteuertes Lernen ermögliche.*

*Mathetik betrachtet schulisches Lernen aus dem Blickwinkel des Schülers und charakterisiert das Verhältnis zwischen Lehrperson und Lernenden als ,symmetrisch' und ,herrschaftsfrei'. Das bedeutet, Schüler und Lehrperson stehen auf einer Ebene. Die Lehrperson ist nicht ,Herr' des Lernenden, sondern Lernberater und helfender Erzieher.*

Didaktik ist die Lehre des Lehrens und Lernens, wird aber meist als Lehre des Lehrens verstanden, wahrscheinlich, weil der dumme Schüler einfach keine eigene Wissenschaft braucht, eher ein mitfühlendes Herz nach der Art „Montessori". Didaktik und neuerdings Mathetik befassen sich gedanklich mit „Schülern", aber nicht mit als erwachsen angesehenen Studenten. Die heute keimende Mathetik geht also wohl an der Sache der Hochschule vorbei.

Ich fordere: Mathetik für Erwachsene!

Neben den Professoren gibt es das Internet, das Wikipedia, bald alle Lehrveranstaltungen, Skripte, Blogs und Web 2.0.

Es ist Zeit für Hochschullausbildung 2.0.

## Wer ist schuld am heute?

Solche Vorschläge, wie ich sie unterbreite, gibt es schon lange. Sie werden nicht ernst genommen. Es gibt ungeheuren Widerstand.

Professoren, lehrt besser!

Wie denn, wenn wir Massenabfertigung haben. Man kann keine gute Vorlesung halten, wenn so viele Studenten da sind. Wir bekommen nur Kürzungen und neue Evaluationen und höhere Lehrdeputate. Das Abitur ist nichts wert. Wir müssen bei Adam und Eva anfangen. Die Studenten interessieren sich einen Dreck – sie wollen nur die Credit Points, die wir neu eingeführt haben, damit sie überhaupt etwas wollen. Wir helfen uns durch rigoroses Abschrecken und Sieben. Wir haben keine Lust mehr, wir sind auch demotiviert.

Studenten, lernt interessierter!

Wie denn! Die besten Professoren kommen erkennbar gestresst und unvorbereitet, wenn sie überhaupt lehren und nicht Drittmittel holen sind. Die Assistenten ersetzen Fähigkeiten noch eine Weile mit Begeisterung. Es ist keinerlei Relevanz des Stoffes für den späteren Beruf zu erkennen. In den Vorträgen der Firmen fragen wir, was man vom Stoff braucht. Alle sagen: Nichts. Wir haben Angst, dass wir deshalb keine Stelle bekommen und keine Zukunft haben. Einer sagte: Wenn drei von euch 200 alles sehr gut verstehen, dann reicht mir das, ich habe ja nicht mehr Assistentenstellen.

So wird die Schuld weitergereicht. Hin und her. Das Übel liegt dazwischen und muss von beiden Seiten am besten bei der Wurzel gepackt werden.

Das Beschäftigen mit Wissenschaft muss wieder Freude werden …

## Eine Kolumne ist noch keine Lösung, ich weiß

Was sollen wir tun?

Da müsste ich ein halbes Jahr nachdenken und diskutieren und Interessen ausbalancieren, ich weiß.

Aber für ein paar Gedankenanstöße war es gut? Mir ist ein bisschen der Kamm geschwollen oder das Negative durchgegangen. Warum? Ich glaube, es war ein mitgehörtes Gespräch. „Die Aufgaben sind konsistent unklar und wahrscheinlich nicht lösbar. Wir sind geschlossen zum Tutor gegangen und wollten wissen, ob es überhaupt gehen kann. Er sagte, er wisse die Lösung auch nicht. Der Assistent ebenfalls nicht. Die Vorlesung werde immer gleich gehalten, seit Jahren. Die Übungen seien immer dieselben, seit Jahren. Niemand traue sich, den Professor zu befragen. Man eiere bei der Korrektur so herum. Klar, es sei eine Pflichtgrundvorlesung, aber …" Das hat mich lange nicht mehr so aufgeregt – nur damals ärgerte ich mich mehr, als eine Habilitation durchging, die so unverständlich war, dass die Gutachter die Korrektheit nicht beschwören mochten. Die Befürworter setzten ein Ja mit dem Hinweis durch, es sei ja nur eine Abstimmung über die Forschung, danach komme noch der Vortrag, dann erst die Gesamtabstimmung. Dem Kandidaten wurde mitgeteilt, dass es auf seinen Vortrag ankomme. Von diesem verstand niemand etwas. Nun wurde gebeten, insgesamt mit Ja zu stimmen, weil wegen eines einzigen schlechten Vortrags nicht Jahre fruchtbarer Forschung zunichte gemacht werden könnten …

Zorn ist kein guter Ratgeber, aber die Kolumnen schreiben sich leichter.

Sei's wie es sei, ich möchte

- Ein Aufbaustudium Hochschuldidaktik für Lehrende, mit einem Pflichtabschluss, den nur Kandidaten bestehen, die wirklich lehren können (das könnte auch bei der Lehrerausbildung überdacht werden)
- Normale interessante Vorlesungsstoffe statt aller Uninteressiertheitsvorwürfe
- Unterordnung der Vermittlungslogistik und -effizienz („alles Vorbereitende zuerst") unter das Bildungsziel
- Entwicklung von Bildungsstrategien und einer Lernkunst für Erwachsene
- Konsequenzen für Mangelleistung im Amt (statt kleiner Leistungszulagen für Spitzenkräfte, die nur belohnen, aber nichts verbessern)
- Gemeinsames Verantwortungsgefühl für ein Hochbildungsland Deutschland

Und vielleicht das Wichtigste zuerst: Hebt all diese ganzen Tabus auf, die eine Höherentwicklung blockieren.

# Kapitel 3
# Das Momentum eines Projektes

Die Hälfte aller Projekte scheitert. Oder noch viel mehr. In der IT oder sonst wo, ganz egal. Organisationsveränderungen scheitern wohl noch öfter. Gesetzesvorhaben oder Reformen sowieso. Stört sich daran keiner? Was geht schief? Darauf gibt es tonnenvoll Antworten in vielen Bestsellern. Ich versuche noch eine: Das Momentum muss stimmen. Bewegung muss her!

## Momentum oder Impuls

Momentum ist das lateinische bzw. das englische Wort für Impuls. Ich verwende es hier einmal in Deutsch, weil Impuls oder Schwung nicht so eingängig ist, finde ich.

Das Momentum oder der Impuls ist in der Physik definiert:

> Momentum = Masse mal Geschwindigkeit

Im Amerikanischen sagt man: „We are losing momentum." – „We are gaining momentum." Im Deutschen spricht man davon, an Fahrt zu gewinnen oder zu verlieren. „Wir müssen Schwung gewinnen!" Das Momentum ist größer, wenn die Masse des bewegten Objektes größer ist. Das Momentum steigt mit der Geschwindigkeit.

Sie kennen bestimmt auch diese Formel:

> Kraft = Masse mal Beschleunigung

Die Beschleunigung ist die „erste Ableitung der Geschwindigkeit nach der Zeit". Das Momentum oder der Schwung ist also „das Integral" über die Kraft in der Zeit. Das Momentum ist quasi die über die Zeit hineingesteckte Kraft.

Wenn Sie mit Kraft eine Kugel in Bewegung bringen und die Kugel gegen eine Wand knallt, dann wandelt sich der Schwung der Kugel in Energie auf die Wand um. Es kracht

G. Dueck, *Dueck's Jahrmarkt der Futuristik,*
DOI 10.1007/978-3-642-55371-4_3, © Springer-Verlag Berlin Heidelberg 2014

im Verhältnis Masse mal Geschwindigkeit. Das Momentum ist also wie die insgesamt nötige Kraft, etwas aufzuhalten.

Vielleicht sollte ich ein Beispiel versuchen:

Mann zu Frau: „Darf ich Sie zu einem Cocktail einladen?" Frau: „Nein." Der Mann hat kein Momentum. Oder Frau zu Frau: „Du hast dich einfach hinreißen lassen?" – „Er hatte etwas Umwerfendes." Mitarbeiter zu Chef: „Ich mache das jetzt, ob Sie das gutheißen oder nicht. Ich will es." Chef: „Okay, wenn Sie so sicher sind …" Im ersten Beispiel zerstört ein einziges Nein das ganze Momentum. Im dritten Beispiel dringt das Vorhaben durch, weil keine oder kaum schwächende Gegenkräfte wirken. Im zweiten sind eventuell sogar Anziehungskräfte am Werk, die dem Vorhaben größte Potenz verleihen.

Fühlen Sie sich ein bisschen in den Begriff des Momentums ein?

In die Schwungkraft, in Aufschwung oder Abschwung?

## Wie viel Masse? Wie viel Geschwindigkeit?

Sie haben immer nur eine bestimmte Kraft zur Verfügung, hoffentlich wissen Sie das. Die können Sie in ein Projekt hineinstecken, um Momentum zu erzeugen. Sie können mit Kraft eine gewisse Masse auf eine gewisse Geschwindigkeit bringen.

- Mit Ihrer Kraft können Sie eine große Masse vielleicht ein bisschen anschieben.
- Mit Ihrer Kraft können Sie eine kleine Masse hoch beschleunigen.

Wenn wir also ein Projekt starten, müssten wir eigentlich unsere Kraft einschätzen können. Dann überlegen wir, wie wir die Kraft einsetzen wollen. Soll ein großes Projekt gestemmt werden? Wollen wir ein kleines Projekt schnell durchziehen?

Das Management hat meist eine klare Vorstellung: Ein *großes* Projekt soll *schnell* über die Bühne gehen. Das aber widerspricht ein bisschen der Physik, das wollte ich hier mit der Formel für Momentum einmal in die Diskussion werfen. Damit nicht mehr so oft versucht wird, gegen die Naturgesetze zu agieren, will ich mit Ihnen hier über Momentum nachdenken.

## Mittel, das Momentum zu steigern

Wenn ein Projekt schlecht läuft, bekommt der Projektleiter Angst um seine Existenz als solcher. Er beginnt zu jammern, weil das Projekt zum Stillstand kommt. Dann ist das Momentum gleich Null. „Project on hold." Welche Mittel aber bringen ein Projekt in Schwung? Ich denke nach, hoffentlich fallen mir ziemlich alle ein…

- Macht
- Wille
- Geld
- Personaleinsatz
- Motivation, die Kräfte entfesselt – Zuversicht

- Angst, die Kräfte freisetzt
- Egoismus
- Herzblut oder die Sehnsucht, es zu vollbringen
- Lust, Freude und Spaß dabei
- Ballastabwurf
- Kundenkauflust
- Vereinfachung des Projektes
- Eine fördernde Kultur
- Positive Vernetzung
- Schnelle Entscheidungen

Nach meiner Erfahrung fordern die meisten Leute Geld und Macht, in dieser Reihenfolge. Informatikerartige können allerdings meist gar nicht mit Macht umgehen. Geld können sie einsetzen, weil sie wissen, wie das Projekt zu besetzen ist. Aber Macht? Wozu? Informatiker wollen dann nur Geld. Manager dagegen nehmen lieber Macht, um Projekte anzuschieben…

Wenn Projekte nicht gut laufen, muss ein Energieschub her. Die Macht scheint nicht zu reichen. Appelle verhallen. Dann wirft man mit Geld und/oder mehr Personal auf die Probleme. Anschließend prüft man das Projekt (zu Tode?). Danach wird Motivation durch großartige Siegeshymnen in Mitarbeitern erweckt! „Arbeitet härter und tut es gern!" Egoismus wird durch Karriereversprechen angestachelt. Selbstbehauptungswillen wird durch Panikmache erzeugt. Das Projekt wird entschlackt und verkleinert, damit weniger Masse bewegt werden muss – dazu könnte die vorhandene Energie eventuell reichen. „Wir backen mit dem gleichen Geld weniger Brötchen."

Spaß und Lust hilft, Herzblut sowieso. Ein förderndes Umfeld gibt unterstützende Energie ab. Und so weiter – Sie kennen das ja.


## Mittel, den Schwung zu nehmen

Wenn ein Projekt schlecht läuft, schimpfen die Ohnmächtigen zuallererst auf die Bremser, die das Projekt aufhalten. Das sind viele!

- Ohnmacht
- Gegen-Macht
- Widerwille
- Geldzuschuss
- Personalzufuhr
- Mittelarmut
- Egoismus
- Dummheit
- „Wir müssen uns absichern."
- Ungewissheit
- Kundenunlust
- Unklare Lage oder „Hin und Her"
- Veränderungen im Fluge

- Gleichgültigkeit
- Massezuwachs
- Mergers & Acquisitions
- Komplexitätssteigerung
- Starre Struktur oder Kultur
- Reviews, Prüfungen

Zum Teil sind es die gleichen. Viele Leute schieben viel an, aber zu viele Köche verderben den Brei. Viel Geld steckt die Erwartungen turmhoch, aber es wird vielleicht nicht gebraucht. Egoismus kann fördernd sein. Er ist aber sehr oft sehr schädlich. Ein beliebtes Mittel ist das Vergrößern des Projektes. „Das Projekt ist nichts für eine Bank allein. Lassen Sie uns das in einem großen Verbund lösen. Dann ist die Finanzierung leichter, weil mehr Zahler beitragen." Damit versenkt man Projekte fast nach Plan, weil nun ein paar Jahre Konferenzen ins Land gehen. „Die Terroristendatei wird bald eingerichtet, wir warten noch auf die UN, die Zustimmung des Balkans und auf den Konsens aller Bundesländer. Jeder zahlt nach dem Terroristenprozentsatz in seiner Region, was aber erst nach Inbetriebnahme der Datei konkret werden kann." Unternehmensreorganisationen versprühen Projekte wie Konfettiregen, die aber bei der nächsten Reorganisation gestoppt werden. Richtungswechsel nehmen Energie weg, Hin und Her, Willenlosigkeit und Prüfungen jeder Art, wobei sich Bedenkenträger besonders hervortun. Manche Einzelpersonen verschleißen das Hundertfache ihres Gehaltes an Energieschaden in Unternehmen! Der Diplomat Cipolla definierte jemanden als dumm, „der anderen schadet, ohne sich selbst zu nützen". Damit muss er bestimmte Berufsgruppen in den Verwaltungen gemeint haben.


## Das Zusammenspiel aller Kräfte


Kräfte sind gerichtete Größen, also mathematisch gesehen Vektoren. Kräfte haben eine Stärke und eine Richtung.

Schwung ist ebenfalls ein Vektor. Schwung hat eine Stärke und eine Richtung. Klar?

Egoismus ist ein Vektor mit Stärke und Richtung. Wille ist ein Vektor …

Geld ist nur eine Größe, hat aber keine Richtung. Geld kann im Prinzip in eine Kraft in jede Richtung umgewandelt werden. Wer also Geld in Kraft umwandelt, muss eine Richtung wissen. Wir sprechen von Strategie, Ziel oder Vision. Macht ist auch nur ein Skalar, eine Zahl oder eine Größe, kein Vektor. Macht braucht eine Richtung. Ohne Richtung bewegt Macht nichts. Im Sparstrumpf bewirkt Geld nichts. Macht und Geld muss also wirksam gemacht werden.

Wille, Herzblut und Sehnsucht haben meist schon eine Richtung, und zwar fast immer die ganz genau richtige! Dieses Faktum ist kaum bekannt. Macht und Geld können viel bewegen, aber man muss sie mit großer Führungskunst einsetzen. Der Einsatz von Herzblut oder Sehnsucht ist viel einfacher, weil die Richtung schon darin ist. Klar? Deshalb schreibe ich so oft über Herzblut! Das ist regelmäßig die Energieart der großen Gewinner. Herzblut weiß, wo es mit ungeheurer Kraft hin will.

Vektoren kann man addieren. Kraft plus Kraft ist doppelte Kraft. Kraft und Gegenkraft heben sich auf. Zersplitterte Kräfte neutralisieren sich gegenseitig so sehr, dass sich insgesamt nichts bewegt. „Alle reden mit! Hört auf! Entscheidet euch!" Eine Entscheidung ist ein Beschluss über die Richtung, in der Macht und Geld eingesetzt oder investiert werden sollen. Das ganze Planen, Reden, Konferenzabhalten dient der Richtungsfindung und der Bestimmung der notwendigen Mittel (meist Budgets), bevor überhaupt etwas bewegt wird. Gute Entscheidungen bündeln Kräfte und richten sie gleich. Dazu ist fast höhere Magie nötig, so schwer ist das. Das ungefähre Gleichrichten aller Kräfte kann schon viel Geld und Macht kosten und einen großen Teil der Energie fressen, die eigentlich zum Bewegen der Projekte eingesetzt werden soll.

Zuerst warten alle auf eine Entscheidung. „Das Ausbleiben einer Entscheidung lähmt uns ganz!" – „Wir können nicht immer auf die nächste Wahl schielen, lasst uns beginnen!" – „Vor Jahresanfang geht nichts, weil erst ein neuer Manager kommt."

Danach hadern sie mit der Entscheidung. „Diese Entscheidung ist für manche Gruppen nicht hinnehmbar. Es gibt Interessenkonflikte. Man wird die Entscheidung nicht akzeptieren und dagegen angehen. Wir klagen! Wir leisten Widerstand, bis die Entscheidung zu Fall gebracht ist. Bis dahin bewegt sich nichts."

Dieses gegenseitige Blockieren gegeneinander stehender Kräfte wird oft nicht einmal annähernd verstanden. Ein Beispiel: Viele Unternehmen versprechen Karriere, Aufstieg, Geld und motivieren damit die Mitarbeiter. Gleichzeitig bedrohen sie sie mit Rauswurf bei mangelnder Performance und machen sie persönlich nieder, wenn sie nicht den großen erwarteten Erfolg haben. Angst ist eine mächtige Energie in uns. Karrieresucht auch. Aber sie heben sich in uns selbst gegenseitig auf. Wir fühlen dann in uns keinen Schwung und kein Momentum, sondern ein seelisches Hin und Her. Wir fühlen uns blockiert. Mit unserer Seele geht es nicht weiter. Kräftemäßig gesehen sind wir zu einer sehr anstrengenden Null geworden. Ganze Energiefelder toben in uns und heben sich zu All Zero, zu einem Nullvektor, auf. Den könnten wir ganz leicht und ohne Anstrengung einfacher haben – nämlich mit Null-Kraft, die man im Buddhismus Nirwana nennt. Buddhisten setzen Null-Energie als fast unerreichbares Ideal! Viele Menschen erreichen den Nullvektor aber ohne Probleme unter extremem Kraftaufwand in verschiedene Richtungen.

Wer in einem blockierten Szenario Momentum erzeugen viel, verzweifelt an der Vielzahl fehlgerichteter Energien. Man darf nicht Chaos dazu sagen, denn das alles hat heute den neumodischen Namen Komplexität. „Es sind viele Interessen unter einen Hut zu bekommen, dass ist nicht einfach. Selbst die in uns drin sind schon verzweifelt zerfasert. Ich habe zum Beispiel schon mein Leben der Firma gewidmet, damit ich nicht zwischen Frau und Job zerrissen werde. Nun aber zerreißt es mich wieder: Soll ich Geld verdienen oder Karriere machen? Klaglos unten in Routine schuften oder mich unter größerer Zeitabzweigung im Job weiterbilden und mich vom Chef wegen der entstehenden temporären Minderleistung schlagen lassen, bis ich endlich wegen größerer Fähigkeiten befördert werde? Ich brenne aus, weil die Energien sich in mir gegenseitig aufheben. Ich bin ohne Effekt, total überarbeitet und unendlich müde. Ich weiß nicht weiter. Meine Psyche liegt auf dem Sterbebett, aber ich funktioniere noch gut im Routinemodus. Ich will von Karriere träumen, ohne sie anzustreben."

## Momentum für Innovation

„Ich will es so – ganz neu!" – „Nein so – wie immer!" – „Wer bezahlt das Neue?" – „Das Neue schadet uns, weil es uns überflüssig macht." – „Das Neue nützt nur Abteilung A, also sollen sie es zahlen." – „Es ist für das ganze Unternehmen, also zahlen alle!" – „Warum soll ich was Neues anfangen, wo alles hier gut läuft? Ich finde, die faul rumsitzenden Low Performer sollen die Innovationen vorantreiben, wo sie schon sonst nur Mist machen." – „Die Professoren sind alle Land unter, sie müssen Evaluationen durchstehen. Die Studenten bereiten sich auf Prüfungen vor und lernen nun im Hauptstudium nichts Neues mehr. Zum Forschen haben nur noch die Abbrecher und Karteileichen Zeit." – „Wir haben kaum Luft zum Atmen, da will einer Innovation! Das hat Zeit. Nicht schon jetzt! Innovation ist Zukunft, das weiß jeder. Warten wir also noch."

Stellen Sie sich jetzt das Momentum einer Innovation vor? Merken Sie, wie leicht es ist, hier in ein Desaster zu geraten? Wie wird Momentum de facto erzeugt?

> Innovation ja, aber sie darf uns nicht zu viel kosten. Versuchen wir es mit einem knappen Budget. Wir gründen ein Exzellenz-Center mit drei Werkstudenten und einem Teilzeitvorruheständler. Dann hat der eine Aufgabe. Die Innovation muss nach drei Monaten Gewinn abwerfen. Da wir das selbst nicht glauben können, dass das überhaupt geht, brauchen wir einen detaillierten Plan, der klipp und klar beweist, wie sehr unsere Zuversicht berechtigt ist, so dass wir höheren Orts beweisen können, die richtige Richtung eingeschlagen zu haben. Natürlich können wir die Werkstudenten nicht überfrachten, sie sollen erst einmal klein und irrelevant anfangen. Nach der ersten verdienten Million sehen wir weiter. Okay, war es das? Innovation? Dann können wir reden, wie wir die Katastrophe stopfen. Wir sollten hier klotzen. Wenn wir wieder nur 100 Mio einschießen, beziehen wir eine dritte Niederlage, die uns den Kopf kostet. Ich schlage vor, eine halbe Milliarde in einen Werbefeldzug zu stecken, damit wir die alten Produkte an doofe Kunden verkaufen, die unser Unternehmen durch zu schüchterne Werbung bisher nicht erreichen konnte.

Innovation wird oft zu klein angefangen. Die kleine Flamme erlischt bei jedem Windzug. Kein Momentum, das sich aufrechterhalten lässt.

> Wir verwetten das ganze Unternehmen auf dieses eine Produkt. Hopp oder topp! Wir brechen die Brücken hinter uns ab. Auf diese Weise sind wir gleichzeitig auch alle Bedenkenträger los. Friss oder stirb!

Innovation wird oft zu groß angefangen. Oft reicht die Energie nicht. Oft stimmt die Richtung nicht. Meist reicht die Fähigkeit kaum. Zu viel Geld hebt die Ungeduld. Verschiedene Geldgeber erwarten anderes und fragen immer nach – das Team verliert die Zuversicht.

Momentum für Innovationen erzeugen – das ist hohe Kunst! Innovationen stoßen sich an allen anderen Kräften in Unternehmen. Wie schlängeln sie sich ohne Energieverlust vorbei? Wer bringt die Kraft auf?

Im Grunde zeigt sich beim Studium der erfolgreichen Innovationen, welche Kräfte am meisten oder einfachsten Momentum erzeugen und welche Kräfte sich leicht bündeln lassen:

> Starker und ausdauernd anhaltender Wille, Herzblut zum Hindrängen, Kundenkauflust zum magnetischen Herziehen, Hingabe, Einfachheit der Idee im Sinne von Durchschlagskraft, Geschwindigkeit, Klarheit, Unabhängigkeit von gegenläufigem Willen.

# Momentum bei Reorganisation, bei Mergers & Acquisitions

Neulich fragte ein Topmanager: „Wie organisieren wir? Nach Kunde oder nach Produktlinie?" Dann dachten sie eine Weile nach und entschieden es relativ freihändig.

Ich war ganz verzweifelt, bei der IBM hätte ich aufgeschrieen. Wenn sich das Unternehmen nach Kunden ausrichtet, geht ein Verkäufer hin, der alle Produkte kennt und liefert dem Kunden, was der möchte. Ein Vertrieb für alle Produkte. Hinter dem Rücken des Verkäufers versuchen die verschiedenen Produktabteilungen ihn zu locken, das eigene Produkt zu verkaufen. „Bausparen!" – „Zertifikate!" – „Immobilien!" – „Mondraketenabschreibungen!" – „Subprime Steaks!"

Wenn man das Unternehmen nach Produkt aufstellt, gibt es für alle Produkte eine andere Abteilung: Bausparkasse, Wertpapierberatung, Kreditberatung. Die kennen nur ein Produkt und sind leidenschaftlich parteiisch. „Nimm das von mir!"

Die Organisation sieht beide Male ganz anders aus, der Vertrieb ist ganz anders in der seelischen Haltung. Einmal sagt er: „Ich bin für den Kunden da." Im anderen Fall: „Ich bin für mein Produkt da."

Verstehen Sie, wie grässlich sich alle Energien im Unternehmen verändern, wenn sie auf „kundenfreundlich" umstellen? Sie müssen alle seelischen Energien neu ausrichten. So lange hat kein Management Geduld, deshalb wird beides versucht: „Sie für das Produkt und den Kunden da. Tu das eine, ohne das andere zu vernachlässigen. Sei für alle Produkte da, am besten für die hochrentierlichen. Schwatz die dem Kunden auf und mach es so, dass er froh und dankbar ist und nach dem Verkauf kein Geld mehr hat."

Wenn sich zwei Unternehmen zusammenschließen, sagen sie oft, es sei unter „Gleichen". Sie haben aber andere Kulturen, andere Kräfte und andere Bewegungsformen. Neulich kaufte eine Metallfirma eine andere. Die eine produzierte viele Einzelteile mit 10 % der Leute und verkaufte die weite Produktpalette mit dem Rest der Mannschaft. Die andere Firma produzierte fast mit Mann und Maus und hatte nur eine Halbtagskraft, die die Bestellungen von fünf Autofirmen an die Produktion weitergab. Wenn sich die zusammenschließen? Schrecklich wird das! Sie werden gegenseitig verlangen, mehr Energien in die Produktion oder in den Vertrieb zu stecken. Sie werden vor lauter Streit kaum arbeiten können. Wenn sie klug sind, machen sie separat weiter. Warum aber schlossen sie sich zusammen?

Banken mergen mit Versicherungen, wo doch Banken Vertrauen verwalten und Versicherungen Risikoscheu in Prämien verwandeln. Wenn sie zusammengehen, verliert der Bankteil an Vertrauen und der Versicherungsteil an vertrieblicher Durchschlagskraft. Zur Bank geht man freiwillig hin! Versicherungsagenten dringen zu Hause ein! Wie geht das zusammen? Unter Milliardenverlusten wird es immer wieder probiert. Die Kräfte neutralisieren sich. Alles geht den Bach hinunter. Und mitten im Tode rufen die Manager: „Beide Teile, die nicht zusammenpassen – hört her! Verdoppelt die Energie und die Schlagzahl." Das tun sie dann, aber die Kräfte heben sich wiederum vollständig auf. 1 minus 1 gleich Null, zwei minus zwei gleich Null.

„Ich verstehe es nicht. Wir haben uns so viel Mühe gegeben. Wir haben jede Anstrengung unternommen." Ich habe hier die gewaltigsten Energieverschwendungen gesehen. Es ist beinahe unfassbar.

## Momentum im Unternehmensalltag

Hat Ihre Abteilung Schwung? Reißt sie andere Abteilungen mit? Oder arbeitet sie gegen andere Abteilungen an und vernichtet damit Energien hier und drüben? Ringen Sie in Meetings immer wieder um die Richtung? „Wir sollten doch noch einmal die grundsätzliche Frage ansprechen, ob …" Sind Sie sich uneins? Machen manche innerlich nicht mit, weil sie nicht überzeugt sind und unter Zwang mitziehen? Glauben Sie alle an eine goldene Zukunft? Zetern Sie am Kaffeeautomaten, wie schlecht alles ist, und halten Sie im Meeting, wenn Sie das eigentlich alles zur Sprache bringen sollten, mit gepressten Lippen die Klappe? Haben Sie Angst oder sind Sie froh?

Es zeigt sich nicht nur beim Paradebeispiel der Innovation, dass wir gar nicht systematisch mit Energien umgehen. Wir machen dies und das. Zuckerbrot und Peitsche für das Herrschen über viele Nullen. Hin und Her. Viele Manager blasen Ballons auf und schreiben „Beton" darauf und bewegen die Ballons blitzartig hin und her. „Der bewegt etwas!", staunen wir, die wir nicht an Heißluft denken. Andere Manager schieben den Mount Everest an und scheitern ohne Bedauern. „Ich bin noch immer sehr stolz, dass ich mir so viel vorgenommen habe. Das verlangt meine Ehre als Höchstleister. Aber ich konnte den Berg nicht allein versetzen, obwohl ich es mir zutraute und die Gehaltshöhe zum Vorhaben passte. Im Nachhinein sehe ich das Scheitern ein. Ich gegen einen Berg! Aber es war so viel Feuer in mir, wissen Sie?"

In Meetings redet man heute kaum über Energien und deren Richtung. Immer nur über die Mittelzuteilung. Geld und Macht sind keine Vektoren, sondern Mittel. Mit Geld oder Macht kann man Energien in eine Richtung bringen. Aber wir erzeugen keine Energien, sondern wir streiten über die Verteilung der Mittel, also über die Allokation. Wer bekommt welche Mittel wofür? Wo sind Egoismen, wo können welche angestachelt werden? Wer ist zu bekämpfen?

Energien und Gegenenergien heben sich auf. „Stillstand herrscht in unseren Unternehmen." Die Strukturen hemmen alle Bewegung. Sie sind stark und verkrustet, schon lange nicht mehr geölt. Unsere Augen blicken voll Sorge nach „Indien". Die Inder glauben an sich und die Zukunft. Ihre Arbeit ist billig und Kunden freuen sich, trotzdem Gutes zu bekommen. Sie haben eine Richtung. Sie streiten nicht untereinander, weil genug für alle da ist. Indien hat Momentum! Woraus besteht es?

> Starker und ausdauernd anhaltender Wille, Herzblut zum Hindrängen, Kundenkauflust zum magnetischen Herziehen, Hingabe, Einfachheit der Idee im Sinne von Durchschlagskraft, Geschwindigkeit, Klarheit, Unabhängigkeit von gegenläufigem Willen.

Als ich klein war, fühlten wir uns wie in Indien.

Heute haben wir in Deutschland viiiel viiiel mehr Energie als damals, aber wir können alle diese Energien nicht mehr in eine Richtung zusammenführen. Wir lesen Bücher, wie man Symphonien dirigiert. Wir träumen vom Aufschwung, also von mehr Mitteln. Wir hätten gerne wieder mehr Mittel, mehr Geld.

Das haben wir alles im Überfluss. Mittel ohne Ende. Reich sind wir wie nie zuvor! Und doch jammern wir, die angeblich typischen Deutschen, obwohl sie in Mitteln förmlich ersticken.

Wir jammern über etwas, was wir nicht haben, und wir wissen nicht, was uns fehlt.

Ich weiß, was uns fehlt: Momentum. Uns fehlt: Eine Richtung zu den vielen Mitteln. Ein Zusammenspiel der Kräfte. Eine Symphonie Deutschland, nicht eine Kakophonie Vielinteressendebattierclub.

Wir brauchen eine Seele. Seelen wissen um Symphonie und Harmonie, um die Wirkung der Energien und deren Richtung. Unser Körper ist das Mittel zur Bewegung und die Ressource Energie. Den haben wir. Aber eine Seele für die Harmonie und einen gemeinsamen Sinn für eine Richtung? Haben wir die, wenn wir klagen?

# Kapitel 4
# Geisteswissenschaft und Informatik

Die Informatik beschert dem Menschen eine Unmenge Neues, was besonders Geisteswissenschaftler mit gemischten Gefühlen aufnehmen, wo es doch schon gewöhnlichste Menschen so tun. Es ist die Rede davon, dass der Umgang mit Informationstechnik als eine neue Kulturtechnik neben Ackerbau, Viehzucht oder Krawattenbinden treten könnte. Leider aber verändert die Kulturtechnik auch die Kultur. Das führt zu einer delikaten Verschiebung, über die ich ein bisschen nachgedacht habe.

## Kulturtechniken

Immer wenn etwas technologisch Neues daherkommt, verändert es die Art zu leben und zu denken. Die „Techies" erfinden zuerst etwas und sind von den neuen Möglichkeiten meistens ganz naiv begeistert. Diese neuen Möglichkeiten stehen natürlich im Widerspruch zum gerade gängigen Kanon der *Geisteswissenschaft* (Englisch: *Arts*). Deshalb kontern die „ARTies" sofort mit einer Kanonade von Vorwürfen der Kulturlosigkeit. „Von gestern seid ihr!", stöhnen die Techies zurück und arbeiten weiter. Der ganze Streit in den Medien, der von den ARTies dominiert wird, zögert die sich einstellende Realität ein bisschen hinaus, meist nur einige Jahrzehnte. Mehr passiert nicht. Die Realität kommt so oder so.

Denken Sie an die Erfindung der Antibaby-Pille. Natürlich verändert diese sehr spezielle Kulturtechnik die Welt. Sie nimmt Einfluss auf unsere Anzahl und unseren Umgang miteinander. In der entsprechenden neuen Realität leben wir schon lange – die davor kennen wir nur noch aus Sonntagspredigten, die uns die Rückkehr zu einer unwirklichen Vergangenheit empfehlen. Was aber machen wir aus unserem Rentnerberg ohne Kinder? Wir werden junge Menschen aus Indien und Osteuropa aufnehmen … Ist diese neue Kultur unserer eigenen Kinderlosigkeit eine, die wir wollten? Wir sind da pillenweise hineingeschlittert und haben Alterspyramiden ignoriert.

Vielleicht versagen immer die Hüter des Alten, oder? Sie halten am Alten fest und machen nicht dabei mit, das Neue richtig schön neu zu gestalten. Derweil schaffen die Techies Realitäten, aber keine schönen, weil die ARTies nicht mitmachen.

Es gibt auch innerhalb der Technologie selbst wieder neue Kultursubtechniken. Auch hier tobt der Streit. Als der Rechenschieber aufkam, wetterten die Lehrer, dass man das

G. Dueck, *Dueck's Jahrmarkt der Futuristik,*
DOI 10.1007/978-3-642-55371-4_4, © Springer-Verlag Berlin Heidelberg 2014

Interpolieren mit Logarithmentafeln verlernen würde. Als die Taschenrechner aufkamen, schimpfte die Rechenschieberfraktion, dass der Taschenrechner das Volk verdummen würde, das nun nie mehr kopfrechnen würde. Und heute dominiert ein Rechner von TI die Schulen, der die ganzen Kurvendiskussionen und Eigenwertberechnungen und Matrixdiagonalformen gleich mitliefert. Der normale Mensch hat heute mehr Rechenpower zu Hause als ganz Houston, als es ein Apollo-Problem hatte. Aber er soll nach Vorstellung des Alten immer noch kopfrechnen und Millimeterpapier mit Bleistift verschmieren. Die Mathematik dahinter weigert sich jeweils alle paar Jahre, ihre neue Kultur den neuen Techniken gemäß zu erschaffen.

Die Informatik hat in den Anfängen mehr über Turingmaschinen und theoretische Algorithmen nachgedacht und die noch ganz unfähigen Computer mit Lochkarten gefüttert, um die erdachten Algorithmen spaßeshalber auch einmal in der Realität zu testen – obwohl das aus theoretischer Sicht eigentlich nicht notwendig gewesen wäre. Heute haben wir reale Supercomputer für 999 €, lernen aber die Grundzüge der Informatik immer noch mit Turingmaschinen. Neuimmatrikulierte staunen, dass Informatik vielleicht gar nichts mit Computern zu tun haben könnte? Studenten fragen: „Hat dieses Angestaubte des Lehrstoffes in Schule oder Universität etwas mit der realen Welt zu tun?" Die Antwort ist meistens: „Reales kommt nach dem Vordiplom." Seit es den Bachelor gibt, also: „Nach dem Bachelor." Also nie?

Liebe Techies, mit diesen ätzenden Kritiken an der Mathematik und Informatik selbst und an deren Gralshütern möchte ich nur klarstellen, dass Sie keinen Deut anders oder gar besser sind als die ARTies. Techies erfinden immer das Neue, aber sie bilden nicht einmal eine neue Kultur innerhalb der Techie-Welt selbst, wo ja gar keine ARTies sind. Sie ignorieren Computer ja irgendwie auch. Oder neue Betriebssysteme. Oder neue Programmiersprachen. Einmal Linux, immer Linux. Einmal APL2, immer APL2.

Das Reale sind zum Beispiel Navigationssysteme. Die sind so sehr real, dass sie schon liebevoll Navi heißen. Ich bin sicher, dass Studenten noch den Umgang mit dem Kompass und zur Sicherheit Sternenkunde lernen. „Warten Sie, bis die Wolkendecke aufreißt."


## Informatik bereichert den Geist!


Früher mussten sich die Geisteswissenschaftler plagen und für eine normale Magisterarbeit an die tausend Zitate oder auch mehr zusammentragen, wenn die Note entsprechend ausfallen sollte. Für die Doktorarbeit „Das Erröten in den Werken von Kleist" musste man die ganzen viertausend Seiten des Werkes daraufhin durchackern, ob nun doch noch außerhalb der paar Regieanweisungen in Penthesilea einmal das Wort Erröten vorkommt. Meine damalige Deutschlehrerin Wiebke Brost (?, bestimmt heute verheiratet, die such ich noch – wie verschollen, das Scharnhorstgymnasium Hildesheim hebt nichts auf.) hatte die Examensaufgabe, die beiden Werther-Fassungen von Goethe zu vergleichen und den Jux-Schluss von Goethe zu besprechen, in dem Werther wieder aufwacht und die Pistole mit Pfeffer geladen war oder so. An welchen Stellen unterscheiden sich die beiden Fassungen überhaupt? Das ist eine wirklich hehre geisteswissenschaftliche Frage der alten Zeit. Wenn Sie so wollen: Die Suchfunktionen im Computer, das Googlen und Wikipedia dampfen die nötige Arbeit auf einen sehr, sehr kleinen Teil zusammen. Übrig bleibt nur der kümmerliche Teil der eigentlichen Geisteswissenschaft.

Endlich ist der Geist frei von der Bürde, erst alles selbst immer von neuem organisieren zu müssen! Es ist so, als wenn ein Informatiker plötzlich das Programmieren per Zauberstab erledigen könnte und jetzt alle Zeit zum Denken hätte! Jede Idee würde sofort ganz kostenlos von einer allwissenden indischen Gottheit programmiert! Denken – schwupp – Programm fertig! Dann könnten sich auch Informatiker wirklich für einen signifikanten Zeitanteil echt mit Informatik befassen! Oder stellen Sie sich Biochemiker vor, denen durch dieselbe Gottheit alle Ratten-Experimente geschenkt würden! Kein Labor mehr! Nur noch denken! Stellen Sie sich Beamte ohne Akten vor! Usw. Wahrscheinlich sind alle diese Leute diese neue Lage gar nicht gewöhnt und müssen dann erst das Denken über die Kaffeepausen hinaus lernen. Außerdem braucht man gar nicht so viele, die denken können, die meisten sind ja nur für Programmieren, Zellenzüchten, Aktenschieben oder Literaturrecherche eingestellt.

Keine Frage: Die neue Kulturtechnik des Umgangs mit Informationstechnologie bereichert den Geist, soweit es ihn gibt.

Was geschieht aber? Man lehnt den neumodischen Kram ab. „Google ist unzuverlässig und manipuliert vielleicht oder wahrscheinlich die wichtigen Links. Es ist besser, alles selbst recherchiert zu haben. Wissenschaft kann nur Handarbeit sein." – „Wikipedia ist ganz unseriös. Es sind doppelt so viele Fehler drin wie in normalen wissenschaftlichen Publikationen, die nie gelesen werden. Bei Wikipedia werden die Artikel aber gelesen – und so schaden die Fehler erstmals wirklich." – „Wissen Sie, wenn es eine Beschwerde im Finanzamt gibt, greife ich zuerst zu der betreffenden Hängeakte. Ich fühle sie an, wie beschabt und abgegriffen sie ist. Dann spüre ich, was es mit der Beschwerde auf sich hat. Ich weiß schon genau, was kommt. Diesen untrüglichen Instinkt muss ich bei der elektronischen Akte drangeben. Ich kann – verdammt noch mal – nicht mit den neuen Medien arbeiten! Die Wissenschaft ist blutleer, da mag das Elektronische hingehen, aber nicht bei Finanzämtern, im blühenden Leben!"

Eine neue Kulturtechnik bereichert also den Geist, aber sie verändert ihn auch und das ganze Leben drum herum. Der Geist aber will nur tiefer werden, sich aber nicht verändern. Er will vor allem das ewige granithart Feste und den Kanon nicht aufgeben, ebenso nicht den Glauben an die immer gleiche Wahrheit und die Gültigkeit der bewährten Methoden.

Warum? Die Recherche, das Programmieren, das Schlachten der Labormäuse oder die Akten bedeuten einen sehr großen Teil einer Welt, die nun dramatisch reduziert wird auf das, was in beschaulichen Arbeitsphasen nebenbei geschieht. Darauf sind wir nicht vorbereitet. Wir wissen zum Beispiel, wie man in den vielen Pausen beim monatelangen Programmieren neue Ideen hat. Wir wissen aber nicht, wie wir ohne Pause denken!


## „Informatik verarmt den Geist!"

Das wird meistens behauptet. Das Bereichern wird eher abgestritten, weil das Bereichern zwar möglich, aber nicht so einfach ist. Verarmt die neue Kulturtechnik des Umgangs mit Informationstechnologie den Geist? Ja, denn sie verändert ihn – und an vielen Stellen zum Schlechten hin. So wie die Anti-Baby-Pille, die verhindert Kinder – im Guten und im Bösen. Wir hätten gerne neue Techniken, die nur verbessern, aber nichts verschlechtern. „Träum weiter!", würde Ihnen mein Sohn zurufen.

Erinnern wir uns, was einmal über die Kulturtechnik des Fernsehens gedacht wurde. „Wir amüsieren uns zu Tode!", entrüstete sich Neil Postman in seinem damaligen Bestseller. Er befasste sich mit dem Ausspruch von Marshall McLuhan: „Das Medium ist die Botschaft." Damals bedeutete der Ausspruch also: „Das TV ist die Botschaft." Jede neue Kulturtechnik gibt uns neue Metaphern und Vorstellungsmuster, in denen wir denken und handeln. Im Fernsehen geht es um Emotionen, Spaßhaben, Erregen von Aufmerksamkeit – mehr um das Laute, das der reine klassische Geist so hasst. Das Fernsehen gibt uns die Mega-Metapher des Stars.

> Unsere Sprachen sind unsere Medien. Unsere Medien sind unsere Metaphern. Unsere Metaphern schaffen den Inhalt unserer Kultur. (Neil Postman)

Und prompt wurden die jungen Leute Lust orientierter und empfingen die wichtigen Botschaften aus der Glotze – es waren andere als die der Kirche oder der öffentlich-rechtlichen Anstalten. Im selben Buch von 1988 erschien dieser Satz:

> Das Fernsehen hat den Status eines ‚Meta-Mediums' erlangt – es ist zu einem Instrument geworden, das nicht nur unser Wissen über die Welt bestimmt, sondern auch unser Wissen darüber, wie man Wissen erlangt. (Neil Postman)

Und dann folgt viel Gepolter über die Verarmung des Geistes, die sich daraus ergibt. Zwanzig Jahre später ist nun das Internet zu einem Instrument geworden, das nicht nur das Wissen über die Welt bestimmt, sondern auch unser Wissen darüber, wie man Wissen erlangt. Googlen statt Goo-Goo-Eyes for TV-Stars.

Welche Verarmungen beschert uns die neue Kulturtechnik? Mir fallen gleich welche ein:

- Konserven dominieren das Frische. Sie sind verfügbarer.
- Der noch dumme Computer reduziert alles und damit uns auf ein Ergebnis in Zahlform.
- Informationstechnologie vereinheitlicht uns neu und gefühlt schlechter.

Das Essen ist mit der Gefriertruhe nicht besser geworden, oder? Aber verfügbarer. Und das neue Fernsehen per download ist wie eine Gefriertruhe für Filme. Alle da! Kaum etwas ist aber frisch! Das Internet und Wikipedia ersetzen unseren Kopfinhalt. Wir müssen nicht mehr frisch denken, nicht mehr original! Wir klauen bei Google. Wir werden Meister der geistigen Tiefkühlkost.

Insbesondere das Management vollendet den Schwenk des Weltgeistes hin zu öden Bewertungen alles Seienden auf Kriterien, Unterpunkte und Performancekennziffern. Das Ganze wird in Kennzahlen, Key Performance Indicators, Zielerreichungsgrade und Ranking-Plätze zerteilt, weil der Computer das Ganze in seiner technologischen Begrenztheit noch nicht kennt. Das Internet ist noch kein Ganzes, es ist ein Lexikon oder eine Linksammlung. Der Geist wäre das Frische über diese Zahlen hinaus, aber die meisten Menschen geben sich mit den Zahlen zufrieden, bis auf die Manager, die sich mit den Zahlen prinzipiell unzufrieden geben. Wir sind statistische Wesen dank Informatik. Bankkunden A oder B, Versicherungsrisiko C oder D, Mitarbeiter der high-low performer Klasse. Die Wissenschaftler, die vorher von den Geisteswissenschaften auf die Naturwissenschaften kamen, hören entsprechend nun ganz auf zu denken und fertigen Statistiken an, denen sie selbst meist als mathematische Laien nicht so richtig vertrauen. Der Geist ist sich nicht mehr seiner selbst sicher, weil er sich nur auf Zahlen stützen muss und das Reale gar nicht mehr ganz sieht. Es wird Mode, statt arbeitsamer Studien nun Meta-Studien zu studieren und zusammenzufassen. „1600 Studien kommen zu Ergebnis A, 2300 zu B – also gibt es mehr Wissenschaftler, die wollen, das B wahr ist, als solche, die sich wünschen, A wäre wahr." Wenn der Computer das Denkwerkzeug ist, färbt er auch das Denken selbst – und dessen Ergebnisse.

## Informatik vereinigt allen Geist

Dank Informatik gibt es Web 2.0. Dieser Begriff hat sich für das Gemeinsame der neuen Kulturtechnik geprägt, das diese unter uns entstehen lässt. Wir kommunizieren in der ganzen Welt wie in einem großen Dorf. Jeder wohnt ein paar Mausklicks weiter. Skype erreicht jeden per Digicam. Wir stellen uns im Internet bei Xing oder Facebook dar und sammeln Freunde wie wir ganz früher Abziehbilder sammelten.

Das Wissen vereinigt sich im Internet. Das Internet wird zum großen Geist der Menschheit. Das geschieht erst seit wenigen Jahren oder Monaten – stellen Sie sich nur vor, wie es in 50 Jahren aussehen könnte! Das können Sie nicht. Ich traue mich gar nicht, es zu versuchen. Oder doch?

Heute weben wir am World Wide Web und erzeugen ein „wechselnd Weben, ein glühend Leben" (Faust). Wir als einzelne Menschen stehen bald staunend vor dieser schieren Masse und begreifen nicht mehr alles und immer weniger davon. Wir sind im kleineren Umfang Weber, im größeren Konsumenten und Körperfortsatz des Internets.

Wenn die Menschen Ameisen wären, würden wir das Internet als deren Ameisenhaufen ansehen. Dieses mächtige Bauwerk wird von einer einzelnen Ameise nicht mehr verstanden. Der Haufen ist mehr als die Summe der Ameisen. Das Internet wird mehr als die Summe von uns. Das Internet wird zum Eigentlichen. Wir arbeiten in Wahrheit an dessen Evolution.

Kennen Sie die letzten Sätze? Weil ich mich nicht spontan beim Schreiben getraut habe, schaute ich schnell in mein Buch *E-Man* von 2001. Da steht alles schon drin. Ich war damals ein bisschen bekümmert, dass das Internet irgendwie mehr als wir sein wird, eine Art Weltgeist, den wir uns so doch nie vorstellten …

Was kommt heraus, wenn wir unsere Geisteskräfte vereinigen? Ein Geisteshaufen? Was sind dann noch wir als Individuen, die „Ameisen" neben dem Haufen?

## Informatik vereinheitlicht allen Geist

Noch ist es ja nicht so weit. Im Augenblick schreiben alle Leute in Blogs durcheinander. Wie im Urwald wachsen neue Artikel auf irgendwelchen alten, die langsam in die Vergessenheit verrotten.

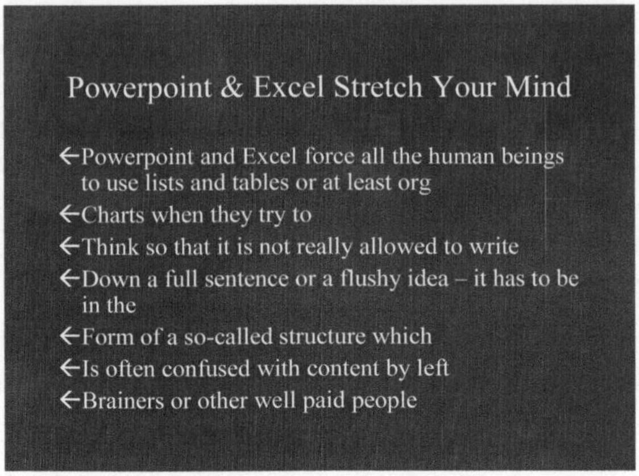

**Abb. 4.1**  Meine sarkastische
Folie zu „Form über Inhalt"



Struktur ist gefragt! Und die gibt uns die neue Kulturtechnik nicht zu knapp. Überall müssen wir ankreuzen und ausfüllen. Unser Leben ist in Multiple-Choice-Tests zerhackt. Wir brauchen keine Adjektive mehr.

- „Sind Sie zufrieden?" – „3."
- „Wie ist unser Service?" – „4".
- „Ist Ihre Ehe glücklich?" – „2."
- „Orgasmen?" – „4." – „Am Tag?" – „Note."

In meinem Buch *Lean Brain Management* wird ein Call-Center parodiert, das als Service Lust stöhnt. Am Ende bittet ein Stöhncomputer: „Legen Sie nicht auf. Bewerten Sie unseren Service, indem sie eine Taste drücken. Sie können uns mit den folgenden Noten bewerten: Unzureichend, Mangelhaft, Ausreichend, Gut, Sehr Gut, Befriedigend."

Diese Stelle ist bei der Produktion des Buches mehrfach korrigiert worden. Es stellte sich heraus, dass manche zu sehr in Mustern denken, während sich andere etwas vorstellen können …

Unsere Werkzeuge diktieren uns die Form unseres Geistes so sehr, dass die Form allein fast schon der Geistesinhalt ist.

Sehen Sie in Abb. 4.1? Das Medium ist die Botschaft. Wie präsentiere ich geistigen Reichtum mit einem Magermodell?

Die Form des nun vorgeschriebenen Denkens der neuen Kulturtechnik „Präsentation" führt zu einer Diktatur der Oberflächlichkeit, der Vereinheitlichung, der erzwungenen Einheitlichkeit. „One size fits all." Sie kann nicht mit dem Besonderen und den Einmaligkeiten des Lebens umgehen, die es in den großen Räumen der Liebe, des Vertrauens oder etwa der Innovation in vielfältigster Art gibt. Das formale Denken muss Vertrauen durch Kontrolle ersetzen, Liebe durch Beziehungsmanagement und Innovation durch Kopieren des Besten, was irgendwie doch immer hin und wieder gegen alle geistige Vereinheitlichung auf der Bildfläche erscheint.

# Neue Infrastrukturen der Kultur?

Wie sieht das geistige Leben später aus? Geisteswissenschaften sind im Prinzip diejenigen Wissenschaften, die die verschiedenen Gebiete der Kultur und des geistigen Lebens zum Gegenstand haben. Diese Kultur wird durch die Informatik und die sich daraus ergebende neue Kulturtechnik ganz dramatisch verändert. Staat, Ökonomie, Gesellschaft, Kunst, Wissenschaft, Philosophie und Religion werden sich noch einmal so stark wandeln wie es damals durch das Lesen, Rechnen, Schreiben und Drucken geschah.

Wohin?

Das weiß ich gar nicht so richtig, weil die meisten Geisteswissenschaftler einfach die Augen verschließen. Sie gründen allenfalls die neue Kulturtechnik als Mediensoziologie, Medienpädagogik oder Medienwasweißich aus, wo es viele Studenten gibt, aber nicht so richtig Professoren, deren Geist offenbar klassisch bleibt. Werden die Geisteswissenschaften wie die Musik in Klassik und e-Geisteswissenschaften zerfallen?

Zerfallen in den einen Teil, der das bestehende Bewährte konserviert, kanonisiert und erschließt und einen Teil, der den Wandel aktiv mitgestaltet und etwas bewirkt?

Der irgendwo maßgebende Dilthey (*Einleitung in die Geisteswissenschaften* – 1883) sah die Aufgabe der Geisteswissenschaften auch im Nacherleben oder Verstehen der kulturellen Betätigungen des Menschen. Die aber finden heute doch hauptsächlich vor irgendeinem Bildschirm statt. Vor fast allem anderen ist der Vorhang gefallen. Die Geisteswissenschaften scheinen aber das Reale lieber als nicht-geistige Übertreibung in der Irre zu erklären und weiter den Gral zu hüten, wie es die Mathematiker mit der Logarithmentafel versucht haben.

So sehr die Geisteswissenschaftler die Kulturtechnik als Objekt ihrer Wissenschaft nichtachten, so sehr nutzen sie die Technik zum besseren Erschließen des schon bewährten Bestehenden. Computer zählen, wie oft Kafka das Wort *nicht* benutzte oder Kleist das schon erwähnte *Erröten* … Hey, Naturwissenschaften sind doch die nomothetischen Wissenschaften, die sich also auf allgemeine Gesetzmäßigkeiten richten. Geisteswissenschaften aber, so sagt man, sind idiographisch, also auf das einmalige Ereignis oder Erlebnis gerichtet! Was aber tun sie mit der neuen Kulturtechnik der Informatik? Sie schließen sich der Diktatur der standardisierenden, klassifizierenden Computeranalyse an und mutieren zu halben Naturwissenschaften. Man kann sie oft von diesen kaum noch unterscheiden!

Wer – bitte – ist denn nun für den Geist zuständig?

Die Naturwissenschaftler, die über den weiten Sternenhimmeln wieder das Unendliche zu sehen vermögen? Die Neuro-Wissenschaftler, die in ihrer Erkenntnisflut bald frustriert den Geist wieder anbeten lernen werden? Ach, wir müssen wohl warten, bis jemand etwas maßgebend Geistiges in der neuen Kulturtechnik vollbringt, was sich anschließend hundert Jahre bewährt und dann wohl geisteswissenschaftlich erschlossen werden wird, damit es jeder Mensch verstehen kann. Die Evangelien sind lange nach Jesus geschrieben worden! Das Drucken und vor allem das Schreiben ist erst nach Luthers deutscher Bibelübersetzung richtig gefährlich geworden, das Rechnen und dadurch die Ökonomie erst mit dem Computer.

Quo vadis, Kulturtechnik „Umgang mit der Informationstechnologie"? Werde ich das Ergebnis noch sehen und geistig nacherleben? Wenn ich schon lange tot bin, werden die Geisteswissenschaftler schreiben: „Um die Jahrtausendwende – das war eine Zeit der Revolution – damals. So aufregend! Schade, dass es nur selten so ungeheure geisteswissenschaftliche Umwälzungen gibt! Welche Gnade für die, die in dieser Segenszeit als Geisteswissenschaftler direkt alles selbst miterleben durften!"

Seid nicht so artig, ARTies.

# Kapitel 5
# Der Turing-Mensch und Phasic Instinct

„Mal sagt er so, dann gleich wieder anders herum! Mein Chef ist unberechenbar. Wenn er seine Zustände hat, ist es für uns zum Verzweifeln." Solche Äußerungen zeugen von Unverständnis gegenüber Menschen, die nämlich in Wirklichkeit wie echte Mehrzustands-Turingmaschinen funktionieren. Wenn Menschen ihren Zustand ändern, denken wir, sie spinnen. Wenn aber ziemlich viele Menschen ihren Zustand dauerhaft wechseln, so verändert sich, was wir Wahrheit nennen. „Phasic Instinct" wollte ich mein kürzlich erschienenes Buch dazu nennen, aber das war wohl für einen Titel zu kess oder krass. Im Buch rufe ich: Es gibt so viele Wahrheiten wie Zustände! Mindestens! Und nicht das Gehirn bestimmt den Zustand, sondern der Bauch. Ist es nicht Zeit für eine Informatik von Turing-Menschen und dem Instinkt im Bauch? Der Instinkt ist doch ebenso klar binär wie unsere 0-1-Wissenschaft auch, oder?

## Der Turing-Mensch

So weit ich weiß, hat Heinz von Foerster den Menschen im Zusammenhang mit Turing-Maschinen öffentlich diskutiert. Ich habe hier neben mir das Buch *Einführung in den Konstruktivismus* liegen, das klassische Beiträge zum Thema versammelt. Der Artikel von von Foerster heißt *Entdecken oder Erfinden*. Dahinter steht die Frage, inwieweit das, was wir wahrnehmen, mehr wie eine Entdeckung eines Naturgesetzes ist oder eine konstruierte Interpretation, also eine Erfindung unseres Geistes. Von Foerster weist vor allem immer wieder auf den Unterschied zwischen trivialen und nichttrivialen Maschinen hin. Der hat mich immer sehr interessiert.

Natürlich kann man mit Hilfe dieser Unterscheidungen diskutieren, ob es Wahrheit im reinen Sinne überhaupt gibt. Ist nicht fast alles erfunden? Diese Streitfrage haben die Konstruktivisten ausgiebig unter die Leute gebracht. Ich habe gerade einmal gegoogelt und Interviews mit Heinz von Foerster dazu gefunden. Die Journalisten knicken vor seinen Argumenten sofort ein und akzeptieren gleich, dass es keine Wahrheit gibt, sondern nur Geisteskonstruktionen. Zugleich aber sind dieselben Journalisten geknickt, weil sie sich ohne Wahrheit keine Welt vorstellen können. Wo kommen wir denn hin ohne Wahrheit? Woran sollen wir uns halten? Was denn nur, wenn alles Mögliche richtig sein könnte?

G. Dueck, *Dueck's Jahrmarkt der Futuristik,*
DOI 10.1007/978-3-642-55371-4_5, © Springer-Verlag Berlin Heidelberg 2014

Wahrheit ist doch so nützlich! In Anlehnung an Feuerbach fällt mir ein: „Wenn es keine Wahrheit gäbe, so müsste man sie erfinden." Das sagen ja die Konstruktivisten die ganze Zeit.

Und ich freue mich beim Lesen über diese merkwürdigen Journalisten! Denn gerade die wollen uns doch auch jeden Tag ihre eigenen Wahrheiten aufzwingen! Und deren Wahrheiten sind fast immer erfunden, denn Pressewahrheiten dürfen nicht langweilig sein.

Im Grunde stellen wir uns alle den Menschen ein bisschen wie eine Maschine vor, aber mehr wie einen Computer oder eine Funktion. Der Computer berechnet etwas mit einem Programm. Wir tippen in den Computer eine „Eingabe" (Input) und der Computer liefert uns dazu einem gewünschten Output. Der Computer erhält (Programmier-) Befehle, die er in unserem Sinne ausführt. Wenn wir ihm immer denselben Befehl mehrmals geben, führt er ihn in derselben Weise immer wieder aus. „Lösche diese Mail!" Macht er. Computer sind also reine Befehlsempfänger. Manchmal aber spinnt der Computer, weil er durch irgendwelche Fehler in einen unklaren Zustand gerät. Dann gehorcht er nicht richtig. Wenn wir das merken, schalten wir ihn ab und fahren ihn wieder hoch, damit er wieder in seinen Sklaven-Grundzustand versetzt wird. Nur in diesem Zustand mögen wir ihn leiden.

Eine echte Maschine oder eine so genannte Turingmaschine ist aber viel variabler als ein so simpel konstruierter Befehlsempfänger mit Bildschirm. Sie kann mehrere Zustände einnehmen, in denen sie jeweils anders reagiert. Sagen wir für diesen Abschnitt oder diesen Artikel, die Maschine hat zwei Zustände I und II. Dann wirkt sie so: Wenn wir in sie einen Input eingeben, berechnet sie ein Ergebnis wie eine normale Maschine auch. Das Ergebnis ist allerdings abhängig von dem Zustand, in dem sie sich gerade befindet. Sie berechnet also möglicherweise etwas anderes, je nachdem sie im Zustand I oder II ist. Nach jedem Berechnungsschritt verändert die Maschine in Abhängigkeit von der vorher gemachten Eingabe ihren Zustand.

Beispiel: Nehmen wir an, ein kleiner Junge hat die Zustände brav oder trotzig. Der Vater gibt ihm einen Befehl. Wenn der Junge im Zustand trotzig ist, verweigert er den Befehl und bleibt trotzig. Wenn der Junge im Zustand brav ist, führt er den Befehl aus. Wenn es ein normaler Befehl ist, bleibt er nach der Befehlsausführung im Zustand brav. Wenn ihn der Befehl entehrt, verändert er seinen Zustand in trotzig. Den Zustand trotzig verlässt er nur unter Sonderbefehlen wie Eisessen, unter Prügeln oder Handyentzug.

Okay? So kann eine Turingmaschine mit zwei Zuständen definiert werden. Menschen sind natürlich komplexer und haben eventuell mehr als zwei Zustände. Der Junge könnte zum Beispiel im Zustand brav nur so fünf- bis zehnmal ohne weiteres verbleiben. Wenn dann zwischendurch kein Eisessen oder ein Videothekbesuch war, könnte er auch bei normalen Befehlen auf den Zustand trotzig schalten. So machen Sie das ja auch, wenn Sie als Mitarbeiter mehrmals großartig arbeiten und wenn trotzdem keine Gehaltserhöhung rüberkommt. Dann schalten sie auf einen anderen Ton um und funktionieren anders. Was vorher ein fairer Arbeitsbefehl war, wird ohne Belohnung irgendwann unfair. Sie merken sich das!

(Abschweifung: Stellen Sie sich also echte Maschinen als solche vor, die ihre Zustände wechseln. Erinnern Sie sich bitte genüsslich, was andauernd über Männer und Frauen geschrieben wird: Männer haben angeblich wenige klar erkennbare Zustände und Frauen mehrere, die von außen (mindestens für Männer) nicht als solche erkennbar sind. „Hast du was, Schatz?" – „Nein, Schatz." – „Aha." So bekommt zum Beispiel ein Mann heraus, ob seine Frau in anderen Zuständen ist. Er fragt sachlich nach, ob die Frau in einem Zustand ist, in der sie objektiv und sachlich ist. Eine bejahende Antwort erscheint ihm das zu versichern.)


## Welche Zustände herrschen denn da?


Wenn Sie dem erwähnten Turing-Jungen einen normalen Befehl geben, wissen Sie nicht, in welchen Zustand er sich befindet. Ist er eben jetzt trotzig oder brav? Ist er gerade brav, muss aber gleich eine Belohnung haben, um nicht trotzig zu werden? Es ist oft schwer, von außen den Zustand einer nichttrivialen Turing-Maschine zu erkennen.

Es gibt etliche theoretische Wissenschaftsartikel über das so genannte Identifikationsproblem bei Turing-Maschinen. Problemstellung: Sie bekommen eine ganz unbekannte Turing-Maschine mit so 10 bis 20 verschiedenen Zuständen, die auf vielleicht 10 bis 20 verschiedene Befehle reagieren kann. Sie sollen jetzt durch ein paar Versuche mit der Maschine feststellen, von welchem Wirkmechanismus sie getrieben ist, also wie sie auf jeden der 10 bis 20 Inputs unter jedem der 10 bis 20 Zustände mit einem Output reagiert und in welchen Zustand sie jeweils übergeht.

Bei einer trivialen Maschine (nur ein Zustand wie ein Linux-PC) probiert man ein paar Programmierbefehle aus und merkt recht schnell, mit wem man es zu tun hat. Bei nichttrivialen Maschinen, die mehrere Zustände annehmen können, ist die entsprechende Aufgabe schier hoffnungslos. Von Foerster rechnet in seinem Artikel aus, dass es etwa 10 hoch 969685486 verschiedene Maschinen mit acht Inputs, acht Outputs und zwei Zuständen gibt.

Weil es so exorbitant viele verschiedene Maschinen gibt, ist es schwer, nach einigen Reaktionen schon zu wissen, mit welcher Maschine man es zu tun hat. Die normale Informatik sagt: Das Identifikationsproblem schon von unschuldig einfachen Turing-Maschinen ist unvorstellbar schwierig und in praktischer Zeit meist nicht lösbar.

Sehen Sie schon den Zusammenhang mit dem Menschen? In meiner Umgebung gibt es einige Spezies, die ich noch nicht in ihrer Wirkungsweise eingrenzen konnte. Sie sind zu komplex, weil sie in für mich unvorhersagbarer Weise die Zustände bekommen oder wechseln. („Schatz, ich werde dich nie verstehen.").

Ich verstehe im Grunde schon, wann menschliche Turing-Menschen die Zustände wechseln: Unter Stress, bei Glück, in der Schwangerschaft, wenn sie zur Führungskraft ernannt werden, wenn sie versagen, wenn etwas gelingt, wenn es regnet, wenn sie dringlich eine Toilette suchen, wenn sie betrunken sind, wenn sie beleidigt wurden, wenn sie ein Bettler anspricht, wenn sie es eilig haben. Das kenn ich! Ich weiß auch, dass wir ein Gewissen besitzen, das uns quält, wenn wir uns in falschen Zuständen befinden. Wir bekommen auch oft Befehle von inneren Autopiloten, die mit Gott in Verbindung gesehen werden können. All das ist bekannt.

Unter normalen Umständen weiß ich deshalb meistens schon, mit wem ich es zu tun habe, aber dann tun sich manchmal Überraschungen auf, die mich fast fassungslos machen. „Was ist denn mit dir los? Bist du jetzt ganz und gar übergeschnappt?", rufen wir dann. Es gibt zum Beispiel Menschen, die in seltsamsten Krisensituationen noch auf Ordnung schauen, andere, die bei winzigsten Anlässen unerwartet aufschäumen, oder solche, die aus heiterem Himmel traurig werden. Manchmal können Psychoanalysen herausbringen, dass solche Turing-Menschen die Zustände nach merkwürdigen oder furchtbaren Erlebnissen der Kindheit die Zustände wechseln, die ihnen nicht einmal selbst bekannt sind.

Was ich sagen will: Das Identifikationsproblem bei Turing-Menschen ist offenkundig sehr komplex, weil ich ja selbst schon Schwierigkeiten damit habe. Deshalb glaube ich auch gerne, dass die Beweisführungen der theoretischen Informatiker stimmen. Eine theoretische Wahrheit der Informatik wird dadurch zu einer von mir im Herzen akzeptierten Wahrheit, jedenfalls in meinem Normalzustand. Wenn ich wütend bin, was nicht so oft vorkommt, glaube ich dann wieder gar nichts! Alles hängt von meinem Zustand ab!

Das ist alles so komplex, dass ich es in meinem Normalzustand als verwirrend empfinde. (Das Komplexe hat Schuld!) Menschen sind so vielfältig und unberechenbar. Ich hätte dann doch lieber eine Zusammenarbeit mit lauter einfacheren Turing-Menschen mit kalkulierbaren Zuständen, so dass ich mich auch selbst einfacher benehmen kann. Ich fürchte mich oft, dass die anderen Turing-Maschinen mich wütend machen. In diesem Zustand habe ich als friedlich/schüchterner Mensch gar keine Erfahrung, weiß also selbst nicht gut, wie ich reagiere – dann kommt es wieder zu ganz unvorhersehbaren Unglücken. Andere Turing-Menschen sind dagegen so oft und so irre gut wütend, dass sie in diesen Zuständen außerordentlich viel Bewegung entfalten und echt bekommen, was sie wollen.


## Menschen sollen trivial sein!

Heinz von Foerster beklagt sich wohl ein bisschen zu sehr, dass sich unsere Welt von selbst so organisiert, dass sie uns alle zu trivialen Computern oder Sklaver erzieht, die nur einen einzigen Zustand kennen. Die Eltern dulden nur den einen Zustand „brav". Die Schule will den Zustand brav und den Zustand zuverlässig. Die ganze Erziehung zielt darauf ab, uns zu normen.

Wer ein echter Turing-Mensch ist, also mehrere Zustände kennt, ist unzuverlässig, impulsiv und zeigt „abweichendes Verhalten". Emotionen, die ja die anderen Zustände biophysisch begleiten, müssen nach Ansicht unserer Gesellschaft unterdrückt werden.

Bitte keine Zustände, die mit Hass, Gewalt, Neid, Lust oder Gier einhergehen! Diese sind die Zustände der Untugend. Aber auch Vermeidungshaltungen, Hemmungen, Traurigkeit, oder Distanziertheit werden getadelt und abgewöhnt, wenn es denn geht.

Das alles ist natürlich irgendwie sinnvoll. Aber auch hochbegabte Kinder, hochsensitive, solche mit stoischer Gelassenheit, ganz und gar tugendhafte und bestimmt künstlerische Kinder werden denselben grausamen Normalisierungsmethoden unterzogen.

Wir sollen keine Abweichungen zeigen! Unsere Gesellschaft definiert einen allgemein als optimal anerkannten Grundzustand des Turingmenschen, auf den er festgenagelt werden soll. Alternative Gedanken wären, den Menschen auf der Basis seines ureigenen Gutfühlzustandes in einer ihm angepassten Umwelt arbeiten zu lassen („tu, was dir gefällt, tu, wie es dir gefällt"). Man könnte versuchen, Menschen zu guten Turing-Maschinen zu erziehen, die durchaus mehrere und individuelle Zustände haben können. Aber die Menschheit macht nicht jedes Fohlen zum Rassepferd, sondern zwingt ein jedes ganz rüde, ein universell nutzbares Postpferd zu spielen, das von jedem x-beliebigen Cowboy geritten werden kann. Postpferde sind wie Computer oder Sklaven, die auf Befehl die gewünschte Aktion ausführen.

Die Menschen-Logistiker und Human Resource Administratoren wollen Menschen, die in Prozessen steuerbar sind und sich in Programme einpassen. Die Universitäten werden zur Zeit auch mit diesen Postpferd-Mechanismen vergiftet und züchten genormte Bachelors mit Modulpunkten für Einheitswissen für Industriebetriebe …

## Emotionale Turing-Intelligenz

Im Grunde sind wir in dieser Weise besehen Turing-Menschen, deren andere Zustände unterdrückt worden sind. Die Gesellschaft begründet uns das immer damit, sie unterdrücke in uns barbarisch mit vollem Recht den Mr. Hyde, während sie den Dr. Jekyll schütze!

Wenn sie dabei wenigstens logisch eindeutig wäre! Wir sollen zurzeit zwar alle gleich sein wie ein „brick in the wall", aber andererseits sollen wir alle gleichzeitig der Beste und Größte sein. Wir sollen Assimilierte sein, die individuell abstechen. Das zerreißt uns selbst und wir verstehen die Welt nicht mehr. Die Menschen sollen so oder so sein, was nicht geht – da beginnen sie sich etwas vorzuspielen. Und das, obwohl sie ohnehin schon zu kompliziert sind!

Jetzt müssen wir wohl Bücher über Emotionale Turing-Intelligenz lesen und Kurse besuchen. Wie erkenne ich die Funktionsweise der Turing-Menschen um mich herum? Wie sehe ich, in welchen Zuständen sie sich befinden (was sie mir verheimlichen)? Wie erkenne ich, was Sache ist, wenn sie alle den Besten spielen und gleichzeitig normiert tun? Wie schaffe ich es, ihre Zustände zu manipulieren, um Vorteile daraus zu ziehen? Wie kann ich ihren Zustand spiegeln, damit bei Verhandlungen unsere Wellenlänge übereinstimmt? (Rapport – NLP). Wie gewinne ich Freunde? Wie erweitere ich meine Netzwerke? Wie begeistere ich andere, meine Arbeit zu tun? („Helfen Sie mit, den Zustand der Welt zu verbessern, indem Sie unser Contempt-Management-System überall installieren!") Wie ziehe ich Nutzen und letztlich finanziellen Vorteil aus emotionaler Turing-Intelligenz?

> Ich durchschaue den anderen und kann ihn nun steuern und nach meinen Befehlen wie ein Turing-Programm leiten.

Es gibt aber auch noch Menschen, die ihre Zustandskenntnisse dazu nutzen, sich selbst unverstellt zu präsentieren und sich bemühen, nicht gleich zu machen, aber zu harmonieren! Ach, nach ihnen sehnen wir uns. Solche, die Authentizität ausstrahlen oder aus unserer Seele sprechen. Aber sie dürfen vom System her nicht sein – sie sind nicht normal. Heute jedenfalls nicht. Heute ist Zweck und Effizienz angesagt!

## Zustand der Masse und „Wahrheit"

„Wahrheit" ist das allgemein Akzeptierte. „Wahrheit" ist damit im Sinne von Foersters mehr eine Erfindung als eine Entdeckung.

Ich will einen Schritt weiter argumentieren: Wir erfinden die Wahrheit stets neu. Wahrheit ist fast immer nicht etwas Entdecktes wie vielleicht die Naturgesetze (die aber auch unter den Fiktionen unserer Anschauungen aktiv gestaltet werden). Meist ist „Wahrheit" etwas allgemein Zweckdienliches, eine Art bewährte Arbeitshypothese, die oft in Sätzen mit dem Wörtchen „man" formuliert wird. „Man muss, soll, darf nicht bis/ab 12, 16, 18, 21 Jahren."

Es gibt auch einen Zustand der Turing-Gesellschaft, das ist der allgemein akzeptierte Zustand. Andere Zustände werden unterdrückt, also meistens

- das Böse, weil es Konflikte heraufbeschwört und zerstört
- das Neue, weil es Konflikte heraufbeschwört und zerstört
- das zu Gute, wenn es das bestehende Normale anklagt und sich nicht als Sahnehäubchen auf dem Normalen zu dessen Selbstfeier verwendet,
- alles „Andersartige", weil ihm ein Verdrängungswettbewerb gegen die Verdrängungsbemühungen des Normalen gegen alles Andere unterstellt wird.

Der normale Zustand ist so stark, dass wir oft gar nicht sehen, dass sich das, was normal ist, andauernd verändert. Ich will sagen: Das, was akzeptierte Wahrheit ist, verändert sich ständig, obwohl sich das Normale selbst so ewig gebärdet.

Oh weh, wenn mir jemand als Kind „Gunter ist sehr ehrgeizig und leistungsbereit" ins Schulzeugnis geschrieben hätte! Welche Schande! Da musste stehen: „Gunter ist begabt, gegen Menschen aufmerksam und freundlich." Profit war in den reichen 60er und 70er Jahren ein Schimpfwort und bestimmt kein Goldenes Kalb. Maslow-Pyramiden und Selbstverwirklichung hatten einige Konjunktur, die nur darunter litt, dass niemand so recht wusste, was Selbstverwirklichung ist. „Wenn der Mensch die Grundbedürfnisse erfüllt sieht, so strebt er nach Höherem, weil er um das Leben nicht Angst haben muss." Heute heißt es: „Die meisten Schmarotzer legen fast schon die Arbeit nieder, wenn sie Sex, TV, Hamburger und Hartz IV bekommen. Ohne Bedrohung ihrer Arbeitsplätze sind sie nicht zu disziplinieren. Nur unter Existenzdruck arbeiten Menschen am besten."

Darf ich sagen, dass sich diese Wahrheiten diametral widersprechen? Ohne dass ich jetzt noch seitenweise mehr und mehr Beispiele herbeizitieren muss? Warum glauben wir mal so, mal genau andersherum?

Die Antwort liegt auf der Hand: Der Zustand der Turing-Gesellschaft hat sich geändert. Damals, als Maslow seine Pyramide propagierte, war die Gesellschaft ruhig und gelassen. Sie hatte genug Essen, Freizeit und die Aussicht auf gute Renten. Was soll man tun? Nach Höherem streben, aber klar! Heute steht die Gesellschaft unter einem Adrenalin-Vollrausch! Adrenalin baut sich alle paar Minuten im Körper ab. Aber die Schläge folgen so dicht auf dicht, dass wir die unaufhörlichen Einzelschläge wie einen Dauerrausch empfinden. Unter Adrenalin sagen wir: „Schnell! Retten! Kämpfen! Fliehen! Wettbewerb! Darwin!"

Die Wahrheit verändert sich mit unserer Biochemie.


## Ökonomische Stimmung und Basisinnovationen

Wie kann es zu solchen Umwälzungen im Denken und in unseren ewigen Wahrheiten kommen? Eine von bestimmt mehreren Erklärungen sind die Technologiewellen, mit denen sich Kondratieff als erster beschäftigte (Seine bahnbrechende Arbeit erschien 1926).

Das Bild der Wellen:

Der aufkommende Webstuhl tötet Weber. Nach einem Crash beginnen Maschinen einen Siegeszug bis zum Einweg-Smoking für 19 €.

Edison erfindet die Glühbirne. Die später neu geschaffene Infrastruktur der Elektroleitungen verändert die ganze Welt.

Die Lokomotive verändert die Welt in dem Augenblick, wo neue Schienenwege neue Länder und Regionen erschließen.

Das Auto vernichtet in Form des Traktors die Hälfte aller Arbeitsplätze (ungefähr alle in der Landwirtschaft) und erschließt dann Industriegebiete und Touristik.

Das Internet erschließt Indien und China und vernichtet die Backoffice- und Produktionsberufe hier. Danach werden wir helfen, dort die Länder so blühen zu lassen wie unseres.

Solche nach Schumpeter so genannten Basisinnovationen zerstören erst die alte Welt und ermöglichen einen Weltneubau in modernerer Art. Erst vernichtet das Neue die alten Berufe. Dann ermöglichen neue Infrastrukturen neue Technologien, neue Produkte und neue Berufe.

Während dieser Zyklen kann man regelmäßig eine lange zähe Abschwungphase des Zusammenbruchs des Alten beobachten und danach eine eher noch längere Phase des positiven Wandels der Welt zum Neuen. Die erste Phase ist durch Überlebensangst geprägt, die zweite durch Wachstumseuphorie. Das sind zwei Hauptzustände der Turing-Gesellschaft!


## Phasic Instinct

In den Zuständen des Überlebenskampfes (I) und der Wachstumseuphorie (II) sind die Normalzustände schneidend anders definiert.

- Menschen sind faul (I) oder wollen blühen (II).
- Jugendliche bei Abweichungen härter bestrafen (I) oder liebevoller erziehen (II).
- Qualität ist das vertraglich Zugesicherte (I) oder Exzellenz (II).
- Wettbewerb und Individualität (I) oder Gemeinschaftsarbeit (II).
- Loser-Winner oder „alle im Team"
- Arbeitsverdichtung durch Stress (I) oder entspanntes kreatives Arbeiten (II)
- Darwinismus fördert Innovation durch Auslese (I) oder freie Forschung durch geniale Einfälle (II).
- Ausbildungsverkürzung (I) gegen Mehrbildung (II).
- Ausbildung zum Zweck (I) oder Kulturbildung (II).
- Ständige Neuausbildung zu wechselnden Zwecken (I) oder Grundbildung für lebenslanges Menschsein (II).
- Staat soll sich heraushalten (I) oder Staat soll Infrastruktur aufbauen (II).
- Härtere Gesetze (I) oder wenig Gesetze unter allgemeinem Vertrauen
- Wirtschaft ist fairer Lebenskampf (I) oder dient der allgemeinen Prosperität (II).
- Gewerkschaften retten sich selbst (I) oder erringen leichte Siege um Lohn (II).

Sie können sicher noch viel mehr Gegensatzpaare dazuschreiben.

Insgesamt schaut heraus:

Im Abschwung fühlt der Bauch den Grimm – und formt das Denken nach diesem Bilde: Es kommt zum „Kampf um das Überleben", wie das Ringen um den individuellen Vorteil zu Lasten anderer genannt wird. Dieser Kampf wird als Normalzustand definiert, die Notwendigkeit von Effizienz und Gewinnstreben wird unter natürlicher Auslese semiwissenschaftlich verbrämt. Der Kampf wird zunehmend härter und mit allen Mittel geführt. Bilanzskandale und Haftungsklagen zeigen den allgemeinen Verfall an, der eigentlich durch die Definition des Normalzustandes „Wettbewerb ist notwendig" eingeleitet wird. Der Bauch wollte Grimm und bekommt Grimm.

Im Aufschwung fühlt der Instinkt Frühlingsgefühle und frohlockt. Alles gelingt, Fehler lassen sich im Wachstum ohne Blessuren ausgleichen. Die Grundbedürfnisse sind schnell erfüllt – und es ist klar, dass der Mensch von der Natur her von Gott zu einem Wesen bestimmt ist, das im Himmel zu leben würdig ist. Jeder Luxus muss nun her, weil dann die Wirtschaft brummt. Der Irrsinn des Luxus wird eingeleitet durch den Normalzustand „aufwärts".


## Denken und Zustände

Mein Buch hierüber sollte Phasic Instinct heißen, aber es wurde ein deutscher Titel gesucht, der nun *Abschied vom Homo Oeconomicus* lautet.

Ich habe darin herausgeschält, dass die Zustände das Denken mehr determinieren als Logik oder die Naturgesetze. In verschiedenen Zuständen des Bauches ändert sich fast der komplette Satz unserer als wahr empfundenen ökonomischen oder philosophischen Glaubenssätze.

Dazu steht in absolut krassestem Gegensatz die Grundannahme der Ökonomie, dass der rationale, egoistische Mensch seinen Nutzen innerhalb seiner Präferenzen maximiert, die sich über die Zeit nicht stark ändern. „Homo Oeconomicus".

Ich habe gezeigt: Menschen und ihr Denken ändern sich hin und her, je nachdem in welchem Zustand die Ökonomie ist. Es ändern sich nicht nur die Präferenzen, welches Gut wertvoller ist als ein anderes. Auch der Egoismus und die Rationalität sind ja Gegenstand der Veränderungen. Beide schwächen sich ja im Aufschwung zugunsten des Wir-Gefühls und der fühlenden Harmonie ab. So gesehen ist die heutige Ökonomie und ganz bestimmt das Management und seine praktizierten Methoden eher eine Lehre für den Abschwung im Stress, wo sich die Frage nach der effizientesten Mittelverwendung viel stärker stellt. Eine solche Ökonomie gibt eher nur Antworten auf das verdrängende Wettbewerbsleben im Jammertal.

Religion und Philosophie aber denken – Ökonomie hin und her – über das grundsätzlich Gute im Menschen nach und träumen davon, dass sich der Mensch im Abschwung genau so nett benimmt wie im Überfluss. Nein, der Mensch wird im Abschwung schlecht!

Beide Seiten verstehen nicht, dass ihr Denken verschiedene Prämissen hat.

Da es nun einmal diese langen Kondratieff-Wellen gibt, diese langen Konjunkturzyklen mit ihrem langen Auf und ihrem langen Ab, so haben die Turbo-Effizienz-Ökonomen des

Wettbewerbs eine lange Zeit im Gesellschaftszustand I Recht. Im Zustand II haben diejenigen Denker Recht, die auf Gemeinsamkeit, Werte und Vertrauen setzen.

Weil sie alle paar Jahrzehnte durch den Lauf der Dinge einmal sehr deutlich Recht bekommen, weil die neue Basisinnovation gerade ein Auf oder ein Ab beschert, so glauben sie fest für alle Zeit, dass ihre „Theorie" die richtige und vor allem die überlegene ist. Dabei gibt es gar keine ewigen richtigen Theorien, sondern immer nur bestmögliche Gedanken in einem jeweiligen Zustand I oder II. Böser ausgedrückt: Wir leiden dauernd unter dem Tunnelblick unserer Bauchprämissen, die das Auf und Ab in unserem Instinkt widerspiegeln. Unter diesem Tunnelblick sehen wir gar nicht viel von der Welt, sondern nur das jeweils jetzt Nützliche.

Sollten wir mehr sehen wollen? Können wir das? Ist es überhaupt nützlich, mehr zu sehen? „Was ich nicht weiß, macht mich nicht heiß." Sollen Jugendliche etwas über Renten wissen? Unternehmen in schwerer See etwas über Bankrott? Ringende Krebskranke über den Tod? Ist es besser, einen fokussierten Blick zu haben wie das Pferd die Scheuklappen? Oder ist der Mut besser, immer alles sehen zu können und zu ertragen, was wir erblicken?

Genesis:

29SJhe/sieben reiche jar werden komen in gantz Egyptenlande. 30Vnd nach den selben werden sieben jar Thewrezeit komen/das man vergessen wird aller solcher fülle in Egyptenlande/Vnd die Thewrezeit wird das Land verzehren/31das man nichts wissen wird von der fülle im Lande/fur der Thewrenzeit/die her nach kompt/denn sie wird fast schwer sein...

Der Sehende sieht im Aufschwung das kommende Leid und er fürchtet sich nicht im Jammertal, das er durchschreitet. Neben dem Einzustandsmenschen, der wie ein Befehlsempfänger aussieht – gibt es auch den Weisen, der gelassen den Weg geht.

Der Weise ist einfach, der Sklave simpel, die böse Welt komplex. Sie pendelt um das Weise herum. Phasic Instinct.

# Kapitel 6
# Bluepedia

Bei IBM machen wir mit Enterprise 2.0 so langsam ernst. Wir wollen mehr als Community arbeiten, nicht so sehr als Organisation. Dieser Unterschied zwischen Prozessen und Jobrollen einerseits und Arbeiten in Netzwerken wird zum Glück noch gar nicht so gut verstanden. Aber es wird doch am Ende eine Kulturrevolution, oder? Machen Sie mit?

## Grundsätzliche Gedanken über internes Wissen

In dieser Kolumne will ich erzählen, wie ein kleines Team in einem großen System eine Innovation zum Fliegen brachte. Das geht, hier kommt der Beweis. Sie werden gleich lernen, was Sie beachten müssen. Hauptsächlich, dass Sie Diskussionen vermeiden sollten und Meetings sowieso – und wahrscheinlich auch Businesspläne aller Art, die Sie zwingen, im Chaos sich ändernder Bedingungen genau so zu agieren, wie Sie sich das am Anfang dachten. Hey, wenn es nur darum ginge, Businesspläne getreu umzusetzen, dann müsste jeder von uns relativ leicht Millionär werden können! Es geht aber um normales zielstrebiges flexibles Handeln inmitten eines großen Lernprozesses! Wer einem Plan folgt, lernt ja nicht aus junger Erfahrung, sondern er exekutiert nur sein armes Projekt ganz und gar. Was ist das für ein Hochmut zu denken, man könnte Innovationen planen und dann ohne jegliches Lernen Erfolg haben?

Ich hatte mir schon lange in den Kopf gesetzt, ich müsste in der IBM eine Wikipedia haben. Genau dieselbe wie im Internet, womit jeder arbeitet. Wir müssten für jeden Mitarbeiter, für jeden Kunden, für jedes Fachwort, für jedes Computerteil, für jede Beratungsmethode Artikel haben, außerdem für jede beliebige Dreierbuchstabenkombination erklären, welche verschiedenen Bedeutungen sie in der IBM hat. Es ist nämlich schwer, in Firmenintranets irgendetwas zu finden. Das sagen alle großen Firmen. Ich glaube, es liegt daran, dass wir im Firmenintranet Wissen suchen, aber es werden meist nur irgendwie werbende Informationen dort gespeichert. Die Intranetseiten werden in fast allen Firmen mit einer bestimmten Absicht erstellt. Eine Absicht kann sein: Mitarbeiter motivieren, die Vorzüge der neuen Organisation erklären, Reklame für ein neues Produkt machen, damit andere es verkaufen. Ohne eine solche Absicht oder einen wichtigen Grund DARF man ja nichts ins Intranet stellen! Es muss ja beim Antrag einen „Business-Nutzen" haben oder einen Befehl geben – sonst setzt sich kein Designer hin und kreiert eine fetzige Message in Hype-Weichzeichner-Sprache und Firmenlogoaquarell.

G. Dueck, *Dueck's Jahrmarkt der Futuristik,*
DOI 10.1007/978-3-642-55371-4_6, © Springer-Verlag Berlin Heidelberg 2014

Wenn Sie aber Wissen im Intranet suchen, dann wollen Sie oft Absichtsfreies finden – ganz einfaches, stinknormales Wissen! Das kann eigentlich nicht da sein – das habe ich eben ja erklärt. Sie werden zum Beispiel bestimmt 100 Internetseiten finden, die jubeln, wie gut die Bezahlung in Ihrer Firma ist, aber keine simple Tabelle mit Euro-Zahlen drin. Verstehen Sie? Dieses Absichtsvolle möchten wir nicht so gerne haben. Wir hören in Gedanken, wie jemand sagt: „Wir sollten in dieser Sache nicht zu transparent sein." – „Diese Wahrheit könnte zu hart sein, wir wollen keine schlafenden Hunde wecken, nachher haben wir aufgeweckte Mitarbeiter…" Wir spüren, dass das Offizielle mit Informationen bevormundet und kein „Wissen" ist, was wir für die Arbeit aber brauchen.

Deshalb brauchen wir eine Wikipedia. Für das echte, nutzbare, absichtslose „unvermittelte" Wissen. Warum aber eine Wikipedia? Warum nicht etwas anderes? Aus meiner Sicht hat die Form der Wikipedia einen entscheidenden Vorteil, der leider für Controllerartige und Kommunikationsabteilungsleiter nur schwer zu verstehen ist und vielleicht nie wirklich zu schlucken: Man kann Artikel nach und nach schreiben, bis sie irgendwann einmal gut sind. Einer fängt an und schreibt einen Satz zu einem Stichwort, dazu einen Link im Intranet oder Internet, wo mehr dazu steht. Er will das selbst nicht abschreiben oder umschreiben, er meint, der Artikel zeigt erst einmal, wo man etwas findet. Das ist fürs Erste schon mal ganz gut. Jemand liest es danach und verbessert ein bisschen. Ein Dritter seufzt und schreibt mehr dazu. Der Artikel entsteht als Baby, wird gepampert und langsam erwachsen. Diese Weise steht in vollkommen hartem Gegensatz zu der hochoffziellen Hochglanzkommunikationspraxis der Unternehmen, nur 100 Mal sorgsam Abgeklopftes und Abgestimmtes und unbedingt Richtiges zu publizieren, wozu es oft fast unkenntlich gemacht werden muss.

Genau dieser Aufwuchsmodus für Artikel aber ist entscheidend! Denn Mitarbeiter können gar keine perfekten Artikel schreiben. Informatiker doch sowieso nicht, oder? Die meisten Workoholics haben auch keine Zeit, einen Nachmittag über einem Artikel zu sitzen. Außerdem weiß ein Einzelner gar nicht genug, um einen guten Artikel zu schreiben. Das ist der Grund, warum die offiziellen Seiten oft so schwammig sind! Es ist viele Male schwerer, ein Produkt gut zu beschreiben als es über den Klee zu loben. Es ist noch viele Male mehr schwieriger, zu beschreiben, wie genau man etwas tun soll als zu proklamieren, „dass wir uns vornehmen wollen, doppelt so viel Erfolg zu haben wie der Markt". Versuchen Sie einmal, im Geiste einen perfekten und 100 % korrekten Artikel über SOA oder „Cloud Computing" zu schreiben. Können Sie das? Wer kann es überhaupt? Wie lange würde das dauern? Wie viele Bücher muss man selbst dazu geschrieben haben? Trauen Sie sich je so einen Artikel zu? Ich nicht. Aber ich kann anfangen. Sie auch! Wir alle können die ersten Sätze formulieren und nach und nach schreibt jeder sein Mehrwissen dazu. Der Artikel erwächst aus uns allen. Jeder hat sein Körnchen beigetragen. Keiner hat lange dran gearbeitet. Jeder fühlte Schaffensfreude. Jeder hat gelernt. Das ganze Wissen der ganzen Wikipedia wird sein eigenes Baby bleiben, auch wenn es bald erwachsen wird.

Fazit: Ganze Artikel schreibt „KEINER". Zusätze an Artikelbaustellen schreiben „VIELE" (leider längst nicht alle). Deshalb funktioniert der Wikipedia-Ansatz und ein andersartiger nicht. Ärger wird es erst später geben, wenn dann wieder Leute mit Absichten kommen und Wissen aus dieser ihrer Absicht heraus fälschen. Das betrauern wir bei der Wikipedia, aber in einer firmeninternen Version steht ja die Personalnummer des Autors dabei, das sollte genug sein.

# Umsetzungsvorangst

Wenn Sie es ertragen können, planen Sie einmal im Geiste solch ein Projekt in einer großen Firma. Wenn Sie Geld dafür beantragen, kommen sofort solche Fragen:

- Gibt es schon internationale Studien über den quantifizierten Nutzen?
- Wie findet man automatisch Fehler in Artikeln und bestraft die Autoren?
- Werden Mitarbeiter das Management in Artikeln schmähen?
- Wer darf überhaupt schreiben – muss man vorher Lehrgänge bestehen?
- In welcher Sprache? Dürfen die Mitarbeiter in Muttersprache schreiben oder zwingen wir sie, alles gleich in Englisch zu verfassen?
- Gibt es Handbücher, wie perfekte Artikel aussehen?
- Müssen wir nicht Templates und Formblätter entwickeln, damit alle Artikel gleich aussehen und sich nur minimal im Inhalt unterscheiden?
- Was passiert, wenn jemand etwas Vertrauliches hineinschreibt?
- Wer bezahlt das alles – erst muss doch geklärt werden, wer die Enzyklopädie voraussichtlich benutzt. Die Bereiche, die selbst viel schreiben, müssen weniger zahlen als die, die nur abschreiben. Welche Rabattstaffel?
- Wie viel darf es überhaupt kosten? Gibt es schon Institutionen, die damit Erfolg hatten?
- Wer leitet das Projekt und warum? Wie ist die Mission des Projektes definiert?
- Wie müssen internationale Kommissionen global besetzt sein? In welcher Parität? Sind alle Minderheiten eingebunden?
- Was passiert, wenn alle Mitarbeiter nur noch am Lexikon arbeiten, aber ihren Job dafür völlig vernachlässigen?
- Ist es sicher, dass so ein Lexikon überhaupt entsteht, weil ja keiner Zeit hat, dort etwas zu schreiben?

Wenn Sie in normalen Organisationen diese Fragen alle gut beantworten können, dürfen Sie mit dem Rest der dadurch eingehandelten Sisyphusarbeit anfangen. Der Fragenkatalog entsteht mehr oder weniger immer in dieser selben Weise, ob es sich nun um ein Lexikon handelt oder eine Gesundheitskarte oder eine gemeinsame Datenbank der Bundesländer zur steuerlichen Erfassung von Zierfischen („Welches standardisierte Überschlagszählverfahren wird für Guppyeier verwendet?"). In allen Fällen wird nie wirklich angefangen. „Wir sind uns im Ziel sehr einig. Wir wollen XY. Wir gehen energisch in die Umsetzung, wenn die rechtlichen Fragen geklärt und die Pflichten verteilt sind. Wir brauchen dazu noch den Buy-in von allen Minderheiten, die wahrscheinlich nur darauf warten, später kostenlos auf den fahrenden Zug aufzuspringen."

Merken Sie, wie Ihr Geist matt wird und Sie schon in vorängstlichem Grauen aufgeben? Die obigen Fragen verstricken ein ganz simples Vorhaben in die Gesamtkomplexität des ganzen Unternehmens. Alles, was das Unternehmen berührt, verwebt sich in ihm und erreicht fast unmittelbar darauf das gleiche Komplexitätsniveau wie das Unternehmen selbst. Innovation aber muss einfach bleiben, sonst stirbt sie. Deshalb muss sie eine Weile unter Glas gehalten werden. Alle im Unternehmen dürfen zusehen, wie die Innovation wächst, aber sie müssen dabei immer schön hinter dem Glas bleiben – auf der anderen Seite.

## Zeitfenstergeduld und Vorratsmarketing

Man sagt, das Timing muss für eine Innovation stimmen. Das ist viiiieel wahrer als Sie wahrscheinlich zu glauben bereit sind. Sehen Sie es so: Die Menschheitsgeschichte teilt sich in zwei Abschnitte, vor Christi Geburt und danach. Bei Innovationen teilt sich die Zeitachse ebenso in das Vorher und Nachher. Vorher sagen alle Techies entsetzt: „Das geht nicht." Und nachher sagen sie gelangweilt: „Das gibt es schon." Dazwischen ist (Mathematiker mal wegsehen) nur so etwa eine Sekunde. Diese Sekunde heißt „Window of Opportunity". Es geht also um das so genannte Timing.

Das Beste ist, Sie haben eine Innovation fix und fertig in der Tasche und warten, bis die Stunde dieser Innovation geschlagen hat. Leider meldet sich diese Geisterstunde nicht von selbst. Sie müssen es also irgendwie hören, wenn es „klingelt". Das ist eine Art Kunst. Innovation ist heimlich und grausam, wissen Sie? Sie geht leicht an Ihnen vorbei, wie der Gral an Lancelot.

Die Stunde einer Innovation schlägt immer nachts, weil die meisten Unternehmen dann schlafen.

Ich mache es seit einigen Jahren so, dass ich als Vorratsmarketing von meiner geträumten Innovation immerfort begeistert erzähle, auch wenn die Menschen um mich herum müde abwinken und ihre Ruhe brauchen. Daran merke ich, dass wir noch vor dem günstigen Zeitfenster und vor der alles entscheidenden Sekunde leben. In dieser ganzen Zeit werde ich natürlich ausgelacht und als Hofnarr von IBM tituliert. Das muss ich leider aushalten. Es ist nicht so gemütlich, wie Sie denken. Viele von Ihnen machen da ja mit. Jedenfalls lachen alle über mich und die Zukunftsmusik.

Aber dann, eines Tages, sagt einer: „Da gibt es schon so etwas, das ist gar nicht neu, was Sie sagen." – Oder: „Da und da müsste etwas sein, ich schicke dir den Link." Und wie durch Zauberhand beginnt sich die Innovation zu regen. Jetzt beginnt ihre Zeit. Das geht weltweit fast ganz synchron vor sich, manchmal könnte man schon an morphogenetische Felder glauben. Jetzt muss schnell und professionell gehandelt werden!

Wikipedia gab es schon lange, und es ist mit der Zeit immer erfolgreicher geworden. Ich war schon dran, als da noch ein paar hundert und wenige tausend Artikel waren, ich beobachtete fasziniert über längere Zeit den Artikelzähler. Ich begann, die Wikipedia zu nutzen, auch heute noch gebe ich hinter Suchwörter bei Google sehr oft noch zusätzlich „wiki" ein, dann finde ich gleich, was ich suche. Seit zwei oder drei Jahren habe ich auch die Offline-Version auf meinem Thinkpad, so ist die Wikipedia immer bei mir.

Die Idee aber, eine Wikipedia im Unternehmen einzusetzen, lag der normalen Menschheit noch fern. Anfang 2005 wurde ich gebeten, für das Buch *WikiTools* von Anja Ebersbach, Thomas Glaser und Richard Heigl ein Vorwort zu schreiben, da ließ ich mich über den Unterschied der Systeme aus. Zur Sicherheit habe ich das Buch sogar echt gelesen – Klasse! Und ich verstand die verschiedenen Implementierungsmöglichkeiten verschiedener Softwarelösungen. Mit diesem Wissen predigte ich weiter. Und immer lauter. Bei IBM begannen viele, mit Abteilungswikis zu experimentieren, was nicht wirklich gut klappen kann, dachte ich. Ich schaute mir etliche an. Nein. So nicht. Bei Abteilungswikis muss man doch wieder *vollständige* Artikel eingeben. Die Artikel sind da oder nicht. Sie erwachsen nicht aus Einzeilerbabys. Viele Artikel in kleinen Wikis von kleinen Firmenbereichen werden nie gelesen, das ist unökonomisch und führt langfristig zum Tod. In einer umfassenden Wikipedia für Massen von Nutzern werden die Artikel aber wegen der Unzahl von Nutzern wirklich gelesen und verändern sich damit auch, weil sie überarbeitet werden. Der Autor sieht es und merkt, dass seine Saat aufgeht. Eine Wikipedia muss sehr groß sein, für alle – sonst skaliert das Business Modell nicht. Das ist ein Punkt, den man nur nach längerem Nachdenken versteht und den man nicht ganz mehrheitsfähig erklären kann. Web 2.0 muss eine kritische Mindestmasse haben! Deshalb können Sie nicht erst einmal klein anfangen.

Weiterpredigen! Im Oktober 2006 passierte es: Der für mich zuständige Operations-Manager Rainer Laier nickte zur Idee und schlug vor, „mal was zu machen". Das ist wie ein geschenkter Elfmeter gewesen. Ein Ops-Mgr hat ja die Finanzen! Er hatte aber Zweifel, ob die Idee von den Mitarbeitern mitgetragen würde. Da vereinbarten wir, das ich in meiner Intranet-Kolumne *Wild Duck Forum*, heute *WildDuck-Blog*, einen Aufruf schrieb. Der hieß *Ich möcht' so gern 'ne Wikipedia* und ging an die derzeit 1800 Abonnenten. Ich bat darin um einen Kommentar. „Wollt Ihr das?" Ich bekam alle paar Sekunden neue Kommentare und erstickte in Mails. Das war der einzige Tag in meinem Leben, an dem ich nur pauschal mit Danke und einer Zusammenfassung auf Mails antwortete. Die Kommentare der IBMer waren sehr gemischt. „Hurra!" überwog ganz deutlich, dann ein guter Teil „Gibt es schon!" und auch viele der Form „Das wird man nicht erlauben. Nie! Vielleicht Dir. Versuche es und geh in den Tod, wenn Du es auch nicht schaffst, dann geht es echt nicht. Vorgesetzte werden nicht dulden, dass Du eine demokratische Struktur in die Firma einziehst." Die letztgenannten Mails kamen natürlich von Leuten, die schon erfahrener waren und die Fragenliste aus dem zweiten Abschnitt dieser Kolumne kannten. „Solche Projekte sterben überall wie die Fliegen." Das weiß ich ja, aber nur die, die sich auf die normalen Prozesse einlassen – so dachte ich bei mir. Und ich werde es ja ganz sicher ohne Prozesse durchführen.

Ich hängte alle Antworten anonym zu einer zwei Meter langen Mail zusammen und schickte sie an meinen damaligen General Manager Rudolf Bauer. Ich bekam jetzt nicht gleich ein grünes Licht, aber einiges Wohlwollen und dann ein paar Wochen später am Abend beim Bier doch so ein seufzendes Ja, welches ich letztlich wieder der Fürsprache von Rainer Laier verdanke, der bis heute noch hilft, obwohl er längst Geschäftsführer einer IBM-Teilgesellschaft ist.

Jetzt musste es nur noch umgesetzt werden! Das ist nicht so einfach! Ich brauchte ja Hilfe von Techies und von normalen ehrenamtlichen Mitarbeitern, die mit mir zum Projektanschub eine Menge Artikel schreiben.


## Technologieauswahl und Programmierung

Das ist ein heikles Thema: Auf welcher Technologie bauen wir es auf? Meine Meinung war, dass wir nicht einen einzigen Gedanken darauf verschwenden. Wir bauen es einfach so wie die Wikipedia, die ja irre erfolgreich ist. Warum Fehlerquellen einhandeln? Das beschloss ich also einfach selbst vorab. Ich wusste nicht, wer das programmieren kann und ich rief spontan in Regensburg bei den Autoren von *WikiTools* an. „Wollen Sie das nicht übernehmen? Als Praxisteil Ihrer Dissertation?"

Ich habe ja gerade erklärt, dass sich innovative Gedanken wie morphogenetische Felder ausbreiten (Ich glaube aber überhaupt nicht an diese Theorie, bitte keinen Protest mailen! Ich stelle mir das nur so vor!). Deshalb war das Window of Opportunity nicht nur in Stuttgart oder Heidelberg, sondern auch in Regensburg aufgegangen. Die Autoren schickten sich gerade an, ihre Firma HalloWelt zu gründen, die jetzt schon einen Stand auf der CeBIT 2008 hat. Sie sagten spontan JA. Wir vereinbarten, trivial die MediaWiki Software zu benutzen und alles so zu bauen, wie es alle Mitarbeiter von IBM von der Wikipedia gewohnt waren. Fertig und Punkt. Die Technik ist nicht das Problem, sondern die Community für die Artikel!

Ich bin ziemlich sicher, dass aus dem Projekt nicht so richtig etwas geworden wäre, wenn ich dafür noch groß überlegt hätte oder andere Techies um technologischen Rat gefragt hätte. Normale Techies haben total Angst, etwas mit falscher Technologie zu bauen. Sie haben leider auch viele Fragen an Projekte, genau wie die Manager. Genau so schwere Fragen, die man lieber nicht beantwortet, sondern deren Antworten man im Laufe des Projektes erfährt und unmittelbar nutzt. Auch Techies denken zuviel bei ihren Innovationen, genau wie das Management und die Geldgeber. Sie grübeln so:

- Welche Technologie ist die beste?
- Welche hat am meisten Zukunft?
- Wie steht sie zu Linux?
- Wie passt sie in das IBM Software Konzept?
- Darf man etwas anderes als von IBM nehmen?
- Wird es Proteste geben? Kann man sich dann blamieren?
- Gibt es das schon woanders? (Immer: JA!)
- Warum erfinden wir das Rad neu? (Weil wir das jetzt erstmals richtig machen!)
- Scheitern wir nicht auch, wie alle anderen?
- Was sagen wir den Kollegen, die schon Abteilungswikis haben? (Sollen bei uns mitmachen!)
- Desavouieren wir Kollegen, die schon was vor uns machten?
- Müssen wir nicht höflich mit einem Neubeginn warten, bis alles andere ein Misserfolg wird?
- Was sollen wir sagen, wenn uns jemand Vorwürfe macht?
- Was sagen wir, wenn jemand sagt, wir haben nicht die allergeilste Technologie? Müssen wir nicht erst weltweit suchen?
- Können wir uns alle bei dem Projekt in neuer Technologie weiterbilden? Werden wir als Meister gesehen, wenn wir so ein schweres Projekt stemmen? Bietet das Projekt technologische Selbstverwirklichung?
- Das Projekt darf erst begonnen werden, wenn die Technologie einstimmig im Team verabschiedet wird.

Techies wollen zuallererst der Beste sein, danach kommt erst das Projekt. Zum Zweiten muss es so sein, dass keine Kritik kommt. Außerdem darf keiner gekränkt werden – und das muss so sehr ausgeschlossen werden, dass man auf keinen Fall in die Zwangslage kommt, etwas Menschliches kontrovers diskutieren zu müssen. („Windows" versus „Linux" kann schon bis aufs Messer besprochen werden, nur nicht dieses andere, ganz Weiche!) Die dadurch implizierten Bedingungen sind genauso schlimm wie „mach' mindestens moderat Gewinn noch in diesem Quartal" oder „beachtet alle Vorschriften, auch die geheimen und unbekannten, ich will keinen Ärger".

Ich habe an diesem Punkt einen zweiten Beitrag im Wild Duck Forum geschrieben, in dem ich mein Vorhaben beschrieb und um ehrenamtliche Mitwirkung bat. „Wer hilft beim Aufbau? Wer gibt Herzblut?" Auf diesen Anruf hin meldeten sich fast 50 Mitarbeiter, querbeet durch alle Bereiche. In einem ersten Conference-Call bestand ich fest auf meinem Beschluss („Ganz genau wie Wikipedia und mit HalloWelt."). Daraufhin sprangen etliche ab, die sich Technologiekenntniserwerb versprachen. Das tat uns allen leid, aber sonst geht es nicht… Sie sehen das ja alles an Ihren Projekten – wie sie an solchen Fragen oft ganz zerschellen.

## Managing Voluntary Organizations

Ich will die ganze Zeit schon das berühmte Buch *Understanding Voluntary Organizations* von Charles Handy lesen. Ich bin so gespannt! Aber es erscheint erst in ein paar Wochen in einer Update-Fassung unter dem Titel *Understanding Nonprofit Organizations*. Wenn man ein Projekt wie dieses hier mit Freiwilligen leiten will, dann ist es eben „ehrenamtlich". Ich habe keinerlei Arbeitskosten, aber ich darf nicht zu sehr drängeln und nichts befehlen. Die Arbeit muss sinnvoll sein, Ruhm und Ehre eintragen und Spaß machen. Sie muss in freundlichem Klima stattfinden und muss Erfolge aufweisen. Wenn etwas fehlt, bleiben die Helfer einfach weg. Kurz: Wir alle zusammen müssen gemeinsam und freudig etwas Wundervolles bauen.

Deshalb warne ich (nicht ganz grundsätzlich, aber doch in der Tendenz) vor allen Anforderungen des Managements, vor Diskussionen mit Controllern, Rechtsabteilungen und Finanzleuten. Ich warne vor Technologie-Streitigkeiten und Systemideologien. Ich warne vor Lobbyismus und dem Einbringen von Towerinteressen. Ich fürchte mich vor Business Cases und Plänen, die Ehrenamtliches zu etwas zwingen. Ich will schon gar nicht um Geld betteln müssen, um dann Milestones und Reviews als Gegenleistung zu bekommen. Auch wenn mein Ops-Manager Geld für dieses Projekt gibt, muss er wissen, dass alles ehrenamtlich ist. Ein solches Projekt wird nur durch gemeinsam gefühlte Schaffensfreude getrieben und sonst nichts! Und diese Schaffensfreude ist stärker als alles andere und reicht vollkommen aus.

Ich sage nicht, dass keine Pläne, Interessen, Regeln notwendig sind. Wir sehen ja, dass auch die große Wikipedia solche braucht und durch Regellosigkeiten und unethische Artikel in Probleme kommt. Aber all dies darf man nicht schon am ANFANG regeln. Nur am Anfang nicht! Später geht ja alles in Großserie oder Produktion. Und dafür sind die Organisationen und Strukturen eigentlich geschaffen worden – für das Betreiben. Am Anfang aber wird nichts betrieben, sondern aufgebaut und durch den Aufbau hindurch erst richtig erlernt. Außerdem kenne ich kaum Strukturen, die das Ehrenamtliche gut würdigen und entsprechend behutsam und „lieb" managen. Ich habe das Glück oder große Privileg gehabt, dass Rainer Laier und sein heutiger Nachfolger Thomas Rittirsch mir vertraut haben (so wie Investoren ihrem Entrepreneur) – und ich habe alles daran gesetzt, ihnen keine „Baustelle" zu eröffnen, was sie zu Gegenwind gezwungen hätte. Irgendwie ging es gut, all die Formalia durch Vertrauen zu ersetzen oder zu wirklichen Formalia zu degradieren. Wenn einmal unser Projekt groß ist und echt betrieben werden muss, ja dann muss Ordnung hinein, und dann kommen die Operations-Manager immer stärker ins Spiel. Und es ist gut, wenn sie von Anfang an dabei sind, erst mehr als Zuschauer oder „Fans", um dann später das große Projekt wirklich zu übernehmen.

Ich schrieb an dieser Stelle eine Kolumne über das Momentum von Projekten. Wie bündele ich die Energien in eine Richtung, auch wenn viele verschiedene Player mitspielen? Bei normalen Projekten bündeln eventuell Investoren oder Mächtige ganz gut. In Web 2.0 Projekten sind es Begeisterung und Zuversicht für ein gemeinsames Ziel, so wie die Benediktiner glücklich arbeitend und betend die reichsten Klöster des Landes errichteten.

Ich will sagen: Ich habe die Vorentscheidungen auch im Sinne dieser Freude, des künftigen gemeinsamen Erfolgs, der Einigkeit und des Momentums wegen getroffen. Und deshalb fing für das Team die Arbeit eigentlich damit an, dass ich sagte, wir würden ein genaues Wikipedia-Analogon bauen – mit Hilfe der Firma HalloWelt, die das aber nicht ehrenamtlich betreibt, sondern professionell. Und ich betonte am Anfang immer wieder, dass dieses Projekt ein Community-Projekt sei, kein Business-Projekt und kein Technologie-Projekt. Wer Freude daran haben würde, solle bitte bitte mitmachen.

So fing es an – mit etwa 25 Ehrenamtlichen.

## Doing by Calling and Voting

So genannte „Collaborative Innovation" braucht einen Mittelpunkt, der das Team zusammenhält. Wir vereinbarten, uns jeden Montag-Nachmittag zu einem Konferenz-Call zu „treffen". Meist hatten etwas mehr als die Hälfte von uns tatsächlich Zeit, später, als es gut lief, immer weniger – zum Schluss blieben die wirklichen Herzblutmitglieder allein. Das geht immer so und ist in etwa auch mit dem Arbeitsaufwand synchron. Am Anfang werden alle gebraucht, später sind nur noch sehr spezielle Fragen offen. Zu Beginn haben wir noch etwas chaotisch nach einem Namen für unser Projekt gesucht. Ich erinnerte mich an unser damals ganz neues Gymnasium Bammental, in das unsere Tochter Anne im ersten Jahrgang eingeschult wurde. Das Gymnasium sollte einen Namen bekommen. Gestern hat Anne das Diplom in Bio-Chemie bestanden, aber einen Namen hat das Gymnasium noch nicht. Wir hatten für unser Projekt ebenso viele Ideen wie die Kleinstadt Bammental, wie unser Baby heißen sollte! Sylvia Merx hat vor der ersten Abstimmungssitzung schon per Mail geschrieben, es müsste Bluepedia heißen. Das hat uns alle sehr geprägt! Drei Wochen lang sind alle anderen Ideen daran abgeprallt wie an einem Felsen. Bluepedia!

Bald gingen wir wirklich an die Bluepedia. Wir erstellten die Hauptseite, wir erarbeiteten ein Themenportal, das ungefähr einer kompletten Landkarte der IBM glich. Die ersten von uns schrieben schon Artikel, was manchen sehr liegt, andere arbeiteten mehr an der Struktur und an einem interessanten Aussehen. HalloWelt machte Vorschläge für Designs, Farben und Logos, schrieb Hilfetexte, moderierte die Zusammenarbeit und programmierte unermüdlich Sonderwünsche in Bluepedia. Kundenfreundlichkeit über alles – für Momentum und Freude! Ich fand, wir müssten einige Hundert rote Links hineinsetzen, also Artikelüberschriften, für die ein Artikel gewünscht ist, aber noch geschrieben werden muss. Wenn wir davon einige Hundert hätten, könnten wir später bei der Öffnung zur ganzen IBM allen Mitarbeitern was zum Arbeiten an die Hand geben. Wenn wir uns Artikel wünschen, machen sie mit. Wenn wir sagen „schreibt irgendwas", tun sie's nicht. (Wir haben uns später die wichtigsten tausend Suchanfragen im IBM Intranet geben lassen und sorgen für entsprechende Artikel. Damit findet der normale Newby schon einmal etwas, wenn er auf unser Bluepedia stößt.)

Während der Anfangsarbeit gab es immer viele Diskussionen, die aber meist durch Selbstanpacken entschieden wurden. Wenn viel hin und her geredet wird, entscheidet der, der einfach anfängt und etwas tut. Herzblut entscheidet! Wir diskutierten lange, ob wir gleich in Englisch schreiben würden, weil die Techies eh alles in Englisch lesen. Das ist aber etwas anderes als in Englisch zu SCHREIBEN! Nach längeren Auseinandersetzungen entschieden wir, Bluepedia in Deutsch und Englisch parallel zu fahren. Mit Sylvia Merx und Kathleen Wolfram hatten wir zwei im Team, die ganz gutes native English sprechen. Sie arbeiteten schon mit aller Hingabe an der zukünftigen Hauptbluepedia in Englisch. Klar, am Ende würde das Englische dominieren, aber wir wollten doch auch unsere deutsche Bluepedia haben. (Ein großer Prozentsatz der Begriffe ist auch wirklich nur deutsch. (Hotels, Personalfragen, Dienstwagenanträge, Anfahrtsbeschreibungen, Hoteltipps…) Das fiel uns erst nach und nach auf, als Schweizer und Österreicher klagten, die Artikel wären zu deutsch und träfen woanders nicht den Punkt.)

Die IBM hat währenddessen geduldig HalloWelt bezahlt und mir in Peter Kasparek einen Projektleiter beigeordnet, der dafür sorgte, dass wir irgendwann tatsächlich im Intranet online gehen konnten. Ich habe keine Ahnung, wie ich das selbst hätte anstellen sollen – bei so vielen Vorschriften, die es für ein Corporate Intranet zu beachten gibt. Nach sechs oder acht Projektwochen war Bluepedia als Prototyp fertig. Nur wir 25 im Kernteam hatten am Anfang darauf Zugriff. Immer wieder schwelte die Diskussion hoch, was denn die Corporation in den USA zu unserem Projekt sagen würde. Sollten wir dort fragen? Das war der einzige Punkt, an dem ich wirklich emotional werden konnte! Der erste Grundsatz aller Innovation lautet: „Work underground as long as you can." Das glauben mir nur wenige, leider! Wenn ich mich nicht durchsetze, scheitert wieder alles! Wer bei Innovationen fragt, bekommt die Gegenfragen, die ich länglich aufgezählt habe. Es hagelt dann von allen Seiten.

Wir hielten das Projekt also irgendwie geheim (auf dem realen Level) und ich selbst erwähnte es in jeder Keynote überschwänglich als gigantisches Zukunftsprojekt, das demnächst steigen würde. Dafür wurde ich wieder als Hofnarr ausgelacht. Auf diese Weise war das geheime Projekt ohne große Gefahr ganz öffentlich. Man amüsierte sich und redete darüber, redete aber nicht in die Arbeit hinein. Das ist erst erlaubt, wenn alle verstehen, was es werden soll! Am Anfang bitte kein „Was ist denn das? Ich sehe gar nicht, was es ist, aber warum gerade so und warum überhaupt?"

Wie schon erwähnt: Im Oktober 2006 erschien der Artikel, dass ich gerne eine Bluepedia hätte. Im Februar 2007 begannen wir mit den Arbeiten. Im April hatten wir so etwa 500 Einträge im Prototypen. Jetzt warben alle im Team Freunde und Bekannte an, ebenfalls Artikel zu schreiben. Deren Zahl wuchs bald auf 1000. Ich schrieb einen neuerlichen Artikel im Wild Duck Forum an die 1800 Abonnenten. „Ich schreibe schon Jahre für Euch, jetzt Ihr einmal für mich – BITTE." Die Zahl der Einträge wuchs auf bald 2000, die Zahl der beteiligten Autoren auf wenige hundert. Wir hatten eigentlich vor, Bluepedia in der ganzen IBM Deutschland im Juni groß anzukündigen, aber wir kamen zu schnell in die Sommerpause und verschoben das auf September/Oktober 2007. Alle bemühten sich um AutorInnen. Im Juli 2007 passierte es: Einige IBMer in den USA erfuhren vom Projekt. Es waren aber schon IBM Fellows, also solche auf fachliche höchsten Positionen. Die aber sind selbst Entrepreneure und unterstützten uns – sie begannen aber, die Technologiefrage neu zu stellen. Da war sie wieder! Aber sie konnte jetzt nicht mehr so viel Momentum wegnehmen, weil unser Baby schon zu groß war. („Work underground…, you know?"). Wenn ein Projekt erst einmal läuft, kann alles gerne noch geändert werden! Das deutsche Top Management begann sich fast gleichzeitig für unser Projekt zu interessieren. „Was macht ihr da? Warum machen wir das in Deutschland, nicht in den USA?" Jemand schickte eine Mail ganz, ganz weit nach oben in die Hierarchie der IBM USA und bekam zurück: „Great, we should have this on a world wide basis." Diese Mail hatte ein cc an den Chief Information Officer (CIO), was so viel wie „gefunded" bedeuten könnte.

Seitdem überschlagen sich die Ereignisse. Ich hatte Glück, gerade im August 2007 zu einem Lehrgang in den Headquarters zu sein und hatte einen langen Diskussionsabend bei viel japanischem Essen mit meinem Freund und IBM Fellow John Cohn (weiße Haare, weißer Vollbart, Schalk in den Augen, phantastisch gut für alles Neue, schauen Sie mal bei Google Images!) und mit Will Morrison, der vom CIO für eine IBM Gesamtlösung beauftragt war. Diese Gesamtlösung wird nun seitdem gemeinsam von beiden Seiten des Atlantik aus erarbeitet. Unsere Bluepedia wird nun als zentraler Baustein in das ganze IBM Intranet verwoben, bekommt einen besseren Editor, andere Technologie darunter und wird in die Suchfunktionen der ganzen IBM integriert. Bluepedia NEW: May, 2008.

Wir mussten da ein bisschen schlucken, wir in Deutschland. Nicht viel, nicht lang, aber eben doch. Es ist so, wie wenn die Kinder plötzlich groß geworden sind und sich nun selbst weiterentwickeln, insbesondere nicht mehr genau unserem Plan folgen. Plan? Hatten wir denn einen? Nein, wir wollten nur, dass unsere Bluepedia groß wird. Das wird sie jetzt bald in den USA. John Cohn hängt sich dahinter und aktiviert die IBM Academy of Technology und deren Landesableger. Wird der Bluepedia auch ein ganz besonderer Brückenschlag zu unseren zehntausenden neuen KollegInnen in Indien und anderswo gelingen? „IBM becomes flat", um einen Bestsellerbuchtitel zu assoziieren. Verzeihen Sie mir wieder einmal Hofnarrenflausen im Kopf: Bluepedia wird unsere Firmenkultur verändern. Daran arbeite ich ja auch. Schauen Sie sich meine Rede dazu auf meiner Homepage an. Das ist mir sehr ernst, aber noch im Stadium „das geht nicht". Warten Sie nur, bald kommt „das gibt es schon".


## Bluepedia


Der IBM Deutschland-Chef Martin Jetter kündigte Bluepedia allen Mitarbeitern im Oktober 2007 an. Bis zum Jahresende stieg die Anzahl der Einträge auf ca. 3500 bei 650 AutorInnen.

Langsam beginnen seitdem ganze Abteilungen, ihr Wissen in Bluepedia abzulegen. Sie hatten erst alle Angst, weil nicht sicher war, ob Bluepedia immer bleiben würde. Bluepedia muss erst Vertrauen gewinnen! Nächste Woche bespreche ich in einer Berufsakademie (BA), ob man nicht die BA-Diplomarbeiten gleich in Artikeln abfassen könnte anstatt am Stück. Dann hinein in die Bluepedia damit! Auf diese Weise verendet das Wissen nicht überall in Schubladen! Dann hat jeder ein bisschen für das Ganze geleistet.

Kurz vor Weihnachten 2007 war das deutsche Bluepedia Team einer US-Presssekonferenz zugeschaltet. Sie hatten uns Fragen geschickt, wir hatten unsere Antworten per Web-Cam gefilmt und vorab gemailt. Bluepedia ist jetzt bei Google zu finden. Und unser CIO Mark Hennessy berichtet dort kurz über die „German Bluepedia". Wir sind mächtig

**Abb. 6.1**  Das Bluepedia Logo

stolz. Vom März zu März (ich schreibe diese Kolumne kurz nach der CeBIT) haben wir es zu einer weltweiten Innovation im Konzern gebracht. Zählerstand heute: 4100 Artikel bei 1076 AutorInnen in der deutschen Bluepedia, 3132 Artikel von 794 AutorInnen in der jüngeren englischen Version. Interessanterweise steigen jetzt seit einiger Zeit die Autorenzahlen schneller als die der Artikel. Unsere Bluepedia hat wohl als Baby mal Längen- mal Breitenwachstum. Erst legen Leute viele neue kurze Artikel an, dann schreiben Dazugekommene immer mehr hinein. Es scheint also Phasen zu geben, in denen Artikel angelegt werden und andere Phasen, in denen sie sorgfältiger ausgearbeitet werden.

Wenn ich in der letzten Zeit mal etwas nicht weiß, schaue ich bei Bluepedia nach. DA IST ES! Ich bin jetzt einige Male überwältigt gewesen. Ein ganzes Jahr habe ich mich immer als Aufbauender gefühlt, jetzt aber beginne ich, Nutzer zu werden!

UND ICH MAG ES!

Das ist eigentlich das schönste, was ich sagen kann.

Hinrich Boog, der uns im Team bei tiefen Infrastrukturproblemen immer retten kann, schrieb mir vor ein paar Tagen unter dem Titel „Erfolgserlebnis": „Heute hatte ich wieder meine persönliche Erfolgsstory: Ich sitze mit Kollegen aus Deutschland und Österreich zusammen, um an einem Projekt zu arbeiten. Der österreichische Kollege berichtet von Bluepedia, die er über das weltweite IBM Technology Adoption Program zufällig im Netz gefunden hat. Darauf erwidert mein Kollege aus Stuttgart, dass er bereits seit einiger Zeit IMMER in Bluepedia sucht, BEVOR er im Intranet die Volltextsuche benutzt."

Jetzt ist das Baby bald erwachsen. Wir müssen es nicht mehr nur füttern, es arbeitet selbst mit und hilft wiederum uns.


## Und Sie, immer noch intra-nett?

Bei uns fragen jetzt Kunden an, ob sie mal hören können, wie das alles geht. „Fast alle Projekte dieser Art schlafen ein. Nur das große echte Wikipedia da draußen funktioniert. Und Bluepedia bei Ihnen auch?"

Ich habe Ihnen nun alles verraten! Nehmen Sie Herzblut, ärgern Sie keine Freiwilligen mit langweiliger Arbeit, vermeiden Sie Meetings und endlose Diskussionen um Technologie und Finanzierungen. Zwingen Sie nichts, bauen Sie es einfach so, dass sich alle daran freuen.

Arbeiten Sie mit einem so tollen Team wie ich es durfte. Verwirklichen Sie, was man heute vage Web 2.0 oder Enterprise 2.0 Kultur nennt. Beginnen Sie Bluepedia nicht klein, sondern im Inhalt so breit wie möglich! Vernetzen Sie Ihr ganzes Unternehmenswissen…

Wenn Sie zu sehr an Projekt-Purismus und Hierarchien und Ordnungen gewöhnt sind, klingt das vielleicht fremd. „Da frage ich den Dueck, wie man abnimmt und er sagt weniger essen! Als ob es so einfach wäre!" Nein, es ist nicht so einfach.

Das Schwierigste ist, es ganz einfach zu machen.

(Drei Wörter werden im letzten Nebensatz deutlich hörbar betont.)

Zum Schluss noch unser schönes Logo (Abb. 6.1):

# Kapitel 7
# Sport – dank Technologie?

Bei Sport habe ich immer ein ungutes Gefühl, wie bei Mord – glaube ich. Ich war nie so gut darin. Ich habe mich einmal in einer stillen Stunde Faust ballend zum Gutsein entschlossen und mich ein halbes Jahr lang echt mit wachsender Begeisterung bemüht und große Fortschritte erzielt. Darauf urteilte der Lehrer final: „Von der Leistung her bist du erstaunlich verbessert und eigentlich sicher auf Note Zwei. Aber so gut warst du noch nie und ich kenne dich lange. Ich weiß gar nicht, warum das so plötzlich gekommen ist, ich habe gar nichts bei dir gemacht. Deshalb gebe ich dir noch einmal eine Drei, damit dich das anspornt." Da habe ich beschlossen, viele Jahre später im Abiturzeugnis diese Note immer noch stehen zu haben. Es glückte ohne Mühe.

## Nur das Ergebnis zählt!

Wahrscheinlich bin ich ein merkwürdiger Mensch, den andere Dinge anspornen. Ich hatte darauf vertraut, dass ein gutes Ergebnis eine gute Note garantiert. Das scheint nicht so zu sein. Sie sagten, sie würden auch gut bewerten, wenn man sich anstrengen würde. Genau das hatte ich getan! Irgendwie lehrt es mich, dass ich viel mehr über Motivation lernen muss und sie viel genauer verstehen, damit ich auch motiviert bin, wenn ich motiviert werde. Neulich hörte ich als Redner bei einem großen Konzern (ich bin immer zwei Stunden vorher da und weiß jetzt, wie es überall so ist): „Das Jahr war erstklassig und verdient eine gute Gehaltserhöhung, Leute. Aber wir wissen nicht, ob es ab heute immer und ewig so irre gut weitergeht, deshalb warten wir mit der Gehaltserhöhung noch, bis wir da ganz sicher sind, ob ihr euch auch wirklich reinhängt." Aha, dachte ich, es ist nicht nur der Sportlehrer, ich muss ihm Abbitte leisten. Motivation wird offenbar überall so gehandhabt – immer gerade andersherum, als es in den Psychologiebüchern steht, die seitenlang von Zeitnähe faseln. Gott belohnt ja auch erst nach dem Tod. Ich denke, sie setzen alle auf den Überraschungseffekt. Die Leute um mich herum waren jedenfalls überrascht. Ich glaube, das Ergebnis zählt nur, wenn es schlecht ist, weil es in diesem Fall von den Mitarbeitern stammt, sonst ja nicht…

Sagt aber das Ergebnis etwas aus? Ich bin immer einer der Kleineren gewesen (169 cm). Dafür gab es keine Gnade beim Hochsprung. Ich habe den rechten Ellenbogen splitternd


G. Dueck, *Dueck's Jahrmarkt der Futuristik,*
DOI 10.1007/978-3-642-55371-4_7, © Springer-Verlag Berlin Heidelberg 2014

gebrochen, Kugelstoßen tut mir seither weh. Es gab wiederum keine Gnade. („Keine faule Ausrede!") Ich hatte Angst vor rohen Zweikämpfen beim Fußball, da war ich nicht gerade beliebt. Ich fragte mich oft, ob das Ergebnis überhaupt etwas aussagt. Sollte man nicht die persönliche Performance messen? Oder gar nichts messen und mich so motivieren, dass ich einfach Freude am Sport bekomme? Wer Freude daran hat, dem beginnt das Besser-sein das Herz zu erfüllen und der misst sich begierig selbst! Wer Fortschritte macht, ist besessen davon, sich mit anderen zu messen! Wer keine Freude daran hat, ist öfter krank und überredet Klassenkameraden, beim Zeitstoppen früher zu drücken. Oder nehmen die Schüler heute schon Muskelaufbaupräparate, um den Abiturschnitt so gut zu bekommen, dass sie Biochemie studieren können?

Wenn Sport Herzenssache ist, muss er wunderbar sein, aber wenn die Leute nur Ergebnisse erzielen sollen, warum auch immer, welche genau auch immer, dann menschelt es überall. Und die Chemie stimmt nicht mehr.

## Bessere Ergebnisse durch Wissenschaft

Dieses Stressen der Ergebnisse macht mich ganz unruhig, wenn ich die Triumphe der Wissenschaft im Sport miterlebe. Ich habe etwa zehn Jahre professionell mathematische Optimierung betrieben und kann mich deshalb gehörig begeistern, wie man optimale Ski-abfahrten und Bobsteuerungen ausrechnen kann! Das muss eine wahre Freude für Sportler sein, die sich selbst verbessern wollen. Der Computer schaut zu und trainiert uns, er schlägt bessere Strategien vor. Wenn es heute noch keinen Fosbury-Flop gebe, würde ihn ein Computer möglicherweise erfinden. IBM Research hat Kasparow im Schach geschlagen und Roboter werden bald besser als Bayern München „am Ende einer über überhart auslaugenden Saison, weil die Spieler wegen des Hitzfeldschen Rotationsprinzips nicht genug Spielpraxis hatten".

Wissenschaftler sind auf jeden Fall die besseren Sportler. Das ist klar, wenigstens in der Theorie oder im körperlosen Einsatz. Darauf ist die Wissenschaft als solche stolz und damit jeder Wissenschaftler einzeln. Wissenschaftliche Erkenntnisse verbessern! Sie heben den Sport in eine neue Dimension.

Das ist ohne Frage schön und davon werden Sie viel mehr in den anderen Artikeln dieses Sonderheftes lesen. Leider ist es beim Optimieren oft so, dass die letzten paar Prozent fast die ganze Welt kosten. Und bei den Olympischen Spielen kommt es auch leider nur auf diese letzten wenigen Promille an. Wer mehr als zwei Prozent vom Optimum entfernt ist, kommt in der Zeitung nicht vor. Deshalb müssen alle, die im Sport wirklich gewinnen wollen, jeden Preis dieser Welt zahlen. Wenn also Wissenschaft zusammen mit dem Opfer der eigenen Gesundheit ein Prozent mehr bringt, muss jeder Spitzensportler den Preis zahlen, um das notwendige Prozentpünktchen auch für sich selbst zu sichern.

## Hohe Kosten der Sport-Optimierung

Alles entwickelt sich dahin, dass Wissenschaft den Sport sehr teuer macht.

Niemand kann mehr Ski-Weltmeister werden, der nicht ganze Sportinstitute zur Analyse dabei hat. Der Motorsport ist schon durch und durch von der Technologie und vom Management her optimiert. Die Fahrer bekommen vom Computer Anweisungen, welche Reifenstrategie sie fahren sollen. Haben die Schwimmer unter den Badekappen schon Empfänger, die ihnen Traineranweisungen durchgeben – wie bei der Formel 1? „Wenn du jetzt nicht den richtigen Wendehals machst, geht es gleich den Bach runter." Beim Eislaufen der optimierten Schenkelgrazien rennen die Trainer brüllend und stolpernd mit, weil sie immer entsetzt auf die Stoppuhr starren und die Läuferin kaum mit ansehen können. Bobbau ist Wissenschaft! Skikonstruktion ist Kunst. Die Läufer tragen fast durchsichtige Laufanzüge aus Natursaitling, wenn es um die Wurst geht. Bald werden Stadien auf Funktürmen errichtet, damit Rekorde in Höhenluft leichter fallen.

Wenn also Wissenschaft und Technologie das Siegen und damit auch den Sport andauernd verteuern, müssen Geldgeber oder Sponsoren für ihn gefunden werden. Die aber geben das Geld nur für Siege – und bestimmt nicht einfach so. Siege aber erringt man nur durch noch mehr Wissenschaft und noch bessere Technologie.

Wenn also Geldgeber in den Sport kommen, die die Technologie und die Wissenschaft finanzieren, dann öffnet sich ein Fass ohne Boden. Die Finanzlage eskaliert. Ein immer größeres Rad muss gedreht werden, damit immer noch ein Zehntelprozent-Punkt den wieder neuen Vorteil sichern kann.

## Hohe Kosten führen zu Unethik

Das letzte i-Tüpfelchen der Optimierung kostet die Welt. Da fällt mir Sigmund Freud wieder ein: „Es gibt ebenso wenig hundertprozentige Wahrheit wie hundertprozentigen Alkohol." Und Einstein sagt Ähnliches über den Energiebedarf beim Annähern an die Lichtgeschwindigkeit. Im Klartext: Noch mehr Wissenschaft und Technologie bringt keinen sinnvollen Gewinn mehr, auch nicht mit allem Geld der Welt.

Spätestens in dieser aussichtslosen Lage fällt Menschen ein, dass die Lage nicht ausweglos ist: Man kann zum Beispiel schummeln.

Normalerweise lohnt sich das Schummeln nicht, weil das Erwischtwerden zu teuer ist. Warum in der Firma einen Kuli stehlen und damit die Kündigung riskieren? Warum die Essenseinladung auf Reisen verschweigen, um 10 € Tagessspesen zu erschwindeln? Der Boss sieht dann ein Foto von der Fete im Internet und wir sind dran. Nein, das lohnt sich nur für Leute, die es sticht und die den Kitzel brauchen. Wenn sich im Kleinen das Schummeln lohnen soll, muss man sich fast schon ein vorgegaukeltes Leben konstruieren, in dem man dann künstlich verharren muss, um die Früchte des Schummelns ungestraft ernten zu können.

Wenn aber das letzte Prozentpünktchen beim Sport die Welt kostet, dann muss das Schummeln relativ attraktiv werden. Nicht nur das Schummeln – gegen das Unendliche der Kosten wird alles ohne Ansehen der Moral attraktiv. Alles! Man sagt: „Nun ist jedes Mittel recht."

Wenn also ehrliche Technologie im Verhältnis zu dem, was sie an Mehrnutzen bringt, zu teuer wird, erzeugt sie automatisch das Unehrliche. Das werden Sie nicht gerne lesen oder hören wollen. Aber wenn etwas Unehrliches risikolos spottbillig gegenüber unendlich teurem Ehrlichen ist? Was passiert dann wohl? Daran ist das Ehrliche nicht direkt schuld, aber das zu teure Ehrliche erzeugt das Unehrliche einfach ganz logisch. Wer aber das Unehrliche nun ganz und gar nicht will, soll das Ehrliche nicht zu teuer machen. Das macht sich das Ehrliche nicht klar. Er sieht nicht, dass teures Ehrliches das Unehrliche herbeiruft. Ist Ehrliches damit nicht doch eigentlich schuldig, wenn es die Unehrlichkeit nur verachtet, aber nicht sieht, dass es selbst zu teuer ist?

Wenn also Gucci-Handtaschen das Hundertfache kosten, kommen die Fakes. Wenn es für ein Tor eine Millionenprämie gibt – so ist das eine Aufforderung, mit dem Schwalben und Blutgrätschentraining zu beginnen. Wenn die Weltmeisterschaft im Fußball durch einfache „Hurensohn-Zurufe" errungen werden kann, ohne dass sich der Zuschauer vor den Kopf gestoßen fühlt – dann lernen die Sportler jetzt auch die Schmähungen in allen Sprachen. Nur Ritter Ivanhoe hält im Kampf auf Leben und Tod inne, wenn dem Gegner durch Pech das Schwert entfiel: „Heb es auf." Das war früher, als es darum ging, wer der Beste ist – und nicht, wer gewinnt.


## Das Gefangenendilemma


Wenn das Unehrliche in Betracht gezogen wird, weil es tausende Male billiger das nächste Prozentpünktchen erzielen kann, dann kommt es bald zu ersten Sündenfällen.

Danach brechen die Dämme fast planmäßig und zwangsläufig. Normalgebildete sagen dann: „Wenn ich es nicht selbst tue, tut es ein anderer. Ich kann nichts tun. Ich muss mittun. Ich bin unschuldig." Sie als Diplom-Leser sollten aber dazu die Theorie kennen, die „heißt" Gefangenendilemma.

Darüber habe ich viel in meinem letzten Buch geschrieben und daraus die letzten Entwicklungen der jetzigen Weltfinanzkrise herleiten können, obwohl sie beim Schreiben noch gar nicht da war. Ich habe 2001 ein ganzes Buch über „Supramanie" geschrieben, in dem ich der Welt eine gigantische Betrugswelle prophezeite. „Depressiv geworden?", haben Sie damals in der Mehrzahl gesagt. (Liest sich heute bestimmt historisch sehr neckisch.) Und wenn ich heute bei meinen Reden um Handzeichen bitte, wer das Gefangenendilemma kennt, so regen sich immer nur so zwanzig Prozent von Ihnen, genau so wenig bei den BWLern und Juristen. Das ist schlimm. Denn es kommt darauf an, dass es alle kennen.

Es geht um so etwas wie eine kleine Mathe-Aufgabe: Zwei Mörder sitzen in Einzelzellen. Sie sind sicher schuldig, man kann ihnen aber nur unerlaubten Waffenbesitz (darauf stehen sechs Monate Haft) beweisen, nicht den Mord. Der Staatsanwalt ist der Verzweiflung nahe. Er bietet schließlich jedem der beiden einen Deal an: Wer gesteht, kann gleich nach Hause, der andere wird gehängt. „Wenn aber beide gestehen?", fragen angstvoll beide. „Dann hänge ich keinen, ihr bleibt beide 20 Jahre hier." Preisfrage: Wie sollen sich die Gefangenen verhalten? Wenn sie beide schweigen, bekommen sie beide nur sechs Monate…

Das ist eigentliche keine Mathe-Aufgabe, oder? Man muss sich vertrauen und schweigen, das ist klar. Aber unsere analytische Kopfhaltung überlegt wie bei einer Mathe-Aufgabe, und zwar so: Angenommen im ersten Fall, der andere gesteht. Dann werde ich aufgehängt, wenn ich nicht selbst auch gestehe. Also muss ich in diesem Fall gestehen.

Zweiter Fall: Der andere schweigt. Ich schließe: Dann stehe ich besser, wenn ich selbst gestehe, da ich dann nach Hause kann. Also ist es in beiden Einzelfällen besser für mich, wenn ich gestehe. Gut, dann ist es immer besser. Ergo: Ich gestehe. So denkt nun der andere Gefangene auch und gesteht. Daher bleiben beide 20 Jahre.

Im Radsport geht das so: Angenommen, Jan Ullrich dopt. Dann muss ich auch dopen, sonst habe ich keine Chance. Angenommen, Jan Ullrich dopt nicht. Dann sollte ich besser dopen, dann gewinne ich. Also dope ich. So denken alle. Also dopen alle. Jan Ullrich hat immer erklärt, dass niemanden betrogen hat. Das wird stimmen.

Bei der Tour de France fahren knapp 150 Sportler mit. Wenn einer von diesen betrügt, betrügen irgendwann alle. Die Tour de France ist ein ganz verschärftes Sportlerdilemma, nicht mit zwei Delinquenten, sondern mit 150. Bei zwei Gefangenen kann es ja noch geschehen, dass sie beide vertrauen und beide schweigen. Aber bei 150? Da brechen die Dämme.

Daher wird gedopt. Das ist viiiieel billiger als das ehrliche Training um das letzte Promille.

## Dark Science

Das ist die Geburtsstunde der schwarzen Künste. Da die ehrliche Technologie (jeder Fahrer braucht jetzt einen eigenen Reifenproduzenten mit Forschungszentren in allen Feuchtgebieten und eigene Wetterstationen etc.) unsinnig teuer wird im Verhältnis zur Frage, wer am besten ist, ist das unehrliche „Dopen" unendlich viel billiger und hat unglaublich gute Erfolge. Alle beginnen zu dopen und wissen es im Grunde auch voneinander. „Wenn ich es nicht tue, tun es andere. Und ich muss überleben." Deshalb fühlt sich niemand schuldig und zeiht auch umgekehrt niemanden. „Ich betrüge niemanden, weil es alle machen."

Nun beginnt nach dem Aufstreben der wunderbaren ehrlichen Technologie, die zu teuer geworden ist, eine zweite Aufwärtsspirale der unehrlichen Wissenschaft. Die Dark Sciences entstehen. Sie erforschen, wie am besten geschummelt und gefakt werden kann, ohne erwischt zu werden. Die Dark Sciences sind am Anfang noch sensationell erfolgreich. („Statt zu lernen, zu pauken und früh aufzustehen, schrieb ich dieses Jahr die Informatik-Klausur einfach ab.") Dann aber steigt die Zahl und die Cleverness der Dark Scientists. Eigenbluttechnologien werden bei Eliteuniversitäten geordert etc.

Die ökonomische Logik sagt, dass der Betrug so lange perfektioniert wird, bis auch das Betrügen unendlich teuer ist. Erst dann muss man sich etwas anderes ausdenken.

Wenn zu viel Geld da ist, eskalieren Polizei und Täter sich gegenseitig. Noch einmal: Alles begann, weil das Gute und Ehrliche zu teuer geworden ist. Das teure Gute erzeugt das fast ebenso teure Böse, die beide zusammen in einer ewigen gleichgewichtigen Relation stehen möchten.

## Dark Mass Comsumption

Wenn irgendwann auch die Dark Sciences zu viel kosten, so hört man nicht etwa damit auf, sondern erzeugt unendlich viel mehr Geld.

Die Meisterschaften werden zu Events gemacht. Die Hobbysportler werden bald hypnotisch technologisiert und zahlen alle brav die Bright Science und die Dark Science für den Eindruck einer Sensation, etwa bei einem Rekord zugegen gewesen zu sein.

Wie bei der Formel 1, die schon lange als Zirkus bezeichnet wird, muss es in allen Sportarten bald auch Markenweltmeisterschaften geben. Das schlage ich hiermit vor. Die Hersteller von Stäben für den Stabhochsprung müssten ebenfalls um Goldmedaillen kämpfen, denke ich. „Beim Beach Volleyball gewann Prada das Herstellergold in der Unterklasse Sonnenbrillen. Ray Ban musste sich mit Silber begnügen, Valentino verwies Gucci und Robert Cavalli auf die Plätze. Viele der abgeschlagenen Hersteller wie Dueck & Gunter fürchten nun, keine Sonne mehr zu sehen. Die restliche Sportartikelindustrie versprach, die ferner laufenden Sun Glass Produzenten finanziell zu stützen, wenn sie Werbung für dunklere Gläser machen würden, damit der Verbraucher keine Qualitätsunterschiede bei anderen Produkten mehr wahrnehmen könne."

Bald wird unser aller Keller voll von Sportartikeln prangen. Dort stehen noch der Web-Rahmen und die Töpfer-Drehscheibe von vergeblichen VHS-Kursen der 70er Jahre neben dem Billardtisch, auf dem der Discount-Elektromüll und der Spezial-Regenwettergrill lagern.

> Du meine Güte, heute ist Mischwetter. Ich habe Regensohlenpumas und Matschnikes mit. Ich rechne gerade mit der neuen Jogger-Opt-2.03 Software aus, wie viel Last ich tragen sollte und wann ich Sohlen wechseln muss. Dafür hab ich extra einen neuen Dark Science Berry gekauft, ohne meine Torturs-Software sag ich nichts. Ich habe jetzt einen 12er T-Shirt-Changer, mit einem 6er bringst du keine echte Leistung. Damit die sich nicht Schweiß voll saugen, trage ich seit Jahren nur noch abstoßende Kleidung.

Wie sagen unsere Hochgestellten?

> Der Sport muss für wertvoller halten, was es teurer ist.


## Wertvoll halten, was uns teuer ist

Sport ist ein englisches Wort. Es heißt ins Deutsche übersetzt Zerstreuung, Zeitvertreib, Vergnügen. Wir betreiben nach bestimmten Wettstreitregeln dieses Vergnügen aus Freude an Bewegung und am Spiel und zur körperlichen Ertüchtigung. Sport macht Spaß!

Irgendwie mischen die Technologen artfremde Gedankencocktails in unsere Hirne. Sport ist jetzt zur Entkrampfung, gegen Husten und Cholesterin, zum Stressabbau und längerem Widerstand gegen den Burn-out vor 50. Sport muss jetzt ernsthaft betrieben werden und wissenschaftlich fundiert sein. Sport ist für unser Leben wichtig und darf keinesfalls auf die verkrampfte Büroschulter genommen werden. Sport ist kein Spaß mehr, liebe Leute, dafür ist er viel zu teuer. Die Ausrüstung muss sich rentieren, sonst war das Fitness-Studio-Abo mit zehnjähriger Vorauszahlung für zwei Stunden täglich ein Flop-Bury Sprung in den mittleren Wahnsinn.

Früher waren wir Amateur (vom lat. amare = lieben), also ein Liebender. Wir haben den Wettstreit geliebt, uns aneinander gemessen. Wir haben geliebt, der Beste zu sein oder gewonnen zu haben. Das war wirklich Sport. Daneben gibt es den Begriff des Professional, dessen, der etwas als Beruf betreibt. Der Berufssportler lebt vom Beruf und verdient sein Geld damit. Das war früher auch nicht mal schlecht (verzeihen Sie das früher, ich habe ja auch schon ein paar graue Haare und weiß schon, dass bei „früher" viele von Ihnen seufzen). Früher war der Berufssportler einer, der einfach unfair mehr Zeit zum Trainieren hatte, während der Amateur einem normalen Beruf nachging. Deshalb war ein Berufssportler glatt besser als der bloß nach der Arbeit „Liebende".

Heute haben Professionals oft ihren Beruf über dem Business vergessen und produzieren Shareholder-Value in Form bedingungsloser Leistungssteigerung, weil vor allem Rekorde hoch bezahlt werden. Professionals werden reich, wenn sie das letzte Prozentpünktchen bringen und dann noch eines mehr. Das schaukelt den Prozess von Wissenschaft und Dark Science in Wechselwirkung hoch. Solange, bis – wie schon zum Teil bei der Tour de France – wir Menschen und in der Seele Amateur Gebliebenen nicht mehr zuschauen mögen, weil wir überhaupt nicht mehr wissen, was an der Leistung Technologie, Biochemie, Medizin, Materialwissenschaft, Informatik, Optimierung, Mathematik, Psycho-Neuro-Methodik, fremd choreographierte Showeinlage, inszeniertes Zicken-/Machoduell ist oder schließlich Liebe zum Sport.

Wir wollen ja in unserem Herzen die Technologie gar nicht so sehr. Seitdem IBM's Deep Blue Kasparow geschlagen hat, ist der Schachcomputer irgendwie weg, nicht wahr? Wir wissen jetzt, eine Siliconaufbrüstung hilft auch hier. Gut. Haken dran. Jetzt schauen wir wieder den reinen naturgenialen Menschen zu.

Man sollte eigentlich diese ganzen Wissenschaften und Techniken auf das beschränken, was dem Amateur hilft, noch stärker lieben zu können und noch stärker Freude daran zu haben. Zuviel Technologie und Leistungsdrang verkehrt Freude in Leiden. Tour der Leiden. Torture de France. Zitterende Boxweltmeisterkörper, versagende Organe, Opferung des Körpers für gesunden Sport, physiologisches High-Speed-Aging und Vorvergreisung. Erkaufen der Leistung durch Aufgeben der Seele.

Das Ursprüngliche ist oft besser…denke ich…irgendwie…

Sterben war nicht schlimm – vor der Medizin.

Arbeiten war nicht schlimm – vor dem Management.

Leben war nicht schlimm – vor der Psychologie.

Malen und Musik waren nicht schlimm – vor der Schule.

Liebe war so unprofessionell – vor der Ehe.

Wie soll ich sagen? Wissenschaft muss von der Liebe zur Sache gerufen werden. Besonders im Sport. Sport ist ein englisches Wort, you know?

# Kapitel 8
# Mathe-Gier gepaart mit Tunnelblick

Mathe ist eine Schlüsseltechnologie. Damit lässt sich erfinden, bauen oder verbessern. Mathematik wird aber heimlich als Waffe eingesetzt – gegen die, die nicht so gut in Mathe sind. Der, der es kann, erzielt einen Vorteil gegen den Ahnungslosen. Wer will einen Vorteil haben? Wer würde denn Mathematik einsetzen, um andere zu übervorteilen? Wohl der klassische Homo Oeconomicus, der ganz rational hinter seinem ökonomischen Optimum her ist. Mathematiker sind nicht so sehr hinter ihrem Vorteil her, obwohl sie am meisten von Mathe verstehen. Sie haben leider keine Ahnung von irgendeinem Vorteil, ganz zuletzt von einem eigenen. So werden sie beschäftigt, anderen einen Vorteil zu bringen.

## Lineare Optimierung für Naive

Ich hoffe, Sie wissen für diese Kolumne, was lineare Optimierung bedeutet? Ich will das hier nicht langatmig erklären.

Ich zitiere Ihnen hier einfach ein Beispiel aus meinem Buch *Das Sintflutprinzip*. Und dann verrate ich Ihnen ganz ohne Beweis, ohne Zeichnungen oder Ähnliches einfach die Struktur der optimalen Lösung. Die versteht jeder sofort! Zum Ausrechnen der Lösung benutzt man den Simplexalgorithmus, der für Masochisten noch gerade mit der Hand ausgeführt werden kann. Er eignet sich daher für Klausuren im BWL-Studium. Dort merkt man vor lauter Zahlen dann nicht, worum es eigentlich geht – und hinterher leben wir alle anderen mit dem Ergebnis.

Ein Mathematiker kommt mit einem Handwagen in einen Getränkehandel (Beladungsproblem eines LKW). Er ist Vorsitzender des Festkomitees, welches eine Vereinsfeier organisieren soll. Der Mathematiker soll die Getränke besorgen. „Was, bitte, wünschen Sie?" – „Das ist ein Problem. Es ist mir auf dem Weg eingefallen", holt der Mathematiker aus und erzählt, dass er Wein und Cola wolle, der Wagen aber nur 80 kg tragen dürfe, er nach dem Volumen nur 90 Einheiten laden könne und außerdem nur beschränkt viel Geld da sei. Der Verkäufer: „Der Wagen kann ruhig ein bisschen überladen werden. Schauen Sie, da steht zwar an der Seite 80 kg drauf, aber wen schert das. Was ist denn eine Volumeneinheit?" – „Das habe ich schon zu Hause vorsorglich nachgemessen. Eine

G. Dueck, *Dueck's Jahrmarkt der Futuristik*,
DOI 10.1007/978-3-642-55371-4_8, © Springer-Verlag Berlin Heidelberg 2014

Weinflasche zähle ich als eine Volumeneinheit und als 1 kg, eine 1,5-Liter-Cola-Flasche hat zwei Volumeneinheiten und 1,5 kg. Es gehen 90 Einheiten auf den Wagen." – „Und obendrauf legen geht nicht?" – „Hören Sie auf, dauernd das Problem umzudefinieren und damit anzugreifen! Sie wollen nur nicht an die Lösung heran. Typisch, wie ein Politiker. Probleme müssen gelöst werden. Wie können wir es lösen, wenn Sie die Eingangsdaten unentwegt hin und her diskutieren! Sie sind nur auf Profit aus, das merke ich doch! Überladen! Obendrauf!"

„Ok, also, wie viel Wein wollen Sie?" – „Bitte geben Sie mir ein Blatt Papier, ich muss es ausrechnen." – „Können Sie so etwas nicht im Kopf, als Mathematiker? Und warum rechnen Sie das nicht zu Hause aus?" – „Sie Spaßvogel, ich muss doch erst den Preis wissen! Wie viel kosten Cola und Wein?" „5 € der Wein, 3 € die Cola." – „Aha. Ich verkaufe die Cola auf dem Fest für 12 € die eineinhalb Liter, den Wein für 10 €. Dann muss ich also den Gewinn maximieren unter den Nebenbedingungen Volumen, Gewicht und Geld. Ich habe nur 375 € dabei." – „Ich gebe Ihnen Kredit." – „Nein, nein, Sie nerven aber – ändern Sie nicht dauernd das Problem. So. Ich habe es aufgeschrieben. Sehen Sie: Der Gewinn bei einer Cola ist 7 €, beim Wein 5 €, x ist die Anzahl der Cola-Flaschen, y die Anzahl der Weinflaschen, die ich kaufen will:

maximiere $7\,x + 5\,y$ (Profit)

unter den Bedingungen:

$2\,x + y$ kleiner gleich 90 (Volumen)
$3\,x + 5\,y$ kleiner gleich 375 (Geld)
$1,5\,x + y$ kleiner gleich 80 (Gewicht)

Das müssen wir jetzt lösen." – „Ach, ich habe eine Idee!", ruft der Verkäufer. „Halt! Nicht raten! Sind Sie wahnsinnig, zu raten, wo errechnet werden kann? Wir müssen es lösen!"

Das Problem ist, eine lineare Gewinnformel unter verschiedenen linearen Nebenbedingungen an die zulässigen Lösungen zu maximieren. Das ist die Grundaufgabe der linearen Optimierung. Können Sie sich ein bisschen in die Fragestellung des Getränkeeinkaufens hineindenken? Tun Sie das kurz für mich?

Gut. Stellen Sie sich vor, Sie haben eine optimale Lösung gefunden, mit der Sie am meisten Profit erzielen. Kann es dann sein, dass Sie noch Geld für eine Flasche mehr haben, die nach Gewicht und Volumen noch auf den Handwagen draufgeht? Nein! Denn dann wäre es besser, noch eine Flasche mitzunehmen, was den Gewinn erhöhen würde. Wir folgern entsprechend weiter und erkennen: Wenn eine Lösung optimal ist, dann ist für eine weitere Flasche kein Geld *oder* kein Ladevolumen *oder* kein zulässiges Zusatzgewicht mehr da. Eine oder mehrere Ressourcen sind im Optimum erschöpft. Mit diesen ist man an die Grenze gegangen. Im Optimum ist von manchem nichts mehr da!

## Well-Proportioned Management – nicht Lean Management!

Beratungshäuser kennen diese Ansätze des Optimierens. Sie gehen einen Schritt weiter. Ich erkläre es am gleichen Beispiel: Angenommen, der Mathematiker hat sehr viel mehr Geld dabei, aber der Wagen ist zu klein. Das ist nicht gut, nicht wahr? Er könnte finanziell viele Flaschen kaufen, er kann sie aber nicht mitnehmen. Die Ressourcen, die er mitbringt (Geld, Beladung, Volumen), sind sehr unausgewogen. Er kommt dann mit viel Restgeld wieder heim. Die Ressource Geld kann nicht genutzt werden.

Die Berater stellen nun einen Betrieb oder einen Arbeitsprozess so um, dass alle Ressourcen so zu einander passen, dass sie möglichst *alle gleichzeitig erschöpfend* verwendet werden. Berater würden im Beispiel dem Mathematiker einen größeren oder einen zweiten Wagen mitgeben. Oder sie würden ihm nur ausreichend viel Geld mitgeben, aber den Rest des Geldes anderswo investieren. Sie tun damit genau das, was der Mathematiker im Beispiel frustriert ablehnt. Sie konditionieren das Problem so um, dass es eine bessere und zufrieden stellende Lösung hat.

Der Grundsatz ist: Alles soll genau verbraucht werden. Nichts ist übrig. Nichts ist zu wenig da. Nichts ist zu früh da, nichts zu spät. Oder wie Journalisten sagen: Kein Fett mehr auf dem Leib. Auf Amerikanisch: Lean Management und Just in Time. In Ihrem Arbeitsumfeld sieht das eventuell so aus: In der einen Uni liest ein Professor vor 10 Studenten, in der Uni daneben auch. Beide könnten einzeln locker vor weit mehr als 20 Studenten lesen. Daher gibt es entweder zu wenige Studenten oder zu viele Professoren. Am einfachsten ist es, man schafft einen Professor ab. Dann ist der verbleibende Kollege immer noch nicht ausgelastet, aber schon etwas besser. Diese Einsparung läuft unter dem Namen Synergie-Effekt.

Okay? Sehen Sie, man kann so ein Problem so angehen, dass man die überschüssigen Ressourcen kürzt oder die zu knappen aufstockt. In beiden Fällen wird eine bessere Ressourcennutzung erzielt. Beim Sparen wird es schlanker, beim Aufpäppeln wird es wohlproportioniert. Beim Sparen wendet man Gewalt an, beim Aufpäppeln ermöglicht man mehr!

Sparen heißt: Wir kappen unausgelastete Ressourcen, so dass wir bei weniger Ressourceneinsatz den gleichen Ertrag bekommen. Das tun wir so lange, bis es nichts mehr zu Sparen gibt. Aufpäppeln oder „Enablement" heißt: Wir suchen nach Möglichkeiten, durch einen geringen Zusatzressourceneinsatz den Gesamtoutput deutlicher zu erhöhen, so dass insgesamt ein Gewinn für das Ganze herauskommt.

Was passiert, wenn man nur spart? Es kommt zum Totsparen. Wie kann das sein, wenn man doch nur überschüssige Ressourcen einspart und immer den gleichen Ertrag erhält? Die Antwort ist: Meistens sind die Problemstellungen zu grob definiert. Dadurch werden indirekt Ressourcen geplündert, für die es keine schützende Ungleichung im mathematischen Modell gibt. Natürlich wird der Gewinn kurzfristig maximiert, wenn man die Mitarbeiter zu gesundheitsschädlichen Überstunden zwingt oder Kunden verprellt. Wenn etwa die Umwelt oder die Bequemlichkeit des Arbeitsplatzes nicht mit Mindestbedingungen im mathematischen Ansatz geschützt sind, werden sie angegriffen. Solche heimlichen Einsparungen frustieren die Mitarbeiter tief. Die Kunden sind verärgert. Die Betriebsstätte verfällt wie Bitterfeld. Arbeitsgerät wird nicht erneuert. Die Arbeit an uralten Computern nervt. Das alles führt dazu, dass nun die Kunden nicht mehr so recht kommen und die Mitarbeiter wahrscheinlich weniger und mindestens weniger effektiv arbeiten.

In diesem durch verborgenen Verfall eingetretenen ineffektiven Zustand werden jetzt die vorhandenen Ressourcen wieder nicht mehr ganz ausgelastet – weil zum Beispiel weniger Kunden kommen. Nun kommen wieder die Berater und kappen die überschüssigen Ressourcen erneut. Das führt indirekt und schleichend wieder zu Mangelauslastungen, weil alles klemmt. Usw. Das ist die Todesspirale nach unten. Langsam sinkt dann auch der

Gewinn, was man nicht wollte. Es sollte nur so gekappt werden, dass der Ertrag gleicht bleibt, obwohl die Ressourcen gekürzt wurden. Damit die Krankheit zum Tode nicht ans Licht kommt, kauft das Management mit dem gesparten Geld neue Firmen dazu. Das erhöht den Umsatz wieder – und das langsame Sterben geht weiter, ohne dass es wirklich auffällt.

Wenn man NUR Enablement betreibt, führt es auch in die Katastrophe. Angenommen, wir würden immer gleich Geld rausrücken, wenn jemand uns beweist, dass die Investition „später" noch viel mehr Geld zurückbringt. Was passiert? Alle, aber auch alle Mitarbeiter oder Manager machen jetzt Vorschläge, weil sie neue Projekte beginnen wollen. Wenn zum Beispiel in Ihrer Firma 100 Mio. € für Innovationen bereitgestellt werden, dann kommen die Vorschläge in Lawinen. Die müssen ehrlich und sachlich bewertet werden. Leider sind die Leute nicht ehrlich und für eine fachliche Bewertung fehlt einem Unternehmen meist die Intelligenz von erfahrenen Business Angels. Enablement sieht vordergründig vernünftiger aus als Sparen, ist aber viel schwerer zu managen. Wegschneiden von Überschuss kann jeder. Deshalb haben sich darauf die Beratungsfirmen spezialisiert. Aber aus Geld mehr Geld machen verlangt unternehmerisches Denken. Das hat nicht jeder, es ist wenig verbreitet – und durch die Totsparaktionen hat es spätestens heute fast jeder verlernt, der noch gestern ein Unternehmertalent hatte. Enablement führt zur Verschwendung in einem amorphen Szenario von nur spartauglichen Managern und opportunistischen Fundraisern unter den Mitarbeitern.

Irgendwie sollte man beides tun? Und tatsächlich gut können, ohne immer wieder in die Totsparspirale oder die Verschwendungsspirale zu geraten? Und wann tut man was?

Beispiel: Ein Mitarbeiter muss mit einem alten Laptop arbeiten, der mehr als 10 min zum Hochfahren braucht und öfter abstürzt. Compilierungsläufe dauern auf ihm Stunden statt Minuten. Der Mitarbeiter leidet unter Hochstress durch Boreout, er kann das Warten nervlich nicht mehr ertragen. Dem Kollegen nebenan geht es nicht besser. Sie fluchen den ganzen Tag. Sie weinen: „Wenn wir jetzt einen viel schnelleren Laptop hätten, könnten wir besser arbeiten und hätten einen dramatischen Produktivitätsgewinn." Da kommt ein Berater und fragt: „Stimmt es, dass sie wegen der langsamen Maschine hier beim Compilieren den halben Tag vertrödeln müssen?" – „Ja, genau!" – „Aha, dann setzen wir Sie auf einen Halbtagesjob. Es reicht offenbar eine Person von Ihnen beiden, zwei völlig veraltete Schrottlaptops gleichzeitig zu bedienen. Fabelhaft! Wir sparen eine ganze Stelle auf der Stelle ein! Riesenprofit! Und ich bekomme 10 % davon als Berater für die geniale Verbesserung ab. Ich bin gut." Huuh, das ist sarkastisch, aber schauen Sie doch einmal auf Ihren Computer, ja? Was sehen Sie?

In diesem etwas extrem gedrechselten Beispiel, wenn Sie so wollen, ist es naiv klar, dass einfach zwei Mal 1000 € für Laptops alles retten würden. Leider geht das nicht, weil die Firma gerade Investitionsstopp hat, denn es wollen so sehr viele einen neuen Laptop, dass kein Präzedenzfall geschaffen werden kann. Deshalb ist jetzt durch höhere Vernunft der Rahmenbedingungen die gesunde Vernunft verboten. Etc. etc. Das Leben ist nicht so leicht und leicht sinnlos.

Ich fasse zusammen: Wer nur einspart, versündigt sich fast immer an dem Raubbau von sehr wichtigen Ressourcen, deren Mangel sich erst mittelfristig bemerkbar macht. Das mathematische Optimierungsmodell ist zu eng gefasst und übersieht, dass ein Optimum im engen Modell zur Todesspirale führt. Wer aber nur in alles Gutaussehende investiert, erstickt meist in Verschwendung, weil das Geld eben in Massen unseriöse Vorschläge anlockt. Wer auch nur teilweise unseriöse Projekte mit dem Geld beginnt, kann kaum mit den seriösen so viel Geld verdienen, dass es am Ende insgesamt gut wird. Das Nur-Sparen führt zu einer Angstkultur, das Nur-Investieren zu einer sorglosen Stimmung. Die Strategien wie auch die Kulturen dazu beißen sich und leben nicht gut miteinander.

Gibt es eine mittlere Vernunft? Well-proportioned Management? Unternehmertum?

## Toyota und Kaizen

Schauen wir auf die berühmte Methode des Kaizen. Deren Grundsätze lauten mehr oder weniger: „Keine Verschwendung, keine Überlastung, keine Störung, keine Unordnung, zufriedene Mitarbeiter – und jeden Tag ein bisschen besser."

Was wir im Mitarbeiter-Volksmund als Lean Management bezeichnen, bezieht sich leider ganz einseitig nur auf „keine Verschwendung", also auf die reine Sparstrategie. Die führt zu Stress und totaler Überlastung und zu Engpässen in Ressourcen, die nicht im mathematischen Modell vorkamen. Sparen führt also meist zum Verlust von Mitarbeiterzufriedenheit oder Kundenservice-Qualität oder Image.

Wer also dem Grundsatz „Keine Verschwendung!" um jeden Preis huldigt, erzielt Störungen, Überlastungen und Unzufriedenheit – und nichts wird wirklich besser.

Wer auf der anderen Seite nur Störungen durch „Enablement" beseitigt und alle Überlastungen nach unten drückt, koste es, was es wolle – der wird Verschendung zulassen müssen.

*Die Toyota-Grundsätze sind aber nun so gefasst, dass alles gleichzeitig optimiert werden soll.* Dann passiert ja nichts. Keine Todesspirale, alles gut. Das Toyota-Modell des Kaizen ist nicht zu grob oder einseitig. Ein Optimum hier ist eine gute Lösung in der Realität.

Noch Fragen? Warum machen wir es nicht alle wie Toyota?

Weil wir managen, aber nicht unternehmen. Weil wir nicht daran glauben, dass wir das alles gleichzeitig schaffen. Weil wir deshalb immer versuchen Toyota zu imitieren, aber diese Aufgabe schreiend unlogisch Schritt für Schritt angehen. Das regt mich in der Praxis maßlos auf, dieses „eins nach dem anderen", wo doch alles gleichzeitig getan werden muss. „Team, wir machen jetzt alles wie Toyota. Das wird ein großer Kraftakt, wie wir ihn noch nie geschultert haben. Wir wollen aber vorsichtig vorgehen, damit wir uns nicht zu viel zumuten. Wir fangen erst einmal an, die Verschwendung zu beseitigen, weil wir dadurch sofort Geld sparen, was wir dann hinterher zum Beseitigen der Überlastungen einsetzen können."

So beginnt die Katastrophe jedes Mal. Jedes Mal – und immer beginnt man mit dem Eindämmen der Verschendung und bleibt darin stecken. Es wird gespart, worauf die Überlastung bedrohlich wird und nichts mehr ohne Störungen abläuft. Dann aber ist kein Geld mehr da (das Gesparte ist für Aufkäufe, Boni für die Sparer und Dividenden weg). Nun sagen alle: „Wir ersticken in Komplexität. Alle Ressourcen sind so knapp, dass wir uns nicht mehr bewegen können. Wir haben keine Handlungsspielräume mehr. Selbst ein General Manager muss fragen, ob er 10.000 € ausgeben darf."

Niemand versteht, dass der Toyota-Weg aus logischen Gründen so begonnen werden muss: Jeden Tag ein bisschen weniger Verschwendung, jeden Tag ein bisschen mehr Ordnung, ein bisschen weniger Störungen, dadurch immer mehr Zufriedenheit und immer mehr Ordnung – und wer das konsequent und sachte durchzieht, wird auch insgesamt immer besser und besser. Dadurch wandelt sich langsam die Kultur zur High Performance Culture. Das Geheimnis ist, das System nicht mit Tunnelblick und Fokus immer hin und her zu zerren, sondern mit ruhig-fester Hand in der Mitte zu halten. Das konnte bisher nur Toyota – über 50 Jahre lang. Es sieht in den letzten Jahren leider so aus, als würden sie bei Toyota über der Größe irgendwie ihre Größe verlieren. Ich weiß nicht, ob das wirklich so ist, aber ich spüre es. Und da trage ich im Herzen Trauer um diese weltgrößte gigantische Demonstration der Überlegenheit naiver gesunder Vernunft über töricht fokussierte Mathematik.

Fast alle anderen Firmen als Toyota nutzen Tunnelblick-Mathematik. Sie versuchen es zu sehr mit der Konzentration auf wenige Variable, die zum Tode führt. Hey, Mathematiker und Informatiker! Das ganze Kaizen muss in alle Systeme!

## Tod der Lemminge

Diese Einsparmoden durch Tunnelblick haben alles erfasst. Das ganze Denken ist durchdrungen davon. Alle tun es. Dann erzielen alle dieselben Überlastungserscheinungen. Wenn alle ein bisschen Umwelt schädigen, stirbt die Erde. Wenn jeder ein bisschen Weiterbildung einspart, verliert das Land die Wettbewerbsfähigkeit. Wenn jeder ein bisschen später erneuert, verrottet das Land. Trotzdem tun es alle.

Ich will hier kurz ein dramatisches Beispiel durchsprechen, dass ich schon im Artikel *Die Banken verbaseln alles* auf meiner Homepage vorgeführt habe.

Die Banken dürfen nicht wie andere Unternehmen pleite gehen, weil das zu viel Schaden für uns alle gäbe. Sie werden also in ein Sicherheitskonzept gezwängt, etwa in die Basel II Bestimmungen. Die Banken werden dadurch angehalten, keine unnötigen Risiken einzugehen. Konkret heißt es (ich vereinfache es), dass für jeden Kredit an einen guten Kunden etwa 8 % Eigenkapital hinterlegt werden muss und für jeden Kredit an einen nicht so guten Kunden etwa 12 % etc. Es gibt Tabellen dafür. Die Banken sollen also genug Eigenkapital für Risiken hinten haben, wenn Kredite ausfallen. Die Basel II Bestimmungen nennen die so genannten Mindestanforderungen für die Eigenkaptitalhinterlegung. Diese bilden bei der mathematischen Optimierung die harten Nebenbedingungen – so wie das Geld oder die Belastbarkeit des Handwagens im Mathematiker-Beispiel am Anfang.

Was machen die Banken? Sie optimieren wirklich und wahrhaftig!! Sie geben gerade so viele Kredite heraus, wie das Eigenkapital hergibt. Eigenkapital ist bei Banken eine Ressource. Für jeden Kredit müssen sie diese Ressource einsetzen, je nach Schuldnerbonität. Die optimale Lösung ist ganz klar: Man muss unbedingt alles Eigenkapital ausschöpfen, also an Kredite binden. Exakte mathematische Algorithmen liefern Lösungen, wie viele Kredite an gute Kunden und an schlechte Kunden gegeben werden. Es kommt dabei jeweils darauf an, wie viel höhere Zinsen die schlechten Kunden zu zahlen bereit sind.

Wenn aber das Eigenkapital „verbraucht" ist, darf die Bank keinen einzigen Kredit mehr vergeben. Gar keinen! Sonst handelt sie illegal und wird von der Bankenaufsicht geschlossen. Der nächste Euro bringt direkt ins Verlies. Das ist nicht sooo schlimm, weil die Aktionäre den Banken im Zweifel wieder Geld geben würden, indem sie neue Aktien zeichnen. Außerdem sind die Banken darauf in ihrer Gier nach Geschäft darauf gekommen, die schlechteren Kredite, die ihnen zur Last fallen, weiterzuverkaufen. Das ging in der letzten Zeit immer besser! Die Banken verkauften die Kreditrisiken an andere Unternehmen, die keine Basel II Richtlinien haben. Die können ja pleite gehen und müssen nichts mit Eigenkapital hinterlegen. Dann sind die Banken die Risiken los und können wieder mehr Kredite vergeben, weil Eigenkapital frei wurde.

Ich will sagen: Optimierung hat alles an die Grenze ausgelastet. Aber die Grenze ist eine echte Todeslinie – das wollte ich sagen! Die Eigenkapitalgrenze ist nicht weich oder variabel.

Nun sind in den letzten Jahren in den USA, in Indien und China die Immobilienpreise gestiegen. Wenn eine Bank einen wackeligen Kunden hatte, wurde der durch seinen höheren Hauswert ein besserer Kunde. Dann muss man für seinen Kredit nicht mehr 12 %, sondern nur 8 % Eigenkapital unterlegen. Durch die steigenden Hauspreise wurde also Eigenkapital frei. Das wurde sofort wieder in neue Kredite investiert. Die Immobilien stiegen weiter, noch mehr Eigenkapital wurde frei. Leider brauchten die Leute gar nicht so viele Kredite, da schwatzte man ihnen welche auf: „Noch ein Auto auf die Hypothek?" Und dann begann man, auch noch schlechteren Kunden Kredite zu gewähren, die normal keine bekommen hätten. Und die Immobilien stiegen weiter, die Goldgrube der Banken weitete sich aus. Das ganze Gewerbe operierte optimiert die ganze Zeit an der immer weiter steigenden Todeslinie – alles Eigenkapital wurde stets bis an die extreme Grenze des Erlaubten eingesetzt.

Das ist Gier-Mathematik gepaart mit Tunnelblick.

Der naive Betrachter fragt: Was passiert in diesem angespannten System, wenn die Immobilienpreise einmal um 10 % fallen?

Dann müssten alle Banken auf einen Schlag geschlossen werden, weil sie nicht genug Eigenkapital haben. Denn vorher gute Kunden werden nun wieder zu wackeligen Kreditnehmern und verzehren damit mehr Eigenkapital. Wenn aber alle Banken gleichzeitig Eigenkapital brauchen? Wer soll das geben? Sparkassen in Deutschland gehören den Kommunen, die kein Geld haben. Banken können sich gegenseitig keine Aktien abkaufen, weil sie selbst in der Schieflage sind. Sie können sich auch keine Kredite gegenseitig geben, weil sie es nicht dürfen. Sie können ihre eigenen Kredite nicht weiterverkaufen, weil das alle jetzt gleichzeitig versuchen und die Preise abrupt fallen. Dadurch müssen die Banken Verluste ausweisen. Verluste aber verringern das Eigenkapital dramatisch – wo sie doch viel mehr bräuchten.

Das würde passieren, wenn die Preise einmal um 10 % fallen.

Und es passierte!

Was kam heraus? Genau, was man sich denken konnte.


## Mathe-Gier


Die Optimierer gehen an jede Grenze. Sie unterscheiden nicht zwischen harmlosen Grenzen und Todeszäunen. Jede Ungleichung im System ist eben eine Ungleichung. Da macht die Mathematik keinen Unterschied.

Warum gibt es nicht längst Modelle, die das Risiko hinter den Ungleichungen abbilden? Oder gibt es die schon im Geheimen bei den wenigen Banken, die unbeschadet herauskamen? Es ist bei den verschiedenen Ungleichungen doch ganz verschieden schlimm, wenn sie verletzt werden oder sich verschieben, weil sich die äußeren Parameter verändert haben.

Gier-Mathe führt zusammen mit dem „Verschwendungsgedanken" zu unseligen Ausreizungen alles Erlaubten und führt im Endeffekt dazu, dass sich die Welt destabilisiert und von einem seltsamen Gleichgewicht in ein anderes seltsames trudelt, von denen wir keines wollen.

Gier-Mathe führt zu prozyklischem Verhalten. Selbst Schutzgesetze wie Basel II verstärken (!) die Probleme, weil sie durch das explizite Nennen der äußersten Grenzen gerade dazu anreizen, bis an diese Grenzen zu gehen. Was als Todeszaun und letzte Warnung aufgerichtet war, wird nun als anzustrebende Größe im Gier-Optimierungsmodell gesehen. Das kurz vor der Kriminalitätsschwelle Bleibende ist zur Norm geworden, weil diese Schwelle eine Ungleichung im Optimierungsmodell ist. Deshalb könnte man sagen, dass die Schutzgesetze wie Basel II die Welt destabilisieren…

Hat keiner in den Banken den Mut gehabt zu sagen: Wir unterlegen jetzt bei hohen Immobilienpreisen die Kredite lieber mit 15 oder 18 % Eigenkapital, damit nichts passiert? Das konnte niemand sagen, weil dann die Eigenkapitalrendite gefallen wäre, die eine Bank ja als Profitziel maximiert. Man hätte auf Rendite für Sicherheit verzichten müssen. Dieser Gedanke, aus Gründen eigener Sicherheit auf das Große Spiel zu verzichten, ist genau die Kernkompetenz der Bank. Sie berät uns als Kunden in solchen Fragen des Anlagerisikos! Und sie versagt mit Gier-Mathe exakt an diesem Punkt. Die Banken verbaseln alles. Und ihre Beratung wird durch Anreize an uns ersetzt, doch auch mitzuspielen. Wir werden als Endverbraucher zu hoher Risiken gebraucht. An uns allen werden die Risiken letztlich in Form strukturierter Bankprodukte hängen bleiben.

Am Ende muss vielleicht die Eigenkapitalgrenze vom Staat hin und her geschoben werden, weil ohne diesen Eingriff niemand vernünftig sein kann. Wie der Zinssatz müsste auch der Eigenkapitalsatz erhöht und gesenkt werden. Weisheit kann auf diese Weise zentral vorgehalten werden und beginnenden Unsinn umbiegen. Frei nach Goethe: Dass ich nicht durch die Bank verende, genügt ein Geist für eine Wende.

## Optimierung höherer Ordnung

Wie ich erklärte, wird ein Optimierungsproblem so umkonditioniert, dass am besten jede Ressource ausgereizt ist – bis an den letzten Millimeter an den Starkstromzaun heran.

Dann aber lauert an jeder Ressource die Gefahr, dass sich die Preise der Ressource verändern. Für jede der Ressourcen ist es verschieden schlimm, wenn sie kurz außer Kontrolle gerät. Mancher Ressourcenabbau (Entlassung älterer erfahrenen Mitarbeiter) ist nicht gut rückgängig zu machen. Andere Verschiebungen zeigen erst mittelfristige Schäden. Und – wie gesagt – am Beispiel der Basel II Richtlinien sahen wir, wie ein Schritt weiter das Unternehmen geschlossen werden kann.

Wir sehen Grenzüberschreitungen im Sport bei Doping, bei Schwarzgeldaffären und Preisabsprachen. Einkäufer werden geschmiert.

Optimierung sollte auf diese Fragestellung erweitert werden: Wie sehen gute Lösungen aus, die nicht ganz optimal sind im Sinne der gesteckten Grenzen, die aber flexibel sind, einen Sturm aushalten, Robustheiten aufweisen?

„Dafür gibt es noch keine klaren Rezepte!", habe ich neulich gehört. Natürlich nicht. Wir brauchen Weisheit der Mitte. Die ist fast nicht einmal als Rezept lehrbar, geschweige denn so ganz einfach programmierbar.

Wir Informatiker und Mathematiker müssen diese Herausforderung der Weisheit annehmen und Modelle und Programme liefern, die zu guten Lösungen führen. Wenn wir nur die gut formulierten Probleme der Wirtschaft technisch sauber und großartig lösen, dienen wir meist so etwas wie der „Gier-Mathematik". Die Weisheit ist nicht in der Lösung des Problems!

Sagen Sie als Informatiker nicht, die Welt ist daran schuld und Sie seien nur für die Lösung verantwortlich. Hören Sie denn nicht die Rufe nach Techies, die auch das Problem verstehen? Nach Wandlern in mehreren Welten, denen der Ökonomie, der Technologie UND des moderierenden gesunden Menschenverstandes? Sagen Sie nicht, man kann nicht alles können. Man muss das! Als ich einst Abitur machte, waren wir sieben Prozent eines Jahrgangs. Bald schaffen es fast alle. Und wie ist das mit sieben Prozent Informatikern, die sich heute auch im Leben des Kunden auskennen? Werden das bald fast alle schaffen? Toyota überall?

# Epilog

Der Verkäufer fragt: „Wie viele Leute kommen denn zur Party?" Der Mathematiker: „Was geht Sie das an?" – „Es zieht ein Gewitter auf, dann kommen weniger Leute." – „Sie meinen, ich bleibe auf dem Zeug sitzen?" – „Kann doch sein, Mann! Sie als Mathematiker tun so irre schlau und verstehen Ihre Risiken überhaupt nicht. Studierter Idiot! Ich hasse Mathematiker sowieso, ich habe mein Betriebswirtschaftslehrestudium abgebrochen." – „Gewitter! Das stimmt, wir waren nur 10 Personen in der Planung, da waren 37,50 € pro Person ohnehin schon optimistisch geschätzt. Ich wollte eben viel Gewinn machen, das hatte ich ausgerechnet." – „Das klingt noch idiotischer!" – „Ja, aber jetzt kaufe ich nur für 200 € und lasse Sie mit dem Zeug selbst hier im Regen stehen!" – „So meinte ich das nicht!" – „Doch, Sie Oberidiot, Sie haben Betriebswirtschaftslehre studiert und beraten mich dann ehrlich! Wahrscheinlich mussten Sie damals abbrechen, weil Sie nicht versucht haben, bei Klausuren abzuschreiben?" – „Ja, genau. Das schien mir eine Grenze zu überschreiten." – „Dann haben Sie kein Talent." – „Kann sein, aber Getränke verkaufen kann ich." – „Das habe ich gemerkt. Meine Hochachtung!" – „Okay, danke für Ihren Respekt, nun hauen Sie ab." – „Nein warten Sie. Welches Problem habe ich denn jetzt gelöst? Sehen Sie, ich habe noch Volumen auf dem Wagen, Geld übrig und könnte noch Zusatzgewicht laden. Alle drei Ressourcen sind nicht ausgelastet. Deshalb ist die Lösung nicht optimal. Ich muss also das Problem so umdenken, dass die Lösung optimal ist, sonst werde ich krank." – „Aber das dauert, weil Sie die Zukunft einberechnen müssen. Die Zukunft wird in der Betriebswirtschaftslehre als zu komplex ausgeklammert." – „In der Mathematik nicht. Wir rechnen so lange, bis wir eine Lösung haben. Zeit spielt keine Rolle." – „Dann warten Sie doch, bis die Gäste eingetroffen sind und lassen sich über Handy sagen, was sie genau trinken wollen. Dann bestellen Sie die Getränke on demand." – „Aha, wir warten also ab, bis die Zukunft eingetroffen ist?" – „Ja, so machen wir es in der Wirtschaft. Auf diese Weise stimmt die Prognose." – „Genial, aber wozu braucht man dann Mathematiker?"

# Kapitel 9
# Projekte, Strukturen und Herzblutenergie

Die Welt ist komplex. Darüber klagen wir alle Tage und wünschen sie uns einfach zurück. Wir denken, die Komplexität sei unausweichliche Folge des technischen Fortschrittes, insbesondere auch der IT. Ist aber das Steuerrecht je einfach gewesen, mit oder ohne technischen Fortschritt? Wir entwerfen in Wahrheit schreckliche Strukturen, die dann – wie wir alle immerzu achselzuckend resigniert beklagen – nicht gelebt werden. Zwar fließt an unserem Arbeitsplatz genug Blut, aber nicht als Herzblut in dadurch belebte Strukturen.

## Neue Strukturen entstehen aus Schmerz und Druck

Wer beginnt heute einfach mal so ein Projekt – aus unternehmerischer Lust? Das kann sich vielleicht ein mittelständischer Unternehmer leisten, der das Sagen hat und das eigene Geld gibt und dazu noch alles gut selbst überschauen kann. (Das genau ist die Stärke des deutschen Mittelstandes, der trotz der Globalisierungshürden für kleine Unternehmen gerade ganz in Blüte steht.)

Wer aber blickt bei großen Projekten noch durch?

Etwas Neues muss überall genehmigt werden. Jeder sagt etwas dazu. Stellen Sie sich vor, Sie haben eine große Idee und besitzen nicht zufällig die Firma oder die Universität selbst.

Sie können das Projekt nicht selbst stemmen, Ihr Chef auch nicht, dessen Chef ebenfalls nicht. Keiner will eine neue Baustelle aufmachen. Erstens, weil Ihre Idee noch nicht reif ist. Zweitens, weil es echte Arbeit für viele geben wird. Drittens, weil es die Karrieren aller Beteiligten irritiert. Viertens, weil ohnehin kein Geld da ist und Mut sowieso nicht. Fünftens, weil es bei niemandem als Incentive-Ziel im Gehaltsplan steht. Sechstens, weil gerade neu organisiert wird, wodurch alle Probleme eben gerade in einem einzigen Aufwasch gelöst werden! Wahrscheinlich auch Ihres – also warten Sie doch noch bis zum nächsten Jahr oder bis zur nächsten Wahl!

Weil das so ist, kommt es nie mehr zu Projekten, die jemand selbst will oder sich von Herzen wünscht.

Projekte entstehen fast immer aus Schmerzen oder Druck. Die heißen neudeutsch „pain points" oder „pressures". Haben Sie Berater? Die sind ganz heiß auf Ihre Pain Points, sie suchen förmlich nach solchen in Ihnen. Die PowerPoints der Berater strotzen vor Formulierungen, dass Sie das nächste Quartal nicht überleben, wenn Sie das und das unterlassen.

G. Dueck, *Dueck's Jahrmarkt der Futuristik,*
DOI 10.1007/978-3-642-55371-4_9, © Springer-Verlag Berlin Heidelberg 2014

„Sie stehen unter enormem Druck. Sie müssen Ihre Hausaufgaben machen, sonst gehen Sie unter. Die Globalisierung erzwingt neue Strukturen. Hedge Funds lauern. China erwacht. Indien enteilt. Der Trend ist schon auf und davon. Wer nicht auf das Neue setzt, wird nicht überleben. Nur der Beste bleibt übrig, es wird ein Massensterben." Dieser zum Teil unter Profitdruck aufgebaute Druck erzwingt die Projekte. Unter Schmerzen werden Projekte geboren. Ohne rechte Überzeugung! Wir sind oft ratlos, aber das dürfen wir keinesfalls sein! Dafür gibt es ja auch die Berater, die haben allen Rat der Welt! Wir könnten eigentlich auch ganz ruhig bleiben und einfach gerade weitersteuern, aber das dürfen wir heute keinesfalls! Es wandelt sich ja alles – das sagen alle – und wer sich nicht mitwandelt, muss wohl sterben. Wenn wir also eine Politik der ruhigen Hand verfolgten, würden wir als Manager gefeuert, weil wir die Zeichen der Zeit nicht verstehen.

In welcher Lage wir deshalb auch immer sind – wir sind zu hektischer Aktivität verdammt.

Wer nicht hyperaktiv ist, scheint faul zu sein. Man ruft ihm zu: „Wer rastet, der rostet!" Ruhe ist wie Arbeitsverweigerung. Deshalb müssen die neu ernannten Manager Aktivität zeigen, komme was wolle. Etwas Heißgestricktes muss her!

Schauen Sie kurz in die Politik! Dort ist alles genauso. Die Wahlen erzwingen Wahlversprechen, egal welche! Diese sind meist für die Realität schlecht durchdacht und nur für den Wahlsieg fabriziert und oft nur eine so genannte Schnaps-Idee! In Bayern gibt es keine Schnaps-Ideen, nur Bierlaune. Dort würde man frei nach Beckstein sagen: „Nach zwei Maß Bier stellt das Gehirn auf Auto-Pilot und die Ideen fließen schneller als man schlucken kann."

Projekte entstehen vor allem, weil man etwas tun MUSS.

Jeder muss etwas tun, sonst wird er als Politiker nicht wieder gewählt oder sonst hat er als Manager „keine Visibility".

Wie also werden Projekte begonnen? Ich versuche es einmal sehr einschneidend bildhaft zu formulieren. Ich hoffe, es geht Ihnen unter die Haut: „Höre auf zu jammern. Mit tut ja auch das Herz weh. Wir müssen jetzt ein Baby machen. Es geht nicht anders. Es gibt keinen anderen Ausweg mehr. Sonst überlebt unsere Ehe nicht. Machst du es jetzt selbst oder lasse ich jemanden kommen?"


## Energiebereitstellung in Körpern

Unter Druck und Schmerzen – so sagt man – entwickelt der Körper ungeahnte Kräfte. Unter Druck – so sagen fast alle Manager – arbeitet man besser und schneller. Für sie selbst gilt das ja, das wissen sie. Deshalb üben sie ja den Druck aus, weil sie sich vorstellen, wir alle seien wie sie.

In der Psychologie oder besser im gesunden Menschenverstand kennt man aber drei Arten des Umgangs mit dem Druck:

1. Weglaufen
2. Ducken, verstecken, aufschieben, „bedenken" und anpassen
3. Kämpfen („Ich habe es allen gezeigt!" – Effenberg)

Viele introvertierte Mathematiker und Informatiker laufen innerlich weg, wenn der Druck zu stark wird. Sie resignieren und scherzen zynisch über neue Projekte, wie es die Chirurgen über Irreparables zu tun pflegen. Es ist kein Zynismus, sondern Selbstrettung. Viele Menschen in der Unternehmenszentrale, die in Arbeitsprozesse eingebunden oder an sie gefesselt sind, versuchen sich stöhnend zu ducken. Vielleicht geht der Kelch vorüber? Vielleicht wird alles nicht so heiß gegessen? Vielleicht sehen die da oben doch noch, dass es so einfach nicht geht? Sie tragen Bedenken von Flur zu Flur und leisten hinhaltenden Widerstand. Sie sind das, was ein deutscher Top-Manager neulich als Lehmschicht oder Lähmschicht beschimpft hat. Sie tun so, als würden sie sich willig anpassen, aber sie blocken das Neue eigentlich ab, indem sie es in die alten Prozesse so gut hineinzwängen, dass es nicht mehr neu ist, eben nur „alter Wein in neuen Schläuchen", die aber ein neues Logo tragen, am besten den Namen des initiierenden Managers. „Seht alle her! ICH stehe auf dem Schlauch!"

Nur die Manager kämpfen – andere nicht unbedingt! Manager sind als Kämpfer ausgewählt worden: Sie sollen Energie haben, Biss zeigen, zäh die Stellung halten, und sie dürfen nie aufgeben. Es gibt viel weniger solcher Menschen als es Managerstellen zu besetzen gibt. (Deshalb sind Biss und Energie fast schon eine Eintrittskarte ins Management, was wir restlichen alle beweinen.) Die Manager aber denken, dass alle denken wie Madonna, von der ich vor langer, langer Zeit ein Zitat gelesen habe, als ich noch ein scheuer Mathematiker mit leiser Stimme an der Universität war. Ich las damals wahrlich und wahrhaftig mit eigenen Augen: „Das Schönste am Leben sind die Kämpfe." Ich las diesen Satz viele Male. Er brannte sich in mein Herz ein. Dort steht er heute noch. Ich war erschüttert, dass jemand so etwas fühlen kann. Ich war ganz erstaunt! Aber der Satz klang voll authentisch und überzeugt! Ich schüttelte mich und ahnte, dass es etwas im Leben geben mochte, was außerhalb meines Vorstellungsvermögens liegen könnte. Damals neigte ich nämlich zum Weglaufen, verstehen Sie?

Druck erhöht nur dann die Leistung, wenn man darauf mit „Kampf" reagiert. Sonst nicht. Es ist aber beileibe nicht generell so, dass Informatiker und Manager immer weglaufen bzw. immer kämpfen. Es kommt auf die Aufgabe an. Informatiker blocken innerlich, wenn sie zum Telefon greifen sollen und sich mit Kunden zanken müssen. Manager dagegen knicken meist völlig ein, wenn man sie zwingt, in aller Seelenruhe ein zweiseitiges Hochzeitsgedicht zu schreiben. Andere kündigen innerlich vor der Aufgabe, die Steuererklärung abzugeben oder zum Zahnarzt zu gehen.

Haben Sie so auch solche dunklen Punkte im Leben? Wo etwas in Ihnen nicht will? Der Geist befiehlt dann: „Zahnarzt!", aber der Körper tut es nicht. Der Geist sagt: „Abnehmen!", aber der Körper isst genüsslich weiter. Der Körper geht vor allem nicht in Situationen hinein, wo er sich überfordert fühlt. Er weiß: Wir könnten einbrechen, uns blamieren, uns schämen müssen oder versagen! Dann macht uns der Körper planmäßig krank und müde. („Tut mir leid, Schatz, ich habe Kopfschmerzen.") Er erfindet andere Arbeiten, die wichtiger sind. „Ach, ich kann keine Steuern erklären! Ich muss ja noch den Mülleimer vor die Tür stellen!" Als Student hat mindestens die Hälfte von Ihnen so ein Aufschiebesyndrom gehabt, als Sie die erste Facharbeit in Englisch lesen oder die Diplomarbeit beginnen sollten. Der Körper will einfach nicht! Wie gesagt – jeder hat solche Punkte in sich. Die Informatiker meist im Bereich „Konflikt" und die Manager meist im Bereich „Schmusen" oder „Inhalte erarbeiten". Deshalb müssen Manager ja dauernd Lehrgänge in Emotionaler Intelligenz durchleiden, wo sie lernen, dass sie Mitarbeiter wertschätzen sollen, also eine gewisse Nähe zu Ihnen aufbauen müssen. Das aber scheuen sie wie andere die Steuererklärung! Sie scheuen Liebe wie der Cowboy John Wayne am Ende des Films, wenn er der einzigen noch lebenden schönen Frau vom Pferd herunter erklärt, weiterziehen zu müssen. Manager kämpfen eben, andere vertragen sich und noch andere leben lieber ganz allein – ohne alles.

Und nun stellen Sie sich bitte alle diese Körper von den Projektbeteiligten vor! Einige kämpfen und eilen, die anderen Körper ducken sich, andere verstecken sich ganz. Je größer der Druck ist, je mehr das Projekt „gemusst" wird, desto mehr Beteiligte laufen mindestens innerlich weg oder tragen Bedenken herum. Bald will das Projekt nur noch der Boss, der Löwe, selbst. Er brüllt dann herum, er fühle sich im Stich gelassen. Das macht ihn sehr böse und er erhöht den Druck, damit er endlich mehr Commitment in der laschen Mannschaft sieht.

## Strukturentwicklung unter Role-Overload

Unter dem Druck, agieren zu müssen, schlagen nun alle möglichen Politiker oder Executives immer neue möglichst grelle Projekte vor, von denen sie sich am besten selbst auch für ihre Karriere etwas versprechen und die nicht zu viel Arbeit machen. Alle suchen nach Quick Fixes, also Projekten, die sich nach Wochen schon in barer Münze auszahlen.

Es hagelt Strukturvorschläge von allen Seiten wie um den Turm von Babel herum. Das gegenseitige Verständnis ist hier auf dem ortsüblichen Niveau.

Jeder hat Bedenken gegen die Vorstellungen aller anderen.

- „Ich glaube, das geht nicht. Es haben schon viele erfolglos versucht."
- „Ich weiß vage, dass ich das irgendwo schon im Konzern gesehen habe. Fragen Sie dort einmal nach, damit Sie nicht alles neu erfinden müssen."

Der Vorschlagende kommt nun nicht daran vorbei, seine Vorschläge „zu konkretisieren", damit bewiesen werden kann, dass es doch geht, obwohl alle wissen, dass es nicht geht. Er muss außerdem die ganze Welt befragen, ob es das schon gibt, was er möchte. Er muss beweisen, dass keiner vor ihm einen vernünftigen Gedanken in dieser Sache hatte, was übrigens fast niemals so ist.

Neue Gesetze, Reorganisationen oder IT-Projekte beginnen also sehr oft mit „gemussten" Projekten, die ein Executive oder Politiker normal bürokratisch ohne zu viel Begeisterung „vorantreibt", wie er sagt. Er beginnt am besten mit Orgien von Befragungen und Telefonkonferenzen.

- „Wir wollen alle mit im Boot haben."
- „Da ich selbst keinerlei Geld für das Projekt habe, soll jeder, der im Boot sitzt, viel Geld bezahlen, weil er ja von dem Projekt profitiert."
- „Jeder, der bezahlt, darf genau bestimmen, wie er das Projekt haben will."
- „Jeder, der im Weltkonzern vergessen wurde und noch nicht seine Meinung äußern konnte, kann jederzeit das Projekt mit seinem Veto anhalten und einen Neubeginn verlangen."

- „Bei jeder Reorganisation wird das Projekt entsprechend adjustiert und insbesondere unter das Motto der neuen Buzz-Words gestellt."
- „Wir verlangen Commitment und Begeisterung, außerdem den Buy-In des gesamten höheren Managements. Wenn die da oben nicht dahinter stehen, tut sich nie etwas. Mein Projekt scheitert sowieso, wenn die Macht nicht mit mir ist. Von allein geht es nie, weil die Projekte zu schlecht angelegt sind."
- „Damit die Macht mit mir ist, soll das höhere Management mir am besten mein Projekt ganz genau in allen Einzelheiten befehlen, die ich dann abarbeite. Weil das höhere Management aber keine Zeit hat, meine Arbeit für mich zu erledigen, sammeln wir jetzt Hunderte von Unterpunkten für das Projekt in Telekonferenzen zusammen, die aus allen den Vorschlägen aller Abteilungen im Konzern bestehen. Diese Hunderte von Unterpunkten unterbreiten wir in zwanzigminütigen Präsentationen von 55 Folien dem Top-Management, dass dabei spontan diejenigen Punkte auswählt, die es für wichtig hält. Dadurch erzielen wir eine durchgehende Konsistenz unserer Projektunterpunkte, die nun nur noch aus Befehlen von oben bestehen."
- Die befohlenen Punkte verteilen wir an Abteilungen, die sie jeweils aufgebrummt bekommen. Wir setzen uns als Projektleiter selbst vor die Unterpunkte-Liste und tracken den Fortschritt. Wenn ein Fortschritt gemacht wird, rennen wir zum Top-Management und zeigen den Erfolg vor. Fortschritt ist im Wesentlichen alles, was sich irgendwie bewegt."

Es ist schon schwer, ein einziges Projekt in dieser Weise anzuschieben. Es mag aber noch gehen. Wirklich, auch wenn ich sarkastisch geworden bin: Es mag so gehen!

Leider kommt das echte Problem erst noch: Es werden an allen Ecken und Enden neue Projekte begonnen, bei denen wir jeweils alle mit im Boot sitzen sollen. Wir sollen bei den anderen Projekten mitbezahlen, obwohl wir für unsere eigenen Projektvorschläge selbst kein Geld haben und von den anderen fordern. Wir verbringen bald die Hälfte unseres Arbeitslebens in „Abstimmungsmeetings" und Status-Reviews.

In den Telefonkonferenzen sollen immer so etwa 30 Abteilungen mitreden, aber weil alle in so vielen Projekten mitwirken sollen, sind in allen Telefonkonferenzen nur die Hälfte oder später ein Drittel der Teilnehmer vertreten. Zum Kickoff-Call sind aber bestimmt alle da und streiten, was getan werden soll:

- „Meine Lieblingsmethode!"
- „Meine Lieblingstechnologie!"
- „Meine Interessen müssen gewahrt werden. Was nützt mir das hier?"
- „Ich habe mehr Macht als ihr anderen. Tut besser, was mir gefallen würde, sonst kippe ich alles doch."
- „Dürfen wir erst einmal diskutieren, was eigentlich unser Auftrag ist?"
- „Was ist das Ziel des Projektes?" – „Ist doch klar: Mehr Umsatz und weniger Kosten!"

Nach fünf Calls stehen alle vor einem Berg von widersprüchlichen Anforderungen. Die Gefechtshitze sinkt nun. Es geht an die inhaltliche Arbeit. Nun verschwinden die lauten Interessenvertreter wieder aus den Meetings. (Sie erscheinen ab und zu mitten in den Calls und sagen immer dies: „Ich hatte so viel zu tun. Ich bin nämlich überall und kümmere mich, dass alles perfekt ist. Brief mich mal kurz, was hier bis jetzt passiert ist, damit ich das kritisiere und euch wieder neu aufsetzen kann.") Sie haben keine Zeit zur Mitarbeit, weil woanders neue Projekte beginnen und abgestimmt werden müssen. Das „Team" löst sich langsam auf. Niemand hat Zeit. Eine versprengte Resttruppe, oft der Projektinitiator allein, macht zum Schluss unter der Frustration der allgemeinen Fahnenflucht einen Vorschlag, der oft sogar ganz gut wird, weil nun nicht mehr alle Köche den Brei verderben.

Oft wird dieser Vorschlag vom Top-Management zur Umsetzung akzeptiert. Meist aber ohne Geld, nur im Prinzip. Der Initiator wird losgeschickt, das Projekt umzusetzen. Nun aber haben die einstigen Kickoff-Teilnehmer wieder andere Vorstellungen, sind gar nicht mehr zuständig und sehen auch ihre ursprünglichen Forderungen an das Projekt nicht erfüllt. Jetzt steht der Initiator da – mit seinem akzeptierten Plan... und es geht wieder irgendwie von vorne los.


## Struktur ist erst einmal tote Materie – Frankenstein

Wo liegt die Wurzel der Misere?

Es ist nicht genug Herzblut da.

Der volle Wille fehlt, weil er sich in zu vielen Meetings zersplittert.

Es fehlt an Wohlwollen für die, die Herzblut haben.

Die meisten Projekte gehen wie Frankenstein vor. Sie erstellen einen Bauplan oder ein Konzept für ein neues Lebewesen, sie definieren die einzelnen Teile genau. Frankenstein schneidet sich aus verschiedenen Leichen (nicht aus Lebenden!) brauchbare Teile heraus und setzt sie wie ein Puzzle zusammen.

Dann ist die tote Struktur fertig.

Was aber ist das Wichtigste am Projekt?

Das wissen wir alle: Dem zusammengenähten Monster muss Leben eingehaucht werden. Sein Herz muss schlagen, seine Lunge atmen. Das ist die Kunst! Nur das! Nicht das Entwerfen einer Leiche! Nicht das Stehlen von Leichenteilen! Nicht das Zusammenbasteln! Die Kunst ist das Beleben. Dazu braucht Frankenstein dann auch fast die Hilfe des Himmels, das wird im Film ja deutlich.

Es geht also vor allem um Energie, nicht um die tote Materie. Es geht nicht um die Energie, die man hineinsteckt, um die Struktur zu erzeugen. Es geht um die Energie, die das Projekt belebt und dauerhaft gesund atmen lässt!

Leider protzen die Initiatoren immer nur mit ihrer Kunst, tote Strukturen aufzubauen. Sie halten es irgendwie für selbstverständlich, dass zusammengenähte Leichen von selbst zu leben beginnen. Sie sagen alle: „Nun haben wir die nötige Organisation geschaffen. Jetzt kommt der Profit." Oder in der Politik: „Die Rahmenbedingungen sind nun verbessert, wir haben die nötigen Gesetze verabschiedet, jetzt kann die Wirtschaft aufleben." Kein Wort von dem Hauptproblem, die Leiche zu erwecken! Sie sagen sogar „verabschieden", wenn sie mit der Leiche fertig sind!

Nachdem also die tote Struktur konstruiert wurde, sagen alle:

- „Wir sind jetzt bestens aufgestellt."
- „Wir haben uns Erfolg versprechend reorganisiert."
- „Das neue Konzept wird jetzt aufgehen."

Oder noch einmal unter die Haut: „Nun hast du, was du wolltest. Du bist schwanger. Ich habe meinen Teil zur Rettung unserer Ehe getan. Die Rahmenbedingungen sind damit wie gewünscht und ohne jeden Abstrich geschaffen. Ich erwarte jetzt Glück."

Danach wird die Leiche immer unwilliger beobachtet und gestupst, weil sie sich nicht bewegen will.

- „Das Commitment hat gefehlt."
- „Die Teile arbeiteten nicht zusammen, der Fluss fehlte."
- „Wir hätten längeren Atem gebraucht."
- „Die Kulturen der verschiedenen Teile vertrugen sich nicht."
- „Verschiedene Organe des Unternehmens wuchsen nicht in der neuen Struktur zusammen."
- „Die neue Organisation hatte zu wenig Ausstrahlung."
- „Die Organisation war so komplex, dass sie von den Mitarbeitern nicht verstanden wurde. Die massive Kommunikationsoffensive scheiterte, weil die Organisation nicht vernünftig erklärt werden konnte."
- „Wir haben bei der Verabschiedung der Gesetze gedacht, nun würde sich alles sofort zum Guten wenden. Offenbar hätte der Markt doch noch einen konkreten Anschub benötigt, aber wir konnten kein Fleisch mehr zusetzen, auch keine Mittel spritzen."
- „Das Projekt litt von Anfang an unter Blutarmut. Wir haben heroisch gekämpft, um trotzdem Leben hinein zu bringen."
- „Der Wille war zu schwach. Es war uns nicht ernst genug."

Zum Schluss wird die Leiche beschimpft.

- „Die Mitarbeiter engagieren sich nicht!"
- „Die Deutschen sollen Zuversicht zeigen."

Und am Ende gibt man sie auf.

- „Das Projekt war von zu widersprüchlichen Kompromissen belastet. Es hatte keine innere Einheit und war von Anfang an zum Sterben verurteilt."

Zum Sterben verurteilt? Wollte jemand je eine innere Einheit? Ich höre sehr oft: „Ein guter Kompromiss ist etwas, was alle sehr schmerzt. Wenn sich bei einem Kompromiss irgendjemand gut fühlt, ist er faul." Ich bitte Sie – entsteht so Leben?


## Herzblut-Energie!

Wo gelingt denn etwas? Wo Herzblut ist. So einfach ist das. Warum schießen Ebay, Amazon, Facebook, Google, Red Bull, iPhones den Vogel ab? Herzblut.

Warum steht heute in der SZ, dass „die Hochschulen ernüchtert Bilanz über das verkürzte Studium ziehen"?

Die Professoren wollten das Projekt nie, weil sie sich vorher und hinterher nicht für die Lehre stark interessieren. Die Studenten wollten eine bessere Ausbildung und interessante Vorlesungen. Die Wirtschaft schimpfte damals, dass die Studenten durchschnittlich 15 Semester bis zum Diplom brauchten. „Wenn im Durchschnitt 7,5 Jahre an etwas gearbeitet wird, wofür theoretisch 4,5 Jahre gebraucht werden – was können wir dann an Leistung im Betrieb erwarten? Soll alles erst in 166 % der Zeit gelingen?"

Die Strukturen waren immer da. Sie wurden nicht wirklich gelebt. Professoren sollen gut lehren, Studenten engagiert arbeiten und sich während des Studiums schon einmal klarmachen, was sie später wollen. Alle sollten Herzblut haben! Wer als Student je Herzblut hatte, machte das Diplom mit links. Wer als Professor je Herzblut einbrachte, konnte sich vor guten Studenten kaum retten. Was war schief? Das Herzblut fehlte, die Arbeitskultur.

Was wurde getan? Man baute die Diplomstruktur, die nicht gut lebte, zu einer neuen Leiche um. Die lebt wieder nicht. „Jetzt mault die Industrie, aber sie wollte doch eine Verkürzung!" (Die Industrie hat eigentlich gewollt, dass man ein Diplom nach den vorgesehenen 4,5 oder meinetwegen 5 Jahren ablegt und nicht irgendwann im hohen Alter. Die Industrie kritisierte das Leblose der Leiche, nicht die Leiche an sich.) „Die Studenten brechen noch häufiger ab, weil das Studium noch uninteressanter verschult wurde!" – „Die Mehrheit der Professoren unterläuft die Ziele des Bologna-Prozesses." (Diese letztere Äußerung stand wörtlich so als Meinung in der SZ.)

Warum basteln wir immerfort an neuen Strukturen, die nicht geliebt und dann nicht gelebt werden? Alle diese Strukturen kranken an Energiemangel, an Einigkeit der Beteiligten, an Inkonsistenz. Kurz: Kaum einer hat wirklich Lust drauf.

In der Wirtschaft steht der Shareholder-Gedanke vor dem Schiffbruch. Seit 10 Jahren wird er propagiert. Damals stand der Dow Jones Index um die 10.000 Punkte herum, heute zittert er ängstlich bei 11.000 Punkten. Ist das eine gute Rendite für 10 Jahre? Wo ist jetzt der Shareholder-Value? Gab es je einen? Die Löhne und Gehälter sind jedenfalls nicht gestiegen, es liegt nicht an den Mitarbeitern. Woran dann?

Kaum einer hat wirklich Lust drauf.

Wo gelingt etwas? Wo Herzblut etwas tut, was es will und nicht müssen muss. Bei Opensource gelingt vieles. Im Web 2.0 gelingt ganz Neues. Viele sprechen vom Enterprise 2.0 und es gibt darüber gerade ein richtig gutes Buch, das den Untertitel *Die Kunst, lozulassen* trägt. (Von W. Buhse und S. Stamer. Das Buch ist wie mein jüngstes vom Handelsblatt unter die 10 Besten des Jahres gewählt worden.) Eine zukünftige Wissensgesellschaft lebt nicht mehr in klaren und starren Strukturen… Das leuchtet jetzt überall hervor.

Wann arbeiten wir am besten? Wenn wir leben. Wenn wir mitgestalten. Miteinander reden. Zusammen ein Ziel haben, das auch das unsrige ist. Wir wollen nicht für den Shareholder-Value anderer arbeiten, lieber für „In 10 Jahren sind wir auf dem Mond". Wir wollen bei der Arbeit spüren, dass unser eigenes Potential ausgeschöpft wird, dass wir Sinnvolles erschaffen, und dass uns das auch einmal jemand dankend anerkennt. Das weiß jeder, aber ich sage es wieder und wieder. Es muss wohl sein.

Ach ja, und viele von Ihnen sagen jetzt, ich lasse nur persönlichen und feindlichen Dampf ab und schimpfe nur und gebe Ihnen keine „konkreten" Bedingungen für den zwangsläufigen Erfolg an.

Herzblut ist allerdings kein Patentrezept. Eine verkorkste Leiche, die nach dem Plan der Eier legenden Wollmilchsau verhäkselt ist, bringt ja auch dann nichts, wenn sie etwas lebt, oder?

Darf ich einmal mit Logik kommen?

Erfolg ist eine Art Kunst, sonst hätte ihn jeder.

Es gibt aber so etwas wie notwendige Bedingungen für Erfolg. Herzblut zum Beispiel.

Es ist doch wichtig, die notwendigen Bedingungen für den Erfolg zu kennen! Wollen Sie das abstreiten?

Die meisten Kritiker werfen mir aber ganz oft Idealismus vor und vor allem, dass ich keine hinreichenden Bedingungen liefere, also Patentrezepte oder fertige Lösungen. Kann ich das überhaupt und wenn ja, ganz kurz in einer Kolumne und ohne überhaupt Ihr Unternehmen konkret zu kennen?

Und dann tun viele von Ihnen etwas sehr Seltsames: Sie lesen erst meine Argumente, nämlich, dass etwas notwendig ist. Sie stellen dann schnell seufzend fest, dass das, was ich sage aber nicht hinreichend für einen Erfolg ist. Dann schließen Sie, dass diese ganze Argumentation gar nichts nützt, weil sie ja keine vollständige Lösung bietet, die allein Sie wollen. Und in Ihrer ganzen großen Enttäuschung werfen Sie diese Kolumne hier gedanklich weg. Sie vergessen ganz, dass Herzblut eine notwendige Bedingung ist und versuchen es beim nächsten Mal wieder ohne das volle Leben.

Bitte! Logik! Herzblut ist nicht hinreichend für einen Erfolg. Aber das Fehlen von Herzblut ist hinreichend für einen Misserfolg. Struktur muss leben! Durch uns alle.

# Kapitel 10
# Culture Technologies – Dreimal mehr in Herz und Kopf!

Immer ungeduldiger sehe ich zu: Das Jahr der Informatik 2005 strich eigentlich ganz erfolgreich vorüber, das Jahr der Mathematik 2008 hat einigen „Impact". Aber die Bildungsgipfel verpuffen! Und der kürzliche dritte IT-Gipfel führte gerade eben noch zu dem schon ganz lange überfälligen Entschluss, Internet in jedes Haus zu legen – und das so selbstverständlich zu finden wie den Bürgersteig davor. Sie jammern alle, dass zu wenige junge Menschen das Abitur schaffen. Sie wollen die Abbrecherquoten in den Unis senken, ohne die Vorlesungen zu verbessern. Sie beschwören die verlorenen Werte und die mangelnde Bildung, glauben aber immer noch, dass „wir" irgendwie am besten sind – auch wenn der Mathe-Pisa-IQ immer noch mies ist. Vielleicht reicht es, denken sie, wenn wir die sowieso schon Guten mit Geld duschen und sie als unsere absichtliche Produktion einer Elite darstellen?

## Culture Technologies, made in Germany!

Es reicht nicht, wenn Deutschland ab und zu einen Nobelpreis schafft. „Mehr können, was wir teurer sind." Das ist der Punkt – oder so wenig verdienen, wie wir wert sind. Immer noch hat unsere alte europäische Kultur einen großen Sinn für Bildung, auch wenn diese de facto schon stark schwindet. Lassen Sie uns einen neuen Anlauf versuchen: Ich propagiere „Culture Technologies". Das soll etwas Deutsches werden, wird aber gleich in Englisch geschrieben, weil wir alles exportieren werden.

Ich falle mit einer Idee direkt ins Haus, die Sie wahrscheinlich so ganz in schwarzen Lettern geschrieben nicht ohne Sahne und Zucker vertragen können. Ein bisschen Geduld – die Erklärungen folgen.

Culture Technologies ist für mich die Gesamtheit der technologischen Anstrengungen, um die Bildung und das Wissen der Menschheit eine ganze Stufe höher zu schrauben. „Dreimal mehr in jedes Hirn und jedes Herz!" anstatt „Ein paar Prozent mehr Abiturienten in Osteuropa vor zehn Jahren!" Ich möchte, dass wir aufhören, das Wissen ganz unverändert nur ins Internet zu stellen. Wir müssen zu Bildung 2.0 oder 3.0, zu einer höheren Stufe eben.

G. Dueck, *Dueck's Jahrmarkt der Futuristik,*
DOI 10.1007/978-3-642-55371-4_10, © Springer-Verlag Berlin Heidelberg 2014

Erinnern Sie sich an entsetzliche Physikdoppelstunden, in denen die Vorführungen nicht geklappt haben? Der Physiklehrer schwitzte mit Bananensteckern, wir warfen mit Schwämmen. Irgendwann brannte eine Bogenlampe. Na gut, die war ja schon mal besser im Fernsehen zu sehen. Wir sollten damals lernen, wie man das irgendwann selbst hinbekommt. Der Lehrer schaffte es aber nicht.

Viele Stunden ließen wir ein kleines Auto die schiefe Ebene hinuntersausen und maßen die Zeiten, aus denen wir genau das Naturgesetz herauslogen, das im Lehrplan stand.

Wir übten über Wochen, eingefangene Fliegen oder Zellen unter dem Mikroskop anzuschauen, sahen aber meistens nichts, weil wir die Linse zu weit nach unten schraubten, so dass sie sich ins Glas fraß und alles zerstörte.

Muss das heute alles noch so antiquiert zugehen? Können wir nicht die ganze IT, die Mathematik, die Informatik, das Web 2.0, die Multi-Media-Technik mit den Naturwissenschaften zusammenpacken und die Bildung auf ein ganz neues Niveau heben? Diesen meinen Gedanken, der von den Bananensteckern und den Logarithmentafeln ausging, möchte ich hier zu einer Vision ausbreiten, wie wir in Deutschland eine ganze mittelständische Industrie entstehen lassen, vergleichbar mit einer wie Hollywood, die eben Bildung für die ganze Welt produziert. Warum gleich für die ganze Welt? Schauen Sie dazu in Finnland ins TV oder kaufen Sie in Ungarn ein Buch. Das TV in Finnland ist englisch, die Sachbücher in Ungarn sind deutsch. „Das lohnt sich für ein kleines Land nicht." Deshalb ist „Culture Tech" natürlich global.

## Ende der Kreidezeit!

Ich weiß schon, dass ich jetzt gerade nicht didaktisch wertvoll vorgehe. Ich sage nur, was ich nicht will und stoße dabei sehr allgemeine Großforderungen aus, aber ich sage nicht, was ich genau will. Das wollte ich schon zuerst schreiben, ich habe hier ja eine vorbereitete Aufzählungsliste neben mir liegen.

Die zerreißen Sie mir aber sofort! Weil Sie bei Bildungsinnovationen so irre aggressiv sind! Es ist so schwer, Ihnen klar zu machen, dass Sie sich nur am Alten festklammern, warum auch immer. Für dieses unsinnige Anklammern ein paar Beispiele vorweg:

- In den 60er Jahren kam die neue Technologie des Aristo-Rechenschiebers auf, der in der besseren Version 17.95 DM kostete (das hat sich tief in mir eingegraben, weil ich um einen betteln musste!). Er machte die Logarithmentafel obsolet, in der wir Logarithmen, Potenzen und Sinuswerte nachschauten und zur Steigerung der Genauigkeit die Werte interpolierten. Bei Rechenschiebern muss nichts interpoliert werden. Damit ging damals diese wichtige Kulturtechnik ganz verloren und war für das Abitur nicht mehr tragend wichtig. Ein Sturm der Entrüstung erhob sich.
- Einige Jahre später konnte man die Sinuswerte auf Taschenrechnern ohne jede Mühe ablesen. Die Taschenrechner wurden billiger als Rechenschieber. Die Entrüstung potenzierte sich, weil die Kulturtechnik des Rechenschiebers versank.
- Der TI-92, glaube ich, erlaubt ganze Kurvendiskussionen einfach so. Nun wird ja die ganze Differentialrechnung lächerlich? Noch mehr Entrüstung.
- Der PC ist schuld, der Laptop, das Netbook!

- Die Schüler schauen sich jetzt Iphigenie von Goethe als Podcast an! Pfui, sie sollen den Text lesen! Dabei hat nicht einmal Goethe daran gedacht, dass man den Text läse, er war doch nur das Drehbuch für die Theateraufführung, die sich aber ein Schüler nie leisten konnte. Aus ökonomischer Armut heraus LASEN die Schüler Iphigenie und studierten das Paradigma der Symbolik. Heute könnte es jeder einfach als Theateraufführung anschauen, wie es immer gedacht war. Nein! Pfui! Man muss lesen! Warum verteilen wir eigentlich nicht die Noten der Beethoven-Sinfonien und lesen sie? Das hat man früher auch getan, wenn kein Orchester zur Hand war.
- Das BUCH ist heilig. Nichts in html oder pdf ist dem Buche gleich, heißt es! Ich stelle mir die Konservativen zur Lutherzeit vor, die damals wetterten, dass man die Bibel nun unglücklicherweise lesen kann und nicht mehr im Herzen auswendig mit sich trägt. Gott hat des Menschen Herz verlassen und ist in das Bücherregal umgezogen! Pfui – zum Teufel mit dem Buch! Und der Teufel selbst sagt: „Denn was man schwarz auf weiß besitzt, kann man getrost nach Hause tragen." Genau deshalb ist das Buch Teufelswerk, weil der eigentliche Inhalt des Menschen in gedruckter Form außerhalb von ihm vorliegt. Haben Sie das vergessen? Es war um 1500 herum. Heute liegt der eigentliche Kern des Menschen nicht mehr gedruckt vor, sondern online. Na und? Wollen Sie vor 1450 zurück? Zu Homer? Zu Gesängen?

Immer, wenn eine neue Kulturtechnik das Lernen erleichtert, entrüsten sich alle Älteren. Sie sehen das Erlernen des Basiswissens in Gefahr, das sie für heilig und unantastbar halten. „Niemand kann mehr Kopfrechnen und Gedichte aufsagen." Ich bin durch drei Jahre Konfirmationsunterricht härtester Art gegangen, sage ich Ihnen. Ich wusste damals so ziemlich alles auswendig. Und – glauben Sie mir – heute ist nichts mehr da. Können heute die älteren Menschen besser Kopfrechnen als jüngere? Sollten wir einmal einen Pisa-IQ für Ältere erheben? Ich finde diese Diskussionen so ätzend! Hey, sehen Sie als Ältere denn nicht, wie die Zeit Sie alle überrollt? Wie die Jungen das Neue froh unter Ihren Klagen und Anklagen lernen und aufnehmen? Wie Sie als Ältere jetzt nach vielen Jahren des bitteren Schimpfens auch alle ein Handy haben und im Internet surfen? Wie Sie als Ältere das Internet als Schund verdammen, selbst aber nach gesicherten Statistiken vier Stunden am Tag solche TV-Programme anschauen, die Marcel Reich-Ranicki zum Aufschäumen bringen?

Warum schaffen so viele den Hauptschulabschluss nicht? Und warum bestehen überhaupt alle diese „Versager" anschließend die theoretische Führerscheinprüfung? Es ist beides in gewisser Weise Quälerei, die antiquierte Lehre und das Verkehrszeichen-Pauken, aber das letztere scheint sinnhaftiger zu sein und gelingt fast mühelos.

Ich fordere in der Bildung: Ende der Kreidezeit. Ende der Dinosaurier.


## Brainstorming für die Zukunft


Ich versuche es einmal … Ihnen den Geschmack vom Neuen zu vermitteln. Verlangen Sie jetzt aber kein lückenlos konsistentes Modell der Zukunft für eine einzige Kolumne. Ich überlege, ob ich ein ganzes Buch drüber schreibe. Ich habe zu dem Thema Culture Technologies vor einigen Tagen die Keynote (am 14. November 2008, Jahrestreffen der

D21-Initiative) nach Ministerin Dr. Schavan gehalten. Unsere beiden Reden sind im Internet, der Link ist weiter unten hier (bio_downloads):

http://archiv.omnisophie.com/bio_downloads.html.

Der „Zuspruch" vor zehn Tagen in Berlin ermutigt mich jetzt zu dieser Kolumne. Es liegt eine Änderung in der Luft. Vor zehn Jahren erntete ich hier an dieser Stelle mit Zukunftsvisionen des Internet eher heftige Aggression. Erinnern Sie sich an meine Kolumnen um 2000 herum, als ich gefühlt fast allein stand mit der Meinung, dass aus Amazon etwas Großes wird? Es gab damals hate-mails an mich! Von Informatikern!

Ich wünsche mir so viel.

Ich wünsche mir ein Wikipedia, in dem es sehr verschiedene Antworten gibt: Für den Kindergarten, für Experten, für Jauch-Show-Spicker, für jeden Wissensbedarf eben. Manchmal möchte ich eben den ganzen Faust kommentiert haben, mit Äußerungen von Mephisto zur klassischen Bildung, ein anderes Mal reicht das Geburtsdatum von Goethe.

Ich wünsche mir das Projekt Gutenberg der Bücher auch in Form von Hörbüchern. Alles soll auch vorlesbar vorliegen. Viele Kinder hören gerne, lesen aber nicht und werden ohne Ende geprügelt und gedisst. Sie alle haben sicher schon von verschiedenen Lernstilen gehört, nehmen aber darauf überhaupt keine Rücksicht und glauben, das Vorlesen würde nicht so sehr bilden wie das Lesen. Glaube ich nicht! Ich habe meinen Kindern viele Bände vorgelesen. Und ich sah in ihre Augen: reine Freude und reines Teilen der Freude …

Ich wünsch mir alle Dramen wie auch alle Opern als „podcast" oder ähnlich. Bald geht die gesamte Bildung der Welt auf einen Stick!

Ich möchte ein Biologie-Kompendium: Für jedes Tier einen Kurzfilm als Überblick, einen zur Fortpflanzung, einen mit dem Nachwuchs, der Lebensweise, der Körperaufbau, der Umwelt. Für Kinder und Erwachsene echt verschieden (also nicht Kind = Erwachsen minus Fortpflanzung, und auch gewiss nicht Erwachsen = interessant und Kind = lehrreich).

Wie bei Facebook stellen alle Schüler und sonstigen Menschen ihre Malereien als Album ins Internet und kommentieren die Bilder gegenseitig. Gegenseitiges Notengeben statt Lehrergeschmacksdiktat. Trauen wir uns einen Sprung in Evaluation 2.0 zu? Oder ist Bildergutschlechtfinden eine Sache der Lehrer-Allmacht, so wie im Fußball, wo nur Günter Netzer wirklich sagen kann, wer unabhängig vom Ergebnis gut gespielt hat?

Ist eine Supervideo-Vorlesung von Albert Einstein nicht besser als eine normal schlechte Vorlesung eines normal mittelmäßigen Professors, der gerade vom deutschen Wissenschaftsrat als solcher so sehr wegen mangelnder Didaktik angeklagt wurde, dass man regierungsseitig sofort eine Milliarde Euro bereitstellen will, damit die Vorlesungen dann besser werden? Wie das geht, weiß ich ja nicht. Irgendwie werden sich wohl Geldscheine in der Hosentasche des Professors in Übungsscheine oder Persilscheine verwandeln, ich selbst brauche noch viel mehr Geld dafür, dass ich diese Aktion verstehe.

Die Schüler sollten schöpferischer werden. Mit Computern kann man malen und sich dann von anderen coachen lassen. Mit Computern kann man Songs komponieren, instrumentieren. Wir haben hier zuhause eine wirklich denkwürdige Rapper-Aufnahme von Johannes zum Muttertag! Die scheint uns sehr viel wertvoller als Gedichtauswendiglernen. Kreativität bringt schwer beeindruckende Werke hervor.

Ich möchte, dass die Verlage aufhören, normale Fachbücher dümmlich als pdf noch einmal ohne eigene Kosten zu verkaufen, was ja kaum jemand will. Was wir brauchen, sind elektronische Bücher, aus denen man die Bilder, Tabellen etc. in verarbeitbaren Form in Powerpoints oder andere Bücher herausnehmen kann. Man muss auch Bilder und Tabellen „zitieren" können, nicht nur Sätze.

Wir brauchen ein Portal, in dem wie bei Google Images nun nicht nur.jpg,.gif oder so zu finden sind. Wir brauchen ein „Wikipedia" für Tabellen, Graphiken, für Arbeitsmaterial aller Art, für Gemälde, Laute, Geräusche, alles!

Ich möchte Lehrfilme und Baukästen! Ich habe Elektrotechnik nicht gut verstanden, diese ganzen Stromgleichungen. Stellen Sie sich vor, wir hätten virtuelle leere Häuser wie in Second Life. Die bekommt man online als Hausaufgabe: „Verkabele dieses Haus und setze die richtigen Sicherungen ein. Schätze den Stromverbrauch für ein Jahr!" Ich glaube, wir könnten mit solchen Baukästen im Internet zehnmal mehr lernen als heute.

Warum gibt es so wenige Mathefilme? Ich habe einmal einen mit Tobias Scheuer über Optimierung produziert, auf einem 486er PC, TS hat fast alles mit der „Hand" gemacht. Dieser Film ist unter dem gleichen Link wie meine Rede auf meiner Homepage zu finden. Stellen Sie sich so etwas für alles vor! Und viel besser mit heutigen Mitteln! Filme für jeden Lehrsatz der Mathematik, mit Bildern, Motivationen und Anschauungen. Der Beweis ist auch dabei, gut erklärt! Der Jammer besonders in Mathematik rankt sich um die Begriffe. Die werden oft nur „definiert" und danach geht es sofort ans Rechnen und Beweisen. Über die Begriffe als solche reden Professoren sehr wenig und schreiben auch in Büchern nichts dazu. Da aber sind die Zuhörer sofort abgehängt! („Was Glaube, Mensch, Sinn und Gott sind, habe ich jetzt auf dieser Tafel kürzestmöglich in Axiomen postuliert und definiert. Wir kommen jetzt zu den Implikationen und entwickeln die Theorie. Was? Eine Frage dazu? Echt? Was denn? Ob es Gott wirklich gibt? Dumme Frage, Sie haben nicht aufgepasst. Die Existenz ist ein Axiom. Jetzt verstanden? Lassen Sie uns weitermachen. Wissen Sie, die Axiome sind so stark und grundlegend, dass wir beim weiteren Nachdenken gar keinen Sinnfragen mehr begegnen.")

Warum gibt es keine Filme, wie Computer innen funktionieren? Was Befehle wie Save, Load etc. tatsächlich in der Physik bedeuten? Warum gibt es keine Filme, wie der Prozessor arbeitet? Wie multipliziert er? Warum wird so etwas in Vorlesungen an die Tafel gemalt?

Was ich beim Nachdenken über solche Einzelbeispielen erträume, ist eine ganz neue Bildungsform, bei denen wir wirklich dreimal mehr, zehnmal mehr lernen als heute. Ihnen fallen natürlich sofort einige Einwände ein. Einen kenne ich.

Im Leben einer Innovation gibt es so etwas wie die Geburt, einn Zeitpunkt der Wende wie Christi Geburt. Wenn man oder wenn ich über eine Innovation rede, geben Sie einen von zwei Kommentaren ab: „Das geht nicht." Oder: „Das gibt es schon." Bis Christi Geburt „geht es nicht" und dann plötzlich „gibt's das schon." Wenn die Leute plötzlich vereinzelt auf „gibt's schon" umschalten, ist der einzige günstige Zeitpunkt für die Geburt einer Innovation gekommen. Dann fangen die ersten an, die Grundsteine einer Infrastruktur zu legen. Und wahrscheinlich haben Sie bei meinem Brainstroming vereinzelt oder öfter gesagt: „Gibt's schon." Ja, im Prinzip, aber nicht als allgemeinen Lehrplan! Ja, im Prinzip, aber es gibt noch viele Menschen, die so sehr dagegen sind, wie sie es vielleicht nicht einmal gegen den Rechenschieber waren! Ja, im Prinzip ist schon vieles oder das meiste einzeln da. Aber es ist nicht für jeden als allgemeine Infrastruktur verfügbar!

In derselben Weise gab es erst Glühbirnen, aber noch keine Stromleitungen. „Licht gibt's schon!" So wie es Trecker gab, aber alle die Pferde verteidigten, weil es noch keine asphaltierten Ackerwege gab und die Trecker versanken. So wie es Autos gab, um aufs Land zu fahren – dort aber keine Tankstellen waren. „Benzin gibt's schon, aber nicht überall." Früher musste man fast das Benzin in andere Länder mitnehmen, weil sie anderes hatten! Vergessen? Es braucht Zeit – für die Infrastrukturen. Die müssen wir uns jetzt nehmen. Aber nicht warten – sondern etwas tun.

## Infrastrukturen der Zukunft – „The Brighter Planet"

Es geht nicht nur darum, alle diese vielen Lehr- und Lernmaterialien zu erschaffen. Das ist irre viel Arbeit, und keiner weiß am Anfang, wie sie getan werden soll. Schauen Sie einmal den kleinen Film von Tobias Scheuer und mir an? Der ist 14 Jahre alt und hoffnungslos veraltet. Alles ist im Fluss. Wie das Internet über Analogleitungen, ISDN, GPRS, UMTS, EDGE, HSDPA und WLAN-Hotspots kam, so wird sich die Bildungstechnologie schnell wandeln, bis sie in vielen Jahren erst eine neue stabile Form gefunden haben wird.

Die neuen Inhalte und Formen müssen sich mit den neuen Herzen verbinden. Dazu müssten auch Sie als Botschafter des Neuen losziehen! Es wird elend lange dauern, bis die Lehrpläne geändert werden, die Universitäten anders lehren und forschen. Das ist keine kleine Revolution: „Dreimal mehr in Herz und Kopf".

Alle Infrastrukturen müssen sich verändern.

Das Internet funktioniert leider immer noch nicht gut. Noch ist nicht jeder Ort verbunden, es gibt elektronische Diaspora. Hier in Waldhilsbach gibt es nur 784 k DSL. Ich habe nachgefragt, was ich für eine größere Bandbreite unternehmen könnte. Antwort: „Umziehen."

Wir müssen aber jedem Schüler und Studenten ein Netbook geben. Das muss Internet überall mit 99,9 % verfügbar haben. Darauf muss eine einheitliche Lernumgebung, also mit allen Lexika, virtuellen Atlanten, Maps, Bio-Filmen und Links ins Internet. Fernwartung per Funk über Internet per Funk. Der elektronische Tornister oder Studi-Rucksack wird also automatisch aktualisiert. Wer macht das? Ein Schulverlag für Schüler, Springer für Studenten, IBM für alle? Werden sich neue Dienstleister bilden?

Wie entsteht eine ganze mittelständische Industrie, die die Inhalte erzeugt? Wer entscheidet, welche Inhalte verbindlich werden? Wer hat die beste Lobby? Werden sich die Bundesländer einigen oder für Jahrzehnte streiten, was alle Investitionen unsicher und fragwürdig macht? Was sagen die Planer und Juristen der Parlamente? Sträubt sich die Lobby der Verlage?

Werden die Schulen und Universitäten gleich anfangen oder eben nur debattieren?

Deutschland sollte Weltbildungsproduzent werden. Aus dem Land der Dichter und Denker wird ein Exportland für Culture Tech. Das können „wir" bestimmt richtig gut und das machen wir gern – wenn wir erst mal angefangen haben. Wir müssen nur Lust haben und wollen. Wir sind heute bei Bildung so weit wie Hollywood in den 20er Jahren. Man konnte schon filmen, aber es war noch keine Industrie… So etwas wächst über viele Jahre. Und die hiesige Infrastruktur wird sich dagegen stemmen. Die Lehrpläne und Köpfe sind fest wie Beton. Die Verlage wollen Bücher verwerten und nicht in eine ungewisse Zukunft investieren. Wir Menschen sind noch nicht so weit, dass unsere Herzen ohne Vorbehalt folgen.

Es ist so elend schwer, etwas zu verändern! Wie können wir anfangen?

Ich glaube, ich würde Culture Technologies erst nach „Indien" in Englisch exportieren und damit große Erfolge anstreben. In den „neuen" Ländern muss ohnehin alles neu erschaffen werden, warum also nicht gleich vollständig und radikal? Wenn die Strukturen in diesen neuen Ländern Triumphe feiern und wir dann vollends Pisa-Schlusslicht zu werden drohen, wenden wir das, was wir anderen verkaufen, am Ende sogar selbst an. Kurios, was? Das ist in vielen Firmen und Staaten so. Das, was man anderen verkauft, wendet man selbst nicht an. Oft wird dann ohne jeden Erfolg geklagt: „Why don't we eat our own food?" Es ist einfach leichter, andere zu verändern als sich selbst. Deshalb bestellen wir ja Berater, gehen für banalste Besserungsratschläge zum Arzt, Therapeuten oder Pfarrer … Ich würde ja am liebsten gleich hier anfangen, nicht erst in Indien! Aber wie?

Wollen wir nicht einmal ein ganz großes 2.0 Open Source Projekt steigen lassen? In Deutschland? Ohne Geld, einfach nur mit Inhalten und Herzblut von Informatikern und Mathematikern und anderen Urhelfern? Ich schaue von der Tastatur auf und beginne wieder einmal zu träumen. IBM beginnt gerade eine Kampagne, die den „smarter planet" anstrebt. Das Internet der intelligenten Dinge („devices") scheint reifer für das Verwirklichen zu sein als eine höhere Bildung. Und ich stehe hier und fordere den „brighter planet". Ja, den will ich.

# Kapitel 11
# Dynamische Infrastrukturen

In jedem Jahr oder jedem zweiten wird in der IT ein neues Zauberwort kreiert, das den derzeitigen „Hype" umreißt und unser Bewusstsein in neue Denkrichtungen lenken soll. Für 2009 heißt ein solches: „Dynamic Infrastructure". Das finde ich gut!

## Die Doppelhelix des Wandels

Computer und Netzwerke penetrieren als neue Infrastrukturen die Welt und stellen sie ganz schön auf den Kopf. „Globalisierung" haben wir viele dieser resultierenden Vorgänge genannt. Unternehmen können die neuen Infrastrukturen nutzen und bessere Geschäftsmodelle entwickeln. Diese Geschäftsmodelle erfordern unter Umständen dann wieder eine weitere Verbesserung der Infrastruktur. Wenn die im nächsten Schritt geschaffen ist, könnten die Geschäftsmodelle eventuell schon wieder verändert werden! Etwas literarischer ausgedrückt:

IT verändert das Business verändert die IT verändert das Business verändert die IT verändert das Business … eine Spirale der Evolution zieht uns hinan.

Versuchen wir, uns diese Evolution wie eine Doppelhelix vorzustellen, wie eine DNA! Eine Spirale beschreibt die IT, die zweite die des Business. Beide sind miteinander untrennbar verflochten und bedingen einander. Wie wollen wir diese verschlungenen Spiralen besser bezeichnen?

„Dynamic Infrastructure" und „Dynamic Enterprise".

Das spiralige Verflochtensein, wird heute immer noch wenig begriffen, weil wir zu Wenn-Dann-Kausalitäten neigen und Verflochtenes nicht gerne zu durchdringen versuchen. Wir sagen: „Die Infrastruktur ermöglicht neue Businesses." Oder: „Für das neue Business brauchen wir eine neue Infrastruktur." Wir personifizieren diese Aussagen gerne und lesen sie in Journalen lieber in den folgenden Formen: „Der CEO soll doch endlich die IT verstehen und deren Möglichkeiten kapieren. Er muss sein Geschäftsmodell ändern!" Oder: „Der CIO muss endlich seine Maschinenraumbrille abnehmen und das Business verstehen. Er muss die Infrastruktur so erneuern, dass sie das Business unterstützt!" Oder möchten Sie es noch kürzer? „Der CEO ist technisch blind." – „Der CIO bringt nichts im Business." So streiten sich die Lager, die „IT-Abteilungen" und die „Fachabteilungen". Dabei schieben sie sich den Schwarzen Peter zu und sehen sich nie wirklich so, wie sie sind: verflochten.

G. Dueck, *Dueck's Jahrmarkt der Futuristik,*
DOI 10.1007/978-3-642-55371-4_11, © Springer-Verlag Berlin Heidelberg 2014

So ziehen sie unnötig streitend und mit unnötig getrenntem Fokus ihre Bahn. Die Doppelhelix zieht Runde um Runde, Hype um Hype. Wohin? Immer höher und höher … und wir sehen heute allgemein schon, dass alles sich zu „Cloud Computing" erhebt, so ist die einhellige Sicht der IT-Strategen. Und die Schwesterspirale, die des Business? Wo wird die anlangen? „Everything as a service." Die Computer verschwinden ins Netz und bedienen uns wie aus der Steckdose.

Diese Grundgedanken sind jetzt ein bisschen abstrakt und zu allgemein. Wir sagen seufzend „High Level" und meinen „noch wenig nützlich". Ich will sie hier konkretisieren. Zuerst ein Disclaimer. Wenn Analysten Aktien empfehlen, sollten sie vorher verraten, ob sie solche besitzen. Das ist fair. Und in diesem Sinne, bevor ich alles ordentlich erkläre, möchte ich anmerken, dass ich 2009 bei der IBM Deutschland der „Leader Dynamic Infrastructure" bin und dieses Geschäftsfeld ganzheitlich entwickeln werde, für CEO, CIO, Sie und IBM.

Jetzt also konkreter: Sie verstehen den Doppelhelix-Charakter von Struktur und Geschäft viel besser, wenn Sie sich den Strukturwandel vergangener Innovationszyklen anschauen. Sie wissen ja, ich entstamme einem Bauerhaus. Da erlebte ich die volle Entwicklung eines Wandels in 40 Jahren. Sehen Sie auf meinen Vater in der Mitte der 50er Jahre. Er pflügt mit Pferden. Die brauchen einen Stall und Futter auch im Winter. Urlaub ist fast unmöglich, die Kühe, Schweine, Hühner, Gänse sind ja auch da. Um 5 Uhr morgens beginnt der Tag mit dem Melken, am Abend endet er mit einer letzten Fütterung. Oft mussten wir nachts raus, weil eine Kuh von der Kette war und frei im Stall herumgeisterte. Das war eine Unruhe unter den Angeketteten! … Und jetzt kaufte mein Vater Technologie – einen Trecker. Die Pferde wurden unter unseren Kindertränen als erste Arbeitnehmer entlassen und in eine ungewisse Zukunft geschickt. Der Trecker brauchte weniger Platz. Der Futterplatz wurde durch einen Dieseltank ersetzt. Die Arbeit des Pflügens ging nun ganz geschwind! Diese schwere Arbeit wurde fast zur Freude! Aber es gab Probleme: Der Trecker war sehr teuer und ging oft kaputt. Er versank in nassem Boden – zu schwer. Die Brücken über die Gräben waren zu schmal. Die Ackerwagen waren gewohnt, von Pferden gezogen zu werden, sie konnten auch nicht richtig eingespannt werden. Kurz: Ein Trecker allein ergab einen herben Technologiebruch. Vieles funktionierte nicht mehr. Mein Vater musste den Maschinenpark umstellen und Ackerwagen mit Gummireifen kaufen. Er versank in Technologieinvestitionen und bekam bei schlechten Ernten Schwierigkeiten. Alles war nun technisch „toll", aber eben teuer. Und man musste sich fragen, was denn diese Technologie zum Business beitrug. Was kam unter dem Strich heraus? Das Leben war angenehmer, aber wo war der Gewinn? Mein Vater musste Leute entlassen. Er begann nur noch Feldfrüchte anzubauen, die von der Technologie profitierten. Die Flächen wurden vergrößert, Bauern tauschten Felder. Für Handarbeit sind kleine Beete in Ordnung, aber der Trecker braucht größere Flächen. Die Technologen der Kuhställe verkauften Melkmaschinen und Rohrleitungssysteme für Milch im Stall. Zuviel Investition in Technologie, die insgesamt über alle „Baustellen" zu viel Geld kosten würde. Kann ein einzelnes „Unternehmen" das gleichzeitig stemmen? Mein Vater beschloss, die Viehzucht aufzugeben, sich also auf sein Kerngeschäft zu konzentrieren. Er entließ fast alle Mitarbeiter, die damals noch Mägde und Knechte hießen. Der Treckerfahrer blieb allein noch da. Die landwirtschaftliche Beratungsstelle kam sehr besorgt vorbei und rechnete vor, dass diese Monokultur zu unabsehbaren Risiken führen würde. Mein Vater wollte sich aber auf „ein Kerngeschäft" zurückziehen. Man warnte eindringlichst. Er würde Kuhmist oder gar Kunstdünger kaufen müssen, weil nun die Synergieeffekte fehlen würden. Mein Vater präsentierte Rechnungen, nach denen fast alles Geschäft und fast alle Arbeit in der Viehzucht anfiel, aber nur 20 % des Gewinns. Er ging fast als erster im Kreis zu „viehlos" über. Wir bekamen vielen ungläubigen Besuch – ganz gelbneidischen im Winter, wenn mein Vater nur Maschinen pflegte, aber nicht mehr um vier Uhr aufstehen musste. In den folgenden Jahren wurden die Felder größer und größer, der Gemüseanbau verschwand. Überall nur noch Getreide und Zuckerrüben. Mähdrescher kamen auf. Die waren so teuer, dass sie ein einzelner Bauer nicht bezahlen und auch nicht gut warten konnte. Er passte kaum in Scheunen.

Das war der Beginn des Outsourcing. Raiffeisengenossenschaften und freie Unternehmen im Markt boten „Reaping on Demand" an, später auch „Rübenroden wie aus der Steckdose". Durch das Outsourcing vermieden die Bauern große Fixkostenblöcke durch Mähdrescher oder Rübenroder. Wer mähte billiger? Der Billigmäher kam aber oft nicht „on demand", nämlich bei schönem Wetter und trockenem Getreide, was höhere Preise gab. Wer war „preferred provider"? Immer mehr Landarbeiter wurden entlassen. Das Dorf bot keine Arbeitsplätze mehr. Viele pendelten in Fahrgemeinschaften zu Volkswagen. Sie begannen, Autos zu kaufen. Die Tante-Emma-Läden starben, weil sie Autos hatten.

Etc. etc. Sehen Sie diese Doppelhelix vor sich? Die Technologie brach über die Landwirtschaft herein, die wiederum industrialisierte sich unter fast vollständiger Schrumpfung, bei gigantischer Produktivitätssteigerung. Unser heutiges Jammern, weil ab und zu mal 10 % der Leute gefeuert werden, ist dagegen fast nur alberne Wehleidigkeit. Die Bauern mussten aufgeben oder ganz umstellen. Und das ging! Denn dieselbe Technologie, die den Trecker brachte, bescherte später uns allen die Autos. Die wiederum führten zu Autobahnen und Tourismus, die Bauern wurden zum Beispiel Hoteliers oder Skiliftbetreiber.

Und was der Trecker mit uns begann, wiederholt die IT nun mit unserem Leben in einer spiraligen Entwicklung von neuem. „Wo wird das enden?" fragen so viele immer wieder, bei mir besonders die Journalisten. Ja, glauben Sie denn, irgendjemand hätte in Groß Himstedt 1960 halbwegs ahnen können, dass das größte anzunehmende Business eigentlich das horrende Vermieten von Bauernhaus-Zimmern an Menschen wie mich bestehen würde, die die CeBIT besuchen? Haben Sie unseren Expo-2000 Craze mitbekommen, als es einen Zimmerinvestmentboom gab, der unter den schlechten Besuchszahlen der Expo abrupt in Depression endete?

Und deshalb kann ich Ihnen in dieser Kolumne auch nicht verbindlich sagen, was die Basisinnovation der IT in dem vor uns liegenden Zyklus wirklich am Ende aus uns macht, aber wir können schon ein bisschen weiter blicken. Wohin? Auf die nächste Windung der Doppelhelix von IT und Biz.

Dieses Begreifen der Spiralentwicklung und der damit bedingten Hausaufgaben wird mit den Schlagwörtern „Dynamic Infrastructure" und „Dynamic Business" umrissen. Alles entwickelt sich auch vor allem deshalb besser, weil mit Veränderungen auch dynamischer umgegangen wird.

Es gibt jetzt für uns für viele Jahre kein Fertiges, keinen Endpunkt, sonder nur, was viele von uns mit dem abgedroschenen Wort Wandel bezeichnen. „Immer Wandel, Wandel! Ich habe genug davon, mindestens die Nase schon voll!" So sagen viele. Aber die Doppelhelix führt uns noch etliche Windungen weiter. Weiter und weiter. Und vielleicht haben wir dann zu einer späteren Zeit neue Hype-Wörter dafür! Und die Journalisten werden mich wieder und wieder anfeinden und sagen: „Was Sie da für neu verkaufen, ist wieder und wieder nur alter Wein in neuen Schläuchen!" Oh, Sie verstehen nicht! Es ist nicht wirklich neu, nur eine Windung in der Doppelhelix weiter! (Und der Wein aus neuen Schläuchen schmeckt jetzt noch mehr Leuten! Jetzt hat jeder einen Mainframe auf dem Schreibtisch!) Und eigentlich doch ganz neu! Das verstehen Sie aber nur, wenn Sie rückwärts schauen, fünf Jahre vielleicht! Da kamen erst der Laptop so richtig auf, das DSL, die digitale Fotografie und Funkinternet. Vergessen? Wir glauben immer, alles ist nicht neu! „Diese Idee hatte ich selbst schon vor 20 Jahren!" Vergessen Sie die Ideen also solche! Ideen hat jeder! Was wir brauchen, sind die Infrastrukturen, die die Ideen für alle verwirklichen. Die Idee vom Fliegen hat jeder, aber wer baut Flughäfen und Flugsicherungstowers und ermöglicht Fliegen für 99 €? Würdigen Sie bitte gebührend das Entstehen der Strukturen aus den „ewigen" Ideen, die nie so wirklich neu sind.

Würdigen Sie den Wandel der Strukturen mit dem gebührenden Respekt. Vielleicht ist jetzt und heute die Stelle der größten Dynamik. Deshalb sagen wir im Augenblick vollkommen passend zur Geschwindigkeit: „Dynamic Infrastructure". Und vor Begeisterung stell ich mich jetzt im Job mit an die Spitze dieser derzeitigen Bewegung. Sie geht irgendwie auf „Cloud Computing" zu, technologisch gesehen. Aber das Business in diesem späteren Punkt ist nicht so ganz klar! Das Business hinkt nach. In der Technologie ist das Bessermachen immer gut, denken zumindest die Techies selbst und übererfinden sogar oft gerne. Die Business-Leute verharren dagegen lieber beim guten Verdienen!

## Von Optimierung zu „Spiral Business"

Weil das so ist, sind die Business-Leute immer viel stärker hinterher, ihr Geschäft zu optimieren – also noch mehr zu verdienen. Sie tendieren dazu, das Bestehende effizienter zu gestalten. Business-Executives verlangen in diesem Sinne viel öfter „IT Optimization".

Optimierung macht das Bestehende im besten Fall sehr gut, friert es aber oft ein. Im „Optimum" ist alles am besten, das Optimum kann aber nicht mehr verändert werden, ohne einen schlechteren Zustand zu erreichen. Das Optimum ist damit psychologisch änderungsunwillig und damit unflexibel. („Wir sind jetzt in einen Neubau eingezogen. Es ist klar, dass wir jetzt für viele Jahre daran nichts mehr tun werden. Die ewigen Umbauten gehören nun der Vergangenheit an.")

Im schlimmeren Falle ist die zu optimierende Struktur einfach noch schlecht („plenty of room for improvement"). Dann dient die IT Optimization der dringend nötigen Verbesserung, also der Beseitigung von Schwächen. Das ist nicht Arbeit zur Perfektion, sondern ein Laborieren an „Pain Points", wie die Berater sagen. Schlechte Strukturen sind oft noch veränderungsresistenter als gute, weil sie ja vor dem Verändern noch besser gemacht werden können. Niemand wird von Herzen zustimmen, eine schlechte Struktur ganz (ins Ungewisse) zu verändern. Es erscheint einfacher, „erst einmal die unterbliebenen Hausaufgaben nachzuholen".

Ich will sagen: Das Optimieren zielt meistens auf eine reine Verbesserung des derzeitigen Zustandes. Es ist nicht mit viel Bewegung verbunden. Wenn die Optimierung dazu noch unter zu großen Erwartungen stattfindet, wird zugunsten von „Einsparungen" ein Qualitätsverlust in Kauf genommen. Dann aber führt Optimierung in eine Sackgasse.

Wir sehen so etwas in Verkehrsunternehmen oder in Hotels. Modernisierungen unterbleiben, der Kunde wird missvergnügt. Die Kunden meiden zunehmend schäbige Hotels, die mit den Preisen heruntergehen und nur immer unqualifizierteres Personal halten können. Am Ende einer „Optimierungsspirale" von Sparen und Kundenfernbleiben wird vielleicht alles auf einen Schlag renoviert. Ein neues Hotel! Aber doch noch mit dem alten Personal und den vergraulten Kunden. „They rarely come back."

Die Veränderungen sind heute so schnell geworden, dass wir nicht mehr zehn Jahre mit einer Struktur arbeiten können und sie dann wieder einmal modernisieren. Nein, das ständige Erneuern der Strukturen muss bei laufendem Betrieb praktisch ständig erfolgen. Die Gewinne aus dem laufenden Betrieb müssen die parallel laufende Infrastrukturveränderung finanzieren.

Wer früher eine Infrastrukturmodernisierung durchführte, sprach von einer Investition in einen Wettbewerbsvorsprung. Heute ist die Modernisierung ein Teil des „Business as usual" geworden – sie ist für das Überleben notwendig. Es ist in den letzten Jahres zu viel nach dem Return of Investment (ROI) gefragt worden: „Wie viel gewinne ich, wenn ich modernisiere?" Die Antwort fiel oft zu mager aus, und man unterließ die Modernisierung der Infrastrukturen. Ach, hätte man doch gefragt: „Was geschieht, wenn ich nicht modernisiere?" – Der Tod selbst hätte die Antwort gegeben.

(Etwa im Jahre 2002: „Was haben wir als Bank davon, dem Kunden zu billigen Konditionen Internetbanking zu ermöglichen? Wir haben riesige Investitionen in IT und wir verdienen danach an jedem Online-Kunden weniger. Online-Banking ist eine schlechte Investition.")

Wer heute stehen bleibt, sieht bald „heruntergewirtschaftet" aus. Warum crashed heute die Automobilindustrie? Sie hat den Verbrennungsmotor optimiert und die Forschung in Hybridtechnologien unterlassen. Jetzt muss eigentlich die gesamte Infrastruktur der Industrie umgekrempelt werden. Mitten im Sturm. Es ist wie die Renovierung eines Hotels, das keine Stammkunden mehr hat. Es soll sich ändern, wo es kaum noch lebt.

Die Antwort muss heißen: „Spiral Business". Oder: „Dynamic Enterprise". Technologie und Business müssen eine gemeinsame Doppelhelix bilden: Immer nach „oben", also dorthin, wo es „agiler" oder „fitter" ist.

## Change and Run, und immer mehr Change

Schon vor Jahren haben Firmen begonnen, den Wandel in ihr Betriebskonzept einzubauen. Sie teilten Aktivitäten in „Run the Business" und „Change the Business". Neben dem laufenden Betrieb wurden eine ganze Reihe von Veränderungsprozessen eingeleitet.

Heute dreht sich alles noch viel schneller. Wir müssen „Change" in verschiedenen Facetten sehen. Change kann bloße Optimierung bedeuten oder wirklichen Wandel von IT und Business im Sinne der Doppelhelix. Beides muss heute Hand in Hand gehen und an besten nicht mehr neben dem laufenden Betrieb stattfinden, sondern mitten im laufenden Betrieb.

Wir müssen uns auch darauf einstellen, dass wir nicht mehr 98 % „Run the Business" und 2 % „Change the Business" betreiben. Ich könnte mir für eine Zeit lang eine zukünftige gute Quote von 70 zu 30 vorstellen. In dieser Mischung stellt aber der Wandel einen ganz bedeutenden Arbeitsblock im täglichen Geschäft dar. (Wer hat das Know-How für den Wandel? In gewissen Dosen oder für gewisse Zeithorizonte muss das oft von außen kommen. Sie verstehen sicher, was ich meine. Ich habe ja schon geschrieben, welche Abteilung ich leite.)

Der Wandel wird dann „pervasive" und zu einer kulturellen Attitüde … Darüber ist schon viel gesagt und geschrieben worden. Die Propheten haben uns schon jahrelang gemahnt, nicht stehen zu bleiben, vor allem nicht mental.

Ich will noch einen zusätzlichen Punkt dazu anbringen: Wenn der Wandel einen größeren Prozentsatz unserer Arbeit darstellt, geht es nicht mehr nur darum, dass wir uns ÜBERHAUPT erfolgreich verändern, sondern wir müssen uns auch effektiv und effizient verändern. So wie wir „Run the Business" langsam immer besser „industrialisieren", so müssen wir auch den Wandel effizient organisieren. Wir können uns nicht in bloßen Appellen und „Programmen" festfressen, bei denen einzelne Change-Agenten Richtlinien für eine Zukunft ausarbeiten, die von der Breite der Mitarbeiter entweder glatt ignoriert wird oder die wegen Stressüberlastung oder zu hoher Priorisierung des Tagesgeschäftes zwingend übersehen werden muss.

Insbesondere können wir uns wohl keinen Change-Projektizismus mehr leisten, bei dem das Unternehmen einzelne Change-Programme nacheinander in Projekten betreibt. Einzelne Change-Projekte verlangen eine Veränderung des Denkens der Mitarbeiter.

Warum, bitte, sollen Mitarbeiter ihr Denken verändern, bloß weil ein Change-Agent plötzlich Kundenzufriedenheit oder Qualität als wichtigstes Merkmal predigt, wo es doch in Wirklichkeit das Erreichen der Quartalsziele ist?

In einem „Dynamic Enterprise" wird am besten alles zugleich verändert, so dass nur einmal das Denken dynamisiert werden muss. Wandel, vor allem der Wandel der Infrastrukturen, ist etwas Ganzes, dem leider oft mit Teilblindheit begegnet wird. Die Folgen der Teilblindheit sind ganz verheerend. Hören Sie genau hin, warum Projekte des Wandels scheitern: „Die Abteilungen arbeiteten nicht als Team zusammen, verstanden sich nicht, versuchten das auch nicht, hatten kulturelle Differenzen."


## Sechs Blinde und der Elefant

John Godfrey Saxe (1816–1887), ein amerikanischer Dichter, machte sich mit dem Gedicht „Six blind men and the elephant" unsterblich.

Sechs indische Blinde stehen um einen Elefanten herum und betasten ihn. Was „spüren" sie? In je einer Strophe des Gedichtes schildert einer der Blinden, was ein Elefant für ihn ist. „Ein Wasserrohr!" – „Ein herabhängender Besen!" – „Eine glatte Platte!" – „Eine Säule!" – Und so weiter. Und in der letzten Strophe erweitert das Gedicht diese verschiedenen Gesichtspunkte zu einem grandiosen Gleichnis über unsere sechs Weltreligionen.

*So oft in theologic wars,*
*The disputants, I ween,*
*Rail on in utter ignorance*
*Of what each other mean,*
*And prate about an Elephant*
*Not one of them has seen!*

(Alle Religionen sehen die Welt aus anderen Aspekten heraus und sind ganz sicher, die Wahrheit zu kennen, obwohl keine von ihnen je Gott vollkommen klar sah. Aber sie sind mindestens todischer, dass die jeweils anderen Religionen alles ganz falsch sehen: „Ich fühle ganz anders als du!")

Darf ich dieses Gleichnis hier für ganz profane Vergleiche missbrauchen? Auf der CeBIT und allen anderen Kongressen werden wieder alle Firmen ihren Stand eröffnen und sagen:

Dynamic Infrastructure ist

- Senken der Komplexität
- Umbau nach SOA-Prinzipien
- IT-Optimization
- Asset Management
- Services Management
- Information Management
- Virtualisierung des Speicherplatzes
- Migration zu Cloud Computing
- Professionalisierung des Process Management
- Green IT und Energieeffizienz
- Outsourcen, ganz oder teilweise
- Server-Konsolidierung
- Professionelle IT-Security
- Business Resiliency
- Hardware-Konsolidierung
- Anwendungskonsolidierung
- Application Innovation
- „New Enterprise Data Center"

usw. Aber nein, das ist so nicht. Dynamic Infrastructure ist ein Ganzes, dass alle diese Aspekte an sich hat, so wie sich der Elefant mal wie ein Elfenbeinkegel und mal wie ein großer Luftwedel anfühlt. Was wir wirklich vorantreiben müssen, ist die gesamte Infrastrukturveränderung. Wenn wir irgendwo anfangen, mit Green IT oder mit SOA, dann sollte uns klar sein, dass Projekte in diesem Umfeld allenfalls *Einstiegspunkte* für die nächste Windung der Doppelhelix sind, nicht aber schon das Ganze selbst. Und wie auch immer wir uns in Projekten vorarbeiten, sollten wir das Ganze im Auge behalten.

Stellen Sie sich vor, Sie beziehen ein altes Bauernhaus mit schlecht tragenden verpilzten Apfel-, Kirsch- und Pflaumenbäumen in einem großen Garten mit sonst nur Brennnesseln. Dann wissen Sie doch eigentlich, wohin Sie wollen: Ein Anwesen soll es werden! Sie müssen die Dächer decken, isolieren, die Bäder erneuern, die Küche und Fußböden … Sie haben aber gerade nur Geld für den Kauf „as is" gehabt. Nun stehen Sie vor einer gewaltigen Aufgabe, für die Sie begrenzte Kräfte und Finanzen haben. Wie fangen Sie an? Sie könnten schon eine Meinung haben – Ihr Lebenspartner hat schon eine andere. Wollen Sie erst alles wasserdicht machen oder innen drin einen kleinen Kern schon einmal wohnlich? Da kommen die Handwerker und sagen ihnen, das Dach oder der Keller oder die Küche seien das Wichtigste. Aber in allem diesem Ansichten- oder Interessenwirrwarr ist es immer klar, was es werden soll: Ein schmuckes Anwesen. Sie selbst sehen den ganzen

Elefanten vor sich. Sie haben eine Vision für Ihr Haus. Sie werden zehn oder mehr Jahre aufbauen.

Sie werden zu 70 % drin wohnen und schon leben („Run the Business") und Sie werden 30 % der Zeit immerfort in bessere Zustände migrieren – und immer ist irgendwo eine Baustelle. Sie werden in den Jahren des Wandels andere Visionen von Ihrem Haus haben, mal einen Froschteich wollen, dann wieder nicht, weil sie inzwischen in zwei Projekten springlebendige Kinder dazu bekamen. Ihr Leben vollzieht sich in einer Spirale nach oben, alles wandelt sich!

Im Leben wie in der IT.

Was Sie im Leben vielleicht besser können – das Ganze zu sehen – sollten Sie einfach auf das Unternehmen übertragen.


## Dynamic Enterprise

Es geht darum, das Unternehmen als Ganzes voranzutreiben. Das versuchen die Techies aus der IT-Sicht und die Business-Executives vom Geschäft her.

Beide Seiten optimieren zu sehr. Die IT optimiert sich schlank. Das Business optimiert sich schlank. Sie müssen sich aber beide gemeinsam auf den Weg nach vorne machen.

Doppelhelix!

Tja. Außer dass ich weiß, dass das der richtige Weg ist, müsste ich nun erklären, wie es geht. Wie durchbrechen wir die Trennmauern? Warum ist alles getrennt, wo doch immer wieder in jedem Artikel steht, dass der CEO die IT wichtiger nehmen muss und der CIO das Business.

Da fällt mir „total cost of ownership" ein. Bei diesem Konzept wird nicht einfach der Kaufpreis eines Computers optimiert, sondern sein kompletter Betrieb durchgerechnet. Lässt er sich gut warten? Läuft er stabil? Aus einer lokalen Sicht auf den Preis ist ein mehr ganzheitlicher Überblick geworden.

In diesem Sinne könnte ich mir einen Vorstoß der Art: „Total cost of IT-Usage" aus der Sicht des Mitarbeiters im Unternehmen oder sogar auch aus der Sicht des Kunden vorstellen. Lassen Sie uns doch einmal nachdenken, wie sehr die Nutzer der IT mit den Systemen klarkommen, produktiv werden oder auch verzweifeln. Fast alle Nutzeräußerungen klagen über „die Systeme", die unendlich viel Zeit stehlen, die oft Prozesslücken aufweisen und hoffnungslose Nutzer zwingen, allerlei unerlaubte Kunststücke anzustellen, damit es überhaupt weitergehen kann. Meist ist die IT für das Routinebusiness richtig gut – aber bei vielen Ausnahmefällen erzeugt sie eine Unzahl grauer Haare.

Sollten wir nicht einmal messen, wie viel Zeit und Nerven uns als Nutzer oder Kunde der Betrieb der IT kostet? Wenn sich CIOs Mühe geben müssen, die IT-Ausgaben um ein Prozentpünktchen zu senken – sind sie dann venetuell auf der falschen Baustelle? Es könnte doch sein, dass die IT-Nutzer im Unternehmen um starke Zehnerprozentsätze produktiver gemacht werden können?! Und wenn wir an solche Baustellen gehen, MÜSSTEN wir endlich den Schulterschluss von IT und Nutzern schaffen können. Die IT baut das Haus ja auf, die IT baut ein Dach und die Heizung. Aber es geht ja letztlich darum, dass die Nutzer im Hause wohnen und schließlich auch leben? Wie wäre also

- „total cost of IT-usage",
- „total customer benefit",
- „total customer convenience"?

Wir müssen das ganze Unternehmen auf Trab bringen. Und das geht!

Ein guter Schritt wäre, jeder in der IT und „Fachbereich" wenigstens in Grundzügen wüsste, was einen CIO und einen CEO im Tagesgeschäft bewegt, was die kritischen Erfolgsfaktoren im Business und die entscheidenden Performance Indicators in der IT sind.

Damit habe ich Ihnen einen Einblick gegeben. Ich bin noch nicht dazu gekommen, auch noch zu schreiben, wie es ganz genau angefangen wird. Wie wird der ganze Elefant modernisiert? Dafür gibt es Roadmaps, „Entry Points" und Diagnose-Workshops". Sollen wir einmal mit einem Tool bei Ihnen vorbei kommen, das im Netz fühlt, wie viele Rechner Sie eigentlich haben? (Meist ziemlich viel mehr, als Sie denken!) Und was darauf so läuft? Und welche Programme schon ein paar Jahre nicht mehr benutzt wurden, für die aber brav Lizenzen gezahlt werden? So fängt es an…

# Kapitel 12
# Cloud – über die Wolke des IT-Himmels

Alle reden von Cloud Computing. Das Thema ist in der IT bald so populär wie Fußball. Die Journalisten und Marketiers jubeln und schreiben vollkommen unbefangen über die kommenden vollautomatischen IT-Fabriken und wundern sich nach ihren Hymnen, dass es noch keine wirklichen Fabriken zu besichtigen gibt. Die IT-Chefs aber fühlen sich säuerlich bei diesem Thema, denn sie verstehen zu viel davon und sie wissen, dass das alles nicht so einfach geht.

## Worum es sich handelt

Cloud Computing wird oft als höhere Entwicklungsstufe einer „dynamischen Infrastruktur" gesehen. Na ja, so würde ich das nicht sehen. Ist eine Autofabrik eine höhere Entwicklungsstufe als eine mittelständische Spezialmaschinenfabrik? Bei Autos wird die Massenfertigung möglichst weitgehend automatisiert, im Spezialunternehmen regiert die flexible Fertigung. Es gibt beides, das große Fließband und die flexible Produktion bei den Zulieferern. Cloud Computing ist also eine besonders automatisierte und dann auch standardisierte Form einer dynamischen IT-Struktur.

(Bevor Sie weiter lesen, schauen Sie am besten noch meine vorige Kolumne im letzten Heft an, die den Titel „Dynamische Infrastrukturen" trägt. Dort steht auch als Disclaimer, dass ich bei IBM Leiter dieses Themengebietes bin und solche Lösungen auch verkaufe. Sie könnten also vermuten wollen, dass ich im Urteil befangen bin. Ich schreibe aber hier, wie ich es sehe, nicht in der Form „wir sehen, dass".)

Die Idee des Cloud Computing: Computerleistungen können aus riesigen IT-Fabriken bezogen werden, die benötigte Rechnerressourcen in genau der benötigten Menge bereitstellen und auch nur die erbrachte Leistung berechnen („on demand"). Große Unternehmen werden ihre eigenen IT-Ressourcen so geschickt bündeln („virtualisieren" und „konsolidieren"), dass sie wie eine große Gemeinschaftsressource des Unternehmens (wie die sog. „private cloud") erscheinen, auf die jeder Einzelnutzer genau nach Bedarf zugreifen kann. Kleine Unternehmen können sich eventuell sogar den Aufbau einer IT ganz ersparen und die nötigen Ressourcen direkt im Netz bei einem öffentlichen Anbieter buchen und nutzen („public cloud").

So wird es bald sein. Im Augenblick steckt diese Entwicklung aber noch in den Kinderschuhen. Stellen Sie sich eine große SAP-Umgebung vor, die sehr unterschiedlich an

G. Dueck, *Dueck's Jahrmarkt der Futuristik,*
DOI 10.1007/978-3-642-55371-4_12, © Springer-Verlag Berlin Heidelberg 2014

Tages- oder Wochenzeiten genutzt wird. Beim heutigen Stand der Technik sind die Server oft fast ausgelastet, ein anderes Mal stehen sie praktisch still – genau wie früher die Autofabriken, damals, als nur tagsüber gearbeitet wurde. In einer IT-Fabrik der Zukunft werden die Server bei Unterauslastung dagegen vom System vollautomatisch „freigeschaufelt" und für andere Aufgaben genutzt, zum Beispiel für ähnliche Aufgaben in anderen Zeitzonen der Welt. Diese großen Anwendungslandschaften atmen also gewissermaßen in der IT-Fabrik oder Cloud, sie schrumpfen bei geringer Last zusammen und erweitern sich automatisch zu den Spitzenzeiten.

Diese Automatismen verlangen einen fast vollständige Automatisierung und auch großes Fachwissen über das „Atmen" der Ressourcen. Heute ist das „Sizing" von IT-Projekten eine schwierige Kunst: „Wie viele Server braucht man denn für große Anwendungen?" Für diese schwierige Frage setzt man heute am besten nur die erfahrensten Spezialisten ein! In einer zukünftigen Cloud soll aber alles vollautomatisch „atmen". Die Fabrik muss also selbst ein fast vollständiges Fachwissen vom Feinsten besitzen.

Merken Sie, dass der Weg zu einer vollständigen Automatisierung noch weit ist? Deshalb gibt es heute noch keine großen Alles-Könner-Clouds. Aber es werden Anfänge gemacht! Womit? Wo kann schon mit einfachen Mitteln ein Erfolg erzielt oder ein Bedarf gedeckt werden?

- Es gibt Anbieter wie Amazon, die einzelne Server auf Zeit im Netz vermieten. Eine solche Fabrik besteht aus vielen Computern, die gebucht werden können. Amazon selbst braucht die vielen, vielen Server eigentlich nur im Weihnachtsgeschäft – die übrige Zeit können Sie sich die leeren Server mieten. Eine solche IT-Fabrik erinnert an ein Großraumbüro, in dem die Schreibtische nicht Personen fest zugeordnet sind, sondern von Personen bei Bedarf für die Zeit ihrer Arbeit besetzt werden. Jeder Neuankömmling sucht sich einen freien Platz. In diesem System werden die Server oder Schreibtische viel besser genutzt, als wenn sie einem Nutzer fest „gehören". Dadurch kann offensichtlich viel Geld gespart werden. Amazon funktioniert wie ein Call-by-Call-Internetzugang mit 2 Cents die Minute. Hier mieten Sie die Netzressource auf Zeit, bei Amazon eben Server auf Zeit. In wenigen Monaten bietet Amazon alle IBM-Entwicklungsumgebungen auf diesen Servern, weitere Geschäftsmodelle mit anderen Anbietern gibt es anderswo auch.
- Es gibt Anbieter, die nur Speicherplatz vermieten. Der Nutzer mietet dabei freien Plattenplatz so wie im ersten Fall Server. Das ist oft dann vorteilhaft, wenn man plötzlich Mehrspeicher zum Monatsende oder für das Weihnachtsgeschäft braucht. Dann lagert man zum Beispiel Archive zu einem Speicherplatzanbieter aus.
- Es gibt Anbieter, die bestimmte Anwendungen im Netz anbieten, zum Beispiel Textverarbeitung oder E-Mail (z. B. Google oder Lotus Live). Hier ruft der Nutzer Software in der „Cloud" auf und bekommt „Software as a Service" für die Zeit, die er am Computer sitzt.

Das sind die ersten noch einfachen Schritte in Richtung „Cloud" oder „IT aus der Steckdose". Damit lässt sich schon einiges tun. Ein Beispiel: Ein Unternehmen im Internet bietet irgendeinen vollautomatischen Service an. Stellen Sie sich so etwas vor wie ein Grußkartenunternehmen oder wie „Face in a hole". Beim letzteren werden unendlich viele Fotovorlagen bereitgehalten, die „ein Loch haben". Wenn Sie Ihre eigenen Portraits nicht so spannend finden, laden Sie dort ein Bild von sich selbst hoch und Ihr Kopf wird in einer von Ihnen gewählte Vorlage in das Loch eingefügt. Dieses neue Foto bekommen Sie per Mail zurück – jetzt sieht man Sie zum Beispiel mit einem Fremdkörper, als wären sie Gouverneur in Kalifornien.

Service-Unternehmen wie diese könnten heute schon ganz ohne eigene IT arbeiten. Immer, wenn Sie Fotos hochladen oder eine Grußkarte bestellen, fährt bei Amazon ein Server hoch, bearbeitet Ihre Anfrage und ist danach wieder für andere Unternehmen frei. Das Service-Unternehmen in diesem Beispiel braucht keine eigene IT mehr und zahlt für die Server nur bei Gebrauch.

## Demnächst überall Test- und Entwickler-Clouds

Größere Unternehmen, Forschungslabore und Universitäten haben oft viele Computer, auf denen entwickelt oder getestet wird. Software-Unternehmen müssen ihre neue Software auf allen verschiedenen Computern testen! Läuft sie stabil? Oft nicht, dann werden Patches eingefügt. Wieder muss auf allen Computern und Betriebsystemen das neue Release mit den Patches getestet werden. Wenn gerade nicht getestet wird, stehen die verschiedenen Computer einfach untätig herum.

Das dreht uns kaufmännisch gesehen den Magen um und die Umweltschützer und Verfechter der Green IT protestieren.

An den Universitäten entwickeln Doktoranden komplexe Programme für die Wissenschaft. Das dauert Monate bis Jahre. Am Anfang beantragt man eine Uni-Stelle oder ein DFG-Stipendium, dazu Reisemittel und einen teuren Computer mit der nötigen Software. Dann geht es mit dem Promovieren los. Zuerst wird studiert und konzipiert. Der Computer steht im Wesentlichen untätig herum – für Mails. Später wird entwickelt und programmiert, was den Computer kaum belastet. Die großen Testläufe für die Wissenschaft an sich, also die echten Rechnungen für die Doktorarbeit, laufen nach vielen Monaten erst an. Sie dauern einige Monate, danach wird die Dissertation getippt. Der Computer steht also die meiste Zeit leer und seine Hauptnutzung fällt zu einer Zeit an, wo er schon wieder veraltet ist und eigentlich bei Ebay fast verschenkt werden muss. Und wieder schaudern wir über groteske Ineffizienz und unsinnigen Stromverbrauch.

Demnächst entstehen deshalb Clouds überall. Entwickler können sich dann einfach in der Cloud anmelden (man sagt bald bestimmt nicht mehr: im RZ). Sie bestellen sich einen Rechner mit Konfiguration nach Wunsch. Etwa einen mit „Rational-Entwicklungsumgebung". Klick, fertig. Der Server wird in der Cloud von der Cloud bereitgestellt und nach Nutzungszeit abgerechnet. Der Entwickler kann sich jeden Server konfigurieren lassen und schauen, ob seine Programme auf Linux oder Windows laufen und sich auch noch mit museumsreifen Browsern der Vergangenheit betreiben lassen. („Helpdesk, bei mir sieht man die Bilder nicht." – „Welcher Browser?" – „Netscape 3.0." – „Wollen Sie nicht upgraden?" – „Nein, ich bin schon in Rente und will den alten Browser noch bis zu Ende verbrauchen.") Forscher dagegen können immer die neuesten Maschinen bestellen, auch solche, die sie sich vom Etat nie leisten könnten.

Diese Maschinen werden nun in der IT-Fabrik, die wir Entwickler-Cloud nennen, nicht mehr physisch eingekauft und bereitgestellt, sondern nur noch virtuell zur Verfügung gestellt. Die IT-Fabrik verfügt über die virtuellen „Images" aller Computer, die man sich physikalisch auch kaufen könnte. Diese virtuellen Maschinen laufen dann tatsächlich auf

„Server-Farmen" der IT-Fabrik. Die IT-Fabrik selbst hat natürlich nicht die ganze Palette aller Computer da. Alles virtualisiert!

Erinnern Sie sich noch an Ihre Informatik-I-Vorlesung? Da wurde Ihnen das Konzept der Turingmaschine erklärt. Und man bewies Ihnen, dass es eine Universelle Turingmaschine gibt, die alle denkbaren anderen Turingmaschinen simuliert. Wenn die Universelle Turingmaschine etwas arbeiten soll, bekommt sie zwei Inputs: Einmal die Beschreibung einer speziellen Turingmaschine und zum anderen das Programm, das auf dieser speziellen Turingmaschine laufen soll. Die Universelle Turingmaschine nimmt nun das Programm der speziellen Turingmaschine und benimmt sich dabei so wie diese spezielle Maschine (sie simuliert sie oder arbeitet mit deren „Image"). Danach gibt sie das Ergebnis aus.

Sie sehen, da wird eine uralte Idee immer eine Stufe großartiger umgesetzt. Bisher hieß die großartigste Umsetzung dieser uralten Idee „IBM Mainframe", nun entsteigt die Idee in Form der Cloud wieder der Asche.

Diese Entwickler- oder Testclouds werden deshalb sehr schnell entstehen, weil so irrsinnig viel Geld und Strom damit gespart werden kann und weil die Entwickler selbst davon glänzende Augen bekommen werden – denn sie haben jetzt alle denkbaren virtuellen Maschinen zur Verfügung. Klar?

Na, nicht sooo einfach. Für normale Neuentwicklungen ist es noch einfach, aber wenn die Uni-Institute oder Labore mit ganz alten Verfahren arbeiten? Es gibt viele spezielle Software, die nur wenige Forscher „proprietär" benutzen. Fangen Sie einmal an, alle tatsächlich benutzte Software in Ihrem Forschungslabor zu katalogisieren! An den komplizierten Stellen lassen Sie das mit der Cloud dann auch heute lieber noch sein.

Trotzdem – die Clouds kommen! Ich habe auf der diesjährigen CeBIT 2009 mit vielen hoch interessierten Entwicklungschefs gesprochen. Unter der Führung unseres Entwicklungslabors ist schon die Arbeit auch außerhalb der IBM für erste Kunden im Gange. Wirtschaftsmisere hin oder her – hier ist Konjunktur, und ich habe viele Termine im Kalender. Wir werden noch im Laufe dieses Jahres das Entstehen von Testclouds, Speicherclouds und Entwicklerclouds sehen, die ersten kleineren laufen schon. Ich würde am liebsten Entwicklerclouds bauen, so dass auf die Codes von verschiedenen Unternehmen aus zugegriffen werden kann. Kaum ein Unternehmen entwickelt heute Anwendungen allein. Da ist oft noch ein großes IT-Service-Unternehmen als Projektleiter dabei und verteilt einen guten Teil der Entwicklungen und Tests an kleinere Partner. Daneben gibt es Hilfe aus „Indien". Könnten wir die nicht alle in einer Cloud teamen lassen?

Warum bin ich so von diesen Clouds begeistert? Ganz einfach, sie sind deshalb „zuerst dran", weil sie nicht die großen Komplikationen mit sich bringen wie Clouds im wirklichen Business. Entwicklungsumgebungen sind keinen Hacker-Angriffen von außen ausgesetzt, und sie können auch mal eine halbe Stunde nicht verfügbar sein oder auch ab und zu abstürzen. Hier ist das nicht schlimm. Aber im Business wäre es eine Katastrophe! Testclouds müssen nicht absolut perfekt sein. Deshalb sollte jedes Unternehmen, was sich überhaupt mit dem Gedanken einer unternehmensinternen „private Cloud" trägt, erst hier anfangen und Erfahrungen für die späteren Ernstfälle sammeln.

Erfahrungen sammeln ist sehr wichtig. Autofabriken werden auch nicht ohne Erfahrung auf die grüne Wiese gesetzt. Eine IT-Fabrik ist nicht einfach nur größer!

## Software as a Service (SaaS)

Bisher habe ich nur beschrieben, wie man sich beliebige Server oder Speicher per Aufruf oder Knopfdruck bestellen kann. Genauso gibt es erste Services im Internet, die bestimmte Software zur Nutzung anbieten, zum Beispiel Mail-Services. Ganze Unternehmen lagern derzeit ihre Mail-Services an entsprechende Anbieter aus, viele zögern aber, auch die Mails der Geschäftsführer outzusourcen.

Die nächste populäre Idee ist Textverarbeitungsservice. Man muss keine eigene teure Textverarbeitung auf dem Computer installieren, man schreibt einfach im Netz. Diese Idee ist allerdings nur so gut wie die vom sprechenden und selbst nachbestellenden Kühlschrank. Ich sitze zum Beispiel gerade wieder wie so oft im ICE nach München. Um Ulm herum ist gar kein Internet, kein UMTS, kein GPRS, nichts – auch das Handy geht nicht. Und dann? Muss ich jetzt Pause machen? Ist meine Kolumne beim Funklochabsturz gerade im Äther verrauscht und muss nach dem Hochfahren des Rechners neu geschrieben werden? Oder bietet Google Autosave nach jedem getippten Zeichen? Haben Sie schon einmal erlebt, wie Ihnen auch nur eine einzige Seite mühsam aus den Fingern gesaugter Text rettungslos abgestürzt ist? Ich wette, Sie installieren sofort lieber wieder eine Textverarbeitungssoftware.

Im Zug also lieber nicht. Im großen Bürogebäude mit festen Kabelanschlüssen könnte so etwas schon gehen. Aber wir bei IBM zum Beispiel arbeiten alle am Laptop irgendwo, meist über Funk. Je nachdem gibt es andere Anforderungen. Über Funk ist eben Sicherheit und Verfügbarkeit viel kritischer.

Wie gesagt, diese Entwicklung vollzieht sich schon ziemlich schnell, auch wenn noch viele Kinderkrankheiten beseitigt werden müssen.

## Das Komplizierte jenseits von nur Server, Speicher oder Software

Ich habe schon erklärt, dass sich große Software-Umgebungen nicht so einfach in Fabriken verlagern lassen, weil das „Atmen" der Software nicht wirklich geregelt ist. Es ist auch noch nicht so klar, wer eigentlich dafür zuständig ist. Ist es Aufgabe der Cloud-Betreiber, die großen Software-Umgebungen der SAP oder von Oracle so dynamisch zu konfigurieren, dass sie nur „on demand" die Ressourcen verbrauchen, die sie gerade benötigen? Oder wäre es nicht besser, die Software selbst würde sich dynamisch an den Bedarf, die derzeitige Anzahl der User oder an die Antwortzeitanforderungen anpassen? Und von außen gesehen, ohne zu viel davon zu verstehen, fällt mir da die bange Frage ein, ob denn das wohl im Nachhinein bei großen Anwendungen noch geht, die ja nie für Cloud-Betrieb gedacht waren?

Was machen wir dann, wenn das nicht so ist? Muss sich die Anwendungsentwicklung neu erfinden?

Ein zweites großes Feld bilden die liebevoll so genannten „gewachsenen Strukturen" der Anwendungen im Unternehmen. Immer neue Anwendungen wurden historisch auf die alten aufgepfropft. „Wir müssen ja nicht alles neu implementieren, wir bauen auf dem Vorhandenen auf. Wir fangen ja nicht bei Null an. Dadurch geht alles schnell und kostet nicht viel." Nun greifen neue Anwendungen in hoch kreativer Weise über feinsinnige Schnittstellen auf die alten zu, und hoffentlich sind die Schnittstellen dokumentiert.

Wenn man nun Anwendungen in eine Cloud überführen will, also „draußen" betreiben lassen will, geht es ja nicht an, dass die IT-Fabrik immer wieder etwas aus den Altanwendungen wissen will. Es ist also nötig, den ganzen Filz zu entflechten.

Das haben wir in der realen Welt nun schon lange geübt. Stellen Sie sich vor, man möchte den Reinigungsdienst für ein kleines Bürogebäude von einer externen Firma betreiben lassen. Bisher haben das Angestellte der Firma erledigt, für die man keinen anderen Job fand. Sie bekommen ihr altes (für den Reinigungsjob sehr hohes) Gehalt weiter. Da sie oft noch genug Zeit haben, weil das Reinigen keinen Vollzeitjob ausfüllt oder nur zu bestimmten Stunden stattfinden soll, gießen sie noch die Blumen, setzen sich in der Mittagspause ersatzweise an den Empfang und bringen Beamer in Meetingräume, wenn den jemand vergessen hat. Diese Menschen müssen nun in eine Reinigungsfirma übergeführt werden und „on demand" nach festen Service Level Agreements arbeiten. Sie brauchen neue Verträge und verdienen ja weniger (weil die „Cloud" billiger anbietet). Sie dürfen selbstverständlich keine Blumen mehr gießen, das war good-will. Die Mitarbeiter schimpfen, dass keine Beamer mehr da sind, die Blumen nach der CeBIT tot aufgefunden werden etc. Sie fordern Pflanzenservices und Empfangseinspringer. Die Firmenleitung ist bereit, Plastikpflanzen zu kaufen und den Empfang durch Automatiktüren mit Chipkarten zu ersetzen. Kurz gesagt: Selbst bei so einfachen Arbeiten wie dem Reinigungsdienst müssen Sie viel ändern, um ihn aus dem Filz der anderen Arbeiten oder Verträge herauszulösen.

Darin haben die Unternehmen schon Erfahrungen gesammelt. Sekretariate, HR, Procurement, Reisebuchungen und Kostenerstattungen werden von fremden Firmen aus „der Cloud" erledigt und nach Fallpauschalen bezahlt. Dafür liefern sie aber nur noch Standarddienste, die vorher in Service Levels festgelegt werden. Wenn „Kaffeekochen" nicht als Service Level bezahlt wird, wird auch keiner gekocht!

Insbesondere haben wir in der IT gelernt, die IT selbst aus den Unternehmen herauszulösen. Seitdem das gelingt, kann IT gehostet und outgesourct werden.

Diese Entflechtung müssen wir nun auch auf der Ebene der Anwendungen vollziehen. Die gesamten Anwendungen, die ein großes Konglomerat bilden, werden nun quasi in einzelne abtrennbare „GmbHs" übergeführt, die separat gemanagt und abgerechnet werden können. Danach können viele dieser ausgegliederten Anwendungen aus einer Cloud bezogen werden.

Und es stellt sich wieder die bange Frage: Sind die großen Anwendungen aus der guten alten Zeit überhaupt noch entflechtbar? Man traut sich doch gar nicht mehr, sie „anzufassen", „weil keiner mehr COBOL kann". Und nun? Werden alte Unternehmen in eine Kostenklemme gegenüber neuen kommen, die sich alles neu gleich aus Clouds bestellen?


## Clouds über der grünen Wiese

Nun sollten Sie ein leisen Schauer der Erkenntnis in sich rieseln fühlen, dass das Komplizierte in den Anwendungen und in den disparaten Rechnerumgebungen zu großen Komplikationen führen wird, vor denen im Übrigen immer gewarnt wurde. „Die Vergangenheit wird euch alle einholen!"

Im Grunde sind die gewachsenen Strukturen, die man gerne politisch korrekt „die Summe der bisherigen erfolgreichen Projekte" nennt, nicht flexibel genug für die Zukunft.

Wenn ein Cloudanbieter nun das „Atmen" der Anwendungen beherrschen würde und sie um ein Drittel billiger anbieten könnte als die starren statischen Anwendungen der Marke „Home made"?

Im Augenblick ist noch keine große Gefahr, weil die Clouds ja erst neu entstehen. Sie entstehen alle – weil das so sehr viel einfacher ist – auf oder „über" der grünen Wiese. Neue Server, Netzkapazitäten und Mail-Services sind recht schnell „cloudfähig". Die Überführung der Entwicklungsumgebungen wird bald gut gelingen, die Testserver können ganz sicher recht schnell aus der Cloud bezogen werden.

Alles, was nicht aus dem Filz herausgelöst werden muss, ist im Sinne einer Cloud einfacher. „Alles, was schon eine eigenständige GmbH ist", hat viel weniger Komplikationen. Alles, was separat verkauft werden kann, ist eher cloudfähig.

Die Clouds entstehen also für einige Zeit vorwiegend über grünen Wiesen, so wie wir vielleicht überrascht waren, dass im Jahre 2006 Amazon damit begann, weil so viele Server im Sommer leer stehen. Wahrscheinlich müssen etablierte Unternehmen sehr aufpassen, nicht ins Hintertreffen zu geraten, so wie Banken plötzlich vom Internetbanking von der grünen Wiese aus aufgemischt wurden.

Wenn etwas Neues wie Cloud „hype" ist, neigen die etablierten Unternehmen meist dazu, dem Hype die eigene Hybris entgegen zu setzen. Das Alte beklagt, dass das Neue noch gar nicht merkt wie kompliziert das reale Geschäft ist und dass das Neue nur ganz rudimentär vom „Billigkrauter" ist, der nur ganz eingeschränkte Funktionalität bietet und nicht Premium-Service.

So steht Hype gegen Hybris.

Am Ende kommt immer heraus, dass das Alte nur noch durch Premium-Komplexität beeindrucken kann, weil „das schon immer so war" und man „damit leben muss".


## „Dynamic Infrastructure" durch Service Management

Etablierte Unternehmen müssen also ihre IT in den nächsten Jahren modernisieren, wenn man es aus der Sicht des Neuen betrachtet. Sie müssen eine dynamische Infrastruktur einführen. Müssen!

Was das heißt, habe ich schon in Ansätzen in der vorigen Kolumne beschrieben. Server und Anwendungen werden konsolidiert, Speicher und Server werden virtualisiert. Über diese Strukturen werden neue Sicherheitskonzepte gelegt, die Verfügbarkeit wird verbessert, das Risiko eines Ausfalls besonders im Business wird möglichst dramatisch gesenkt.

Damit haben die IT-Leiter oder CIOs viele offene Baustellen, die sie koordinieren müssen. Wie schaffen Sie das?

Es gibt seit einiger Zeit immer bessere Service Management Software. Die kann und MUSS eine gute Klammer um die vielen Einzelbaustellen bilden.

Stellen Sie sich ein Autofließband der 70er Jahre vor, als noch kein „just in time" bekannt war. Zwar fließt das Band, aber ganz langsam. Oft stockt es, wenn Teile fehlen. An anderer Stelle häufen sich Berge von Halbfertigteilen, die von dort zu vielen Arbeitern zu eifrig produziert werden. Keiner macht sich zu viele Sorgen um Mängel – die werden in großen Überarbeitungshallen beseitigt, Lackschäden werden in Nebenhallen behoben, man wartet das Trocknen ab. Die Fertigungsstraße hat also noch eine Menge Schleifen in den Abläufen.

Und dann kamen Mainframes, Server und Enterprise Resource Planning. R/3 setzte zu Beginn der 90er Jahre zu einem Siegeszug an. Überall begann man mit Lean Management, Reengineering und Down-Sizing. Man zerlegte die Firmen und Wertschöpfungsketten, lagerte an Zulieferer aus. Man orientierte sich an „Continuous Flow Manufacturing" und senkte die Fertigungzeit von Autos von vielen Tagen auf nur noch etliche Stunden.

Der große Erfolg kam sicherlich mit der ERP-Software, die die Klammer um alle die verschiedenen Optimierungen bildete. Es ist wichtig, dass man die ganze Produktion oder die ganze IT sieht („visualize"). Dann kann man sie eine Weile beobachten („monitor") und schließlich reorganisieren. Die Service Management Software ist daher wohl das absolute Muss für einen großen Erfolg der vielen, vielen Einzelmaßnahmen.

Im der Service Management Software wird die ganze IT abgebildet (z. B. in einer Configuration Data Base), die Services werden beschrieben („Server provisionieren", „Service Level ändern", „User Revoke"). Die Services werden verbessert und in ihren Kosten erfasst. Services bekommen Preisschilder für Abrechnungen.

Innerhalb des Service Management betreibt man Service Level Management, Incident Management, Problem Management, Change Management, Contract Management, Asset und Inventory Management, Safety Management und so weiter bis hin zum Financial Management.

Sie merken es heißt alles Management. Aber in Wahrheit ist Service Management irgendwie der Beginn des eigentlichen Managements. Vorher waren die Prozesse nur irgendwo grob beschrieben und wurden administriert. Wenn etwas schief geht, sagt mein Thinkpad ja auch immer „Consult your system admin". Das bloße Tun ist Administration, nicht eigentlich Management des Ganzen. Das will Service Management leisten und beginnt eben mit einer Art „SAP für IT".

Das Ziel ist es, NACH der Einführung der reinen Software viele IT-Services zu standardisieren und per Service Level Agreement einzeln mit richtigen Preisen anzubieten. Das wird tendenziell zur möglichst völligen Automatisierung führen. Deshalb folgt auf Service Managment in wenigen Jahren Service Automation…und am Ende ist alles doch mehr oder weniger „Cloud", also IT-Fabrik, die hoch standardisierte Produkte on demand liefert. Schlüssel bei der Umsetzung ist der Verzicht auf unendliche Variantenvielfalt und die Verwirklichung spontaner Ideen. Ich sagte schon: Wer das Sekretariat outsourct und Kaffeekochen nicht explizit vereinbart, bekommt auch spontan keinen Kaffee mehr.

Service Management führt also dazu, dass Services besser und billiger angeboten werden, also dass kaufmännisch mit ihnen umgegangen wird. Mit der IT geschieht etwas, was die Autoindustrie schon lange vorgemacht hat: Reengineering. Das ist ein Kulturwandel im Unternehmen und viel Arbeit an Integration und Reorganisation. (Bitte lesen Sie den letzten Satz noch einmal und denken Sie länger drüber nach. Die Software-Einführung ermöglicht das Reengineering erst. Ohne sie geht es nicht. Aber die Software ersetzt das Reengineering nicht. Auch heute noch, nach mehr als 15 Jahren SAP R/3 sehe ich, wie sich Berater über Unternehmen erhitzen, die nur die Software einführen, indem sie die guten alten Prozesse darin 1:1 abbilden, aber dann eben nicht reengineeren. Hinterher äußern sie sich unmutig, dass die neue Software nicht so viel taugt, wie immer gehofft wurde.)

Damit habe ich nun gesagt, was mit „dem Früheren" getan werden muss: Alles aber, was schon einzeln ist oder neu geschaffen werden kann, sollte von jetzt ab schon für die Zukunft cloudfähig probiert werden. Die großen Unternehmen beginnen mit Testclouds und Entwicklerclouds, mit Speicherclouds und Mailclouds.

Das Gewachsene muss durch Service Management geordnet werden. Die einzelnen Maßnahmen im Rahmen besserer Services gehören unter dieses Dach. Nur so gibt es einen ganzen Erfolg. Im Augenblick gibt es oft nur Lieblingsbaustellen in der IT. Green IT hat vielerorts Konjunktur, weil Öl kurz einmal sündhaft teuer war und bald wieder sein wird. Virtualisierung hat sich aus der Hypezone begeben und ist jetzt „normal", bald muss man sich entschuldigen, dass man das noch nicht anfing.

So ist es immer. Man beäugt erst so etwas SAP, sieht dessen ersten Erfolgen zweifelnd zu, dann wird es normal und zum Schluss ist man schuldig, wenn man keines hat. So beginnt gerade der Zyklus für Service Management. Und der wird wahrscheinlich viel rascher ablaufen…

## Hinter den Wolken neues Business aus der Cloud

Was passiert dann in den Wolken?

Es ließe sich allerlei neues Business denken − und irgendwann bekommt die Cloud einen eigenen Charakter, sie ist nicht mehr devoter Dienstleister, sondern könnte ja auf eigene Rechnung etwas Neues beginnen. Die einzelnen Autozulieferer haben sich ja zusammengeschlossen und bieten bald ganze Motorblöcke oder Komponenten an. Sie sind teils mächtiger als ihre einstigen Herren.

Erste Gedanken ranken sich schon unter „Traceability in the Cloud". Man könnte einzelne Objekte oder Anwendungen oder Lexika nur einmal in einer Cloud haben. Menschen könnten eine Global ID haben und alle Anfragen über den Menschen würden aus der Cloud beantwortet. Der Mensch ist elektronisch nicht hundertfach da, im Finanzamt, bei der Bank oder Hotpeppers.com − sondern nur ein einziges Mal. Er hätte nur einen einzigen Einkaufskorb, für Dave's Total Insanity Chilis, Bücher oder Flüge − alles geht da hinein. Große Logistiker könnten die Chilis und die Bücher in einem Paket schicken, obwohl sie bei verschiedenen Unternehmen bestellt wurden. Es entstehen vielleicht reale Logistik-Clouds aus den IT-Clouds.

Produkte hätten eine eigene IP-Nummer in der Cloud, sie könnten getraced werden, ihre Echtheit wäre prüfbar. „Hier bei Ebay bieten Sie auf ein original Mandarina Dueck Handbag mit der ID h12JG09Ud, Sie können die Echtheit bei Eingabe dieser ID in der Cloud bestätigt bekommen." Oder: „Diese tote Schafhaxe stammt vom Tier Nummer e605glutmat0815pi314, klicken Sie dort auf dessen Gesundheitsdramahistorie." Man spricht von Food-Tracing. Meine Patientenakte ist in der Cloud, mein Reisepass, meine Kreditkarte. „Hi Doctor, greetings to New Zealand, have a quick look at my patient record, I am authorizing you for read-only-view-mode for 15 min. Look at my tongue on your Skype screen…bäääh. Is the deep red-white color really serious? No? Can IBMers still work with it? I knew, I knew, I am happy. Thx for calming me at my night time here. 10 $? I have already clicked okay, my insurance company, too."

Ich will sagen: Durch Global IDs in einer Service Cloud könnten wir gewaltig viel mehr Ordnung und Vertrauen in unser Leben bringen. Daraus leiten sich schließlich neue Geschäftsfelder ab.

Für die fehlt uns heute noch weitgehend die Phantasie. Innerlich wollen wir gar nicht so viel Ordnung und diskutieren lieber den Haken an allem, was kommt. Das Neue kommt erst wirklich nach dem Wandel in den Köpfen…

## Warum alle unter „Cloud" etwas anderes verstehen

Aber die IT-Presse jubelt die Clouds durch den ganzen Himmel des Entzückens. Die Pressesprecher der Firmen versprechen Wolken jeder Art. Kaum jemand kennt um die schmerzhafte Komplexität des Gewachsenen. Die CIOs bekommen von den Bossen die Artikel über Clouds auf den Schreibtisch gelegt, nach denen die IT nur halb so teuer sein müsste. Da sind sie sauer. Natürlich wird Service Management Einführung mit anschlie-ßendem Reengineering die Kosten so weit senken. Das war in vielen Jahren Fließband-umstrukturierung auch so.

Aber es geht nicht in diesem Quartal und nicht so einfach.

Und dann nervt der Marketing-Hype. Ich bin schon so allergisch, dass ich bei jeder be-liebigen Äußerung dazu gleich mit einem argwöhnischen Blick reagiere, der so ausschaut wie der berühmte „Where is the beef?"-Blick auf Hamburger.

Alle verstehen etwas anderes unter Cloud, was das Ganze noch wolkiger macht. Viele reden faktisch von Grüne-Wiese-Clouds und suggerieren, dass das Bestehende genau so einfach zu ändern wäre.

Deshalb wollte ich mit diesem Artikel ein bisschen Transparenz einbringen. Ja, das Neue wird bald cloudy sein, und das Gewachsene bildet sich später auch um, aber unter Mühen, die durch Kosteneinsparungen belohnt werden. Mühen! Verdrängen Sie das bitte nicht, sonst folgt auf den Hype das Tal der Tränen, the trough of disillusionment. Fangen Sie lieber nüchtern an und vor allem mit Energie.

Und zum Schluss noch eine Anekdote: Studenten fragten neulich, was ich so bei IBM tue. Ich erwähnte Clouds. Da drangen sie alle auf mich ein und forderten einen sofortigen Ausbau der weltweiten IT-Strukturen im Netz. „Warum kann ich nur zu Hause an meinem Desktop Turniere im Internet spielen? Warum ist meine Lizenz nicht in der Cloud? Wa-rum sind meine Spielstände nicht in der Cloud? Wozu muss ich Spiele erst installieren? Wir wollen alles aus dem Netz. Spielen aus der Steckdose mit meiner Global Game-ID im Netz!" Das waren keine Informatiker, mehr Bio-Chemiker und Volkswirte. Es ist eine neue Generation. Sie wissen von Clouds schon mehr als manche…ich meine: der Wandel ist da.

# Kapitel 13
# Zukunftsausschau

Viele wünschen sich, in die Zukunft sehen zu können. Die aber, die es können, fühlen sich wie Kassandra, denn die Zukunft ist meistens nicht ungetrübt hell. Sie erscheint sogar oft düster, weil wir sie mit den Augen von heute sehen. Zukunft ist für unsere Seele in aller Regel „disruptive", sie verändert zu viel von dem, was uns lieb ist. Damals, als zum Beispiel das Fernsehen in unsere Kultur einbrach, widerte uns die Glotze aus offizieller Sicht an und unsere Eltern waren bemüht, uns von den fremden seichten Einflüssen fernzuhalten. „Fernsehen verdummt, verroht durch Gewaltdarstellung und vereinsamt!", sagten sie und erlaubten uns allenfalls einzelne Sendungen als Belohnung (!). Heute ist Fernsehen viel dümmer, Gewalt darstellender und vereinsamender als jemals zuvor, aber es gehört fest zu unserer Kultur. Wir haben zum Glück aus offizieller Sicht einen neuen Feind der Zukunft: Das Internet verdummt und gefährdet uns jetzt. Die Älteren unter uns, die laut Statistik vier Stunden pro Tag fernsehen, regen sich über diejenigen auf, die halb so lange am Tag surfen. Gehen wir wirklich immer wieder und weiter in eine noch düstere Zukunft?

## Automatisierung der meisten Services – und dann?

Vor 50 Jahren arbeiteten die meisten Deutschen in der Landwirtschaft. Heute sind es nur noch ein paar Prozent, die nebenbei zum Beispiel noch Zimmer für die CeBIT oder den Tourismus vermieten. Die Produkte der Landwirtschaft sind aus heutiger Sicht unvergleichlich viel besser als früher: Die Milch hält sich 14 Tage frisch! Früher mussten wir Milch bei Gewitter schnell austrinken, sonst war sie sauer! Erinnern Sie sich? Auch an die Äpfel- und Kirschbäume entlang der Dorfstraßen, die wir dankbar abernteten? Da stehen heute Linden, denn die schrumpeligen Wurmäpfel fallen ja verachtet auf die Straße und lassen den Verkehr ausrutschen. Linden stören Autos nicht. Wir haben uns damals vor dieser schrecklichen Zukunft gefürchtet, weil die Milch nicht mehr wie Milch schmeckt, sondern eher wie nichts. Wir haben geschimpft, dass die wurmlosen gewachsten Äpfel fade und wässrig wurden. Und was ist aus dieser Furcht geworden? Ein paar Jahre Streit um Hollandtomaten, die in den 80er Jahren einige Zeit wirklich nach nichts schmeckten und deren Reste man nicht auf den Kompost geben sollte.

Was ist aus den 50 % der Deutschen geworden, die heute nun nicht mehr in der Landwirtschaft arbeiten? Sie sind damals von der verarbeitenden Industrie (z. B. Autos) auf-

G. Dueck, *Dueck's Jahrmarkt der Futuristik,*
DOI 10.1007/978-3-642-55371-4_13, © Springer-Verlag Berlin Heidelberg 2014

gesogen worden. Der Bau der Autobahnen und Schienen zog so viele Arbeitsplätze an, dass die Deutschen nicht ausreichten und so genannte Gastarbeiter angeworben werden mussten – denn wir liebten die Arbeit am Bau nicht, so wie wir heute das Spargelstechen als zu harte Arbeit empfinden. Die Automatisierung der Industrie und die Computerisierung der Maschinen führten zu einem Wirtschaftswunder, das lange anhielt. Mitte der 80er Jahre aber begann mit der „Zweiten Revolution in der Automobilindustrie" die Welle der Effizienz und des Re-Engineering. Die Produktion durchlief nun den gleichen Prozess wie vorher die Landwirtschaft auch. Die fortschreitende Mechanisierung und Automatisierung, die immer bessere Steuerung und die Fortschritte in der Ablaufplanung und in der Logistik führten und führen zu fast menschenleeren Fabrikationshallen.

Was ist aus all den vielen Deutschen geworden, die ihre Arbeitsplätze an Roboter abgeben mussten? Sie wurden vom so genannten tertiären Sektor aufgefangen, dem Service. Man arbeitete in Büros, Banken, Versicherungen, bei Maklern, in Geschäften, in Medienhäusern, in der IT-Administration, in der Entwicklung, seit einigen Jahren in Call-Centers. Zurzeit mögen mehr als 50 % aller Deutschen im Service-Bereich arbeiten.

Und nun brechen die neuen Infrastrukturen der IT-Welt in diesen Bereich ein. So wie die Landwirtschaft und die Industrieproduktion wird nun auch die Servicegesellschaft von einer gewaltigen Automatisierungswelle erfasst. Service bedeutet, dass sich jemand um mich kümmert und mich berät. Aber die Beratung verschwindet ins Internet! Wir müssen nicht mehr jemanden fragen, der sich damit auskennt, wir haben Google. Wir müssen keine Formulare mehr weiterverarbeiten, einmal im Browser eingeben reicht. Banken, Versicherungen und Makler verschwinden ins Internet, Call-Center beschäftigen bald Roboter. Die Zukunft der Service-Automatisierung wird uns wiederum die Hälfte aller Jobs kosten. Davor aber haben wir solche Angst, dass wir das lieber nicht glauben. Wir verdrängen in uns die Zukunft, weil sie mit Umwälzungen verbunden sein wird.

## Zukunft mit Augen von heute und morgen

Unsere Augen sehen die Dinge stets mit langer Verzögerung. Sie lieben offenbar das, was sie lange gesehen haben. „Früher war alles besser", sagen die, die schon lange Zeit gesehen haben. Sie wissen, dass die Zukunft immer droht und nichts besser werden kann.

Wir haben vor einigen Jahren während eines USA-Urlaubs die Amish-People „besichtigt", die für Gott leben, sich von Handwerk und Landwirtschaft ernähren, elektrische Energie ablehnen und deshalb die Sahne mit der Hand schlagen, Butter stampfen und selbst nähen. Alle Besucher klatschten angesichts dieser idyllischen Rückständigkeit die Hände vor Verwunderung. „Nein, so etwas! Kann man sich vorstellen, so zu leben?" Ich stand die ganze Zeit wie benommen und träumend da, es war einfach wie damals in Groß Himstedt. Wir hatten ein Butterfass und rösteten Kaffee auf dem Herd und kochten dort Wasser zum Waschen! Und? Alles vergessen? Ist das Leben von vor 50 Jahren nun ein zooreifer Rummel für uns geworden? Und trotzdem ist heute alles schlechter und morgen sowieso?

Schauen Sie doch einmal in die Zukunft! Da sind Facebook, Web 2.0, Abschreiben der Hausaufgaben bei Google, Einsatz von Laptops in Schulen, dauernde Erreichbarkeit über Blackberrys! In der Zukunft ist der Service automatisiert! Keine Beratung, kein Reisebüro, kein Check-in-Schalter mehr, viel weniger Unterricht oder Vorlesung. Der Kunde bedient sich überall selbst. Kein Service mehr, nur noch Self-Service und Self-Teaching. Das habe ich schon früher im Buch *Lean Brain Management* und in der letzten Kolumne ein bisschen anklingen lassen und bekam prompt einen bitterbösen Brief: „Wo sollen denn die wegautomatisierten Menschen alle hin?"

Ist doch klar: In die Zukunft!

„Und wo ist die?", fragen viele – und ich frage zurück: „Welche wollen Sie denn? Wählen Sie Ihre Zukunft selbst oder lassen Sie sich von den USA oder von China einen Platz in der Zukunft zuweisen, den sie jedes Mal nur murrend einnehmen?"

Im Rahmen des BMBF-Foresight-Prozesses 2008 habe ich einmal in die Zukunft schauen sollen. In einem kleinen Team (Amina Beyer-Kutzner vom BMBF, Volker Wiedemer vom BMBF/VDE/VDI, Kerstin Goluchowicz von der TU Berlin) sind diese Gedanken wieder und wieder fruchtbar diskutiert worden. Wir nannten sie „Zukunftsskizzen" und verteilten sie in Englisch und in Deutsch als kleines Heftchen auf dem Internationalen Workshop „From Foresight to Innovation – Bridging the Gap". Außerdem wurden die Thesen für das Tagungsdinner auf Plakaten hoch über dem Hamburger Hafen auf Glaswände geklebt. Was generell auf Plakaten steht, ist ja irgendwie wahr – das gilt für eine Kolumne wie diese ja nicht unbedingt. Deshalb habe ich arg aufgepasst und mich um einen würdigeren Ton als sonst bemüht. Es kann jetzt sein, fällt mir ein, dass dieses Bemühen um die Plakate natürlich dazu verführt, nur etwas Wahres zu schreiben? Jedenfalls las damals Anne Korrektur und schrieb:

Hi Papa!

Da hast du ausnahmsweise mal was seriös verfasst;-) Nee, Spaß beiseite, fand/find ich wirklich gut.


## Zukunftsskizzen

### *Ressourcenknappheit und veränderte Verbrauchsströme*

Den aufstrebenden Ländern fehlen die westlichen Infrastrukturstandards. Stromnetze, Wasserleitungen, Raffinerien, Häfen, Airports, Autobahnnetze und Funkmasten zur Mobilkommunikation müssen neu errichtet und betrieben werden. „Jeder dort braucht noch ein Haus und ein Auto." Eine gigantische Investitionswelle wird Rohstoffressourcen in ungekanntem Ausmaß aufbrauchen. Die westlichen Industrien, die heute vor allem für gesättigte *Konsummärkte* produzieren und Services liefern, werden sich radikal zur *Anlagenbau-* und *Investitionsgüterseite* umorientieren müssen, um an diesem neuen Wohlstandsaufbau von Milliarden von Menschen teilzuhaben. Produzieren kann jeder bald selbst, aber die High-Tech-Maschinen, die komplexen Anlagen und extremen Spezialteile kommen weiter aus dem Ingenieur-Standort Deutschland („enabling production"), auch weil hier die reinen Lohnkosten bei den Leistungen eine untergeordnete Rolle spielen.

Die Rohstoffe strömen in die aufstrebenden Länder zu immer höheren Preisen. Schiffstonnagen werden knapp, da Neubauten und neue Werften langen Vorlauf erfordern. Explorationsplattformen und Ölbohrschiffe fehlen. Die höheren Notierungen der Rohstoffpreise

locken Forschung und Technologie, neue Fördertechnologien, Verfahren und Kunststoff-
materialien zu entwickeln. Diese Entwicklung strahlt auf die Landwirtschaft aus, die neben
der Nahrung jetzt auch Energie auf dem gleichen begrenzten Boden erzeugen soll – und
die gleichzeitig auf den wohl bald knappsten aller Rohstoffe angewiesen ist: das Wasser.

Unternehmen, die Ingenieurleistungen für Investitionsgüter (Druckmaschinen, Turbi-
nen, Abfüllanlagen, Fließbänder) anbieten und Spezialprodukte (Computertomographen,
Laborausrüstungen) exportieren, gehen blühenden Zeiten entgegen. Sie trotzen schon jetzt
den volatilen Märkten und sind unbeeindruckt auf Erfolgskurs. Genau in diesem mittelständischen Wirtschaftszweig liegt eine der großen Stärken des Standortes Deutschland.
Der Weggang der deutschen Massenproduktionen ins Ausland kann verschmerzt und bald
überkompensiert werden.

Deutschland muss selbst die eigene Infrastruktur den neuen Verbrauchsströmen anpassen. Airports und Häfen müssen den steigenden Verkehrs- und Transportvolumina durch
Ausbauten gerecht werden können – diese müssen mit Zuversicht erfolgen, nicht unter
politischen Unruhen. Universitäten müssen die Bildungsmöglichkeiten für Ingenieure
verstärken. Steigende Zuversicht muss schnellere Zustimmung zu Strukturerweiterungen
stimulieren. Es geht wieder voran, aber doch in eine geänderte Richtung.

## Gesundheit und technologische Veränderung des Menschen

Das Gesundheitssystem steht vor einer Neuerfindung seiner selbst. Die Leistungen der
Medizin sollen qualitativ steigen, aber sie sind nicht bezahlbar. Denn die gut verdienende
Mittelschicht dünnt sich aus und die Gesellschaft überaltert. Das berührt unangenehme
Themen, die um „Menschen zweiter Klasse" kreisen. Bisher waren ja alle Menschen im
Rechtssystem, im Bildungssystem und im Gesundheitssystem wenigstens vom Prinzip her
gleich. Jetzt steht im Raum, dass dem Menschen nur eine Grundgesundheit zusteht, die er
zur Zuzahlungsgesundheit erweitern kann.

Aber gerade in dem Punkt, an dem eine vorbildliche medizinische Versorgung an harte
ökonomische Grenzen stößt und nun von Sparwellen erfasst wird, richtet der Konsument
seine Bedürfnisse auf die proaktive Gesundheit, auf körperliche Fitness und Schönheit.
Was der anspruchsdenkende Patient nur grimmig gegen Krankheit zahlen will, spendiert
er als sehnsüchtiger Konsument willig für Wohlsein, Aussehen oder quasi für sein Selbst-
wertgefühl. Die Seele soll sich erheben!

Und noch eine dritte Welle schwappt heran: Die Medizin-Technik kann im Berufsleben Vorteile verschaffen! Leistungspräparate kommen in Mode, Neuro-Enhancement
lässt Hoffnungen keimen. Medizin kann offenbar die Karriere fördern und könnte bald zu
„Pflichtdoping"-Standards für höhere Arbeitsleistungen führen.

Die Gesundheitstechnologien heilen also klassisch das Kranke; sie befriedigen Köper-
Seelen-Bedürfnisse und sie können zum ökonomischen Individualvorteil im Business eingesetzt werden – wie schon heute im Sport.

Die heutigen Zahnimplantate und Schönheitsoperationen sind ein kleiner Anfang einer
gewaltigen Expansion des Bereiches aller Gesundheitstechnologien. Der Mensch, der ma-
teriell schon alles hat, geht jetzt an seine eigene persönliche körperliche Neuerschaffung

und strebt eben nicht die geistig-seelische Selbstverwirklichung an, wovon die meisten Philosophen träumen.

Wir brauchen die Technologien zur Heilung am dringendsten, keine Frage. Aber dort ist immer weniger Geld – und für die anderen Sektoren gibt es davon umso mehr. Das ganze System erfordert eine Neubestimmung, sonst „führt uns die ganze Entwicklung irgendwo hin". Obwohl es sicher nicht leicht fällt, Leitlinien einer Entwicklung zu definieren, die wir nicht vollen Herzens begrüßen, müssen wir um neue kulturelle Grundsätze ringen.

## *Wohnen und Leben*

Die neuen Infrastrukturen ermöglichen globales Zusammenwirken am Arbeitsplatz. Dort setzt eine Revolution ein, die jetzt schon fast jeden von uns erfasst. Unser Privatleben wandelt sich dagegen viel langsamer. Was im Job Zweck und Nutzen ist, muss hier Freude und zusätzliche Heimat schaffen.

Wandfüllende Riesenbildschirme oder belichtete Projektionsflächen könnten das, zusammen mit Computern, die ausschließlich mit heute noch teuren Flash-Speichern arbeiten und auf Festplatten verzichten. Dann müssen Computer nicht mehr hochgefahren werden – man stellt sie wie einen Fernseher an. Wir haben dann viele, viele Computer zuhause mit festen Programmen in einem einzigen Gerät zusammen, die jeweils wie ein einzelnes TV-Programm wirken. Wir rufen Kanal „Oma" und haben sie auf dem Großbildschirm, sie uns auch. Wir frühstücken mit ihr – wir sehen gegenseitig unsere Zimmer. So können wir die ganze Welt zu Besuch haben! Unsere Tochter studiert in Boston und ist uns nah wie ein schwerkranker Verwandter im Pflegeheim, der für häufige Besuche zu weit entfernt ist. Mit Urlaubsbekannten aus Singapur reden wir Englisch und werden weltgewandt.

Die Wohnungen haben heute keinen Platz für Großbildschirme, ja heute schon nicht so richtig für die modernen TV-Flachbildkinos. Ein langer Wandel steht an. Immobilien der nächsten Generation kennen Kommunikationsräume, in die wir uns auch von außen hineinschalten können. Auf Reisen, im Hotel, an mobilen Arbeitsplätzen sind wir immer ein bisschen auch zuhause. Unser Heim ist online.

Werden ganz neue Zusammenlebensformen dadurch möglich? Werden wir jung ohne Karrierebruch durcharbeiten und unsere Kinder von ihren Großeltern erziehen lassen? Heute arbeiten wir unter Totalstress an allen Fronten des Lebens zur gleichen Zeit. Wir schuften bis in die karge Rente hinein und bleiben dann im letzten Lebensdrittel vergleichsweise im Leerlauf stehen. Die neuen Infrastrukturen der Kommunikation bieten offensichtlich andere Lebensmodelle und Familienformen. Die Lebensaufgaben des Menschen (Arbeit, Erziehung der Kinder, Betreuung Älterer) können viel gleichmäßiger und damit sinnvoller auf unser ganzes Leben verteilt werden.

Wie sieht das aus? Gibt es eine Renaissance der Großfamilie? Weiten sich die Konzepte der Generationenhäuser aus? Zwei Jahrzehnte des Lean Management und des Umbruchs haben uns heute zu sehr individualisiert und auf uns selbst fokussiert. Das ist eine Notreaktion auf den Weltwandel. Die Rückbesinnung auf das Gemeinsame steht bald an. Es wird ein neues Gemeinsames werden, das die neuen Technologien harmonisch ins Leben einfügt.

## *Green IT & Engineering für Umwelt – Klima – Wasser*

Das Klima verändert sich. Die Umwelt siecht unter Ausbeutung. Das Wasser versiegt. Unsere am Gedanken des Shareholder-Value orientierte Gegenwartswelt kann mit diesen Problemen der gesamten Weltengemeinschaft nicht umgehen, weil sie den lokalen, den individuellen und den kurzfristigen Erfolg sucht und dies noch immer als Allzweckrezept predigt – unter Leugnung der Folgeprobleme. Der Wettbewerb werde das Neue hervorbringen, so heißt es. Aber er zerstört das, was im weitesten Sinne philosophisch als Allgemeingut angesehen werden könnte: Die Möglichkeit freien Lebens in einer kultivierten Natur.

Die Staatengemeinschaft hatte schon immer die Regelung des Zusammenlebens der Menschen und Nationen in ihrem Blickfeld und ihre liebe Not damit, die Welt in einem passablen Zustand zu halten. Sie muss ihren Verantwortungsbereich auf Umwelt, Klima und Wasser ausdehnen und ebenso ernst nehmen wie die Weltordnung.

Es wäre nun weise, die Ressourcen insgesamt ganz simpel zu schonen. Dazu würden im Prinzip weithin beherzigte Appelle ausreichen. In der Realität wird aber das, was wir beim Ausschöpfen der Ressourcen zu weit gehen, durch technologischen Fortschritt kompensiert.

Und wir gehen zu weit, so wie die Römer einst die Zedern für Schiffe abholzten: In Indien wird mancherorts elektrisch zuviel Wasser auf Felder gepumpt, einfach weil der Strom dafür vom Staat bezahlt oder subventioniert ist. In den USA laufen die Klimaanlagen zum Frösteln. Der Regenwald wird unter den Satellitenaugen gerodet – ohne Sanktion.

Die Gegenbewegung wird durch Technologien eingeleitet, die den wirtschaftlichen Umgang mit der Natur zum Ziel haben. Sie sollen alles unter guter Kontrolle halten, regeln und optimieren, damit nur strikt das Nötige verbraucht wird. Die Energieeffizienz aller Versorgungsabläufe und Geräte wird steigen, insbesondere werden Sensoren und Computer selbst sparsamer sein müssen: „Green IT." Dem entstehenden und wachsenden Mangel an natürlichen Ressourcen wird eine gigantische Industrie gegenübergestellt: Umwelttechnik, Regelungstechnik, Sensortechnik, Solartechnik boomen schon heute. Diese bedienen heute noch spezielle Märkte, wachsen aber zusammen. Green IT & Engineering bildet das Fundament einer globalen Infrastruktur für die Natur.

## *Apocalypse soon!*

Die TV-Sucht ist ein Anfang gewesen, in andere Welten zu flüchten. Wir haben uns von Spielfilmen aufheitern lassen, die wir einst ganz zu Ende anschauten. Die Sucht, emotional aufgewühlt zu werden, treibt uns, die Filme greller und schriller zu fordern. Ungeduldig zappen wir uns bei alten Filmen nur noch durch bekannte Highlight-Stellen. Wir stürzen uns auf Gefühlsfetzen und leiden an Erlebnis-Bulimie, die den Totalstress der Arbeit kompensiert, aber ihren schnellen Takt beibehält. Das Wort Muße wird verschwinden.

Das so genannte Second Life des Internet könnte zu unserem erlebten First Life werden, wenn die Internetstrukturen technologisch genügend Emotionen produzieren können. Heimlich wird über Cyber-Sex gelächelt, über amateurhafte Exhibitionismen vor Web-Cams. Spezialmaschinenunternehmen bauen zur Zeit immer perfektere Sexroboter, mit denen in Japan schon hochprofitabel Hochtechnologie-Etablissements betrieben werden. Die demnächst anstehende preiswerte Großserienproduktion wird zu Mensch-Maschine-Beziehungen führen, die im Kern die sozialen Beziehungen zwischen Menschen revolutionieren. Denn das Technologische und Virtuelle lässt das reale Leben mit dem irdischen eigenen Körper blass erscheinen und sticht es ganz aus. Langwierige Annäherungsversuche an das Leben werden durch sofortige Verfügbarkeit abgelöst. Die Kunstmenschen weichen in einer späteren Phase Fantasiegeschöpfen, die wohl den heutigen Avataren gleichen – die ja ausdrücken, was wir wollen.

Das Leben in menschlichen Paarbeziehungen löst sich auf. Kinder? Adoptiert gerne! Selbst? Keine Zeit, keine Ruhe. Kinder werden als Fertigprodukt ausgesucht und bestellt. Rollenvorbilder lassen sich heute schon in Hollywood finden. Wer im Virtuellen und Technologischen aufgeht, braucht kein Du mehr. Er ist folglich kein Du mehr für andere. Wer aber ist jemand, der nur allein da ist? Der letzte Mensch.


## *Bio-Technologie*


Mit heller Begeisterung und leisem Frösteln sehen wir auf die Bio-Technologie, hin und her gerissen, welcher Segen da auf uns zukommen wird. Wir zögern wegen des möglichen Unguten und wir hoffen wohl, ohne Zweischneidigkeit davonzukommen. Dabei sind wir in Gefahr, am Ende von Notwendigkeiten überschwemmt zu werden.

Die Nahrungsmittel und die Energien werden gleichzeitig knapp. Soll die Landwirtschaft nun Bio-Sprit erzeugen oder Menschen ernähren? Der Ausweg aus diesem Dilemma wird sicher „Gentechnologie" heißen, die Hochleistungspflanzen zur Energieerzeugung designt.

Die Biotechnologie wird neue Werkstoffe und Oberflächenstrukturen erzeugen, sie wird uns mit einwachsenden Implantaten versorgen („Titan", Knochenklebstoffe, künstliche Organe). Wie leben artifizielle Mikrosysteme mit natürlich-biologischen Gewebestrukturen zusammen? Neuroimplantate oder Neuroprothesen stimulieren Nerven im Gehirn und geben verlorene Fähigkeiten zurück (wieder „Fuß heben" nach Schlaganfall oder „Blase entleeren" bei Querschnittslähmung).

Trotz der enormen Fortschritte auf diesen Gebieten erscheint doch das Reich der Möglichkeiten fast grenzenlos. Neuroprothesen aller Art werden bald selbstverständlich zum klinischen Alltag zu gehören wie das erste Instrument seiner Art, der Herzschrittmacher.

Wo geht es hin? Das ist nicht einfach mit den Moralvorstellungen von heute zu diskutieren. Wir denken uns zu selten eine Generation oder dreißig Jahre zurück, einfach nur, um zu sehen, wie schnell sich auch Einstellungen ändern. Wie eine Doppelhelix verflochten wird sich Denken und Biotechnologie umeinander drehend weiterentwickeln.


## *Systeme und Simulation*


Heutige Denkansätze analysieren systematisch und treffen eine „optimale" Entscheidung: Eine Zielgröße wird maximiert oder minimiert. In einem großen System, einem Staat oder einem Unternehmen, wird in jedem Winkel separat optimiert, was hier nützt und irgendwo anders schaden mag. Die Effekte separater Optimierungen können sich aufheben und sogar zu Katastrophen aufschaukeln wie bei der großen Weltfinanzkrise.

Die Wissenschaft arbeitet schon lange an Simulationen von ganzen Systemen im Computer. Ursprünglich träumte man, die wirtschaftliche Zukunft vorhersagen zu können wie es bei rein physikalischen Systemen wie dem Wetter schon ganz gut gelingt. Aber Wirtschaft reagiert ja auf die eigenen Prognosen und macht sie viel zu oft zunichte.

Neuerdings aber ist möglich, Flughäfen, Autobahnen, Häfen, Unternehmensorganisationen, Flugzeuge, Autos, Großcomputer, Schiffe oder Anlagen aller Art im Computer zu visualisieren. Sie werden virtuell erbaut, interaktiv getestet und verbessert, bevor das Reale unter hohem Finanzaufwand in Angriff genommen wird.

Daneben werden diese virtuellen Systeme zur Ausbildung genutzt. Nach dem Vorbild des Flugsimulators werden Führungskräfte und Politiker geschult werden, Systeme im Ganzen so leiten zu können, dass sie viele verschiedenen Faktoren im Gleichgewicht halten. Diese höchste Kunst systemischen Denkens wird bald im Cockpit höchst effektiv gelernt – und nicht anhand von Milliardenverlusten schmerzhaft erfahren.

Ein guter Simulator speichert nicht einfach Wissen wie eine Datenbank. Er ist in gewisser Weise in der Maschine festgehaltenes menschliches Können. Damit beginnt ein ganz neues Kapitel der Menschheit: Fähigkeiten können gespeichert werden! Jeder kann sie durch Training abrufen und sehr schnell Talente erwerben, wozu sonst eine Generation Zeit und Lebenserfahrung gebraucht wurde.


## Welche Zukunft?


Ich habe versucht, ein bisschen nach vorne zu denken. Merken Sie, wie zwiespältig alles sein kann oder sogar ist? Alles kann zum Segen oder als Waffe verwendet werden. Medizin zum Heilen oder für Neuro-Enhancement! Großartige Umwelttechnologien, damit Energie gespart oder noch mehr verschwendet werden kann! Biotechnologie für Energieerzeugung der Reichen oder zum Sattessen der Armen! Alles hat mehrere Seiten…

Und deshalb zerreden wir unsere Zukunft. Die billige Technik aller Demagogen und Politiker ist es, die besten Seiten des Jetzt mit stark zu befürchtenden Seiten des Morgen zu vergleichen. Da bleiben wir alle lieber im Jammertal des Jetzt mit den sattsam bekannten Übeln, an die wir uns schon lange gewöhnt haben.

Wir weigern uns, die Welt mit den Augen von morgen anzuschauen. Wir ärgern uns über unsere Kids („das heißt heute bitte immer noch *Kinder*, Herr Dueck"), die ihre Bilder und Privatdaten ins Netz stellen und in jeder Pause simsen. Sie freuen sich aber unbeeindruckt auf ihre Zukunft, die sie gut finden. iPhone und Netbook müssen her, Wissen ist dort drin und muss nicht in den Kopf, Nano ist toll und Schönheitsoperationen sind leider noch zu teuer. Wie wird es werden, wenn die gestylten Implantate-Kids die Pflicht zur Schönheit deklarieren und uns Ältere mit grauen ungerichteten Zähnen als letzte Bio-Menschen-Generation unserer Art betrachten wie verschrumpelte Straßenäpfel?

Aus der Sicht des Heute oder des etablierten Älteren wirkt die Zukunft bedrohlich, aus der Sicht des Morgen oder des Jüngeren wird sie großartig werden und ein sorgloses Leben ermöglichen. Die eine Sicht ist zu düster, die andere zu unbekümmert. Wollen wir nicht diese Sichten zu einem gemeinsamen Willen zusammenfügen? Ein Neues wollen, das Vorfreude erlaubt und um dessen bedrohliche Aspekte Sorge getragen wird?

Das Glas ist nicht halb leer, wie die Griesgrame sagen. Das Glas ist nicht halb voll, wie die gedopten Optimisten erklären. Die Wahrheit ist: Es gibt ein neues volles Glas, aber eben ein anderes Glas – und es ist etwas anderes im Glas drin.

Landwirtschaft und Bergbau sterben, die Industrie entsteht. Die Produktion geht in Billigländer und die Service-Gesellschaft wird auf den Trümmern erbaut. Die Servicegesellschaft wird automatisiert und… ja, und?

Was also wollen wir tatsächlich? Bald ist ja Bundestagswahl. Ich weiß, dass man Wahlen besser als professioneller Versprecher gewinnt, aber „Yes, we will" ginge ja auch?

„Ja, wir wollen!"

Zum Beispiel würde ich sagen, wenn ich etwas bewirken könnte: „Wir werden das Land der Nano-, Umwelt-, Medizin-, Bio-, Gentechnologie. Wir gehen in die Entwicklungs- und Konstruktionsgesellschaft. Wir bauen die dazu nötigen Bildungsstrukturen und fördern technologische Berufsstände. Wir geben alternde Wirtschaftszweige schonend, aber ohne Wehklagen auf. Die Politik kümmert sich um die zukünftigen Strukturen, die die Wirtschaft durch ihre Tätigkeit belebt."

So etwas würde gut funktionieren. Wir würden eine neue Prosperitätsphase erleben. Aber ich weiß schon, dass alles wieder zerredet würde, weil wir die Zukunft mit heutigen Augen beängstigend finden. „Ich bin ja nicht Ingenieur, was wird dann aus mir? Ich vermisse in dem Konzept die Subventionierung von Milchkühen. Wir haben keinen Platz für Technologie im Lehrplan, weil wir auf Grund der Finanzkrise gerade Kapitalanlage als neues Schulfach eingeführt haben, aber trotzdem das Fach Ethik dadurch nur zum Teil ersetzen konnten." Wir werden Jahre brauchen, um zu definieren, was eigentlich Nanotechnologie im Sinne der Gesamtvision bedeuten müsste und ob wir nicht doch Gentechnologie lieber weglassen, weil dadurch Koalitionen gefährdet sind… Diese Planungsorgien der Zukunft werden durch die Sicht aus heutigen oder gar gestrigen Augen dominiert.

Bitte, lassen Sie uns mit neuen Augen losgehen und dabei gut mit den alten aufpassen. Langfristig ist die Zukunft immer besser als befürchtet! Das war historisch bisher so. Langfristig ist die Zukunft immer schlechter als erhofft. Das macht denen nichts, die da hoffen, denn das Glück zu versuchen macht schon glücklich genug.

# Kapitel 14
# Blitzkarriere

Informatiker regen sich ja so oft auf, wenn es in der eigenen Umgebung zu Beförderungen kommt. Sie verstehen nicht, wie es kommen konnte, dass die Wahl ausgerechnet auf diesen neuen Vorgesetzten fiel. Informatiker unterscheiden nämlich meist zwischen fähigen Managern und solchen, die aus nicht nachvollziehbaren Gründen aufgestiegen sind. Ich selbst bin ja auch so „gestrickt" und habe das alles oft nicht begreifen können. Da habe ich über die Grundlagen der Karriere nachgedacht. Ich wollte Klarheit schaffen.

## Wofür wird man befördert?

Für mich war das immer klar: für Leistung. Das ist natürlich eine vollkommen unsinnige Idee, die Sie mit mir wahrscheinlich teilen. Lesen Sie einmal Bücher über Assessment-Center! Dort steht alles drin, was man durchstehen muss, wenn man eine Führungskraft werden will oder soll. Eine Gruppe von Bewerbern wird bei Diskussionen über sehr banale Themen beobachtet. Danach müssen sie einzeln Mailboxen bearbeiten. Es kommt darauf an, möglichst alles sofort zu entscheiden, wenn es im Prinzip ohne Zusatzinformation sofort geht. Die schrecklichste Aufgabe für Informatiker besteht darin, sich einen fiktiven leistungsschwachen Mitarbeiter (von einem Psychologen gespielt) vorzunehmen und in ihm die Einsicht zu wecken, dass er sich stark bessern müsste und bis dahin keine steile Gehaltsentwicklung zu erwarten habe. Kurz gesagt prüft man, ob Sie motivieren können.

Als ich vor 20 Jahren in ein solches Assessment-Center musste, bereitete ich mich total seriös darauf vor und erlernte alle Prinzipien der Auswahl. Als ich mich dort bewähren sollte, war ich eigentlich am besten dafür qualifiziert, die Bewerber zu beobachten als selbst beobachtet zu werden. Ich wusste nur, worauf es ankam, aber nicht so richtig, wie man das hinbekommt. Dazu reichte die Zeit nicht. Außerdem glauben Naturwissenschaftler, dass sie natürlich alles das hinbekommen, was sie gründlich verstanden haben. Im Assessment-Center muss einem aber alles in ein paar Minuten auf Anhieb gelingen – und Nachdenken ist überhaupt nicht drin. Das hätte ich aus dem Zeitplan logisch schließen können, aber da fehlte mir noch einiges an praktischer Intelligenz.

G. Dueck, *Dueck's Jahrmarkt der Futuristik,*
DOI 10.1007/978-3-642-55371-4_14, © Springer-Verlag Berlin Heidelberg 2014

Worauf kommt es beim Assessment an? Man bekommt bei den Beobachtern für verschiedenste Aktionen und Eigenschaften Punkte. Das stand genau in allen Büchern drin, die ich absolut überteuert in Panik gekauft hatte. Punkte gibt es für das Übernehmen von Verantwortung, zum Beispiel das zupackende Schreiben auf dem Flipchart, während andere Bewerber sich faul auf den Stühlen lümmeln. Es gibt Punkte für konstruktives Harmonisieren divergenter Auffassungen, um zu einem Beschluss im Meeting zu kommen. Es gibt Punkte, an denen jemand voll verantwortlich das Kommando übernimmt, zum Beispiel die Diskussion eröffnet. Gut bewertet wird es auch, wenn sich Bewerber dem Verflachen oder Zersplittern der Diskussion entgegenstemmen und die Gruppe ermahnen, bei der Sache zu bleiben.

Leider war ich früher schüchtern. Das hat sich heute gebessert oder geändert – wie Sie wollen. Schüchterne brauchen ein paar Sekunden bis Stunden Anwärmzeit. Außerdem redete ich früher nur über Dinge, die ich verstand. Das musste ich in der Folge auch verbessern. Jedenfalls fühlte ich, dass ich gegenüber extrovertierten Sales-Leuten mit einer Art Nachzünder kommunizierte. Die plapperten schon munter-hypernervös vor dem Beginn des Assessments, ich aber klammerte mich an schon lauwarmen Kaffee.

Wir setzten uns. Die Beobachter gaben uns ein Diskussionsthema, ob wir Produkt A, B, oder C am besten fänden. Wir bekamen zu den Produkten jeweils kurze, sehr unvollständige Informationen in Tabellenform, die gar keine logische Arbeit zuließen. Das sah ich nach wenigen Sekunden. Ich wusste aber auch aus meinen Vorbereitungen, dass es keinen Sinn haben würde, die Sinnlosigkeit der Aufgabe anzuprangern, weil das die Aufgabenerfüllung unmöglich machen würde, also Minuspunkte gäbe. Ich überlegte. Dabei vergaß ich nun leider völlig, den Startschuss der Diskussion genau im Fokus zu haben. Das bereute ich sogleich zutiefst.

Zwei bis drei Bewerber sagten wie aus der Pistole geschossen: „Ich möchte die Diskussion eröffnen." Nur der lauteste sprach den Satz vollständig zu Ende, weil er die anderen böse anblickte. Wow! Ich war tief beeindruckt, die Punkte gingen an ihn. Da sagte der zweite: „Wir sollten zuerst das Ziel dieser Veranstaltung nochmals genau formulieren." – Der dritte: „Da stimme ich Ihnen vollkommen zu. Struktur und nochmals Struktur!" – Der vierte: „Ich warte auf eine Definition, ich stelle mich schon einmal an das Flipchart. Ich mache drei Zeilen für die Produkte A, B und C." Der fünfte, oder war es wieder der zweite? „Ich möchte kurz zusammenfassen, was wir bis jetzt geschafft haben. Wer führt Protokoll? Sie?" – Der Angesprochene nickte sofort, um keinen Punkt für Teamunfähigkeit zu bekommen, aber es war klar, dass er nicht Manager würde. Alle lächelten über den klugen mörderischen Beitrag des Leithammels.

Ich wusste sofort: Sie hatten allesamt die Handbücher gelesen! Sie hatten ihre Manager befragt und sich alle Unterlagen besorgt. Und sie waren einfach total viel schneller als ich und heimsten die Punkte ein, während ich an der Bande nur mit offenem Munde meine eigene Inaktivität bestaunte. Ich wusste nicht, wie ich zu spielen hatte. Ich dachte, wir würden über die drei Produkte nachdenken und um eine Lösung ringen. Und ich merkte, dass es ein anderes Spiel war, in dem ich absolut keine Rolle spielte. Ich begann, abwechselnd zu frieren und zu schwitzen. Ich beschloss, auch etwas sagen zu wollen, aber was?

Das wurden die mit großem Abstand schrecklichsten beiden Tage in meinem Leben. Dazu gehören die furchtbarsten 7 min in meinem Leben, in denen ich den Film am Abend vor dem Urteil ansah, in dem ich selbst einem Mitarbeiter seine Unfähigkeit erklären sollte. Ich sah mich selbst im Film, wie ich gelähmt stockend viel zu trockene Formulierungen wählte, die den schauspielernden Psychologen böse machten. Da wurde ich kopflos und zitterte. Das war in der Übung unsägliches Leiden, aber die 10 min Film konnte ich nicht aushalten, ich rannte davon, setzte mich auf die Bettkante in meinem Hotelzimmer und war vollkommen hoffnungslos.

Am nächsten Tag nahmen sie mich aber doch – mit vielen Warnhinweisen, dass ich zwar sachlich ausgesprochen gut überzeugen könnte, aber wohl in schwere See käme, wenn die anderen irrational, aggressiv oder taktisch egoistisch würden. Es sei auf Grund dieser offenkundigen Schwäche nicht völlig sicher, ob ich genug Potential für eine Führungskraft hätte. Außerdem hätte ich ein paar Mal sehr feine delikate ironische Bemerkungen gemacht, die ganz sicher nicht zu einem Meeting gehörten. Sie machten mir eine zu 100 % genaue Aufstellung dieser störenden Töne, was mich sehr beeindruckte. Sie hatten alles gemerkt. Management ist ernst. Ich besprach diesen Punkt neulich einmal mit einer britischen Künstlerin, der gegenüber ich vermutete, dass niemand über mein nun englisch übersetztes Buch *Lean Brain Management* lachen wollte. „True for Americans – yes! British people say that Americans are earnest, you know, what I mean? Earnest?"

Ich war danach ganz verunsichert. Hatte ich Potential? Man nennt das Assessment-Center in anderen Firmen auch Potentialanalyse. Man schaut nach, wie sich ein Bewerber in unbekannten Situationen benimmt. Kann er entscheiden? Bleibt er ruhig? Kann er mit Rückschlägen oder Ungerechtigkeiten umgehen? Bleibt er sachlich? Ist er initiativ? Wird er von anderen beachtet und als Meinungsführer gesehen?

Diese Potentialanalyse fragt nicht nach dem fachlichen Hintergrund und auch nicht nach den vergangenen Leistungen. Sie schaut nur, wie sich der Bewerber in unbekanntem Terrain unter fremden Leuten „schlägt". Die besten Schauspieler, die mich in der ersten Übung des Assessments so schwer seelisch auf Grund gesetzt hatten, wurden übrigens nicht befördert. Sie hatten es bestimmt zu stümperhaft und zu offensichtlich angestellt. Auch die Körpersprache des sicheren Flipchart-Schreibers muss ja ein bisschen geübt werden. Man sieht ja, ob ihn Verantwortungsgefühl nach vorne trieb oder Dominanzehrgeiz.

Es bliebt aber irgendwie die Erkenntnis zurück, dass man im Management ganz allgemein in allen Firmen in allen Assessment-Centers nach Potential ausgewählt wird und nicht nach Leistung oder Können. Das spielt allenfalls bei der Entscheidung eine Rolle, jemanden überhaupt zur Potentialanalyse zu schicken. Kurz: Man wird nach Leistung bezahlt, aber nach Potential befördert. Deshalb kommt es auf Leistung nicht so sehr an! Das aber denken Informatiker fast allgemein! Da arbeiten sie fast alle in die falsche Richtung! Und werden nicht befördert!

Ich erinnere mich an einen begnadeten Programmierer, der wutschnaubend aus einem Kurzassessment von zwei Stunden herausgelaufen kam. „Sie haben eine volle Stunde nach meinen Verhaltensweisen und Führungsphilosophien gefragt und was ich für meinen eigenen Stil halte. Da bin ich total sauer geworden und habe sie gefragt, ob sie mich reinlegen wollen, indem sie nur etwas fragen, von dem sie wissen, dass ich mich nicht dafür interessiere. Ich habe sie ultimativ aufgefordert, endlich etwas über JAVA zu fragen, da bin ich der einsame Meister. Da haben sie sich zugenickt und die Befragung für beendet erklärt. Sie wollen einfach nichts über JAVA fragen. Und warum nicht? Ich wette, sie haben keine Ahnung von JAVA. Und dann erdreisten sie sich, über mich urteilen zu wollen. Ich werde mich beschweren."

## Wie zeige ich Potential?

Wenn nun die Leistung für die Karriere nicht unbedingt viel nützt, muss man doch konsequent anfangen, das eigene Potential zu zeigen. Aber wie? Ich habe in den Büchern nur gefunden, woran man Potential erkennt: Zum Beispiel an der Initiative, an der Durchsetzungsstärke und der Körpersprache.

Ich denke, man muss viel besser herausfinden, wie man aktiv Potential zeigt! Oder wie man offenbart, dass man keines hat, indem man zum Beispiel beim Dinner begeistert über Feinheiten von JAVA redet. Dabei sieht man doch auf allen Konferenzen, wie sich Leute hinstellen und sich erfolgreich geben. (Man sagt nicht hinstellen, sondern positionieren. Man sagt nicht erfolgreich geben, sondern präsentieren. Man sagt präsentieren und meint sich präsentieren.)

Auf Konferenzen brillieren die Besten mit einem relativ eingeschränkten Vokabular. Sie sagen alle dieselben Sätze: „Unsere Firma wird gestärkt aus der Krise hervorgehen. Wir sehen die Krise als Chance an, die Mitbewerber vernichtend zu schlagen. Wir sind gut aufgestellt. Wir haben die richtigen Entscheidungen getroffen. Die Richtung stimmt. Wir werden sehr kurzfristig ernten." Ich habe neulich beim Wein einen Vorstandsvorsitzenden gefragt, ob er daran glaubt. Er lachte fröhlich mit so einem Blick, der ein nettes Schulterklopfen ersetzt, und sagte: „Was soll ich sonst sagen?" Tja, das war eine gute Antwort. Das Vokabular ist deshalb so eingeschränkt, weil es kaum andere Sätze gibt, mit denen man Potential zeigen kann!

Im Grunde gibt es also eine Menge standardisierter Sätze für alle Gelegenheiten, mit denen man Potential zeigt. Sie sind die Analoga zu „Darf ich die Diskussion eröffnen?" oder „Ich möchte zur Uhr schauen und anregen, zum Punkt zu kommen." Diese Sätze könnte man wie ein Schauspieler auswendig lernen, oder? Damit wäre doch das Problem der steilen Karriere vollkommen gelöst?

Nein, nicht ganz. Die große Frage ist, ob diese Sätze allein schon hinreichend sind, andere Menschen das tun zu lassen, was man als Manager von ihnen verlangt. Im Assessment-Center reicht das, weil die Leute vor den Beobachtern relativ zahm sind und sich ordentlich benehmen. Im ernsten Leben muss noch mehr Durchsetzungskraft hinter die auswendig gelernten Sätze. Man muss wohl viel lauter werden oder aggressiver! Oder mit dem kompletten Ausflippen bei Widerspruch drohen? Oder schneidend hart wie ein schmallippiger Controller das Neinsagen üben.

Da brachte mich die Beobachtung eines eisigen Familiendramas zu einer blitzartigen Erkenntnis. Die war so stark, dass ich in der Folgezeit ein ganzes Buch darüber verfasste, wie man einen Manager spielen kann! Mit den folgenden Sätzen beginnt mein im Sommer erschienenes Werk *Direkt-Karriere*.

*Das Kind schreit wie am Spieß. Es will ein zweites Eis essen. Die Eltern schwitzen unter den kritisch-höhnischen Blicken der Zuschauer des Dramas. Sie schämen sich und versuchen, sich als gute Erzieher zu präsentieren. Gute Gründe werden ins Feld geführt. Die Gesundheit, die finanzielle Lage der Familie und die Notwendigkeit von Regeln zur Erhaltung der Menschheit werden ausgiebig ausgebreitet. Das Kind schreit wie am Spieß. Es scheint jetzt, dass das Kind wohl wahrhaft überschnappt und möglicherweise Schaden nimmt. Die Mutter bekommt Angst. Ihr Blick flackert unentschlossen. Der Vater will zuschlagen, was er aber vor den vielen Leuten absolut nicht tun darf. Die Angst der Mutter steigt schnell. Sie weiß, dass sie allein noch rational denken kann. Sie allein wird die Entscheidung treffen, sie wird für dieses eine Mal die heiligen Regeln der Familie brechen, sie wird für dieses eine Mal von allen ehernen Grundsätzen abzurücken. Eine Notlage! Eine Ausnahme muss gefunden werden! Todesmutig geht sie zum Kiosk und kauft ein zweites Eis, ein kleines. Das Kind schaut kurz hinüber und schreit lauter, viel lauter und ganz schrill. Da nimmt sie das große Eis und gibt es dem Kind.*

*Es isst unter trocknenden Tränen, tritt noch kurz nach seinem grimmig-ohnmächtigen Vater. Die Leute tuscheln über das Unerhörte. Eine Ehekrise bahnt sich an. „Ich werde mich nicht so einfach von einem Winzling beherrschen lassen!", brüllt der Vater die Mutter an – und die flüstert bittend: „So beherrsche dich doch, Spatzilein! Du vergisst dich! Du musst ein Vorbild sein!"*

Das Kind bekommt ganz direkt, was es will. Verstehen Sie? Es hatte kein Recht auf das zweite Eis, es geht ganz unverschämt vor, begründet nichts. Es bekommt seinen Willen, weil der Terror größer ist als alle Kosten für ein Eis. Die Kraft des Schreiens ist weit stärker als die Wut im Vater, der sie mühsam hinunterschlucken muss. Niemand liebt das Kind, keiner hat Verständnis für sein unmögliches Verhalten. Die Umstehenden verachten den Vater, weil er das Kind nicht im Griff hat. Die Mutter erscheint allen schwach. Die Eltern sind offenbar sehr schlecht in der Erziehung. Sie haben das Kind verwöhnt und erhalten letztlich nur die Quittung in Form von wütender vollständiger Ohnmacht. Eigentlich sind die Eltern schuld. Das arme Kind ist mit solchen Eltern geschlagen.

Als ich das beobachtete, wusste ich, dass das Kind ein riesiges Potential hat. Wenn es groß wäre, würde es statt des zweiten Eises einfach hundert Prozent Mehrleistung verlangen und sie auch bekommen. Es würde absolut nicht geliebt werden, bestimmt nicht. Aber es würde Wirkung zeigen! Und wenn es mal im Büro eine Weile nicht kommandieren würde und fände, es müsste jetzt doch geliebt werden, riefe es Mitarbeiter einzeln herein und würde fragen: „Lieben Sie mich?" Und alle Mitarbeiter würden nicken.

Wie zeigen denn Kinder Potential? Sie können die zickige Prinzessin auf der Erbse spielen. Das ist eine gute Strategie. Später: „Die Folien sind mir zu gewöhnlich. Machen sie neue, bitte. Sie haben keinen Geschmack. Ersetzen Sie Ihren oder ich ersetze Sie."

Sie können mit striktem Beharren auf Regeln beeindrucken: „Ich will in den Zirkus, du hast es versprochen." – „Es gab keine Karten mehr." – „Du hast es versprochen." Später: „Sie haben zwanzig Prozent Wachstum committed." – „Finanzkrise." – „Glauben Sie, das ist originell? Das sagt jeder."

Kinder neigen zu Forderungen: „Ich will Baggerfahrer werden, kauf mir einen Bagger, Papa." – „Ich bin nur kleiner Angestellter. Das kann ich nicht." – „Warum gehst du nicht Geld verdienen? Du sagst mir immer, ich muss das später auch tun."

Kinder nötigen durch Weinen. „Meine Puppe ist kaputt." Das zwingt Eltern zum Handeln.

Na, ich weiß nicht, ob Weinen über das Quartalsergebnis die Mitarbeiter so richtig anspornt. Aber viele Verhaltensweisen von zickigen, störrischen oder eigensinnigen Kindern scheinen gut brauchbar, um Potential zu zeigen, dachte ich bei mir.


## Neurosetestwerte im Senior Management

Dann erinnerte ich mich plötzlich an eine psychologische Studie. Ich kramte im Hirn und auf der Festplatte. Ich fand das pdf und sah, dass es auch schon lange Artikel bei Wikipedia gibt. Ist schon Jahre her, dass es mal in der Zeitung stand.

2005 veröffentlichten Belinda Jane Board, und Katarina Fritzon die Ergebnisse einer heute weltbekannten Studie (*Disordered personalities at work*. Psychology, Crime and Law, 11, 17–32). Sie interviewten 39 hochrangige Executives von britischen Firmen und führten mit ihnen Persönlichkeitstests durch. Sie verglichen die „Neurosewerte" dieser Top-Manager mit denselben Werten von geistig Kranken, Menschen mit psychopathischer Persönlichkeitsstörung und von Patienten in klinischer psychiatrischer Behandlung.

Die Tests bezogen sich auf 11 verschiedene Merkmale oder Neurosen, die man normalerweise in der Psychologie als Persönlichkeitsstörungen unterscheidet: Histrionisch („Theatralische Persönlichkeit", früher sagte man hysterisch), narzisstisch, zwanghaft, antisozial, abhängig, borderline, passiv-aggressiv, paranoid, schizotypisch, schizoid, vermeidend.

Was kam heraus? Die Executives toppten alle in den Werten für „histrionic" und zogen bei „zwanghaft" und „narzisstisch" mit den klinischen Patienten in etwa gleichauf. Sie waren dagegen wenig abhängig oder passiv-aggressiv, aber das ist ja klar. Zu Ihrer Wissensauffrischung:

- Zwanghafte Persönlichkeitsstörung: Suchtartiger Perfektionismus, extreme Hingabe an Arbeit, Rigidität, Sturheit, Härte, Unbeugsamkeit, Hang zu diktatorischem Verhalten.
- Histrionische Persönlichkeitsstörung: Unaufrichtigkeit, oberflächlich-flüchtiger Charme, Egozentrizität, Manipulativität – steht am liebsten immer im Zentrum der Aufmerksamkeit, braucht viel Applaus.
- Narzisstische Persönlichkeitsstörung: Grandioses Auftreten, Selbstbezogenheit, Fehlen von Empathie für andere und ausbeuterisches Verhalten.

Board und Fritzon denken in ihrer Studie über Erklärungen nach und schließen aus den Ergebnissen: Die Business Manager sind für sie *erfolgreiche* Psychopathen und die Kranken oder „Eingewiesenen" eben erfolglose Psychopathen. Top-Manager könnten in der Lage sein, neurotische Urkräfte für ihre Karriere nutzbar zu machen, so Board und Fritzon. Die Kräfte, die normale Menschen in Konflikt mit Gesellschaft und Gesetzen bringen, bändigen Manager in nützlicher Weise für ihren eigenen Erfolg.

Das ist meine kurze Zusammenfassung der Studie. Wahnsinn, was? Es passt genau mit dem Kind zusammen, das ein zweites Eis will. Ich zum Beispiel hatte eine sehr strenge Mutter mit klaren Regeln, die sie zu ihrem Vorteil zu ändern imstande war. Ich hätte mir nie getraut, nach Eis zu schreien oder überhaupt zu schreien. Es gibt die Legende, dass ich ein paar Mal als Neugeborener nicht durchschlafen konnte und „aus Langeweile" oder aus uneinsichtiger „Unnützigkeit" in der Nacht schrie. Das wurde schnell abgestellt, erzählte man mir nicht ohne Stolz, und ich wusste, was ich aufzuarbeiten hatte.

Verzeihung, das war eine Abschweifung. Zurück: Ist die Idee nicht toll, das Schauspielen erfolgreicher Sätze mit dem Willensturbo einer ebenso vorgespielten Neurose zu einer unschlagbaren Kombination zu verbinden?

Da hatte ich die Idee der einzigen und wahren Blitzkarrieremethode! Eine grandiose und Epoche machende Theorie stieg in mir auf:

## Neurotic Leadership Programming

Um direkt ohne Umwege über Leistung befördert zu werden, müssen wir Potential in der richtigen Art und Weise vorspielen und uns die nötigen neurotischen Triebkräfte zunutze machen. Ich propagiere, die Triebkräfte in Treibkräfte umzusetzen.

Ein Beispiel: Zwanghafte haben die Sucht, bestimmte Handlungen wie unter Zwang immer wieder und wieder ausführen zu müssen. Sie tun das aus bestimmten starken Ängsten heraus, die den Willen des Zwanghaften ausschalten. Die Ängste übernehmen die Herrschaft und wirken wie ein Trieb. Diese Triebkraft muss nun studiert und in eine Treibkraft umgewandelt werden.

Als Controller könnte ich zum Beispiel nur so tun, als müsste ich zwanghaft die Zahlen in der richtigen vorgeschrieben Art und Weise immer so und genau so zur Verfügung haben. Damit zeige ich den Mitarbeitern gnadenlose Unerbittlichkeit, die quasi turmhoch sogar über meinem eigenen Willen steht. Es gibt dann für die Mitarbeiter keine Möglichkeit mehr, an meine Vernunft oder an meinen gesunden Menschenverstand zu appellieren. Nein, die Zahlen selbst wollen gewollt werden. Zahlen oder stirb!

Begreifen Sie langsam das Bestechende dieses Gedankens? Und mir fiel natürlich sofort auf, dass man mit Zwanghaftigkeit nicht immer und überall befördert wird. Man muss sich wahrscheinlich, so dachte ich, in verschiedene Neurosen hineindenken, die jeweils in verschiedenen Situationen angewandt werden können. Kurz: Man wird über einige wenige verschiedene so genannte Führungsstile verfügen müssen, die dann auf entsprechenden Neurosen basieren.

Ich überlegte. Nicht so lange, wie Sie vielleicht denken – nein, eine weiterer Gedankenblitz enthüllte sofort, dass man auf verschiedenen Managementebenen jeweils ganz anders Potential vorspielen muss. Zwanghaftigkeit eignet sich ja nur für Personaler, Controller, Hauptabteilungsleiter und andere mittlere Manager. Nur für mittlere! Unten und oben sollte man anders spielen. Ich will Sie nicht so lange auf die Folter spannen, mein endgültiger wohl erwogener Rat sieht so aus:

1. *Unteres Management* (finster entschlossen ein möglichst einfaches Ziel anstreben, am besten ein offensichtlich unerreichbares; Treibkraft: Hyperaggression)
2. *Mittleres Management* (alles nach Zahlen gleichschalten, wie besessen kontrollieren und alle Unterstützungsbitten erst einmal mehrfach ablehnen; Treibkraft: Zwanghaftigkeit)
3. *Oberes Management* (ständig über Wandel reden und ihn dadurch vortäuschen; Treibkraft: Hysterie, Histrionie, Theatralik)
4. *Boss* (hochfliegende Pläne verkünden und das Unternehmen aufs Spiel setzen; Treibkraft: Narzissmus, Manie)

So sieht die schnellste Karriere aus: Sie spielen nacheinander in den Stufen die entsprechenden Neurosen und nutzen sie als Treibkraft! Fertig!

Das sieht sehr leicht aus, ist aber nur leicht, nicht sehr leicht. Sie könnten ohne den folgenden Hinweis leicht scheitern: Der Übergang zwischen den Stufen ist jeweils relativ radikal. Zuerst sind Sie ein hyperaggressiver Antreiber Ihrer Abteilung. Das gibt Reibungshitze und Feuer unter allen Hintern. Danach aber müssen Sie eisigste Zwanghaftigkeit und sture Unveränderbarkeit vorspielen. Das ist so etwas wie das Gegenteil der ersten Rolle. Beim weiteren Aufstieg wechseln sie auf Hysterie. Zwanghafte werden ganz ausfallend, wenn sich etwas ändern soll. Hysteriker aber flippen vor Langeweile aus, wenn sich nichts verändert. Das ist wieder ein harter Schnitt. Diese Härte müssen Sie verstehen. Dann aber steht Ihrer Laufbahn nichts mehr im Wege!

Für Kenner von Karrierebüchern (haben Sie damit eine gemacht oder nur davon träumend gelesen?) sei auf der Peter-Prinzip hingewiesen. Das besagt, dass „man so lange befördert wird, bis man mit der Arbeit überfordert ist", dass deshalb „fast alle Manager unfähig sind". Die Einsichten, die uns Neurotic Leadership Programming vermittelt, sind glasklarer als das ganz verwaschene Peter-Prinzip: Die Manager straucheln in Ihrer Laufbahn deshalb, weil sie vergessen, die jeweils neue, jetzt angesagte Neurose zu spielen. Viele Manager werden als Zwanghafte oder Hysteriker so irre gut, dass sie nicht mehr aus der Rolle kommen und dann in der höheren Position von der Rolle sind. Irre, was? Sie dürfen sich nicht zu sehr hineinsteigern! Verbannen Sie auch deshalb Ihr ursprüngliches Ich nicht zur sehr aus dem Darsteller, weil Sie vielleicht doch einmal in Pension gehen.

## Vorsicht, Satire! Oder nicht?

Mit den letzten Sätzen bin ich vom Stil her schon in die Nähe von Aprilscherzkolumnen gekommen, die ich für mein Leben gerne schreibe. Die letzte habe ich für XXX geschrieben, die ist abgelehnt worden, weil sie zwar überdreht skurril war, aber für wahr gehalten werden MÜSSTE, nicht nur könnte.

Ich habe also aus meiner Idee des Neurotic Leadership Programming ein ganzes Buch gemacht. Tenor: Es gibt Millionen Bücher über Karriere, die allen einen furchtbaren Fehler haben. Sie gehen davon aus, dass man Erfolg im Leistungssinne haben müsste. Diese Bücher empfehlen deshalb immer wieder ein ganz neues Erfolgsrezept und bringen es Ihnen bei. Dann haben Sie Erfolg und werden wegen Ihrer Leistungen befördert. Fallen Sie nie mehr auf solche Bücher herein! Die werden bestimmt von den Personalabteilungen gesponsort, weil die natürlich wollen, dass Sie etwas leisten, während Sie eigentlich nur befördert werden wollen. Mein Buch ist das erste, das auf Ihrer Seite steht!

Jetzt sagen die meisten Rezensionen, dass man die Ironie des Buches leicht überliest, weil meine Argumentationsführung im Buch so stringent sei. Man vergesse oft beim Lesen, dass ich eigentlich unmöglich schlechtes Management kritisieren wolle. Ich fand auch schon in einem Blog die Aussage, dass – Satire hin und her – meine Ratschläge wohl die allererfolgreichsten sein könnten, die es zu diesem Thema gibt! Ach ja, und gerade heute beim Abgeben dieser Kolumne erscheinen bei Amazon Rezensionen, die an meinen Rezepten bemängeln, zu wenig Sehnsucht nach guter Arbeit zu wecken! Hoffentlich schreiben auch mal ab und zu Menschen, die Satire verstehen. Oder ist Lachen über Karriere etwas, was in unserer Erwartungswelt nicht vorstellbar ist?

Uiiih, das dacht ich nicht und das wollte ich nicht. Ich dachte, dass Sie das Buch Ihrem Chef schenken oder so. Ich wollte etwas über die Probleme sagen, die Frauen beim Befördern haben und ihnen helfen! (Besonders Frauen nutzen zu sehr den gesunden Menschenverstand, also dass man gut arbeiten müsste, um befördert zu werden. Sie neigen nicht zur Neurotic Leadership Programming und liegen bei der Karriere einfach von ihrem normalen Charakter her viel eher daneben als Männer – sie brauchen deshalb meine Theorie unbedingt als Lebenshilfe.) Ich wollte Informatikern helfen, endlich zu verstehen, wie Beförderungen zustande kommen, damit sie die Führungsentscheidungen nicht immer verrückt finden müssen!

Schlägt nun alles nach hinten aus? Werden nun alle nur Potential vorspielen und sich gegenseitig übertrumpfen? Habe ich das Ende der Arbeit eingeläutet? Das würde ich bedauern und mein Tun bereuen. Hey, Sie sollen doch arbeiten, wenn ich in Rente bin! Ich brauche Sie!

# Kapitel 15
# Das Erhabene, die Sterne und die Informatik

Bei Astronomie denke ich immer an das Unendliche. Sie tun das bestimmt auch. Ich schaue in die Sterne und habe große Ehrfurcht vor dem Rest, den ich nicht sehe. Es ist schwer für mich, ganz konkret nur in die Sterne zuschauen, weil sie ja doch nur so langweilige Wasserstoffkugeln sind – nichts Besonderes, nur sehr groß und sehr heiß. Aber außer dem Wasserstoff gibt es so vieles Grundsätzliches zu verstehen! Die Astronomen versuchen mehr und mehr mit Informatik, noch tiefer zu dringen, aber ich hoffe eigentlich, dass sie das Grundsätzliche nicht wirklich finden.

## Das Erhabene, das Schöne und das Große

Meine Frau arbeitet am Max-Planck-Institut für Astronomie oben auf dem Königstuhl über dem Heidelberger Schloss. Das Institut veranstaltet erstaunlich oft einen Tag der offenen Tür oder Ähnliches, neulich wieder im Sommer – ich war bei herrlichem Wetter dabei. Draußen gab es T-Shirts und Plakate mit farbigen Galaxien, auch zu essen und zu spielen. Und drinnen hingen überall Bilder, da wurden Schaustücke erklärt und Vorträge gehalten. Niemand war laut, die vielen Kinder rannten keinesfalls lachend durch das Treppenhaus. Die Stimmung war ernst, konzentriert und stark interessiert – wie staunend. Das muss das Erhabene des Weltalls sein, dass mich auch oft erfasst.

Und natürlich blitzt sofort die Assoziation zu Immanuel Kant auf, der alles in erhabene Worte fasste: „Zwei Dinge erfüllen das Gemüt mit immer neuer und zunehmender Bewunderung und Ehrfurcht, je älter und anhaltender sich das Nachdenken damit beschäftigt: der gestirnte Himmel über mir und das moralische Gesetz in mir."

Bei Informatik ist das irgendwie anders, oder? Und in der Mathematik auch. Dort ist nie dieser heilige Schauer zu spüren, wohl aber immer wieder das Gefühl überirdischer Schönheit – für die man allerdings oft einen speziellen Sinn braucht.

Welchen Sinn „befriedigt" Informatik? Hat sie je darüber nachgedacht? Ist es das Meisterhafte, das wir im Technikmuseum bewundern – oder vorausahnend auf der CeBIT? Oder das Große unsere Zukunft, die dank Informatik entsteht?

Ach ja, Sie werden vielleicht denken, solche mehr philosophischen Fragen seien ohne Belang. Denken Sie das wirklich? Auch gut. Dann sehen Sie es eben kurz einmal banal ökonomisch: Die Astronomen sind nur bedingt nützlich für die Gesellschaft, aber sie bekommen Milliarden für Weltraumteleskope und noch mehr Milliarden bekommt die

G. Dueck, *Dueck's Jahrmarkt der Futuristik,*
DOI 10.1007/978-3-642-55371-4_15, © Springer-Verlag Berlin Heidelberg 2014

irdische Verwandte der Astronomie, die Raumfahrt... Sehen Sie? Philosophische Fragen haben sehr viel mit hart materiellen Elementen zu tun, wie zum Beispiel dem Image einer Wissenschaft oder mit den Ideen, die sie im Menschen assoziiert...


## Das Erhabene der Sterne

Vom Erhabenen als solchem erfahren wir in der Schule von Kant („Kritik der Urteilskraft") oder von Schiller („Über das Erhabene – zur weitern Ausführung einiger Kantischer Ideen"). Das Erhabene nehmen wir als etwas Hohes, Großes, Unerreichbares wahr. Es ist wie heilig und unermesslich. Kant unterscheidet das Erhabene vom Schönen. Schönheit ist nach Kant von einem (Geschmacks-) Urteil abhängig. „Ich finde etwas schön." Das Erhabene aber wirkt in uns ganz unabhängig von einer Sinneswahrnehmung, ja, sogar gegen sie. Schiller beginnt seine Schrift so:

> *Erhaben* nennen wir ein Objekt, bei dessen Vorstellung unsre sinnliche Natur ihre Schranken, unsre vernünftige Natur aber ihre Überlegenheit, ihre Freiheit von Schranken fühlt; gegen das wir also *physisch* den kürzern ziehen, über welches wir uns aber *moralisch*, d. i. durch Ideen erheben. Nur als Sinnenwesen sind wir abhängig, als Vernunftwesen sind wir frei.

Kant erklärt Objekte für erhaben, die erhabene Ideen im wahrnehmenden Subjekt erwecken oder hervorrufen.

Und jetzt sollte klar sein, egal in welcher speziellen Auslegung des Erhabenen: Die Sterne sind erhaben. Deshalb sehe ich in die Sterne als sinnlicher Mensch – aber in mir werden erhabene Ideen wach, die weit weg von Helium und Wasserstoff kreisen, sehr viel höher und unendlich fern.

Und ich denke mir, dass die Astronomie durch die ständige Beschäftigung mit etwas Erhabenen dieses Erhabene teilweise erbt oder in sich enthält. Und wenn die Astronomen astronomische Fördergelder bekommen, dann liegt darin eine Verbeugung aller Menschen vor der Erhabenheit ihres Gegenstandes. Sterne rufen erhabene Ideen in uns Menschen hervor, und uns ist eine Wissenschaft heilig, die neben der Erforschung der Welt immer wieder diese großen Ideen wach hält.

Diese Ideen klingen so: „Himmel ist Unendlichkeit und Weite, die ich auch im menschlichen Geiste empfinde." – „Der Himmel ist wie eine Kuppel über mir und gibt mir Geborgenheit und ein Dach, er schützt mich vor der mich verstörenden Unendlichkeit." – „Wenn ich in der Nacht in die Sterne sehe, fühle ich Angst und Einsamkeit – ich sehe, wie klein ich bin und wie allein. Ich rufe Gott. Ist jemand da?"

Das sind ganz verschiedene Ideen, aber alles unermessliche und erhabene Ideen. Jeder hat andere. Jeder spürt das Erhabene verschieden. Und genau das erklärt ja auch Schiller: Wir spüren das Weite des Geistes und das eng Begrenzte unserer Natur, der eine von uns fühlt mehr die Unendlichkeit, der andere mehr die eigene Endlichkeit.

Verstehen Sie, dass Astronomie nicht nur Naturwissenschaft ist? Das etwas Erhabenes in ihr schlummert? Deshalb gibt es wohl auch das Kind der Astronomie, die Astrologie. Sie ist die Lehre, die aus der mathematischen Erfassung der Örter und Bewegungen der Himmelskörper sowie orts- und zeitabhängiger Koordinatenschnittpunkte Schlüsse zur Beurteilung von irdischen Gegebenheiten und deren Entwicklung zieht (Wäre schön, sie lieferte Schlüsse, leider zieht sie nur welche). Astrologie macht aus erhabenen Ideen mehr oder weniger nützliche. Dann sagen Menschen vielleicht: „Mir machen die Sterne Mut im Alltag, mit meinen Sorgen fertig zu werden. Sie deuten mir den richtigen Weg."

## Das Schöne oder Vollkommene der Mathematik

Mathematische Zusammenhänge werden von Mathematikern oft als „schön" empfunden. Die berühmten Formeln „e gleich m mal c zum Quadrat" oder „e hoch i mal pi gleich minus eins" trägt man fashionable auf T-Shirts!

Ich selbst habe ein Jahrzehnt in der Informationstheorie gearbeitet. Dort rankt sich alles um den zentralen Lehrsatz vom Theoriebegründer Claude E. Shannon, das man über einen gestörten Übertragungskanal maximal etwa „2 hoch n mal C" verschiedene Nachrichten senden könnte (C steht für „capacity"). Mein Doktorvater R. Ahlswede und ich dachten 1986 über Identifikationsprobleme nach – wie finde ich heraus, ob so etwas wie Alarm gegeben werden muss? Wir wollten gar nicht decodieren, was die Nachricht enthielt. Wir wollten nur wissen, ob „etwas los ist oder nicht", so wie man beim Lotto nicht die Zahlen lesen will, sondern nur kurz hinschaut und „wieder verloren" murmelt. Wir fanden die Lösung! Und? Tusch! Es kam heraus, dass man „2 hoch 2 hoch n mal C" viele unterscheiden kann.

Sie sollen jetzt nicht die Theorie verstehen, sondern nur mitfühlen, wie uns beim Forschen zumute war. Es war irgendwann klar, dass die Antwort wie „2 hoch 2 hoch irgendwas" lauten müsste. Als uns dann aber dämmerte, dass es wirklich und wahrhaftig wiederum „n mal C" sein würde wie im Shannonschen Hauptsatz, da jubelte unser Herz. Es war ein tiefes Gefühl reiner Freude im Angesicht der Vollkommenheit. Andere Mathematiker kommentierten den neuen Lehrsatz dann auch wie ein ästhetisches Ereignis von Rang. Die Arbeit wurde ausgezeichnet – die Schönheit des Satzes spielte dabei bestimmt eine Rolle. Unabhängig vom Erkenntniswert des Lehrsatzes waren wir immer stolz, etwas wahrhaft Schönes „erschaffen" zu haben.

Das Erhabene erweckt erhabene oder „heilige" Ideen in uns, die uns heben und erschauern – aber das Schöne der Mathematik lässt uns freudvoll das Gefühl der Vollkommenheit erleben. Deshalb ist Mathematik nicht nur eine Wissenschaft oder „Naturwissenschaft", sie ist auch ein Feld der Schönheit.

Das wird uns Mathematikern von den normalen Menschen oft übel genommen, die nur das Nützliche in der Mathematik zu schätzen bereit sind. Das Schöne, so Aristoteles, ist das über das bloß Nützliche Hinausgehende. Wir Mathematiker lieben dieses Schöne, aber wir bedauern, dass normale Menschen nur sehr bedingt mit uns mitfühlen und uns nur mittelbar mit staunender Hochachtung begegnen. Ach, für die Astronomen stellt es sich direkter dar. Normale Menschen werden eben vom Erhabenen unmittelbar erfasst, während sie für die Schönheit eine Urteilskraft im Fach haben müssen.

Natürlich ist die Mathematik immer auch Hilfswissenschaft für andere Disziplinen, die sich ihrer als Werkzeugkasten bedienen – manchmal so sehr (wie in Psychologie oder in der Volkswirtschaftslehre), dass sie dort zum künstlich objektivierendem Selbstzweck wird und den Kern der Wissenschaft selbst überschattet. Hier ist die Mathematik von Nutzen und die Schönheit spielt eine sehr kümmerliche Rolle. Aber die Wissenschaft Mathematik also solche hat immer die Hochachtung des normalen Menschen. Mathematik ist selbst nicht vollkommen, auch ihre Theorien sind das nicht. Aber das Verstehen der mathematischen Sätze ruft in uns die Idee der Vollkommenheit hervor. Das geschieht sogar im normalen Menschen, der die Schönheit oder Vollkommenheit nicht so körperlich erleben kann wie der Mathematiker.

## Was ist die Informatik über sich selbst hinaus?

Es gibt erhabene Momente, bei denen Computer eine Rolle spielen! Das Buch *Also sprach Golem* von Stanislav Lem enthält solche (wenn ich mich recht erinnere – lange her, dass ich's las!). Aber besonders berührt hat mich Stanley Kubricks Film *2001 – Odyssee im Weltraum*, in dem der Computer HAL (= IBM − 111) plötzlich menschliche Züge zeigt und die Herrschaft behalten will. Dieser Film ist für mich erhaben, er ruft in mir unermessliche Ideen hervor. Der schwarze Stein, die Affen, die sphärische Musik von Ligeti und die gewaltige Symphonik von Richard Strauss, der verstörende Schluss – zusammen: erhaben. Schauen Sie auch einmal in die Gesichter, wenn Forscher von IBM ihnen zeigen, wie sie einzelne Atome hin und herbewegen können und daraus Computerschaltungen entwickeln! Man sieht förmlich, wie sich auf den Gesichtern Ehrfurcht und das Erhabene abzeichnet.

Aber sonst? Irgendwie müssen wir die Informatik auch zu etwas machen, was sie über sich selbst hinaus hebt, oder? Sie sollte doch mehr sein als nur nützlich oder bedrohlich. Informatik ist für den normalen Menschen (noch?) zu ambivalent.

Kant schreibt: „So kann der weite, durch Stürme empörte Ozean nicht erhaben genannt werden. Sein Anblick ist grässlich; und man muss das Gemüt schon mit mancherlei Ideen angefüllt haben, wenn es durch eine solche Anschauung zu einem Gefühl gestimmt werden soll, welches selbst erhaben ist."

Die Informatik wird immer noch wie so ein Sturm über der See wahrgenommen. Als ich etwa 1985 an der Universität Bielefeld die ersten Informatik-Anfängervorlesungen hielt, gab es fast so etwas wie Demonstrationen gegen das Fach. Studenten prophezeiten Massenarbeitslosigkeit bis hin zum echten Weltende durch die amerikanischen Raketenpläne für den Weltraum („SDI"). Heute erleben wir, wie das Internet ganz im Gegenteil die Welt zu einem einzigen Volk zusammenbindet. Es gibt noch Unruhen, weil sich jetzt (jetzt erst, nicht in den 90ern) die Gleichgewichte in den Weltvermögensverhältnissen verschieben („Globalisierung"), aber im Grunde wird die Welt jetzt besser und friedlicher und bald auch reicher – dank Informatik. Können Sie dem schon zustimmen?

Oder ist Ihnen die Informatik in ihren Auswirkungen auch noch mehr wie ein aufgewühlter Ozean und ganz und gar nicht wie ein lichtblaues Korallenriff?

Warum schaffen wir es nicht, dass sich bei der Nennung des Wortes Informatik in den Gesichtern etwas abzeichnet wie bei der Nennung von „Astronomie"? Natürlich ist die Wissenschaft der Informatik noch ganz neu – wie auch etwa die Gentechnologie. Deshalb wird sie mit gewissen Vorbehalten gesehen. Alle Zeitungen sind voll von Schilderungen der Gefahren, die von Datenmissbrauch und insbesondere von RFIDs oder Überwachungskameras ausgehen, von Globalisierungsfolgen und den Arbeitsrivalen im indischen Wohnzimmer.

Wo bleibt das ungeteilt Positive? Natürlich funktioniert heute so gut wie nichts mehr ohne Informatik – das weiß jeder. Aber man begrüßt es nicht mit vollem Herzen. Natürlich ist Informatik eine bedeutende Hilfe in allen Wissenschaften, zum Beispiel in der Astronomie. Dort hilft die Informatik, das Weltall besser und genauer zu sehen, besser und genauer sichtbar zu machen und durch „number crunching" Analysen die Zusammenhänge im Weltall viel besser zu erkunden und zu verstehen. An dieser Stelle ist Informatik zwar wichtig, aber „sie hilft lediglich, die Sterne zu sehen". Wenn ich aber die Sterne sehe, erschauere ich in Ehrfurcht vor dem, was ich *nicht* sehe. Das Erhabene der Astronomie ist trotz aller Erkenntnisse und aller Informatik immer das noch Unendliche und Unermessliche. Das wird dank Informatik zwar geringer, aber nicht viel, oder? Natürlich ist es vorstellbar, dass so etwas wie ein Darwin über die Welt der Sterne kommt und mit einer als geistig niedrig empfundenen Theorie das Erhabene ganz weltlich vernichtet. Weil Darwin das dem Erhabenen des Menschlichen antat, sind heute noch so viele Gegner seiner Theorie im steten Abwehrkampf militant! Darwin raubte der Biologie das Erhabene. Solange es aber in den Sternen keinen Darwin-Sinn-Gau gibt, bleibt Astronomie immer Astronomie, trotz aller Informatik. Das Erhabene der Astronomie oder das Schöne der Mathematik liegt einfach im Gegenstand dieser Wissenschaften.

Was aber ist das ungeteilt Faszinierende an der Informatik? Die große Zukunft, denke ich.

Was aber ist das, eine große Zukunft? Ich versuche eine Erklärung in der Art von Immanuel Kant:

Wenn der Mensch das Bild einer großen Zukunft schaut, ruft es in ihm Ideen des Friedens, eines guten Lebens, der Zuversicht und eine hohen Kultur hervor.


## Informatik baut die Grundstruktur eines neuen Zeitalters

Informatik bringt eine technologische Revolution hevor, ein neues Zeitalter bricht an. Das wird dauernd gesagt, aber nicht sehnend gefühlt.

- Informatik baut ein „Betriebssystem" für die zukünftige Welt
- Das Internet wird zu einem gigantischen Roboter im Netz
- Informatik erweitert den Geist des Menschen bei jeder Forschung
- Das Internet wird zum kollektiven Weltbewusstsein
- Das Internet kultiviert die Welt und vereinigt die Menschen

Klingt das nicht gut? Warum zählen wir immer nur Gefahren auf? Die Bürger fürchten nur noch ein paar Jahre, dass Computer das unter den Teppich Gekehrte hervorholen – man merkt ja bald, dass sie bei der Steuer schummeln und viel zu oft zum Arzt gehen, um sich für jedes Wehweh eine vierte Meinung zu holen, bis ein Arzt ihre Eigendiagnose akzeptiert. Ja, und neuerdings erfährt man, dass sich Personaler wirklich Personen im Netz anschauen, wen sie da einstellen, und sich nicht einfach an die gestylte Akte klammern! Und die Piratenpartei jammert über Internet-Zensur!

Alles nur Begleiterscheinungen des Kulturwandels zum Besseren! Früher sind genug DDR-Bürger wegen ARD/ZDF-Anschauens ins Gefängnis gewandert, aber das Fernsehen hat doch letztlich maßgeblich mit die Mauer geschleift?! Das wird das Internet mit den restlichen Weltmauern auch tun – und natürlich wehren sich die Verschanzten! Na und?

Wir gehen in eine friedlichere Welt! Die Vernetzung wird so groß, dass jedes Husten im Netze einen Kurssturz verursacht – und den will keiner mehr! Alles wird ein einziges großes System. Wenn wir vor den Pyramiden stehen, spüren wir das Erhabene des Pharao. Fühlen Sie das nicht bald auch ein bisschen beim virtuellen Anblick des ganzen Internets?

Und wenn Sie darauf schauen – ruft dieser Anblick nicht doch Ideen des Guten in Ihnen hervor?

Warum sehen wir nicht, dass wir mit der Informatik nach den Sternen greifen?

# Kapitel 16
# Die Zahlenwahlspiel, die Finanzkrise und mein Geduldigkeitsproblem

Mein Sohn Johannes kam nach Hause und erklärte mir das Zahlenwahlspiel aus seiner Ökonomievorlesung, mit dem die Unlogik des Menschen sichtbar gemacht werden soll. „Und was schließt man daraus?" – „Papa, Menschen sind beweisbar irrational." – „Johannes, das wissen alle Menschen – außer den Ökonomen natürlich. Was schließen die denn nun aus dem Spiel?" Die Studenten hatten leider nur mit großem Engagement gespielt und über die eigenen Verhaltensweisen gestaunt. Am selben Abend fiel mir aber ein, dass damit eine Menge über die Finanzkrise erhellt wird – und über mich auch. Das muss ich jetzt sofort loswerden.

## Das Zahlenwahlspiel – alle Jahre wieder

In seinem berühmten Buch *The general theory of interest, employment and money* diskutiert John Meynard Keynes das Problem, bei einem Preisausschreiben für einen Schönheitswettbewerb den ersten Preis zu gewinnen. Ich erkläre es gleich so, wie es heute oft vorkommt (nicht genau wie in dem Buch): In einer Zeitung werden 100 schöne Frauen abgebildet. Die Zeitungsleser sollen „die Schönste" auswählen und einschicken. Die Einsendungen werden ausgewertet; die Frau mit den meisten Nennungen ist die schönste. Der Clou: Unter allen denjenigen Einsendern, die selbst auf die im Nachhinein festgestellte Schönste getippt haben, wird ein Hauptpreis ausgelost. Es kann also nur gewinnen, wer „richtig lag".

Damit sollen die Zuschauer natürlich vom albernen Spaßtippen abgehalten werden, wie zum Beispiel Daniel Küblböck – wie geschehen – unter die zwanzig wichtigsten Deutschen aller Zeiten zu wählen. Die Teilnehmer sollen sich anstrengen und genau überlegen, welche die schönste Frau ist! Die gutwilligen naiven Zeitungsleser wählen also ihre Favoritin und senden den Tipp ein. Ganz Schlaue, die gar nicht an der Wahl an sich interessiert sind und nur den Preis gewinnen wollen, merken sofort, dass sie nicht die für sie selbst schönste Frau aussuchen sollten, sondern eine, die für den Durchschnitt der normalen Leute am schönsten aussieht! Zum Gewinnen in diesem Wettbewerb hilft es zum Beispiel

G. Dueck, *Dueck's Jahrmarkt der Futuristik*,
DOI 10.1007/978-3-642-55371-4_16, © Springer-Verlag Berlin Heidelberg 2014

nichts, Katharine Hepburn schön zu finden und als Schönste zu deklarieren, wenn auch Paris Hilton unter den Kandidatinnen ist.

Wer gewinnen will, muss sich also in den Massengeschmack hineinversetzen und darüber nachdenken, was sich die mehr unbedarfteren Naturen überlegen werden. Die Unbedarften sehen die Sache ja als gutwilliges Mitmachen bei einer Schönheitswahl an und nicht als Wettbewerb um Geld.

Halten Sie bitte kurz bei diesem Gedanken inne? Die einen nehmen die Aufgabe ernst, eine Wahl zu treffen, die anderen denken nur über den möglichen Gewinn nach und tippen die auf die Frau, die höchstwahrscheinlich gewählt wird, egal ob sie ihnen selbst gefällt oder nicht! Das sind verschiedene Ansätze, mit der Aufforderung zur Wahl umzugehen. Die Profitdenker oder Homines Oeconomici überlegen sich also, was die anderen denken. Sie nehmen dabei gewöhnlich an, dass so schlaue Leute wie sie selbst wahrscheinlich in der Minderzahl sind, und tippen auf eine der Frauen, die gewöhnliche Leute schön finden.

Angenommen aber, alle Leute sind so schlau – und angenommen, das wissen sie alle gegenseitig voneinander. Was sollen sie dann machen? Sie müssen sich überlegen, was total schlaue Menschen im Durchschnitt denken, was die anderen total schlauen Menschen denken … Was werden die dann tippen? Wieder Paris Hilton oder Pam Anderson?

Das wird so schwierig, dass die Mathematiker die Fragestellung lieber in eine konkret analysierbare Zahlensituation gekleidet haben. Das Zahlenwahlspiel geht so:

Viele Mitspieler (viele – sonst gibt es keine schönen Ergebnistabellen) wählen eine Zahl zwischen 0 und 100. Irgendeine. Danach berechnet man den Durchschnittswert aller genannten Zahlen und zieht davon ein Drittel ab – oder multipliziert ihn mit 2/3. Derjenige Spieler, dessen Zahl dem Zielwert (zwei Drittel vom Durchschnitt) am nächsten kommt, gewinnt den Preis.

Normal Unbedarfte geben einfach eine Zahl ab, viele 100, manche 0, andere ihren Geburtstag. 100 ist doof, oder? Der Durchschnitt aller Zahlen kann doch höchstens hundert sein, nicht höher. Ein Drittel davon abgezogen, kommt 66,666… heraus. Mit der Zahl 100 gewinnt man daher nur, wenn wirklich allesamt 100 tippen, dann sind alle gleich nah an 66,66… dran! Kommt das vor? Nein. Bestimmt denken einige Leute so: Angenommen, die meisten Leute haben keine Ahnung vom Spielen und tippen irgendeine Zahl, die ihnen in den Kopf kommt. Dann könnte der Durchschnitt um die 50 sein. Davon nimmt man zwei Drittel, es gewinnt also der Tipp 33!

Aha, werden Sie sagen, wenn jetzt aber alle so schlau sind wie Sie selbst, denken doch alle, dass Sie jetzt 33 tippen, weil Sie fast alle anderen für unbedarft halten. Wenn nur so Schlaue wie Sie im Spiel sind, kommen die alle zum Ergebnis 33. Wenn nun aber alle 33 tippen, gewinnt zwei Drittel von 33, also 22. Das denken sich jetzt die Überschlauen aus und tippen dann lieber 22. Die Frage ist jetzt, wie viele Überschlaue es gibt. Wenn es nur Überschlaue gäbe, würden die alle 22 tippen, und da gewänne 15. Und dann gibt es Überüberschlaue usw. Es gibt darüber hinaus noch prinzipiell Schlaue, die mathematischen Ökonomen. Die überlegen sich unendlich weiter in den Fall hinein und kommen zum Ergebnis, dass ein reiner Homo Oeconomicus natürlich die Zahl 0 wählt. Die stellt das so genannte Nash-Gleichgewicht dieses Spiels dar. „Wenn alle anderen 0 tippen, kann ein einzelner Spieler nicht gewinnen, indem er nicht auch 0 tippt." Das stellt sich anders dar, wenn alle anderen 100 tippen. Dann kann ein Spieler abweichen und 66 tippen – und gewinnt. Die Zahl 100 ist kein Nash-Gleichgewicht! 99 auch nicht und so weiter – es bleibt nur 0.

Alle paar Jahre kommt dieses Spiel in Mode und eine Zeitschrift oder eine Website ruft zum Spielen auf. Dann melden sich ein paar Tausend Leute und man bekommt eine schöne Statistik. Es gibt einen prominenten Artikel von Rosemarie Nagel und dem Nobelpreisträger Reinhard Selten dazu, der 1998 im Spektrum der Wissenschaften erschien: *Das Zahlenwahlspiel – Ergebnisse und Hintergrund*. Er ist im Netz frei verfügbar unter.http://www.spektrum.de/artikel/824009.

Wenn Sie Lust haben, lesen Sie diesen Artikel und schauen sich kurz die Ergebnisgraphiken an. Die Leute tippen kaum Zahlen über 67, außer genau 100, die kommt öfter vor. Interessanterweise kommt immer auch ein paar Mal 67 selbst vor. Das sind die wenigen Leute, die sich nichts oder nicht viel gedacht haben. Dann setzt gleich ein Schwerpunkt bei um die Zahl 33 ein – die Zahl 33 wird auffallend oft gewählt. Der nächste Peak ist bei 22, klar, dann einer bei 15, auch klar. 0 ist der dritte große Peak neben 33 und 22.

Was hat Johannes in der Uni-Vorlesung gespielt? Er hat das Spiel sofort theoretisch verstanden und bärenstolz 0 getippt, weil 0 für ihn ganz klar das Nash-Gleichgewicht ist. Besserwisserstolz verliert aber bei diesem Spiel. Wir haben zu Hause gar nicht mehr diskutieren müssen, dass es dumm ist, die mathematische Lösung zu wählen, weil ja immer viele Leute nicht richtig checken, was das Spiel im Kern ausmacht. Im Grunde müsste man wissen, wie viele Schlaumeier der verschiedenen Denkstufen es gibt, also wie viele 100, 67, 33, 22, 15, …, bis hin zu 0 tippen und dann als Strategie ein bisschen davon abweichen. Dann wüsste man den Durchschnitt!

Wie hoch ist der Durchschnitt in wirklichen großen Spielrunden? Dazu gibt es verschiedene Ergebnisse in der Arbeit von Nagel/Selten: Er liegt meist bei etwa 22 und etwa 15 gewinnt. In dem erwähnten Artikel sind auch die Ergebnisse von Lesern der Financial Times, deren Durchschnitt knapp unter 19 liegt. Diese Leser überlegen sich wohl mehrheitlich, dass sie insgesamt alle nicht so naiv wie normale Menschen sind, weil sie ja gemeinsam über Börsenkursen brüten und sich mehr an Profiten orientieren als an reiner gutwilliger Mitspielerei …

Es kommt im Großen und Ganzen dabei an, welche „Intelligenziteration" die Spielteilnehmer den anderen zutrauen und wie viele Spieler welche Intelligenzstufen bei den anderen vermuten. Wenn der Durchschnitt 22 ist, müssen ja die meisten verstanden haben, dass eigentlich 0 herauskommen müsste. Aber sie sagen sich zu Recht, dass die Gewinnzahl nicht in der Nähe von 0 liegen kann.

## So etwas wie Zahlenwahlspiele im wirklichen Leben

Bei unserer Diskussion zu Hause fielen mir sofort einige ähnliche Situationen im ökonomischen Alltag auf. Dort wählen die Wirtschaftssubjekte auch eine „Zahl" oder eine Aktion und ihr Gewinn hängt wesentlich davon ab, wie der Durchschnitt anderer „mitspielender" Wirtschaftssubjekte gewählt hat.

*Aktientransaktionen* Stellen Sie sich vor: Am Sonntag verbreiten die Nachrichtensendungen, es sei etwas Fürchterliches passiert. Wir wissen nun, dass die Kurse morgen fallen werden. Und nun? Ich erinnere mich an einen Sonntag, an dem ich meine Vermögensverhältnisse stundenlang durchdacht hatte und neu zu ordnen entschlossen war. Ich fuhr am

Montagmorgen zur Arbeit und auf dem Beifahrersitz lag ein Zettel mit etlichen limitierten Verkaufsaufträgen an die Bank, die ich gleich anrufen wollte. Ich hatte am Wochenende das sehr bestimmte Gefühl gehabt, ich müsste trotz einigermaßen ruhiger Börse fast komplett aussteigen, und ich wollte mindestens meinen halben Aktienbestand auf einen Schlag versilbern. Da sagte das Autoradio, der damalige russische Präsident Gorbatschow sei von Putschisten unter Hausarrest gesetzt worden (Erinnern Sie sich noch? August 1991, danach Machtübernahme Jelzins). Ich wollte es kaum glauben. Mein Körper veränderte sich, Schock zog ein. Düstere Gedanken kamen auf, wurden von „kann doch nicht so schlimm sein" bekämpft, und die nackte Logik sagte, ich hätte ein paar Monatsgehälter verloren. Dasselbe habe ich dann noch einmal am 11. September erlebt – das ungläubige Staunen, das Entsetzen und Mitgefühl mit den Menschen, schließlich der keimende Gedanke an die Märkte am nächsten Tag und die langsam das Selbst zersetzende Erkenntnis, dass auch ich selbst ein Opfer des Terrors geworden war.

Was denkt ein Aktienhändler an der Wallstreet in einer solchen Lage? Oder einer wie ich, der gerade verkaufen will? Aktienkurse spiegeln die Durchschnittsmeinung der Akteure wider. Was denken diese alle jetzt? Wenn ich bei beginnender Panik verkaufen will, sollte ich ein Verkaufslimit setzen, das knapp tiefer liegt als die Durchschnittmeinung. Ich nehme also den Kurs, den der Durchschnitt aller Marktteilnehmer für angemessen hält und ziehe 5 % ab. Das ist eine gute Strategie. Wenn ich zum Beispiel 10 % tiefer anbiete und wenn dann die Panik größer ist als ich dachte, bekomme ich einen schlechteren Kurs. Ich überlege also angestrengt, was der Durchschnitt denkt. Aber: Eine Menge der Marktteilnehmer hat noch alte Kaufaufträge bis zum Monatsultimo im Markt liegen, die tiefer limitiert sind. Diese Teilnehmer wollen Aktien zu einem günstigen Kurs kaufen, zum Beispiel 3 % unter dem jetzigen. Sie hoffen auf Schnäppchen bei sehr kurzen Marktdellen nach unten. Wenn nun aber den Markt eine Verkaufspanik befällt, fallen die Kurse ja sowieso um mehr als diese 3 %. Das bedeutet, dass alle „Schnäppchenjäger" nun ins Gras beißen, weil sie alle ihre Aktienkäufe abgerechnet bekommen. Diese Nachfrage von Leuten mit einer „Vor-Panik-Strategie" mildert den Kurssturz für ein paar Minuten ab. Deshalb ist am Anfang der Kurs höher als die Meinung des informierten Durchschnitts. Es gibt also hier auch Teilnehmer mit verschiedener Denkstufe, so wie beim Zahlenwahlspiel die Unbedarften, die 33er, die 22er etc. Auch hier an der Börse muss ich nachdenken, welche verschiedenen Denkstufen es gibt, wie die sich wohl verteilen, was die Überschlauen denken, die sich dieselben Gedanken machen wie ich …

Fazit: Bei Panik ist es wohl ganz gut, 5 % tiefer zu limitieren als „die Durchschnittsmeinung". An normalen Verkaufstagen ist das natürlich unsinnig, da ist man zum Beispiel nur bereit, zum Vortragskurs zu verkaufen oder ein bisschen niedriger, vielleicht ein halbes Prozent. Wer Nerven und Zeit hat, kann das Limit sogar höher setzen und verhält sich damit wie ein „Schnäppchenjäger". Sie sehen daran, dass es hier nicht nur auf meine eigene Meinung ankommt, was die Durchschnittsmeinung des Marktes ist. Ich muss auch einkalkulieren, wie sicher ich bin. Bei einer Panik bin ich natürlich nicht sicher und bezahle dafür den erheblichen Limitabschlag von 5 %. An normalen Tagen bin ich ziemlich sicher, weil ich fast weiß, dass die Kurse in etwas so sein werden wie gestern.

Bei einer Euphorie ist alles andersherum. Mathematisch gesagt: Vorzeichenwechsel! Bei einer Euphorie will ich schnell einsteigen, die anderen aber auch. Es wird ein Wettlauf! Ich biete deshalb 5 % über dem, was der Durchschnitt (meine Meinung davon) bietet! Das würde ich an normalen Tagen nie tun!

Merken Sie, wie daraus eine Finanzkrise entsteht? Die Eiligen finden: derjenige würde am Markt am meisten verdienen, der mit 5 % Ab- oder Zuschlag auf die selbst geschätzte Durchschnittsmeinung in den Handel geht. Dadurch bewegt sich der Markt unter Umständen sehr schnell. Am nächsten Tag sind andere Marktteilnehmer neu panisch bzw. euphorisch geworden und verstärken den Absturz ins Bodenlose oder den Himmelsturm in die Blase.

Das Börsenspiel hat also sehr viel mit dem Zahlenwahlspiel zu tun. Der „Faktor" (2/3 beim Zahlenwahlspiel) ist an der Börse nicht fest, sondern je nach Marktvolatilität schwankend. Es gibt an der Börse natürlich auch zwei Richtungen, eine nach oben und eine nach unten. Der Faktor kann also einmal 0.95 sein und bei besseren Zeiten 1.05. Und immer die Frage: Was denken Unbedarfte, Geschockte, Euphorisierte, Schlaue, Überschlaue? In welchem Verhältnis stehen sie?

Bei dem Zahlenwahlspiel hat mein Sohn gleich auf das Gleichgewicht 0 getippt. So ein Gleichgewicht gibt es bei einem Crash irgendwie auch. Nackte Logik sagt, dass die Aktienkurse bei einem massiven Weltproblem eigentlich um ein Drittel sinken sollten. Viel tiefer sinken sie nämlich nicht – ich glaube persönlich, das hat auch mit dem Durchschnittsdenken zu tun. Wenn die Kurse um ein Drittel fallen, dann denken viele Unbedarfte bei diesem Kurs: „Ich gewinne bei jetzigen Einstieg 50 %, wenn die Kurse später wieder den alten Stand erreichen." Das klingt so gut, dass sie wieder zu kaufen beginnen. Dahinter steckt nur Unbedarftheit, keine Logik! Und wenn die Kurse wie jetzt nach der Finanzkrise auf die Hälfte fallen, denken sich die Leute: „Wenn ich heute kaufe und die Kurse erreichen den früheren Stand, mache ich 100 %." Das ist emotional grandios überwältigend, oder?

*Qualität der Produkte* Welche Produkte soll ein Produzent anbieten? Wie hoch sollten die Qualität und der Preis sein? Mit welcher Kombination macht der Anbieter den größten Gewinn? Diese Frage führt zu einem Zahlenwahlspiel. Auch hier gibt es wieder zwei Richtungen: Der Markt ist gut oder der Markt ist schlecht.

Wenn der Markt zuversichtlich ist, kaufen die Kunden meist gute Qualität und zahlen dafür dankbar und ordentlich. Sie vergleichen die Qualität der Produkte sehr sorgfältig und entscheiden sich dann für etwas Gutes. Erst danach schauen sie auf die Preise und geben sich letztlich einen Ruck, doch etwas Gediegenes zu kaufen, an dem sie Freude haben. Wenn sie etwas wirklich zufrieden macht, zahlen sie gerne 10 % drauf, oft sogar noch mehr. Anbieter von Produkten müssen nun schätzen, was die durchschnittliche Angebotsqualität aller Anbieter ist. Dann bauen sie Produkte, die noch ein bisschen besser und gediegener sind als der Durchschnitt. Denn wer etwas verkauft, was etwas besser als der Durchschnitt ist, macht den größten Gewinn.

Wenn der Markt trübe ist, sehen die Verbraucher erst auf den Preis und dann auf die Qualität. Sie wollen nicht viel ausgeben, aber dafür praktisch die volle Qualität haben. Es ist ihnen klar, dass sie dafür auf überflüssigen Schnickschnack verzichten. Sie werden also keinesfalls 10 % mehr ausgeben, wenn ihnen dafür ein bisschen Sonderausstattung mehr geliefert wird. Die Produktanbieter überlegen sich, dass sie den Schnickschnack aus dem Sortiment nehmen und soliden Standard mit aller Grundqualität liefern. Derjenige Anbieter gewinnt am meisten, der gefühlte Solidität zu besseren Konditionen anbieten kann als der Durchschnitt der anderen Anbieter.

Wie an der Börse kommt es nun zu Haussen und Baissen. In Qualitätsphasen bauen die Anbieter immer mehr Schnickschnack hinein und machen die Produkte immer teurer, die Kunden folgen begeistert. Das war über Jahrzehnte im Autobau der Fall! Erst seit einigen Jahren will der Verbraucher Autos, die „vernünftig fahren" und „nützlich" sind. Früher waren sie Schönheit, Modernität, Selbstbewusstsein, Statussymbol und Freude.

Im Auf haben wir also ein anderes Zahlenwahlspiel als im Ab. Einmal ist der Faktor über 1, das andere Mal darunter. Wie bei der Börse.

Wir sind zurzeit in der Phase, in der der Kunde guten Service und etwas bessere Qualität zwar würdigt, aber nicht finanziell honoriert. Der Kunde gibt gewissermaßen keine Trinkgelder mehr. Solange er das nicht tut, geht es mit dem Markt bergab. Immer gewinnen die Anbieter, die dem Kunden beim Sparen helfen. Runde um Runde wird das „Zahlenwahlspiel gespielt", immer profitieren Einsparer. Das führt zur Todesspirale, bis eines Tages Kunden das Gute und Zusätzliche nicht nur schätzen, sondern auch gerne bezahlen. Das gibt es heute nur bei gefeierten Ausnahmen. „Ich will ein iPhone, egal wie teuer." Die generelle Trendumkehr setzt erst ein, wenn das Zahlenwahlspiel gewissermaßen das Vorzeichen wechselt, wenn alle Marktteilnehmer Zuversicht spüren statt der jetzigen Sorge um den Arbeitsplatz oder die Existenz.

*Prognosen* Als Zukunftsdenker der IBM soll ich öfter für die Presse erklären, welche technologischen Revolutionen der Welt demnächst ins Haus stehen. Ich habe es ab und zu mit echten Prognosen versucht, aber die will niemand. Sie sind so etwas wie das Tippen von 0 im Zahlenwahlspiel.

Zum Beispiel ist es doch klar, dass die klassische Automobilindustrie am Elektromotor in wenigen Jahren zerbricht, weil das Aufkommen neuer Antriebe über Jahrzehnte zu einem Stagnieren und Verfallen der klassischen Umsätze führt; das kann eine ganze Branche nicht über Jahrzehnte aushalten. Dasselbe ist bei Druckmaschinen und Papierverlagen sonnenklar, beim Privatkundengeschäft im Finanzbereich doch auch. Aber das geht allen zu weit! Man darf bei dem Pressespiel nicht 0 antworten, worauf es ja hinausläuft. Die Leser honorieren das nicht. Sie wollen nur so ein kleines bisschen Zukunft hören, die nur interessant ist und kein bisschen bedrohlich. Ich muss mir also überlegen, was die anderen durchschnittlich denken, was die Zukunft sein könnte. Dann „gewinnt" eine Presseerklärung, die zu der durchschnittlichen Zukunftserwartung noch ein bisschen „drauflegt". Damit also sich jemand überhaupt eine Zukunft seriös anhört, darf sie nicht zu weit weg von der selbst erwarteten sein. Oder sie muss sehr weit weg sein, so dass sie gar nicht tangiert – oder sie muss nur schön sein! Nur derjenige Prognostiker wird angehört, der die durchschnittlich erwartete Zukunft „um 20 % weiter spinnt", also „mit 1,2 multipliziert".

Zum Beispiel fand ich es sehr einfach zu prognostizieren, dass nach dem Crash die Wirtschaftsleistung um etwa 5 % fällt. Nüchtern besehen musste man das wohl so sehen. Aber es drohen immer gerade Wahlen und man ruiniert die Wirtschaft angeblich vollends, wenn man ihr etwas Düsteres einredet! Das normale Volk darf nicht die volle Wahrheit erfahren, es verdaut immer nur solche Prognosen, die gerade noch vor der Grenze des Schmerzes liegen. Der Schaden der Finanzkrise wurde deshalb erst ganz vorsichtig auf etwa 40 Mrd. € geschätzt, dann auf 60, 80, … heute liest man von „endgültigen" 2 Billionen. Leute, die gleich die Wahrheit vermuteten, bekamen öffentlich als destruktive Miesmacher Prügel.

Heute aber ist es auch klar, dass es wieder aufwärts geht. Nun korrigieren sie die Entwicklung immer weiter nach oben. Wer 2008 von 5 % Einbruch in 2009 redete, galt als verrückt. Wer jetzt Wachstum vorhersagt, wird wieder für verrückt gehalten. Man muss immer die Meinung der durchschnittlichen Leute „um 20 %" in die richtige Richtung anheben. Die echte Wahrheit ist zu weitgehend und zu verstörend. Alle wollen die Wahrheit nur auf „hinnehmbare, verkraftbare Sicht". Andere Prognosen werden einfach nicht mental angenommen.

Wie schon gesagt: Eine echte Prognose ist so etwas wie das Wählen der Zahl 0 im Zahlenwahlspiel. Die ist korrekt, wird aber nicht honoriert!

Echtes wird einfach nicht ernst genommen! Meine Haare werden schon ein bisschen grau darüber, aber ich komme wohl nicht heil aus der Problematik des Zahlenwahlspiels heraus! Ich kann nur immer jammern, dass Sie nicht auf mich hören wollen, weil die Wahrheit weiter als 20 % weg ist von dem, was Sie durchschnittlich glauben.

Ich reibe Ihnen das einmal unter die Nase … Ich will kein Rechthaber sein, ich will nur sagen, dass Sie das Vorhersehbare nicht wahrhaben wollen. Haben Sie mein Buch *Abschied vom Homo Oeconomicus* gelesen? Dort nenne ich dieses Auf und Ab etwas garstig „Phasic Instinct", ich sage dort eine Krise voraus (es wurde 2007 geschrieben) und empfehle ein Durchbrechen dieses spiraligen Hin-und-Hers. Damals war die Welt noch beim Aufpusten der Blase. Ich versuchte, Crash-Phänomene zu beweisen und predigte am Ende des Buches normale Mäßigung und Risikovorsorge, wie sie der biblische Joseph vorexerzierte: Spare in fetten Jahren für die mageren! Die SZ rezensierte, dass das Buch für verrückt gelten könnte, wenn man nicht auf anderer Ebene wüsste, dass ich Mathe-Prof wäre. Die Financial Times Deutschland befand auf einer ganzen Seite, dass der Abstieg spannend geschildert wäre, unabhängig davon, ob er wirklich komme. Entsetzlich dagegen – so die FTD – sei das Ende des Buches, wo Dueck schlichte Mäßigung fordert! Ach Dueck! Und wörtlich schrieb die FTD: „Boa, wie langweilig." Tja. Und erinnern Sie sich an meine Kolumne hier an dieser Stelle im Februar 2002? Sie hatte den Titel *Auf und Up mit Logik erster Ordnung*, in der ich die Kontraktion der Wirtschaft beklagte. Ich jammerte damals, dass die vielen Markenartikel verschwänden und alles mehr und mehr „no name"-Ware würde. Dadurch würde ein Wirtschaftswachstum nur vorgetäuscht, das sich von der Qualitätssenkung nähre, aber nicht erarbeitet wäre. Das ist jetzt sieben volle Jahre her! Damals erschien auch mein Buch *Supramanie*, das leidenschaftlich vehement bis zum finsteren Grimm vor dem Raubbau an der menschlichen Arbeitspsyche warnt. Heute sind unsere Seelen geschleift und ausgebrannt und wir sinnieren matt über die Volkskrankheit Depression, die uns sinnbildlich der Tod eines Torhüters eindringlich vor Augen führte.

Gerade heute wird ein anderes Buch in der SZ wohlwollend rezensiert. Es heißt *Vorwärts zur Mäßigung* von Hans-Christoph Binswanger. Das wäre dann am ersten Februar 2008, an dem mein Buch mit dem langweiligen Schluss erschien, der FTD nur ein Gähnen wert gewesen.

Also, etwas frustriert: Man soll eigentlich nur Dinge vorhersagen, wenn sie mit dem Durchschnitt aller Menschen diskutiert werden können. Am besten dann aus aktuellem Anlass, wenn das Kind gerade in den Brunnen fiel. Die Bücher, die jetzt erklären, warum es zur Finanzkrise kommen musste und wie man sie hätte sehen können – die stehen jetzt ganz oben in den Bestsellerlisten …

*Innovation* Hier geht es meist um das Problem des richtigen Timings, gar nicht so sehr um das Erfinden an sich oder um die gute Idee, mit der Milliarden verdient werden können. Die Ideen sind meist alle schon da, man muss nur zum richtigen Zeitpunkt auf den

Markt kommen. Wieder sehen wir ein zweiteiliges Zahlenwahlspiel vor uns: Ist die Wirtschaftsstimmung jetzt so gut, so dass der Kunde Qualität oder Innovation honoriert? Dann machen wir am besten alles immer ein bisschen neuer!

Wenn aber die Stimmung trübe ist, setzen wir Innovation praktisch mit Einsparungstechnologie und Standardisierung gleich.

Wie bei der Qualität ist es wichtig zu wissen, wie viel Innovation der Kunde mit gutem Geld honoriert. Oder will er nur mehr Zweckmäßigkeit bei gleichem Geld?

Die großen Innovationen sind wie Prognosen der Zukunft. „In Zukunft gibt es nur Elektroautos, die herkömmliche Produktion stirbt." – „In Zukunft wird es jedem durch Einnahme von Neuro-Enhancement-Medikamenten möglich sein, das Abitur locker zu bestehen und zu studieren. Der pharmakologische Einstieg in die Wissensgesellschaft steht bevor." – „In Zukunft wird Schönheit zur normalen Etikette erklärt. Jeder sollte durch Operationen auf ein ansehbares Niveau gebracht werden." Die großen Innovationen kommen unausweichlich, sind aber noch so weit weg von der Gegenwart (mehr als eine Wahlperiode oder ein Quartal), dass sie sich wie bloße Prognosen von Propheten anhören. Sie sind nicht im 20-Prozent-Horizont des emotional Erfassbaren in der Durchschnittsmeinung. Deshalb sind sie quasi irrelevant. Und bestenfalls unterhaltsam.

So wie meine Prognosen, ich weiß.

Später schreien die Erfinder wie ich eben, dass sie diese Idee schon vor zig Jahren hatten! Keiner wollte sie! Jetzt alle! Und andere würden das Geld verdienen – nicht sie! Und sie regen sich auf wie ich über die aktuellen Bestseller, die viel besser und sachgerechter über die Krise schreiben als ich, weil die Krise ja schon eintrat!

Und in den Einsparjahren erregen sich die Innovatoren und Erfinder noch mehr, weil sie mit keiner noch so guten Idee punkten können, nur mit Finanzoptimierung, Effizienzgewinn und Einsparungen. Sie kommen einfach nicht an der dominierenden Durchschnittsmeinung vorbei, die der wesentliche Parameter im Zahlenwahlspiel ist. Die zählt und nicht die 0, also das vorhersehbare Ende der Entwicklung!

## Hin und Her – kaum je Ruhe in einem Gleichgewicht?

Das Zahlenwahlspiel drängt also den Verdacht auf, dass die Innovationszyklen und Finanzkrisen eine Ursache darin haben könnten, dass wir im wirklichen Leben so etwas wie ein mehrfaches Zahlenwahlspiel in mehreren Runden spielen.

Angenommen – noch einmal resümiert –, der Kunde honoriert Qualität. Dann gewinnen diejenigen Unternehmen im Markt, die gerade diese honorierte Qualität liefern. Nach einem Jahr denken die Unternehmen neu nach und sehen, dass der Kunde immer noch Qualität honoriert. Da sind Unternehmen zu weiterer Innovation bereit und werden kreativ. Das geht eine lange Weile so, bis den Unternehmen nur noch Schnickschnack einfällt, der eigentlich nur noch kreativ und luxuriös ist, aber nicht mehr innovativ und schon gar nicht mehr zweckmäßig. Irgendwann ist es der Kunde satt oder leid, und wenn dann eine schwerere Wirtschaftsdelle kommt, honoriert er plötzlich Grundsolidität und Preiswürdigkeit. Da schlägt der Trend um. Das Zahlenwahlspiel wechselt das Vorzeichen.

Alle anderen Parameter laufen entsprechend mit. Echte Innovationen sind einmal wichtig und ein andermal lästig teuer. Mitarbeiter sind in Aufschwungphasen verhätschelte

Lieblinge und Alleskönner, am besten alles Akademiker – und dann wieder lästige Kostenblöcke, die lieber so billig wie möglich eingekauft werden, am liebsten als rotierende 1-Euro-Jobber.

Bis zum Vorzeichenwechsel des Zahlenwahlspiels läuft alles wie am Schnürchen. Dann kracht es am Wendepunkt. Muss das so sein? Muss alles so extrem schwanken?

Und was soll ich tun? Geduldig werden und die Welt nehmen, wie sie ist? Das fühlt sich in mir wie Fatalismus an. Jemand gab mir einmal einen Rat, der mich schwer beschäftigte und immer noch beschäftigt. „Dueck, Sie stehen auf dem Standpunkt, den man vielleicht Wahrheit nennen könnte oder den Sie selbst dafür halten mögen. Wie immer Sie oder ich das sehen – Ihr Standpunkt ist so weit weg, dass er außerhalb der Hörweite der normalen Menschheit liegt. Wenn Sie schreien, hört es niemand. Sie sind dann irrelevant. Sie müssen sich uns anderen Menschen so weit nähern, dass wir Sie hören können, wenn Sie schreien. Das wird sie nicht freuen, weil es für Sie schon sehr weit weg ist von der Wahrheit oder dem, was Sie dafür halten. Aber dann werden Sie gehört und eventuell sogar angehört. Sie können dabei hoffen, uns ein bisschen in die richtige Richtung zu ziehen, immer ein bisschen."

Und ich frage mich traurig unter dem Boa-Langweilig-Verdikt der FTD: Ist Mäßigung schon zu weit weg? Sind Tugenden zu weit weg? Ist deshalb alles im Sinne von Gott sowieso lichtjahrhimmelweit weg in den Sternen, weil es auf die Durchschnittsmeinung zu wenig Rücksicht nimmt?

Ich lese gerade die Druckfahnen von meinem ganz neuen Buch, das wieder genau am ersten Februar erscheinen wird. Es heißt *Aufbrechen – Warum wir eine Exzellenzgesellschaft werden müssen*. Ich habe mir im Sinne des obigen Rates Mühe gegeben, mich nur so 20 % von der normalen Meinung zu entfernen – habe das Extreme ganz vermieden, musste aber doch fast ein neues „Parteiprogramm" entwerfen und eine Grundgesetzänderung fordern. Vielleicht ziehe ich doch einmal ein bisschen an Ihrer Meinung und werfe Ihnen nicht nur meine eigene zu extreme wie einen Fehdehandschuh hin? Oder ist es leider so – wie einige Probeleser anmahnen – dass schon allein das Wort *Exzellenzgesellschaft* jenseits der Hörweite liegt? Doch wieder eine 0? Warum muss alles immer so normal sein? Habe ich Ihnen nicht jetzt die ganze Kolumne über bewiesen, dass das wiederholte Normalsein zu absurd extremen Zuständen führt, unter denen zu ächzen wir fast normal finden?

# Kapitel 17
# Internet – aber viel mehr davon, bitte!

Das Internet steht am Anfang. Die chronisch immer zu geringe verfügbare Bandbreite hemmt den Fortschritt, der technisch möglich wäre. Es ist, als baute man Autobahnen, aber so eng, dass sie immer verstopft sind. Immer World-Wide-Wait. Erinnern Sie sich an die Zeit, als wir nur Text-E-Mails schrieben? Alle elektronische Post hatte eine Filegröße von etwa 20 kb. Als es aber möglich wurde, Attachments oder Datensätze mitzuschicken, stieg die durchschnittliche Mailgröße auf das vielleicht Zehnfache. Eine einzige Software-Änderung in einer einzigen Anwendung – und schon muss alles um Größenordungen „mehr" sein. Es wird noch lange viel mehr sein müssen. Erinnern Sie sich an die leeren Autobahnen der frühen Jahre, als Sie noch einsam mit Fernlicht fahren konnten? Nach den Autobahnen kamen die Autos, dann der sechsstreifige Ausbau und sofort immer mehr Autos, dann Lastwagen und Lager neben den Knoten, und noch etwas später viele Gewerbegebiete… Was würde zum Beispiel mit dem Internet passieren, wenn wir alle mit Bildtelefon anfingen? Oder echtem Cloud Computing? Oder Collaboration?

Unsere Regierung verspricht, dass die meisten von uns im Jahre 2015 vielleicht 20 MB/s ins Haus bekommen könnten. Sollte es nicht tausend Mal mehr sein? Je breiter die Autobahn, umso mehr Gewerbegebiete oder Tourismus…

## Web-Konferenzen

Reisen ist zu teuer. Das sagt Ihnen mit Sicherheit der Controller, der sich über das bisschen Hotelrechnung ärgert. Das ist die typische enge Sicht auf das Thema. Die Zeit und der Stress für das Reisen ist doch das Problem! Topmanager verlieren viel Zeit, Nerven, Willenskraft und Konzentration bei dem ewigen schnell getakteten Hin und Her. Spätestens zum Abschluss von Verträgen sehen sich Topmanager in die Augen. Dafür verlieren sie viele Stunden mit unproduktivem Warten. „Der Flug dauert 70 min, von denen Sie bitte die ersten und letzten 20 min alle elektronischen Geräte ausschalten. Wenn es gerade erlaubt ist, müssen Sie lauwarmen Kaffee trinken und werden mehrfach gefragt, ob Sie etwas kaufen oder schlafen möchten."

G. Dueck, *Dueck's Jahrmarkt der Futuristik*,
DOI 10.1007/978-3-642-55371-4_17, © Springer-Verlag Berlin Heidelberg 2014

Ich will das nicht völlig durchdeklinieren, lassen Sie mich noch einen wichtigen Punkt machen: Die Verträge, die wir schließen, werden immer penibler, dicker und vom Geldvolumen her kleiner. Immer mehr wichtige Menschen befassen sich mit einer einzigen Entscheidung. Wo früher eine Reise zu einem Handschlag reichte, muss heute Erwartungsmanagement der Stakeholder her: Der Einkauf, der Finanzchef, die Juristen und die Technologen – irgendwie alle haben bei jedem immer kleineren Vorgang ein mitentscheidendes Wort. Viele Topmanager müssen routiniert so viele kleinkarierte Vorgänge abnicken, dass sie manchmal ärgerlich das Gefühl ausdrücken, dass „unten" gar nichts selbst entschieden wird, so dass der Boss alles allein abarbeiten muss.

Die Lösung heißt natürlich Web-Conferencing. Da wünschen wir uns so etwas wie Skype, aber für echten Augenkontakt geeignet: „Face-to-face."

Ich habe begeistert davon erzählen gehört, aber leider noch nicht selbst gesehen, dass es nun volltaugliche Lösungen gibt, die echte Stauneffekte auslösen. Für ein Zweiergespräch setzt man sich an einen runden Tisch in eine Art Garderobenraum. Die eine Hälfte des runden Tisches ist real im Raum, die andere auf dem Bildschirm zu sehen, der statt des Großspiegels die ganze Gegenwand einnimmt. Dort sitzt der Gesprächspartner am anderen realen Halbrund. Es soll nach den Erzählungen absolut echt wirken, die Augen schauen in richtige Augen mit tiefen Seelen dahinter. Alles ist vollkommen befriedigend – genau wie ein persönliches Treffen.

Könnte nicht jeder Topmanager so einen Raum bekommen? Der kostet leider noch eine eher sechsstellige Summe und nützt nicht viel, wenn ihn nicht alle haben. Wirklich „gefühlsecht" wirken die Gespräche erst so bei einer Übertragungsbandbreite von 20 GB/s. Dann nehmen Sie jedes Lidzucken beim Gegenüber wahr und sehen jeden Atemzug.

Da sind wir also! In der Einleitung haben Sie wahrscheinlich etwas ungläubig auf meine tausendfache Mehrforderung geschaut. Aber schon für echte Verhandlungsatmosphäre und echtes virtuelles menschliches Kennenlernen im wahrsten Sinne brauchen wir so viel Bandbreite!

Eine so hohe Bandbreite gibt es nur in Backbone-Netzen, die heute noch für so einen einzigen Managementtisch separat angezapft werden müssen. Die Kosten türmen sich. Es lohnt sich aber, so etwas in der chinesischen Filiale vor Ort zu haben! Leider kann man die andere Tischhälfte dann nicht ganz genau passend oder gleich in China kaufen – Sie merken schon, es sind noch Prototypen.

Aber so etwas brauchen wir dringend! Das glauben Sie wieder nicht, oder? Schauen Sie auf den Markt: Der größte Netzwerkausrüster der Welt, die Cisco, hat vor einiger Zeit schon die WebEx Communications (Web-Conferences) übernommen und ist gerade dabei, auch die Videokonferenzfirma Tandberg zu schlucken.

## Autofahren als Service

Ich setze „noch einen drauf", nur um Ihnen einmal einen Eindruck der Möglichkeiten zu geben. Wir könnten mit beliebig guten Bandbreiten die Autos von echten virtuellen Fernfahrern erledigen lassen! Diese Erfindung habe ich eigentlich mehr für die Presse gemacht, sie steht in der Einleitung meines jüngsten Buches *AUFBRECHEN! Warum wir eine Exzellenzgesellschaft werden müssen*, das sich um unser aller Zukunft Gedanken macht. Stellen Sie sich einen Panzerfahrer vor, der im Gefecht nur unter Sicht durch Winkelspiegel lenkt, die die Außenwelt nach innen reflektieren. Ein Panzerfahrer steckt ja nur im Frieden den Kopf heraus. Das machen wir nun beim Lastwagen oder Auto auch. Wir versehen den Lastwagen mit einigen Kameras, die alle Sichten nach vorne und durch die Rückspiegel wiedergeben. Diese Außenansicht eines normalen Fahrers übertragen wir nun per Internet an einen Bildschirmarbeitsplatz, der im luxuriösen Falle wie das Cockpit einen Autos aussehen könnte. Sie kennen das vom Flugsimulator!

Und jetzt fahren Sie den Lastwagen vom Wohnzimmer aus!

Natürlich nicht direkt vom Wohnzimmer, sondern viel weitergehender in einer Bürozentrale in Bangalore, von der aus der gesamte deutsche Lastverkehr professionell gesteuert wird. Wenn ein indischer Kollege seine Pause machen muss, übernimmt ein anderer den Fernlastwagen und fährt weiter. Keine Nacht- und sonstigen Pausen mehr. Alles geht viel schneller! Weiter: Die Taxis stehen jetzt ohne Fahrer da. Sie steigen ein, zeigen Ihre Kreditkarte, geben dem indischen Fernfahrer oder dem TomTom/Nüvi die Adresse – und los geht's! Man kann die meisten Taxifahrer einsparen, weil sie ja nicht warten müssen.

Ich weiß genau, dass Sie jetzt den Kopf schütteln, weil nicht so ganz klar ist, was der Lastwagen macht, wenn die 20 GB/s-Leitung plötzlich abbricht. Ruft der dann schnell in einem der berühmten Kundenberatungscenters von Providern an? Klar, Internet ist (noch?) nicht Echtzeitverarbeitung. Ich habe diese Idee trotzdem neulich einmal in einer Rede erwähnt und bekam den typischen Techie-Kommentar „ist alt, gibt es schon". Er glaubte zu wissen, dass schon Kampfflugzeuge entwickelt werden, die von Fernpiloten aus dem „Wohnzimmer" geflogen werden.

Und wie beim Web-Conferencing-Beispiel: Stellen Sie sich nur einmal den Internet-Traffic vor, wenn wir so vorgehen würden! Millionen von Dauer-Webkonferenzen mit dem Navi zusammen!


## Cloud Computing und Datenbanking

Über Cloud Computing schreiben sich in dieser Zeit viele Leute fast schwindlig. Es gibt täglich Ergebnisse von brandneuen Studien, wie böse es alles enden wird, wenn „unsere wertvollen Daten" geklaut, veruntreut, gelöscht oder verkauft werden. Dabei wird übersehen, dass die Misstrauensquoten in den verschiedenen Studien langsam sinken.

Neben den polaren Standpunkten „Cloud ist heiße Luft" oder „Alles geht bald in die Cloud" findet auf allen Ebenen eine nüchterne Diskussion statt. Langsam bilden sich vorteilhafte Modelle heraus – und wie in einer früheren Kolumne im letzten Jahr schon gesagt, werden gerade Test- und Entwicklungsumgebungen konsolidiert, virtualisiert und in Form einer Cloud organisiert. Vereinzelt erfahre ich aus verschiedenen Quellen, dass einzelne Entwickler schon heimlich auf der Public Cloud von Amazon gegen ein paar privat bezahlte Euro im Monat arbeiten, weil ihr Arbeitgeber ihnen nicht genug Hauptspeicher oder eine neue Entwicklungsmaschine genehmigen will. Dieselben Unternehmen aber sehen auf der offiziellen Ebene große Gefahren in Cloud Computing und würden „nie ihre Daten woanders lassen" wollen. (Gehen auch Sie fremd? Würde mich interessieren! Bitte eine Mail!)

Sie geben doch Ihre Finanzdaten auch an die Bank! Oder Ihre Steuerdaten an die DATEV! Vielleicht sollte man mit „Datenbanking" anfangen? Wenn es Unternehmen, die Banken nämlich, gibt, die unser Geld aufbewahren, warum nicht auch welche, denen wir unsere Daten anvertrauen? Sollten wir Datenbanken (also die Daten) nicht vollkommen einbruchsicheren Datenbanken (also den Banken) überlassen?

Alle diese Fragen werden mit immer größerer Ruhe besprochen. Die Diskussionen werden sachlicher und sind auf konkrete Lösungen gerichtet. Wir bei IBM bauen gerade an großen Clouds, die ersten Versionen werden schon seit einiger Zeit von Kunden getestet.

Schauen wir auch hier wieder an, wie viel Internet-Traffic damit verbunden ist! Nehmen wir an, Sie wollen ein bestimmtes Serverimage auf einem im Netz gemieteten Cloud-Server laufen lassen. Wie bekommen Sie das Image dorthin? Über das Netz, klar. Es sind aber immer ein paar Gigabyte! Wie gelangen Daten und ganze Datenbanken hin und her? Auch über das Netz.

Ich erinnere mich, dass ich vor einigen Jahren dachte, das Downloaden von Filmen sei das größte Volumen an Daten, was über das Netz übertragen werden könnte. Wenn wir Filme in BluRay-Qualität schnell über das Netz bekämen, wäre doch alles gut?

Alles schon wieder Schnee von gestern. Das Netz wird immer wichtiger. Es muss viel breitbandiger werden, viel sicherer, viel zuverlässiger. Wird irgendwo eine Produktion stillstehen, weil Daten nicht durch das Netz kommen? Werden Unternehmen eigene Netzverbindungen in die Cloud fordern?

Überall ist in der IT-Branche Aufbruch zu spüren. Computerfirmen beginnen Kooperationen mit Netzwerkausrüstern und Telekommunikationsunternehmen. Schauen Sie noch einmal in den Markt: Im Juni 2009 war bei heise online im Titel zu lesen: HP und Alcatel bilden „Weltbündnis". Und Cisco kündigte an, in den Servermarkt zu drängen.

Das Netz verschmilzt mit den Computern. Früher sagten wir: Das Netz verbindet die Server. Das ist heute schon nicht mehr so richtig. Alles wird eines – das Internet.


## Slates und Bildtelefon

Und wir „Consumer" werden auch bald kaum noch eigene Computer haben und mehr oder weniger voll im Internet sein. Das Schlagwort des Tages heißt „Slate" wie Schiefertafel. Die habe ich mir immer schon gewünscht! Ich will keinen schweren Laptop und kein noch so schönes Gerät, um Bücher zu lesen, ich will auch eigentlich kein iPhone. Ich wünsche mir eine Schiefertafel, also einen mit dem Netz verbundenen Bildschirm, der mir alles aus dem Netz zeigt, vorspielt und mich benachrichtigt. Die Tafel funktioniert auch als Navi über GPS.

Das wird bald wahr!

Ich werde Bücher darin lesen, Zeitungen blättern, die REWE-Sonderangebote studieren, ob es Cola-Light-Kisten für Johannes billiger gibt. Ich habe meine Mails per LotusLive aus dem Netz da, inklusive Messenger, ich kann per Flatrate beliebig Musik hören und Fernsehen, alle Filme zu jeder Zeit. Die Tafel funktioniert als Kamera und als Bildtelefon – alles geht damit.

Es gibt Gerüchte, dass Apple bald einen so genannten iSlate herausbringt, es gibt schon Artikel dazu in der Wikipedia. Wir Menschen brauchen diese Schiefertafel so sehr, dass schon bloße Gerüchte im Lexikon stehen? Natürlich hilft eine Tafel erst dann in jeder gewünschten Facette, wenn wir wirklich konsequent ins Netz gehen, wenn wir also nichts mehr persönlich auf der Festplatte herumtragen.

Das ist ein seltsames Gefühl, nicht wahr? Alles im Netz und stets zu Diensten? Das Internet ist wie der Geist aus der Flasche immer zu unseren Diensten da.


## Alles als Internet-Service!

Die Abkürzung SaaS macht die Runde. „Software as a service." Wir kaufen keine Software mehr und installieren auch nichts, wir nutzen Software im Netz.

Ein Beispiel: Alle paar Monate stelle ich ein Video von einer meiner Reden auf meine Homepage. Das kommt in immer anderem Format, oft mit einem seltsamen Vorspann. Ich würde das Video gerne schneiden. Ich habe seit dem letzten Mal einen neuen Computer. Soll ich nun wieder wegen dieses einen Schnittes eine neue Software kaufen? Oder die alte Version des vorigen Rechners hier installieren? Dann wieder alles neu lernen? Aus einem einzigen Schnitt entstehen Kosten und etliche Arbeitsstunden oder Telefonate mit Leuten, die so etwas können.

Ich könnte das doch im Netz tun? Eine simple Software anwählen, ihr sagen, dass sie die ersten 40 s und die letzten zwei Minuten abschneiden soll – fertig. Ich zahle dafür gerne einen Euro oder auf fünf. Ich will es nur hinter mir haben.

Ich muss auch nie mehr Software kaufen, die überhaupt alles kann und schon in Version 15.7 erscheint, die auf Filmen die Haare aller Leute neu berechnet, damit sie gekämmt aussehen. Ich brauche diese „Features" nicht. Ich kann etwas Simples anmieten, wenn ich etwas Simples will.

Alles kostet nur ein paar Cent. Kennen Sie Portale wie download.com? Dort laden sich alle so genannte Shareware oder Trials herunter. Man kann die Software in einer einfachen Version umsonst bekommen oder in der Vollversion ein paar Tage testen. Bei einem Problem schauen wir uns stundenlang alles an, probieren einige Programme im Trial aus, müllen unseren Laptop zu und lösen hoffentlich unser Problem. In dem echten Internet mieten wir die Software nur einmal und probieren sie für ein paar Cents aus!

Ich habe schon vor Jahren in Vorträgen die Idee herumgetragen, dass wir für jeden Beruf oder jedes Business eine Softwarelösung bauen könnten, so wie sie heute schon Ärzte oder Reisebüros haben. Warum nicht der Frisör?

Er könnten eine Kasse wie bei McDonalds haben, wo man Tasten für Menüs draufhat. Der Frisör hat Tasten für Nasshaarschnitt oder Fönen, fertig. Im Netz kann man Termine bei jeder Friseuse buchen, die Software weiß, wie lange es dauert. Der Meister kann über die Software schon die Steuererklärung machen lassen, er kann abfragen, welche Friseuse am meisten Umsatz macht oder wann die Kunden kommen. Er lässt sich jetzt über die Software warnen, wenn ein Stammkunde plötzlich nicht mehr kommt …

Warum haben Friseursalons das nicht? Klar: Sie sind nicht wirklich begeistert, sich ins Internet einzuarbeiten, eine Homepage bauen zu lassen und Software zu kaufen, die in diesem Fall sicher Tausende Euro kostet. Wird sie sich auszahlen? Wird sie den versprochenen Nutzen haben? Was passiert, wenn sie abstürzt? Braucht der Meister nun eine eigene IT-Abteilung?

Meine Idee mit der Software ist also im Prinzip gut, scheitert aber daran, dass sich so etwas nur bei Ärzten etc. lohnt. Aber im Netz ginge es heute doch! Der Meister gibt die Daten seines Salons im Netz ein und alles wird von dort aus gesteuert. Er braucht keine IT-Abteilung mehr. Er bezahlt sie tageweise und steigt ohne große Friktionen wieder aus, wenn es nicht klappen will oder nicht so viel nützt wie gedacht.

Wir brauchen statt einer download.com eine Business-Services-Cloud, in der man alles bekommen kann! Ein Portal, in dem die Service-Anbieter ihre Lösungen als Service bereitstellen – so wie die eBay-Shop-Betreiber im Netz ihre Angebote ausbreiten. Statt Shareware wird dort Business angeboten – für jeden Zweck und jeden Job.

## Jetzt auch Inhalte, nicht nur Form!

Wir könnten mit diesem Ansatz unser ganzes Bildungswesen revolutionieren. Anbieter könnten Lehrmaterialien anbieten und für jede Nutzung ein paar Cents eintreiben. Pensionierte Lehrer könnten nun ihre Erfahrungen nutzen und im Alter noch ihr Wissen beisteuern. Studenten könnten erstes Geld verdienen. Durch den öffentlichen Wettbewerb um beste Materialien zur Bildung würde es turboschnell zu Innovationen kommen.

Das Internet bildet heute ein Gerüst, in das Inhalte eingefügt und darüber kommuniziert werden können. Wir haben bald alle bekannten Inhalte ins Netz gestellt. Es ist ein riesiger Haufen von „Inhalten" entstanden, der durch die großen Suchmaschinen einigermaßen gut genutzt werden kann oder zugänglich ist. Ganz neue Inhalte haben dabei noch gar nicht so sehr im Vordergrund gestanden. Erst werden die Bücher nur gescannt, erst wird alle vorhandene Musik und jedes Video nur hochgeladen.

Wenn wir aber Business-Portale im Netz bauen, in denen Services angeboten werden können, entstehen neue Inhalte, mit denen über Mini-Payments Geld verdient werden kann.

Wenn ich Sie zum Beispiel dazu bewegen könnte, für das Lesen jeder kleinen Daily-Dueck-Geschichte auf meiner Homepage 20 Cents zu bezahlen, dann würde ich bei heute 6100 Abonnenten nicht wirklich reich, läge aber schon über dem Hartz-IV-Satz. 10 Cents würden mir ja auch schon reichen – ich nenne eben mal 20 Cents, weil die ersten DDs gerade als Buch erschienen sind und in dieser Form fast 20 € kosten.

Entlang meines eigenen Beispiels stelle ich mir vor, wie viele, viele neue Berufe entstehen, die neue Inhalte erstellen und neue Kunstformen ersinnen, neue Attraktionen schaffen, neue Shows zeigen und neue Informationsbedarfe decken – und sich ihren Verdienst immer durch Mini-Payments aus dem Netz schaffen. Ein ganz neues produzierendes Gewerbe würde entstehen.

## Zusammenarbeit aller Kommunikationssubjekte

Das Internet steht jetzt an der Schwelle, wo Neues entsteht und nicht nur Altes besser zugänglich gemacht wird. Das Internet der Dinge bildet sich. Autos reden mit Werkstätten, Kühlschränke rufen Hilfe, wenn sie erwärmen. Die Programmier- und Wartungsschnittstellen von Autos und Küchenherden kommunizieren mit Werkstätten, Call-Centers und unseren Handys.

Das Netz wird zum Gewebe, die Dinge sind nicht nur verbunden, sondern sie arbeiten miteinander. Haustiere funken über „Location Based Services" ihren Aufenthaltsort oder verraten per RFID ihren Besitzer. Geldbörsen melden sich in gleicher Weise.

Wird es bald digitale Roboter geben, die im Internet Geld verdienen gehen? Ich kaufe mir dann ein paar und habe virtuelle Mitarbeiter.

Es gibt das Wort Wirtschaftssubjekt, worunter man neben Menschen auch Institutionen, Unternehmen, Haushalte und Körperschaften versteht. Wird in diesem Sinne nicht alles zu einem Kommunikationssubjekt, der digitale Mitarbeiter, der Mensch, sein Haustier, jedes Ding, jede Web-Site und jeder Spam-Bot?

Alles verbindet sich und arbeitet im Netz zusammen.

Unsere Regierung verspricht, dass die meisten von uns im Jahre 2015 vielleicht 20 MB/s ins Haus bekommen könnten. Sollte es nicht tausend Mal mehr sein?

Verstehen Sie bitte – tausend Mal mehr! Wir könnten so viel tun, aber alles im Netz muss heute so schlecht und recht programmiert werden, dass die geringen Bandbreiten und die mittelalten Graphikarten in Normalhaushalten nicht immer umgerüstet werden müssen. Eine Zeit der Turbo-Innovation kann es da nicht geben, oder eben nur in Singapur, wo es die Regierung mit dem Internet so richtig wissen will. Hier aber will niemand ein paar zehn Milliarden in die Hand nehmen, um zu klotzen. Mein Kommentar, der schon oft in der Zeitung stand: „Der Beginn zur Prosperität kostet weniger als die Rettung einer halben Bank."

# Kapitel 18
# Shift happens oder AUFBRECHEN!

Die Möglichkeiten der IT verändern die Infrastrukturen der Welt. Sie verändern auch die Art, wie wir arbeiten. Viele werden unruhig, ob ihr Job noch so gebraucht wird wie heute. Das Prekariat wird größer, die Anforderungen an die Mitarbeiter steigen. Die Schere zwischen guten Jobs und dem Niedriglohnsektor öffnet sich unaufhaltsam. Wer oben bleiben will, muss etwas tun. Wer so bleibt, wie er ist, steigt ab. Dazu sagte mein Chef neulich „shift happens", und wir waren uns als gebildete Menschen zuerst sehr sicher, dass er sich versprochen hatte. Er lächelte, weil er das merkte, und ließ im Ungewissen, was er nun hatte sagen wollen.

## Lean Brain Management, die Satire als Vision

Ich warne seit vielen, vielen Jahren. Glauben Sie mir? Tun Sie etwas? Ihre ungläubig fragenden Blicke bei flammenden Vorträgen lassen mich manchmal verzagen. Seit langer Zeit liegt der Weg, den wir gehen (müssen?!), klar vor uns.

Ich habe ihn immer wieder gezeigt. In *Wild Duck* (1999) wütete ich, dass wir ein Opfer des Leistungsmessens werden und unser Bildungssystem damit ruinieren. Jetzt haben wir das so genannte „Bologna-Desaster". In *Supramanie* (2001) bewies ich Ihnen, dass ruinöser Leistungsstress ultimativ zu allen erlaubten Formen von Betrug und Unmenschlichkeit führen wird. Im Jahre 2003 erschien hier an dieser Stelle eine Kolumne mit dem Titel *Deutschland in der Billigenzfalle*, in dem ich herausarbeitete, dass alles Normale bald outgesourct würde – Deutschland wird untergehen! Billigenz ist eine Kunstwortfügung aus dem zu bösartigen Wort Billig-Intelligenz. Diese Kolumne war damals ein kleines Politikum, weil man das Outsourcen nach Indien nicht laut nennen durfte. Man verwendete 2003 noch das Wort Offshoring, was aber nicht politisch korrekt klang und seither beerdigt wurde. Produktionsverlagerungen nach Asien galten damals als anrüchig, nicht als clever oder notwendig wie heute. Alle denken, etwas würde verhindert, wenn man es nur ordentlich hassen würde! Niemand will hören, dass jede Ethik am Satz scheitert: „Wenn ich es nicht tue, tut es ein anderer." Wer nicht mitdopt, fährt hinterher.

Bitte bedenken Sie: Outsourcing war 2003 ein politisch sehr heißes Eisen! Genauso wie die Heuschreckenäußerung von Franz Münterfering im Jahre 2005, mit der er den Gierigen einen bis heute sehr klebrigen Stempel aufdrückte. Merken Sie, wie stark wir in den letzten Jahren „weitergekommen" sind? In der universitären Geldbeantragungs-

G. Dueck, *Dueck's Jahrmarkt der Futuristik,*
DOI 10.1007/978-3-642-55371-4_18, © Springer-Verlag Berlin Heidelberg 2014

forschung, dem Doping im Sport, mit der Finanzkrise, dem Outsourcing nach Asien und den Manager-Boni?

Im Jahre 2005 hielt es mich nicht mehr. Ich predigte gallig zynisch das *Lean Brain Management*. Auch hierüber erschien damals eine Kolumne an dieser Stelle. Ich zeigte Ihnen, dass jede Berufstätigkeit in einen Routineteil und einen Intelligenzteil aufgeteilt werden müsste. Beispiel für Beispiel ließ ich deutlich werden, dass unsere Berufe zum größten Teil aus Routine bestehen und wir kaum jemals das tiefe Wissen aus dem Studium anwenden müssten oder auch nur könnten.

Die Beispiele sehen alle so aus: Röntgenärzte verdienen von allen Medizinern am meisten. Man könnte aber die Automaten („Routine") ganz von den Ärzten („Intelligenz") trennen und die Patienten von Niedriglohnjobbern röntgen lassen. Die Bilder werden nach Indien gefunkt. Die Diagnose kommt von dort gegen einen Euro Gebühr wieder zurück. Das war's für reiche Röntgenärzte. Der ganze Geschäftsprozess wird in ein Gemisch aus Automatisierung, Call-Center und Niedriglohnarbeit hier oder anderswo zerlegt. Dieses Zerlegen, also die Trennung der verschiedenen Intelligenzstufen eines Jobs, ermöglicht erst das Lean Brain Management. Die teure Röntgenmaschine kann bestens ausgelastet werden und muss nur sich selbst, nicht aber den Arzt ernähren. Es gibt heute Röntgenmaschinen – oder besser: es könnte heute Röntgenmaschinen geben, die sehr viel mehr Patienten röntgen könnten als der Radiologe anschauen kann. Eine solche Supermaschine könnte auch nachts ohne Ärzte laufen, die Patienten würden das wohl mitmachen. Weil das so ist, haben die Radiologen heute vom Staat her Maximal-Quoten. Jeder Arzt darf nur ein bestimmtes Maß von Patienten abrechnen. Da kann man schummeln und Mutterschutzärztinnen als Volltagshilfe einstellen, um deren Quote einzuheimsen (der Heizer fährt in der E-Lok mit, wie im alten England). Wenn aber die Maschine vom Arzt und der vom Land oder der Krankenkasse getrennt wird, lässt sich alles viel, viel billiger herstellen!

Hätten Sie denn naiv gedacht, dass der Beruf des Radiologen wenigstens in Deutschland so leicht verzichtbar sein könnte? Mein erster Beruf war Mathematikprofessor. Ich habe einige wirklich gute neue Lehrsätze publiziert und kann stolz sein, dass zwanzig Prozent meiner Arbeiten echt von anderen gelesen werden. Und ich muss mich aber fragen, ob es irgendetwas in der Welt ausgemacht hätte, wenn diese Forschungsergebnisse in China ohne die Gehaltszahlungen an mich entstanden wären. Mathematikforschung kann billigent hergestellt werden. Ich bin ersetzbar, als deutsche Person. Verstehen Sie bitte: Wir reden jetzt von der Teilung der Arbeit in schon mindestens drei Bereiche: einen Routineteil, der automatisiert werden kann, einen Billigenzteil, der hohes Spezialwissen erfordert und aus Asien zugekauft wird und in etwas, was noch nicht billig herstellbar oder billig einkaufbar ist.

Dieser letzte Teil ist überraschend klein. Das schreie ich die ganze Zeit! Seit vielen Jahren! Ich mache mir Sorgen. Es trifft uns schon bald.


## „Premium" oder „Commodity?"


In der offiziellen Literatur ist die Unterscheidung der Arbeitsteile nicht so genau untersucht worden wie in meinen realzynischen Werken. Man spricht immer von der Schere zwischen Premium und Commodity. Premium ist das Besondere, was der Kunde großzügig bezahlt. Commodity ist in der originalen Bedeutung im Englischen der „Rohstoff", das Gewöhnliche eben. Commodity ist die Ware aus dem Regal der voll standardisierten Waren wie Zucker, Mehl oder PCs. Mit Commodities ist nur schwer Geld zu verdienen. Als ich ganz klein war, hörte ich immer wieder, dass ein Zentner Weizen (also 50 Kilo) meinem Vater bei Raiffeisen so um die 20 Deutsche Mark einbrachten. Das ist 50 Jahre her. Heute kostet ein Kilo Mehl (nicht Weizen! Mehl!) bei ALDI 25 Eurocent, also ein Zentner Mehl 12,50 €. Wie viel bekommt der Bauer? Kaum so einen stolzen Preis wie mein Vater zu Urzeiten.

Alle Welt sucht deshalb den Weg aus der Commodity- oder Billigenzfalle. Womit kann denn noch Gewinn erzielt werden? Wie kann man dem Umbruch aller ökonomischen Werte entkommen? Eine Weile lohnt sich noch das Investmentbanking und das Spekulieren an sich, die sich am Umbruch eine goldene Nase verdienen, so wie es sonstige Krisenzonenzulieferer schon immer getan haben. Aber sonst?

Welche Berufe sind noch ganz sicher? Noch vor Jahren war der „Bankbeamte" die sicherste Bank unter allen Berufen, und Arzt konnte nur werden, wer den Numerus Clausus als Eintrittskarte zu moderatem Immobilienreichtum schaffte. Auch die echten Beamten werden langsam verangestelltet. Büroarbeit erledigt der Computer. Das Wissen von Taxifahrern ist im TomTom, und das von Finanzbeamten und Rechtsanwälten bald auch in einer Fritz-Box oder so.

Ich will sagen: Wissen an sich wird Commodity. Google ist überall. Wissen ist überall. Und der Experte, also das Wissen mit ein bisschen Erfahrung in begrenztem Umfeld, ist bald auch billigent zu haben.

Hilfe! Welche Berufe bleiben den über? Na, alles was nicht aus dem Regal gezogen werden kann: Management im Sinne von Leadership, Führung, Energie und Bewegung, Projektleitung, Überblick, Architektur im weitesten Sinne, Kreation, Vertriebstalent, Marketing, Originalität, Unternehmertum – das wissen wir doch alle!

## Employability, Fähigkeit zur Teilnahme am Berufs- und Arbeitsleben

Deshalb reden wir in den großen Firmen schon längere Zeit darüber, wie Mitarbeiter ihre Employability erhalten können. Bei Wikipedia wird dazu Beschäftigungsfähigkeit oder Arbeitsmarktfähigkeit gesagt. Im Grunde aber geht es um das Problem, dass wir selbst keine Regalware oder Commodity werden oder bleiben – denn dann müssen wir in immer stärkeren Maße von Niedriglöhnen leben und uns von prominenten Ministern aus der Bundesregierung dissen lassen, dass wir uns hängen lassen und deshalb hängengelassen werden sollen.

Wer sich um seine Employability kümmert, lebt sozusagen gesund. Er ist nicht jemand, der unsinnig dick wird und dann seine Fähigkeiten mit Diätversuchen ausfüttert. Nein, es geht darum, als Mensch nicht in den Commodity-Strudel zu geraten, also nicht erst krank zu werden.

Das Bemühen um Employability ist also eine Frage der Vorsorge oder des nachhaltigen Lebens. Das kurzfristige Agieren der Manager, die sich seit Jahren hektisch um das Abspecken und Ballastabwerfen um den Unternehmenskörper herum bemühen und jede Diät mit minimalem Erfolg probieren – ja, das kritisieren wir als völligen Mangel anNachhaltigkeitsbewusstsein den lieben langen Tag. Sind wir aber selbst nachhaltig?

Wir sagen: „Employability? Wann denn? Dafür muss das Unternehmen Zeit freimachen und mich ausbilden! Das Tagesgeschäft frisst mich vollkommen auf. Ich habe Mühe, meine Familie die Teilnahme an einem Privatleben vorzugaukeln. Meine Familie schimpft über meinen immer mehr überhand nehmenden Überstunden. Seit Jahren erkläre ich denen zu Hause den Grund: Die Tagessätze der Berater, Programmierer und Experten sinken und sinken. Sie haben sich seit der Goldgräberzeit der Beseitigung des Jahr-2000-Fehlers halbiert. Wir bekommen zwar immer noch in etwa das damalige Gehalt, aber nur unter völliger Aufreibung, wie sie in der ganze IT-Branche üblich ist. Wir opfern alles, um nicht auch zuletzt beim Geld abzufallen. Die Inder setzen uns zu. Wir können nichts dafür. Nur noch diejenigen Leute werden gut bezahlt, die den Überblick über ganze Lösungen haben. Es gibt anscheinend keine, die das können. Sie werden gesucht und mit Gold aufgewogen. Normale Leute werden nur quantitativ geprügelt, ich auch. Was soll ich tun? Was? Ich bin verzweifelt, weil meine Familie die Not nicht sieht. Ich fürchte sogar, dass demnächst das Gehalt trotz vermehrter Überstunden sinkt. Und jetzt, zu allem obendrauf, kommen Schlaumeierchefs der kurzfristigsten Quartalsdenksorte und verteilen Broschüren über Employability. Das macht mich ganz fertig. Soll ich jetzt selbst Schuld an allem sein? Ich, der ich nur noch arbeite? Soll ich mir das von all denen sagen lassen, die es in den Dreck fuhren?"

So reden die, die Commodity wurden. Wer daran Schuld hat, ist egal. Es ist letztlich die Wirkung des Internets – dass wissen wir alle. Wissen Sie noch, dass Pfeffer im Mittelalter so sündhaft teuer wie Gold war? Es gab keine Straße nach China, deswegen. Und heute regnet es Straßen nach China. Das bringt heute die Schärfe in unser Leben.

Nur nicht Commodity werden! Heute gibt es dieses niederschmetternde Wort dafür. Ich hoffe, dass Sie das jetzt wirklich spüren können. Im Jahre 2005 habe ich nach so einem Wort gerungen, Commodity hätte ich mich nicht getraut. Die damalige Kolumne zum Thema hieß *Averyware*, das Wort habe ich aus Every, Everywhere, Ware und Average gemischt. Ich habe damals selbst wirklich auch noch geglaubt, es käme Average aus uns heraus – aber dass es bald ab in die Niedriglohnsektoren geht, halte ich erst seit einiger Zeit für denkbar. Damals gab es einige Hate-Mails an mich, die Averywhere-Kolumne sei gnadenlos überzogen… Viele meiner Kolumnen sind gnadenlos überzogen, diese hier ja auch – soll ich leise sein? Dann hören Sie mich nicht. Soll ich laut sein? Dann halten Sie mich für überzogen?


## Was muss ein Mensch heute können?


Ja, was? So viel wissen wie früher, aber mehr können! Ich hadere mit dem Wort Wissensgesellschaft. Das Wort suggeriert, dass wir mehr wissen müssen, es geht aber nur um den professionellen Umgang mit Wissen, das durch Computer, Informatik, Datenbanken und Google überall verfügbar ist. Wir müssen nicht in eine falsch vorgestellte Wissensgesellschaft, sondern in eine Premium-Society. Wir müssen in eine „Exzellenzgesellschaft", wie ich im ganzen Buch *AUFBRECHEN!* von allen fast erflehe. Beim Schreiben des Buches surfte ich im Internet, welche Kompetenzen ein Mensch denn außer der Fachkompetenz denn so haben könnte. Könnte, nicht müsste. Was soll der Mensch im Prinzip können? Ich kam bald auf eine lange Liste. Die habe ich quälend lang ins Buch genommen, so dass es beim Lektorat echt aufgestoßen ist. „Bitte kürzer." Ich habe mich geweigert. Denn im Grunde …, ach, sehen Sie selbst:

- Soziale Kompetenz (Verstehen, Empathie, Teamfähigkeit, Kommunikationsfähigkeit, Kooperationsfähigkeit, Konfliktlösungsfähigkeit, normal gutes Benehmen)
- Fachliche Kompetenz oder Sachkompetenz (sein Handwerk verstehen)
- Führungskompetenz und Durchsetzungskompetenz (Entscheiden, verhandeln, überzeugen, motivieren, Kritik üben, delegieren, Zeit managen, Konflikte bewältigen, ordnen, präsentieren, anleiten, coachen, unter widersprüchlichsten Bedingungen den Spagat zwischen allem schaffen)
- Methodenkompetenz (methodisch Probleme lösen und an Unbekanntes herangehen, Informationen beschaffen, strukturierte Lösungstechniken kennen)
- Selbstkompetenz, Persönlichkeitskompetenz (Energie, Belastbarkeit, Kreativität, Stabilität, Gewissenhaftigkeit, Zuverlässigkeit, Integrität, Courage, Mut, Flexibilität, Selbstständigkeit, Selbstdisziplin, Ausgeglichenheit auch unter Stress, Unsicherheitstoleranz, Schaffen eigener Identität, Selbstreflexion, gutes Umgehen mit eigenen Problemen, Gefühlen, Erfolgen und Misserfolgen, Stärken und Schwächen, sicheres Auftreten)
- Interkulturelle Kompetenz (Wissen um andere Landeskulturen, Subkulturen und Firmenkulturen, Verstehen, Sensibilität, Takt, Kommunikationsfähigkeit, gemeinsames persönliches Klima im Angesicht verschiedener Kulturen bilden können)
- Interdisziplinäre Kompetenz (vernetztes Denken, Verstehen des Wesens anderer Wissenschaften, Methoden, Strukturen und diverser Berufsauffassungen, z. B. von Controllern, Juristen, Journalisten etc. Gefühl für das Übergeordnete und für Synergien)
- Lernkompetenz (selbstbestimmtes lebenslanges Lernen)
- Analytische Kompetenz (Was ist wichtig? Überblick durch Analyse verschaffen. Was sind die kritischen Erfolgsfaktoren, wie hängt eines mit dem anderen zusammen?)
- Konzeptionelle Kompetenz (Konzepte und Strategien entwickeln und anderen vermitteln)
- Kreative Kompetenz und Innovationskompetenz
- Aktive Prozesskompetenz (Planen, Systeme optimal bauen, steuern und verändern, Geschäftsprozesse organisieren, managen, Projekte steuern, Systembrüche überwinden – das Komplexe kennen und beherrschen)
- Passive Prozesskompetenz („wissen, wie alles tickt", Kenntnis aller Prozesse)
- Sprachkompetenz (Formulieren, Reden, Rhetorik, Fremdsprachen)
- Kompetenz der Körpersprache („90 % der Kommunikation ist non-verbal")
- Mathematische Kompetenz (normal rechnen können, Reales und Zahlen verbinden können, korrekte Schlüsse ziehen und inkorrekte erkennen, Größenordnungen richtig einschätzen, Wahrscheinlichkeiten von Risiken kennen, Tabellen und Statistiken verstehen, Pläne oder Sachverhalte in Zahlen kommunizieren können)
- Internetkompetenz & „Computer Literacy" (Computerbeherrschung)
- Verkaufskompetenz (Wünsche und Motive der Kunden verstehen, Beziehungen herstellen, aktives Zuhören, Wünsche des Kunden mit seinen finanziellen Möglichkeiten harmonisieren, Sympathie besonders beim ersten Kontakt erzeugen, vertrauensvolle Basis schaffen, ihn letztlich zum Abschluss bewegen, also aus einer unterlegenen Position heraus doch zu siegen).

Ich fürchte, Sie haben die Liste nur mal so überflogen. Gut. Haben Sie meinen Punkt gesehen? Ich will sagen, dass jemand in der normalen Berufswelt im Premium-Bezirk so ziemlich alle diese Kompetenzen haben sollte. Deshalb bitte ich Sie, die Liste in diesem Sinne noch einmal genau durchzugehen. Leute des Typs Averyware haben in der Regel eine gute Fachkompetenz, und sie kennen meist die Methoden und Projektregeln ihres Bereiches. Für den Rest gibt es sehr, sehr oft Klagen über die schwach autistischen Techies (bei Fachkräften) oder die aktionistische Kurzfristzerstörung alles Ganzheitlichen durch hyperaggressive Manager.

Wer Employabilty will, muss solche Kompetenzen wie oben zu erwerben. Gibt es Kurse dafür, in denen sie diese in zwei Tagen erwerben können? Ach nein… das wäre wie „Abnehmen in fünf Stunden". Hier geht es um das stete Bemühen, ein „Vollmensch" zu sein, dauerhaft offen und neugierig für das Ganze zu bleiben, immer die Verantwortung für sich, andere und ein mit dem fortschreitenden Leben im größer werdendes Ganze zu spüren.


## Wer wird befördert?


Um es kurz zu machen: Eben diejenigen, die sich um die aufgeführten Kompetenzen bemühen. Wir haben bei IBM einmal einige hundert Mitarbeiter „vermessen" und sie gefragt, wie viel sie lernen, ob sie anderen helfen, bei Arbeitskreisen der IBM Academy of Technology mitwirken, solche leiten oder dazu öfter Beiträge schicken, ob sie jüngeren Mitarbeitern als Mentor zur Verfügung stehen, intern ihr Fachgebiet für andere präsentieren. Wir schauten, ob sie Wirtschaftszeitungen lesen oder einschlägige Computerzeitschriften, allgemein oder in ihrem Gebiet. Wer von den Managern und Architekten weiß vor dem Kundenbesuch ziemlich gut, um welches Unternehmen es sich handelt? Hat er sich die Mühe gemacht, sich eine Stunde in den CEO oder CIO hineinzudenken, was dessen „Herausforderungen" („Pain Points") oder dessen eigene Visionen sind oder sein könnten? Kennen sie die Probleme der einzelnen Industriebranchen, die sich ja fast unisono vor der Commodity-Falle fürchten und neue Inhalte und Märkte, neue Kunden und Produkte brauchen?

Fast alle kennen ihr engeres Fach sehr, sehr gut. Sie kennen sich in den gängigen Methoden aus und verstehen sehr gut, wie Projekte gut laufen. Ganz bestimmt nicht alle bemühen sich um das andere darüber hinaus, sehen wenig „über den Tellerrand" und bemühen sich nicht um Dinge „da draußen" außerhalb des eigenen Bereiches.

Wir haben diejenigen angeschaut, die gerade befördert wurden. Und? Klar, Sie wissen es. Es sind fast ausnahmslos solche, die sich im Großen und Ganzen um ihre Employability im Sinne der befragten Arbeitsfelder bemühen und Wert auf alle die oben aufgezählten Kompetenzen legen. Eben diese Kompetenzen sind heute noch nicht durch Computer abbildbar oder automatisierbar!

Und deshalb lesen Sie in allen Zeitschriften die immer verzweifelteren Aufrufe, dass Techies besser und mehr mit Menschen umgehen sollten, dass sie kommunizieren lernen müssten, auch das Verkaufen und das Selbstverkaufen („sympathisch wirken beim ersten Kontakt"). Wir lesen, dass sich IT-Manager verdammt noch mal endlich um das Business kümmern sollten, weil sie doch neben dem Chef als einzige mit dem ganzen Business der ganzen Firma zu tun hätten. Überhaupt wird geklagt, dass kaum einer seinen jeweiligen Kunden versteht – noch schlimmer, dem Kunden ist kaum den Versuch dazu erkennbar. Es wird im Grunde geklagt, dass es zu viele teilautomatisierbare Commodities gibt, wo doch ein Bedarf an Premium herrscht.

Wo Sie früher als Verkäufer mit dem Bestellblock anreisen konnten, verkaufen Sie heute absolut nichts mehr, weil der Kunde den Bestellblock im Internet selbst ausfüllen kann. Für den Rest braucht er den Vollmenschen und Premium-Beratung, das gilt überall! Bei Banken, Versicherungen – überall! Und überall lauert der Absturz in Averyware.

Fachkönnen bei Techies, schiere von oben richtbare Energie bei Managern oder schon halb ausgefüllte Standardberatungsergebnisse bei Beratern reichen nicht. Oder kurz: Mittelmäßig geht gar nicht.

Was wir heute noch für Exzellenz halten, ist morgen Pflicht.


## Können denn alle exzellent sein?

Geht das? Gibt es denn nicht immer auch Untaugliche? Oder Arbeitsunwillige? Wie soll dass gehen? Ich sagte nicht, dass alle überdurchschnittlich sein sollen – dass geht logisch nicht, obwohl die Forderung oft gestellt wird. Ich kenne kaum eine Firma, die nicht Nummer 1 werden will.

Ich sage: Der Durchschnitt wird ansteigen, die Glockenkurve der Fähigkeiten verschiebt sich nach rechts. Ich stelle die liebe, allen so heilige Glockenkurve an sich ja nicht zur Diskussion. An der dürfen Sie gerne weiter hängen!

Gehen wir in Gedanken kurz in den Dschungel und finden ein noch nicht entdecktes Urvolk. Dann sagen wir: „Pech gehabt, ihr seid jetzt neu entdeckt und damit der Globalisierung verfallen. In zehn Jahren muss hier jeder lesen und schreiben können." Sie werden erwidern: „Die Kinder müssen arbeiten, sie haben keine Zeit zum Lernen. Wir verstehen auch nicht, wie Lesen und Schreiben hier etwas nützen könnte und drittens glauben wir nie und nimmer, dass wir es lernen könnten, weil wir nicht intelligent genug sind."

Lächeln Sie jetzt nicht. Ich zitiere aus der Wikipedia unter dem Stichwort Schulpflicht: „Besonders in der Landbevölkerung stieß die Schulpflicht zunächst auf Widerstand. Die in kleinbäuerlichen Betrieben notwendige Arbeitskraft der Kinder wurde erheblich wichtiger als deren Schulbildung angesehen. So kam es z. B. in der Eifel, nachdem diese 1815 preußisch wurde, in den beiden folgenden Jahrzehnten mehrmals zu heftigen Protesten der Landbevölkerung gegen den Schulbesuch der Kinder." Ich selbst komme ja vom Bauernhof. Ich kann mir echt denken, was die Bauern 1815 so meinten: „Die Arbeit der Kinder erlaubt Bildung zeitmäßig nicht, die Bildung wird im Beruf nicht gebraucht, und es geht vom Intellekt her auch nicht." Ich bin so etwa als erster aus dem Dorf Groß Himstedt Anfang der 60er als Fahrschüler nach Hildesheim gefahren, ganz früh mit den Arbeitern raus, dann am Nachmittag heim. Bis auf meine Eltern sagten alle, ich würde es vielleicht nie mit dem Abitur schaffen. Es sei zu schwer, das viele Busfahren würde zu viel Zeit kosten, ein Abitur könne man gar nicht gebrauchen und es würden fast alle scheitern.

Und was sagen die Commodities bei der Aufforderung, sich um Premium-Employability zu bemühen? „Keine Zeit wegen des Berufes, es nützt auch nichts – und ich kann es auch nicht." Hey, das sagen alle Leute alle Zeit! Und sie haben aus ihrer Vorzeitsicht alle Recht.

Die Urvölker im Dschungel haben genauso Recht wie die Bauern in der Eifel und in Groß Himstedt oder die Informatiker/Manager heute. Sie haben aber nur für heute und morgen Recht, nicht für übermorgen. Und Sie sollten vor allem verstehen, dass die Urvölker wirklich Lesen lernen könnten, wenn sie wollten. Das ist inzwischen erwiesen. Es ist unstrittig, dass Bauern in der Eifel sogar das Abitur schaffen, so wie ich es auch hinbekam (1969).

Das Exzellente von heute ist das Normale von morgen. Wir müssen den nächsten Schritt gehen. Im Buch AUFBRECHEN habe ich ganze Kapitel über die hier schon früher in einer Kolumne beschriebenen „Culture Technologies" verfasst – eben, wie wir alle das Abitur schaffen könnten, wenn wir gute Ausbildungstechnologie hätten.

„Jeder muss Abitur machen! Jeder studieren!", fordere ich und bekomme gerade in diesen Tagen schärfsten Gegenwind von den heutigen „Urvölkern". Die einen schreien, es ginge nicht, die anderen, dass es nur ginge, wenn das Abitur verwässert würde und nichts mehr wert sei. Ich würde deshalb den Untergang Deutschland betreiben oder so ähnlich. Solche Vorwürfe wurden schon vor Erscheinen des Buches (!) in der Süddeutschen erhoben, wahrscheinlich auf Grund der Beschreibung bei Amazon.

Denkt eine Nation so, die sich als Land der Dichter und Denker versteht, die sich zu Recht vieler der wichtigsten Erfindungen rühmt? Ist bei Goethe schon Schluss?

Eine Nation, die zu sehr ihre Vergangenheit bewundert, wendet sich von der Zukunft ab. Ein Unternehmen, das sich etwas zu sehr auf seinen guten Ruf einbildet, sieht den Kunden bald nicht mehr. Ein Mensch, der auf seine Errungenschaften und Verdienste pocht, ist auf dem Weg zur Commodity.


## AUFBRECHEN!

Warum brechen wir nicht in die Exzellenzgesellschaft auf? Sehnt sich nicht Faust, also das Urdeutsche, danach zu verstehen, „was die Welt im innersten zusammenhält"? Wollen wir weiter vor der grauen Theorie erschauern oder entschließen wir uns, neu des Lebens grünen Baum aufkeimen zu sehen?

Und mir fällt gerade ein, dass die meisten, denen ich die Bildung, die Employability, das Wissen um die Zusammenhänge der Welt oder das Leben in anderen Kulturen als lustvolles Ziel anempfehle, ganz böse und hartnäckig auf den bloßen Nutzenaspekt der Bildung zurückkommen. Ich habe schon öfter so etwas gehört: „Ich habe einen Arbeitsvertrag für den Job, denn ich seit vielen Jahren ausführe. Die da oben merken jetzt, dass sie mit mir nicht so viel Geld verdienen, wie sie bei meiner Einstellung dachten. Nun wollen sie, dass ich mich weiterbilde und abends lerne, damit sie mich mit den neuen Fähigkeiten viel teurer verkaufen können. Dann geben sie mir eine ganz kleine Gehaltserhöhung, kein Danke dabei und haben ihr Problem auf meine Kosten gelöst. Ich bin dann höherwertig und sie kassieren das alles ab." Das heißt also: „Sie haben mich eingestellt, wie ich bin. Wenn ich jetzt Commodity bin, dann ist das deren Problem. Ich habe meine feste Laufbahn, das ist mein Vertrag."

Haben wir auch einen Vertrag mit China oder Indien, dass die unsere Rente bezahlen? Ist es nicht furchtbar, sich zum Lebensarbeitsende als selbstakzeptierter Low Performer langsam aus dem Berufsleben zu verabschieden?

Ist Bildung denn nicht auch und vor allem Freude? Ein hohes Gut für die Persönlichkeit? Glänzen denn Menschen nicht hell, die die oben aufgezählten Kompetenzen anstreben? Für den Philosophen Peter Sloterdijk ist das Lernen „Vorfreude auf sich selbst".

Ja, das ist es. Haben wir diese Vorfreude aus den Augen verloren?

Warum macht Schule keine Freude mehr? Ich glaube, sie ist zur Commodity verkommen (worden). Daher spüren wir, dass sie uns keine Art von Premium mehr gibt wie früher. Unser Bildungssystem vermittelt Fachkenntnisse, die früher absolut Premium waren. Unser System kümmert sich fast gar nicht um die vielen Kompetenzen rund um unsere Persönlichkeit.

Die Kopfnoten im Zeugnis verlangen nicht Kreativität, Persönlichkeit, Energie und so weiter, sondern nur sich unterordnenden Fleiß und Einfügen in die Lehrpläne. Es kommen Commodity-Menschen heraus. Brick in the wall. Diese Mauern müssen wir einreißen und wieder Premium werden. AUFBRECHEN! Los! Keine Sorgen! Shift happens.

# Kapitel 19
# Leichenpredigt zu Lebzeiten

Shift happens! So titelte ich neulich und riet mit dem gleichnamigen Buchtitel zum AUF-BRECHEN. Das aber sehe ich im Alltag noch nicht wirklich. Ich sehe stattdessen überall Huldigungen gegenüber dem Alten, also promissorische Eide bei feierlichen Konferenz-eröffnungsakten, die in der Treue und der Gefolgschaft gegenüber dem Alten die beste Art einer möglichen Zukunft erklären.

Ich sehe mich bei Veranstaltungen sehr oft in der misslichen Rolle, quasi Leichenpre-digten zu halten, in denen ich dramatisch vor dem nahen Tode warnen muss. Wikipedia sagt: „Wichtiger und umfangreicher Teil [der Leichenpredigten] waren in jedem Fall die Sterbeszenen. Mit dem Hinweis auf das sanfte und selige Entschlafen kamen die Autoren den Anforderungen der Leichenpredigt nach, Gott zu loben, die Hinterbliebenen zu trös-ten und zu erbauen und die Gemeinde zu belehren." Also lobe ich brav die vergangene Technik, die viel besser war als die neue. Ich bin anschließend mit Ihnen zusammen ein bisschen traurig, weil ich selbst ja schon alt bin und das gute Alte noch kannte. Nach die-sem wehmilden Teil zeige ich Ihnen als Schock das Neue, an das Sie nicht glauben wollen. Das Neue ist unvollkommen und verlangt unzumutbare Anpassungen und einiges Zopf-abschneiden. Unsere Kinder aber haben keine Zöpfe, verstehen Sie? Sie sind dem Neuen gegenüber offen und aufgeschlossen. Wir seufzen und hadern: „Sie kennen es gar nicht anders. Sie wissen nicht, wie es früher war."

## Das Waschmaschinen-Paradigma

Das kommende Internetzeitalter verformt uns. Wir werden vermehrt auf irgendwelche Bildschirme schauen, was viele für einen kulturellen Rückschritt halten. Dabei – das schrieb ich schon oft – schauen wir jetzigen Menschen ganz bedenklich lange in die Röh-re, und genau davor sind wir vor unseren Eltern immer wieder massiv und verächtlich gewarnt worden.

Neue Erfindungen verändern unser Leben, das ist eben einmal so!

Erinnern Sie sich, als die Waschmaschine erfunden wurde? Man kaufte sich eine, noch ganz euphorisch. „Die Waschmaschine befreit Sie von Routineaufgaben. Sie können sich nun wieder kreativen und wertschöpfenden Arbeiten widmen." Die damals noch real exis-tierende Normalhausfrau stopfte als ersten Versuch die ganze Wäsche hinein, zunächst vorsichtig auf Schonwaschgang. Leider waren die Flecken noch drin. Sie versuchte es

G. Dueck, *Dueck's Jahrmarkt der Futuristik*,
DOI 10.1007/978-3-642-55371-4_19, © Springer-Verlag Berlin Heidelberg 2014

mit Kochen, da zerfiel die Wäsche. Außerdem war das einst blendende Weiß in zartes Rosa verwandelt, weil das Rote in der Maschine so schön abfärbt. Die Nutzer fluchten. Die Seide war hin, Erbstücke ruiniert. Das Weiß war nicht weiß, die Wäsche litt oder der Schmutz blieb. Die Hersteller beschrieben im Kleingedruckten, wie jedes Wäschestück einzeln zu behandeln wäre. Die älteren Hausfrauen wussten schon immer, dass sie auf keinen Fall ihren Mann maschinengewaschen zum Geschäftsessen schicken würden, wo ihm eine sichere Blamage drohte. Firmenimperien wuchsen heran, die uns jahrelang das Weißwaschen weismachten. Wissen Sie noch, wie es ausging?

Die Waschmaschinen blieben, wie sie waren, aber die Wäsche wurde normiert: es gab bald nur noch Wäsche für 30, 60 oder 90 Grad. Kurz und prägnant: Die Wäsche und die Waschmittel wurden standardisiert und die Waschmaschine lieferte eben nur diese wenigen Standardservices. Keine anderen! Wer den vollen Nutzen aus der Waschmaschine ziehen wollte, musste sich dieser Normierung der Welt unterordnen oder mit der Hand waschen.

„Wie denn? Sollen wir uns etwa die Wäsche maschinengerecht neu kaufen?", fluchten die Menschen und ärgerten sich über den bevorstehenden Konsumzwang. Dann schimpften sie noch ein paar Jahre und wuschen vollkommen überzeugt mit der Hand. Aber irgendwann kam die Constructa in den Waschkeller und mit ihr nach und nach die neue Wäsche. Wer will denn nicht doch einmal neue Wäsche haben? Wer will denn sein ganzes Leben vordergründig stolz mit dem Spruch „ich bin ein altes Erbstück, aber mit Perwoll gewaschen" punkten? Die Menschen wurden irgendwann müde, dem Handwaschen das Attest überlegener Weißqualität zu verleihen. Miele war dann irgendwann voll okay.

Einige Jahre später erfand man den Trockner. Es kam zu großen Skandalen, weil alles einschrumpfte oder ausleierte und verdarb. Ein neuer Trockner vernichtete wiederum die neu gekaufte Wäsche. Es war sonnenklar, dass man Wäsche viel besser auf der Leine am Balkon sorgsam trocknete und darüber wachte, dass niemand in der Nachbarschaft gerade grillte. Wäsche saugt sich in der reinen Natur nämlich viel aprilfrischer mit Ozonluft auf – Pfui über das stundenlange Rödeln in immer derselben verbrauchten Abluft in der Trommel! Trockner zerschludern alles und arbeiten mit schlechter Qualität!

Wissen Sie noch, wie es ausging? Man einigte sich auf Normen, die mit „für Trockner geeignet" beschrieben wurden. Dazu war es nötig, alle Wäsche nochmals normiert neu zu kaufen.

Wieder einige Jahre später erfand man den Geschirrspüler, aus dem nun wirklich alles dreckig verklebt herauskam, wenn man nicht doppelt so lange vorspülte, wie man zum echten Spülen gebraucht hätte. Zuerst verschrammte der Spüler das geerbte Porzellan und vermilchte die schönen Gläser. Etc. Wie ging es aus? Wir kauften uns neues Geschirr.

Überall geht es so! Bachs Toccata wanderte von Schelllack auf LP, auf Spulentonbänder, dann auf Cassettendecks und auf CDs, jetzt in den iPxxx. Das Alte stirbt unter immerwährendem Gefasel von überlegener Qualität. Es weigert sich, alles noch einmal neu zu kaufen. Das Alte stirbt deshalb niemals ganz schnell! Aber die jungen Menschen, die sich Erstwäsche kaufen, nehmen gleich die neue. Sie wählen gleich die neuen Gläser und die neuen Music-Downloads. Sie wachsen mit flachen Bildschirmen auf. Es sind Washing-Machine-Natives, TV-Natives, Induktionstopf-Natives, Public-Viewing-Natives, die unbedingt beim Fernsehen in Massen rumstehen, johlen und trinken müssen – wo man doch zu Hause Erdnüsse auf dem Nierentisch hätte. An ihnen, den immer neuen Natives, stirbt das Alte.

## Todespfeil: Power is changing hands

Dieser amerikanische Ausdruck erschüttert derzeit die IT-Branche. Na, nicht so arg, weil die meisten in der IT noch nicht daran glauben, solange sie noch nicht dran gestorben sind.

Mich beunruhigt das zutiefst. Ich verkaufe ja im Beruf gerade Cloud Computing bei der IBM. Es macht doch einen Unterschied, Cloud Computing bei einem Unternehmen anzubieten, bei dem alle Macht schon viele Jahre in denselben Händen liegt – oder einem Unternehmen, dessen CIO gerade den 35. Geburtstag gefeiert hat (und das Unternehmen selbst gerade den zehnten)!

Es gibt einerseits noch immer Vorstände und Geschäftsführer, die E-Mails nur ausgedruckt kennen. Es gibt auf der anderen Seite ganze junge Technologie-Freaks als Manager, die sich über die Ahnungslosigkeit älterer Technologie-Vertriebsleute aufregen, die IT-Neuerungen wie geheimnisvolle Vorsorgeuntersuchungen anbieten.

Derzeit heißt das Neue in der IT in irgendwelchen Abwandlungen „Cloud". Ich habe darüber an dieser Stelle vor einem Jahr geschrieben. Damals war „Cloud" nur Hype und wurde bestaunt. Überall ungläubiges Lächeln. „So einfach ist das nicht." (Was haben Sie denn letztes Jahr gedacht, als Sie meine Kolumne *Die Wolke am IT-Himmel* lasen?) Die Kenner unter Ihnen und auch ich wussten genau, dass die meisten alten Anwendungen („Legacy") in einem Unternehmen gar nicht in Clouds laufen würden. Die Anwendungen müssten erst normiert und standardisiert werden. Die Datensicherheit würde ein gravierendes Problem darstellen!

Clouds sind toll! Aber man muss die Anwendungen dazu anpassen, neu schreiben, standardisieren und normieren. „Es gibt nur noch Software auf 30, 60 und 90 Grad, Trockner geeignet. Jede Software läuft auf jeder Maschine, so wie jede Wäsche in jeder Waschmaschine."

Mit solchen neuen IT-Paradigmen wachsen derzeit die Digital Natives auf, die vereinzelt schon in die Entscheideretagen aufrücken. Sie werden ihre Macht dafür einsetzen, gleich alles neu zu gestalten. Das Neue ist nämlich effizienter, Punkt. Und China, wenn Sie eine so pauschale Aussage verzeihen, hat keinen Legacy-Code. Power is changing hands!

## Todespfeil: Expertise is changing heads

Die Digital Natives sympathisieren mit dem Neuen! Sehen Sie denn nicht lebhaft vor sich, wie ein neu eingestellter Mitarbeiter des Jahres 2015 sofort die Flucht ergreift, wenn er in der ersten Arbeitswoche einen Windows XP Kurs machen muss, unter dem immer schon und jetzt noch alle Anwendungen laufen? Er stellt natürlich sein privates ***-Universalpad an und versucht, darauf zu arbeiten. Das geht viel besser, ist aber verboten …

Früher war es im Büro fortschrittlicher als zu Hause: Man nutzte zuerst einmal den Firmencomputer zum Surfen, es war kribbelnd spannend, hier den technologischen Vorteil zu erleben. So einen Computer müsste man zu Hause haben! Ach!

Heute ist die Unternehmens-IT hoffnungslos gegenüber dem zurückgefallen, was ein Kind schon mit fünf Jahren zu Weihnachten bekommt. „Wir dürfen in der Vermögensberatung unserer Bank nicht surfen. Wir können Sie deshalb nicht seriös beraten, weil wir schlechter informiert sind als Sie als Normal-Googler daheim."

Die Digital Natives werden in einigen Jahren mit ganz anderer Expertise und anderen Vorstellungen und Arbeitsgewohnheiten kommen. Sie werden uns in die Ecke stellen, so wie es unsere Enkel schon heute beim Blu-ray-Decoder tun. „Opa, setz dich mal hin. Guck einfach den Film und lass das Gerät in Ruhe. Nichts stimmt hier mehr, was hast du gemacht? Was? Versucht, die Sommerzeit einzustellen und keinen Knopf dafür gefunden? Ach Opa, das ist alles über Internet…"

Die neuen Fachkräfte wachsen mit den neuen Standards und Normen auf. „Sie kennen nichts anderes." Sie werden die alten Anwendungen verfluchen und Software-Museen damit füllen. Und wir Alten? Wir lieben die Erbstücke, die nie einer Normierung unterworfen waren. Wir lehnen „Cloud" innerlich ab, so wie ein Rolls-Royce-Handfertiger die stromlinienförmigen Neuautos nicht mag, die sich nur durch den Schriftzug auf dem Kofferraum unterscheiden.

## Huldigung und promissorischer Eid: XYZ wird es immer geben!

Ich untermale jetzt einmal alles mit einigen Beispielen. Das Neue muss erst die neuen Standards und Normen finden, eine quasi endgültige Kunstform. Bis das nicht geschehen ist, bleibt alles beim Alten. Aber nicht mehr lange!

**Papier** „Papier im Büro wird es immer geben! Diejenigen, die Papierlosigkeit prophezeiten, sind durch das Ausdrucken von E-Mails Lügen gestraft worden! Die Welt steht vor einem neuen Aufschwung der Drucker und der Druckmaschinen. Mehr Papier denn je!"

Papier kann man nicht so einfach abschaffen, weil in gesetzlicher Hinsicht und im Hinblick auf alte Vorschriften nur Papier eine Gültigkeit hat. Auf Papier wird unterschrieben. Papier ist das klassische Format eines Dokumentes.

Elektronische Medien lassen eine ebenso gute Dokumentation im Prinzip zu, aber die derzeitigen Vorschriftenlage erzeugt für denjenigen, der elektronisch dokumentieren und unterschreiben will, einen Wust von unvorhergesehenen Problemen. Es ist wie mit den Anwendungen der IT, die auf Clouds nicht laufen! Um das Papier wirklich abschaffen zu können, müssen wir die ganze Dokumentation neu standardisieren und normieren: „Alle Wäsche muss neu gekauft werden, in verschiedenen Gültigkeits- und Sicherheitsstandards – 30, 60 oder 90 Grad." Dann stirbt das Papier. Ich selbst will auch kein Papier mehr. Ich bin schon „always on", so gut es mit der UMTS-Karte geht. Ich will nicht Akten herumtragen. Meine Post besteht nur noch aus vollkommen sinnlosen Einladungen zu Konferenzen und Workshops aller Art. Ich schaue sie eigentlich nicht mehr an – gleich in den Papierkorb.

**Bücher** „Bücher wird es immer geben, weil man am Strand auf den Displays von den neuzeitlichen Lesegeräten nichts sieht – wie auf den Digicams ebenfalls nicht. Bücher sind haptisch, iPad oder Kindle hin oder her. Bücher sind Kultur, wenn auch für mich nicht die höchste. Eigentlich lese ich am liebsten alles auf Lateinisch von Papyrusrollen. Früher war Wissen noch auf Stein gemeißelt, also für die Ewigkeit. Ich hasse diese Bücherwegwerfkultur, die Taschenbuchschinken am Urlaubsort in der Tonne zurücklässt, um den Koffer dutyfree wieder auffüllen zu können." Bücher werden sterben, weil sie sich mit der neuen Technologie wandeln. Man kann sie jetzt ohne Mehrkosten an Farbdruck einfach illustrieren, Videos einfügen, vom Autor vorlesen lassen, dem Autor online Fragen dazu stellen. Korrekturen kommen als Update, jeder kann mitmachen. Zu Romanen werden gleich die Verfilmungen angeboten etc. Liebe Leute, wir haben die Möglichkeiten des Buches noch gar nicht annähernd ausgelotet, weil wir nicht wirklich wollen. Bücher sind Erbstücke der jetzt vergehenden Kultur, die sich ganz langsam den neuen Ordnungen der digitalen Kultur unterwerfen. Die Digital Natives wollen nicht in den Buchladen gehen, sie lesen im Netz! Und die neuen LED-Bildschirme mit Hintergrundbeleuchtung sind eine Wucht! Mein Apple ist im Sommergarten nutzbar!

**Bibliotheken** Braucht man die, wo es doch Google gibt? Reicht nicht eine digitale Bibliothek für die ganze Welt? Warum werden überall Bücher gekauft und dann von Bibliothekarinnen systematisiert und katalogisiert? Die meisten Bücher werden nie ausgeliehen. Warum stehen sie da? Eine Bibliothekskraft kostet vielleicht mit Arbeitsplatz 75.000 € im Jahr, wofür vielleicht 3.500 Bücher neu gekauft werden könnten. Hmmh… Wie groß ist denn die kleine Bibliothek? Kommen Digital Natives in die Bibliothek?

**Bausparen** „Jeder muss vorbauen und Wohneigentum erwerben, um die Rente zu sichern. Das ist gerade für die junge Generation wichtiger denn je." Ich fragte neulich bei einer Konferenz, wie wohl ein Digital Native einen Bausparvertrag abschließt. „Papa, im Internet stehen die Tarife, keiner passt so richtig. Man kann kein Konto online eröffnen. Was tue ich?" – „Johannes, du musst dein Zimmer aufräumen, Kaffee kochen und ein oder zwei Stunden mit einem Berater reden, den du einladen musst." – „Papa, weiß der mehr, als im Internet steht?" – „Ich glaube nicht, er verkauft nur." – „Warum muss er hierher kommen?" – „Du kannst auch zu ihm hinfahren. Mach einen Termin." – „Papa, okay, ich überlege mir das…Papa? Warum eröffnet man nicht einfach ein Konto mit Scheckkarte zum Abheben und man bekommt so etwas wie Meilen für jeden Euro pro Tag auf dem Konto gutgeschrieben. Wenn man genug Wartemeilen gesammelt hat, könnte ich mir ein maßgeschneidertes Darlehen designen lassen, was dann eine bestimmte Meilenanzahl kostet, so wie im Lufthansa-Shop. Warum also die verschiedenen Tarife? Kann ich wissen, was in zehn Jahren ist? Und überhaupt: Muss ich nicht später immer umziehen und mobil sein? Oder arbeite ich irgendwo in Mallorca über Funk? Braucht man noch groß neue Häuser, wo doch Leute wie Du bald alle in zu großen Einfamilienhäusern alt werden und die Bevölkerung sinkt? Bei IBM hat keiner mehr ein Büro! Wird es nicht zu einem Verfall der Bürostädte kommen? Sind Immobilien denn nicht überhaupt Höchstrisiko, wenn sie nicht gerade in China stehen?"

**Immobilien** Wenn Digital Natives always on sind und Arbeit überall und immer ist – was tun wir mit all den Bürotürmen? Bald ist eine gute Hälfte unserer Arbeitskollegen irgendwo anders, in Indien oder in anderen Städten. Ein großer Prozentsatz der Arbeit, die der Computer nicht allein kann, besteht aus Koordination und Management. Dazu müssen entfernt arbeitende Kollegen eingebunden werden. Nur ein kleiner Teil residiert im gleichen Gebäude wie wir. Dann aber ist es schon egal, ob nun gleich alle an einer anderen Stelle arbeiten.

Wie sehen bald Arbeitsumgebungen aus? Was geschieht mit Immobilienfonds? Werden wir weiterhin Wertsteigerungen sehen? Warum? In den USA beginnt seit einigen Monaten eine Gewerbeimmobilienkrise, die zur neuerlichen Blase zu werden droht. Man denkt allgemein, es läge an der Krise. Niemand kommt auf die Idee, dass „Büro" sich ändert, nicht nur auf dem Papier.

**Beratung** Wie gehen Digital Natives mit Beratung aller Art um? Gehen sie ins Reisebüro? Lassen sie sich über Bundesschatzbriefe informieren? Gehen sie zur Verbraucherberatung, um sich über Induktionsherde zu informieren? Ich war neulich auf einer Tagung für Personalberater, die es gewohnt sind, etliche zehntausend Euro Honorar zu bekommen, wenn sie einen Vorstand einer mittelständischen Firma neu besetzen sollen. Nun aber bieten professionelle Googler das Ganze für ein paar tausend Euro an! Ich konnte mir vorstellen, dass das gehen könnte, wenn ich mich über Xing und Co. hermache. „Das ist keine Qualität! Das sind Raubritter, die unser uraltes Gewerbe durch Rabatte ruinieren! Die Kunden werden reumütig zurückkehren, wenn der zu Rabatt Eingestellte sich dann nicht bewährt, woran wir fest glauben."

**Telefon** Telefonie über das Festnetz klingt aus, das kann alles über das Internet abgewickelt werden, wogegen die Digital Natives nichts haben. Viele haben gar keinen Festnetzanschluss mehr. Dagegen steigt der Datenverkehr ins Unermessliche, der durch Austausch von Computern zur Steuerung von Zahlungssystemen, Logistik und Arbeit in Clouds entsteht. Die Telefonunternehmen buhlen um Telefonkunden und Marktanteile. Warum, wenn das bald kaum etwas ausmacht? Muss man dann nicht eher fette Datennetze errichten, die unbedingt weltweit ausgespannt sind, weil Arbeiten in der Cloud nun einmal global wird? Was geschieht mit Unternehmen, die nur national orientiert sind?

Ich kann endlos weiter schreiben. Vieles habe ich in früheren Kolumnen schon erwähnt. Riesenbildschirme haben in Häusern kaum Platz, weil alles schön hell durch zu viel Fenster gebaut ist. Elektroautos verdrängen den Benzinmotor, weil bald durch Solartechnik das Erzeugen von Ökostrom billiger ist als Öl. Und immer und immer hören wir: „XYZ wird bleiben. Das Alte bietet Premium-Qualität."

## Todespfeil: Market Share is changing worlds

Ja, ein bisschen davon wird bleiben. Es gibt immer noch Seife, die man früher zum Waschen brauchte. Sie starb an der Dusche. Meine Eltern wuschen sich noch bis zu ihrem Tod mit Seife. Es wird noch lange einige Bücher geben und vielleicht Bauspar- oder Personalberater.

Das Kernproblem des Alten ist dieses (und das muss wohl immer neu erklärt werden, weil es sich keiner merkt):

Ein Markt verändert sich. Es kommt Amazon gegen den Buchhandel auf, das Handy gegen das Telefon, die Digicam gegen den Kodak-Film, das Duschgel gegen die Seife. Eine neue Generation von „early adopters" nimmt das Neue auf und macht es salonfähig. Das Neue gewinnt einen Prozent Marktanteil. Das ist fast nichts. „Elektromotoren haben in 2020 nur ein Prozent Marktanteil. Wer redet da von einem Ende des Benziners? Alles Träumer!" Was nicht gesagt wird, ist dies: Im Folgejahr, bei Autos also im Jahre 2021, ist der Marktanteil 2 %, dann 3, 4, 5,… So war es mit dem Marktanteil von Amazon am Buchhandel auch.

Wenn dies geschieht, muss das Alte nun den ganz langsamen Rückgang des Geschäftes für alle Zeit hinnehmen. Die Banken verlieren ganz lange immer nur ein bisschen an die Direktbanken, die Versicherungen an die Internetversicherungen, die Bücher gegen die pdf-Formate, die Zeitungen an das Internet und Google-News, PC-Betriebssysteme an die Handy-Systeme, Telefonnetzbetreiber an die Datenleitungen, Berater gegen Turnschuhgoogler, Unternehmensberater gegen Beratungsportale. Wenn aber eine ganze Branche über Jahre eine Marktschrumpfung erlebt, dann überlebt sie das nur mit Konsolidierungen und Zusammenschlüssen, bis irgendwann das Licht ausgeht. Primär – und das möchte ich gesperrt drucken – *tötet das langsame Schrumpfen eher als das Neue selbst.*

Das verstehen Sie alle nicht wirklich. Alle „alten Businesses" erklären sich unermüdlich in der Qualität für absolut überlegen und rechtfertigen ihren hohen Preis. Das Neue ist nicht so gut und kostet dagegen fast nichts. Die Digital Natives aber kennen nur das Internet – ja, das stürzt mal ab, ja, da funktioniert etwas nicht, ja, da stimmt eine Meldung nicht wirklich, ja, da ist ein Wikipedia-Artikel nicht perfekt: „Na und?" oder neudeutsch „Who cares?" Seit dem Buch *The Innovator's Dilemma* von Clayton M. Christensen, das vor etwas mehr als zehn Jahren erschien, hat das Problem einen Namen: „disruptive Innovation". Sie kommt klein, mit Mängeln, und rollt den Markt von unten auf – gegen Hochmutsgeschwollene, die sich bis zu ihrem Tod auf überlegene Qualität berufen, die nun mal ihren Preis habe. „Was nichts kostet, ist nichts wert." Das Internet ist also nichts wert?

Es sieht fast unmöglich aus, dass das Alte sich selbst von den alten Paradigmen löst. Stellen Sie sich einen Headhunter vor, der sich von seinem Jahrzehnte aufgebauten Beziehungsgeflecht ernährt. Er kennt alle die persönlich, die gesucht werden. Wie sollte er es über sein Herz bringen, zum Zehntelpreis Googletreffer zu verkaufen? Deshalb ist das Alte verloren. Sein Herz kann nicht loslassen. Eine neue Generation der Digital Natives wird es radikal anders anfangen, weil „man immer bei Google nachschaut, wenn man etwas nicht weiß".

## Todespfeil: Investment is changing location

Und welche Aktien würden wir kaufen? Aktien sind Hoffnungswerte oder Dividendentitel. Wir kaufen Träume vom Reichwerden oder eine satte Verzinsung. Würden wir also Unternehmen kaufen, deren Markt schrumpft? Solche, die von neuen Geschäftsmodellen herausgefordert werden? Ist es nicht besser, auf die neuen Platzhirsche zu setzen?

Viele Anleger bleiben ihren Werten treu, die sie schon viele Jahre im Depot haben. Viele Anleger verkaufen niemals Aktien. Nicht dann, wenn sie steigen, weil sie ja bestimmt weiter steigen. Nicht, wenn sie fallen, weil sie sich bestimmt wieder fangen werden. Viele Anleger halten jede Aktie, die sie nun einmal gekauft haben, für einen Hoffnungswert: Sie hoffen und hoffen und wechseln nicht den Gegenstand der Hoffnung. Das Depot ist wie ihr eigenes Kind.

Man sieht auch, wie die Anleger der ersten Stunde auf alle Nasen fallen. Sie zahlen Lehrgeld über Lehrgeld. Ihre Hoffnungen waren so sehr übertrieben wie die der anderen auch.

Aber die Digital Natives kaufen die „konservativen alten Kolosse" nicht mehr so richtig. Sie schwenken um. Auch hier beginnt die gleiche Schrumpfung wie im Geschäft. Es ist jetzt aber die Schrumpfung der positiven Aufmerksamkeit. Wenn die zurückgeht, sinkt die Zahl der Anlageinteressierten.

Die irrational hohe Anlegertreue und das nur langsame Ansteigen der Digital Natives, die ja erst später viel Geld für Aktien haben werden, lassen das Alte mit der Zeit waidwund werden.

## Veränderungen der Industrien – keine ist für das Neue zuständig

Warum erfinden sich die Unternehmen denn nicht neu? Bei der IBM ist „Reinvention" ein Hauptthema im Top-Management. Ich glaube, man muss das Neue wirklich lieben, einfach so, weil man offen ist, lernen will, Abenteuer erleben möchte und vor allem das Gefühl der Selbstwirksamkeit genießen möchte. Ich selbst würde am liebsten ganz radikale Ideen umsetzen und ernte natürlich auch selbst oft „so einfach geht es nicht".

Ich würde in ganz Deutschland alle paar hundert Meter Empfangsantennen aufstellen, die Daten von Handys, RFIDs, Herzschrittmachren oder Autos empfangen können. Die Antennen schlucken alles, was so an Daten in der Luft liegt. Dazu baue ich alle WLAN-Home-Router so, dass sie alle Daten aus dem Haus sammeln. Alle Daten zusammen werden in einer riesigen Fabrik gespeichert. Also: Die Waschmaschine im Keller funkt, dass sie fertig ist. Der Herzschrittmacher funkt den Status, der Heizöltank den Füllstand, die Haustür ein Pic vom Besucher. Mein Handy funkt, wo ich bin, der Hund hat ein Halsband um, das funkt auch. Das Datensammeln ist ein Service der Cloud.

Ich kann nun Apps abonnieren oder einzelne Daten gegen Gebühr dort ansehen. Wenn mein Hund verschwunden ist, mein Laptop, der Autoschlüssel oder so, dann kann ich im Internet schauen, wo das Gesuchte abblieb. Andrea Winkler von IBM weiß, wo ich bin und dem Veranstalter reinen Gewissens sagen, dass ich zur Keynote pünktlich da sein werde. Ein Küchenterminal abonniert ein Piepen, wenn die Waschmaschine oder der Trockner fertig sind oder der Hund ab in den Wald zum Wildern ist.

Schöne Idee, oder? Aber diese Infrastruktur kostet Geld, die Normen sind nicht da, die Datenbank muss gebaut werden und sollte nicht in Indien sein, weil dann sofort Missbrauchsverdachtsmomente kommen, wenn ich Hundefutterreklame bekomme. Soll diese Idee mit einem Telefonanbieter, einem Kabelanbieter, einer Bank oder einer Landesbehörde verfolgt werden? Sie werden sich allesamt nicht zuständig fühlen, fürchte ich, und ich sehe wieder einmal, dass das Neue eigentlich nicht GEGEN das Alte ist, sondern sich in den Ritzen zwischen allem Alten einnisten wird.

Das Neue entsteht wie Unkraut geduldet am Ackerrand, es „bringt nichts" und stört. Das, was in den Ritzen entsteht, wird später das Wichtige und breitet sich über den Acker aus. Das erst als Schadkraut Verachtete wird zur begehrten Ertragsfrucht.

Muss das immer so sein? Muss alles erst wieder durch einen Generationswechsel ermöglicht werden? Ich blättere länger in den Werken des Aristoteles, ich hätte ihn jetzt gerne zitiert. Ich glaube, ich las einmal: „Man kann jedem Menschen eine andere Natur anerziehen, aber danach keine neue mehr." Wir sind oft sehr endgültig Mathematiker, Ingenieure, Linux-Programmierer, Controller, Benziner, Starkstromtechniker, Arzt, Stromversorger, Bankbeamter. Wir sind sowieso immer Premium und bestmöglich in unserer anerzogenen Natur. Und dann kommen die anderen, diesmal die Digital Natives, die keinem von uns gleichen, so wie die Beatles aussahen wie niemand sonst zuvor. Verschwinden dann neben den alten Industrien und der Schlagermusik nicht auch wir alten „Silver Surfer" selbst? Warum helfen wir den Digital Natives nicht, die Welt nach ihren Vorstellungen umzubauen?

# Kapitel 20
# Lebensabschnittstheorien

„Theorie" oder „theoretische Informatik" hört sich so ewig an. Die Theorien bleiben ja, aber nur manche leben im jeweiligen Moment, während andere oft nach kurzem Dasein scheintot sind, oder? Und es gibt solche, die später plötzlich wieder quicklebendig aus dem Sarg springen. Das ist sehr tröstlich. Denn wenn unsere eigene Theorie stirbt, unser Baby, dann ist es gewiss eine von denen, die viel später einen Preis bekommen.

## „Ich war dabei!" Aus meinen Anfängen im Großraum Informatik

Die Technologien wandeln die Welt so schnell! Zum Vatertag 1977 überredete ich die Lehrstuhlsekretärin, mir ihren Büroschlüssel bis über das kommende Wochenende zu leihen, damit ich meine Doktorarbeit mit der fabelhaften IBM-Kugelkopfschreibmaschine tippen konnte. Die Arbeit sollte möglichst ganz fehlerfrei getippt sein, ganz ohne Verwendung von Tipp-Ex. Im Büro lagen die kostbaren sechs oder sieben Kugelköpfe mit den griechischen Buchstaben und den Sonderzeichen. Der Kugelkopf musste für das Tippen jeder Zeile Text ungefähr fünf bis zehn Mal gewechselt werden. Am Sonntagabend waren die 55 Seiten fertig. Gut, was? So schnell geht das heute wahrscheinlich nicht mehr, weil es jetzt professionell aussehen muss – nicht nur wissenschaftlich wertvoll und fehlerfrei, gell?

Bei Amazon gibt es tatsächlich auch heute noch Tipp-Ex Korrekturfluid-Pinselfläschchen „rapid weiß" zu kaufen, und zwar billiger als früher, glaube ich! Damals nahmen wir Mengen davon zu Konferenzen nach Osteuropa mit, um Tipphilfe zu leisten.

Ingo Wegener und ich waren Assistenten bei Rudolf Ahlswede an der Uni Bielefeld, im Büro neben mir residierte Wolfgang Paul, später dann Rüdiger Reischuk, und ein paar zehn Meter weiter Friedhelm Meyer auf der Heide. Die damals in Bielefeld und anderswo ganz heißen Forschungsthemen: Informationstheorie, Komplexitätstheorie und auch schon erste Netzprotokollprobleme. „Man setze je ein Auto auf jede Ecke eines n-dimensionalen Würfels und vertausche sie dann nach einer beliebigen Permutation. Wie muss ein guter Algorithmus aussehen, der alle gleichzeitig nach Hause zurückfährt? Bedingung: Die Kanten auf dem Würfel sind die Straßen, es darf immer nur ein Auto in einem Zeittakt in derselben Richtung fahren."

G. Dueck, *Dueck's Jahrmarkt der Futuristik*,
DOI 10.1007/978-3-642-55371-4_20, © Springer-Verlag Berlin Heidelberg 2014

Oder das ALOHA-Problem, das der Legende nach in Hawaii zuerst studiert wurde: „Mehrere unkoordinierte Nutzer wollen über dieselbe einzig verfügbare Kanalleitung nach Honolulu von Zeit zu Zeit gleichlange Nachrichtenpakete an eine Zentrale verschicken. Wenn zwei Pakete gleichzeitig gesendet werden, crashen sie, es gibt eine Fehlermeldung. Wie sehen beste Strategien aus?"

Über solche Fragen dachten wir damals nach. Auf meinem Schreibtisch lagen die ersten Preprints von Vorschlägen für Public Key Systeme – alles lange vor meinen ersten Informatik-Vorlesungen in Bielefeld. Früh Interessierte hörten Komplexitätstheorie bei Wolfgang Paul, der unentwegt begeistert von den neuen Forschungsfeldern schwärmte und viele optimistisch mitriss – Ingo Wegener, Rüdiger Reischuk und Friedhelm Meyer auf der Heide wurden „Shooting Stars" im neuen Feld.

Ich kann sagen: „Ich war dabei!" Die Freude ist später vielleicht größer gewesen als zu der aufregenden Zeit selbst. Ich dachte ja nicht, dass ein paar Jahre später überall das Ethernet Einzug halten würde und wir alle mit Public Key Codierungen arbeiten würden. Wir hatten damals keinen blassen Schimmer vom Internet, ich jedenfalls nicht. Und so gesehen hat es gar nicht lange gedauert – von der Theorie bis in die vollständige Praxis. Kaum mehr als 10 oder 20 Jahre! Das ist phänomenal, oder? Als ich 1987 bei der IBM anfing, schrieb ich die ersten externen E-Mails im EARN (ein Privileg der IBM Wissenschaftler, sonst war das aus Sicherheitsgründen nicht freigeschaltet). Damals wurden die ersten Parallelrechner gebaut und programmiert. Ich stand vor der Frage, ob ich in solchen Projekten mitarbeiten wollte.

Irgendetwas sagte in mir, ich sollte das lieber nicht tun. Meine innere Stimme meinte, das sei keine Forschung für die Ewigkeit, weil die Rechner bald so schnell würden, dass man aus Faulheit vielleicht lieber doch nicht parallel programmieren würde. Was, wenn Computer quasi umsonst arbeiten und Menschen sündhaft teuer werden? Was, wenn sich keine Standards für solche Rechnerarchitekturen etablieren würden und jedes Rechenzentrum anders wäre? Ich wollte lieber „zeitlose Probleme" erforschen und begann mir Gedanken über Risikoberechnungen in der Finanzbranche zu machen. Ich pilgerte 1988 durch verschiedene hohe Bankgebäude in Frankfurt und warb dafür, etwas aus den Markowitzschen Ideen zu machen, die um das optimale Risiko-Ertragsverhältnis von Wertpapierportfolios ranken. Die wesentliche Arbeit von Harry Max Markowitz war schon 1952 erschienen, aber JETZT musste doch die Zeit reif sein, dachte ich ganz bestimmt. Die alte Kamelle müsste jetzt leben! Leider gab es immer noch kaum Interesse dafür. Die Banken hielten das alles für ein esoterisches Forschungsthema. Ich versuchte es mit dem Werben für Option Pricing, wofür es bahnbrechende Arbeiten von Fischer Black und Myron Scholes von 1973 gab. Keine wesentliche Resonanz. Meine Arbeit über Portfoliooptimierung fand kaum Leser.

Enttäuscht begann ich bei IBM mit heuristischer Optimierung für Touren und Pläne aller Art. Wir bekamen ein paar Aufträge aus der Industrie, es gab aber immer Probleme, die Daten zum Optimieren zu bekommen. Ein richtiges Business wurde es nicht, obwohl wir fast immer auf hohe Einsparungen durch Optimierung verweisen konnten.

„Ich war dabei!" Das hat nicht so viel geholfen, wie ich gehofft hatte. Das Internet hatte ich nicht kommen sehen. Kryptographie hielt ich für spannend – aber nicht für weltbewegend wichtig. Und wenig später, als wir uns von den Finanzideen projektmäßig verabschiedet hatten und an Optimierungen und Lagerhaltungsprognosen versuchten, bekam doch tatsächlich, wirklich und wahrhaftig Markowitz den Nobelpreis 1990! Und noch etwas später, im Jahre 1997, erhielten auch Black & Scholes einen Nobelpreis für ihre Optionsmodelle. Der mit den Nobelpreisen verbundene Hype erzeugte einen irren Boom, gerade den, der jetzt die Krise verursacht hat!

Ach ja, insbesondere der Nobelpreis für Markowitz machte mich damals ein paar Tage depressiv. Es ist so schwer zu wissen, was denn nun mit den guten Theorien wirklich geschieht. Ich musste an Ritter Lancelot denken, der viele Jahre nach dem Gral suchte und gerade schlief, als der Gral dann doch einmal „vorbeikam". Wie gesagt: ich war dabei. Habe ich dabei auch geschlafen?

## Günstige Zeitfenster von Theorien und Methoden

Viele Ideen werden zu Theorien und Algorithmen ausgearbeitet. Die meisten bleiben in einer Art Dornröschenschlaf liegen, bis sie wachgeküsst werden. Das Internet hat alle Netzalgorithmen aufgeweckt. Der PC hat das Optimieren bedeutend vereinfacht, aber erst die Verfügbarkeit der Daten aus den laufenden Produktionssystemen wie SAP wird die Optimierung in den nächsten Jahren völlig entfesseln.

Auf der anderen Seite sterben blühende Künste oder sie erstarren im Scheintod. Ende der 80er Jahre lebte ich bei IBM Tür an Tür mit dem APL2-Großmeister Ulrich Schauer. Er konnte Programme schreiben, die fast keine IT-Ressourcen verbrauchten. Er dachte in Maschinenzyklen und Nanosekunden und er formulierte in APL2 geniale Einzeiler-Programme (bei APL2 dauert die Interpretation einer Zeile durch den Computer relativ lange, deshalb schrieb man am besten „Wenigzeiler", was hohe Expertenerfahrung brauchte). Ulrich Schauer kann bestimmt auch heute noch ziemlich vieles auf dem Commodore 64 laufen lassen… Diese hohe Kunst aber – so glaubt man allgemein – wird heute nicht mehr wirklich gebraucht. Heute wird Speicherplatz oder Rechenzeit gar nicht mehr als wichtige Ressource angesehen. Es ist davon so viel da wie Luft zum Atmen, die ja wegen Überflusses nichts kostet. Man beginnt heute allerdings schon wieder wegen der Stromrechnungen zu zucken und wird in wenigen Jahren feststellen, dass man einen zweistelligen Prozentsatz der Weltenergie verschwendet, weil alle Leute im Schauerschen Sinne so schlechte Programme hinhauen. Auf meiner Homepage habe ich ja deshalb schon vor einigen Monaten die neue allgemeine Bewegung des „Green Programming" gefordert.

Die Welt verändert sich – und die Theorien und Algorithmen haben im Wandel der Zeit ihre Blütezeiten und ihr Schattendasein. Ich selbst forschte in der letzten Blütezeit der Informationstheorie, als deren Theorien und Algorithmen direkt zum Beispiel in „Ethernet & Public Key" einflossen. Es war eine Zeit großer Entdeckungen.

Irgendwann (Anfang der 90er Jahre?) las ich dann einen langen Bericht aus einer IEEE-Konferenz, auf der die Frage: „Is information theory dead?" diskutiert wurde. Die Ingenieure meinten, alles Wesentliche sei jetzt im Prinzip erfunden und reiche für den Aufbau der neuen Kommunikationsstrukturen. Es sei ein guter Zeitpunkt, neue Probleme anzugehen bzw. nach solchen Ausschau zu halten. Die Mathematiker protestierten, denn die Theorien waren noch nicht vollständig entwickelt. „Wir vermuten nur, dass die bisher entwickelten Lösungen optimal sind, es ist aber noch nicht bewiesen!" Die Ingenieure wiesen darauf hin, dass sie ihre Verfahren und Maschinen durchaus schon jetzt bauen könnten – wenn die Mathematiker zehn Jahre später den Beweis brächten, wäre die Technologie ohnehin schon weiter. Darauf sagte wieder die Mathematikerseite, dass es sich einfach nicht gehöre, vor dem endgültigen Wissen um das Optimum aus der Theorie zu verschieden. Jetzt erst würden die Probleme schwer und damit sehr interessant. Die Arbeit sei eigentlich erst vorbei, wenn sie keinen Spaß mehr mache.

Ich habe lange über diesen Diskussionsbericht nachgedacht. Ist das so? Die Karawane der dem Wandel nachfolgenden Ingenieure zieht weiter – und wir Mathematiker bleiben bis zum wirklichen mathematischen Triumph zurück, der aber niemanden interessiert, weil sich die Praxisanforderungen inzwischen vollkommen verschoben haben? Von der Seite der Theoretiker sahen Ingenieure wie feige und fahnenflüchtig aus, die davonlaufen, wenn die theoretischen Probleme wirklich hart werden. Wir Theoretiker dagegen schienen den Ingenieuren vollkommen befremdlich, weil wir uns mit praktischer Fruchtlosigkeit befassen wollten und an der Forschung als solche „Spaß" zu haben behaupteten. Können wir nicht auch mit neuen, leichten Problemen Spaß haben? Nein, war damals die Meinung, eigentlich nicht. Leute, die sich immer wieder wie die Ingenieure ein neuen Problemen versuchen und daran Spaß haben, sind Dünnbrettbohrer.

Diese Unterschiede des Denkens kommen in vielen, vielen Witzen vor – aber in der Wirklichkeit eben auch. Die einen bleiben, bis sie Antworten haben, die anderen gehen den Ergebnissen nach.

Heute erlebe ich auch eine andere Rollenverteilung. Das Auto mit dem Elektromotor elektrisiert die Innovatoren und besonders auch die Informatiker, weil es anlässlich des völligen Technologiebruchs sinnvoll erscheint, jetzt gleichzeitig das Auto als „IT-Produkt" vollständig neu zu konzipieren. Diese hektische Veränderung erzeugt nun bei vielen Ingenieuren gallige oder hitzige Zustände. „Elektro-Autos wird es lange noch nicht in der gebrauchten Qualität und zu dem heute günstigen Preis geben. Selbst wenn E-Autos in 20 Jahren besser sein sollten als die Autos heute – glaubt ihr denn, wir schlafen diese ganzen 20 Jahre? Wir werden doch bis dahin auch zehnmal so gut sein – bis dahin! Keiner hier im Raum wird noch den Sieg des E-Autos erleben, da bin ich sicher."

Auch die Ausbreitung der Informatik in den „intelligenten Stromnetzen" erzeugt Irritationen auf der Seite der Ingenieure, deren Techniken sauber ausoptimiert sind und uns seit Jahrzehnten vollkommen zuverlässig mit Strom versorgen.

Die Anforderungen der Praxis kommen und gehen. Theorien entstehen, blühen und erstarren wieder. Menschen, die ihr Herz an „ihre eigenen" Theorien und Verfahren gehängt haben, blühen und erstarren mit ihnen.


## Die Mensch-Arbeitsgebiet-Beziehung


Als meine Tochter Anne einen guten Beruf für sich suchte, besichtigten wir eine mittelständische Gentechnologie-Firma, dessen Geschäftsführer noch eine außerplanmäßige Professur innehatte. „Ist Biotechnologie oder Biochemie das richtige Gebiet?" Darauf erhofften wir eine Antwort. Und er sprach:

> In fast jeder Generation gibt es ein oder zwei Arbeitsgebiete, in denen fundamental neue Gedanken für die ganze Menschheit entstehen. Das war einmal das Aufkommen der Psychologie oder der Beginn der Kernphysik. Das war einmal die Umformung der Menschheit durch das professionelle Management und jetzt vielleicht im Zuge des Internetausbaus. Wer sich einen wirklich erfüllenden

Beruf sucht, sollte in der Anfangsphase einer solchen neuen Menschheitsblüte mitmachen wollen und dann dort lange Zeit glücklich und wirkungsvoll sein können. Die wichtigsten Gedanken aber der nächsten Dekaden werden in den Schnittpunkten von Medizin, Mikrobiologie, Gentechnik, Nanotechnologie oder auch sogar Spezialchiptechnologie liegen. Dort werden neue Naturgesetze entdeckt, die wahrscheinlich zuerst auf den Menschen angewendet werden, weil dort das große Business ist. Deshalb rate ich, etwas in diesem Bereich zu studieren. Am besten wäre es, ganz grundsätzlich mit Medizin zu beginnen, also zuerst mit dem Menschen und danach erst speziell zu werden.

Diese ewigen Worte haben uns schwer beeindruckt. Anne wählte entsprechend ihr Studium und in mir hallten die Worte noch lange nach.

Es geht vielleicht gar nicht so sehr um Wissenschaft und Erkenntnis – um all das, was wir so denken, wenn wir denken, wir sollten denken?

Gehen Sie in Gedanken unsere normalen Beziehungsformen durch, etwa

- Treue Ehe bis in den Tod
- Das Baby geduldig großziehen
- Dabeibleiben, solange die Beziehung etwas bringt
- Sofort wechseln, wenn sich Besseres bietet
- Lange bis zum Tod pflegen und danach das Andenken hochhalten oder auf die Wiedergeburt hoffen
- Wenige Dauerbeziehungen mit schmerzhaften Abschieden

Wie halten Sie es mit Forschungsgebieten, Arbeitsgebieten oder Fachrichtungen?

Lieben Sie ihr Fachgebiet treu bis in alle Ewigkeit? Einmal Mainframe, immer Mainframe – einmal LINUX, immer LINUX? Feinden Sie andere Wirklichkeitskonzepte aktiv an? Gehört Ihr Arbeitsgebiet quasi zu Ihrem Körper dazu? Leiden Sie unter Endlichkeitsvorstellungen über Ihr Arbeitsgebiet? „Computer werden nie so gut die Steuergesetze auslegen können wie ein erfahrener Finanzbeamter." – „Menschen, die das große Einmaleins nicht im Schlaf beherrschen, werden nie einen guten Beruf finden." – „Daten in der Cloud sind nicht sicher. Wir werden immer bei herkömmlichen Rechenzentren bleiben, wo wirkliche Qualität geliefert wird. Nie wird jemand Daten anderen anvertrauen, weil jeder, der Daten hat, sie bestimmt verkauft oder so."

Wechseln Sie Ihr Arbeitsgebiet, wenn es betagt ist und langsam abstirbt? Sehen Sie sich aktiv nach einem tollen anderen um oder nehmen Sie ein anderes, das Ihnen gerade günstig über den Weg läuft? Oder warten Sie wehmütig fast solange, bis Ihnen die Zwangsversetzung oder gar Entlassung droht? Haben Sie Angst, Ihr Arbeitsgebiet zu verlassen? So wie jemand, der mit seinem Ehepartner zwar nicht mehr wirklich glücklich lebt, aber die Mühe scheut, sich eine ganze neue Beziehung zu erarbeiten, die ja auch wieder Schwierigkeiten mit sich bringt – vielleicht sogar größere?

Hüpfen Sie jedes Mal woanders hin, wenn sich eine Chance bietet, wieder mit vorne dabei zu sein? So wie Leute, die immer ein neues Auto haben müssen und einen passenden Partner? Suchen Sie lange aus oder freuen Sie sich über alles, was Ihnen über den Weg läuft?

Wie bin ich eigentlich mit meinen eigenen Arbeitsgebieten umgegangen? Ich habe Mathe studiert, weil ich das gut konnte. Ich wäre gerne Dichter geworden, was ich wegen Mangel an Mut nicht einmal meinen Eltern gebeichtet hätte. Feige! Nicht nur vor meinen Eltern, auch sonst – wovon wollte ich leben? Meine Diplomarbeit schrieb ich in Ergodentheorie in Göttingen, weil Ulrich Krengel zu viele Diplomanden hatte und Karl Sigmund gerade neu berufen war. Ich forschte in Informationstheorie, weil Rudolf Ahlswede zwei Assistentenstellen frei hatte, für Ingo Wegener und mich. Ich wollte bei IBM „Supercomputing in Finance" erforschen und scheiterte, weil die Zeit nicht reif war oder ich nicht energisch genug dranblieb. Ich hatte Erfolg mit Optimierung… Warum bin ich nicht sofort wieder zum Finanzbereich zurückgekehrt, als die Nobelpreise den Weg freimachten? („Jetzt ist die, in die ich verliebt war, endlich zu haben – ohne so großen Widerstand wie damals. Aber ich habe ja jetzt eine andere Freundin. Ach ja, dann ist es eben so, wie es ist.")

Wie ist das mit Ihnen? Sind Sie Ihrer Arbeit aus Bequemlichkeit treu oder aus ehernem Prinzip? Scheuen Sie die Mühe, sich woanders einzulernen und wieder Experte zu werden („Ich liebe ihn nicht mehr so furchtbar, aber bis ich aus der Wohnung ausgezogen bin – der ganze Krach, und dann wieder die volle Balzphase mit einem Neuen…")? Leiden Sie unendlich unter dem eventuellen Niedergang Ihres Faches und bleiben Sie bei ihm bis in den Tod („Es ist zwar nicht mehr gefragt, was ich tue, es interessiert niemanden mehr, aber wir brauchen Grundlagenforschung und bei der weiß man nie, ob sie nicht doch einmal gebraucht wird."). Oder wechseln Sie wie ein Vertriebsmitarbeiter, der immer dahin geht, wo das Verkaufen leicht ist („Die Leute reden schlecht über Betriebswirtschaft, da lehre ich jetzt schnell das Fach gegenderte Innovationspsychologie, wofür es derzeit Fördermittel gibt.")?

## Wohin treibt die Informatik in Theorie und Praxis?

Ich weiß es nicht. Die Informatik ist in einer turbulenten Phase wie das Leben selbst. Ein Kommen und ein Gehen wie in der praktischen Wirtschaft und in den Management-Theorien. Ärgern Sie sich nicht auch, wenn Manager erst Zentralisierung und Disziplin und dann wieder Dezentralisierung und Eigenverantwortung predigen – immer abwechselnd? Sie haben ihre Lebensabschnittsdenkweisen! Wir haben irgendwann dem Zentralrechner ade gesagt und alles auf viele Server und noch mehr Clients dezentralisiert, jetzt fangen wir alles wieder in zentralen Clouds zusammen. Wir betrachten die Informatik zeitweise als künstlerische Tätigkeit und industrialisieren sie dann wieder gnadenlos mit Niedriglöhnen und Automatismen. Die Auffassungen kommen und gehen.

Viele Träger der Auffassungen aber sind feste Lebensbeziehungen mit ihren Ansichten eingegangen und folgen ihnen treu auf die Gefahr hin, als hoffnungslos von gestern angesehen zu werden. Diejenigen, die nur Lebensabschnittsdenkweisen bevorzugen, betonen lebenslanges Lernen und häufig wechselnde Denkmethoden.

Ist mein Lebenslauf wie Ihrer? Sind auch Sie bei ihrem einen Prof geblieben, der Ihnen gerade günstig über den Weg lief? War Ihr erstes, zweites Arbeitsgebiet auch ein Zufall? Haben Sie den erstbesten Partner genommen, der daherkam („Ich habe mich nie bewerben müssen, es kamen immer attraktive Theorien vorbei, denen ich diente.")?

Ich habe früher nie nachgedacht, wo gerade jetzt die Gedanken entstehen, die die folgende Generation prägen werden. Geschieht das wirklich nur in der Medizin? Doch auch in der Informatik, wenn wir die Infrastrukturen der Energieversorgung, des Autobaus oder des Gesundheitswesens auf neue Grundlagen stellen werden? Verändert Informatik nicht auch das Bild des Menschen? Prägt Informatik nicht die Welt 2.0 und das Zusammensein aller Menschen und ihres Wissens?

Sollten wir nicht einmal in die Ferne schauen?

Zur CeBIT werde ich jährlich gefragt, wohin die Informatik treibt und wie sie die Welt verändert. Ich muss also eine Prognose abgeben, wohin die Reise geht, wenn wir uns alle mehr oder wenig zufällig gute Arbeitsgebiete wie neue Lebensabschnittspartner suchen und das Leben nehmen wie es ist.

Aber was WOLLEN wir denn? Kein CeBIT-Journalist fragt mich, was ich will oder was wir wollen sollten. Will jemand etwas? Sind wir nicht mit dem Springen zwischen Lebensabschnittsthemen und jährlich wechselnden Produktstrategien zufrieden oder bleiben wir nicht unserer festen Theorie auf Gedeih und Verderb treu bis zur Pension? Wir müssten miteinander reden, wohin wir GEMEINSAM wollen. Aber wir präsentieren auf Konferenzen nur über Elemente unserer Lebensabschnittstheorie, reden von der Methode, die wir anwenden, oder vom Produkt, das wir verkaufen.

Das, was insgesamt wird, entsteht irgendwie im bunten Leben. Ökonomen, die Adam Smith anbeten, könnten erklären, dass eine unsichtbare Hand den Fortschritt regelt. „Wenn jeder seiner Lieblingsidee hinterher rennt, kommt für das Ganze das Beste heraus." Biologen, die Darwin anbeten, könnten erklären, dass die unsichtbare Fitness das Leben bestimmt. „Wenn sich jeder nach Kräften mit seinem Lieblingspartner paart, kommt für das Ganze das Beste heraus."

Ich glaube das nicht. Ich beginne zu träumen, dass wir gemeinsam etwas wollen – nicht nur zusehen, was der nächste Lebensabschnitt uns bringen wird. Wenn die Informatik das Gebiet ist, in dem in der jetzigen Generation die prägenden Gedanken der Menschheit entstehen – wollen wir nicht gemeinsam nachdenken, was wir prägen wollen?

# Kapitel 21
# Mein Zwitterleben – real und digirreal

„Hier ist das Psychophthora-Conferencing-Center. Wir verbinden Sie mit der ganzen Welt. Unser Unternehmen stiftet Sinn. Das wird nun im Folgenden eingehend und langatmig erklärt. Zu jeder Zeit dieser Erklärung können Sie gerne Ihre Konferenznummer eingeben, starten Sie dazu mit einem Sternzeichen und enden Sie damit. Wenn Sie der Konferenzleiter sind, geben Sie bitte…" Mit diesen Worten, die ich selbst im Tiefschlaf noch ab und zu höre, beginnt die produktive Arbeitszeit eines Telefonmeetings. Im Amerikanischen lassen mir die Computer manchmal die freie Tastenauswahl und bitten „press the hash or pound sign", da denke ich immer, ich könnte wahlweise beides drücken, den Stern oder das Octothorpe, wie das Zeichen rechts unten offiziell wohl heißt. Leute, die Englisch können, sagen dazu aber hash, glaube ich, und alle anderen pound. Dabei heißt es number sign, oder? Vor Verwirrung drücke ich oft den Stern, das ist falsch! Dann kommt eine andere, ebenfalls sehr interessante Ansage, oder stoisch die erste nochmals, als sei nichts geschehen – oder ich höre ein paar Minuten nichts, was ich zuerst nicht merke, weil ich ganz ohne Erwartungen in Telefonmeetings gehe. Okay, ich muss leider wieder raus und komme endlich ziemlich verspätet in den Call. Ich bin bestimmt der Allerletzte!

## Präsentationsmeetings

In solchen Meetings präsentiert jemand etwas, was andere wissen müssen oder sollten.

Wissen müssen: Das sind Vorschriften über Konventionen und Regelungen, Verbote, Prozessveränderungen. Themen könnten sein: Gesundheitsvorsorge, Geldausgabeverbote, korrekte innere Einstellung zu nicht existentem negativem Stress, Kundenfreundlichkeit, Computerviren, Toilettenpfleglichkeit oder die Beschaffung billiger Druckerpatronen in großen Massen, weil die letzte Ladung so groß war, dass alles vertrocknet ist. Was man wissen soll, hat einen sehr bestimmten Belehrungscharakter. Man muss es nicht wirklich wissen, sondern man musste es gewusst haben, wenn etwas schiefläuft.

Wissen sollen: Das sind meist reine Fachvorträge. Die Lehrenden sind ganz begeistert von ihrem Sujet und meistens unterschwellig erheblich verärgert, dass ihre Ideen nicht

G. Dueck, *Dueck's Jahrmarkt der Futuristik,*
DOI 10.1007/978-3-642-55371-4_21, © Springer-Verlag Berlin Heidelberg 2014

erste Priorität bei allen Menschen genießen. Die Zuhörer lernen dabei absolut nichts, sondern sie merken sich nur, ob es tatsächlich wichtig ist (das ist der seltenere Fall) oder sie haken es gleich als pures Marketinggeschwätz ab.

Das gemusste Wissen wird zwangsweise verordnet, das gesollte wird als Triumphgeschrei oder flehender Appell verabreicht.

Theoretisch gibt es noch gewünschtes Wissen. Das kommt in der Praxis kaum vor. Sie müssten sich darunter eine interessante Präsentation vorstellen, die man mit Eifer und Konzentration verfolgt. Das hätte es zum Beispiel an der Uni geben können, aber meistens werden Vorlesungen als gesolltes Wissen dargeboten und manchmal schafft es ein Lehrer, Studenten zu überzeugen, dass es gemusstes Wissen ist.

Im allgemeinen Fall kommt es also darauf an, eine einstündige Präsentation zu erleiden und sich treffsicher zwei, drei Punkte zu merken, die wichtig sind. Nach manchen Präsentationen muss man unterschreiben, dass man sie verstanden hat. Die behandelt man am besten wie die Belehrungen beim Installieren neuer Software. Man klickt sich grün. Viele Unternehmen merken das und kontrollieren, ob man überhaupt den Lautsprecher beim Meeting anhatte. Sie verteilen Passwörter für das Einwählen und kontrollieren, dass jeder dabei war. Da haben es nur diejenigen gut, die eine Assistentin haben, die dann stellvertretend nebenbei zuhört und alle rund um sie aufgestellten Laptops des gesamten Managementteams brav beklickt.

„Hallo, ich möchte Sie zu der Präsentation von Bill begrüßen. Es handelt sich um einen wichtigen internationalen Call. Wegen der Zeitzonen haben sich nur wenige aus dem Ausland angemeldet, ich sehe an den Anmeldungen, dass nur ein einziger dabei ist, der kein Deutsch versteht. Deshalb wird alles in englischer Sprache abgehandelt. Wir könnten auch bei Deutsch bleiben, weil der fragliche Teilnehmer auch kein Englisch versteht. Bill? Bill meint, er wolle amerikanisch reden. Ist das ein Problem? Ich denke, das darf kein hallo, ist noch jemand dazugekommen? Herr Dueck? Ach schön, es sind erst sehr wenige da, wir warten sowieso noch. Ich erkläre gerade eigentlich noch gar nichts. Sie haben alle noch nichts verpasst. Bill hat die Präsentation in aller Eile im Flughafen fertiggestellt und sie noch schnell an alle im Call über das Netz geschickt. Diese Präsentation sollte jetzt jeder geöffnet vor sich haben. Hallo? Wer ist dazu gekommen? Gut! Bill, es tut mir leid, wir hatten 200 Leute eingeladen und 120 sagten zu, es sind jetzt 27 Teilnehmer im Call, drei sind rausgefallen. Wer ist dazu gekommen? Hallo? Kein Problem, ist erst acht Minuten zu spät, wir sollten noch warten, bis sich irgendein Vice President einwählt. Wir hoffen nämlich, dass ein oder zwei relevante Leute die Präsentation ebenfalls anhören. Ist eine wichtige Person im Call? Hallo? Hartmut, du? Ah, Hartmut, ja sicher, schon ganz gut. Hartmut ist ein Leader, er besteht aus einer führenden Abteilung. Hartmut, du hast noch nichts verpasst, wir wollen gleich starten. Es ist leider sehr laut, da ist einer im Flughafen, man hört lauter Verspätungsdurchsagen von Karachi. Hallo? Kann sich der Betreffende kurz auf Mute stellen? Hallo? Ah, jetzt ist das endlich weg. Furchtbar war das. Ich höre noch ein Baby krähen? Das muss auch weg! Okay, nein, ich weiß schon, okay, okay, ich bitte um Verzeihung, Diversity, also das Baby darf brüllen, aber der Hund im Hintergrund nicht. Bill, wir können starten. Bill? Billll? Hallo Bill? Ach da bist du ja wieder, Bill? Was, du warst auf Mute? Aber du musst doch sprechen. Hallo, die Geräusche vom Flughafen sind wieder da – ach das bist du, Bill. Na dann ist schon alles egal. Hartmut ist schon wieder aus dem Call rausgefallen, er hatte ganz klar vor, die erste Minute zu hören und demonstrativ bei uns zu sein, er sagt aber, er fährt im ICE durch einen Tunnel.

Hartmut hat wahnsinnig viel zu tun. Ich bin sehr stolz, dass er überhaupt versucht hat, sich einzuwählen. Ist doch noch zufällig eine wichtige Person dazugekommen? Okay, wir sind soweit. Hat jeder die Präsentation geöffnet? Bill hat gerade neue Zahlen bekommen und ein Update geschickt. Jetzt sagen zwei, sie haben gar keine Präsentation bekommen. Das kann nicht sein. Ich habe beide bekommen. Können Sie nochmals die Mail abrufen? Ah, Sie sind über GPRS drin, verstehe. Wieviel? Es sind nur 26 MB. Ja, das dauert, wir haben einige hochauflösende Graphiken als Bitmap drin, weil das mit dem Verwandeln in GIF nicht sofort geklappt hat. Es ist ja immer so eilig und wir sind schon eigentlich dreizehn Minuten über der Zeit. Ich begrüße alle Hinzugekommenen, die sich zahlreich einwählen. Wir sind jetzt 26 Teilnehmer. Toll, das hätte ich nicht erwartet. Wir haben ja alle keine Zeit. Ich selbst möchte auch nur die Ansage zum Call machen und euch alle mit Bill allein lassen, weil ich in einen anderen Call muss. Ich habe die Präsentation ja auch schon abgespeichert. Das ist die Hauptsache. Es tut mir leid, Bill, ich hätte so gerne alle deine Ausführungen gehört. Bill ist ein anerkannter Experte und Leader, er ist gleichzeitig Thought Leader und zertifiziert. Keiner kommt an den nun folgenden 125 Folien vorbei. Bill? Bill, ich muss raus. Es blubbt jetzt. Tschüss, Bill."

Blubb.

„Hi, hier ist Bill. Ich hoffe, dass nun jeder die Präsentation geöffnet hat. Um alles zu sehen, braucht man das neueste Release von Juke-Splash, am besten 7.14. Bei der Erstinstallation gibt es haufenweise Warnmeldungen, aber alle Fehler gehen von selbst wieder weg, wenn man anschließend genau viermal neu bootet. Die meisten können deshalb jetzt vielleicht nichts damit anfangen, aber Sie können das ja nachholen. Ich habe alles an Informationen in die Folien gepackt, was ich überhaupt weiß, damit ich sicher bin, optimal gearbeitet zu haben. Deshalb ist die Präsentation für Kunden und Management-Rechtfertigungen gleichermaßen geeignet. Vieles ist sehr technisch, da können wir angesichts der Zeit nur kurz drübergehen. Die ersten dreißig Folien betonen die Prinzipien des neuen Produktes. Es spart Kosten und Geld, wenn man sich an das Produkt gewöhnt hat. Es steigert die Produktivität und setzt ein Umdenken voraus, zum Beispiel einen kompletten Kulturwandel. Es kann buchstäblich von jedem gekauft werden, der genug Geld hat. Das Produkt befreit von lästigen Routineaufgaben, man hat wieder Zeit für Kreativität. Es lässt sich leicht installieren, Patches habe ich im Notfall dabei, aber die braucht man erst, wenn man das Produkt benutzt. Aber natürlich ist das Wichtigste, dass man den vollen Support und das Commitment vom gesamten Managementteam hinter sich hat, das bereit ist, alle Prozesse auf den Prüfstand zu stellen. Hier im Call erkläre ich nur den Unterschied zwischen der alten Version 11.4 und der ganz brandneuen 11.4.001, die einige Tage Entwicklungszeit gebraucht hat. Die nun schon zwei Monate alte Version setze ich als bekannt voraus…"

Blubb. Blubb. Blubb.

„Haben Sie soweit Fragen? Bitte fragen Sie, wenn Sie etwas nicht verstehen. Ich nehme Ihre Fragen gerne mit und kläre, was es damit auf sich hat. Ich stehe in bester Verbindung mit Leuten, die etwas davon verstehen. Meine Rolle ist es, die Awareness für das neue Release zu schärfen."

Blubb. Blubb.

Natürlich gehen die meisten Teilnehmer nicht aus dem Call, das hört ja jeder an dem ständigen „Klack-klack-klack" aus dem Lautsprecher. Die meisten arbeiten konzentriert an ihrem normalen Beruf. Oder sie erledigen alles, was so zwischendrin gut geht, wie das Internetbanking und das Durchgehen der Gebotspalette bei eBay. Manche stellen den Lautsprecher auch auf mute und stoßen Tarzan-Befreiungsschreie aus, weil sie eine Call-Allergie haben. Das Reale ist der Call, das Irreale die Arbeit oder das Zeitvertreiben neben dem Call. Oder andersherum? Ist egal, es sind zwei Leben, ein virtuelles und ein analoges oder jedenfalls ein Zwitterdasein. Am Ende heißt es immer: „Hat jemand noch Fragen?" Natürlich nicht, weil schon die Hälfte raus ist und die andere Hälfte konzentriert arbeitet und gar nicht merkt, dass sie eigentlich schon in den nächsten Call schalten muss. Viele wachen erst beim Dauerblubben zum Call-Ende auf, also beim Kaffeesignal. Kaffeeholen hat einen amerikanischen Namen, er heißt bio-break.

„Haben Sie noch Fragen?" Manchmal kommt doch eine Frage: „Ich habe den vierzehnten Punkt auf Folie 72, die leider gar nicht im Call erwähnt wurde, in meiner Facharbeit für die duale Hochschule besser ausgearbeitet als hier. Kennen Sie diese Arbeit etwa nicht?" Auf solche Fragen gibt es verschiedene Antworten, je nachdem, wie international der Call ist. Gefühlvoll deutsch: „Halt deine Klappe, klär das offline." Oder international, mit grundloser Begeisterung: „Guter Punkt. Sehr guter Punkt. Ich nehme das gerne auf. Bitte schicken Sie mir Ihre gesammelten Werke auf meine Trash-ID. Ich werde alles lesen und einarbeiten." Und der Schlusskommentar des Präsentators: „Ist die Präsentation gut? Ich bitte um Feedback." Die Antwort muss „Great, Bill!" heißen, aber im Deutschen werden immer mehrere Antworten parallel abgegeben, von verschiedenen Personen, in ganz irrealen Meetings sogar von derselben Person. „Es sind zu viele Folien." – „Es ist zu technisch." – „Ich vermisse Beispiele." – „Zu viel Marketing." – „Zu generisch ohne ‚deep dive'." – „Ich brauche eigentlich im Vertrieb etwas ganz anderes. Keine Präsentation, sondern eine Frage-und-Antwort-Liste. Ich zwinge dann den Kunden, mir die Fragen vorzulesen, worauf ich die Antworten zurückvorlese – für wichtige Kunden lerne ich sie auswendig." – „Dieses brandneue Produkt kann ich an den Allererstkäufer erst dann loswerden, wenn ich 1000 zufriedene Referenzkunden vorweisen kann. Wo ist diese Dokumentation dafür zu finden? Dafür muss doch jemand zuständig sein?" Für dieses im Prinzip unveränderliche Ritual müssen gut fünf Minuten eingeplant werden. Deshalb sind auch alle Präsentationen zu lang, dann kann man wegen der Einwände dagegen fünf Minuten kürzer reden. Bei extralangen Präsentationen nutzen viele den Trick, gar nicht mehr über die hoffnungslose Stoffmasse zu reden, sondern nur die Präsentation an sich und als solche über den Klee zu loben. Sie empfehlen das sorgfältige Durcharbeiten während des nun gleich anschließenden nächsten Präsentationscalls, in den meist alle Zuhörer gleich danach müssen.

## Arbeitsmeetings

Neben den Präsentationsmeetings gibt es echte Arbeitsmeetings. Hier kommt es darauf an, den Arbeitsverteilungsmechanismus sehr lange hinzuziehen. Manchmal sind in den Arbeitsmeetings einzelne Personen anwesend, die wirklich wollen, dass Arbeit geleistet wird. Die Mehrheit merkt das natürlich und reagiert entsprechend darauf. Im Grunde denkt die Mehrheit, dass der, der eine Arbeit getan haben will, sie in erster Näherung erst einmal selbst verrichten sollte. Die Minderheiten, die Arbeit getan haben wollen, sind oft Manager, die nur verteilen sollen und manchmal auch wollen. Dafür gibt es die Arbeitsmeetings. Man einigt sich hier auf Actions und legt Verantwortliche fest, die getrackt werden. Sie werden gezwungen, bis zum nächsten Meeting etwas zu tun, zum Beispiel eine Präsentation über ihre Pläne zu erarbeiten, ob sie etwas tun („Ich habe doch einige klitzekleine Bedenken gefunden und konnte nicht weitermachen, ehe ich euch gefragt habe, wie ihr dazu steht – ich habe schon versucht, einen Arbeitscall dazu auszusetzen, aber ihr könnt in diesem Halbjahr nie alle gleichzeitig vor 16 Uhr, ich schaffe es also in diesem Quartal nicht mehr. Hat es dann noch Sinn, dass ich da weiter dranbleibe? Es kostet so viel Kraft und ich arbeite viel zu lange, sagen alle. Ich könnte eine Präsentation meiner Bedenken verteilen?!"). Natürlich hat keiner Lust, eine Präsentation nur deshalb zu erstellen, damit er nicht wirklich arbeiten muss. Meistens ist das wirkliche Arbeiten sogar schneller als das Ausarbeiten von Folien. Aber daran denkt man im konkreten Fall nicht mehr, wenn einem Arbeit droht. Jeder wehrt sie reflexhaft ab. Es kommt vor, dass einer im Team wirklich arbeitet und dann auf die Aktionen der anderen warten, aber meist haben wieder diese anderen leider nur Präsentationen erstellt, dann geht es ja eh nicht weiter.

Arbeitsmeetings sind für alle sehr nervig, weil alle versuchen müssen, keine Arbeit abzubekommen. Anders als bei Präsentationsmeetings ist es unklug, sich zu sehr auf die normale Tagesarbeit zu konzentrieren, weil man dann eventuell nicht merkt, dass man gerade eine Aufgabe bekommen soll. Es ist klug, zu einem Arbeitsmeeting ganz Neue einzuladen oder furios Beförderungssüchtige, die in ein Arbeitsmeeting mit dem Mindset hineingehen, sie müssten im Sinne der Gemeinschaft Aufgaben übernehmen. Die sind dann die Opfer.

„Hallo, ich möchte Sie alle zum Arbeitsmeeting begrüßen. Wir haben eine Ausbildungslücke in unserer Firma entdeckt. Statistiken zeigen, dass wir in einigen Lokationen keine Flipcharts in den Konferenzräumen stehen haben. Ein unabhängiges Beratungsinstitut hat in einer weltweiten Studie festgestellt, dass der Ausbildungsstand eines Unternehmens mit der Flipchartausstattung der Räume hoch korreliert. Messungen zeigen, dass der Ausbildungsstand unserer Firma lausig sein muss. Wir sitzen heute alle am Telefon zusa…Blubb…wer ist dazugekommen? Michael? Fabelhaft. Welcher Michael? Wir haben schon drei im Call: Michael von KQST, Michael von PPZZ und Michael von HJKL. Michael, stell dich kurz vor." – „DFGS." – „Aha, Michael von…okay, habe ich notiert. Es ist wichtig, dass alle Unternehmensbereiche bei so einer wichtigen Frage wie der Ausbildung einbezogen werden müssen. Deshalb haben wir hier einen großen Kreis im Call, damit wir unsere Actions dann sofort einstimmig beschließen können. Unsere Erfahrung ist es, dass ein Einzelner da wenig bewegen kann, deshalb ziehen wir das ganz groß auf und wollen von ganz vorneherein den vollen buy-in aller relevanten Kräfte. Blubb. Wer ist dazugekommen?" – „Christian." – „Oh mein Gott, noch einer. Stell Dich kurz vor." – „Chris, nennt mich Chris, von DGFS." – „Ah, dann bist du im selben Bereich wie Michael?" – „Hallo, hier ist Micheal. Ich bin bei DFGS, nicht bei DGFS." – „Ach stimmt, ich habe hier einen Org-Chart, den schicke ich vor dem nächsten Meeting herum, damit wir uns kennenlernen. Das sollte sehr schnell geschehen, weil im nächsten Monat die Abteilungsbezeichnungen auf fünf Buchstaben erweitert werden."

Blubb. Blubb.

„Hat jemand Vorschläge, was wir tun? Wir müssen spätestens zu nächsten DDFS-Sitzung einen Plan präsentieren. Es eilt. Das hier ist keine Mickey-Mouse-Taskforce, hier geht es um die ganze Firma, wir werden etwas bewegen und wir haben das Commitment des ganzen Top-Managements eingeholt, so dass wir das Commitment auch noch nach der Reorganisation des Unternehmens haben." – „Hier ist Michael, ihr erkennt mich ja jetzt schon an der Stimme. Ich meine, ich habe einen Flipchart im Flur stehen sehen. Wir haben nur den einen und nehmen den immer in den Konferenzraum, in dem er gebraucht wird. Deshalb sind die Daten wahrscheinlich alle falsch. Wir haben keine brauchbare Entscheidungsbasis. Wir sollten eine Untertaskforce bilden, die die Daten beschafft. Woher weiß denn der Controller, wo die Flipcharts stehen?" – „Sie haben die Papiernachbestellungen im zentralen Einkauf durch die von ihnen selbst grob geschätzte Verbrauchsmenge pro Ständer geteilt." – „Soweit ich weiß, ist das Nachbestellen für die Jahre nach der Finanzkrise verboten, wir sollen DIN-A4-Umweltpapier aus Druckern nehmen, die einen Papierstau haben." – „Guter Punkt, das nehme ich auf. Wir müssen die Flipcharts einfach zählen. Wer macht das?" – „Ich schlage vor, wir entwickeln eine neue Generation von RFIDs, die immer über GPS funken, wo sie sind. Damit können wir den Ausbildungsstand stets aktuell messen. Ich brauche dazu einige 100 k€. Hat jemand ein Budget? Wir müssten doch ein unausgeschöpftes Ausbildungsbudget haben?!" – „Nein, das haben wir für unerlaubte Kickoffs verbraucht und Teammeetings in Golfhotels. Das hat die letzte Taskforce beschlossen, als uns schon einmal mangelnder Ausbildungsstand vorgeworfen wurde. Wir müssen das Problem jetzt ganz anders lösen." – „Ja, ist denn der Ausbildungsstand schlecht?" – „Wir haben keine Ahnung! Deshalb messen wir ihn indirekt über die Flipcharts, weil die Gelder immer ausgegeben werden." – „Jetzt bin ich verwirrt, hier ist Thomas oder Tom." –„Welcher Tom?" – „GFDS. Ist ein ganz neuer Bereich. Wir bilden erst aus." – „Aha? Ausbildung? Habt ihr Geld? Macht ihr was?" – „Nein, ich meine, wir sind neu und fangen einfach an. Wir verdienen noch nichts, da sagen wir das so, im Grunde stimmt es irgendwie."

Blubb. Blubb.

„Wer ist dazugekommen? Tom? Ach ich notiere das jetzt nicht mehr, ist jetzt schon egal, welcher Tom oder Mike. Schön, dass du da bist, Tom. Wie viele Jahre bist du schon in Telefonkonferenzen?" – „Ich bin neu." – „Aha, kennst du schon alle Lokationen unserer Firma? Willst du sie kennenlernen?" – „Nein, ich arbeite vom Homeoffice aus. Ich soll herausbekommen, wie viel wir für Blähton im Unternehmen ausgeben, das sind Kosten, die bei Zimmerpflanzen anfallen. Ich leite eine Taskforce. Ich dachte, wir könnten unsere Aufgaben gemeinsam betreiben." – „Kostet Blähton so viel?" – „Nein, aber die Ausgaben korrelieren mit dem Betriebsklima, dass soll verbessert werden. Je mehr Pflanzen, desto statistisch glücklicher die Leute, ich darf aber keinen Blähton mehr bestellen, wegen der Finanzkrise." – „Hast Du nicht Lust, die Blumen anzuschauen und gleich auch die Flipcharts zu zählen?" – „Wenn ihr mir die Reisekosten tragt?" – „Natürlich nicht, wir machen ja die Arbeit. Hmmh, ich sehe die Stunde ist gleich um. Wir sind heute einen deutlichen Schritt nach vorne gekommen. Wir sind uns einig, dass wir noch Informationen brauchen. Hat jemand Protokoll geführt? Wir brauchen eine Präsentationen unserer Actions für das FSDD." – „Es heißt DDFS, das ist doch das wichtigste Meeting, wieso vertauschst du die Buchstaben?" – „Entschuldigung, DDFS, natürlich. Weiß einer, was die Abkürzung heißt?"

Blubb. Blubb.

„Hallo, nicht aus dem Call gehen! Wir müssen noch die To-Dos beschließen, obwohl wir über die Zeit sind." – „Hier ist Miki, ich übernehme von Herzen gerne Aufgaben, bin aber noch zwei Jahre voll im Projekt verbraten, ich muss jetzt auch raus…"

Blubb. Blubb. Blubb.

„Wir müssen die Ausbildung verbessern. Wir haben das hier auf dem Flipchart stehen. Jemand muss jetzt etwas tun, bitte! Wir sind schon über die Zeit! Es gehen schon alle aus dem Call!"

Blubb. Blubb.

„Chris! Verdammt! Du machst das jetzt! Chris! Chris!"
Schweigen.

Schweigen. Der Leiter des Calls allein. Schweigen. Blubb.

„Hallo? Hallo? Hier ist jetzt Chris! Welchen Chris meintet ihr? Habe ich etwas verpasst? Ich war auf mute gestellt. Ich habe nebenbei Musik gehört. Tut mir leid, ich ersticke in Arbeit. Meine Assistentin wollte auch dauernd etwas. Ich muss eine Präsentation fertigstellen und warte schon seit Stunden auf Input." – „Wir haben beschlossen…"

Blubb.

„Hallo? Hier ist auch ein Chris, ich war auf Mute. Ich war kurz Bio-Kaffee…" – „Welcher Chis? Sind Sie ein anderer Chris?" – „Ja." – „Gut, Sie sind der andere. Der eine ist auch im Call. Chris?" – „Ja, ich bin jetzt nicht mehr auf mute." – „Wir haben beschlossen, dass ihr die Flipcharts zählt." – „Okay!" – „Ich? Weißt du, wer ich bin?" – „Chris." Blubb. Blubb. „Hallo? Haaallo! Alle weg? Welcher Chris hat eben okay gesagt? Bitte! Haallooo! Dieser Dummkopf, er muss mir doch seinen Namen sagen. Haaalloo! Alle weg. Wer ist Chris…"

Schweigen.

„Bis ich herausfinde, wer der richtige Chris war, mache ich es lieber alles selbst. Dann hätte ich eigentlich das Meeting nicht gebraucht, aber einen Versuch war es wert. Denn Meetings sind allemal schöner als das Arbeiten. Ich habe jetzt auch Visibility bekommen, weil ich den Call geleitet habe. Sie werden im nächsten Call erfahren, dass ich nicht nur leite, sondern auch die Arbeit mache. Das wird sich positiv herumsprechen, meinem Burnout steht nichts mehr im Wege, auch wenn andere finden, dass ich bescheuert bin. Das denke ich selbst ja auch. Aber ich glänze."

Tja, ich heiße Gunter, das ist problematisch. Ich glaube, dass sie deshalb immer so betont glücklich „Hallo Guunter" grüßen.


## Präsenzmeetings

Bei solchen Meetings treffen sich Menschen in einem Raum. Das ist heute keineswegs mehr selbstverständlich, weil die Reisekosten relativ gesehen hoch sind. Früher kostete eine Minute Telefon am hellichten Tag (pfui, wer da telefoniert hatte!) sage und schreibe 1,20 DM, also 60 Cent. Da Telefonkonferenzen noch teurer sind, hätte damals ein einstündiger Call locker über 50 € pro Person gekostet. Da kann man schon mal Benzin für die Anreise bezahlen, oder?

Heute trifft man sich Face-to-Face, wie es heißt, nur noch in Ausnahmefällen. Neue Vice Presidents wollen, dass sie einmal real gesehen werden können, und dann verlangt es sie nach einem realen Meeting. Oder die Zahlen sind schlecht! Diese werden immer so interpretiert, dass die Leute schlecht sind. Dann ist es gut, sie im realen Meeting ihre miesen Zahlen präsentieren zu lassen und sie dann ins Face auszuschimpfen. Durch diese Maßnahme, die zum Standardkanon schlechter Erziehung gehört, werden die Leute in der Regel sehr viel besser. Man nimmt nun an, dass anschließend auch die Zahlen besser werden, weil man das ja am Anfang vor dem Meeting hilfsweise so gleichgesetzt hat: Schlechte Zahlen = schlechte Leute. Also ausgeschimpfte Leute = starkes Wachstum. Logisch folgt: Viele Präsenzmeetings = starkes Wachstum.

Präsenzmeetings sind sehr heikel, weil das offene Arbeiten auf dem Laptop stört. Es gilt nicht als chic, ruhig am Laptop zu arbeiten, während andere ausgeschimpft werden. Alle Leute im Präsenzmeeting sitzen deshalb wie auf Kohlen! Sie haben irre viel zu tun, zum Beispiel zu sparen oder an Präsentationen für das nächste Präsenzmeeting zu feilen. Das geht in Calls nebenbei sehr gut, viele haben auch einen Livecam-Stream vom Frankfurter Flughafen bei Calls im Hintergrund laufen, damit die Geräusche die anderen im Calls hektisch machen – dann darf man auf mute und wird ignoriert. Alle diese Trickserei ist bei einem Präsenzmeeting nicht verfügbar, wenn man an einem Tisch sitzt. Manche sind deshalb sehr schlau und melden sich freiwillig für ein Kurzprotokoll, dann dürfen sie während der Sitzung ruhig arbeiten und müssen keinen bestürzten Blick aufsetzen. Andere sagen, sie wollen die Zahlen mitschreiben. Die restlichen sind irre nervös, weil sie nicht arbeiten können. Deshalb kaufen sie sich alle Blackberrys und iPhones und mailen unter der Tischplatte. Viele zucken öfter im Meetings zusammen und behaupten, es vibriere etwas in der Tasche und ein Kunde rufe an – und laufen zum Kaffeetrinken raus. Brillenträger arbeiten gerne mit diesen brandneuen Bildschirmen, die in die Brille gebeamt werden und tippen auf dem Blackberry blind aus der Hosentasche heraus. Es ist genau wie in der Schule bei der Klassenarbeit. Die formale Arbeit des realen Lebens findet auf dem Tisch statt, dass digirreale darunter.

„Ich begrüße Sie zu unserem F-2-F. Wir haben eine straffe Agenda. Wir haben bewusst in Reisekosten investiert. Die wollen wir natürlich wiedersehen. Wir haben Sie eingeladen, dass Sie Ihre Zahlen präsentieren, wozu Sie sich mehrere Tage um die Ohren geschlagen haben, weil wir täglich die Präsentationsmastervorlagen neu konzipiert haben, um den Rahmen würdig zu gestalten. Es hat Kritik deswegen gegeben, was ich in Grenzen verstehe, aber seit heute Morgen haben wir unternehmensweit eine neue Farbpalette vorgeschrieben.

Moment, was ist? Ah, die Telefonspinne ist nicht richtig angeschlossen, gleich kann ich auch die Teilnehmer begrüßen, die sich einwählen mussten, weil sie sehr dringend Unwichtigeres erledigen müssen. Ich höre da jemand im Flughafen? Bitte auf mute schalten! Das mit den Geräuschen aus den Fliegern und dem ICE ist lästig, aber wir sparen dadurch Reisekosten. Ungefähr die Hälfte hat sich hier im Raum versammelt, manche haben Vertreter von Vertretern geschickt, aber es sind alle diejenigen da, die schlechte Zahlen haben. Deshalb können wir nun anfangen. Wir haben eine straffe Agenda, die äußerste Zeitdisziplin erfordert. Wir haben deshalb keinerlei Pausen geplant, zu denen es ja doch nie kommt, weil die Redner überziehen. Wir haben Sie aufgefordert, Ihre Zahlen sehr konkret auf zwei Folien in einer einfachen Tabelle so zu präsentieren, dass wir verstehen können, warum die Lage so ist, wie Sie es behaupten. Die meisten von Ihnen haben außer den geforderten zwei Folien noch zwanzig bis achtzig Folien zur Erläuterung beigefügt. Gehen Sie aber bei Ihrer Vorstellung von keiner Zeitverlängerung aus.

Für dieses Meeting gilt ein striktes Handyverbot, verstanden? Hey, Sie zittern ja, was ist? Ah, Vibrationscalls. Ich verstehe, dass Sie viel Arbeit haben, aber das ist jetzt hier ein Meeting. Bitte vermeiden Sie zu viel hin und her. Hallo, schön dass Sie noch kommen, da vorne ist noch ein Platz frei, seien Sie vorsichtig mit dem Macchiato. Es geht nicht, dass

Sie auf ihren Laptops im Meeting arbeiten. Wenn Sie etwas untereinander kurz bereden möchten, gehen Sie raus. Hallo, hören Sie mich am Telefon? Nein, es ist keine Störung, hier laufen Leute mit stierem Blick auf das Handy rein und raus. Wir stellen den Lautsprecher höher ein, geht das? Ich muss Leute im Raum, die etwas zu sagen haben, bitten, dass Sie alle sich beim Reden völlig unnatürlich vorbeugen und unangenehm laut werden. Das mache ich auch die ganze Zeit, wir sind das den Zuhörern draußen schuldig. Hallo draußen, haben Sie alle die Präsentationsfolien bekommen? Nein?

Oh Gott, wie immer, es klappt nie, wir hängen sie an das Protokoll an. Bitte Sie da, klappen Sie Ihr Laptop zu. Ich weiß, wir haben noch nicht angefangen. Dringend? Gilt hier für jeden, denken Sie sich etwas Konkreteres aus. Leute, es geht hier darum, dass wir nicht aus dem Raum gehen, bis wir eine bessere Strategiepräsentation haben. Das verlangt absolute Konzentration auf die Sache. Es geht um die Existenz unseres Unternehmens. Das ist hier kein Kindergarten. Ich fordere Fokus!"

RRRRing.

„Oh, das ist mein eigenes Handy, Moment, ich schalte es aus. Oh, nein, es ist ein wichtiger Kunde. Moment. Schatz, ich rufe zurück. Ja, ja, ja. Nein, ich bin wirklich im Meeting. Nein, es ist kein Call mit irgendwelchen Deppen. Ja, ich grüße alle hier von dir. Was? Was? Meinetwegen Milchreis, gut aber mit warmem Backobst. So, ich entschuldige mich, aber manches kann man nicht abwehren, ich bin jetzt schon vier Tage ohne Unterbrechung in der Firma. Bevor wir in die Agenda einsteigen, muss ich noch zwei kleine Präsentationen vorausschieben. Wir haben viele mit Herzblut betriebene Initiativen in der Firma, die eigentlich daran scheitern, dass sie keine Awareness im Management erzielen können. Diesen geben wir hier eine kleine Plattform, um an Sie zu appellieren, neben Ihrem harten Tagesgeschäft auch diese notwendigen Elemente unseres Arbeitslebens zu ihrem Recht kommen zu lassen. Unsere Betriebsmedizinerin wird Ihnen nun einige Minuten erklären, wie schädlich Multi-Tasking unter Stress sein kann. Diese Sucht heißt digitale Hyperaktivität. Sie äußert sich in Mailsucht und Tippzittern. Ich übergebe an Frau Dr. Milde."

„Guten Tag. Ich grüße Sie. Ich bin hier als Vertreterin der Medizin, der Gesundheit, will ich sagen. Wir alle wollen doch gesund sein, nicht wahr? So ist das doch? Wir alle lieben andere Menschen und reden gerne mit ihnen – ich sehe, einige von Ihnen telefonieren gerade mit dem Handy, auch das wird das Thema meines kleinen Vortrags sein. Ich bin es nicht gewohnt, vor so vielen wichtigen Menschen zu sprechen, die noch dazu vollkommen angezogen sind. Verzeihen Sie, wenn ich nicht so eloquent sagen kann, wie wichtig das Thema Gesundheit ist. Ja, ja, mir wird signalisiert, dass ich nur zwei Minuten habe. Dabei möchte ich über tiefe Ruhe und Entspannung reden. Mein Lebensthema ist die digitale Entkrampfung. Ich habe dazu vierzig Folien mitgebracht, auf denen ich die wichtigsten Grundsätze zusammengefasst habe. Mir ist es wichtig, Ihnen zu helfen. Ich will Ihre Seele retten. Das macht mich sehr, sehr glücklich. Oh nein, ich habe schon die Zeit überzogen. Darf ich kurz über die ersten zwanzig Übungen gehen. Ich blättere in den Folien weiter. Ich beginne mit dem von mir empfohlenen Laptop-auf-und-zu-Fächeln bei gleichzeitigem Entspannungsatmen. Machen Sie mit! Klappen Sie dazu Ihren Laptop auf, ja! Ja! Wir klappen jetzt den Laptop zum Fächeln auf! Ja, langsam aufklappen. Machen Sie ein begeistertes Gesicht! Oh, ich sehe, wie Sie das Aufklappen genießen! Wie glücklich Sie sind, ja! Ja! Nun wollen wir ganz, ganz langsam das Auf-und Zufächeln üben… Wieso? Keine Zeit? Zwei Minuten um? Bitte, Sie können mich doch nicht einfach von dem Podium ziehen…ach mein Handy klingelt, da muss ich ran, Moment, oh es ist wichtig, gut, dass ich Schluss mache, ich hänge die Folien an das Protokoll an, bitte verschicken Sie sie an alle, es ist ein Wettbewerbsvorteil…Tschüüüüüss!"

„So, jetzt wieder zur Tagesordnung. Toller Trick, Assi, sie von hinten anzurufen und sie abzuklemmen. Bitte klappen Sie die Laptops zu. Ich verstehe, dass Sie die kleine Einlage als Einladung verstanden haben, wieder alles in Betrieb zu nehmen. Lassen Sie das auch bei dem leidenschaftlichen Appell des folgenden Redners, der uns ein Merkblatt mit Emoticonalem Digitalanstand verteilen will. Dazu möchte ich ein paar einleitende Bemerkungen selbst machen. Der Redner ist leider nicht hier, aber am Telefon. Hallo? Wie viele Folien haben Sie? Ich höre, 35. Das ist zu viel, wir hängen das eben auch ans Protokoll. Sind Sie am Telefon, hallo?"

„Ich bin knacks knacks in einem Tunnel. Knacks. Hört man mich? Wir haben statt Smileys nun auch eine Serie mit Grimlys hergestellt, die zur Kommunikation mit schwierigen Mitarbeitern geeignet sind. Ich wollte das für alle auf Blackberrys an einem Beispiel zeigen. Haben Sie alle die Blackberrys eingeschaltet?"

„Ja, haben wir alle! Der Empfang ist schlecht!" Knacks.

„Schade. Oder gut. Im Grunde kann man sich ja alles sparen. Wir haben uns Gedanken über die Zukunft gemacht. Deshalb ja dieses Meeting. Die Zahlen sind schlecht. Wir gehen nun reihum und hören die Berichte aller Lokationen, wie es um die Flipchartausstattung steht und wieweit die Auszählungen der Blähtonkugeln vorangeschritten sind. Es gibt einen fabelhaften Vorschlag, hochauflösende Bilder von Blähtonkugeln auf Flipcharts als Windows 7 Hintergrundbild oder Corporate Screen Saver zu befehlen. Der Vorschlag kommt von einem Chris oder so. Welcher Chris? Kennt den einer? Er soll im nächsten Meeting seinen Vorschlag ausführlich präsentieren."

„Geht das als Call? Präsenzmeetings sind so lästig, weil man in dem Trubel nicht richtig arbeiten kann. Wir müssen ja sparen und an Präsentationen arbeiten."

„Das verstehe ich, klar. Ich bin selbst in dieser misslichen Lage. Ich bin ja der Leiter dieses Meetings, das ist so ätzend ohne Laptop, dass ich dann nach 21 Uhr, wenn wir hier raus sind, bis vier Uhr wie wild klicken muss, bis ich ruhig genug für ein Nickerchen bin. Im Grunde brauchen wir einen Beschluss, nur während der Calls zu arbeiten. Da kann dann jeder den ganzen Tag machen, was er will. Hey, was ist das? Applaus für mich? Ich bin echt gerührt, das gab es noch nie. Aber wir sind doch alle heimliche digitale Immigrantler, nicht wahr? Es gibt im Grunde zwei Leben, das digitale und das irreale."

Ich werde oft gefragt, was denn nun die Message von, sagen wir, einer Kolumne sein könnte. Ja, ich habe manchmal eine. Ich traue mich fast nie, sie zu verraten. Zum Beispiel, äh…, vielleicht: Man darf das Arbeiten nicht wegcallen und wegpräsentieren. Aber wenn ich mich traue, so etwas zu fordern, dann rufen sie wieder „Romantiker! Fantast! Träumer! Irrealist! Wenn wir nicht callen, pre-briefen, educaten, tracken und präsentieren – was bleibt dann noch von unserem geliebten Leben?"

# Kapitel 22
# Automotivierte IT

Diese Ideen gibt es alle schon lange. Bestimmt aber die, die alle haben: Autos fahren bald von selbst! Aber erst in der letzten Zeit wird es ernst: Die ersten zockeln schon heimlich auf Übungsplätzen oder schleichen unter Blitzlichtgewitter durch eine sonst abgesperrte Innenstadt. Es fühlt sich so überirdisch an wie die Übertragung einer Mondlandung. Real gesehen haben wir Angst, dass die selbstfahrenden Autos nicht so gut fahren wie wir, also öfter als alle fünf Jahre einen Unfall fabrizieren. Wir fürchten, dass sie nie von allein einen Parkplatz finden, weil sie auf Einhaltung der Regeln programmiert sind. Und da ist noch die Freude am Fahren, die Lust auf Stauluft im Cabrio...

Spielgeld für utopische Prototypen ist immer da, Forscher erfinden ja so gerne Roboter für Fernsehaufführungen, die Fußball spielen oder trotz Millionenentwicklungskosten noch passabel billige Schauspieler abgeben. Warum sollen sie nicht auch eine Runde Auto fahren können?

Jetzt aber liegt eine wirkliche große Veränderung in der Luft. Die IT greift überall in unser Leben ein und verändert dann eben das Auto schließlich auch. Unsere Vorstellungen vom Auto kippen. Wir träumen nämlich nicht mehr vom roten Ferrari, sondern vom Beamen! Das ist der Schlüssel zum Wandel.


## Die Steckdose am Menschen

Das mit dem Beamen glauben Sie noch nicht so richtig, gell? Sie denken als Leser dieser Art von Kolumnen immer an die Informatik im Auto. Hilfe! Das ist viel zu eng an der Sache. Ich will versuchen, ein bisschen weiter zurückzutreten und die ganze Sache aus größerer Entfernung zu schildern. Dieses zu genau Schauende, hier auf das Auto oder die Informatik, verfehlt oft den Punkt.

So ist zum Beispiel die Finanzkrise eher darauf zurückzuführen, dass die USA brutal alle Produktion und möglichst alle Services nach Asien verlegt haben, worauf die Gewinne der Unternehmen stark stiegen und heute noch steigen. Infolge dessen fallen aber die heimischen Arbeitsplätze weg oder driften in den Niedriglohnsektor ab. Sodann geht die heimische Konsumkraft zurück und damit der Konsum, auf dem die Wirtschaft in den USA gegründet ist. In Verblendung gegenüber diesem Asiendrift hilft man den immer weniger Konsumierenden noch ein bisschen mit Hypotheken für das Autokaufen – und

G. Dueck, *Dueck's Jahrmarkt der Futuristik,*
DOI 10.1007/978-3-642-55371-4_22, © Springer-Verlag Berlin Heidelberg 2014

irgendwann setzt sich die Realität gegen das Denken durch, das im Augenblick immer noch mit Milliardenhilfen die Logik bekämpfen will. Was aber diskutiert die Presse? Die Rolle der Banken. Da ist die Krise, ja. Aber da kommt sie nicht her.

So, wie man bei der Finanzkrise nicht auf Banken schauen soll, so auch nicht beim Wandel des Verkehrs auf das Auto. Diese Kolumne ist ein Versuch einer umfassenderen Umschau.

Ich beginne mit der IT am Menschen. Wir arbeiten immer mobiler, die junge Generation geht ohne Smartphone nicht mehr aus dem Haus. Das ist so selbstverständlich wie die Armbanduhr für uns Ältere, die wir noch wissen, wie grässlich wir damals die ersten Uhren mit Batterie fanden. Pfui, Quarzuhren! Die sind nämlich nicht zuverlässig! Die Batterien sind sehr teuer! Sie halten nicht lange! Sollen wir unsere Erbstücke nun wegwerfen? Mechanische Uhren sind heilig! Wir ziehen sie sehr gerne auf! Wir sind daran gewöhnt! Es ist kaum Arbeit, man muss nur daran denken! Batterien verderben die Umwelt! Nieder mit Quarz! Nieder mit den Billigimporten aus Asien!

Inzwischen haben wie die gleiche Diskussion mit Kameras und allem anderen hinter uns und müssen immerzu Akkus aufladen, für Player, Digicams, Phones, Laptops oder Herzschrittmacher. Diese Batterien! Ich renne durch die Straßen, weil ich merke, dass mein Navi zwar den Fußgängermodus tadellos beherrscht, aber die Batterie nicht! Mein Navi zeigt schon erkennbar müde den Weg zum Auto zurück, ich habe Angst. Ich weiß nicht mehr, wo ich es geparkt habe.

Wir brauchen einfach das: Eine Steckdose am Menschen. Die gibt es schon futuristisch als Textilsolarzellen, im Prinzip meine ich aber noch konventionell: jeder von uns hat eine vollkommen standardisierte Batteriezelle am Gürtel, aus der per USB alles andere aufladbar ist. Wenn die Zelle leer ist, kann sie überall umgetauscht werden. Stellen Sie sich vor, wir haben bald alle „Augmented-Reality-Brillen" auf und finden uns „ohne" gar nicht mehr zurecht! Stellen Sie sich vor, wir haben Zusatzfestplatten am Hirn, wie es viele voraussagen, dass wir sie bräuchten! Sollen wir da wieder banal von vorne mit schlechten Batterien anfangen wie damals bei Uhren? „Die Batterie dieser Hirnfestplatte mit 200-prozentiger Leistungssteigerung hält 42 h im Stand-By-Modus ohne Hirnaktivität oder 20 min lang bei reiner Denkzeit. Sie ist derzeit noch sehr teuer und dürfte deshalb vorerst nur in den Topetagen zufriedenstellend zum Einsatz kommen."

Die Batterietechnik entwickelt sich entsprechend stürmisch, und zwar nicht, weil sehr viele Forscher über das Auto nachdenken, für das aber alle diese Forschungsergebnisse für Laptops entscheidend sein werden. Die Autobauer hoffen auf staatliche Zuschüsse, während bei den Laptops schon wir Konsumenten freiwillig die ganze Entwicklung zu bezahlen bereit sind. Deshalb schießt hier der Fortschritt pfeilschnell voran.

An den Aktienbörsen breitet sich eine Goldgräberstimmung für seltene Metalle und Erden aus, die man für viele der Hightech-Produkte braucht. China scheint strategisch die Rohstoffmärkte aufzurollen. Banken bieten Zertifikate für Yttrium, Molybdän, Silizium, Titan, Kobalt, Palladium, Platin und andere mehr an. Ein Rohstoffbeben zeichnet sich ab.

## Industrialisierung der Arbeit

Ich habe keine Zeit mehr. Ich rede heute auf vielen Konferenzen. Früher war das eine sehr entspannende Zeit. Wir fuhren fröhlich hin, trafen nette Leute und hörten uns artig unverständliche oder seichte Vorträge an, je nach Ausrichtung des Kongresses nach Wissenschaftlern oder Sponsoren. Dafür fehlt uns bald die Zeit. Wir retten uns mit Smartphones, an denen wir während der Vorträge die Dienstmails beantworten. Zwischendurch rennen wir mit dem Phone raus und reden laut mit schwierigen Eskalationspartnern oder verführerisch mit Kunden. Viele haben so wenig Zeit, dass sie lieber lange ICE fahren als fliegen oder mit dem Auto fahren. Im ICE sind oft oder manchmal (seufz) Steckdosen, sonst kommt sofort das Batterieproblem.

Werden Konferenzen bald ins Internet auf YouTube verschwinden? Ich habe es selbst erst kürzlich probiert und erlebt: Meine TEDx Rede über Professionalität im digitalen Zeitalter erreichte in der ersten Woche 2500 Zuschauer. Wen erreicht eine Konferenz? Warum soll ich täglich zweimal 35 min zur IBM nach Mannheim fahren, wo ich zuhause auch arbeiten kann? Ich muss bei der Arbeit oft die Minuten zählen, um alles unter einen Hut zu bekommen. Das sagen alle anderen auch. Die Arbeitsdichte steigt und stiegt, der gefühlte Stress ebenfalls.

Sollen wir den Stress noch durch Zeitrisiken erhöhen, die jede Autobahnfahrt mit sich bringt? Können wir uns weiter den Luxus leisten, zu jedem Termin eine Stunde früher loszufahren, weil etwas auf der Autobahn schief gehen könnte? Die Zeit im ICE zu verlieren ist nicht so schlimm, da arbeiten wir ja. (Ich bin vielleicht ein extremes Beispiel, aber ich reise etwa 120 Tage im Jahr. Bei jeder Hinfahrt muss ich eine Stunde vorne vorweg verschwenden, weil ich absolut pünktlich da sein muss. Das sind 120 h von theoretischen 8 mal 220 gleich 1760 h Arbeit im Jahr. Diese 120 h sind nur die verschwendeten, noch gar nicht die Reisezeit an sich.)

Ich kann also körperlich spüren: Die Arbeitsdichte und die Verkehrsdichte auf Autobahnen machen das Auto zum ernsten Risikofaktor und Zeitfresser. Ich ärgere mich nicht über einen Liter Mehrverbrauch! Nicht über den Preis des Autos! Nein, es frisst meine immer kostbarere Kernarbeitszeit und oft meine Nerven. Es geht nicht um das Auto, sondern um die für Arbeit unbrauchbare Zeit und das Verspätungsrisiko.


## Energieknappheit und das Smarte Grid

Das Management der Energie wird zunehmend lohnend. Bis heute regelte man das Stromnetz mit hoher, Jahrzehnte bewährter Ingenieurskunst aus. Heute stellt sich die Frage, wie man mit dem sporadischen Wind- und Solarstrom umgehen soll. Den müsste man speichern können, damit die anderen Kraftwerke nicht dauernd hoch und runter gefahren werden müssen! Den überschüssigen Strom aus Wasserkraftwerken müsste man speichern können!

Ist es nicht denkbar, dass die Autobatterien des neuen e-Car-Zeitalters in der Sahara aufgeladen werden? Es gibt viele Ideen und Szenarien für den Umgang mit vielen Energieherkünften. Google verfolgt die Idee, die Serverfarmen neben Wasserkraftwerken zu bauen und so billig die Überschüsse zu verbrauchen. Die IT benötigt schon heute in Deutschland zehn Prozent der gesamten Energie. Wie wäre es, wenn wir in die Energieversorgung jedes Hauses eine normierte Autobatterie einfügen? Die lädt sich in der Nacht mit Billigstrom auf, bildet einen Puffer für den Solarstrom vom Dach und ist die Wechselbatterie für das Auto? Dann brauchten wir vielleicht nicht so viele Stromtankstellen?

Der heute absolut nötige Ausbau und die Überholung der Stromnetze sind ganz eng mit den möglichen Szenarien im Automobilsektor verbunden. Die IT, der Autobau und die Energienetze müssen sich einigermaßen synchron entwickeln. Es darf nicht zu einem Henne-und-Ei-Problem kommen – wie wir das leider meist hinbekommen. Zum Beispiel wird der elektronische Personalausweis eingeführt, aber es gibt keine Anwendungen dafür. Deshalb behalten wir alle den alten, weil der neue aus unbegreiflicher Verwaltungsintelligenz heraus so viel kostet. (Wegen des hohen Preises des neuen Ausweises haben sagenhaft viele noch einen alten Ausweis billig kurz vor dem Zwangsumstellungstermin geholt. Tolles Change-Management, was?) Daher lohnt sich das Entwickeln von Anwendungen derzeit nicht. Es gibt keine Synchronisation von massenhafter Einführung und massenhaft vielen Nutzungsmöglichkeiten. Ähnlich werden e-Cars mit Energienetzen Hand in Hand gehen müssen. Oder es klappt wieder nicht, dann warten wir bestimmt ab, wie sie es woanders oder bestimmt in Singapur schaffen und kopieren es hier.


## Fernbedienungen

Computer werden heute im Zuge des Outsourcings vielfach über das Netz bedient und betreut. Wie wäre es mit dem Autofahren? Dazu habe ich schon in einer früheren Kolumne einen kleinen Abschnitt über Autofahren als Services geschrieben. Darf ich das hier kurz wiederholen? Das Beispiel ist zuerst im Buch *AUFBRECHEN! Warum wir eine Exzellenzgesellschaft werden müssen* erschienen, da dachte ich noch, es sei ein bisschen künstlich. Seitdem stolpere ich aber in immer kleineren Zeitabständen über ähnliche Möglichkeiten.

Das Beispiel mit Cut & Paste aus einer früheren Kolumne: Stellen Sie sich einen Panzerfahrer vor, der im Gefecht nur unter Sicht durch Winkelspiegel lenkt, die die Außenwelt nach innen reflektieren. Ein Panzerfahrer steckt ja nur im Frieden den Kopf heraus. Das machen wir nun beim Lastwagen oder Auto auch. Wir versehen den Lastwagen mit einigen Kameras, die alle Sichten nach vorne und durch die Rückspiegel wiedergeben. Diese Außenansicht eines normalen Fahrers übertragen wir nun per Internet an einen Bildschirmarbeitsplatz, der im luxuriösen Falle wie das Cockpit einen Autos aussehen könnte. Sie kennen das vom Flugsimulator!

Und jetzt fahren Sie den Lastwagen vom Wohnzimmer aus!

Natürlich nicht direkt vom Wohnzimmer, sondern viel weitergehender in einer Bürozentrale in Bangalore, von der aus der gesamte deutsche Lastverkehr professionell gesteuert wird. Wenn ein indischer Kollege seine Pause machen muss, übernimmt ein anderer den Fernlastwagen und fährt weiter. Keine Nacht- und sonstigen Pausen mehr. Alles geht viel schneller! Weiter: Die Taxis stehen jetzt ohne Fahrer da. Als Passagier steigen Sie ein, zeigen Ihre Kreditkarte, geben dem indischen Fernfahrer oder dem TomTom/Nüvi die Adresse – und los geht's! Man kann die meisten Taxifahrer einsparen, weil diese ja nicht warten müssen.

Das geht noch nicht, weil das Internet kein Echtzeitbremsen sicherstellt. Aber wenn? Ich könnte mich chauffieren lassen, das wäre schön! Ich hätte jetzt wieder Zeit zum Arbeiten wie im ICE, aber mit garantierter Steckdose.

Kampfflugzeuge könnten in dieser Weise fernbedient werden! Das wird schon im Einsatz erprobt. Es soll für die Piloten angstfreier sein. Da fällt mir ein: Vielleicht crashen die Piloten dann öfter die teuren Jets, weil das Incentivesystem nun ein anderes ist? Stellen sie sich einen Banker ohne Bonussystem vor! Kann der noch gut arbeiten?

Verzeihung, ein besseres Beispiel: In der Landwirtschaft gibt es sehr teure automatische Pflanzmaschinen, die fast selbstständig arbeiten können, aber noch Probleme beim Umdrehen am Ackerende und beim Justieren auf die richtige Richtung danach haben. Ich hörte neulich einen Vortrag, wie schwer die Entwicklung einer vollautomatischen Maschine gegenüber der einer halbautomatischen sei. Eine Hochschule versuchte sich daran. Ich kam mir dann wie ein Spielverderber vor, weil ich die indische Internetlösung vorschlug. Die geht hier, weil es keine Sicherheitsprobleme wie im Stadtverkehr gibt. Wenn das Internet nicht funktioniert, hat die Maschine eben kurz Pause.

Bei einer Tagung des IBM Weimarer Kreises haben wir neben den Vorträgen für Kunden auch immer eine Besichtigung in der realen Welt. So durfte ich einmal auf einem Braunkohle-Megabagger herumturnen – und vor ein paar Wochen schauten wir uns die Müllverbrennungsanlage in Erfurt an, wo weniger als 30 Mitarbeiter die ganze Anlage bedienen können. Der Müll kommt über Förderbänder in eine Art Turm, so hoch wie acht oder zehn Stockwerke. Innen ein einziger riesig hoher Raum. Ganz oben in einer Glaskuppel sitzt auf einem chefigen Ledersessel ein Kranführer mit einem Bediencockpit wie der Weltfeind Goldfinger in den 007-Filmen. Wie ein Pilot steuert er das riesige Müllgreifwerkzeug und schaufelt es um. Alles in der heißen Kuppel ganz oben, unwirklich, hinter Glas. Da dachte ich wieder: Kann man das nicht auch von Indien aus steuern?

Was ist mit Fluglotsen? Schauen die echt noch aus dem Tower raus?

Ich will jetzt keinen Exodus der Arbeit fordern, sondern nur andeuten, dass das Fernbedienen von teuren Maschinen als Thema an vielen Stellen hochkommen könnte und dann eine Wechselwirkung mit den Szenarien im Autobau hat.

## Industrialisierung des Verkehrs

Im Grunde geht es um die Industrialisierung aller Dienstleistungen rund um den Verkehr. Ich kann mich leider nicht beamen lassen. Das ist der wegweisende Traum. Aber ich kann mein Auto einem Fernsteuerer anvertrauen.

Wenn ich das überhaupt tue, habe ich praktisch einen virtuellen Chauffeur. Dann aber stellt sich die zweite Frage, ob ich selbst ein Auto haben sollte.

Wenn ich 25.000 km im Jahr fahre, sitze ich bei durchschnittlichen 80 km pro Stunde etwas über 300 h im Jahr am Steuer – zusätzlich zu den 120 h, die ich zu früh losfahren muss, um keine Terminkatastrophe mit einem Flugzeug oder einem Kongressveranstalter zu verursachen.

Mein Auto benutze ich also 300 h bei 1760 Arbeitsstunden im Jahr. Das schreit doch nach Industrialisierung, oder?

In der IT haben wir gerade mit der Virtualisierungswelle begonnen. Messungen zeigen, dass in einer klassischen IT-Umgebung die Server mit etwa 15 oder 20 % ausgelastet sind.

Nun legt man die Anwendungen virtualisiert zusammen und schafft eine Auslastung von vielleicht 70 %. Ein gewisser Teil der Rechenzeit wird ja immer gebraucht, um die Anwendungen zu koordinieren. Wenn jede Anwendungen auf dem eigenen Server läuft, muss nichts koordiniert werden – genauso wie wenn ich mit dem eigenen Auto losfahre. Wenn ich mein Auto aber teile, erhöhe ich die Auslastung dramatisch, und zwar viel stärker als bei Servern! Aber ich muss eine Zentrale oder ein Managementprogramm haben, das den vollen Einsatz aller Autos sicherstellt.

Wird so etwas kommen? Es gibt Versuche mit in der Stadt herumstehenden Autos, die jeder nehmen kann. Wir brauchen aber noch Navis, die anzeigen, wo eines auf mich wartet, so wie es schon Facebook-Navis gibt, die anzeigen, wer von meinen Freunden wie ich in der Fußgängerzone bummelt. Wieder steht die Welt vor so einem „Tipping Point", einem Umschlagspunkt. Wird es eine genügend hohe kritische Masse von Menschen geben, die dieses Modell nutzen? Brauchen wir vielleicht eine kleine Armee von Ausgleichsfahrern, die die allgemein nutzbaren Autos an bekannte Taxistände hinstellt, damit wir überall genügend Autos zur sofortigen Verfügung stehen haben?

Immer wieder kommt es darauf an, ob eine kritische Nutzerprozentzahl zustande kommt. Autos sind sehr teuer – dieser Punkt wird unter Umständen hinreichen, dass wir vernünftig werden. Wir industrialisieren gerade unsere Arbeitswelt, arbeiten wie blöde und leisten uns total unausgelastete teure Autos und vor allem massenhaft unproduktive Zeit in ihnen.

## Autos der Digital Natives

Früher waren wir alle heiß darauf, nach dem obligaten Führerschein zum 18. Geburtstag auch bald das erste Kleinauto zu besitzen. Bestimmt bekämen wir die schönsten Frauen, wenn wir mit einem gebrauchten Golf GTI beginnen könnten!

Diese Vision zieht heute niemanden mehr hinter dem Ofen hervor. Ein Smartphone dann schon eher. Ein Schüler mit einem Touchphone der besseren Sorte ist ein Jemand! Lächerlich diese Prolls, die einen Spartarif haben und nur 30 Freiminuten von ihren Eltern im Monat bezahlt bekommen! Ich bin gar nicht mehr sicher, ob man in der Schule eigentlich noch bekannten Kleidungsmarken huldigt – kann es sein, dass die mobile Elektronik gerade alles andere im Aufmerksamkeitssinne beerdigt?

Das Auto bedeutet der jungen Generation nicht mehr viel oder längst nicht mehr so viel. Die Autoproduzenten wachen langsam auf und sind nun bereit, IT in die Autos zu bauen, die nicht nur der Autotechnik dient, sondern dem Fahrer. Vor zehn Jahren arbeitete ich für kurze Zeit in einer IBM Taskforce. Ich träumte davon, dass die Automobilindustrie einfach ein zweites Loch im Armaturenbrett freimachen könnte – noch so einen Schacht wie für das Autoradio. Da müsste der Computer oder das Navi hinein – oder heute eben das Smartphone.

Verstehen Sie bitte den Unterschied zwischen einem Radio (das ist eine reife Technologie) und einem IT-Gerät: Der Nutzer toleriert wegen der Schönheit ein mit dem Neuwagen mitgekauftes Autoradio zu einem wahnsinnigen Überpreis. Er nutzt das dann so lange, bis das Auto stirbt.

Alle Computer, Phones, Navis und TVs aber wandeln sich derzeit noch so rasant, dass sie schon in einem Jahreswagen sehr antiquiert aussehen. Nutzen Sie einmal ein fünf Jahre altes Einbau-Navi, das damals vielleicht 1000 € Aufpreis kostete. Es ist gegenüber einem heutigen für 99 € einfach schrecklich.

DESHALB muss ein Schacht in neue Autos, damit man sich zum Auto etwas Passendes kaufen kann. Ein Digital Native fragt heute bestimmt schon so den Autoverkäufer: „Ist dieser gebrauchte Ferrari schon zu Apple kompatibel? Ich bin nicht bereit, wegen dem blöden Auto Kompromisse in meiner Mobilelektronik zu machen." Verstehen Sie? Die Automarke steht hinter dem Markenbewusstsein bei Smartphones hinten. Das verstehen die Autobauer nicht – da schlafen sie selig. Sie bauen immer nur Autos und merken nicht, wie die Welt draußen sich rund um das Auto verändert.

Sie bauen Kameras an die Autos, damit die automatisch einparken können, keine Idee, dass man sie dann auch fernsteuern kann! Sie bauen beliebig viele elektronische Kleinigkeiten hinein, keine Idee, was die zukünftigen jungen Kunden wollen!

Wissen Sie, was bei einem Elektroauto gehen könnte? Wir könnten einen Kühlschrank einbauen! DAS würde ich gut finden! Ich fahre so viel herum – und dann im Sommer das heiße Mineralwasser im Auto, wenn ich aus dem ICE wiederkomme. Wir werden auch bald Google-Services im Navi haben: „Herr Dueck, da ist jetzt ein Antiquariat mit Klassikern in Leder direkt neben der Autobahn." Google weiß, weswegen ich im Prinzip den geraden Weg verlassen würde. Ich werde wie Rotkäppchen von einem individuellen Wolf verführt, vom Wege abzukommen. Bekannte Apps-Anbieter werden sicherlich auch Katastrophenwarndienste verkaufen, die an den osteuropäischen Grenzen die LKW-Fahrer auf gefährliche Frauen aufmerksam machen, die einen GPS-Sender tragen und im Navi wie sonst die Radarfallen erscheinen. Wie sagt die Mutter? „Rotkäppchen, laufe nicht im Walde herum, bleibe hübsch auf dem Wege, und bleibe auch nicht zu lange aus!"

Wir brauchen Hörbücher fürs Auto, nicht auf CD, sondern als Literatur on demand aus dem Internet, wir brauchen draußen eine wie den Autospiegel bedienbare Teleskopkamera für schöne Fotos ohne Aussteigen („Sieh mal, hier ist das letzte Foto mit der Kamera, das ich gemacht habe – in der Waschanlage!"). Wir brauchen wie die Polizei ein Schriftband oben, wo wir dem Hinterauto Koseworte zutippen können…und brauchen… und brauchen…

Es hat alles nichts mehr mit dem Auto an sich zu tun. Es geht um seine bessere Nutzung.


## Neue Autos für andere Logistik


Wenn die Autos dann nicht mehr uns selbst gehören, sondern allen gemeinsam, dann fahren sie ungeheuer viel mehr Kilometer als die jetzigen! Ich weiß nicht, ob Sie sich noch erinnern können, welche großen Probleme wir früher mit unseren Rostlauben hatten. Nach fünf bis sieben Jahren fingen damals die Autos mit dem Durchrosten an. Die Angst vor dem TÜV setzte ein, das Bankkonto fröstelte. Viele Vorsichtige versuchten, ihr Auto noch vor dem Rost zu verkaufen.

Was passierte aber, als der Rost von den Herstellern besiegt war? Der Motor musste nun länger durchhalten – viel länger als die 100.000 km, bei denen früher die Alterserscheinungen des Motors begannen.

Wenn alle Autos wie Mietwagen unterwegs sind, wird der Motor wieder zum Engpass. Ist das ein Plus für den Elektromotor, der einfach ausgetauscht wird und somit keine räuberischen Umbaukosten wie beim Benziner erfordert? Die Sitze müssen viel robuster sein, weil sie nun nicht mehr so sehr geschont werden. Schauen Sie sich in den Straßenbahnen um! Kontrollinstrumente müssen neu hinein, alles wird dann gemessen und überprüft. So wie es im Hotelzimmer von Preisschildern wimmelt (Bier, Massage, Pizza, Adult TV, Wellness), so wird das Auto zu einem Selbstbedienungskiosk.

Wie wird die Logistik aussehen, wenn Autos zum Teil vollautomatisch fahren? Wären dann nicht Mono-Rail-Systeme besser? Kleine Autos, die auf Oberleitungsschienen wie Rohrpost funktionieren und zwischen riesigen Lagerhallen hin und her verkehren? Es wird in der Logistik sehr viel automatischer gearbeitet werden, das fühle ich! Wir programmieren direkt bei der Internet-Bestellung einer 100 ml Packung Gucci Homme bei Douglas ein RFID auf der ersten Packung im Lager aller Parfüme. Das Päckchen mit dem Parfüm an mich funkt an den Roboter „Ich will hier raus", der wirft es in einen Rohrpostwagen, der nach Mannheim soll. Dort funkt das Päckchen „Ich will zu GD" und so weiter.

Ich glaube, jetzt am Sonntag geht die Phantasie zu sehr mit mir durch.

Ich habe mich die ganze Zeit gefragt: Wie wird das mit dem Auto?


## Forschung fürs Archiv

Ja, wie? Ich weiß es auch nicht. Es wird gigantisch anders. Ich sehe, dass an allen Stellen Aufbruch herrscht. Die Innovationen der IT, des Wohnungsbaus, der Energieerzeugung, der Energiespeicherung, der Energieverteilung und der Digital Natives formen ein nicht wirklich vorhersehbares Neues aus dem ganzen Automobilkomplex.

Wenn ich jetzt noch an der Uni Professor wäre, was würde ich in Bezug auf das Auto erforschen wollen? Vollautomatik, wenn dann die Autos doch per Internet gefahren werden? Verkehrsleitsysteme, wenn man dann doch alles auf Schienen legt? Bordelektronik? Wenn die aber gleich in die Touchphones eingebaut wird, weil unsere Kids sonst kein Auto kaufen?

Wird Google die Autos übernehmen, weil dort ein gigantischer Werbemarkt für das Google-Radio ist?

Und dann die Frage: Was wird angesichts dieser ganz unklaren Lage aus der Forschung der Unis an solchen Fragen? Kann nicht das meiste demnächst ins Archiv, so wie der riesige Bereich rund um die Verbrennungsverfahren und die Geräuschdämmungstechnologie für Benzinmotoren? Müssen nicht alle Roboter neu gebaut werden?

Wandert die Forschung nun zur Batterietechnologie? Müssen wir erforschen, wie man demnächst alles ohne Yttrium oder Molybdän herstellt? Gibt es Kriege um Lithium und anderes? Wird der Stahl durch Karbon ersetzt, was offenbar bei BMW in Angriff genommen wird?

Wenn ich von außen draufschaue, sieht es wie ein Urwald oder ein Dampfkessel aus, was seit Fords Fließband wie eine unendliche kontinuierliche Weiterentwicklung erschien.

Ganze Berufsgruppen werden abgeschafft, dagegen kommen viel mehr neue dazu. Wer steigt ab? Wer darf der nächste Shootingstar sein? Es muss wunderschön sein, jetzt und heute mit der Automobilentwicklung beginnen zu dürfen.

# Kapitel 23
# Neurotisierende Optimierung

Wer öfter andere „Hör damit auf!" sagen hört, hat das Maß überschritten. Das Management unserer Zeit übertreibt es mit dem Gewinnstreben. „Wer den Aktienkurs steigert, optimiert alles andere gleichzeitig auch. Man muss also nur den Aktienkurs steigern." Konzepte mit einer so einseitigen Ausrichtung sind generell bei Neurotikern zu beobachten. Zwanghafte schaffen ständig Ordnung, wenigstens in Tabellen. Hysterische wollen nur Beifall, Depressive nur tröstlichen Beistand. Sie alle setzen auf eine Karte, nur auf eine einzige – und setzen das Ganze in den Sand. Das einseitige Streben nach Shareholder-Value und besonders die Teillösung des Aktienkurssteigerns durch Totsparen ähneln frappierend dem Vorgehen eines Neurotikers.

Manager sind damit nicht selbst neurotisch – schlimmer, sie neurotisieren.

Wir müssen ein vernünftiges Gegenmittel finden. Ich glaube, es würde helfen, wenn wir die Risiken einseitigen Handelns besser quantifizieren könnten. Brauchen wir nicht eine „Risikoinformatik"?

## Mu-Mu-Mu

„Pünktlich wie die Bahn", führte mein Schwiegervater oft mit großem Stolz im Mund. Heute kann ich fast eine Flasche Sekt aufmachen, wenn eine Reise ganz ohne eine Serie von Routineentschuldigungen begleitet wird. Die Bahn hat neuerdings ehrliche Beschwerdemanager. Ich zweifle, ob das gut ist. Ich erfahre nun wirklich, welche Ursachen für die Verzögerungen verantwortlich sind: Eine Weiche funktioniert nicht, ein Triebwerk gab auf, Züge wurden nicht bereitgestellt, eine Tür klemmte und schloss sich nicht. Neulich rief jemand panikartig über Lautsprecher nach einer „Verbindung", was immer er meinte. Jemand antwortete hektisch: „Nimm nicht die Diensttelefone, sprich die Lok mit dem Privathandy an!" Dann wurde mitgeteilt, dass wir noch ein bisschen stehen müssten…

Nach einem Bahnabenteuer setze ich mich ins Auto. Das Parken im Bahnhof bringt der Bahn wegen der Verspätungen regelmäßig eine Stunde Zusatzgewinn. Jetzt muss ich in der Nacht nach Hause. Das war früher ein entspanntes Vergnügen, weil außer Rehen nich-

G. Dueck, *Dueck's Jahrmarkt der Futuristik,*
DOI 10.1007/978-3-642-55371-4_23, © Springer-Verlag Berlin Heidelberg 2014

ts zu beachten war, wenn ich über den Königsstuhl fuhr. Nun ist alles mit tiefen Löchern zerfurcht und ich muss bei schlechter Sicht Slalom fahren. Das ging jetzt ein paar Wochen ganz gut, aber die Stoßdämpfer wechsle ich nicht mehr, bevor ich pensioniert bin. Jetzt haben sie die Straße von Waldhilsbach nach Heidelberg ganz gesperrt. Sie ist jetzt für Ortunkundige völlig unbefahrbar.

Ich kann das endlos fortsetzen. Niemand ist an der Misere schuld. Es ist so gekommen. BP kann nichts dafür, dass das Bohrloch überquoll. Das Maß der Vernachlässigung durch BP lag aber im branchenüblichen Rahmen, war also nicht kriminell, sondern üblich, so sagte man. Die Löcher in der Straße nach Heidelberg sind neuerdings auch normal, weil die Straße nach Bammental ebenso viele Löcher hat.

Es gibt kein Streusalz mehr, weil der Winter so früh kam. Die kalte Zeit dauerte vier Wochen, nicht entfernt so lange wie ein ganzer Winter. Trotzdem ist das Salz weg. Ich erinnere mich, dass das Salz schon im letzten Jahr verbraucht war. Damals machte man den Winter verantwortlich. Daraus hat man gelernt. Man hat offenbar gar kein Salz nachbestellt – man weiß ja jetzt aus der Erfahrung des letzten Jahres, dass es am Winter liegt, nicht am Salz.

Die Flugpläne crashen. Warum? Weil man bei gutem Wetter und optimaler Sicht vielleicht 40 Flieger pro Stunde landen lassen kann. Wie eine Perlschnur kommen sie herunter. Ebenso viele steigen auf. Wenn nun Nebel kommt? Crash. Wenn Flugzeuge vor dem Starten enteist werden müssen? Crash im Zeitplan. Leider war auch das Enteisungsmittel knapp.

Wenn wir in meiner jüngeren Zeit nach Frankreich fuhren, schwoll uns der Kamm vor Stolz über unser Straßennetz. Wir lästerten bitter über Zustände in italienischen Bahnen. Schämt sich hier jetzt niemand?

Die Finanzkrise ist nicht so sehr durch Leute verursacht worden, die ihre Kredite nicht zahlen können. Nein, die Kredite sind nur riskanter geworden. Nach herrschender Ordnung muss das Risiko für eine Bank tragbar sein, sie muss also für bestimmte Risiken ein Mindestmaß an Eigenkapital vorweisen. Das Eigenkapital ist das Sicherheitspolster für die Kredite, so wie Streusalz für den Winter. Man baut zum Beispiel Brücken so, dass sie das Dreifache des normalen Gewichtes auch noch aushalten. Auch ein Polster. Die Banken haben aber das Eigenkapital vollkommen ausgereizt. Sie haben gerade so viele Kredite vergeben, dass sie genau alles (alles!) Eigenkapital zur Deckung der Risiken benötigen. Was ist passiert? Die Immobilienpreise in den USA sind um ein paar Prozent gefallen. Na und? Kam früher oft vor. Nur hatte man damals ein sattes Eigenkapital mit Angstpolster für alle Fälle. Diesmal nicht! Alle Banken brauchten gleichzeitig Eigenkapital, was ihnen keiner geben wollte… Die Banken sind die Profis für Risiken und verstanden es deshalb, die ganze Zeit so risikoreich zu fahren, dass sie immer einen Handbreit vor dem Absturz agierten. Crash!

Warum passiert das? Wir haben keine Reserven mehr. Wir haben keine Ersatzzüge, keine Ersatzstrecken, keine Bohrlochverstopfer, keine Schlaglochfüller, kein Eigenkapital. Wir haben keine freien Flugslots mehr, keine Zeit zum Verschnaufen, keine Krankheitsvertretungen. Alles ist am Anschlag.

Das alles geschieht im Namen der Effizienz. Es geht seit dreißig Jahren um das so genannte Lean Management. Wir sollen sparen. Wir dürfen keinesfalls Ressourcen verschwenden! Das wird uns wieder und wieder gebetsmühlenartig und vollkommen exzessiv eingetrichtert. Die da oben geben sich den Anschein exzellenten Wirtschaftens nach wissenschaftlich anerkannten Prinzipien.

Wollen wir wirklich einmal Prinzipien anschauen? Wir schlagen unter dem Stichwort Kaizen (Veränderung zum Besseren) in der Wikipedia nach. Dort gibt es die 3-Mu-Liste: Muda, Muri, Mura.

- Keine Verschwendung! (Muda)
- Keine Überlastung von Mitarbeitern und Maschinen! (Muri)
- Keine Unregelmäßigkeiten in den Prozessabläufen! (Mura)

Das sagt die reine Lehre. Ist sie unverständlich oder intuitiv schräg? Nein, sie ist hell und klar. Wir sehen an den Beispielen der Banken, Ölbohrer, Flughäfen und Bahnen, dass sie offenbar nur das Verbot der Verschwendung ernst nehmen und „managen" (so wie Neurotiker mit einem eingeschränkten Konzept alles Handelns).

Derweil sind Überlastungen von allem im Namen des noch intensiveren Sparens gewollt. Unregelmäßigkeiten werden die Regel. Mitarbeiter werden als Sparobjekte betrachtet und dadurch per Arbeitsplatzverlustangst so eingeschüchtert, dass sie immer mehr Überstunden ohne Bezahlung leisten. Die Unternehmen fahren die Reserven auf Null, um die Kosten zu senken. Der Mitarbeiter verbraucht alle seine Zeit- und Körperenergiereserven, um keine Wohlstandseinbuße hinzunehmen. Es führt zu Firmen-Crashs und Mitarbeiter-Burnouts.

Was kann man noch tun? Die Zukunft ist – um das Unwort des Jahres von Bundeskanzlerin Merkel zu benutzen – alternativlos: Wir müssen weiter sparen, indem wir die Risiken der Reservelosigkeit den Kunden und Bürgern überlassen. Der Bürger bürgt für die Banken, der Bahnkunde nimmt seinen Jahresurlaub. Ich selbst habe vielleicht 100 Reisen im Jahr, meist um Keynotes zu halten. Ich darf echt nicht zu spät kommen. Deshalb muss ich auf der Hinreise einen Zug früher nehmen, weil ich kein Risiko fahren darf. Auf der Rückreise riskiere ich nur meine Freizeit und meine Gesundheit. Ich muss also als Executive mindestens 100 h im Jahr für Verkehrsrisiken verplempern. Ich darf keine Zugverbindungen mit wesentlichem Umsteigen wählen…

Ist das alternativlos? Es ist – mein Wort – alternativblind.

Mu! Mu! Mu! Welche Amateurintelligenzen verwechseln Reserven mit Verschwendung?

Warum gehen wir nicht wieder an regelmäßige, zuverlässige Abläufe?

Anfang der 80er Jahre machte Toyota mit dem Lean Management Furore. „Jeder darf das Band anhalten, wenn ein Fehler eintritt! Bloß keine Fehler!" Amerikaner hörten damals die Gerüchte von neuen Managementmethoden und besichtigten die Werke von Toyota in Japan. Alles lief sauber. Sie sahen nur eine einzige Fertigungsstraße. Damals hatten die Amerikaner verschiedene Nebenstraßen für Fehlerbeseitigung. Teile passten nicht zusammen, die Lackierung war zerkratzt und musste wiederholt werden, bestellte Sonderausstattungen waren gerade nicht auf Lager und wurden nachträglich eingebaut. Ein großer Teil des Werkes war mit Überarbeitung oder Rework beschäftigt. Ich las damals, wie köstlich sich die Japaner amüsierten, als sie den Amerikanern erklärten, dass sie gar kein Rework bräuchten, weil sie ohne Fehler arbeiteten und immer alles just-in-time zur Verfügung hätten. Die Amerikaner ließen sich angeblich alles nochmals zeigen. Sie dachten bei der Heimkehr aus Japan, man habe ihnen aus Vernebelungsgründen ein Werk als Fake ohne Rework-Straßen aufgebaut und gezeigt.

Ich sah damals ein beeindruckendes Interview eines Japaners. Amerikanische Frage: „Wie schaffen Sie es, die Mitarbeiter so einzuspannen und zu motivieren?" Antwort: „Wir nehmen sie ernst." Ungläubig wurde die Frage wiederholt und mit großem Ernst die Antwort auch.

Das war einmal. Wir nehmen uns nicht mehr so ernst und arbeiten vor allem an Rework. Weil nichts mehr ohne Nachhaken und Nachtelefonieren klappt, steigt die Arbeitsbelastung an. Zeitreserven gibt es nicht, aber durch die vielen Unregelmäßigkeiten steigt der Entschuldigungsbedarf. Das obere Management ist der Auffassung, dass die Mitarbeiter für die Unregelmäßigkeiten verantwortlich sind. Die Mitarbeiter schludern offenbar. Das Management hält es für die Pflicht der Mitarbeiter, in unbezahlten Überstunden die Störungen zu beseitigen. Damit das geschehen kann, werden die Mitarbeiten immer härter und öfter überprüft. Sie müssen dokumentieren und abhaken, beweisen und reporten. Die Arbeitslast steigt enorm, dadurch nehmen die Unregelmäßigkeiten zu.

Die Mitarbeiter lassen jetzt die Weiterbildung, dann die Familie, schließlich die Motivation und die Gesundheit dahinfahren. Sie nehmen Sicherheitsrichtlinien und Vorschriften nicht mehr so genau. Die Prüfungen werden jetzt unerbittlich, weil sich die Prüfer nicht respektiert sehen. Das Linienmanagement aber fordert die Mitarbeiter auf, erst Gewinn zu machen und dann für die Prüfer alles in Ordnung zu bringen. Nun setzen die darüber verbitterten Innenmanager Task Forces auf, die die Missstände beseitigen sollen.

Es gibt jetzt Task Forces für alle Unregelmäßigkeitsarten: Sicherheit, Abrechnungsgenauigkeit, Datenqualität, Diversity, Image beim Kunden, Beschwerdebeschwichtigungs-Call-Center, Produktqualität, Liefertreue usw.


## Role + Overload


Jeder Mitarbeiter sitzt nun in verschiedenen Task Forces und muss sich in Telefonsitzungen mit vielen anderen einigen, dass keine Unregelmäßigkeiten mehr vorkommen und zusätzlich gespart wird. Die Calls laufen immer nach demselben Muster ab. Die Mitarbeiter schimpfen wüst, dass wirkliche Verbesserungen nur durch radikale Umorientierung zu erzielen wären. „Man muss das Übel beseitigen und das ist der Sparwahn! Nicht an Symptomen doktern, Geld in die Hand nehmen!"

Sie „kotzen sich aus". Wissenschaftlich gesehen spielen sie „Mu! Mu! Mu!" Sie wissen alle genau wie Toyota, dass die Unregelmäßigkeiten ihr Tod sind. Irgendwann beruhigen Sie sich und denken über Vorschläge nach, die wenig Geld kosten. Das macht den Leiter der Taskforce erst nervös und dann wütend, weil er zu Beginn seines Jobs zusätzlich zu den Störungsbeseitigungen auch Einsparungen versprechen musste. Das Management argumentiert so: „Ihr sagt, der Gewinn würde steigen, wenn man die Unregelmäßigkeiten beseitigen würde, oder? Dann macht verdammt noch mal Vorschläge, wie wir das beides auch schaffen."

Solche Vorschläge gibt es nicht. Denken Sie an die Rework-Linien im Amerika der 80er Jahre. Man kann sie ohne totalen Systemwechsel nicht einfach abbauen, es ist harte Arbeit, auf den japanischen Qualitätsstandard zu kommen. Diese Arbeit muss von oben organisiert werden, nicht unten am Band oder in Calls. Die Calls ergeben kein Ergebnis, also lügt der Leiter der Task Force eines herbei, was Einsparungen verspricht. Die werden gleich als Gewinnprognose in den Plan übernommen und „getrackt". Die Mitarbeiter werden in die Pflicht genommen, Überstunden zu machen, damit die Maschinen keine Defekte bekommen…

Das System läuft heiß, die Unregelmäßigkeiten nehmen zu, die Überlastungen von Mensch und Maschinen auch.

Informatiker unter Ihnen mögen sich ein Übertragungsnetzwerk vorstellen, dass unter Überlast fährt. Dann kommt es zu Unregelmäßigkeiten. Mitarbeiter, die es gewohnt sind, Entscheidungsvorlagen Sekunden vor einem Meeting als fette Powerpoints zu verschicken, damit man sich lange vorher vorbereiten kann, verzweifeln. Sie schicken die Präsentationen hektisch mehrmals ins Netz, zur Sicherheit. Die Netzbelastung steigt enorm an, die Fehlermeldungen schwirren zusätzlich als Entschuldigungsmanagement über die Glasfasern. Jetzt verstopft alles. Das Netz stirbt an einem Kollaps. Bei einem Netz geht das schnell, Netze haben den Nachteil, dass sie keine Überstunden machen können. Dafür lassen sie sich nach einem Burnout leicht wieder hochfahren.

## Zeremonielles Management

Nun sieht das obere Management, dass die Mitarbeiter unwillig sind und die Unregelmäßigkeiten absolut nicht einstellen, obwohl sie halb zu Tode getrackt und überprüft werden. Jetzt wird das Beseitigen der Missstände zur Chefsache erklärt. Die Geschäftsführung ernennt hohe Manager zu Vice Presidents für alles, was nicht klappt: Innovation, Gleichstellung, Qualität, Kundenzufriedenheit, Liefertreue, Weiterbildung, Manager-Wellness, Öffentlicher Ruf, Karrieremöglichkeiten, Zuverlässigkeit…

Diese Vice Presidents sind entweder ganz junge Leute, die sich Sporen verdienen sollen, oder solche, die das schon oft versucht haben und eine neue Verwendung finden sollen. Sie sind in der Regel vom neuen Thema ihres Jobs überrascht und müssen sich erst einmal einen Überblick verschaffen, damit sie dann ein Programm entwickeln, das systematisch und zuverlässig alle Missstände beseitigt, für die sie zuständig sind.

Sie fragen sich durch: Wer kann zu dem ihnen Anvertrauten etwas sagen? Das sind oft die Leistungsträger bei der Arbeit. Die werden nun in Task Forces bestellt und zu Telefonkonferenzen eingeladen. Jede Task Force muss Vertreter aller Bereiche stellen, damit Konsens herrscht und schnell Beschlüsse gefasst werden können. Damit steigt der Task-Force-Mitarbeiter-Bedarf ins Unermessliche.

Die Leistungsträger müssen nun jeweils in mehreren Task Forces mitarbeiten, die leider meist noch divergente Zielsetzungen verfolgen. Sie sind nun vollends überlastet und können kaum mehr arbeiten, weil sie immer in Calls sitzen. Sie wissen gleichzeitig, dass beim zeremoniellen Hochhalten zweitrangiger Ziele nichts, aber auch nichts herauskommt. Sie schwänzen also die Calls nach Kräften, um ihre Arbeit zu schaffen. Jetzt machen sie nichts mehr richtig, in keiner Rolle, sie sind auch nicht mehr richtig Ehepartner oder Elternteil.

Der einzelne Mensch, besonders der Leistungsträger, bekommt Schlaglöcher, Staus, hysterische Störungsangst und Vorwürfe von allen Seiten. Man schimpft immer so laut, dass der Mensch gerade so eben nicht alles hinschmeißt. Langsam brennt mit den Leistungsträgern das System aus. „Organizational Burnout" heißt ein Buch hier neben mir (von Gustav Grebe).

## Neurotic Optimization

Eine Mutter will geliebt werden. Sie hat Kinder, die sie lieben. Das ist ihr nicht genug. Sie ist gierig auf Liebe und möchte die Liebe der Kinder zu ihr Jahr für Jahr steigern. Sie schenkt Ihnen ab und zu eine Kleinigkeit und verwöhnt sie. Die Kinder lieben sie jetzt eventuell ein bisschen mehr. Nicht viel mehr, weil sie sie ja schon ohnehin geliebt haben. Da fährt sie die Kinder ins Schwimmbad und ins Kino. Sie erlebt herbe Rückschläge bei der Liebe, weil die Kinder sie im Schwimmbad und im Kino nicht beachten und sich nur freuen. Sie sind so sehr voller Freude, dass sie sich danach nicht wirklich bedanken. Die Mutter putzt jetzt öfter die Schuhe der Kinder, was sie aber verrückt finden.

Nun wird die Mutter langsam böse und setzt den Kindern ihre Mühe auseinander und fragt sie immer öfter und eindringlicher, ob die Kinder sie jetzt auch gebührend mehr lieben. Die Kinder bejahen das brav. Das geht eine ganze Zeit gut. Die Mutter verstärkt ihre Anstrengungen, um die Liebe weiter zu steigern. Sie denkt sich lange vor Weihnachten aufwendige Geschenke aus, sie dekoriert alles in der Adventszeit aufs Schönste. Die Kinder brauchen das nicht, sie finden es okay, sind aber innerlich nicht mehr bereit, die Mutter noch mehr zu lieben.

Die aber verlangt immer beharrlicher Liebesbeweise. Sie beginnt zu klagen, dass sie mit Kindern geschlagen ist, die sie als Mutter nicht recht zu würdigen wissen. Sie strenge sich doch so an, sie tue alles für die Kinder, sie opfere sich auf.

„Mutter, wir verlangen das nicht. Wir kommen auch ohne deine Hilfe gut zurecht."

Da heult sie hysterisch auf. „Ich werde nicht gebraucht! Ich habe das nicht verdient! Oh, ihr Undankbaren, wenn ich nicht für euch da wäre, würdet ihr ohne mich nicht weiterleben können! Bestätigt mir, dass das so ist!"

„Mutter, wir haben dich sehr lieb, aber nicht, wenn du mit dieser Tour kommst. Hör auf Mutter, wir geben dir alle Liebe, die wir haben, mehr kannst du nicht verlangen."

„Aber ihr könntet doch noch mehr lieben, wenn ihr wolltet! Ihr könntet herzlicher zu mir sein und immer von eurer Liebe zu mir sprechen. Ihr könnt mir doch liebe Mails und Briefe schicken, ihr könnt eure Liebe in Geschenken zeigen, auch in der Art, wie sie eingewickelt sind, ihr könnt mir am Morgen beim immer so tollen gemeinsamen Frühstück immer topgelaunt ins Gesicht sehen, weil ich es bin…"

„Mutter, wir können nicht mehr, bitte lass uns damit in Ruhe!"

„Ach, ihr Undankbaren, wenn ihr wüsstet, welche wundervollen Geschenke ich für euch Ende des Jahres plane, ich spare auch schon für Uni-Prüfungen, ich will mit euch in Urlaub fahren, in ferne Länder, ich will mit euch auf Abo ins Theater gehen, wir könnten zusammen eine Facebook-Community aufbauen, da werdet ihr mich lieben, von ganzem Herzen, von innen heraus, wie ich es liebe, aber nicht so kalt demonstrativ, nur weil ich es von euch so will, davor graut mir…"

„Mutter, wir wollen das alles nicht, weil du nur lauerst, ob genug Liebe drinsteckt, wenn wir was machen. Wir wollen in Ruhe leben und nicht immer mit Seitenblick auf dich, ob wir dich genug lieben. Das macht uns fertig, Mutter, und in diesem Gemütszustand lieben wir dich…eigentlich nicht…äh, versteh doch das bitte. Wenn du überziehst, halten wir deine Anwesenheit nicht mehr aus, du bist dann der reine Stress für uns."

Und so wird aus einer guten Mutter ein liebesbezeigungsgieriger Sozialvampir.

Sie ist irgendwann mit der Idee ihrer Liebe allein oder sie schafft es, gerade immer so ätzend schlimm nach Liebe zu gieren, dass die Kinder so gerade eben nicht einfach abhauen. Die Liebe wird nur noch resigniert gespielt, damit die Hassliebe nicht ganz reißt.

Es gibt für andere Persönlichkeitsstörungen ebensolche Teufelsspiralen. Zwanghafte sind irgendwann mit der Idee der Ordnung allein, Ehrgeizige mit der Idee des Erfolgs, Besserwisser mit der Idee, Wissen sei Macht. Immer wieder rufen noch Gutmeinende ihnen ihr „Hör damit auf!" zu. Diejenigen, die das Maß verloren haben, gehen unbeirrt in die Hölle. Eine Umkehr, die alle predigen, ziehen sie nie in Betracht. Sie hassen oder sie wüten mit maßlosen Forderungen gegen die, die gutmeinend warnen.

> Der Thor hält Warnung für Feindschaft.

So steht es geschrieben in der Moschee in der Schlossanlage in Schwetzingen.

In dieser Weise werden Warnungen gegen das maßlose Überziehen des Shareholder-Values als Feindschaft oder Arbeitsverweigerung gesehen. „Hört auf!", rufen wir alle den Managern zu. Wir wollen nicht jede Minute an den Profit denken, sondern nur entspannt arbeiten! Wir wollen nicht immer künstlich an dem Punkt gehalten werden, an dem wir das Abhauen erwägen müssen.

Es ist „Neurotic Optimization". Wir versuchen, etwas zu erreichen, was im Grunde nicht zu schaffen ist. Wenn es zu schaffen wäre, würden wir uns mehr vornehmen, weil erreichbare Ziele angeblich nicht die Leistungsfähigkeit ausreizen. Wir rennen also einem geplant unerreichbarem Ziel hinterher. Wir verstehen das nicht! Wir denken, es dürfe nur erreichbare Ziele geben! Wir diskutieren also mit dem Management, es solle die Erreichbarkeit sicherstellen. Das aber will das Management nicht, weil es ja glaubt, wir würden uns weniger Mühe geben, wenn wir das Ziel überhaupt erreichen würden. Das Management stellt sich uns wie Marathonläufer vor, die nur mit dem Ziel im sonst leeren Hirn 42 km rennen und dann euphorisch die letzten 195 m bis zum Zielband hechten – um hinzufallen. „Ich bin da! Ich gehe heute keinen Meter mehr." So werden wir von oben gesehen. Wir gehen keinen Meter mehr, wenn wir nicht müssen. Deshalb wollen die da oben immer die Extrameile von uns.

- Das Ziel ist unerreichbar, wird aber mit aller Kraft angestrebt.
- Wer die Erreichbarkeit in Frage stellt, wird als leistungsunwilliger Bedenkenträger gemobbt.
- Wer zu Recht auf Probleme hinweist, wird mit billigen Floskeln abgespeist, dass alles gut wird und die Probleme zwar so erscheinen, aber für Leistungswillige nur Herausforderungen darstellen.

## Utopiesyndrome

Ein schönes Wort, Utopiesyndrom. Ich habe es historisch zuerst im Buch *Lösungen* von Paul Watzlawick, John H. Weakland und Richard Fisch (1974) gefunden. Menschen sind von Utopiesyndromen befallen, wenn sie etwas anstreben, was unerreichbar ist.

Beispiele: Ideale Kinderliebe erwiesen bekommen, eine ideale Ehe führen, trotz Schneewittchens die schönste Frau im Land sein, jedes Jahr zweistellig in einem stagnierenden Markt wachsen, den idealen Kommunismus einführen oder die Bahn an die Börse bringen.

Wer einer Utopie unbeirrbar folgt, belegt die direkte Unerreichbarkeitsdiskussion mit einem Tabu, braucht dauernd Entschuldigungen, warum es aber immer noch nicht klappt („…der real existierende Sozialismus ist noch nicht da, wohin er soll – aber bald!").

- „Ich bin schuld und unfähig, ich muss mehr leisten!" (Den Kinder etwas schenken, eine Extrameile gehen)
- „Ich rackere mich schon lange ab, es dauert nur länger, als ich dachte."
- „Andere blockieren meine Anstrengungen und helfen mir nicht. Sie sind meine Feinde, an denen ich mir die Zähne ausbeiße."

Eheleute, die eine ideale Ehe anstreben, bemühen sich unsäglich, merken, wie lange es dauert und zanken sich dann, weil der jeweils andere wahrscheinlich weniger tut als er selbst.

In heutigen Unternehmen wird eine Art von Neurotisierender Optimierung betrieben. Man wählt kühl ein unerreichbares Ziel aus und übergibt es den Mitarbeitern. Die Diskussion über das Ziel wird mit Sanktionen belegt. „Frag nicht, arbeite." Der Mitarbeiter wird zu immer mehr Extrameilen aufgefordert. Er arbeitet nicht genug. Der Mitarbeiter fragt sich langsam, ob er unfähig ist. Er versucht, durch größere Anstrengung alles zu retten. Er weiß, dass es länger dauert, als sein Manager fordert.

Das Management zeigt sich enttäuscht über die Leistungen der Mitarbeiter und sieht sie als Feinde, die die Zielerreichung durch bewusste oder schlampende Leistungsminderung sabotieren. Auf der anderen Seite sind da auch die äußeren Feinde, die anderen Unternehmen, die einen mörderischen Wettbewerb anzetteln. Alle sind Feinde!

Jeder muss alle, die unter ihm sind, neurotisieren. Jeder muss alle, die neben ihm sind, als Feinde im Wettbewerb erklären! Dann werden wir alle „Vampire".

## Tao

Ich werde oft gefragt, was ich denn als konstruktiven Rat geben könnte. Der liegt ja auf der Hand. Weniger desselben! Das steht natürlich auch im Buch *Lösungen*. Ich traue mich kaum, es selbst so auszusprechen und verschanze mich hinter dem berühmten Namen Watzlawicks.

Weniger desselben!

Geht das heute? Es ist ja unter Tabu!

Oder ich sage: Mu! Mu! Mu!

Es geht ja genau darum, grundsolide gut zu arbeiten, ohne Übertreibung, ohne Exzess.

- Keine Verschwendung! (Muda)
- Keine Überlastung von Mitarbeitern und Maschinen! (Muri)
- Keine Unregelmäßigkeiten in den Prozessabläufen! (Mura)

Oder ich zitiere Aristoteles mit seiner Vorstellungen einer Mitte, einer aristotelischen Mitte: Das Gute ist dort, wo kein Mangel und kein Überfluss herrscht. Gutes Wirtschaften hält diese Mitte (Das Wort Ökonomie ist griechisch aus „Haus" und „Regel, Gesetz" zusammengesetzt). Alle Philosophen warnen vor Übertreibungen überhaupt aller Art! Nur die Ökonomen kennen das nicht, sie wollen durch ein Management chronischen Mangels Wohlstand für alle zaubern. Sie halten also nicht die Mitte zwischen Mangel und Überfluss, sondern sie wollen durch Mangel Überfluss erzeugen.

Das Tao sagt (24):

*Wer sich auf Zehenspitzen stellt, steht nicht.*

*Wer große Schritte macht, geht nicht.*

*Wer sich zur Schau stellt, ist nicht berühmt.*

*Wer etwas vorgibt zu sein, ist nicht erfolgreich.*

*Wer überheblich ist, hat keinen Bestand.*

*Die dem Weg folgen sagen:*

*„Dies ist unnötige Nahrung und überflüssiges Gepäck."*

*Sie vermeiden es und halten sich damit nicht auf.*


# Risikoinformatik

Wir müssen die Philosophie in Formeln gießen, das sage ich schon in meiner ersten Schrift, dem Buch *Wild Duck*. Wir müssen Computer programmieren, dass sie das wirkliche Optimum bestimmen. Die einen hetzen uns in den Burnout, die anderen unter der Führung des dm-Gesellschafters Götz Werner fordern ein stressfreies Leben durch das „bedingungslose Grundeinkommen".

Wo ist die aristotelische Mitte?

Wohin geht der wahre Weg?

Ich glaube, wir müssen eine Risikoinformatik begründen. Wir haben wohl zu sehr die Diagramme der linearen Optimierung im Kopf. Im Optimum ist eine oder mehrere der Rohstoffreserven gleich Null. Danach handeln wir. Wir gehen so weit, wie es nicht mehr geht. Wir gehen nicht mitten auf dem Weg, sondern immer an einer Grenze.

Wir vergessen, dass die Grenze manchmal nur ein Graben ist, ja, aber oft droht dort schon der Tod. Wer zu wenige Loks einsetzt, verliert Kunden. Eine Bank mit zu wenig Eigenkapital wird geschlossen. Wer zu schnell fährt, verliert den Führerschein, wer sich überarbeitet, brennt aus und verliert die Seele.

Das sagt uns die Optimierung nicht. Sie behandelt Grenzüberschreitungen wie Schulden. Wenn ein Euro zu wenig da ist, hat man einen Euro Schulden. So ist das im Leben nicht. Ein Stundenkilometer zu viel oder ein Euro zu wenig Eigenkapital und man verliert vielleicht den Job, oder?

Risiko ist die Möglichkeit, hinter die Grenze kommen zu können.

Ich habe das schon in den 90er Jahren bei Bankprojekten studiert. Damals wurde auch gefragt, welche Forschungsvorhaben die Bundesregierung fördern sollte. Ich schlug Quantifizierung von asymmetrischen Risiken vor, eine Informatik der Grenzgefahren. Antwort: „Das überfordert doch die Unis…so weit denkt jetzt niemand."

Und heute? Wir müssen nicht nur Mu-Mu-Mu predigen, sondern mit wissenschaftlich gestärktem Rücken so handeln können.

# Kapitel 24
# Cloudwirbel

Nun bin ich fast zwei Jahre Manager des Wachstumsgebietes „Dynamic Computing" gewesen, was dann in den Bereich „Cloud Computing" überging. Das Geschäft wuchs so schnell, dass jetzt mein Kollege Frank Strecker einen ganzen Geschäftszweig daraus entwickelt. So etwas gehört nicht wirklich zu meinen Talenten, ich fange am besten immer wieder etwas Neues an! Was ich sagen will: Das Geschäft wächst uns schon über die Ohren, aber in der Presse wird jeden Tag mit immer denselben Argumenten erklärt, dass Cloud Computing nur ein Hype ist – ja, und außerdem ist nichts in der Cloud wirklich sicher! Hilfe! Die Cloud beginnt, unsere ganze IT durcheinander zu wirbeln! Jetzt fühle ich mich verpflichtet, NOCH eine Kolumne darüber zu schreiben.

## Dynamic Infrastructure und Cloud Computing

Immer wieder muss ich sagen, dass mit der IT heute etwas geschieht, was wir hundert Mal selber schon als Industrialisierung erlebt haben. Ich hatte schon früher als Vergleich das Beispiel der Waschmaschine angeführt, die nur noch Wäsche mit 30, 60 oder 90 Grad annimmt, also standardisierte Kleidungsstücke. Dazu muss die gesamte Textilindustrie so umgekrempelt werden, dass sie nur noch Wäsche herstellt, die zu den Waschmaschinen passen! Genau wie damals die Wäsche wird bald auch die Software standardisiert werden müssen. Alles neu!

Die Automobilproduktion begann relativ früh mit Fleißbändern, brauchte aber lange, bis sie zur flexiblen Fertigung übergehen konnte. Das Traumziel der flexiblen Fertigung heißt „Losgröße 1", also Massenproduktion von lauter individuellen Autos, die natürlich auf gemeinsamen Plattformen basieren („Plattformstrategie").

Auch diese Industrialisierung erfasst jetzt die IT stärker und stärker. Wir bekommen mehr „Plattformen" und „flexible Services". Immer derselbe Ablauf vollzieht sich in einer Industrie nach der nächsten.

Diese Industrialisierungsbewegung haben wir bei IBM „Dynamic Infrastructure" genannt. Die meisten von Ihnen haben gesagt, dass Ihnen das zu vage ist. Was soll ich sagen? Es ist nicht vage, es ist nur die Übertragung von normalen Gedanken aus der Produktion, die in der Perfektionierung eben um zwei Jahrzehnte voraus ist.

Am Ende der Industrialisierung gibt es vollautomatische Services aus Cloud-Strukturen. Das Konzept der Cloud, eine Art Endpunkt wie „Losgröße 1" in einer nur noch mit

G. Dueck, *Dueck's Jahrmarkt der Futuristik,*
DOI 10.1007/978-3-642-55371-4_24, © Springer-Verlag Berlin Heidelberg 2014

Robotern arbeitenden Fabrikationsstraße, können Sie sich dagegen überhaupt alle vorstellen – allerdings glauben Sie nicht, dass es gehen wird.

Natürlich werden erst nach und nach einfache Services industrialisiert, nicht gleich die Devisentransaktionen einer Zentralbank. Man nimmt die einfachen Tätigkeiten aus dem ganzen Komplex heraus und legt sie in die Cloud. Bei Autos gibt es die Firmen Carglass oder Pit-Stop. Sie lösen aus den vielfältigen Reparaturproblemen des Autos die einfachen heraus (Batterien, Reifen, Auspuff, Bremsbeläge, Scheiben wechseln) und liefern wie am Fließband dieses Einfache. Der Rest muss individuell erledigt werden – mit dem teuren anfänglichen Kopfzerbrechen, was eigentlich getan werden müsste. Solche Ideen fassen auch bei Menschen Fuß, man kann alle Impfungen, Blutwerte, Checks, Zahnvorsorgeuntersuchungen etc auch schon industrialisiert bekommen. In derselben Weise werden nun die einfachen IT-Aufgaben nach und nach aus dem komplexen Ganzen herausgelöst und standardisiert erbracht. Diese heute schon sichtbare Entwicklung, das Einfache separat einfach zu lösen, habe ich Ihnen schon in meinem „visionären" Buch *Lean Brain Management* (2005 geschrieben, wurde Managementbuch des Jahres 2006) ans Herz gelegt. Satirisch überhöht sagte ich damals voraus, dass wahrscheinlich 99 % aller Arbeit in der unintelligent einfachen Art erledigt werden kann. Das restliche 1 % der Arbeitsfälle verursacht leider sehr viel Komplexität, wie z. B. unklare Krankheiten beim Menschen oder fahruntüchtige Autos, deren Bordcomputer „alles okay" meldet. Ich gab damals im Buch den weisen Ratschlag, diese Fälle einfach gar nicht erst anzufassen, weil sie sehr teuer werden und weil man sie letztlich doch nicht lösen kann – so zeigen es ja die trostlosen Statistiken.

Ich will sagen: Es ist doch vollkommen klar, dass der IT diese selbe Umwälzung bevorsteht wie in allen anderen Industrien. In der Automobilindustrie und anderswo hat man durch die Industrialisierung fantastische Einsparungen erzielt und insbesondere sehr viele Arbeitskräfte eingespart („Downsizing after Re-engineering"). Diese Einsparungen sind auch in der IT möglich, das sagt doch der gesunde Menschenverstand. Und eben derselbe fürchtet sich natürlich, selbst dabei eingespart zu werden. Wird er aber! Wo gibt es denn noch gesunden Menschenverstand? Im Ernst: Was da kommt, macht uns Sorgen um uns selbst. Jedoch ist die Sache als solche das Schicksal jedes ausreifenden Industriezweiges. Nichts ist vage! Nichts ist Hype! Ich verstehe aber, dass diese Abwehrbehauptungen zusammen mit ständigen Sicherheitsbedenken das Herz erleichtern und ihm Gnadenfristen verschaffen.


## Aufbau einer Cloud mit Preisschildern und das Ende der normalen IT?

Im Augenblick hat die IT vielfach noch so etwas wie einen Manufaktur-Touch. Der Experte baut etwas mit seinem so genannten impliziten Wissen, das die Automatisierer nicht leiden können. Die Bewegung hin zur Industrialisierung wird einen möglichst großen Teil der IT ganz in verschiedene Arbeitsleistungen auflösen, für die es Modulpreise in einem Preiskatalog geben wird. Schauen Sie in eine Autowerkstatt: Dort hängen die Arbeitsrichtwerte für jeden Ersatzteileinbau! Schauen Sie auf die private Zahnarztrechnung! Drei Besuche für ein Implantat ergibt eine mehrseitige Rechnung mit vielleicht hundert Teilpositionen. Schauen Sie auf ein „Gutachten" nach einem KFZ-Schaden, viele Seiten von Einzelteilen mit den Richtwerten für die Kosten.

So werden IT-Rechnungen der Zukunft aussehen. Heute bekommt der CIO einen Etat, später schickt er viele hundert Seiten über die Einzelaufstellungen seiner erbrachten Services.

Die dynamischen Infrastrukturen und besonders das Cloud Computing werden diesen Trend zu Millisekunden genauen Abrechnungen dramatisch fördern.

Was passiert nun, wenn die Leistungen einer Unternehmens-IT als detaillierte Rechnung dem Chief Financial Officer des Unternehmens zur Begleichung vorgelegt werden? Es wird genauso wie in der Automobilproduktion geschehen: Der CFO wird die Preise der eigenen Unternehmens-IT mit denen von anderen Anbietern vergleichen. Wenn die Unternehmens-IT im einfachsten Fall nur Leistungen anbietet, die der CFO auch in Clouds von Amazon oder IBM angeboten bekommt, dann kann er leicht ausrechnen, wie viel die ganze eigene IT kosten würde, wenn man sie allein aus dem Netz bezöge. Er kann auch sehen, wie viel einzelne Services (1 GB Speicher pro Monat, 1 SAPS) im Netz und bei der hauseigenen IT kosten.

Die IT wird ein Eldorado für Controller und Reviews!

Ist Ihre IT darauf vorbereitet? Echt? Wieso glauben Sie das?

Noch einmal: Vor dem Beginn des Cloud-Zeitalters wird IT noch vielfach wie eine Manufaktur betrieben. Das wird ganz deutlich, wenn Sie versuchen, eine „private Cloud" für Ihr Unternehmen selbst zu bauen. Bauen Sie am besten zur Probe eine kleine Umgebung auf, die genau die Leistungen erbringt, wie sie bei IBM, Amazon oder Microsoft in der Preisliste stehen. Und dann rechnen Sie aus, wie viel es bei Ihnen kostet – und vergleichen Sie!

Ich habe jetzt einige erste Stararchitekten mit flackernden Augen gesehen. Naiv aufgebaute Clouds kosten nicht etwa nur 30 % mehr, was Sie vielleicht denken könnten. Sie kosten ein Vielfaches! Liebe Leute, sage ich jetzt immer, der Unterschied zwischen Fords ersten Fließbändern in den 20er Jahren und den heutigen von VW ist riesengroß! Und man hat viele Jahrzehnte üben müssen! 30 % holt man doch bestimmt schon mit Workload-Optimierung herein, indem man rechenintensive Anwendungen auf schnelle Maschinen umleitet und die Mailboxanfrage eventuell noch mit 386er-Prozessoren bedient, die man vielleicht gar nicht mehr kaufen kann. Welcher Hardware-Mix ist am günstigsten für eine Cloud? Gibt es vielleicht bald vollkommen ausgereifte Großclouds am Stück zu kaufen? Was machen Sie, wenn Ihr CFO feststellt, dass Ihre IT fünfmal oder zehnmal mehr kostet als die aus dem Netz? Sie werden eine Weile mit pauschalen Argumenten davon kommen, dass hand-made alles viel sicherer sei, dass Ihr Service individueller ist und persönlicher, ausfallsicherer, risikoloser. Diese Diskussionen haben wir doch aber auch bei Internetbanking etc. schon gehabt?

Und wenn Sie mit dem Cloudbau-Üben nicht schon heute anfangen und Erfahrungen sammeln – was tun Sie, wenn in ein paar Jahren der CFO die Geduld verliert? Sie können sagen: „Okay, wir bauen jetzt intern eine Cloud." Das können Sie ohne lange Lernkurve nicht wirklich schnell. Dann kommen die hochnotpeinlichen Reviews… Oder Sie sagen gleich ehrlich, Sie brauchen drei, vier Jahre Erfahrung. Was sagt Ihr CFO dazu? Sie wissen es.

Die Unternehmen vermuten doch ständig, dass ihre IT zu teuer ist. Deshalb haben viele Firmen ihre IT in eine GmbH ausgegründet, um deren Kosten zu isolieren. Erst so konnte man feststellen, was die IT wirklich kostet. Danach haben viele Firmen ihre IT aufgefordert, sich extern Aufträge zu besorgen, um Geld dazuzuverdienen. Nur wenn das einer Unternehmens-IT gelang, musste sie wohl effizient arbeiten, andernfalls setzte sie sich dem Verdacht unprofessioneller Arbeit aus.

Genau diese Röntgenuntersuchung geht jetzt mit einer Preistabelle für Cloud Computing viel durchdringender.


## „Pay per use" und eine Revolution in der Software-Branche?

Gleich nach der Diskussion über die Cloud begann das Nachdenken über SaaS (software as a service). Ich könnte dann alle Software, die mir eigentlich zum Kaufen zu teuer ist, einfach einmal für eine Stunde mieten. Ich schaue, ob sie mir gefällt und lasse es sonst sein. Ich fühle mich schon jetzt wie im Buchladen, wo ich ja im Buch blättere. Das geht auch bei Amazon oder Google.

Stellen Sie sich vor, mein Verlag würde nicht mehr 200 Seiten Buch für 20 € verkaufen, sondern jetzt in einer Cloud für das Anklicken jeder Seite 10 Cent verlangen. Wenn Sie das ganze Buch durchlesen, kostet es wieder 20 €. So funktioniert SaaS, nur mit Software statt mit Büchern.

Nun aber kommt der Haken! Sie wissen sicher von sich selbst, dass Sie nur etwa ein Drittel Ihrer Bücher echt durchlesen. Viele Bücher haben Sie noch nie aufgeschlagen, besonders nicht die ungewünscht geschenkt bekommenen. Die müssten Sie im Cloud-Modell gar nicht bezahlen! Also: Wir packen jetzt in unserer Vorstellung überhaupt alle Bücher in die Cloud und verlangen 10 Cent pro Seite oder so. Genau in diesem Augenblick wären alle Verlage dieser Welt auf einen Schlag pleite! Allesamt!

Nun stellen wir uns vor, alle Software wäre in gleicher Weise in der Cloud verfügbar. Dann müssten doch auch alle Software-Firmen Bankrott erklären?

Ich hatte neulich wieder einmal ein Problem: Ein Video, dass ich ins Internet stellen wollte, hatte einen unpassenden Werbevorspann drauf. Diesen ersten Teil des Videos wollte ich abschneiden und löschen. Ich habe es mit Downloads von Trialversionen probiert, weil ich keine 60 € für den Einmalgebrauch einer Software ausgeben wollte. Leider war dann ein Wasserzeichen im geschnittenen Video drin mit der Bitte, jetzt doch für 60 € eine Volllizenz zu kaufen. Wollte ich nicht. Ich habe weitergesucht und es nach Stunden mit einer trivialen Software irgendwie hinbekommen. Bei der ganzen Aktion war ich sagenhaft genervt. Ich hatte nicht das Gefühl, effizient zu arbeiten.

In einer Cloud ist so etwas eine App! Ich schicke den Film hin und bekomme ihn geschnitten wieder. Kosten? 25 Cent? Oder ich miete mir eine Software, die jetzt 60 € kostet, für eine halbe Stunde und schneide. Kosten? 30 Cent? Jedenfalls nicht 60 €. Ich könnte mir vorstellen, dass im Sinne meines Beispiels die Software, die wir normalerweise haben, noch weniger genutzt wird als wir unsere Bücher lesen.

Was passiert also, wenn alle Software nur nach Nutzung bezahlt werden müsste? Die ganze Software-Industrie wäre genauso am Boden wie die Verlage! Natürlich würde sich ein neues Preisgefüge einstellen. Die Softwareanbieter würden sich arrangieren und auskömmliche Preise verlangen. Ich gebe aber dies zu bedenken: Wenn ich eine Software für einen bestimmten Zweck brauche, also zum Beispiel für einen einmaligen Videoschnitt, dann nehme ich die, die genau das macht, und eben nicht eine besonders teure. Oder, in anderen Fällen, wenn ich einmalig etwas Kompliziertes möchte („ein wunderschönes Layout erstellen"), dann zahle ich gerne ein paar Cent drauf und nehme die allerbeste Software – nicht irgendeine.

Das könnte bedeuten, dass nur noch die allerbeste Software und die ganz einfache Single-Purpose-Apps gekauft werden, oder?

Was bedeutet das für die Software-Branche? Ich glaube, Cloud Computing wird alles durcheinanderwirbeln.

## Kulturschock – die Konzeption der IT als SB-Laden

Und noch mehr Wirbel: Die IT kann jetzt über Cloud Computing *von sich aus* Apps für das eigene Unternehmen ins Netz stellen und sich dann „per use" bezahlen lassen. Von sich aus! Nicht per Auftrag durch das Unternehmen! Das erwarten Sie ja auch von den App-Stores der Cloud-Anbieter.

Betrachten wir ein großes kommunales Rechenzentrum, eines für Banken oder für Krankenkassen. Ein solches Rechenzentrum betreut viele gleichartige Unternehmen, also eben Sparkassen, Gemeinden, Volksbanken usw. Diese Unternehmen setzen sich normalerweise in Task Forces, Arbeitskreisen, Vorstandgremien und Expertengruppen zusammen und planen lange Zeit sehr sorgfältig, welche Anwendungen das Rechenzentrum ihnen liefern soll. Meist möchten die Unternehmen alles im Einvernehmen beschließen und dann dem Rechenzentrum ihren Bedarf mitteilen. Das bedeutet, dass die einzelnen Firmen lange Monate und Jahre in Sitzungen politisch um die besten gewünschten Anwendungen ringen. Irgendwann werden die Beschlüsse konkreter, es gibt nach erst groben Preisanfragen nun die Bitte nach detaillierten Pflichtenheften und finanziellen Plänen. Noch viel später erteilen die Firmen endlich einen Auftrag. Nun beginnt die Projektarbeit – zum Schluss wird die neue Anwendung von allen Firmen genutzt. Einige protestieren, sie dringen auf Nachbesserungen, drohen mit „Ausstieg". Da wird die Anwendung verbessert…

Nun aber, in dem neuen Zeitalter des Cloud Computing, kann die zentrale IT eigentlich *von sich aus* in eigenständige Anwendungen investieren und diese den angeschlossenen Unternehmen einfach im Netz zur Verfügung stellen. Wenn jemand die Anwendung nicht passt, muss er sie ja nicht nutzen und bezahlt sie auch nicht. Das ist anders als heute, wo die Kosten einer zentralen Anwendung einfach auf alle Mitzahler umgelegt werden. Über Cloud Computing kann also eine zentrale IT als Eigenunternehmer auftreten.

Wird sie das? Kaum. Der Kulturwandel ist dafür zu groß. Aber die angeschlossenen Unternehmen werden künftig bei Streitereien über die neuen Anwendungen keine Einmütigkeit mehr suchen müssen. Wenn eine genügende Zahl von ihnen etwas Neues möchte, werden sie dem Rechenzentrum andeuten, dass sie so etwas als Cloud App wohl „pay per use" nutzen würden. Sie ermuntern, diese Anwendung anzubieten. Nun könnte das Rechenzentrum Garantien verlangen und wie früher einen gutes Funding für den Bau der gewünschten Anwendung. Da sagen die Unternehmen, sie zahlen, was es ihnen dann wert ist. Wenn nun das Rechenzentrum antwortet, es werde auf keinen Fall alles auf eigenes Risiko herstellen, dann könnten die Unternehmen einfach ihren Wunsch an andere Rechenzentren kommunizieren…

Wie geht das aus?

Heute ist die IT ein Tante-Emma-Laden. Dort geht man hin und bestellt einen Thanksgiving-Truthahn, der genau 13 Kilo wiegt. Tante Emma bestellt den dann bei ihren Partnerfirmen. Kurz vor Thanksgiving wird der Truthahn feingetunt gemästet, so dass er das Zielgewicht hat, oder man customized ihn noch kurz durch Abschneiden von unauffälligen Teilen, damit das Projekt zahlenmäßig balanced ist. Er wird mit gutem Profit-Surplus ausgeliefert. Da kommt der Kunde und will bei Tante Emma die Puten gefroren in typischen Standard-Sizing einkaufen. Tante Emma: „Hier wird auf Bestellung geliefert, es ist kein SB-Laden." Der Kunde ist unwillig und kauft gar keine Puten mehr. Tante Emma: „Ich habe kein Kapital, um Puten vorzuzüchten und vorzuhalten. Wenn die keiner nimmt, verfallen sie. Ich habe keine Fabrik, die Puten herstellt." Der Kunde kauft nichts. Tante Emma: „Die Cost of Ownership ist bei gefrorenen Puten sehr hoch. Eingefrorene Puten sind unsinnig. Eine Kühltruhe zu Hause oder bei mir kostet 700 W im Jahr, wenn sie 10 Puten à sechs Kilo fasst, das sind 210 € im Jahr. Das kostet mehr als die Puten." Der Kunde sagt, nebenan gäbe es Puten aus der Cloud on demand. Tante Emma erwidert: „Wenn man Puten hier einfach so gefroren mitnimmt, kann ja jeder ohne jede Ausbildung hier an meiner Stelle stehen und verkaufen! Das ist eine Arbeit für Niedriglohnjobber, ich aber will als Expertin für Puten mein Geld verdienen."

Was passiert, wenn die IT ein SB-Laden mit Apps wird? Muss es einen Experten vor Ort geben? Nein, der wird zum Bau von Apps gebraucht. Muss man noch Beziehungen zu Kunden pflegen? Nein, nur Sonderangebotsplakate raushängen. Muss man gut verhandeln können, um bei Sonderbestellungen einen großen Schnitt zu machen? Nein, es kostet, was auf dem Preisschild steht. Worauf kommt es beim SB-Laden an? In die richtigen Produkte zu investieren („Apps"), die reißenden Absatz finden. Man muss selbst wissen, was Kunden wollen. Man wartet nicht mehr, dass sie es einem durch ihre Bestellungen indirekt kundtun. Bisher musste man gar nicht wissen, was Kunden wollen, weil sie ja kamen und einfach bestellten. Wenn man doch einmal versuchte, ihnen etwas Neues schmackhaft zu machen, lehnten sie unter Umständen ab, das war kein Problem. Wenn man aber im SB-Laden etwas Neues hinlegt, was der Kunde nicht will, dann kostet es sehr viel Geld! Er verliert außerdem Kunden, die den Laden falsch positioniert finden und lieber dort einkaufen, wo man weiß, was sie wollen.

Merken Sie, wie Cloud alles durcheinander wirbelt? Haben Sie beim Surfen bemerkt, wie oft unten im Browser unten schon waiting for www.cloud-services.com steht, zum Beispiel aws für „Amazon Web Services"? Werbebanner stehen zum Beispiel in Clouds!

Firmen wie Netflix, die Filme im Abo zum Anschauen anbieten, haben die Filme in der Cloud. Da sind auch schon Selbstbedienungsläden für Banner und Videos! Wie verändert sich alles bei Ihnen, wenn Sie von Tante Emma auf Discounter umsatteln?


## Wo kann Wissenschaft helfen?


Auf der CeBIT musste ich an einer Podiumsdiskussion teilnehmen. Sie rankte um das Thema „Was kann die Wissenschaft bei Cloud helfen?" Ich war ein bisschen entgeistert, ehrlich. Was will die Wissenschaft jetzt noch tun, wo alles schon abhebt? Warum hat die Wissenschaft nicht die ersten Clouds gebaut, warum hat das Amazon getan? Warum hat die Wissenschaft keinen Blog und kein Facebook erfunden? Warum hat die Wissenschaft nicht das Auto, die Glühbirne etc. erfunden? Kommt sie eigentlich immer hinterher und optimiert nur noch schon gemachte Entdeckungen?

Man fragte, ob die Wissenschaft jetzt nicht wenigstens alles sicher machen könnte. Wie denn? Eine wissenschaftliche Arbeit dauert heute drei oder vier Jahre. Erst danach geht etwas meinetwegen Geniales in Produktion. Wann aber soll das sein? 2017? 2020?

Ich werde zurzeit dauernd von Diplomanden interviewt, was Cloud ist und Enterprise 2.0. Das ändert sich doch jeden Tag! Das Bloggen ist schon wieder aus der Mode, jetzt ist es Facebook, und morgen? Haben Sie vergessen, dass IBM verdächtigt wurde, über das Produkt der Mainframes die Welt zu beherrschen? Dann dachten wir dasselbe, als Microsoft mit Win-Word-Explorer dominant wurde. Gleich darauf wurde uns aber klar, dass jetzt Google die Welt erobert, aber das war gestern. Wahrscheinlich macht Facebook uns süchtig und total abhängig.

In der Praxis dreht sich das Rad der IT-Welt so schnell, dass alle Wissenschaft fast überrollt wird! Stellen Sie sich vor, die Welt verändert sich ein paar Jahrzehnte so stark wie jetzt…was schafft man da schon mit Dissertationen, die vier Jahre Zeit brauchen? Ich zitiere mit Quellenangabe aus einem Buch: *Etwas drei Jahre zu Spätes bedeutet heute allerdings in der Forschung unter Umständen nichts mehr, absolut nichts. Stellen Sie sich eine vier Jahre lang angefertigte Dissertation über das Internet vor, die zwei Jahre nach der Promotionsprüfung als Publikation erscheint. Sie kann gleich ins Museum.* Dieser Satz ist 1999 niedergeschrieben worden und steht im Buch *Wild Duck*.

Huh, jetzt bin ich leidenschaftlich geworden… Sehen Sie, ich sage das die ganze Zeit – seit ich diese Kolumne schreibe: es kommt alles ganz schnell. Und dann hallt es mir immer entgegen: „Hype." Oder bei der CeBIT von einem Professor der Wissenschaft: „Da vertreten Sie eine Herstellermeinung." Natürlich war ich darüber auch gekränkt, aber hauptsächlich frustriert. Wenn es demnächst Down-Sizing gibt, könnten Sie alle schon Apps-Produzent sein. Nein, Sie warten ab, dass die Wolke über sie kommt.

## 10 € in die Hand nehmen!

Beim Abschluss der Podiumsdiskussion durfte jeder sagen, was er bis zur nächsten CeBIT 2012 erwartet. Mein Wunsch: „Entschließen Sie sich alle zu einem ungeheuren Investment von 10 € und bestellen Sie sich einen Computer in einer Cloud und spielen Sie ein paar Stunden/Tage darin herum." Nehmen Sie doch wenigstens Kontakt mit dem Außerirdischen auf. Spüren Sie doch einmal, wie sicher oder unsicher es ist, wenn Ihre Daten da sind. Es fühlt sich in etwa so an, als sähen Sie sich Ihre Finanzdaten bei der Direktbank an. Befürchten Sie eigentlich nicht, dass Ihre Depotdaten plötzlich mal weg sind? Oder dass Ihre Daten von einem anderen Kunden eingesehen oder gehackt werden können? Warum fürchten Sie sich in der Cloud? Hören Sie auf mit der Angst!

Das ist gar nicht der Punkt! Unsere *Berufe* werden sich ändern, besonders die in der IT. Beginnen Sie heute, sich darauf einzurichten.

# Kapitel 25
# Kooperation, Frauen und die F-Quote

Lesen Sie eigentlich schon all die vergangenen zwölf Jahre diese Kolumne? Ich habe mich früher mehrmals über die besonderen Charaktereigenschaften von Techies ausgelassen und oft auf den Aspergertest auf meiner Homepage angespielt. Ich habe lange Jahre über die artgerechte Haltung von Techies referiert! Immer wieder sage ich: Es gibt Unterschiede in den Denk- und Problemzugangsweisen verschiedener „Hirnnutzungsvarianten". Techies und Manager haben statistisch gesehen andere! Und Männer und Frauen auch. Das bloße Witzeln darüber vernebelt die jetzige Frauenprozentdiskussion immer wieder. Auch die Erörterung der Grundfragen unserer Gesellschaft braucht ein bisschen Fachkenntnis, denke ich, nicht nur Punching mit immer denselben Argumenten. Ich werfe hier einmal meine dazu – in den Ring!

## Frauen und Männer sind anders

Über die Unterschiede zwischen Frauen und Männern gibt es gefühlt einen Kilometer Bücher. Viele der meistgelesenen machten ihre AutorInnen reich, weil es amüsant und vor allem verschenkbar ist, über den ewigen Konflikt zu witzeln, den wir alle zu Hause ja täglich verlieren. Lose-Lose statt Win-Win.

Es gibt immer wieder Gerüchte, dass sich Frauen als Chefs ganz anders verhalten. Sie sind angeblich kooperativer und besprechen auch gerne einmal persönliche Angelegenheiten. Sie sind menschlicher! Das wird von Männern allgemein gönnerhaft konzediert! Deshalb fällt es so besonders stark auf, dass insbesondere Frauen giftig werden, wenn man ihre Geschlechtsgenossinnen lobt. „Frauen sind viel brutaler, das merkt man nur nicht so leicht, weil sie höflich tun, besonders zu Männern! Und als Mann wohl nie!" Na ja, das ist ja andersherum genauso. Männer tun mit Frauen auch höflich und sind gegen Männer viel brutaler, was dann wieder Frauen nicht so merken…

Diese ganze Streiterei zieht sich über alle Stammtische und durch alle Kaffeekränzchen. Nie kommt etwas dabei heraus, weil nur lautstark Vorurteile ausgetauscht werden, die durch die besagten Bestseller jedes Jahr neue Beispielnahrung erhalten.

Dabei gibt es einen objektiven Sachverhalt, der inzwischen durch Millionen von Testteilnehmern statistisch bombenfest gesichert ist. Ich habe diese Ergebnisse oft zur Erklärung der Unterschiede von Techies und Managern herangezogen, aber auch in die „Frauenquotendebatte" können sie einiges Licht bringen.

G. Dueck, *Dueck's Jahrmarkt der Futuristik,*
DOI 10.1007/978-3-642-55371-4_25, © Springer-Verlag Berlin Heidelberg 2014

Ich habe jahrelang über die Ergebnisse des MBTI- oder Keirsey-Test nachgedacht. Sie finden einen Link dazu auf meiner Homepage, es gibt auch gute Erklärungen in der Wikipedia. Ganz grob: Einer der Urväter der Psychologie, C. G. Jung, hat uns in seinem Buch „Psychologische Typen" mit dem Konzept der Intro- und Extrovertiertheit bekannt gemacht. Darin unterscheiden sich die Menschen. Sie unterscheiden sich auch in Linkshirn- und Rechtshirndominanz (also in praktischem oder intuitivem Denken), sie unterscheiden sich in der Dimension „Fühlen versus Denken", und später führten Myers und Briggs (Myers-Briggs-Type-Indicator) noch die Unterscheidung zwischen „ordentlichen Leuten, die gerne einen Haken dran haben" und anderen ein, die so etwas mehr nach Lust und Laune sehen. Die erwähnten Tests sind eigentlich vier Tests in einem. Es wird festgestellt, wohin Sie in jeder Dimension tendieren. Die Tendenzstärke misst der Test auch. Ich habe eine ganze Sammlung von Ergebnissen.

Unter anderem kommt heraus: Es gibt prozentual genauso viele introvertierte Frauen wie Männer, genauso viele intuitive Frauen wie Männer, genauso viele linkshirndominante Frauen wie Männer. Aber: Grob gesprochen tendieren zwei Drittel der Frauen zu „Feeling Style", dagegen aber zwei Drittel der Männer zu „Thinking Style".

Aus Wikipedia, Stichwort „Keirsey Temperament Sorter": *Der Denker (thinking) kategorisiert stark und führt auf wenige Grundelemente zurück, von denen gesicherte Handlungsvorschläge existieren und deren stärkstes verwendet wird. Der Fühlende (feeling) aktiviert weit mehr Erinnerung und bezieht auch Seitenbedingungen mit ein, die in komplexen sozialen Situationen wichtig sein können. Wenn T-Typen eine Entscheidung treffen, treten sie im übertragenen Sinne einen Schritt zurück und distanzieren sich vom Objekt, um es zu analysieren; F-Typen treten einen Schritt vor und können sich besser in das Problem hineinversetzen.*

Und noch einmal mehr mit meinen Worten: T-Typen sind objektiv, entschlossen, klar, gerade heraus, analytisch, strukturiert, distanziert von der Sache, sie entscheiden nach Regeln, Gesetzen, „Policies", sie treffen Anordnungen. F-Typen sind an Menschen orientiert, auf Harmonie, Einvernehmen und soziale Werte bedacht, sie sind verständnisvoll, anerkennungsbereit, setzen auf Bereden und Überzeugen statt auf Befehle, berücksichtigen die Umstände und gehen nicht rücksichtslos nach Regeln vor, sie sind in der Sache mit dem Herzen involviert.

Im Grunde stehen sie sich nun gegenüber: Die mehr Analytische Intelligenz, die ständig optimiert und das für sie Beste sucht, und die mehr Emotionale Intelligenz des gemeinsamen Wohlergehens. Vollkommen pauschal schwarz-weiß gesehen also: IQ versus EQ, oder T gegen F.

Die T-Seite wird statistisch gesehen mehr durch die Männer vertreten, die F-Seite mehr durch die Frauen.


## T-Domäne im Management


Im Management der heutigen Zeit dominiert das „strukturierte Vorgehen". Die Arbeit wird in Workflows und Prozessschritte eingeteilt, alles wird genau optimiert. Die PowerPoint-Präsentationen sind voller Bullets, Ampelwertungen, Tabellen und Org-Charts.

Jedes Projekt wird genau beschrieben, meist in fünf Phasen oder in fünf Stufen einer Pyramide (dafür gibt es extra fünfpfeilige Vorlagen in PowerPoint). Die Phasen des Vorgehens heißen oft „Assess", „Understand", „Propose", „Plan" und „Implement" – sie sind fast immer bis auf die Knochen peinlich banal. Aber wer exakt so banal vorgeht, orientiert sich an einer „konkreten viel erprobten Struktur".

Man ordnet in Meetings jeder Task einen Zuständigen zu, legt fest, was jeder bis zum nächsten Meeting „performt" haben soll und wie und wie oft alles von wem „getrackt" wird. Dann gehen sie getrennt ihre Wege – ohne Kommunikation untereinander – und müssen vor dem nächsten Meeting wirkungsvoll bedroht werden, damit sie am Vortag schnell noch etwas tun (Dieses strukturierte Vorgehen ist wohl aus der Steinzeit, als der Häuptling die Jäger des Stammes einteilte, wer wo zu jagen hatte. Dann zerstreuten sie sich in ihre Jagdbezirke und arbeiteten allein – wie heute im Vertrieb. Immer allein – wie echte Männer. Keine Kommunikation bitte, nur die Beute beim Häuptling abliefern! So wird auch geforscht! Der Professor teilt die Forschungsgebiete zu, für die sich die Untergebenen zu interessieren haben. Mit Papers zurückkommen!).

Alle Projekte der einsamen Getrenntarbeit funktionieren ganz gut. Wenn aber geredet und beredet werden muss? Dann scheitern solche Projekte oft, eher meistens. Das ist bekannt! Denken Sie an das strukturierte Vorgehen bei Initiativen des Managements zur Kundenzentrierung, Innovation, Geschlechtergleichstellung und überhaupt allen Art von Wandel, für den ganze Massen von „Change Agents" arbeiten. Es ändert sich trotzdem ganz wenig!

Wenn man fragt, warum sich so wenig tut, warum Projekte nicht klappen, warum ein sicher geglaubter Auftrag nicht kam, bekommt man in einer „Lessons learned" stets solche Gründe des Scheiterns:

- Schlechte Kommunikation zwischen allen Beteiligten (sic!)
- Hektischer Projektstart ohne genaue Planung, dadurch vorprogrammierte Termin- und Kostenüberschreitungen (wobei der Aufwand an Zeit, Geld und Arbeit ohnehin chronisch unterschätzt wird)
- Viel zu optimistische Erwartungen, die wegen der mangelnden Planung noch durch keinerlei Detailkenntnis und Konsequenzenbewusstsein getrübt werden (Optimismus der Jäger, Jungsoldaten und Vertriebsbeauftragten).
- Die Beteiligten unterschätzen die Arbeit in komplexen Netzen von Menschen
- Maßlose Unterschätzung der Komplexität durch verschiedene Unternehmenskulturen
- Vollkommen falsche Annahme, es bei Projekten mit lauter Professionals zu tun zu haben, keine Vorstellung, wie ein Projekt mit vielen Unprofessionellen, mit Zukunftsverängstigten und Egoisten unter gleichzeitigen enormen Interessenkonflikten gemanagt werden soll. In der Folge ganz naive und unbedarfte Klage, dass es im Chaos zu viel „menschelt"
- Zwanghafter und untauglicher Versuch, Probleme mit noch mehr überforderten Menschen, mit viel mehr Geld oder mit Macht aus starren Hierarchien heraus zu lösen

Kurz gesagt klappt es nicht, weil die Probleme zwischen Menschen ignoriert werden, weil insgesamt nicht gut kommuniziert wird und weil sogar das ganz hoch oben heilig gehaltene „strukturierte" Vorgehen aus Mangel an Disziplin dann gar nicht praktiziert wird. „Wir hatten eine Klasse-Strategie! Unser Plan war super und klar durchführbar! Leider hatten wir ein Execution-Problem!" Diese Dauerklagen werden dann rituell bei der „Loss Analysis" („Wundenlecken") immer wieder vorgebracht. Es wird aber nichts gelernt!

Das nächste Projekt (oder Problem, wie Sie wollen) beginnt wiederum mit allerfeinsten Marktanalysen, mit wundervollen Strategien und erstklassigen Plänen. Danach kommt

„nur noch" die Implementierungsphase. Da löst sich dann dieser ganze T-Ansatz in Wohlgefallen, Chaos, Streit und Abteilungsegoismus auf. Warum? Weil die T-Menschen unter Stress alles mit der Brechstange versuchen und dann eigentlich schon wieder Krieg führen. „Taktrate erhöhen! Aufholen! Der Bonus geht verloren! Extrameilen! Überstunden!"

Wenn ein Manager so „motiviert", dann steht er unter Stress. Das Projekt droht zu scheitern. Jetzt ist die Stunde der Wahrheit. Jetzt muss alles richtig gemacht werden! In diesem Augenblick könnte der T-Mensch innehalten und sich an die „Loss Analysis" und die „Lessons Learned" erinnern, dass nämlich die Kommunikation zwischen den Menschen die Hauptursache des Scheiterns ist. Und er müsste nach seinem martialischen Schrei nach Extrameilen eigentlich zusammensinken und weinen, weil er ja gerade eben diese so wichtige Kommunikationsseite versaut. Wieder einmal.

Er weint aber nicht. T-Menschen weinen nicht. Sie beißen die Zähne zusammen. Sie kämpfen weiter. Kämpfen ist kritikbefreit, Planen und strukturiertes Vorgehen sind es ebenfalls. Wer wie ein T-Mensch schuftet und wütet, hat seine Pflicht getan. Hinterher stellt sich heraus, dass der allgemeine Mangel an Gespür für Menschen, Teams und Kulturen der Hauptgrund des Scheiterns war.

Das wird aber niemandem vorgeworfen. Es kam so – wie schlechtes Wetter für den Bauern.

> Im Management gibt es ein implizites und zum Teil unbewusstes „Feeling-Style"-Tabu. Eine Frauenaversion besteht doch überhaupt nicht! Es gibt nur eine kulturelle Ächtung des „Feeling-Styles" in allen Führungsetagen. Auch Männer mit „Feeling-Style" werden nicht respektiert, und zwar noch weniger als „Feeling-Style"-Frauen. Denn der Feeling-Style gilt als schwach, was Männer sich nun gar nicht leisten dürfen.

Die F-Komponente der F-Menschen fehlt aber so sehr! Das ist sonnenklar, es wird aber nicht gesehen, weil diese Denkmuster im T-Menschen keinen Platz haben. Andere sehen das Drama ganz deutlich! Die Managementtrainer geben den T-Menschen Lehrgänge in Kommunikation und emotionaler Intelligenz. Sinnigerweise sind die Management-Entwicklungstrainer eher überwiegend F-Type, ob Mann oder Frau – sehr oft Frau. Die Managementtheorie mit ihrem Hochhalten von „Kommunikation, Zuhören, Emotionaler Intelligenz, Teamverhalten und Vertrauensbildung" ist absolut F-Type, und die T-Manager absolvieren solche F-Workshops von F-Types ganz gern. Aber am nächsten Morgen gehen sie vollkommen unbeeindruckt an das gewohnte T-Management.

## F-Quote im Management

Was wir händeringend brauchen, ist also „mehr F" im Management und in der Projektleitung. Dieses Problem wird durch das Internet immer schärfer, weil sich in Unternehmen durch Enterprise 2.0 Medien in die klassischen Hierarchiestrukturen langsam auflösen. Die Kommunikation wird überragend wichtig – überall, nicht nur im Management.

Neben dem sicher notwendigen „strukturierten Vorgehen" und der Prozessorganisation wird immer mehr unternehmerisches Denken, ganzheitliches Handeln und Teamorientierung gefragt. Diese Erfordernisse sind schon lange bekannt, aber von dem einseitigen Ansatz des T-Menschen bisher einfach abgeperlt. Wir brauchen jetzt „netzorientiertes Vorgehen"!

Was wird nun eine F-Frau oder ein F-Mann in der heutigen T-Managementwelt empfinden? Sie sind in einer kläglichen Minderheit von vielleicht einem Viertel. Damit kann man ab und zu einen F-Tupfer bei Entscheidungen landen, aber man kann das stereotype sachliche Prozessgehabe damit nicht zu Kompromissen bewegen. „Sachlich ohne jedes Ansehen der Person" bedeutet ja auch „das Menschliche bleibt hier außen vor".

Wenn über Frauen im Management gesprochen wird, dann redet man über zwei verschiedene Probleme:

1. Wir brauchen aus Vernunftgründen zukünftig eine höhere F-Quote im Management
2. Simple Gerechtigkeit sollte den Frauen einen gleichberechtigten Zugang zu Top-Positionen erlauben

Wir brauchen also aus verschiedenen Gründen eine F-Quote und *gleichzeitig* eine Frauenquote im Management!

Diese beiden verschiedenen Probleme werden in der Diskussion vollkommen durcheinandergeworfen. Man sagt oft so: „Wenn wir mehr Frauen im Top-Management haben, verändert sich der Managementstil und das Unternehmensklima zum Besseren." Das sagen insbesondere die Frauen auch. Das ist nach dem Vorstehenden logisch nicht ganz richtig. Das Klima ändert sich nur mit einer F-Quote. Wenn man nur T-Frauen nach oben lässt, die dort wunderbar zu den T-Männern passen, wird ja im Kern nichts geändert – nur die Frauenquote ist gestiegen!

Heute wird natürlich vorrangig an der Anhebung der Frauenquote gearbeitet, damit das Unternehmen nach außen hin gut aussieht und der Bundeskanzlerin und ihren Ministerinnen keine peinlichen Fragen beantworten muss. Man nimmt also eher T-Frauen ins obere Management, nicht gezielt F-Frauen. Immerhin ist dann der Gerechtigkeit mehr Raum gegeben.

Wir brauchen aber eine F-Quote! Ja, die. Das bedeutet aber, dass wir nicht mehr alles durcheinanderbringen und Gerechtigkeit und Kulturverbesserung miteinander vermischen. Wir sollten beides getrennt voneinander wollen.


## Was kann eine F-Quote bringen?

Wirtschaft ist, laut Brockhaus, die „Gesamtheit aller Einrichtungen und Tätigkeiten zur Befriedigung menschlicher Bedürfnisse an Gütern und Dienstleistungen." Spätestens seit Alfred Rappaport's Buch *Creating Shareholder Value* (1986) ist Wirtschaft vielleicht „die Gesamtheit aller im harten Wettbewerb untereinander unternommenen Anstrengungen, den Wert der eigenen Unternehmen zu steigern." Einmal geht es um Menschen und ihre Bedürfnisse, das andere Mal um Geld und Macht. Sie wissen schon, was ich damit andeuten möchte?

Frauen vertrauen im Durchschnitt mehr dem Urteil ihrer emotionalen Intelligenz, Männer im Durchschnitt mehr ihrer analytischen Intelligenz. Diese beiden Intelligenzen kommen zu verschiedenen Wirtschaftsauffassungen. Der EQ verhilft zur Einsicht der Kooperation, der kalt berechnende IQ kämpft offen um seinen Vorteil.

Man kann ein Unternehmen hart leistungsorientiert führen oder emotional intelligent. In der Spieltheorie spricht man von kooperativen und nicht-kooperativen Strategien. Bei den kooperativen Strategien gewinnen alle Teilnehmer zusammen in der Regel mehr als bei nicht-kooperativen Strategien. Das ist doch sonnenklar, oder? Der Unterschied ist, dass bei nicht-kooperativen Spielen manche sehr viel gewinnen und sehr viele nichts. Bei kooperativen Strategien gewinnen alle zusammen viel mehr, aber man muss den Gewinn gleichmäßiger verteilen, damit die Kooperation beibehalten wird.

Wettbewerb ist also gut für die, die gerade gewinnen. Kooperation ist dagegen für fast alle anderen besser, außer für die absoluten Leistungsträger und Besitzer. Dieses bei der Kooperation bestehende Dilemma lässt sich lösen, indem man die Leistungsträger und Unternehmer im Unternehmen und auch in der Öffentlichkeit ehrt… So lebt man doch auch in Familien! Wenn dort einer viel verdient, nutzt er das doch nicht zur Erpressung der anderen, oder? Er teilt alles mit der Familie und alle sind dankbar, dass sie einen Großverdiener in der Familie haben.

Wenn wir in unserer Internet-/Wissensgesellschaft verstärkt vernetzt arbeiten und nicht so sehr einsam an unseren Einzelzielen, dann müssen wir kooperieren und auch gemeinsam die Ernte einbringen! Im Augenblick verharren wir noch in einer sehr seltsamen Mischstimmung. Das T-Management ruft unentwegt zur Teamarbeit, zur Kommunikation und zum vernetzten Arbeiten auf und will uns alle dazu zwingen. Es weiß nämlich, dass bei einer guten Zusammenarbeit der Gesamtprofit höher ist. Dann aber streicht es den nun viel höheren Gesamtprofit zur Verteilung an die wenigen Leistungsträger ein. Damit verdirbt es den Teamgedanken vollkommen – mit T-Management wird es nie Teamarbeit geben! Schauen Sie es sich jedes Wochenende in der Bundesliga an. Sie können in einer Meistermannschaft nicht nur drei Starspieler exzellent bezahlen und die Wasserträger mit Almosen belohnen. Sie zerstören damit die Mannschaft.

## Business-Modell Eltern

F-Management stellt die Kommunikation in den Vordergrund. Es entwickelt Mitarbeiter und fördert kommunikative Teammeetings. Es sieht sich in der Rolle des Kommunikators, Verbinders, Netzwerkzentrums, Katalysators, „Enablers", Unterstützers, Trösters und Heilers.

Das ist zu Hause die Mutterrolle der traditionellen Zeit, nicht wahr? Die Mutter beredet alles mit uns beim Essen, zu dem sie uns bitte zuverlässig vereint sitzen sehen will. Die Mutter möchte die *Familienkonferenz*, kennen Sie das Wort überhaupt noch? Es ist der Titel eines früher ganz bekannten Buches von Thomas Gordon. Heute sagt man oft Familienrat, es gibt immer noch Aktivitäten „nach Gordon". Im Kern geht es Gordon um aktives Zuhören („Empathie") und das Vermeiden strenger „Du-Botschaften". Die sollen durch Ich-Botschaften ersetzt werden. Also weg mit: „Sie haben eine ganze Woche nichts verkauft! Nun mal hoch mit dem Hintern!" Stattdessen: „Schauen Sie mal, ich habe eine

Tabelle mit den Verkäufen der letzten Woche, die ich beim Chef erläutern muss. Haben Sie ein Problem? Ist etwas auf die nächste Woche verschoben worden? Was soll ich berichten?"

Sie haben wahrscheinlich Thomas Gordon vergessen – aber man hat Ihnen doch sicher die Termini „aktives Zuhören" und „Ich- statt Du-Botschaft" im Gehirn verankert? Bei T-Menschen sind die auf der Wissensfestplatte gespeichert und können bei Quizsendungen erklärt werden. Bei F-Menschen sind sie im Herzen eingebrannt.

„Familienkonferenz" ist mehr wie „Mutter" oder „F-Management". Thomas Gordon erzeugte mit seinem Buch einen Erdrutsch in der Kindererziehung. Überall versuchte man sich nun an der Kommunikation, mit der man alle Konflikte lösen wollte. Damals wurden Konflikte ja oft noch wie von Alters her sehr knapp und kurz durch den von der Arbeit heimkommenden Vater gelöst. Mutter sagte mit nervösem oder böse forderndem Blick: „Jetzt sprich ein Machtwort." Damit wurde eine starke Du-Botschaft angefordert.

Ein paar Jahre Erfahrung mit den Familienkonferenzen ernüchterte alle. Das F-Management schaffte die Konflikte nicht wirklich weg. Es artete in scheinheilige Laberei und Zwangskommunikation aus. „Schon wieder ein Meeting, weil einer auf dem Flur nicht gelächelt hat." Thomas Gordon selbst sah, dass er kein Allheilmittel erfunden hatte. Er konzentrierte sich in späteren Werken auf Alternativen zur Erziehung durch Macht und durch Strafen. Aber die ganze Welle rollte weiter. Es gibt Bücher mit Titeln wie Managerkonferenz, Beziehungskonferenz, Patientenkonferenz und Lehrer-Schüler-Konferenz.

Im Kern entwickelte Gordon ein Konzept für F-Management, was aber vielleicht nur F-Menschen innerlich wirklich gut finden und deshalb dann auch vernünftig und gerne praktizieren. An den harten T-Menschen prallt die Weichspülerei der verschiedenen Konferenzen einfach ab. F-Management allein „brachte es auch nicht", das wurde in den vergangenen Jahrzehnten klar.

Sag' ich doch die ganze Zeit! Es gibt zwei verschiedene Denk-, Auffassungs- und Handlungswelten, die in den T-Menschen und in den F-Menschen ihre Protagonisten haben. Und wenn sich T und F streiten, wie in der Ehe so oft, dann werden sie zu Antagonisten.

Was brauchen wir wirklich? Eine Elternerziehung unter einer sinnvollen Integration von T und F. Das wissen wir doch alle. Schon immer. T geht nicht gut allein, F geht nicht gut allein. F-Management durch T-Menschen ist eine lächerliche Farce („Wir sind ein Team – und wer nicht, soll gehen!"). Deshalb brauchen wir mehr Frauen (und zwar F-Frauen) überall da, wo F fehlt. Klar?

In der Politik hat man das schon erkannt. Dort gibt es F-Ministerinnen und auch F-Minister, weil eben die Hälfte der Wähler ein F-Mensch ist. Die Wirtschaft weiß noch nicht so genau, dass auch die Hälfte der Mitarbeiter und der Kunden F-Menschen sind, weil Menschen in den T-Tabellen nicht… ach, ich lass das, Sie wissen schon, dass es eine Menge zu tun gibt. Wir sind zu sehr T! Wir müssen mehr zu F.

# Kapitel 26
# Professionelle Intelligenz

Vor kurzem habe ich ein Buch mit diesem Titel publiziert. Das Thema ist mir schon seit sehr langer Zeit eine Herzensangelegenheit. Ich habe hier an dieser Stelle schon über „Wen stellen wir bloß ein?" oder „Techies haben einen hohen Autismusquotienten im Sinne des Aspergersyndroms" geschrieben. Immer und überall habe ich die Sorge geäußert, dass sehr viele von uns sehr einseitig handeln, fühlen und denken, weil sie die Dinge immer von der ein und derselben präferierten Seite ansehen und angehen. Manche schauen nur auf das Geld, andere nur auf die Kundenbeziehung, wieder andere auf das technisch Virtuose an den Produkten. Da fragte irgendwann ein einflussreicher CIO aus Deutschland bei einer Rede vor dem IBM-Management:

## „Who's the next hero in IT?"

Das motivierte mich zu langem Nachdenken. Ich habe mir ja seit langem auf diesem Feld Gedanken gemacht und diese auch überall kundgetan – ich habe mich aber immer etwas einsam dabei gefühlt. Wie ein Rufer in der Wüste. Aber jetzt wird es ernst! Merken Sie, dass wir inmitten von Millionenarbeitslosigkeit immer lauter den Mangel an Fachkräften beklagen? Dass wir in der IT eben nicht mehr nur mit tollen Programmierern oder Lösungsarchitekten auskommen? Wird nicht schon seit Jahren „Business-Insight" von der IT gefordert, ohne dass es zu wesentlichen Kulturveränderungen gekommen wäre? In der Kolumne „Shift happens" habe ich vor zwei Jahren schon einmal darauf hingewiesen, dass wir eine breitere persönliche Kompetenzbasis haben müssen, um der Zukunft immer noch einen „Premium-Beruf" zu haben, der nicht der Industrialisierung durch Cloud Computing zum Opfer fällt.

Warum fällt uns dieser Wandel so schwer? Warum gründen wir unsere Berufe weiterhin hartnäckig auf dem Fachkönnen oder der fachlichen Exzellenz? Warum verhallen alle Aufrufe nach Unternehmertum und mehr emotionaler Intelligenz? Warum schaffen wir es nicht, insgesamt nicht nur erfinderischer, sondern auch kraftvoll innovativer zu sein?

Ist die Diskussion der Causa „Apple" alles, zu dem wir uns aufraffen können? „Ach, die von Apple verkaufen eher nicht so gute Technologie. Aber sie ist wunderschön verpackt zu einem hohen Wahnsinnspreis, der ungerechtfertigt ist und für den ich jetzt vorglücklich spare." Warum schaffen wir anderen es nicht, auch etwas Wunderschönes zu

G. Dueck, *Dueck's Jahrmarkt der Futuristik,*
DOI 10.1007/978-3-642-55371-4_26, © Springer-Verlag Berlin Heidelberg 2014

produzieren? Ich sage: Wir benutzen zu stark unseren IQ – das Wunderbare hat aber damit nur bedingt zu tun! Es gibt vieles andere außer Verstand in uns, das wir aktivieren müssen und vielleicht auch können.

## Schnellargumentation von IQ zu PQ

Professionalität im Wissenszeitalter erfordert eine breitere und vernetztere Art von Intelligenz – diese These will ich Ihnen hier nahebringen. Eine Intelligenz „des Gelingens", des „zum Klappen Bringens". Ja, es ist eine weitergehende Intelligenz, etwas „professionell hinzubekommen". Das hat nicht nur und ausschließlich, ja eher nur wenig mit Wissen oder der Fähigkeit zu tun, blitzschnell Zahlenrätsel zu lösen. Es ist schwer, das in Worte zu fassen. Im Grunde sollten Sie vor dem weiteren Lesen dieser Kolumne noch schnell einen Intelligenztest absolvieren. Ich empfehle, bei Google die beiden Abkürzungen „SZ IQ" einzugeben – die stehen für „Süddeutsche Zeitung" und „Intelligenzquotient". Investieren Sie eine Stunde Ihrer Zeit und kommen Sie wieder hierher zurück. Die SZ setzt als Titel über den Test: „Wie schlau sind Sie?" Bitte absolvieren Sie diesen Test…am besten jetzt gleich – noch vor dem Weiterlesen.

Ich habe schon etliche Intelligenztests absolviert und immer solche bevorzugt, bei deren ruhiger Bearbeitung ich Kaffee oder Rotwein trinken konnte. Nicht solche, die mich hetzen! Dann bin ich in einem gefühlt anderen Bewusstseinszustand, in dem ich keine guten Ideen habe. Das weiß ich genau. Etwas in mir sagt „Stress!" und eben dieses in mir drinnen will bei Zeitnot einfach nicht mehr mitmachen. Es streikt. Es will warten, bis ich kreativ bin. Forscher sagen wie ich so oft, sie bräuchten Ruhe – das wird von allen anderen wie der Wunsch nach Faulheit interpretiert. Die Alten sagen, man müsse sich im Zustand der Muße auf das Wesentliche besinnen. Manager halten das für müßig und drücken aufs Tempo. Sie designen lieber IQ-Hetztests wie den der SZ. Hier gibt es keine Aufgabe, die ich selbst nicht offenbar in Ruhe lösen könnte! Im Prinzip kann ich alle! Ich bin aber nicht schnell genug. Ich war ziemlich betroffen, dass ich nicht viel mehr als hundert Punkte bekam. Die zeitbeliebigen Tests erbrachten dagegen Ergebnisse, die mehr „zu meinem Selbstbewusstsein passen". Ich würde jetzt fast ein Forschungsprojekt zu meinem Lieblingsthema anfangen, ob die zeittickenden Tests mehr die linke Hirnhälfte testen und die mehr intellektuellen Tests die rechte. Mein Sohn Johannes bekam auch schon in zeitbeliebigen Tests das Urteil „Quick Problem Solver" – und der SZ-Test liegt ihm natürlich total gut. Klick, klick … fertig.

Noch einmal zum Intelligenztest an sich: Intelligenz erkennen viele Experten an der Verarbeitungsgeschwindigkeit eines Gehirns, an seiner geistigen Kapazität, seiner intellektuellen Leistung und seiner sprachlichen Ausdrucksfähigkeit. Klingt das nicht schon sehr stark nach „Computer", nach Prozessorgeschwindigkeit und Festplattengröße? Der IQ-Test in der SZ-Form erinnert mich stark an einen Hardware-Leistungstest oder Benchmark. Er misst, wie „schlau" man ist.

Ein bekanntes Intelligenzkonzept von Raymond Bernard Cattell aus den 60er Jahren stellt ein Modell der „fluid and crystallized general intelligence" vor. Cattell kennt zwei Intelligenzarten, die fluide/flüssige und die kristallisierte/kristalline Intelligenz. Unter der fluiden Intelligenz stellt sich Cattell den unveränderbaren angeborenen Teil vor (Wachheit, Auffassungsgeschwindigkeit, der Verarbeitungslevel), während in seinem Ansatz die kristallisierte Intelligenz die Gesamtheit des Erlernten darstellt, also des erworbenen Wissens, des Verhaltens und von Fähigkeiten wie Schwimmen, Tanzen Radfahren oder Kopfrechnen.

Nach Cattell ist die kristallisierte Intelligenz das Endprodukt, was die Bildung auf der Basis der fluiden Intelligenz vollbracht hat.

Dieses Konzept von Cattell möchte ich mit der uns heute geläufigen Metapher des Computers neu deuten. Wenn ein Computer eine Aufgabe schnell löst – woran liegt das? Es kann daran liegen, dass der Computer einen sehr schnellen Chip besitzt, also durch eine prächtige Hardwareausstattung punkten kann. Es kann aber auch sein, dass der Computer nur mittelmäßig gebaut ist, aber eine auf ihm installierte erstklassige Software die Lösung schnell findet.

Ob die Leistung nun dem pfeilschnellen Chip oder der Software zuzuordnen ist, lässt sich von außen nicht sagen. Es ist genau wie beim Menschen, der beim Vokabeltest gut abschneidet. Sind ihm die Vokabeln „zugefallen" oder hat er alles mühevoll lernen müssen?

In diesem Bilde möchte ich die Intelligenz des Menschen so deuten:

- „Fluide Intelligenz ist wie die Qualität der Hardware eines Computers."
- „Bildung ist wie die Qualität des Betriebssystems eines Computers."
- „Berufsausbildung ist wie eine Anwendungssoftware auf dem System."
- „Kristallisierte Intelligenz ist wie die Qualität von Hardware + Betriebssystem + Software."

Von außen gesehen wissen wir nicht, was nun wodurch geleistet wurde. Der Mensch ist in diesem Fall wie der Computer ein Gesamtpaket. Wenn Forscher nun genau wissen wollen, was die fluide Intelligenz des Menschen genau ausmacht, müssen sie Menschen wie Sie und mich studieren, die aber schon über eine Menge von Gelerntem und Verhalten aufweisen. Was ist jetzt die wirkliche reine Hardware des Menschen und was ist durch Erziehung und Bildung dazugekommen? Das ist eine wissenschaftliche und sehr akademische Frage. Zur Beantwortung dieser Frage suchen die Wissenschaftler immer nach Testfragen, die auf die Qualität der „Hirnhardware" schließen lassen und bei denen vorher gespeichertes Wissen bei der Beantwortung nicht hilft. Deshalb ist der von mir empfohlene Test der Süddeutschen Zeitung so unmenschlich „computerhaft". Er testet nur die nackte Hardware, nicht die Bildung.

Ich will aber hier auf etwas ganz anderes hinaus. Betrachten wir wieder den Computer:

Computer können nicht fühlen, weder Freude noch Schmerz. Sie wollen nichts von selbst. Sie haben keine Intuition. Ihnen fehlt der Instinkt. Sie haben keinen EQ und keine Führungsstärke. Sie haben keine Triebe, kennen keine Bedürfnisse nach Nahrung oder Sex. Sie haben keine Visionen und Träume von einer besseren Zeit. Sie wollen nichts verändern und keine anderen Computer motivieren, liebhaben oder verprügeln!

Ich will sagen:

Der Mensch hat mehr Hardware als ein Computer (von heute!).
Diese dem Computerbild ferne Hardware des Menschen (die Fähigkeit zu fühlen, instinktiv zu reagieren, Erfahrungen zu machen, intuitiv zu wissen) wird aber vom wahren Professional gebraucht! Sie ist aber nicht Gegenstand des IQ-Tests und damit kein Faktor der Intelligenz und nur wenig Gegenstand der Bildung und der Berufsausbildung. Man le-

rnt zwar Verhaltensregeln der Kundenfreundlichkeit, der Projektleitung, des Führens etc., aber es wird nicht *eingeübt*. Alles lernt man zu wissen, ohne es zu können. Gefühle und Instinkte werden „kontrolliert" und in Schach gehalten. Alle Probleme werden über den Kopf oder den Geist „geregelt". Wenn ich Fremdwörter der Informatik benutzen darf: Die Emotionen, Instinkte, die Kreativität und das Handeln werden durch die als schon universell verstandene Verstandesmaschine simuliert (so gut es geht).

Wir brauchen aber ein volles Konzept der professionellen Intelligenz. Es gibt viel mehr als „nur" die klassische Bildung und das Ausbildungswissen. Es gibt das Professionelle mit Geist, Herz und Hand („Neuro", „Psyche", „Soma").

*Intelligenz bezieht sich auf die „Hirnhardware" des Menschen.*

*Professionelle Intelligenz bezieht sich auf die „Gesamthardware" des Menschen.*

## Vorschlag über professionelle Teilintelligenzen

Ohne Rücksicht auf irgendwelche Hirn- oder Intelligenztheorien schlage ich einmal vor, verschiedene Begabungen oder „Intelligenzen" des Menschen zu betrachten, die er aus professioneller Sicht im kommenden digitalen Zeitalter braucht. Die „Professionelle Intelligenz" möchte ich als integrierendes Dach aller Einzelintelligenzen auffassen. Ich möchte, dass wir all das Folgende zur Formung eines Ganzen bzw. einer professionellen Persönlichkeit ineinanderwirken lassen:

*IQ – die normale Intelligenz des Verstandes*
*EQ – die Emotionale Intelligenz des Herzens und der Zusammenarbeit*
*VQ – die Vitale Intelligenz des Instinktes und des Handelns*
*AQ – die Intelligenz der Sinnlichkeit („Attraction") und der instinktiven Lust und Freude*
*CQ – die Intelligenz der Kreation („Creation") oder der intuitiven Neugier*
*MQ – die Intelligenz der Sinngebung und des intuitiven Gefühls („meaningful")*

Professionelle Intelligenz ist je nach Beruf eine andere harmonische Komposition für einen Professional, der dadurch zu einem „Zentrum des Gelingens" wird.

*IQ – die normale Intelligenz des Verstandes*: Mit ihr bilden wir Fähigkeiten zum Erfassen und Lernen aus, wir entwickeln Methoden und Pläne, wir steuern und kontrollieren, wir verwalten und ordnen, wir formulieren Regeln und Konventionen, bilden Strukturen und Gesetzesrahmen, rechnen, analysieren, entscheiden nach objektiven messbaren Kriterien. Wir kennen uns in Abläufen und Geschäftsprozessen bestens aus und gestalten und verbessern sie. Wir sind sprachlich kompetent, können uns exakt ausdrücken und klar kommunizieren. Wir sind mathematisch so versiert, dass wir aus Zahlen und Statistiken korrekte Schlüsse ziehen und Risiken einschätzen können. Wir können Sachverhalte rhetorisch sauber präsentieren. Normale Intelligenz ist exzellent im Betreiben von Strukturen, sieht aber Wandel und Neues tendenziell als Störung, schnell auch als Bedrohung.

*EQ – die Emotionale Intelligenz des Herzens und der Zusammenarbeit*: Mit ihr steigt die Kommunikationsfähigkeit, das Verstehen anderer, die Empathie, die Teamfähigkeit, Kooperationsfähigkeit, Konfliktlösungsfähigkeit und Taktgefühl. Während ein hoher IQ mehr auf „gutes Betragen" im Sinne der Zuverlässigkeit optimiert, will ein hoher EQ eher „warmherziges Benehmen". Das Herz geht mit eigenen Gefühlen angemessen um, es erkennt die Gefühlsregungen und Motivationen anderer, es fühlt mit. Emotionale Intelligenz verhilft zu guten Beziehungen zu anderen Menschen. Sie schafft reibungslose Zusammenarbeit und integriert Teams im Rahmen allgemeinen Vertrauens. Emotional Intelligente sind gute Katalysatoren im Team, damit alles gut klappt. Emotionale Intelligenz ist wichtig für interkulturelle Kompetenz.

*VQ – die Vitale Intelligenz des Instinktes und des Handelns:* Vitale Intelligenz verhilft zu Führungskompetenz und Durchsetzungsfähigkeit. Sie kann große Energien freisetzen und Titanisches vollbringen. Sie entscheidet nach Bauch („der sichere Instinkt der Vitalen Intelligenz") auch unter großer Ungewissheit, wo Wissen fehlt und das Herz verzagt. Sie kann gut und schlau verhandeln, scheut keine Risiken, wenn sie Neuland betritt. Vital Intelligente sind wie siegessichere Helden, die andere durch Begeisterung mitziehen. Sie erteilen wie natürlich Befehle, die andere auch sofort ausführen. Sie können unter widersprüchlichsten Bedingungen ohne eigenes Stressgefühl wie ein Fels in der Brandung stehen. Sie sind oft charmant, lieben die Show, können sehr großherzig sein. Sie sind selbstdiszipliniert, haben Courage und Mut und beeindrucken durch selbstsicheres Auftreten. Sie sind Meister der Körpersprache und haben oft Charisma des Herrschers.

*AQ – die Intelligenz der Sinnlichkeit („Attraction") und der instinktiven Lust und Freude:* Attraktive Intelligenz weiß um Schönheit, Ästhetik, Lust, Verführung, Aufmerksamkeit, Werbewirksamkeit und die Kunst des Verkaufens. Sie kann sinnlich berühren und für sich einnehmen. Sie kann gut verkaufen und Marketing betreiben. Sie verzaubert und verzückt. Für die berühmten Auftritte von APPLE-Gründer Steve Jobs hat man den Begriff „Reality Distortion Field" geprägt, weil er durch eine Mischung von provozierender Herausforderung, Charisma, Charme, überschwänglicher Übertreibung und Beharrlichkeit die Käufer seiner Produkte zu überzeugten Jüngern macht, die in Macs mehr als ein Produkt sehen. Könnte Kleopatra solch eine Persönlichkeit gewesen sein? Während Emotionale Intelligenz die Gefühle anderer erkennt, versteht und mitfühlt, vermag Attraktive Intelligenz in anderen Gefühle entstehen lassen, zum Beispiel „Lust erwecken" oder „Aufmerksamkeit erregen". Vielleicht sollte ich hier ein neues Wort dafür nehmen? Ich versuche es mit Intropathie. Empathie ist das Verstehen der Gefühle aus einem anderen heraus, Intropathie ist dann die Fähigkeit des Hineinsetzens von Gefühlen in einen anderen hinein wie „verliebt machen".

*CQ – die Intelligenz der Kreation („Creation") oder der intuitiven Neugier:* Kreative Intelligenz ist vom Neuen elektrisiert. Sie schafft Kunstwerke in neuen Stilen, liebt Innovation, treibt Forschung in neuen Gebieten voran. Sie ist „ein bisschen verrückt". Sie versteht sich auf freies „entfesseltes" Denken, hat weite Assoziationen im vernetzten Denken, kann oft übergeordnet Denken und intuitiv komplexe Strukturen verstehen. Sie ist zur Konzeption von Übergreifendem fähig. Wo die Intelligenz des IQ analysiert, integriert Kreative Intelligenz zu einem Werk. Das lebenslange Lernen ist integraler Teil ihres Lebens. Kreative Intelligenz ist visionär und grenzenlos, sie gebiert die großen Ideen. Wenn sie allerdings einmal eine große gefunden hat, bleibt sie oft lebenslang bei ihr und versucht, sie zur endgültigen ewigen Form zu transformieren. Sie versucht leider nur selten, noch einmal etwas ganz anderes Wunderbares zu erschaffen.

*MQ – die Intelligenz der Sinngebung und des intuitiven Gefühls („meaningful"):* M-Intelligenz hat einen ausgeprägten Sinn für Sinn und ethisch wertvolle Ideale. Sie liebt weltrettende Konzepte und engagiert sich für diese oft aufopfernd ehrenamtlich (Religion, Menschenwürde von Ausländern, Betreuung von Armen und Schwachen, Open-Source, Greenpeace, Gesundes Leben, Rettung der Wale und Kröten). Alle Menschen sollen gut sein! Die M-Intelligenz übernimmt die Initiative dahin. Sie erwärmt Seelen zum Mittun (Albert Schweitzer, Gandhi) und kann oft viel für die Gemeinschaft bewegen („Wikipedia").

## Professionelle Intelligenz

Dem Professional gelingt „es". Er bringt alles zusammen, so dass die Shareholder hochzufrieden sind: Seine Chefs, die Kunden und immer auch ein bisschen die Zuschauer und die Menschheit. „Wow, das ist professionell!", bewundern wir etwas, was in Bärenruhe trotz aller Widrigkeiten noch sauber hinhaut. Die Erfahrung des wahren Professional ist so groß, dass er die Eislaufkür auch ohne Musik tanzt oder noch mit drei Rädern den Formel-1-Sieg doch noch sichert.

Ich möchte Professionelle Intelligenz als das integrierende Dach der eben aufgezählten Teilintelligenzen auffassen. Alles muss so zusammenpassen, damit alles gelingt.

Wir können uns ja immer hinterher fragen, warum etwas nicht gelang: Die Antworten der Wundenlecker sind immer ähnlich: Das Management hat nie richtig dahinter gestanden (kein VQ), die Kommunikation aller Beteiligten ging immer schief, so dass es nie zu wirklicher Teamarbeit kam (kein EQ). Die Ziele des Projektes wuchsen nie ans Herz, das Management schaffte keinen „Buy-In" aller, allgemein wurde die Sinnhaftigkeit des Projektes bezweifelt (kein MQ). Die Innovatoren machten irgendwann nicht mehr mit, weil das Neue des Vorhabens langsam unter Kompromissen erstickte, so dass der nun minimale Innovationsgrad das ganze Projekt nicht mehr rechtfertigen konnte (kein CQ). Im Grunde, sagten alle, litt das Projekt unter Glanzlosigkeit, es ließ sich einfach nicht verkaufen (kein AQ).

Die Gescheiterten sitzen dann gestrandet in einem Meeting-Raum und betreiben „Loss Analysis", weil sie aus ihren Fehlern lernen wollen. Sie sammeln im Brainstorming die Fehlerursachen. Endurteil – immer dasselbe: Es wurde nicht professionell gearbeitet. Viele Menschen mit hohem IQ planen, kontrollieren, suchen Fehler und nutzen eben nur ihren IQ, wobei sie eigentlich keine Fehler machen. Aus der Sicht des reinen IQ war alles richtig! Leider ist etwas dazwischen gekommen: Das Herz, der Sinn, die Kraft und die Lust haben gefehlt. Und sie verzweifeln. Sie haben befohlen, dass alle im Team arbeiten! Sie haben Begeisterung zur Pflicht erklärt! Sie haben den Sinn des Projektes in offiziellen Präsentationen mit Prio 1+ ganz offiziell eingestuft! Sie haben die Neuheit des Projektes in Prospekten fotografiert.

Es ist aber nicht gelungen.

# Simulation Professionalität durch IQ

Wir müssen einfach neu diskutieren, was wirklich professionell ist! Und dann dürfen wir nicht in den ewigen Dauerfehler verfallen, alles mit dem Verstand zu lösen, der ist für sich NICHT professionell! Oder, na gut, fast nie, wenn es um größere Projekte geht. Wir dürfen die anderen Intelligenzen nicht durch den Verstand simulieren, etwa so:

**EQ** Die High-IQs bekommen Kurzseminare in EQ, wo sie Benimmregeln, Kodizes, Moralsätze aufgelistet bekommen. Listen mag der Verstand sehr gern! Man rät, „zuzuhören" und die „Gefühle anderer zu achten", wobei man meist die Gefühle derer meint, die sie nicht unterdrücken können, also Untergebene sind. Manager zeigen keine Gefühle. Wenn sie einen Gefühlsstau haben, etwa voll Ärger, Wut oder Zorn sind, setzen sie ein Review an und besprechen die Zahlen, die sie wütend machten. Alles objektiv und ohne Ansehen der Person.

**AQ** Die High-IQs haben sehr selten einen Sinn für Charisma und „Verkaufen". Sie verschanzen sich hinter Hochglanzfassaden und vorgestanzten Redemustern, die sie von den Mitarbeitern der Kommunikationsabteilung beziehen. Der Verstand verwechselt sehr oft das Attraktive mit dem Perfekten. Das Perfekte liebt der Verstand! Deshalb kann er kaum verkaufen, nur argumentieren.

**CQ** Das Neue wird vom Verstand vorwiegend als „neue Idee" aufgefasst, nicht als „anders agieren" (das mag der Verstand nicht – er hat seine Grundsätze). Kreativität ist etwas, was zur Erzeugung neuer Ideen anscheinend gebraucht wird. Deshalb organisiert der Verstand Brainstormings zur Sammlung von Ideen, die ein paar Minuten dauern. Neue Ideen sind für den reinen IQ so etwas wie „Wissen", das bisher noch nicht im Meeting vorkam. Das wird nun gesammelt, geordnet und strukturiert – dieser Vorgang heißt „Ideenmanagement". Nun ist es nur noch ein kleiner Schritt, dieses Wort mit „Innovationsmanagement" gleichzusetzen und schon ist das Kreative und damit das Neue wegrationalisiert.

**VQ** Für Taten braucht man Energie, die sich am besten aus einem motivierten Willen speist. Der Intellekt aber will den Willen kontrollieren, er ist Untertan des Verstandes. Der Intellekt befiehlt, der Körper gehorcht und sieht die Befehlsausführung als heilige Pflicht gegenüber dem Verstand. Damit sich der IQ auch notfalls ganz ohne VQ durchsetzen kann, wird bei normaler Erziehung der Wille unterdrückt bis hin zu gebrochen. Man impft dem Körper ein Gewissen ein, das ihn quält, wenn er dem Verstand nicht gehorcht. Der ursprüngliche Wille wird also durch eine IQ-Struktur ersetzt. Wer in dieser Weise abgerichtet wurde, wird nie mehr Unternehmer. Die aber brauchen wir!

**MQ** Der Sinn wird gepredigt, aber er beeinflusst *heute* kaum noch die Praxis. Staaten und Unternehmen wählen sich edle Prinzipien, unter denen sie hehre Ziele verfolgen. Dann aber retten sie nicht die Welt, sondern das laufende Quartalsergebnis oder die Wahlen. Universitäten verehren die wissenschaftliche Freiheit, buhlen aber um Forschungsgelder wie stinknormale Fundraiser. Kirchen und Sportler … Der Sinn ist Pflichthäubchen geworden. Er bedeckt die Blöße der Systeme, die sich jetzt offiziell nicht schämen müssen.

Der intellektuelle Umgang mit allem verträgt sich in der heutigen Zeit nicht mehr mit Professionalität. Wir müssen heute mehr und mehr führen, leiten, verhandeln, managen, mit schwierigen Leuten umgehen (das sind über die Hälfte von uns) und verkaufen, überzeugen, mitreißen, für die Sache gewinnen. Das geht nicht mehr nur mit Zahlen und Terminen.

Wir müssen aufhören, nur „in IQ zu denken und eben nur zu *denken*". Das Perfekte und Richtige allein haben überhaupt nicht mehr automatisch Kraft, Wärme, Sinn, Faszination und Vision. Der Verstand allein ist kalt, berechnend und menschenfern.

## Unvorbereitung durch Erziehung und Bildungssysteme

Neulich schrieb mir eine Mutter, sie könne als Prekäre ihren Kindern kaum etwas ins Leben mitgeben. Ich fragte zurück, warum nicht Herzenstakt und Willen? Lust am Neuen?

Sie meinte natürlich, dass sie beim Integrieren und Differenzieren der Funktionen in der Oberstufe nicht helfen kann, und ich, dass Integrieren und Differenzieren der Persönlichkeit im Leben schon ganz wichtig sein könnten...

Ich will hier sehr kurz bleiben, es steht viel mehr im Buch zur Kolumne. Ich hoffe auch, Ihnen ist mein Standpunkt nach dem Lesen des Vorstehenden klar: Wir befassen uns mehr und mehr nur noch mit der Befüllung der Hirnfestplatte mit „Wissen", was aber auf der anderen Seite mehr und mehr schon auf dem Handy vorinstalliert ist. Wir vernachlässigen den Rundummenschen zugunsten eines vorgestellten Vorteilswissens und erziehen ihn eigentlich nur insoweit, dass er eine erste gute Arbeitsstelle bekommt. Mehr wollen wir nicht mehr.

Dabei könnte es im Extremfall sein, dass das Gröbste in der Persönlichkeitsentwicklung schon gelaufen ist, wenn das Kleinkind am dritten Geburtstag das System Kindergarten betritt. Es ist dann schon weitgehend klar, wie der Grundstock an EQ, VQ, CQ, AQ und MQ weiter auskristallisiert ist. Die Frühkinderziehung ist entscheidend! Darüber wird noch gestritten, ich sehe das so.

Was tun wir? Wir versuchen wiederum, den IQ im Kindergarten auszubilden, indem wir zum Beispiel schon Vokabeln pauken lassen. Wir verlassen das Unsinnige nicht, sondern wir laufen ihm zeitlich ausgedehnter hinterher.

Hey, welche Chance hat dann noch ein Kind aus einem problematischen Elternhaus? Fühlen Sie in sich das aufsteigende Grauen, wenn Sie ungefilterte Vorstellungen an Ihr Herz lassen? Könnte es vielleicht sein, dass bei den meisten Kindern (oder eben sehr vielen, wenn Sie ein gemäßigter Charakter sind) die Reparaturarbeiten schon beim Eintritt in die Bildungssysteme beginnen müssen? Müssen wir nicht eigentlich fordern, dass jeder Mensch schon nur deshalb gebildet werden muss, damit er den PQ seiner Nachkommen entwickeln kann?

## Empowerment nach Enlightenment!

Ich wage hier einmal den Ausblick, dass die jetzige Internetrevolution eine ebenso große Wandlung in der Menschheitsgeschichte einleitet wie der Buchdruck durch Gutenberg. Die Verfügbarkeit des Wissens in Büchern trug über die Jahrhunderte dazu bei, dass die

Menschen „aufgeklärt" wurden. Wir erlebten das Zeitalter der Aufklärung (im Englischen „Enlightenment" wie Erleuchtung), in dem unsere heutigen Bildungsbegriffe maßgeblich bis heute geprägt wurden.

Bildung gibt die Chance, uns alle durch das Wertvolle unserer Kultur bereichern zu lassen! Nun aber kommen wir in eine Zeit, wo „Wissen" allein nicht reicht. Wir müssen professionelle Persönlichkeiten werden, am besten wir alle, ohne Spaltung in „Pro" und „Unpro" wie Professional und Unprofessional. Eine solche Spaltung droht uns heute, eine in Premium-Professionals und in Niedriglohnjobber. Die einen werden händeringend gesucht, die anderen runterverhandelt.

Ich wünsche mir Empowerment für alle! Empowerment gibt es schon im *deutschen* Lexikon. Ich zitiere aus Wikipedia, zuerst in Deutsch und kurz in Englisch:

*Mit* **Empowerment** *bezeichnet man Strategien und Maßnahmen, die geeignet sind, den Grad an Autonomie und Selbstbestimmung im Leben von Menschen oder Gemeinschaften zu erhöhen und die es ihnen ermöglichen, ihre Interessen (wieder) eigenmächtig, selbstverantwortlich und selbstbestimmt zu vertreten und zu gestalten. Empowerment bezeichnet dabei sowohl den Prozess der Selbstbemächtigung als auch die professionelle Unterstützung der Menschen, ihr subjektives Gefühl der Macht- und Einflusslosigkeit (powerlessness) zu überwinden und ihre Gestaltungsspielräume und Ressourcen wahrzunehmen und zu nutzen. Wörtlich aus dem Englischen übersetzt bedeutet Empowerment „Ermächtigung" oder Bevollmächtigung.*

*Der Begriff Empowerment wird auch für einen erreichten Zustand von Selbstverantwortung und Selbstbestimmung verwendet; in diesem Sinn wird im Deutschen Empowerment gelegentlich auch als Selbstkompetenz bezeichnet.*

*Der Begriff Empowerment entstammt der amerikanischen Gemeindepsychologie und wird mit dem Sozialwissenschaftler Julian Rappaport (1985) in Verbindung gebracht.*

**Empowerment** *refers to increasing the spiritual, political, social, or economic strength of individuals and communities. It often involves the empowered developing confidence in their own capacities.*

Wissen war früher der Schlüssel zum Geldverdienen, heute ist das eine ausgeprägte Professionalität. Wir brauchen Empowerment für alle. Wir müssen andere empowern, also mit Lebenskraft in allen Sinnen zu erfüllen.

Gibt es dafür schon eine politische Partei? Hallo? Wo? Unser unprofessioneller Eintritt in die Wissensgesellschaft spaltet uns in Pro's und Unpro's. Die Mitte verschwindet. Wo aber suchen die Parteien (sogar die Grünen) ihre Wähler? In der Mitte. Da sind nicht mehr so viele, wie die Parteien denken! Oder besser: die Parteien denken nicht so viel nach. Die Konservativen vertreten innerlich noch immer die Bauern und die Beamten, die es immer weniger gibt und die auch keine Identität mehr als Klasse haben. Die Sozialdemokraten haben ihre Wurzeln im Arbeitermilieu – aber es gibt kaum Leute, die sich als Mitglied der Arbeiterklasse sehen. Man hat heute doch „Jobs"! Die Grünen haben im Grunde ihre Mission erfüllt. Jetzt machen sie alle Jagd auf die schwindende Mitte. Die Linke macht sich an die „Benachteiligten" heran… Die meisten von uns fühlen sich kaum noch vertreten. Wir müssen aber trotzdem wählen! Da wählen wir unschlüssig chaotisch und erzeugen seltsam wechselnde Mehrheiten. „Ist doch egal." Damit ist dann die Politik ein Spiegel unseres unprofessionellen Weges in die Zukunft. Wir brauchen eine konstruktive Pro-Partei und sollten endlich aufbrechen.

# Kapitel 27
# OpenEmpowerment

## Präambel

Die Technologien rund um das Internet sind für die Menschheit ebenso bedeutsam wie die Erfindung des Buchdrucks, des Bleistiftes oder des billigen Papiers aus Holz statt aus Hadern. Wissenschaft und Forschung setzen mit Hilfe der neuen Technologien zu einem neuen Höhenflug an. Viele Dienstleistungsarbeiten werden durch Internetkommunikation automatisiert – der Mensch kann sich auf höhere Arbeiten konzentrieren, die heute nicht durch Computer erledigt werden können. Diese ganze Wandlung der Welt verlangt aber auch, dass sich die Menschen nun beherzt in der neuen Zeit einrichten und sich insbesondere darüber klar werden, dass die künftigen Berufe fast durchweg einen höheren Bildungsstandard erfordern.

Ein höheres Bildungsniveau ist nicht nur erforderlich, sondern dank der neuen Technologien auch möglich, wenn diese dafür neu ausgebaut werden. Die Zeit ist reif, das ganze Bildungswesen auf ein neues Fundament zu stellen. Alle Fragen rund um Bildung müssen neu gestellt werden.

- Wie stellen wir uns den vorbildlich gebildeten Menschen der Zukunft vor?
- Wie sieht sein Bildungsweg aus? Wie wird der Mensch erzogen?
- Welche Bildungssysteme unterstützen ihn?
- Welche Fertigkeiten braucht ein professioneller Mitarbeiter in welchen Zukunftsberufen?

Die heutigen Antworten tragen nicht mehr, denn die Bildungssysteme schaffen es nicht einmal mehr, jeden zu einem heutigen (zu niedrigen (!)) Bildungsabschluss zu bringen und vor allem genügend Hochqualifizierte hervorzubringen, mit denen allein der derzeitige Fachkräftemangel zu beseitigen wäre.

Gesucht werden Menschen, die gut kommunizieren, verhandeln, managen, Projekte leiten, andere Menschen überzeugen und die sich dazu emotional intelligent in andere einfühlen. Wir brauchen kreative Köpfe und erfolgreiche Unternehmertalente, die neue Dinge vorantreiben. Wir vermissen global Denkende, die sich in der zunehmend vernetzten Welt erfolgreich einbinden können, die sich in verschiedenen Kulturen, Arbeitsformen und industriellen Branchen zurechtfinden. Gesucht werden also runde Persönlichkeiten – das sind genau die, die alle Technologie bei der Arbeit *nicht* ersetzen kann.

G. Dueck, *Dueck's Jahrmarkt der Futuristik,*
DOI 10.1007/978-3-642-55371-4_27, © Springer-Verlag Berlin Heidelberg 2014

Ein neues Bildungssystem muss sich der Bildung „runder" Persönlichkeiten widmen.
Die gute frühkindliche Erziehung muss daher viel ernster genommen werden, weil in der
frühen Zeit die Charakterbildung stattfindet. Kindergärten müssen zu blühende Stätten
des Werdens werden. Schulen müssen die neuen Internettechnologien nutzen, um ihre
klassische Aufgabe der Faktenvermittlung so sehr viel effektiver zu gestalten, dass viel
Zeit bleibt, die Persönlichkeit zu entwickeln. Arbeitgeber dürfen nicht mehr einfach die
Übernahme fertiger Persönlichkeiten aus dem Bildungssystem erwarten, sie müssen sich
immer stärker daran beteiligen, Mitarbeiter auf höhere Professionalitätsstandards zu entwickeln.

## Ist-Zustand

Das alles geschieht derzeit nicht. Die heutigen Systeme versuchen, das, was der alte Standard erfordert, billiger und effizienter zu liefern. Sie befassen sich damit, etwa das derzeitige Abiturwissen schneller mit weniger Aufwand zu verabreichen. Wer genug weiß,
kommt durch, in den Prüfungen wird nichts anderes angesehen. Arbeitgeber verlangen,
dass von Tag eins des Arbeitslebens perfekte Leistung abgeliefert wird, und sie predigen
Konzepte rund um „Employability", die den einzelnen Menschen selbst in der Pflicht
sehen, alle erforderlichen Fähigkeiten zur Arbeit mitzubringen. Kurz: In der langen Kind-
und Ausbildungsphase wird sich wenig um das außerhalb des Wissens Liegende geküm-
mert, dann setzt das Arbeitsleben ein, indem nun alle anderen Fähigkeiten des Menschen
plötzlich wie selbstverständlich vorausgesetzt werden.

In dieser Zeit falschen Handelns oder des Nichtstuns wird die Klage um das Fehlen
professioneller Persönlichkeiten am Arbeitsmarkt lauter. Diese Klagen werden aber kaum
ernst genommen, weil noch viele Arbeitslose (mit zu geringem Professionalitätsgrad – das
wird aber nicht gesehen!) im Markt händeringend nach Anstellungen suchen. Die Allgemeinheit wirft den Arbeitgebern pauschal vor, nur noch eierlegende Wollmilchsäue, also
perfekte Menschen zu einem niedrigen Lohn einstellen zu wollen. Tatsächlich verändert
sich aber die Arbeitswelt so dramatisch, dass weniger Qualifizierte in den angestammten
Berufen immer weniger normal produktiv arbeiten können.

Wenn diese These stimmt, nämlich dass die notwendige Qualifikation zukünftiger Mitarbeiter besonders in persönlicher Hinsicht stark ansteigt und dass gleichzeitig dieses
Phänomen in der Gesellschaft nur ganz unzureichend wahrgenommen wird, dann wird
es immer mehr unvermittelbare Arbeitslose und immer mehr Klagen um nicht zu beset-
zende Arbeitsstellen geben. Wir stehen am Beginn einer solchen „Todesspirale" oder eines
Teufelskreises.

Die Arbeitgeber müssen sich bei dem Mangel an Gutqualifizierten damit behelfen, den
Leistungsträgern in den Betrieben immer mehr abzuverlangen. Überall merkt man, dass
die Gesamtleistung eines Betriebes von wenigen Schlüsselmitarbeitern abhängt, die eben
angesichts der Lage am Arbeitsmarkt nicht wirklich schnell vermehrbar sind. In der Folge
werden die Spitzenkönner in jeder Arbeitssituation vollkommen überlastet. Sie stöhnen
unter allgemeinem Stress und Overload. Burnouts nehmen gerade deshalb besonders unter
den Leistungsträgern zu, die sich vorwiegend verpflichtet fühlen, den „Laden trotz allen
Widrigkeiten doch zu stemmen". Die viel zu geringe Anzahl der Leistungsträger kann aber

unter dieser chronischen Überlastung keinen Zustand „allgemeinen Gelingens bei der Arbeit" mehr herstellen. Diese Wahrnehmung, eben trotz aller Mehrleistung zu keinem guten Zustand zu kommen, frisst sich als tiefe Frustration ausgerechnet in die Besten ein. Ein Gefühl des Gefangenseins im Hamsterrad macht sich gerade unter den Leistungsträgern breit. Sie können nun nur noch wenig tun, die anderen Mitarbeiten „zu begeistern", weil in ihnen selbst die Begeisterung nur noch fiebrig wirkt. Das Management übt sich derweil hilflos in Appellen, dass jeder doch seine Extrameile gehen möge. Alle hoffen, dass sich alles doch irgendwie regeln wird.

Im Kern aber fehlen gut ausgebildete runde Persönlichkeiten. Ihre zu niedrige Zahl lässt schon jetzt die Wirtschaft erkennbar siechen. Sie kann nicht wachsen, wenn sie nur noch versucht, mit den gerade noch verfügbaren Menschen noch irgendwie vernünftig zu wirtschaften. Sie wird deshalb mittelfristig nicht mehr die wirklichen High-Tech-Projekte der Zukunft im internationalen Wettbewerb gewinnen können. Sie wird sich auf die „machbaren" Arbeiten beschränken und bescheiden. Das ist die nächste Windung der Abwärtsspirale. In einer solchen Lage aber, in der man ohne wirkliche Top-Könner zu arbeiten versucht, braucht man am Ende natürlich keine Top-Könner mehr, weil die Arbeit zu einfach geworden ist. Die verbliebenen Top-Könner sehen keine Heimat mehr und wandern aus, wo Top-Könner richtig gut arbeiten können, nicht aus Not überlastet sind und fair bezahlt werden.

Aus Deutschland wandern zum Beispiel vermehrt Ärzte und Forscher ab. Sie verlassen uns, weil „hier die Bedingungen nicht stimmen". Diese Bedingungen zu schaffen, erscheint uns zu teuer. Sie adäquat zu bezahlen sowieso. Wir ersetzen die Auswanderer durch Einwanderer, die unserer Todesspirale noch eine weitere Windung nach unten erlauben. Oder: Wer heute versucht, ein Unternehmen für Batterietechnologie zu gründen, wird am Arbeitsmarkt keine Ingenieure auf diesem Gebiet finden. Sieht es in Nano- oder Gentechnologie besser aus?

## Überall Kurskorrekturen!

Wir müssen versuchen, die Abwärtsspirale der reinen Industrialisierung unserer Arbeitswelt zu durchbrechen. Das geht nur, wenn viele Kurskorrekturen gleichzeitig greifen. Wir können auch nicht einseitig auf Biegen und Brechen bestimmte Ingenieurszweige ausbilden, wenn nicht für die nächst Top-Könner-Generation die entsprechenden Zukunftsarbeitsplätze geschaffen werden. Wir können umgekehrt keine Top-Arbeitsplätze der Zukunft in neuen Branchen kreieren, wenn wir keine Leistungsträger für sie haben.

Erste Voraussetzung für die Heilung von einem Leiden ist die Krankheitseinsicht, die Einsicht, dass ein Leiden herrscht, das geheilt werden muss. Wir haben in Deutschland nach einer Nah-Tod-situation 1945 heraus ein Wirtschaftswunder vollbracht. Wir haben das Sterben der europäischen Kolonialmächte gesehen und fühlen Mitleid mit dem dramatischen wirtschaftlichen Knick in Japan, das noch vor zwanzig Jahren voll in Blüte stand. Wir sehen mit Erstaunen, wie unbeirrt die Amerikaner an sich selbst glauben, wo viele von weitem oder von außen das „Ende des amerikanischen Zeitalters" sehen. Mächtige Industrieimperien zerfallen, weil sie vor allem das Internet und die damit verbundene Globalisierung nicht haben kommen sehen.

Überall sehen wir, wie ein drohendes Unheil glatt ignoriert wird. Die Einsicht für eine Änderung kommt oft nur kurz vor der Kapitulation. Dieses Verharren in der Todesspirale trotz aller Warnungen ist vermutlich ein größeres Problem als das mühevolle Wiederaufbauen nach der Katastrophe? Wenn wir aber anerkennen, dass wir mit dem Internet und der Globalisierung in ein neues Zeitalter eintreten, dann müssen wir uns an verschiedene konkrete Kurswechsel machen.

1. In welchen Industrien (z. B. Nano-, Gen-, Bio-, Spezialmaschinen-, Solar-, Umwelttechnologie) sehen wir unsere Zukunft?
2. In welchen Industrien wollen wir uns engagieren? Für welche Berufe schaffen wir neue Universitäten und Studiengänge? Wollen wir uns zweckmäßig konzentrieren und klotzen und vielleicht einen großen Irrtum riskieren? Wollen wir unsere Anstrengungen gut streuen? Wollen wir anerkennen, dass sich die Zeit zu schnell ändert, als dass die Bildungssysteme einem konkret planbarem Bedarf nachkommen können? Wollen wir endlich gemeinsam agieren, statt uns viel später den Marktkräften anzupassen?
3. Welche Menschen werden wie ausgebildet in Zukunft gebraucht? Das müssen wir im Zusammenhang mit der Richtung beantworten, in der wir die neue Arbeit der Zukunft schaffen. Grundsätzlich aber sollten wir anerkennen, dass wir wirkliche Professionalität brauchen. Leistungsträger der Zukunft sind „empowered", nicht einfach brave, standardisierte Bürger, die nur unter genauer Anleitung arbeiten (Wer den Vergleich erträgt, möge über den Unterschied zwischen dem Postpferd/Nutzpferd und dem eigencharakterlichen Turnierpferd nachdenken).
4. Wir sollten das ganze Bildungswesen auf den Prüfstand stellen. In einer global vernetzten Welt spielen Kommunikation, Medien, Kulturen und ihre Unterschiedlichkeiten, Ökonomie, Statistik und „Zahlenverstehen", Computer und Web 2.0 Literacy, Psychologie, Gesundheit, Medizin, internationales Recht, Coaching und Management eine immer größere Rolle, die aber von den klassischen Schulfächern kaum tangiert werden. Das wird nicht wirklich in Abrede gestellt, aber niemand traut sich, ein konkretes Schulfach auf die Schlachtbank zu legen. Niemand wagt, eine Streichung oder auch nur Veränderung vorzuschlagen. Jeder räumt ein, dass es folgende Schulfächer geben sollte: Philosophie, Jura, Medizin, Wirtschaft, Psychologie, Medien, Theater, Rhetorik etc., aber es gibt nur Mathematik, Physik, Chemie, Biologie, Englisch, Latein etc. Warum ist die Auswahl so getroffen worden, wie sie ist? Ist Humboldts Antwort ewig gültig? Muss sie ewig gültig sein, weil eine andere Antwort dem physischen Lehrkörper, den Lehrplänen und Politikern zu viel Leiden bescheren würde?
5. Welche Wissensvermittlung kann mit Hilfe der Internettechnologien verbessert werden oder mit weniger Aufwand an Lehrern erfolgen? Wofür setzen wir Erzieher, Lehrer und Professoren künftig optimal ein? Wir haben Google Earth, immer bessere Sprachkurse, Lehrfilme über Tiere und Pflanzen, bald virtuelle Übungslabore für Mathematik und Physik. Was lernen wir vor dem Bildschirm, was erfahren wir von inspirierenden Menschen? Wie müssen die mit uns umgehen? Wie sollen ausgebildete Vorbilder sein?
6. Die Entwicklung von Persönlichkeiten erfordert individuelles Coaching und ein Eingehen auf spezielle Talente und Neigungen, es verlangt von allen Seiten viel mehr Zeit, mehr Geduld und Engagement – vor allem aber auch ein anderes Verhältnis zwischen den Lehrenden/Erziehenden und den jungen Leuten. Diese Kulturveränderung ist vielleicht von allen Änderungen, diejenige, die uns am schwersten fällt. „Man muss die Peitsche aus der Hand legen und darf nicht mit dem Beziehungsende drohen."

7. Die Entwicklung einer positiv-professionellen Persönlichkeit erfordert, das Zufügen von Verletzungen aus dem Methoden- und Behandlungskanon der Führung und Erziehung zu streichen. Es hat Jahrhunderte gedauert, bis man jetzt erst in letzter Zeit die Prügelstrafe als wenig effektiv erkannt hat. Die Älteren von uns wie ich sind noch alle geschlagen worden, und viele sagen noch heute immer wieder „Und es hat mir nicht geschadet," während sie sich dann aber gleich über die ungerechte Brutalität des Arbeitslebens aufregen, das mit dem indirekten Prügeln nicht aufhören will. Wir werden noch viel weitergehender erkennen müssen, dass auch das Zufügen von psychischen Verletzungen der Persönlichkeitsentwicklung immens schadet. Woher kommen alle die viele Verkrümmungen der Persönlichkeit? Es sind Erziehungsgrundsätze wie „Liebe muss verdient werden". In unserem heutigen Leben wird gemobbt, geschnitten, ausgeschlossen, angeschwiegen, gedroht, kontrolliert oder hämisch vorgeführt. Das Schreien unter den Hieben ist der leise sickernden psychischen Gewalt gewichen, das Unmenschliche ist also noch da. Wir müssen auch das absichtsvolle Zufügen von Seelenverletzungen zu jemandes besten so wie das der Körperverletzungen aus unserem Leben streichen.

8. Die folgenreichsten seelischen Verletzungen werden wohl dem frühen Kinde zugefügt, viele sicherlich aus missverstandenen Erziehungsgrundsätzen („Halte dem Nichtsnutz täglich vor, wie schlecht er gegenüber der geliebten Schwester ist"; so etwas finden Eltern oft auch noch normal, nachdem sie gerade bei der Arbeit vom Chef ihrerseits mit Besseren verglichen wurden und unsäglich darunter leiden).

9. Warum gibt es keinen Kinderführerschein? Warum keine Kurse dazu im Internet? Kein Kindererziehungsfernstudium? Warum werden Erzieherinnen so schlecht bezahlt? Warum ist Erziehung kein Fach in der Schule? Wahrscheinlich, weil der Lehrinhalt der Praxis widersprechen würde – ganz sicher. „Goldglanz, teurer Freund, ist alle Theorie, und tränenschwarz des Lebens karger Baum." Oder den Spieß herumgedreht: Es könnte sein, dass die Lehre der Pädagogik als Schulfach eine Menge zum nötigen Kulturwandel beitragen würde. Darüber hinaus könnten wir jeder Führungskraft im Arbeitsleben zur Pflicht machen, dem Team jede Woche eine halbe Stunde lang über prinzipiell gutes Management zu referieren.

# Ein gordischer Knoten?

Gordios von Phrygien hatte an seinem Streitwagen diese höchst kunstvoll verknoteten Seile – die keiner je entwirren konnte, bis Alexander je nach Überlieferung einen simplen Trick fand oder alles per Schwerthieb löste.

Die kommende Wissensgesellschaft erzwingt eine gewisse Höherentwicklung des Menschen, der nun in seine professionelle und persönliche Entwicklung sehr viel mehr Energie stecken muss. Eine solche Höherentwicklung kann ein einzelner Mensch mit heroischem Aufwand und allem Wissensreichtum im Internet für sich selbst sehr wohl heute schon leisten. Da das im Prinzip möglich ist, geizen die Politiker und Manager nicht mit Ratschlägen an den normalen Menschen, selbst für seine Arbeitsmarktfähigkeit oder Employability zu sorgen. Es wird einfach ignoriert, dass eine generelle Höherentwicklung in aller Breite eine neue Infrastruktur der Gesellschaft verlangt – so wie eben zu Humboldts

Zeiten vor gut zweihundert Jahren die Schulpflicht eingeführt wurde. Heute ist die Welt komplexer geworden. Eine Veränderung im Bildungssystem erzeugt viele „Baustellen":

- Vorkindliche Erziehung: Wer sich Kinder wünscht, sollte sich des neuen Lebens bewusst werden, das er damit wählt. Man denke an die Management-Assessment-Center: Ein ganz wichtiger Schritt auf dem Weg zur Führungskraft ist der zu verstehen, dass das Führen von Menschen zu einem fast ganz neuen Berufsdasein mit ungeheuer viel höherer Verantwortung führt. Management-Aspiranten werden lange gecoacht. „Wollen Sie das wirklich? Wissen Sie, dass Sie nun die Sorgen vieler tragen? Dass Sie Schicksale lenken? Vorbild sein müssen? Mit Fehlern anderer leben und umgehen müssen? Zuversicht ausstrahlen sollen? Menschen mögen müssen?" Wer Kinder bekommt, muss sich ähnliche Fragen stellen und beantworten. Das geschieht heute nicht.
- Frühkindliche Erziehung: Der charakterliche Grundstein des Kindes wird vor dem Kindergarten gelegt – ein ganz wesentlicher Teil der Erziehung findet früh statt. Kinder sind unterschiedlich, manche scheu, andere neugierig oder liebebedürftig – sie brauchen individuelle Aufmerksamkeit. Es geht nicht primär um Fütterungsrhythmen oder Einschlafrituale oder um „Aufpassen", Zahnen und so weiter. Die wesentlichen Entwicklungsfehler geschehen jetzt. Sie sind schwer korrigierbar, weil sie in einer Zeit gemacht werden, wo noch nicht darüber gesprochen werden kann. Das, was jetzt falsch läuft, kann später nicht mehr ausdiskutiert werden. Wir regen uns heute mehr denn je auf, dass aus dem Prekariat oder einem Migrationshintergrund heraus geborene Kinder viel schlechtere Chancen in unserer Gesellschaft haben, dass ungeheuerlich viele mit Problemen in den Kindergarten oder die Grundschule kommen. Kindergärtner/Lehrerinnen klagen, dass sie Kinder erst „tauglich" machen müssten, wenn sie in diese neuen Lebensabschnitte eintreten. Damit ist mittelbar gesagt, dass unser Bildungssystem notgedrungen nicht nur Entwicklungsstätte, sondern in weiten Teilen Reparatursystem ist.
- Schule: Sie wird mehr und mehr verschult, wie auch die Universität. Sie konzentriert sich auf den „Lehrplan" als Kerngeschäft, also auf die Vermittlung später abprüfbaren Wissens. Die Verkürzung der Schulzeit auf 12 Jahre, die wieder rückgängig gemacht werden soll, zeigt, dass die Schule mit ihrem Wissensvermittlungseffizienzgrades schon am Anschlag arbeitet. Das reine Wissen aber ist heute in jedem Tablet oder Smartphone. Es geht um die professionelle Persönlichkeitsentwicklung – viel stärker als in der bisherigen Zeit des Industriezeitalters. Es ist nicht nur das wahrscheinlich verkehrte Wissen, das die Schüler erwerben, es ist auch die fehlende Konzentration auf die Persönlichkeitsentwicklung, die den Schülern ihr späteres Leben verbaut.
- Wie kann die Universität auf Dauer damit leben, dass Studenten in vielen Disziplinen vom gelernten Stoff später im Beruf „nichts" gebrauchen können? Warum findet die Ausbildung nur durch Vorlesungen statt, die man sich auch im Internet anschauen könnte, und zwar in den meisten Fällen besser? Wo bleibt die Diskussion, das Ringen um Erkenntnis? Was hilft das studentische Schweigen bei gequälten Vorträgen überforderter Kommilitonen, die sich gerade einen Seminarschein erkämpfen?
- Die Wirtschaft erwartet für ihre Belange fertig Ausgebildete, die kaum noch zu finden sind. Sie setzt Neueinstellungen sofort im Beruf ein und sorgt nicht erst durch monatelange Traineeprogramme für einen fruchtbaren Start ins Berufsleben. Manager beschwören Mitarbeiter, dass diese für ihre eigene „Employability" sorgen müssen. „Es ist ja alles im Internet. Man muss nur die Extrameile gehen."

- Das Management wird immer mehr zum reinen „Aufpasser" und Antreiber der Mitarbeiter. Der Managementberuf als solcher industrialisiert sich selbst und verkümmert zu Routine. Das ist überall fühlbar. Deshalb wird in Managementlehrgängen unermüdlich das Führen, Zuhören, Coachen und Entwickeln gepredigt und das reine Antreiben und Anherrschen verdammt – ohne jede Resonanz oder Wirkung gegen die Industrialisierung. Der Mensch gerät immer mehr zum notwendigen Kostenübel und gleichzeitig steht er in den Proklamationen der Hochglanzprospekte immer stärker „im Mittelpunkt" und ist „das wertvollste Gut".

Bei jungen Paaren, Eltern, Erziehern, Lehrern, Professoren und Managern ist die neue Zeit nicht nur nicht angekommen. Sie erwarten, dass die Probleme von anderen gelöst werden. Die Eltern möchten fertige Kinder aus dem Bildungssystem nach heimkommen sehen, die Erzieher klagen über mangelnde Kooperation der Eltern und über gravierende Probleme vieler Kinder beim sprachlichem Ausdruck oder im Sozialverhalten. „Niemand ist richtig zuständig." Die Verantwortung ist unter Zersplitterung unterkritisch klein geworden und wie verschwunden.

Wer zerschlägt den Knoten? Oder haben wir nur ein Generationenproblem, das sich dann irgendwann löst? Oder sehen wir die lange belächelten „Emerging Countries" an uns vorbeiziehen? Das freut uns eine Weile, weil sie uns ein oder zwei Jahrzehnte als ersehnte Konjunkturlokomotive dienen. Dann aber werden wir Güterwagen?


## Das Internet als Gesellschaftsbetriebssystem


Was tun wir nun konkret? Wie führen wir einen notwendigen Wandel „in den Köpfen" herbei? Das Predigen hat noch nie geholfen…

Lachen Sie nicht – und sagen Sie nicht, dass ich jetzt wie ein „Techie" daher komme, was nie geht und typisch technisch blöd ist. Ich wiederhole, was ich in früheren Kolumnen hier an dieser Stelle über Culture Technologies gesagt habe. Wir müssen das Internet als Betriebssystem der Wissensgesellschaft ausbauen – und gleichzeitig bei den kommenden Facharbeitermangelklagen immer wieder und wieder auf das Grundproblem unseres Bildungs- und Persönlichkeitsverständnisses hinweisen. Wir müssen hoffen, dass eine neue Generation von Piraten die ganze Gesellschaft positiv zur Auseinandersetzung mit dem Neuen provoziert und vielleicht drängt.

Ich hoffe, dass es demnächst ganz neue Bildungsformen im Internet gibt, die sich so stark vom klassischen Klassenzimmer unterscheiden, dass endlich ein Aufbruch stattfindet. Ich hoffe, dass wir nicht später alles aus Asien importieren müssen, wo man „Humboldt 1.0" einfach locker überspringt.

Neue Infrastrukturen der Bildung lösen keinesfalls das Problem, aber sie ermöglichen ein Fortschreiten für einzelne, die das Ganze nicht stemmen können. Wir könnten doch einmal anfangen:

- Breitband-Internet frei für alle (beim Fernsehen kommt eine Haushaltsgebühr, die kann man vielleicht ein bisschen erhöhen und Internet inklusive liefern).
- Ausbau des LTE Funknetzes ganz schnell und flächendeckend.

- Sprachkurse in bester Qualität für alle Sprachen frei für alle (insbesondere für Migranten).
- Sprachförderkurse für alle frei im Internet.
- Alle Schulbücher, Atlanten, Klassiker, Musiknoten, Kinderbücher, Museumsinhalte frei auf einem Tablet, das jedes Kind statt einer Schultüte bekommt. Der Ranzen mit Erstinhalt kostet bald schon so viel. Keine Haltungsschäden mehr durch das Atlasschleppen! Keine Ausreden mehr von Eltern, sie könnten sich Schulbücher oder Bildungsinhalte nicht leisten.
- Weiterbildung wie Abitur für Erwachsene fertig auf einem Tablet mit Internet-Zugriff auf alles Nötige.
- Eine deutsche Khan-Academy (dort in den USA werden Lehrfilme gesammelt, mit großem Erfolg – die Schüler schauen lieber zehnmal ein Video an, als sich von einem gequält nachsichtig Lächelnden demütigen zu lassen; ist so, ob Sie das mögen oder nicht).
- Aufbereitung unseres Wissens in ganz neuen Formen (alle Ballettfiguren aus Schwanensee, in vielen Choreographien, alle gotischen Bauwerke auf einer Landkarte mit Erklärungen bei Klick – unter Aspekten wie Geschichte, Fenster, Gewölbe, etc... das sind Beispiele aus meiner letzten Mailwoche, wo mir Idealisten berichten, dass sie nun anfangen).
- Entwicklung neuer internetgestützter Lehr-/Lernformen, da gibt es schon viele gute Versuche
- Zu der Wikipedia ein „Exemplaricon" mit Beispielen für alles. Wie wäre eine Fotogalerie von 1000 Leuten mit Mumps, Windpocken, Krampfadern, von jeder Pflanze, von jedem Tier? Es gibt schon jetzt die Möglichkeit, eine fotografierte Person genau aus Fotovergleichen aus dem Netz zu identifizieren, warum nicht Krankheiten, Tiere, Gräser, Bäume aus Blättern, Kakteen?
- Die Wissenschaft sollte ganz allgemein (zum Teil ist das ja schon der Fall) verpflichtet werden, alle Primärdaten (Umfragedaten einer Studie etwa, von der man immer nur die Kausalschlüsse in der Zeitung liest) im Internet für andere Forscher vorzuhalten. Hier sieht es so aus, als würden die Bibliotheken astronomisch mehr zu tun bekommen – sie, die jetzt über den Trend zum pdf nach langem Schlaf zu trauern beginnen.

Wir müssen beginnen, digitalen Reichtum zu bilden. Dann folgt digitaler Wohlstand. So wie niemand beim Spazieren fragt, wer den Bürgersteig bezahlt, wird durch freien Zugang zu Wissen die digitale Kluft ganz beseitigt...

Wir kreieren die Früherziehung nach neuesten Erkenntnissen und bezahlen ErzieherInnen wie Leute mit Fachhochschulstudium, wenn sie danach erziehen können (ich meine, dass sie es praktisch können, nicht nur wieder verkopfte Seminarscheine an kinderfreien Hochschulen zusammengegoogelt haben). Erziehung aller Eltern vor dem Kindersegen (sind Sie nicht abgrundtief erschrocken, dass die Supernanny in fast ausnahmslos allen Fällen die Eltern therapiert, die angeblich schwierige Kinder haben?). Videos von allen Berufen, stundenlange Filme aus der Praxis jeden einzelnen Berufes mit Schilderung, worauf es ankommt. Videos von gutem und schlechten Service („haben wir nicht", „habe jetzt Feierabend", „bin nicht zuständig", „für dieses Fleisch im Sonderangebot habe ich zu Hause ein paar Rezepte bei Chefkoch.de ausgedruckt, schauen sie mal, dass Sie die Zutaten auch mitkaufen"). Und so weiter.

Wie schaffen wir es, daraus eine OpenEmpowerment-Bewegung zu machen? Oder mag ein Verlag, eine Großbibliothek etwas beginnen? Wer erschafft die nächste Wikipedia? Ich beginne jetzt, alle damit zu nerven.

# Kapitel 28
# Shuhari und zu viel Shu im Kopf

Jemand hat mir geschrieben, ich sollte einmal in der Wikipedia unter dem Wort „Shuhari" nachlesen und dann bei meinen Vorträgen ein bisschen gutwillig „Shu" untermischen, damit danach auch etwas Konkretes auf meine Reden hin geschieht. Sollte ich mir diesen Shu anziehen? Ich habe im Internet nachgelesen, na klar.

## Die drei Stufen des Lernens und Redens

Es geht um die drei Stufen des Lernens in der japanischen Kampfkunst. Die heißen Shu, Ha und Ri. Ich glaube, es bedeutet so etwas wie Lehrling, Geselle und Meister, wahrscheinlich aber eher wie Lernender, Meister und Großmeister. Okay, ich drücke es so aus wie in Japan:

1. Shu (Level1): „Gehorche." Grundlagen, Einführungen, Regeln, Techniken – die werden gelernt und stur eingeübt, immer wieder, ganz diszipliniert – ohne Abweichungen oder Kompromisse etwa an die eigenen Talente oder die Persönlichkeit. Diese Techniken stammen von den großen Meistern der Vorzeit, sie sind erprobt und gut. (Am Ende von Level 1 steht der Erwerb des Black Belt.).
2. Ha (Level 2): „Probiere." Durch Experimentieren mit anderen oder neuen Formen entwickelt sich nun ein eigener Stil. Man findet zu eigenen Formen und Techniken. Der einstige Schüler wird erwachsen – er unterwirft sich nicht mehr wie als zu trainierendes Kind den rigiden Regeln. Als Meister erwirbt der die höheren Schwarzgürtelgrade.
3. Ri (Level 3): „Verlasse." Der wahre Großmeister befreit sich – löst sich von der Form, den Lehren und von den Stilen seiner Lehrer (es bleiben trotzdem seine Lehrer, aber so wie der Großvater den Vater noch lehrt).

Die Regeln auf dem ersten Level werden als quasi unveränderlich gesehen, so wie ein angehender Theologe erst einmal die ewige Bibel „auswendig lernt".

Ich versuche es einmal ohne Kampfkunst, ich erkläre es mit der Kochkunst. Es gibt sichere Rezepte („Shu"). Die muss der Lehrling so lange kompromisslos unverändert üben, bis er sie vollkommen drin hat oder wie im Schlaf beherrscht. Wenn er alles kann, darf er echter Koch werden, eine Gaststätte eröffnen und eine Speisekarte anbieten, die einen

G. Dueck, *Dueck's Jahrmarkt der Futuristik*,
DOI 10.1007/978-3-642-55371-4_28, © Springer-Verlag Berlin Heidelberg 2014

persönlichen Stil und eine eigene Qualität verrät („Ha"). In der dritten Stufe gibt es die großen Meister, die ganz neue Geschmacksrichtungen und Zubereitungsarten kreieren und uns gegebenenfalls zu ganz neuen Essgewohnheiten verführen. Die großen Meister haben nichts mehr mit Rezepten zu tun („Ri"), sie kochen immer im Einzelfall mit den besten Zutaten, die sie ganz individuell kennen, aus besonders ausgesuchten Quellen beziehen und nur zu den besten Zeiten verwenden. Die ganz Großen kümmern sich auch um den Anbau und die Aufzucht ihrer Zutaten.

Wie würde ein Vortrag über Tomatensuppe auf Level 1 aussehen? Er würde die Tomaten als solche loben, sie sind sehr gesund! Viele Vitamine! „Tomatensuppe kochen ist keine Hexerei, es ist im Grunde eine eigene Kunst, aber sie ist durch jeden in kürzester Zeit erlernbar! Hier sind zwei erfolgreiche Rezepte, die immer gelingen, wenn man es richtig anstellt. Wir haben hier eine Tüte mit Knorr Feinschmecker Tomatencreme Suppe Mallorca und eine Maggi Meisterklasse Tomaten-Mozzarella Suppe, die jede ihre eigene spezielle Philosophie haben. Die Bilder auf der Frontseite der Tüten sind schon sehr verführend, da stehen sich beide Suppen in nichts nach. Wer sie aber wirklich schnell zubereiten will, muss die Tüte einmal umdrehen, das ist ganz wichtig, weil da die Bedienungsanleitung zu finden ist. Eine Frage? Ja, Sie da? Oh, die Frage ist, ob Meisterklasse etwas Höheres bedeutet als Feinschmecker. Gute Frage, darüber habe ich noch nicht nachgedacht. Das eine suggeriert, dass es meisterhaft gekocht ist, und das andere, dass es gut schmeckt. Wie Sie wollen. Ich kann nur empfehlen, beide einmal zu essen, was ja viele Leute ablehnen, die keine produktneutralen Berater haben. Ich weiß, dass viele Berater ausschließlich Maggi empfehlen und andere nur Knorr. Das ist nicht seriös, das kann ja ein Papagei. Ich dagegen arbeite für Sie als neutraler unbestechlicher Berater, wir arbeiten für Sie ganz individuell aus, was zu Ihnen passt. Dafür sind viele natürlich viel teurer. Wir beraten Sie auch bei der Zubereitung der Suppen, damit sie damit Erfahrungen sammeln können. Der Nutzer hat es normalerweise ohne Beratung nicht einfach. Natürlich können Sie es selbst versuchen, aber mit unserer Beratung klappt es auf Anhieb. Hinten auf der Tüte steht, ich lese vor: ‚Beutelinhalt mit einem Schneebesen in 500 ml (1/2 l) **kaltes Wasser** einrühren. Unter Rühren zum Kochen bringen und bei geringer Wärmezufuhr **1 min** kochen. Dabei gelegentlich umrühren. Ergibt 2 Teller oder 500 ml Suppe.‘ Wir wissen inzwischen durch viele Versuche, wie das gemeint ist. Fragen Sie uns! Neulich hat ein Junggeselle (es ist ja Winter) seinen Schneebesen aus dem Keller hochgeholt! Es passieren die lustigsten Fehler, wenn man noch nie gekocht hat. Wir haben in unserem Beratungsunternehmen auch einen Mathematiker, der immer alles für uns erforscht. Der wies uns auf das Problem hin, aus 500 ml Wasser und etwa 34 Gramm Beutelinhalt wieder 500 ml Suppe zu erzielen! Das ist uns als Profis nicht einmal aufgefallen, wir bieten jetzt eine Verdampfungstechnik an, die die Flüssigkeit auf das vorgeschrieben Endmaß reduziert. Viele Kunden von uns können außerdem mit dem Passus ‚gelegentlich‘ nichts anfangen. Das muss natürlich konkretisiert werden. Wir beraten Sie gerne."

Auf Level 2: „Wir verwenden ausschließlich Standardtomatensuppen als Plattformstrategie, aber wir bieten einen Premiumservice an, der aus dem bloßen Pulver unter Verfeinerungstechniken so individuell gute Suppen zaubert, wie sie heute in guten Gasthäusern angeboten werden. Wir toppen die Pulversuppen nach der Art, wie es bei Frühstücksomeletten für Gourmets oder bei Premium Pizzerien schon länger mit größtem Erfolg praktiziert wird. Wir verwenden diese Patentmethoden nun auch bei Tomatensuppen. Wir bieten derzeit folgende Sondertoppings an: Parmesan, Gin-Sahne, Basilikumblätter, Schwarzschweinimitatschinkenwürfel, Krevetten, Grünkernbiodinkel oder Tabascospritzer. Durch diesen individuell zugeschnittenen Service können wir bis zu 128 verschiedene Rezepturen bieten. Wir beraten Sie, welche Toppings zu Ihnen als Person passen. Viele Kunden wollen sich erfahrungsgemäß auf ihren eigenen Hinterschinken verlassen – auch den machen wir Ihnen gerne heiß. Wählen Sie aus einem ganzen Universum von Wohlgeschmack."

Auf Level 3: „Ich habe immer drei Sterne gehabt, aber jetzt einen davon aufgeben müssen, weil es Differenzen mit den Kochkritikern gab, welche bei uns Tomatensuppe probieren wollten. Die stand als vermeintlich verfügbar auf der Karte, aber es ist klar, dass ich im Februar absolut keine Tomatensuppe anbiete, weil Tomaten zu dieser Zeit nicht schmecken. Kritikerwunsch hin und her. Außerdem haben Tomaten aus meinen speziellen Anbauquellen bestimmte Fein-Aromen, die über den Tag hinweg verschiedene Geruchsbouquets entfalten. Je nach Tomatenart, Reifegrad und Tageszeitgeschmack müssen die frischen Gewürze komponiert werden. Ich selbst würze immer speziell, habe aber für meine Kochgroßmeister in meiner Küche etwa 128 verschiedene Zungenschnalznoten designt, für die eine dreijährige Erfahrung nötig ist, manchmal auch länger, wenn zum Beispiel wegen eines schlechten Tomatenjahrgangs für längere Zeit keine Selbstausbildung möglich ist. Nach meinem Vortrag über die banausenhaften Stümper der Convenience-Verfeinerer mit ihrer Toppingfabrik biete ich Ihnen am Ausgang dort hinten ausgewählte Gewürzkompositionen in Dosen an. Die sind sehr teurer, weil ich sie signiert habe, und können von frischen Kräutern nur von mir selbst unterschieden werden."

Level 1: Tütensuppe (in der Schweiz: Beutelsuppe; hier beginnt es selbst im untersten Level sofort mit der Schwierigkeit interkultureller Kommunikation.)

Level 2: Suppenvariationen für jeden Geschmack

Level 3: Die Tomate an sich und ihre verschiedenen Philosophien mit besonderer Betonung auf die eigene Welttomatenerklärung nebst Vernichtungskritik aller anderen Theorien von Scharlatanen

Auf Level 3 versteht der Kenner und Künstler das Naturgeschenk Tomate. Sterneköche servieren handverlesenen Gästen die feinsten Essenzen. Die meisten Leute auf Konferenzen wollen aber gar nicht Tomaten verstehen und auch nicht essen, sondern sie wollen nur wissen, wie sie in ihrem eigenem Unternehmen einen Prozess etablieren, der zuverlässig und effizient Suppe erzeugt – wie immer sie schmeckt. Das ist nicht nur mit den Tomaten so, mit Level 1 Suppen von Knorr oder Maggi – meistens auch mit Linux oder Windows und Oracle oder DB2.

Nervt es Leute, wenn ich nur über Tomaten an sich rede?! Nicht über Standardrezepte?

Wahrscheinlich erwarten die Teilnehmer eine Art Fake-Feigenblatt auf Level 3 zusammen mit Patentrezepten auf Level 1. So jedenfalls sind die Einladungen zu Konferenzen in Worte gekleidet. Sie beginnen fast immer mit heiligen Worten über die ganze Welt und sacken sofort auf den Tütensuppenlevel ab. Getragen würdevolle Beispiele dieses Allgemein-Konkret-Duktus: „In dieser wechselvollen Zeit des mörderischen Wettbewerbs ist es mehr denn je wichtig, die Effizienz im Unternehmen zu steigern. Erfahren Sie auf unserem Kongress, wie Sie konkret Schritt für Schritt mit durchdachtem Plan auf dem Weg zu Ihrem Wunschziel durch den Kauf eines Hitech-Prioritätenfestlegungswürfels augenblicklich messbare Erfolge erzielen." – „Herr Dueck, wussten Sie bereits, dass Unternehmen mit Diversity viel höhere Gewinne erwirtschaften als andere, was jeden Mitarbeiter stolz und glücklich macht? Auf unserem Kongress lernen Sie führende Diversity-Experten kennen, die Ihnen auch die nötige Software ‚Quote-Machine' zur Erkennung und Zählung von andersartigen Mitarbeitern im Foyer vorstellen." – „Der Umgangston ist rauer geworden, denn die Unternehmenskulturen leiden unter unmenschlichem Quartalsdruck, der nach wie vor die einzige bekannte virale Methode zum Erzielen von Gewinn ist. Lernen Sie auf unserem Kongress, mit Stress besser fertig zu werden, in dem Sie im Internet konkret erfassen, wie oft in Ihrem Unternehmen Danke gesagt wird."

## Die drei Unternehmensstufen

Diese verschiedenen Levels gibt es wohl auch für Unternehmen, denke ich. Hmmh, ich versuche einmal spontan eine neue Theorie.

1. Shu (Level 1): „Gehorche auf dem Standardarbeitsplatz." Der Mitarbeiter ist praktisch ausschließlich auf die penible Einhaltung der so genannten Prozessschritte festgelegt (wie im Callcenter, zunehmend auch als „Berater" bei Banken und Versicherungen, der die Computeranweisungen dem Kunden schmackhaft machen muss). Dazu werden wieder die Grundlagen, Einführungen, Regeln, Techniken stur eingeübt und möglichst sklavisch genau befolgt („einheitlich in unserem Unternehmen – überall gleich – wie die Hamburger im Schnellrestaurant").
2. Ha (Level 2): „Ein Team bietet dem Kunden eine Vielfalt." Ein anspruchsvoller Vermögensberater kann auch Versicherungen und Schiffsbeteiligungen anraten, wozu er dann mit den „Lieferanten" dieser Bausteine zusammenwirken muss. Reiseleiter bieten lokale Ausflüge in exotischen Ländern an und vermitteln Mietwagen. Produzenten können Varianten anbieten, nicht nur einfache Standards. So wie Tomatensuppen verfeinert werden, gibt es eben auch Autos mit Extras. Das Unternehmen erlaubt den Vertriebsmitarbeitern variierende Entscheidungen im Sinne des Kunden.
3. Ri (Level 3): „Alles im Unternehmen ist voll im Sinne des Kunden integriert." Das Höchste dieser Integration ist genauso schwer zu erklären wie das Wesen der Tomate. Jeder Mitarbeiter eines integrierten Unternehmens arbeitet vollkommen reibungslos im Sinne des Ganzen. Der Kunde kauft bei einem Unternehmen über Smartphone, Mail oder Internet – er ruft an oder geht hin, alles passt wie für ihn gemacht zusammen, er bekommt sofortige Hilfe. Er sieht das Unternehmen, von dem er Leistungen bezieht gar nicht mehr als Geschäftsprozess oder als Team von Kundenbetreuern, nein – es ist im Ganzen einfach wunderbarerweise für ihn da.

Auf Level 1 ist alles einheitlich, auf Level 2 in Grenzen vielfältig, auf Level 3 grenzenlos und ganz und gar eins.

Die Unternehmen arbeiten meist auf allen drei Levels gleichzeitig, anders als bei der japanischen Kampfkunst, bei der man ja einen Aufstieg zur Meisterschaft anstrebt. Unternehmen drücken rigorose Vereinheitlichungen durch, um durch diese graue Einfachheit Skaleneffekte im Profit zu erzielen. Das klappt oft nicht so richtig! Oft klemmen die Prozesse, wenn Arbeitsvorgänge von Abteilung zu Abteilung nur stockend weitergereicht werden können. Da setzt es immer wieder Streit. Als Gegenmaßnahme appelliert das Unternehmen nun ständig an das Teambewusstsein! „Jeder hält sich sklavisch an die Regeln, und wenn das zu Widersprüchen führt, muss es im Team geregelt werden." Die Widersprüche im schlechten Unternehmenssystem führen deutlich zu persönlichen Schmerzen in realen Mitarbeitern, die sie aber nicht empfinden sollen, sondern irgendwie regeln.

Wirkliches Arbeiten im Team mit guten Prozessen, die in Teamarbeit vielfältige Lösungen ermöglichen und kaum Konflikte erzeugen, gibt es noch nicht so oft. Die meisten Unternehmen träumen denn auch von echter Teamarbeit, die sie aber gleichzeitig durch falsche Prozessvorschriften und Belohnungsvorschriften („Incentives", „Anreize", „manipulative Menschenimpulsschaltungen") fast regelmäßig stark behindern. Mangelnde Teamarbeit wird zuerst immer den Mitarbeitern vorgeworfen, bis man später „erkennt", dass „die Anreize falsch gesetzt wurden" (vom ach immer so perfekten Management). Incentivesysteme sollen dem Mitarbeiter so harte Schmerzen bei Versagen zufügen, dass sie wie Vorschriften oder Regel wirken, die in Fleisch gebrannt sind. Das führt dann in Konsequenz regelmäßig dazu, dass unter solcher Rigidität Mitarbeiter wie Automaten wirken (was gewollt ist) und sich dann bei Konflikten nicht teamtauglich benehmen (was man verübelt und verdammt).

Es sieht so aus, als träumten oder wünschten mindestens die großen Unternehmen, dass alles auf Level 1 abgearbeitet werden könnte – nur die ganz und gar nicht automatisch zu regelnden Ausnahmen müssten auf Level 2 geregelt werden. Auf der obersten Ebene des Managements wird der Traum vom „integrated enterprise" geträumt, von dem man kaum eine konkrete Vorstellung hat. Leider ist das Unternehmen noch nicht einmal teamtauglich. Viele Unternehmen befinden sich also zwischen Level 1 und 2 und verstehen noch gar nicht, was Level 3 wäre. Wenn es ihnen erklärt wird, finden sie es zu weit weg vom Status Quo, als dass sie es verstehen müssten, so wie ein Schüler mit Vier Minus („hoffentlich behalte ich die verlangten 50 Vokabeln bis zur Hälfte der nächsten Schulstunde, damit ich nicht nachsitzen muss") den Schüler mit Eins nicht verstehen kann („ich interessiere mich für diese Sprache und versuche schon, in ihr zu denken").


# Industrialisierung


Das Denken rund um Industrialisierung, also um Lean Management, Effizienz und vor allem Kostensenkung hat die Hirne fast ganz erobert. „Besser, schneller und billiger!", ist die Botschaft der Managergeneration, die mit einem MBA-Abschluss die Unternehmen „aufstellt", nachdem vorher alles auf den „Prüfstand" kam.

Das wissen Sie ja, aber im Sinne des Wortes Shuhari bedeutet Industrialisierung auch, alles, was es auf Meisterlevel gibt, am besten gleich auf den Level der Ungelernten auf Level 1 zu drücken.

Stellen Sie sich vor, ein Sternekoch erfindet die „Indian Summer Leaves" Suppe, die aus einer ausgeklügelten Mischung von handverlesenen roten, gelben, goldenen und gelbgrünen Blättern aus den Ahornwäldern Kanadas komponiert wird und dort aus jahreszeitlichen Gründen nur während zweier Wochen im Jahr frisch gegessen werden kann. Dann ist es die Aufgabe der Industrie, dafür zu sorgen, dass dieses künstlerische Werk in eine Tütenform biotranszendiert. Oder: Die Industrie schaut sich immer Meisterwerke an, vielleicht „Wer hat Angst vor Virginia Woolf?" (Level 3), und erschafft daraus pralle Reality Shows (Level − 1). Alles Einzigartige wird so weit vereinfacht, dass es praktisch ohne jede Ausbildung herstellbar ist. Das aus dem Einzigartigen geformte Standardisierte heißt auch oft „Fake", was einen Täuschungsversuch annimmt. Es ist aber nur Industrialisierung. Ich habe diesen Prozess des Verbilligens und Vereinfachens schon vor Jahren sehr satirisch-sarkastisch in dem wohl deshalb preisgekrönten Buch *Lean Brain Management* unter der Überschrift „Fäkularisierung der Welt" beschrieben.

Bei der Industrialisierung geht es immer darum, etwas an sich sehr Komplexes in eine so simple Reihe von Vorschriften zu pressen, dass die Herstellung oder Bedienung von an sich Komplexem idiotensicher einfach ist. Die Industrie will sich keinen Kopf über artgerechte Zubereitung von Edeltomaten machen und wie sie schmecken und wann genau überhaupt. Sie produziert Suppe aus 28,7 % Tomatenpulver, Reismehl, modifizierter Stärke, Jodsalz usw. Sie ist nicht an der Vision auf Level 3 interessiert, sondern am dem idiotensicheren Prozess auf Level 1. Damit verdient man viel Geld. Mit Shu.

Diese mutwillige Shuisierung, die Industrialisierung und fast auch die Wissenschaft der Betriebswirtschaftslehre scheinen sich eins zu sein, alles gnadenlos auf Tütensuppen-niveau drücken zu wollen. Unsere Arbeitsplätze werden immer starrer, wir sind mehr und mehr in Prozesse eingebunden, wir müssen Computern immerfort berichten, was wir tun, damit sie uns Anweisungen geben und uns bewerten. Wir klagen, dass wir alle kaum koordinierten Incentivesystemen unterliegen, die uns fast zwangsläufig zu einem guten Teil gegeneinander arbeiten lassen.

Die reine Lehre sagt: Die Prozesse und Abläufe in einem Unternehmen funktionieren bestens, wenn die Incentivesysteme so fein und harmonisch den Betriebsablauf bestimmen, sodass das Unternehmen insgesamt eine INTEGRIERTE Arbeitsleistung erbringt. Oder mit Shuhari gesagt: Wenigstens das Managementsystem muss auf Level 3 funktionieren! Wenigstens die Manager selbst sollten auf Level 2 oder 3 operieren! Aber die stecken ja ihrerseits auch in den desintegrierenden Incentivesystemen, merken aber auf ihrem Karriereweg in der Hierarchie immer höher hinauf, wie es sinnloser und sinnloser wird, nicht etwa integrierender und integrierender...

War es nicht eigentlich der Traum des Scientific Management, ein Unternehmen mit ganz wenigen „White Collars" auf Level 3 und Armeen von „Blue Collars" auf Level 1 am Fließband zu führen? Es sieht so aus, als werde an der Umsetzung dieses Traumziels noch immer gearbeitet, aber nun fehlen immer mehr echte Level 3 „White Collars".


## Es geht doch nicht ganz ohne Level 3?!

Ich schreibe ja hier seit 12 Jahren regelmäßig über mein Unbehagen, wie sich die Welt zusammenzieht – auf Standards, auf weniger Produktvielfalt und weniger blühendes Leben. Irgendwer muss doch wieder das Meisterhafte erschaffen – es ist doch bald alles gefaket und kopiert!

Das geht jetzt seit 20 Jahren so! Inzwischen zählen wir aber doch im eigenen Unternehmen die Burnoutfälle, sehen uns im Hamsterrad und starren auf die ganz wenigen Unternehmen wie Apple, Google und Amazon – wie sie sich vom Rest der Welt lösen und uns permanent Fortschritt bieten.

Viele Unternehmen merken das schon – dass zu viel Shu aus allem wurde. Sie beginnen jetzt, Innovation groß zu schreiben und Ideen für die Zukunft zu sammeln. Die Zukunft ist aber noch nicht in Regeln beschrieben! Sie ist farbig ungewiss, sie muss noch exploriert werden, bevor sie kommt. Aufklärer und Pioniere müssen nach vorne! Unternehmer-persönlichkeiten! Mitreißende Politiker mit klaren Visionen, denen die Bevölkerung folgt!

Was aber geschieht? Die Unternehmen holen Berater, die ihnen „Ideenmanagement", „Innovationsmanagement" oder „Kreativitätsuplifts" als neue Level 1 Unternehmensprozesse anbieten. Man beginnt, den Meisterlevel 3 mit den Denkmustern der Industrialisierung zu betreiben. Man glaubt, das ginge! Deshalb laden die Konferenzen mit einem solchen Level 1 – Level 3 – Mischmasch ein. „Neue Ideen gestalten die Zukunft, ohne Zukunft überlebt kein Unternehmen! Sichern Sie sich Ihre Zukunft durch eine neuartige Ideengenerierungsmethode, den Brainsuperstormansatz, bei dem die überalterten Flipcharttechniken durch Ausleihtablets ersetzt werden! Das Brainsuperstorming wird durch Social Media Ansätze komplettiert, dadurch werden teure Meetings mit Reisekosten überflüssig. Von Facebook zu Brainbook!"

Ich will es so nicht! Ich träume echt von Level 3! Ohne Zusätze aus Level 1! Ich will wieder Neues, Meisterhaftes, Integriertes! Dafür gibt es keine Patentrezepte, nur Aufbruchssehnsucht... Da muss ich wohl damit leben, dass Sie mir sagen: „Es ist noch heiße Luft, Ihr Thema. Es gibt noch nichts Konkretes. Alle probieren herum und haben absolut noch kein Geld damit verdient. Ich will das alles nicht mehr von Ihnen hören, bis mir mal jemand sagt, wie es denn nun planmäßig kostengünstig konkret erfolgssicher implementiert werden kann, wo das schon achtzigmal klappte und wie viel Profit dabei jedes Mal herausspringt."

# Kapitel 29
# Untrolle in Meetings und im Leben

Neulich habe ich auf Chip-Online eine Kolumne über Untrolle im Internet geschrieben. Wissen Sie wenigstens, was ein Troll ist? So fing die Kolumne an: „Es gibt schon eine ganze Wissenschaft, die sich mit dem Phänomen der Internettrolle befasst. Trolle sind Leute, die mit sadistischem Eifer Blog-Diskussionen stören, um die Diskussionsteilnehmer bis zur Verzweiflung zu treiben. Da stellen sie Fotos von Schweineschnitzeln in Vegetarier-Blogs ein oder loben Linux in Windowsforen. Darauf springen die anderen Teilnehmer gut an!"

Trolle nerven so sehr. Die beste Methode soll es sein, sie zu ignorieren. „Füttere keinen Troll!", das hörte ich als Hauptratschlag aus einer re:publica 2011 Rede von Sascha Lobo heraus. Ich möchte diese Kolumne aber den Untrollen widmen – und dann nicht denen im Internet, sondern den realen Realotrollen, wie sich in Meetings aller Art vorkommen, also beim realen Chatten, Präsentieren, Abhängen, Überforderungsstress und Unterforderungs-Chillen.

Untroll ist meine Abkürzung für „unintentional troll". Unintentional bedeutet unfreiwillig im Amerikanischen. Untroll sind also unfreiwillige Trolle, solche, die auf andere, nämlich auf uns, wie Trolle wirken, aber keine Trolle sind. Sie sind also nicht grausam oder gemein, sie wollen uns nichts antun, nein! Sie ärgern uns einfach in allerbester Absicht. Sie nerven unendlich. Im Internet können die Trolle furchtbar wüten und in Frauenforen zum Beispiel „an den Herd" chatten – und schon brennt der Chatroom. Im normalen Leben der Meetings und Konferenzen geht das ja nicht.

Im realen Arbeitsleben dürfen sich ja nur die obersten Chefs trollig benehmen. Im Realen gibt es folglich fast ausnahmslos nur unfreiwillige Untrolle.


## Untroll-Beispiele aus der Wissenschaft

Einst – ich erinnere mich gerade beim Schreiben – hielt ich eine Rede in einem mathematischen Kolloquium einer Universität über die Optimierung von Touren und Chip-Placements. Am Ende fragte ich artig: „Hat jemand Fragen?" Damals war es üblich, nach jedem mathematischen Vortrag die zwei wichtigen stereotypen Fragen zu stellen, die vor jedem Vortrag feststanden. Es ist nämlich für die Zuhörer bei mathematischen Kolloquien ganz unmöglich, Fragen zu stellen, weil die Vorträge entweder vom Redner absichtlich unverständlich gehalten werden oder unabsichtlich unverständlich rüberkommen. Ausnahmen

G. Dueck, *Dueck's Jahrmarkt der Futuristik*,
DOI 10.1007/978-3-642-55371-4_29, © Springer-Verlag Berlin Heidelberg 2014

sind sehr selten, weil verständliche Redner bekanntlich als unfähig und insbesondere als flach und seicht gelten. Wenn ein Mathematiker echt unfähig ist und deshalb aus Unfähigkeit unverständlich redet, dann wird er als sehr fähig bewundert. Wenn er aber fähig ist, muss er wie ein Unfähiger reden und wird dann für fähig gehalten. In jedem Fall nervt also ein mathematischer Vortrag alle Zuhörer. Das gilt auch für theoretische Physik, theoretische Informatik etc. Managementvorträge sind von Natur aus flach, da müssen eben unbekannte Abkürzungen und Anglizismen her… Was wollte ich sagen? Irgendwie ist mir der Faden verloren gegangen, ach ja: Redner wollen als fähig gelten und sind deshalb notwendig Untrolle. Sie nerven, damit wir sie für fähig halten. Was sollen wir sie aber nach einer Rede fragen? Es ist üblich, diese zwei Fragen zu stellen: „Kann man Ihre Ergebnisse verallgemeinern?" Hierauf ist die richtige Antwort: „Ja." Die zweite Frage lautet: „Kann man Ihre Ergebnisse anwenden?" Darauf gibt es genau genommen zwei Antworten, ja und nein. Ich selbst bin ja aus dieser 68er Zeit. Damals stand das Wort Profit auf der Schimpfwortliste und jedermann war stolz auf seine sinnfreie Grundlagenforschung. Wenn man ein Ergebnis der Forschung für anwendbar erklärt hätte, wäre man zum Hilfsbüttel des imperialistischen Kapitalismus erklärt worden. Damals war die richtige Antwort „Nein!", sie wurde sehr laut ausgesprochen, fast entrüstet, um nicht als Helfer der Rüstungsindustrie dazustehen. Heute müssen Forscher dagegen von Drittmitteln leben, die für Anwendungen mindestens im Feigenblattsinne vergeben werden. Heute antwortet man mit einem hoffnungsvollen Rundblick auf eventuelle Investoren im Raum „Ja, natürlich, für Geld erforsche ich alles!" Ja, und als ich meine Rede über Optimierung beendet hatte (da ist der Faden wieder), fragte ein etwas seltsam anmutender Herr eindringlich, ob ich im philosophisch-erkenntnistheoretischen Sinne dreier mir unbekannter Weltanalytiker sicher wäre, ob das numerische Ergebnis einer Optimierung denn als reine Erkenntnis gelten könnte oder nur eine Idee wäre. Ich war sofort sehr unsicher und fühlte mich getrollt. „Man sieht in der Realität, dass die Berechnung stimmt." – Er lächelte geheimnisvoll und bohrte weiter: „Gibt es denn eine Realität?" Ich schwamm völlig und gab tapfer zu bedenken: „In der Mathematik nicht." Usw. Es war schrecklich. Ich wusste, dass ich mich bis auf die Knochen blamierte. Innerlich schäumte ich. Irgendein Lokalhero der Universität rettete mich und brach ab. Ich sank zusammen. Da näherte sich ein netter lachender Kollege und meinte: „Wir hätten Sie warnen sollen, er stellt nach jedem Vortrag diese DRITTE Frage, die noch niemand beantworten konnte." Merken Sie etwas? Ich habe diesen Untroll „gefüttert", ich habe mich auf ihn eingelassen und schmählich den Kürzeren gezogen. Die Zuhörer hatten schon auf der Nachsitzung meine mathematischen Heldentaten vergessen, die ich sorgsam vorgetragen hatte – sie lachten nur, wie ich dem Untroll zum Opfer gefallen war.

Viele Erfinder sind solche dunklen Untrolle. Ich bin früher oft genauso darauf hereingefallen. Es fängt damit an, dass sie behaupten, die Riemannsche Vermutung bewiesen zu haben, einen Fehler in der Relativitätstheorie nachweisen zu können oder den Nachweis unendlich viele Primzahlzwillinge erringen zu können. Ich habe viele Fälle dazu bearbeitet – in allen Fällen kam ein schwerblütiges Ringen zustande. Sie verbissen sich in mich, setzten alle Hoffnung auf mich, ich würde sie durch mein Kopfnicken berühmt machen. Es fing etwa 1990 damit an, dass ein geheimnisvoller Absender seine Angst äußerte, von Geheimdiensten verfolgt zu werden, weil er das Traveling-Salesman-Problem vollständig gelöst hätte. Er legte zum Beweis Koordinaten von 1000 Städten vor und die von ihm gefundene Optimallösung. Wir könnten dann sehen, dass unsere Heuristiken nicht entfernt an seine Lösung herankommen würden – und er schrieb: „Ich fordere eine Million Anzahlung oder ich gehe zu Siemens." Das höhere Management bekam Herzklopfen und bat mich um eine Stellungnahme. Ich gab meiner Assistentin ganz schnell die Koordinaten zu Abtippen, wir bereiteten die Computer vor und jagten alles durch unsere Algorithmen und – na? – erhielten eine bessere Lösung. Haha! Die plotteten wir und entwarfen ein stolz-arrogantes Antwortschreiben der Form „Frag' doch bei Siemens!" Das brachte uns so viel Achtung beim höheren Management ein, dass ich von nun an alle kritischen Fälle auf den Schreibtisch oder in die Inbox bekam. In der ersten Zeit habe ich echt reingeschaut und Fehler gefunden, die die Wunderwissenschaftler aber nicht akzeptierten wollten. Sie bestanden auf längeren Briefwechseln. „Füttere keinen Untroll!" Das lernte ich leider erst letztes Jahr als Theorie!

Ich erkenne die Untrolle an kleinen Anzeichen. Viele schreiben „daran habe ich lange Jahre gearbeitet" im Sinne „dann muss es richtig sein". Manche: „Man will mich entlassen, weil ich so wundervolle Ideen habe, sie beneiden mich, besonders die über mir". Oder: „Ich weiß nicht, ob ich Ihnen vertrauen kann, weil Sie mir ja die Lösung stehlen werden." Auch mal: „Meine Frau sitzt mit dem Gewehr vor dem Zimmer, wenn ich forsche, man will meine Erfindung verhindern, weil sie die Industrie überflüssig macht." Und: „Ich habe mir Mathematik ganz ohne Hilfe von Lehrbüchern beigebracht und denke deshalb weniger orthodox." Für diese letzte Sorte hatte ich noch am längsten Sympathie… Was kann man tun? Ich schicke alles zurück und rate dem Erfinder, die tolle Idee nicht einfach an niedrige Menschen wie mich zu schicken, bevor das Ergebnis nicht von *Nature* akzeptiert ist… Misstraut er mir denn nicht, frage ich ihn? Das hilft. Nicht füttern!

Es war übrigens noch nie eine Frau bei den NP = P-Einstein-Riemann-Fermats… Da fällt mir ein: Sind Untrolle generell mehr männlich? Lassen Sie uns diese Frage im Hinterkopf behalten. Und jetzt kommt mir noch ein Gedanke: Ich habe es als um Vernunft Bemühter noch nie geschafft, irgendein Management irgendeines Konzerns so millionenspenderisch-lustvoll zu stimmen wie der Untroll mit der Formulierung: „…sonst gehe ich zu Siemens!" Vielleicht hat er dort Geld bekommen, weil „sonst geh ich zu IBM" einfach nicht getoppt werden kann?

Ein andermal (ach Siemens!) forderte ein Untroll ultimativ, wegen seiner Erfindung zu einem Kolloquiumsvortrag bei IBM eingeladen zu werden. Das müssen wir uns unbedingt anhören und anschließend seine Erfindung kaufen! Er habe, so schrieb er, schon eine Einladung bei Siemens und biete aber zuerst uns die erste Möglichkeit zum Millionengeschäft. Da kam von oben: „Dueck, laden Sie ihn ein, dann brennt nichts an." Ich schon wieder! Meine Antwort: „Wenn er zu uns kommt und danach zu Siemens, dann sehen wir und die in München, dass alles Humbug ist. Aber dann lachen die von Siemens schallend über das höhere Management von IBM, insbesondere über Sie. Das aber dulde ich nicht, so wahr ich hier stehe." Erfolg!

Ach, mir fallen immer mehr ein. Ich bekam eine dreihundertseitige Broschüre über eine neue Energieform zwischen Materie und Information. Ich bat um eine Zusammenfassung, worum es genau gehen könnte. Ich bat um Verständnis, dass ich sicherlich drei Monate brauchen könnte, um die schwerblütigen dreihundert Seiten durchzuackern – da würde ich herzlich um ein ökonomischeres Vorgehen ersuchen. Antwort: „Das IST der ABSTRACT! Die ganze Fassung sind deutlich über 1000 Seiten." Ich streikte. Ein paar Wochen später kam von oben: „Was erlauben Sie sich, einem Erfinder zu antworten, Sie hätten schlicht keine Zeit für ihn! Wir bei IBM helfen stets weiter!" Niederlage.

Immer wieder bringen uns Untrolle in größte Bedrängnis. Ganz unfreiwillig, denn sie wollen ja nur das Beste! Man kann sie nicht so einfach abschütteln…sie sind so energiereich und hartnäckig! Und wir selbst wollen uns einen hohen Energieaufwand an einer unwichtigen Stelle einfach nicht leisten. Da stemmt sich also unsere Unlust gegen geballte Untroll-Energie, das macht sie so stark! Lustlosigkeit kämpft ja nicht, sie will sich nur davontrollen. Und die Untrolle hinterher, immer hinterher! „Aufhören!", schreien wir. Keine Chance.

Wenn ich meine Eltern besuchte, musste ich immer dies ertragen: „Gunter, was arbeitest du bei IBM?" – „Mutti, das ist schwer zu erklären, wir gründen neue Geschäftszweige." – „Was ist das?" – Es folgt mein 122. Versuch, kein Erfolg. „Warum bist du nicht Professor in Bielefeld geblieben?" – „Mutti, ich möchte gerne neue Businesses gründen und verdiene auch mehr, damit es deinen Enkeln besser geht (wieder ein neuer Versuch)." – „Gunter, schön und gut, aber ich mag IBM nicht, weil ich den Bauern im Dorf nicht erklären kann, was du arbeitest. Früher konnte ich sagen, dass du Professor bist, das verstehen alle, da konnte ich stolz sein. Und jetzt habe ich nichts in der Hand."

In dieser und ähnlicher Weise wissen Eltern, Kinder, Freunde und andere Vorgesetzte, was das Beste für uns selbst ist. „Lern doch Tanzen, das ist mal etwas anderes." – „Biologen der naiven Darwinschen Richtung, alles Existierende aus evolutiven Gründen für bestmöglich zu erklären, haben herausgefunden, dass Mathematiker nicht tanzen können, weil sie dadurch einen wichtigen Überlebensvorteil der menschlichen Art gegenüber…" Ich meine, ich kann lustlos-argumentativ alles, aber auch alles entkräften, es hilft jedoch nichts gegen die Hartnäckigkeit – nichts!

## Untroll-Fronten in Meetings

Es gibt sie, so genannte konstruktive und fruchtbare Meetings, in denen das Team zügig und einverständlich wichtige Entschlüsse fasst und beherzt-freudig der Umsetzung entgegenfiebert. Es gibt sie aber nur sehr selten, weil sie meistens gesprengt werden. Gesprengt! Es heißt wirklich so! „Das Meeting wurde gesprengt." Das geschieht meistens durch Untrolle, die oft ganz einseitige Prioritäten haben und das Meeting hijacken.

- *Protokoll-Hijacker*: „Wir werden gleich aufgefordert werden, über das Protokoll abzustimmen, damit das Meeting endlich beginnen kann. Dann dürfen da für mich keine Unwahrheiten drinstehen. Es ist beschlossen worden, dass unsere Website ‚zeitgemäß' sein soll, nicht ‚modern' wie im Protokollentwurf. Ich habe hier Mail-Bestätigungen von Kollegen, die leider heute nicht da sind…"
- *Zahlenkorinthenproduzenten*: „Die Summe dieser Zeile muss mit der Spaltensumme dort übereinstimmen. Da muss bei den 723 Mitarbeitern einer falsch zugeordnet sein. Das sollten wir besser jetzt im Meeting klären, weil da bestimmt ein Interesse dahintersteckt, hier falsche Zahlen zu haben. Ich kenne meine Pappenheimer."
- *Ansporner*: „Ich möchte doch jetzt nach zehn Minuten Meeting einmal auf die Uhr schauen. Sind wir schon weitergekommen? Wo stehen wir? Wir müssen am Ende der Stunde zehn Punkte besprochen haben. Wir sind aber bei Punkt eins. Wir müssen voran."

- *Kritikbrecher*: „Wir kommen nicht weiter, wenn wir nur Probleme wälzen und uns schlechter machen, als wir sind. Die anderen kochen auch nur mit Wasser. Ich bin jedenfalls stolz auf uns. Ich verstehe die Dauerkritik wegen der paar fehlenden Umsätze nicht. Wir müssen gar nicht so viel ändern, nur eben begeistert sein. Sie hier, die Sie immer Veränderungen wollen und Kritik äußern, zeigen jedenfalls eines *ganz genau nicht*: Begeisterung. Wenn Sie auch so begeistert für diese Firma wären wie ich, würden Sie gar kein Bedürfnis zum Schlechtmachen haben und einfach arbeiten wie bisher – und schwupp wäre der Erfolg wieder da. Das Fehlen Ihrer Begeisterung ist der Grund für unser nicht so gutes Abschneiden."

- *Untermstricher*: „Nun reden wir schon über eine Stunde darüber, wie so ein Bahnhof gebaut wird, ob nun mit Sack oder ohne. Wir haben die besten Leute, die das machen. Wir klären hier in der Sache heute gar nichts mehr. Was kümmert es, wie viele Gleise wir brauchen. Das machen die Fachleute. Ich will hier nur einfach wissen, wie viel es insgesamt kostet. Was steht unterm Strich? Was ist die Hausnummer? Von welcher Zahl reden wir hier? Die steht letztlich in der Zeitung, alles andere ist Kleinkram. Also, die Zahl! Ich sage dann, ob die in die Landschaft passt."

- *Reizworteinbringer*: „Wie passt das Ganze zum Bemühen um Veganermahlzeiten am Salatbuffet, die Produktökologie, die Frauenquote und den Innovationsprozentsatz, außerdem ist es mitbestimmungspflichtig – und wie stellen wir es in der Presse dar? Bekommen wir nach unserem Meeting mehr Follower bei Twitter? Wie viele? Was kommt hier überhaupt heraus?"

- *Fokussierer*: „Das einzige, was uns voranbringt, ist Fokus. Wir verzetteln unsere Kräfte zu sehr, wir machen es allem und allen recht, wir versuchen ethisch sein zu sein, die Menschen zu respektieren und die Gesetze zu achten. Wir können aber nicht an allen Fronten gut sein! Wir müssen uns nachhaltig auf das Wichtige konzentrieren, das ist das Quartalsergebnis. In Ethik sind wir toll, aber wir haben die Quote noch nicht gemacht. Wie können wir intern unsere Energien umschichten und uns auf den Gewinn fokussieren? Wir müssen geradeaus schauen. Nach vorn. Nicht zur Seite, wo die Wiesen blühen. Vor uns ist eine Betonwand, die sehen wir doch alle, und gegen die müssen wir an."

- *Superexperte*: „Der Schwerpunkt liegt auf neuer Technologie und neuen Produkten. Wir müssen uns wieder Gedanken über die Zukunft machen. Wir sollten die Ideen frei schweifen lassen und uns Zeit nehmen. Wir brauchen Freiräume, viel Geld zum freien Experimentieren und Geduld bei den vielen kleinen Fehlschlägen, die bei Innovationen fast notwendig sind. Ohne Schwierigkeiten geht da fast nichts, wenn es gut enden soll, und wir sind ja tatsächlich in Schwierigkeiten, also ist alles im Plan."

- *Metaeinbringer*: „Wenn wir die Jahre unserer endlosen Misserfolge im Geiste an uns vorüberziehen lassen, dann erkennen wir ein genauso endlos wiederkehrendes Muster in uns, nämlich dass wir uns selbst im Wege stehen, weil wir nicht gut miteinander kommunizieren. Hier im Meeting haben wir nur Prioritätensteckenpferdreiter sitzen. Die einen verstehen nur Zahlen, andere nur Druck. Sind Sie alle so eng im Denken? Das einzige, was zählt, ist die authentische Kommunikation bei vollkommener Transparenz und gleichgerichteten Herzen. Wir müssen ein Team sein, in das sich jeder einbringt. Wenn man ein Team ist, geht es auch ohne Hokusfokus, ohne Geld und Technologie. Die Hauptsache ist Kommunikation. Dann kommt alles andere wie von selbst."

- *Security*: „Das ist nicht sicher. Nichts ist sicher, ich möchte eine Garantie, dass es gut ausgeht. Ich will nicht wissen, ob es nun mit Kommunikation, mit Fokus oder Biosalat geht. Hauptsache, wir können sicher sein. Bekommen wir denn nicht hinterher die Schuld für alles? Diese Frage quält mich. Ist mein Weiterleben gesichert? Kommt meine Pension? Wie kann ich die schwierige Berechnungsformel dafür verstehen? Sind meine Daten geschützt? Darf mein Chef meinen Namen wissen oder sogar, was ich kann?"
- *Perfektion*: „Ich will unser großes Meeting reibungslos laufen sehen, es soll vollkommen mühelos und leicht aussehen, schwerelos fröhlich und konstruktiv. Ich habe einen Zeitplan entworfen, dazu Teilzeitpläne. Eine Arbeitsgruppe plant die Agenda, eine weitere coacht unermüdlich die Präsentationen, eine kümmert sich um ein durchschlagendes Motto für Plakate und Tassen, eine um den graphischen Master und das Farbset, eine um die Giveaways, eine um die Chefs aus der Zentrale, eine um die Kleiderordnung der Helfer, die diesmal besondere Krawatten und Halstücher tragen sollen, die ganz genau zu den Folienmastern passen müssen. Wir haben das Datum unseres Meetings nun leider nicht selbst wählen können, es ist bereits in acht Monaten, obwohl wir eigentlich eine viel längere Vorlaufzeit brauchen. Wir müssen daher alle Arbeitsgruppen schon jetzt gleichzeitig anlaufen lassen und in etwa die gleiche Arbeitsmenge an Koordination einplanen. Und dann haben wir aber noch gar keine Inhalte! Was sollen wir in acht Monaten denn überhaupt präsentieren? Wir müssen den Minderleistern durch Untergangspredigten einheizen und die Topleute mit Jubelprojekten begeistern, wir wollen im Management sehr selbstbewusst auftreten und müssen aber gleichzeitig angesichts der schlechten Zahlen sehr allgemein bleiben. Ich will, dass die Reden vorher abgestimmt sind und so lange geübt werden, bis sie fehlerfrei sitzen. Wir hören uns alles vielmals an und können dann immer noch während der Proben alles umschmeißen, auch die Farben und die Agenda und was es zu essen gibt. Es wird perfekt, weil wir alle perfekt sind. Puh, das war eine lange Anforderungsliste, da musste ich lange reden, jetzt ist das Meeting vorbei und es ist noch gar nichts passiert. Ich bitte Sie, Ihren Kalender für acht Monate zu blocken."

Immer sind es solche Sätze von Untrollen, die die anderen in lustlosen Unmut herunterhängen lassen. Wie werden wir damit fertig? Untrolle sagen ja nichts direkt Falsches, aber sie kaprizieren sich zu sehr auf einen Punkt. Sie übertreiben einen einzigen Aspekt und wollen, dass wir alle nach ihrem Willen eine Unmenge an Energie auf das verwenden, was sie eben übertrieben haben wollen. DAS macht den Untroll, diese mangelnde Gefühl für das Ganze. Dieses feste Wissen um einen bestimmten Punkt und das verbohrte Insistieren…

Im Untroll selbst flackert das heilige Feuer, das macht ihn so stark und „unintentional", und wir anderen stöhnen, dass wieder mal ein Meeting gesprengt wird.


## Zu viele Energievampire! Kein Herzblut mehr!


Diese ungeheure Energie der Untrolle bei ihrem Steckenpferd ist unser Problem. Wie die Vampire sind sie auf unsere Energie aus, die wir für ihre Sicht der Dinge einbringen sollen. Wir wissen, wie wir im Prinzip reagieren müssen: „Füttere keinen Troll." Wir schauen weg, wenn sie uns um Perfektion oder Revolution bitten – so wie an Bettlern vorbei. Wir liefern Präsentationen und „Input" aller Art nur nach Mahnungen ab, weil zu zeitigen Lieferung zu Kritik und endlosen Nacharbeitsschleifen führt – sie wollen dann immer noch mehr Energie!

So winden wir uns durch. Wir schneiden eine begeisterte Grimasse, wenn wir Begeisterung zeigen sollen. Wir klatschen pflichtschuldig abgezählt. „Es ist okay, wir machen soweit mit, wie es keinen Ärger gibt." Wir liefern Zahlen für die Zahlenuntrolle, aber am besten erst irgendwelche geratene Zahlen, sie sagen uns ja dann doch gleich, welche Zahlen sie genau haben wollen. Die nehmen wir dann. Wir ertragen die Reizworttaranteln, die Root-Cause-Besserwisser („Wir müssen das Problem bei der Wurzel packen!") und die Karriereschwaller, die mich an ein Bild von Peter Petri im Internet erinnern, das diesen Titel trägt: „Sisyphos beginnt sein Training am Strand der Niederlanden mit einem Styropor-Felsen" (bitte ergoogeln und anschauen!).

Wir versuchen, all diesen Styroporrollern aus dem Wege zu gehen. Wir WISSEN, dass sie es mit echten Felsen nicht packen werden. Wir wissen das so gewiss wie bei den Amateuren, die die neuen Einsteins und Edisons sein wollen.

Wir geben kein Herzblut mehr! Gar keins! Immer wollen sie es für Unsinn! Und wir schauen wieder weg wie bei einem Bettler... Das löst das Problem nicht wirklich, denn wir sind nun von Vampiren umgeben, die nicht genügend Blut lecken können. Da werden sie noch drängender, noch intensiver – und wir haben überall diesen kalten Mundgeruch hinten am Hals...

Manchmal komme ich dann heim, endlich heim, an den ignorierten Bettlern vorbei. War da doch einer dabei, dem ich wirklich Hilfe hätte geben können? Habe ich vielleicht schon etliche Nobelpreise geschreddert? Hat von den verrückten Erfindern vielleicht doch einer die Riemannsche Vermutung bewiesen? Habe ich einem Innovator eine Milliardenidee durch Ignoranz miesgemacht? Schafft es dieser und jene Manager doch noch zu einem Wunder in der Firma – zu einem Business, meine ich, nicht nur zu einem Titel? Haben gewisse Menschen in meiner Familie doch recht mit ihren Vorschlägen, die bei mir auf Missmut treffen?

Und vor allem: Warum schaffe ich es selbst nicht, dass sich die anderen endlich mit wesentlichen Themen beschäftigen, nämlich den von mir selbst verfolgten?

# Kapitel 30
# Genial daneben – die totale Evaluation

Erinnern sie sich? Im November 2006 schrieb ich für das Informatik-Spektrum die Kolumne „Du gleichst dem Geist, den du evaluieren kannst, nicht mir!" Das war angelehnt an Faust, der sich am Anfang der Tragödie selbstüberschätzend zu diesen Worten hinreißen lässt: „Geschäftiger Geist, wie nah fühl' ich mich dir!", worauf der Geist ihn mit „Du gleichst dem Geist, den du begreifst, nicht mir!" niederschmettert und einfach verschwindet. Er muss ja nichts weiter dazu sagen.

Im Februar 2012 fand die Herausgebersitzung des Informatik-Spektrums statt, in der Hermann Engesser einige Einblicke in Ihre Lesegewohnheiten und Downloadaktivitäten gab. Dabei kam heraus, dass meine Evaluierungskolumne einige Jahre lang zu den topdowngeloadeten Artikeln gehörte. Das erstaunte mich und ich las heute noch einmal interessiert nach, was mir nun vor über fünf Jahren zu diesem Thema eingefallen war. Damals stand ich noch unter dem Eindruck meines Buches *Supramanie*, das den Turbo-Kapitalismus als „Zeit der Raubtiere" prominent in einer Kapitelüberschrift zu einer Zweit anfeindete, als Sie diese Wirtschaftsordnung wohl noch für die wissenschaftlich beste ansahen. „Unter Stress betrügen alle!", rief ich schon 2003 in diesem Buch.

Und heute? Heute sehe ich Sie mit dem Herausgeben von wunderschönen dicken Jahresberichten Ihrer Institute befasst, die unendlich viel Mühe kosten und irgendwelche Evaluatoren beeindrucken sollen. Ach, wissen Sie – ich schreibe jetzt noch einmal eine Evaluierungskolumne. Ich kannibalisiere die alte und wiederhole einiges aus ihr. Ich bin aber jetzt nicht mehr so nett und nenne das, was Sie da treiben, nicht mehr kurzsichtig, wie ich es damals aus Höflichkeit tat. Damals haben Sie das Kommende wohl kurzsichtig nicht glauben können. Nun sehen Sie es aber doch? Warum machen Sie jetzt damit weiter? Warum weiter Kurzfriststress, wo die Unternehmen heute schon mit dem Messen und Incentivieren an ihre Grenzen stoßen, zum Teil zusammenbrechen und die Finanzkrise einleiteten? Dass es falsch ist, haben wir nun alle gesehen, aber diejenigen Banker, die am besten evaluiert werden, treiben es einfach weiter, weil ihre Boni so schön dick und fett sind – auch wenn wir anderen untergehen.

Warum geht es immer weiter? Evaluierungen machen die Besten vielleicht reicher, aber sie senken die Qualität aller. Oder glauben Sie denn, dass das dauernde Wählen dazu führt, dass sich das Reservoir an Spitzenpolitikern stetig vergrößert, auch qualitativ? Gibt es bessere Fußballtrainer, wenn man sie dauernd entlässt, weil ihre Evaluation negativ war? Nehmen die Hollywoodstars zu? Werden sie besser als früher? Gibt es noch normale

G. Dueck, *Dueck's Jahrmarkt der Futuristik*,
DOI 10.1007/978-3-642-55371-4_30, © Springer-Verlag Berlin Heidelberg 2014

Menschen unter den stark Evaluierten? Nein – immer nein, aber die wenigen „Besten", die die Kämpfe längere Zeit überstehen, werden unermesslich reich, die anderen verschwinden. Bei Professoren geht nicht einmal das – das Reichwerden klappt nicht so richtig, und das Verschwinden ist für Beamte unmöglich… Haben Sie immer noch keine Sinnkrise?

## Industrialisierung von Lehre und Forschung durch Managementmethoden

In der ganzen Evaluationsidee steckt ein grundlegender Irrtum. Für das Aufzeigen dieses Irrtums haben Sie mich damals vielleicht ausgelacht. Das schreibe ich jetzt etwas grimmig, nicht weil Sie über mich lach(t)en, sondern weil Sie den Irrtum nicht sehen (wollen).

Betriebswirtschaftslehre zielt auf Effizienz, bessere Auslastung, bessere Organisation – im Prinzip auf mehr vom Gleichen. Die Ressourcen werden so eingesetzt, dass mehr Output mit ihnen erzielt wird. Wenn ein Unternehmen ein Produkt XY produziert und die ganze Produktion besser managt, wird bei gleichen Kosten mehr hergestellt und mehr Umsatz erzielt. Der Gewinn steigt.

Diese normal üblichen Managementmethoden sind NICHT dafür gedacht oder auch nur geeignet, viel BESSERE Produkte herzustellen, also Spitzenleistungen zu erzeugen. Managementmethoden sind quantitativ ausgelegt, nicht qualitativ. Die Evaluation hat ja gerade das Ziel, die Herstellung von wissenschaftlichen Papers quantitativ zu erfassen und so viel Druck auf Sie alle zu machen, dass Sie mehr vom Gleichen erzeugen, also mehr Papers der bisherigen Qualität. Die Evaluation zielt nicht auf die Erhöhung der Qualität – Sie arbeiten wegen der Evaluation doch nicht besser, oder? Nur mehr!

Managementmethoden wollen außerdem erzwingen, dass die Ressourcen besser organisiert werden. Stellen Sie sich vor, IBM würde an jedem Bürostandort die Computer zusammenbauen, die die Kunden vor Ort bestellt haben. Da würden Sie sich vor den Kopf schlagen und das ganz schön dumm finden. Die Produktion wird natürlich auf wenige Standorte konzentriert!

Warum aber gibt es an den Universitäten verstreute Einzelwissenschaftler in so genannten Orchideenfächern, die kaum Kollegen haben, mit denen sie zusammenforschen oder sich wenigstens beim Mittagessen inspirieren lassen? Warum sind die Lehrfächer für Studenten so dünn besetzt? Aus Managementsicht sind die Hochschulen haarsträubend schlecht organisiert. Das soll die Evaluation indirekt korrigieren helfen. Unter Druck, so ist das nun einmal, kommen Sie langsam selbst auf die Idee, die Studiengänge an Universitäten zu bündeln, die Forschung zu konzentrieren und alle solche Forschungszweige ganz aufzugeben, die man nicht gut „kann" oder die hier nicht mit der nötigen kritischen Masse betrieben werden können. Dazu muss die Idee der Allfächeruniversität aufgegeben werden – so wie die Idee der Staatsautarkie schon lange zu den Akten gelegt wurde. Ein Staat produziert nicht mehr alles selbst – und nicht jede Stadt muss nun alle Studienfächer anbieten.

„Aber die Geo-Studenten brauchen doch einen Schein in Mathe II, da muss doch einer hier vor Ort sein!" Ach, muss er nicht, die Randvorlesungen können im Internet gehört werden.

Ich will sagen: Die Universitäten setzen zwar Managementmethoden ein, drücken sich aber vor den geforderten Maßnahmen. Wollen Sie nun effizient werden und viele Papers erzeugen oder nicht? Wollen Sie zwar die Evaluation, nicht aber die durch Reorganisation erzielbaren Produktivitätsgewinne? Dann evaluieren Sie zwar, aber nicht mit der Absicht des vermehrten Ausstoßes. Aber warum evaluieren Sie dann überhaupt?

Evaluation macht Stress. Managementmethoden erzeugen absichtlich Stress der negativen Sorte (Distress oder Druck), nicht Eustress wie Arbeit unter Hingabe. Dadurch sollen Mitarbeiter gezwungen werden, mehr zu leisten. Das klappt gut bei allen Berufen oder Tätigkeiten, bei denen Druck das Ergebnis verbessert. Wenn Sie Ihren Sohn zwingen, den Rasen zu mähen, oder sich selbst, wegen des Abgabetermins die Steuererklärung anzufertigen, dann ist das Ergebnis mit Druck besser als ohne. Wenn man sein Gehirn mit Kurzzeitwissen für die Prüfung unter Sinnfragen vollpumpen muss, ist Druck besser. Wenn Sie überhaupt etwas Sinnloses abarbeiten müssen, also Krieg führen oder Fakultätssitzungen leiten, geht es unter Distress sehr gut, weil Eustress hier gar nicht geht. Das denken nur immer die Manager. „Begeistern Sie sich alle für meinen genialen Plan, die Hälfte von Ihnen zu entlassen. Ich gerate selbst ins Schwärmen!"

Wirklich exzellente Wissenschaft findet unter Eustress statt. Ich wüsste nicht, dass Einstein, Daimler, Freud, Planck oder Turing unter negativem Stress gearbeitet hätten. Ich weiß selbst von mir, dass ich unter negativem Stress nichts, aber auch nichts Exzellentes zuwege bringe. Fühlen Sie in sich hinein: Das ist doch bei uns allen so, nicht wahr? Und dann frage ich Sie: Wozu ist Evaluation gut?

Evaluation ist negativer Stress für alle, außer für sehr erfolgreiche Aufstrebende, die den Sieg mit Evaluation noch mehr genießen können als ohne formelle Tabellenhöchstplatzierung.

Alle diejenigen, die nicht in der absoluten Spitze sind, empfinden dauerhaften negativen Stress und leisten jetzt qualitativ weniger als vorher. Das ist nicht der Sinn der universitären Forschung:

*Mittelmaß im Übermaß.*

Nur die Medaillengewinner freuen sich über Messungen, nur die Europacuphoffenden über die Bundesligatabelle. Sie erwarten Ruhm und Gewinn. Es ist aber doch auch ohne Evaluation bekannt, wer die Spitzenforscher sind! Wozu brauchen sie denn die Evaluation? In der Sache gesehen? Eigentlich doch nicht? Es sieht doch jeder, dass hier ein Genie arbeitet? Trotzdem lieben gerade die Besten das Evaluieren, weil sie ja oben sind und weil das Oscar-Gewinnen so wundervoll ist. Die sinnlosen Managementmethoden bleiben auch deshalb in Gebrauch, weil sie die Besten über das Mittelmaß erheben.

Aber auch die Besten werden korrumpiert, ohne es wirklich zu merken. Wer bei einer Evaluation ganz oben stehen möchte, muss am besten nach den Kriterien der Evaluation sein. Wer Fußballmeister sein will, darf nicht Volleyball spielen. Lassen Sie uns diesen im Sport selbstverständlichen Gedanken auf die Wissenschaft übertragen: Die Evaluatoren messen am liebsten das leicht Messbare, also den Mainstream. Wer sich als Wissenschaftler auf neues Terrain wagt, wird eine Zeit lang naturgemäß nicht zitiert und dann schlecht evaluiert. Das ist dasselbe Problem wie bei Innovationen: Apple, SAP, Amazon oder Google machen in den ersten Jahren nach der Gründung kaum Umsatz, also ist das Unternehmen, wenn man es nach Marktkapitalisierung evaluiert, zuerst „nichts wert". Genauso ist ein genialer Forscher „lange nichts wert", mindestens im Sinne der Evaluationen nach „Citations". Deshalb ist es für evaluierte Spitzennachwuchswissenschaftler besser, in der fruchtbarsten Zeit ihres Lebens (das ist dann, wenn sie nicht Professor sind, witzig, oder?) sich in den Mainstreamgebieten grandios hervorzutun und für eine Lehrstuhlbesetzung positiv evaluieren zu lassen. Das ist eigentlich auch nicht der Sinn der universitären Forschung:

*Spitzenleistungen werden beim Evaluieren nur dann als solche erkannt, wenn sie Fleiß-arbeit im Mainstream darstellen.*

Im Mainstream arbeiten so viele Leute, dass die schiere Masse dann irgendwann doch einen Weg zum Erfolg findet. Wo bleibt aber das Geniale, das Neue oder, wie man heute bei Innovationen sagt, das Disruptive, was Thomas Kuhn den Paradigmenwechsel nannte?

*Evaluation nimmt kommenden Genies den Mut, Genie zu sein.*

Ich war lange Zeit bei der IBM für die Förderung von Spitzenleuten mitverantwortlich. Ich habe sehr viele Beförderungsrunden und Evaluationen miterlebt. Außerdem habe ich über zwei Jahrzehnte für die Studienstiftung Hochbegabte angeschaut. Fazit: Je höher man in die Genieränge kommt, umso unvergleichlicher werden die Charaktere, Lebensläufe und Leistungen. Ganz oben sind die Menschen eigentlich alle ganz anders! Die Evaluatoren versagen bei der Beurteilung von Exzellenz, weil das Unvergleichliche leider unvergleichbar ist. Es passt weder in Raster noch in Schubladen, und die normal üblichen Punktevergaben sagen in diesem Fall nichts aus. Da seufzen alle, wieder einen beschwerlichen Fall begutachten zu müssen. Ich habe über zehn Jahre die Ansicht vertreten, dass wir die ganzen Kriterien und Punktesysteme nach oben hin langsam weglegen sollten und nach normaler Vernunft entscheiden sollten. Die Regeln sind für 95 % der Fälle ganz okay, den Rest sollten wir weise beurteilen. Ich meine in Konsequenz, dass IBM Distinguished Engineers und besonders Fellows eben nur als Einzelfälle angeschaut werden sollten. Das fiel vielen schwer, wurde dann aber meist im Endeffekt notwendig, weil „die da ganz oben sehr besonders sind". Die Gretchenfrage ist immer: Wollen Sie nur Mainstreamleute ganz nach oben lassen, oder legen Sie die Werkzeuge der Evaluation ganz oben einfach nieder?

## Evaluation macht jeden ein kleines bisschen oder gar sehr kriminell

Ich zitiere jetzt einmal einen Absatz aus der Kolumne, die ich Ende 2006 schrieb (2007 erschienen):

*Korruption, Bilanzfälschung, schwarze Kassen, Untreue. Diagnose: Die Unternehmen und in persona die Manager halten dem Erwartungsdruck nicht mehr stand und werden Notkriminelle. Der Zwang, die zu hohen Erwartungen zu erfüllen, die Mondzahlen zu machen oder die unmenschlichen Kriterien zu erfüllen, setzt sie unter (gewollten) Überlebensstress. Auch die Wissenschaftler werden nun bald wegen der Evaluation taktisch zitieren, um die Kriterien zu erfüllen. Sie werden heimlich Daten schönen, damit die wissenschaftlichen Ergebnisse wahrer aussehen. Sie werden nun öffentlich gegeneinander hetzen, nicht mehr nur beim Kaffee. Die Kriterien werden gemanagt, nicht erfüllt. Das wissenschaftliche Forschen und Leben wird durch einen Geschäftsprozess ersetzt, der die Kriterienerfüllung der Evaluation zum Ziel hat. Studenten studieren nicht mehr, sie betreiben Lebenslaufoptimierung – ganz nach den herumgereichten Rollenvorbildern aus dem Karrieremanagement.*

Meine Mutter war die Pflichterfüllung in Person. Hinter die Pflicht setzte sie alles zurück, auch sich selbst. Aber wenn es zu ganz großen Konflikten zu kommen drohte, wusste sie, „dass da ein Notlüge erlaubt sein muss, und da ist ein bisschen Schwindeln ausnahmsweise in Ordnung.". Das ist das typische Verhalten des Ehrenmenschen unter einem großen Distress, der als Lebensbedrohung wahrgenommen wird (Karrierebedrohung wird heute oft wie eine Lebensbedrohung empfunden). Man schwindelt dann ein bisschen! Das Wort „schwindeln" ist heute in die Jahre gekommen, man spricht derzeit von „gerade noch erlaubter Optimierung" und meint, wenn ich es auf das Autofahren beziehe, dass man nur so unerlaubt viel schneller rast, dass man die Strafe noch gut bezahlen kann.

Immer häufiger stehen die gewöhnlichen Tricks der wissenschaftlichen Karriereoptimierung in den Gazetten, die stehen auch ganz prominent in der Wikipedia. Lesen Sie einfach unter irgendwelchen Artikeln über Impact Factors oder Hirschfaktoren nach: Da steht immer unter „Kritik des Messkriteriums", warum es nicht in allen Fällen das Gewünschte misst und wie es betrogen („ausoptimiert") werden kann.

- Arbeiten werden von einer unsinnigen Unzahl von Autoren verfasst.
- Aus einer einzigen Idee werden zehn Papers gepresst, die so kurz sind, dass die Zitationen drucktechnisch den Hauptteil ausmachen.
- Wissenschaftler bilden Zitationskartelle.
- Wissenschaftliche Zeitschriften verlangen von Autoren, Arbeiten aus dieser Zeitschrift zu zitieren, um den Impact Factor der Zeitschrift anzuheben – eine Hand wäscht die andere.
- Wissenschaftliche Zeitschriften publizieren immer weniger Artikel als „Publikation", sondern viele als „Conference Abstract" oder „Letters", die bei der Berechnung des Impact Factors an einer bestimmten Stelle nicht mitgezählt werden, so dass der Faktor viel höher ausfällt, als wenn es alles „Artikel" wären.
- Wissenschaftliche Zeitschriften sollten keine langen oder sehr tiefsinnigen Artikel publizieren, weil die erst langsam gelesen und adaptiert werden müssen und daher nicht so schnell zitiert werden. Der Impact Factor einer Zeitschrift misst aber nur, wie oft die Zeitschrift innerhalb der vergangenen zwei (!) Jahre zitiert wurde…
- Mächtige Personen (i. d. Regel Professoren) setzen durch, dass sie überall Mitautor sind.
- Examensarbeiten der eigenen Studenten werden zu eigenen Publikationen genutzt, die Examensarbeiten selbst „müssen" geheim bleiben, weil es Prüfungsarbeiten sind, da muss das wissenschaftlich Neue eben auch geheim bleiben, das die Gesellschaft teuer bezahlt hat??
- Um den Hirschfaktor anzuheben (also um viele Arbeiten oft zitiert zu bekommen), nutzt man den in der Wikipedia genannten Trick, Fehler in mittelmäßige Arbeiten einzubauen, die dann in vielen anderen Arbeiten unter Zitation stolz richtiggestellt werden.

Wenn Sie also wissenschaftlich publizieren, müssen sie entsprechend selbst mitoptimieren, weil „es alle tun". Sie sind alle im Paradigma des Gefangenendilemmas gefangen. Weil viele in diesem System „schwindeln & schummeln", muss jeder Einzelne bald auch mitziehen, um nicht unterzugehen. Wenn auch Sie dabei mitmachen, werden Sie meinen Vorwurf, Sie seien unter Distress und Karrierebedrohung nun schwach kriminell geworden, entrüstet von sich weisen.

Sie werden mir das sagen, was auch der Tour-de-France Sieger Jan Ullrich dazu sagen würde: „Ich habe niemanden betrogen." – Weil es alle machen, also dopen oder exzessiv zitieren.

Unter diesem erzwungenen Doping der wissenschaftlichen Arbeiten beschmutzt sich die Innung der Wissenschaftler bald so wie die des Radsports. Immer mehr Bereiche unseres Lebens wandern auf die dunkle Seite – nicht nur „die Politik ist ein schmutziges Geschäft", was mein Vater so oft dozierte – damals war sie im Vergleich zu heute ja noch engelsrein, oder ich war zu jung, um die damalige Lage zu verstehen.

Wenn Sie wissenschaftlich arbeiten, müssen Sie nun immer einen Blick darauf haben, wer genau an der Arbeit beteiligt war, ob Sie selbst als Erstautor oder Zweitautor genannt werden oder ob ein Mächtiger Ansprüche auf Kulanzautorschaft erhebt. Sie müssen ein Beziehungsnetz im Zitationenraum knüpfen. Sie müssen sorgsam überlegen, wen Sie selbst zitieren – ja und wenn, dann sagen Sie es dem Zitierten ganz laut, damit er zu gegebener Zeit an Sie denkt! Arbeiten Sie als Mitherausgeber in Verlagen mit, seien Sie überall dabei! Und kaum dass Sie es merken, verwenden Sie immer mehr Zeit und Energie auf das Publizieren und Mainstreamen! Sie überlegen sich ein Publikationsmanagement, das schlau alle Abstracts und PowerPoints für die Jahresberichte des Instituts und der Universität, für die Statusberichte der Forschungsgeldgeber usw. kompatibel und einheitlich hält, so dass am Ende wenigstens noch ein bisschen Zeit für das eigentliche Forschen bleibt, das längst die Freizeit auffrisst...

Hier in den Dörfern gibt es Handwerker, die aus echtem Meisterstolz heraus arbeiten. Sie haben die feinsten Steaks, das weitbekannte Holzofenbrot, sie legen die schönsten Gärten an. Und es gibt andere, die sagen, sie seien Bäcker, Fleischer und Gärtner von Beruf und sie würden ihr Geld damit verdienen. Die ganze Evaluation wird dazu führen, dass Wissenschaftler ein Beruf wird, mit dem man seinen Lebensunterhalt optimal verdient.

## Klout

Ich war einer der Ersten, die sich voll in die Social Media Welt begeben haben. Ich schreibe jetzt sehr viel auf Twitter, in Facebook und Google+.

Und da werde ich auf Schritt und Tritt evaluiert. Bei Facebook werde ich „gelikt", bei Google+ bekomme ich ein +1, bei Twitter kann mein Beitrag „favorisiert" werden. Außerdem kann ich meine Resonanz im Web daran sehen, wie viele „Follower" ich habe, wie viele Leute also meine Tweets, meine Facebook-Postings oder Google+ Beiträge abonniert haben. Das sind in allen drei Fällen mehrere Tausend und ich bekomme eine Menge Feedback auf neue Ideen von mir. Das finde ich gut! Nach meinen Keynotes finde ich oft gleich schon in der Kaffeepause die ersten Tweets auf Twitter: „Kalter Kaffee, Dueck war schon mal besser" oder „I love it"... Alles gut!

Nun gibt es seit einiger Zeit auch ein Evaluationsportal, das heißt Klout. Es bewertet meine „Influence" im Web. Für diese Messung wird die Anzahl meiner Follower gewertet, die Anzahl meiner Retweets, die Zahl der +1 und Likes, die Zahl der Comments unter meinen Beiträgen. Klout zählt, wie viele Leute meine Posts „geshared" haben und wie viele Leute etwas auf meine Facebook-Wall posteten. Aus allen solchen im Web sichtbaren Größen der letzten 90 Tage wird eine Kennzahl berechnet. Meine ist jetzt um die 60 herum, Justin Bieber hat die maximalen 100, Lady Gaga nur 93, Präsident Obama 86.

Da kann ich jetzt täglich sehen, wie ich auf alle Menschen wirke! Das ist natürlich eher langweilig, weil die Zahl kaum noch schwankt – denn mein Verhalten ist ja stabil.

Ich könnte allerdings – ja ich könnte doch… lassen Sie mich überlegen… Ich könnte Kalauer tweeten oder ätzende Anwürfe auf Facebook stellen! Ich könnte sehr polarisierende Äußerungen ablassen, die dann ganz viele Comments provozieren, und dann würde ich das ganze durch eigene beschimpfende Rückkommentare immerfort anheizen. Oder? Hmmh. Was ginge noch? Ah, in die Evaluation geht auch ein, wie vielen Leute ich selbst bei Twitter folge. Interessant! Da kann ich meinen Wert steigern, indem ich einfach ein paar Tausend Leute anklicke und angebe, Fan oder Freund von ihnen zu sein. Dann würde ich vielleicht auf 70 kommen! Das wäre wunderschön… Hmmh, nützt es mir etwas? Darf ich jetzt keine Woche mehr ohne Internet sein, weil ja nur die letzten 90 Tage gezählt werden und ich dann in ein Bewertungsloch falle? Zu Weihnachten und im Urlaub muss ich daran denken und auch dann ohne Unterbrechung posten!

Mit einfach guter Kommunikation komme ich auf 61 wie heute. Wenn ich mir aber alle Beine ausreiße, schaffe ich mit allen Tricks und viel unsinnigem Zeiteinsatz vielleicht 70. Am besten beschwere ich mich noch hochoffiziell bei Klout, dass ich als Nichtamerikaner mangels Einwohner und deutscher Sprache kaum so viele Pluspunkte wie ein Amerikaner bekomme! Ungerecht! Justin Bieber hätte als Deutscher sicher nicht 100! – Na, Spaß beiseite, das tue ich mir nicht an. Wird meine Kommunikation oder mein Influence im Web QUALITATIV besser, wenn ich auf 70 komme? Nein, sie wird QUANTITATIV höher bewertet! Und sie wird qualitativ viel schlechter, weil sie jetzt künstlich aufbauscht, wiederholend und zwanghaft beifallssüchtig wird und weil ich nur noch Mainstream-Posts ablassen darf, damit ich viele Comments bekomme. Wenn ich nämlich etwas Apartes, ganz Eigenes poste – meinetwegen etwas absolut Geniales, dann kann ich der 70 gleich ade sagen.

Sie wissen, was ich mit dem Beispiel sagen will? Wenn ich zu sehr nach Punkten schiele, bekomme ich höhere Punktewertungen, aber die rein quantitative Steigerung in der Bewertung erfordert, dass ich Abstriche, sehr ernste Abstriche an der Qualität mache, dass ich zum Beispiel vom Geistreichen auf Kasperei ausweiche, die mehr Punkte erzielt. Genau so etwas aber passiert in einer zu stark evaluierten Wissenschaft. Sehen Sie, bei Klout kann mir das egal sein, wie viel Punkte ich habe…

Moment! Einen Moment, da kam gerade etwas mit der Mail herein. Moment… wow, das ist ja toll! Klout hat eine Zusammenarbeit mit einem Shop begonnen! Wer hohe Punktzahlen hat und Multiplier und Influencer ist, bekommt Rabatt! Hohen Rabatt! Im Wesentlichen bekommt man da etwa so viel Prozent Rabatt wie die Punktzahl bei Klout ist, so verstehe ich das jetzt. Aha, dann kann Justin Bieber umsonst einkaufen? Das ist bestimmt Absicht, sie lassen die Big Influencers als Werbeträger rumlaufen. Tja, und ich habe erst 60 Punkte. Vielleicht versuche ich doch einmal 70 und versklave mich? Endlich hat das Erreichen von 70 einen Sinn! Ich bekomme mehr Rabatt für mehr Rabatz.

Vielleicht erscheint Ihnen mein Kloutbeispiel plausibel und Sie verstehen auch, dass man sich im Prinzip für ein paar Rabattpunkte doch immer so ein bisschen korrumpieren lässt. Okay? Aber Sie hängen bei der Evaluation als Wissenschaftler nicht nur mit ein paar Rabattpunkten drin, sondern mit Ihrer ganzen Karriere, mit Ihrem Leben sozusagen. Nur der Beste gewinnt die Juniorprofessur oder die Institutsleitung. Ist es nicht naheliegend, dass Sie jetzt doch nach den Punkten greifen? Auch unter grenzwertiger Optimierung? Könnte es sein, dass nur die, die es so tun, die Karriere machen? Führt es nicht dazu, dass da oben vornehmlich Leute hinkommen, die nicht mehr für die Meisterehre arbeiten, sondern nur noch für die Bezahlung?

Ich weiß, dass Sie diesen Gedanken zurückweisen. Aber ich habe das alles doch 2003 in *Supramanie* angekündigt, dass Sie topimieren werden (den Status Quo optimierend als optimal anpreisen). Ich habe 2006 geschrieben, dass nun alles ganz nahe gekommen ist, und Sie können doch heute auf die Fortschritte der Zwischenzeit zurückblicken, die das Evaluieren in Ihnen selbst angerichtet hat. So geht das nun noch lange weiter. Jetzt wird auch beim Gehalt evaluiert, es gibt bis zu 25 jährliche Beurteilungspunkte im Öffentlichen Dienst, die ewig in der Personalakte stehen... Alles wird scharf karriererelevant, es gibt keine Ruhe mehr zum Arbeiten an sich.

Warum gehen Sie nicht auf die Straße? Nein, das tun Sie nicht. Sie schimpfen lieber in der Fakultätskonferenz Gift und Galle oder Sie regen sich auf Tagungen unter Verschluss auf, und Sie knicken dann öffentlich immer ein. Sie lassen sich am Ende dann doch bachelorisieren und vercreditpointen, Sie ziehen doch Bologna durch und alle Evaluationen. Sie haben allezeit gewusst, dass es nicht klappt und nur Mühe und Zusatzarbeit macht. Sie haben auch immer selbst gesagt, dass das Niveau sinken wird, aber Sie haben alle als brave und ehrbare Wissenschaftler für sich selbst gedacht, dass Sie unter ein paar Überstunden als persönliches Opfer diesen qualitativen Rückschlag vermeiden könnten. Das gelang für einige Zeit und ließ diejenigen, die das Evaluieren propagieren, im Herzen vor Freude hüpfen, weil es die Überlegenheit des Evaluierungsansatzes zu beweisen schien.

Sie haben mitgewirkt, den Anfang einer großen Evaluationsblase aufzupusten. Das, was wir Wissenschaft nennen, ist ein sehr luftiges Schloss geworden.

# Kapitel 31
# Über Phatische Kommunikation, das Netzwerken und Wenigkanalmenschen

Phatische Kommunikation ist eine solche, die „nur sozialen Zwecken dient", sagt das Wiktionary. Es geht dabei nicht darum, eine Information zu übermitteln oder einen Befehl auszugeben. Es geht um so etwas wie das Öffnen eines Aufmerksamkeitskanals. Technisch gesehen können Menschen telefonieren, reden, mit Blicken werfen, Zeichen geben, Simsen oder mit dem Körper sprechen. Für die tatsächliche Kommunikation wird aber Aufmerksamkeit gebraucht. Eine solche gegenseitige Aufmerksamkeit eröffnet den wirklichen Kontakt. Das ist die phatische Kommunikation. Zwei Menschen stellen den Kanal auf „offen". Vor einiger Zeit habe ich kurz auf meiner Homepage darüber geschrieben, aber es gibt viel mehr darüber zu sagen. Also hier:

## Kommunikation an/aus

Normalerweise arbeiten oder shoppen Sie in einem wirren Menschengewimmel. Plötzlich brauchen Sie eine Information oder eine Hilfe. Jetzt müssen Sie zunächst die Aufmerksamkeit eines Menschen gewinnen. Dafür verwenden wir alle eine von ein paar üblichen Floskeln: „Entschuldigen Sie bitte…" oder „Dürfte ich kurz um Ihre Aufmerksamkeit bitten". Diese Redewendungen öffnen den Aufmerksamkeitskanal. „Entschuldigen Sie bitte, haben Sie Zeit für eine kleine Umfrage von 131 Fragen, nach der ich Sie für eine Goldkarte oder ein Abo werben möchte?" – Solche eine Kommunikation trifft meist auf grimmiges Wegblicken (jedenfalls bei mir) – das bedeutet: Keine Kommunikation, kein offener Kanal. Lästige Kommunikationssuchende behandeln wir wie schlecht riechende Luft, wir halten den Atem an und gehen unwillig vorbei. Wir kommunizieren vielleicht noch: „Es ist eine Zumutung, meine Aufmerksamkeit zu wollen."

In vielen Lebenssituationen geht es darum, ob Kommunikationskanäle freigeschaltet sind oder nicht. Oft signalisieren wir demonstrativ unsere Offenheit gegen Kommunikation, genauso oft zeigen wir sehr bestimmt die Bitte, nicht zu stören. Wann möchte jemand kommunizieren, wann nicht? Das ist nicht immer klar. Manche sagen „Guten Morgen" zum Arbeitsbeginn und meinen nichts damit, außer: „Ich bin da." Andere rufen verdächtig laut: „Einen – schönen – guten – Morgen!" Wollen die etwas? Da zuckt etwas während der Arbeit hoch – diese letztere lautere Fassung stört die Konzentration. Sie löst einen Gedankengang aus, ob jemand die Aufmerksamkeit haben will. Wozu will er die? Soll ich

G. Dueck, *Dueck's Jahrmarkt der Futuristik,*
DOI 10.1007/978-3-642-55371-4_31, © Springer-Verlag Berlin Heidelberg 2014

ihm die zollen? Will er nur sagen, er mag jetzt Kommunikation, ausgerechnet, wo ich tief arbeite?

Ach, vergessen: Wozu schreibe ich das hier? Die meisten Kommunikationstheorien befassen sich damit, wie man als Sender eine Nachricht an einen Empfänger absetzt, so dass er diese richtig versteht. Aber wenn er nun gar nicht kommunizieren will? Wenn er Kommunikation als Störfaktor ablehnt? Wenn er sich taktisch auf einem Ohr taub stellt? Wenn gar keine Kommunikation möglich ist, weil es keinen Kanal gibt? Wenn Menschen „nicht mehr erreichbar sind"? Wenn man keine Aufmerksamkeit bekommt, weil man abgelehnt wird? Im heutigen Web 2.0 geht es in vielen Aspekten um die Aufmerksamkeit. Wie bekommen wir die? Wie optimieren wir unsere Suchmaschinen? Werden wir geliket, gefollowt oder gecircelt? In diesem Kontext will ich das Netzwerken einordnen: Wie stelle ich es an, dass ich möglichst überall auf Aufmerksamkeit treffe, wenn ich sie brauche?

## Aufmerksamkeiten aus dem Leben

Ein paar Beispiele:

*Introversion und Extroversion* Introvertierte gelten als scheu und „nach innen gekehrt", wie man so sagt. Sie mögen es nicht, im Zentrum der Aufmerksamkeit zu stehen. Es ist schon peinlich für sie, die Geburtstagsglückwünsche der Abteilung entgegenzunehmen! Und wenn die dann noch singen! Da steht der Introvertierte mit feuchten Händen da und ringt mit seiner inneren Verzweiflung, dass ihm so viel Aufmerksamkeit zuteil wird. Zusätzlich zu den Blicken, die auf ihn gerichtet sind, bekommt er zwangsweise dauerhafte Aufmerksamkeiten, die man Geschenke nennt. „Wir haben dir ein Bild gemalt, das passt total schön in deinen kahlen Raum, wir haben es als Überraschung für dich schon hingehängt, es ist prallbunt! Du wirst dich sehr freuen – jeden Tag neu!" Das wird der Introvertierte ganz sicher. Das Bild ist die phatische Dauerstörung schlechthin für ihn. Darf er es einfach vernichten? Das traut er sich nicht, das würde ja wieder größere Aufmerksamkeit erzeugen. Er müsste das ganze Haus abbrennen können, so dass es nicht auffällt, dass das Bild wieder verschwindet... Extrovertierte lieben dagegen die Aufmerksamkeit wie manche Hunde und Katzen das unentwegte Streicheln. Sie küssen sich links-rechts-links bei jeder Begegnung, wo Introvertierte sich durch eine weit ausgereckt abwehrende Armbewegung in einen maximal distanzierenden Händedruck retten. Extrovertierte sagen dauernd „Hallo" und „Mahlzeit" und „Schönes Wetter" und schauen sich alleweil in die Augen – sie suchen ständig die Blickkontakte, nicken zustimmend, wenn andere etwas sagen (auch wenn sie nicht zuhören). Im Grunde maximieren Extrovertierte die phatische Kommunikation, weil sie es lieben, alle Kanäle offen zu haben. Jeder sollte am besten zu jeder Zeit redebereit sein! Introvertierte dagegen fühlen sich belästigt, wenn sie zur Kommunikation allzeit bereit sein sollen, wo doch aber gar kein Plan zur Kommunikation da ist! Was soll das, einfach alle mit „Hallo, bin jetzt daaahaa! Wenn einer was möchte!" zu stören?

*Eltern und Baby* Das Baby schreit – die Mutter kommt und streichelt es. Das bedeutet: Ich bin da. Viele Naturvölker tragen ihr Baby lange herum, sie sind immer da. Das Baby möchte, dass der Kanal zu der Bezugsperson offen ist. Es möchte sie hören und sehen.

Das Baby spürt Kummer und Stress, es möchte aber eine immer ruhige, friedliche und heitere Kommunikation. Ich weiß nicht, ob das allgemein so stimmt, aber ich behaupte jetzt einmal: Das Baby braucht „Kanal offen". Viele Eltern empfinden diese Forderung des Babys als zu hart (wie Introvertierte) und lehnen sie im Grunde ab. „Das Baby muss sich daran gewöhnen, dass auch wir ein Recht auf ungestörtes Leben und Schlafen haben. Wir werden es jetzt erziehen, indem wir es an unsere Anforderungen anpassen." Da schreit das Baby ohne positive Folgen, es gewöhnt sich vielleicht und weiß dann: „Niemand ist für mich da." Später bekommt es vielleicht Sinnkrisen und denkt lange über das Leben nach. Oder es ist introvertiert und freut sich über Ruhe? Andere Eltern überschwemmen das Baby mit Aufmerksamkeit. „Du, du, du, schau mich an, lach mal, ja, lach wieder! Lach immer! Ich kitzele dich sonst! Hier, trink Zuckertee, dann schaust du so zufrieden!" Am besten stehen noch Scharen von Verwandten als Elternvertreter zur Verfügung, damit ständig neue Aufmerksamkeit für das Baby aufbrandet. Ein extrovertiertes Baby ist möglicherweise glücklich, ein introvertiertes mag ständigen Zorn in sich tragen, dass es nie in Ruhe gelassen wird.

*Chef und Mitarbeiter*  Mitarbeiter leiden meist unter zu wenig Aufmerksamkeit von ihrem Chef. „Er interessiert sich nicht für mich!" Das stimmt ja nicht. Er ist jeden Tag hinterher, die Leistungsparameter aller Mitarbeiter zu erfahren. Er zollt ihnen also Aufmerksamkeit, aber nicht in der erwünschten Art! Es gibt hier also ZWEI Kanäle. Der Mitarbeiter sieht den Chef ein bisschen wie einen Elternteil an und möchte ein klein wenig gestreichelt werden. Nicht um des Streichelns willen (das auch), aber zumindest als phatische Kommunikation der Form „Ich bin da und du bist mein geschätzter Mitarbeiter". Dieses Mindestmaß an Kommunikation („Kanal offen") ist oft nicht da, das klingt aus den Gallup-Studien heraus, nach denen sich Mitarbeiter zum großen Teil nicht respektiert oder beachtet fühlen. Sie merken, dass sie für den Chef nur aus Leistungskennziffern und Karrierehoffnungen bestehen, sie sind kein Mensch für ihn. Der Chef sendet und empfängt eben auf dem Zahlenkanal. Er mag Mitarbeiter, die ihm dauernd die Zahlen melden („Kanal offen") und ist misstrauisch gegen Review-Verweigerer, die nur Zahlen herausrücken, wenn sie einbestellt werden („Kanal zu"). Die Mitarbeiter versuchen, den Chef auf IHREM Kanal zu erreichen. „Meine Frau wird vierzig, da feiern wir ganz groß." Der Chef: „Aber Sie denken trotzdem an die Zahlen für Montag?" Da zuckt der Mitarbeiter zusammen. Es fühlt sich an wie die „kalte Dusche". Die Message des Chefs ist: Kanal zu. Wie gesagt: Auf dem einen Kanal schließt sich der Chef ab, er lässt das Baby also die ganze Nacht und den Mitarbeiter das ganze Leben durchschreien. Auf dem Zahlenkanal überschwemmt er den Mitarbeiter mit Aufmerksamkeit, so dass fest jeder Mitarbeiter wie ein stark Introvertierter bei Geburtstagsfeiern zu empfinden beginnt und den Chef auf den Mond wünscht. Einzelne Mitarbeiter aber reden von sich aus nur auf dem Zahlenkanal – sie machen sich beim Mittagessen und beim Kaffee Gedanken über die Leistungssteigerung und werden bald befördert!

*Wissenschaftler und normale Menschen*  Wissenschaftler sind sehr oft introvertiert und wollen nicht im Elfenbeinturm gestört werden. Sie verstehen die Manager nicht, die ganz von ihrer Organisationswut gefangen sind und kaum nach rechts und links schauen, sich also kaum für den Mitarbeiter als Menschen interessieren und schon gar nicht für Sinnfragen und Wahrheit. Da sind doch Wissenschaftler vollkommen anders! Ja schon, aber doch nein, sie sind nur anders gepolt, nicht wirklich anders! Sie haben nur den Kanal ihres

Fachgebietes offen. Wer Vorträge über die Lieblingsidee eines Wissenschaftlers hören will, bekommt sie in Überlänge jederzeit, aber alles andere bleibt lakonisch und auf Mindestniveau reduziert. „Mach doch einmal Small Talk", rät die Gattin auf dem Tagungsempfang, wenn sie denn je mitgenommen wird, aber das Herumreden ohne Zweck ist dem Wissenschaftler ein Graus. Er klammert sich da doch lieber am Sektglas fest und denkt über Problemlösungen unter der Angst nach, ihn könnte jetzt jemand ansprechen – außerdem hat er wiederum die entgegengesetzte Angst, nicht angesprochen zu werden, weil eine solche völlige Nichtachtung auch ihm auf die Leber schlägt. Er merkt das deutlich, wenn die extrovertierten Wissenschaftlerkollegen schwadronieren, wie gut sie sind. Das müsste verboten werden, damit Chancengleichheit herrscht!

## Netzwerken ist phatisch!

Wissenschaftler haben sogar ein bisschen Recht – sie müssen außerhalb ihres Elfenbeinturms niemanden kennen und den Kanal zu ihm offenhalten. Was aber, wenn einem Wissenschaftler eine Erfindung von Rang gelang, aus der er eine Innovation entstehen lassen will? Dann muss er Kontakt zu Investoren, Controllern, Kunden und Banken aufnehmen. Da weiß er nicht, was er tun soll: „Hilfe, ich kenne absolut niemanden und weiß nicht, wohin ich mich wenden soll! Alle sagen, sie wissen nicht, wer zuständig ist und sie selbst seien es jedenfalls nicht. Wie komme ich weiter?"

Zu spät! Für Innovationen braucht man am besten ganz große Netzwerke! Es geht nicht darum, Einflussreiche zu kennen und in Seilschaften eingebunden zu sein, das sind Ammenmärchen. Nein, es ist bei Innovationen nötig, das ganze bunte Leben aufzurollen, um es neu zu gestalten. Wer viele Kontakte hat, findet in jeder Lage passende Leute, die ihm helfen können. Er kennt sie schon länger und hat oft zu ihnen „Guten Morgen" und „Wie geht's" gesagt, er hat oft über das Wetter und die Eurokrise geredet – auch über Bayern München und Paris Hilton. Dadurch ist der Kanal offen. „Ich brauche einen Rat" – kein Problem. Zwei oder drei Anrufe und schon bekommt man einen. Die Voraussetzung für einen wertvollen Rat oder eine lebenswichtige Hilfe sind hunderte von Kontakten, die dauernd offen gehalten werden. Die meisten braucht man absolut nie, aber wenn man eine bestimmte Sorte von Kontakt dringend braucht, ist etwas dabei. Die Menge der Kontakte ist wie ein gut gepflegter Werkzeugkasten.

Wer keine Kontakte hat, muss sie im Ernstfall erst noch knüpfen. Das Knüpfen von Kontakten und das Schwatzen über Elefantenjagden spanischer Könige mit attraktiven Frauen am Abzug kann aber nicht so schnell nachgeholt werden! Kontakte müssen ein paar Mal erneuert werden, damit sie sich stärken. Wer sich bisher vor Kontakten gescheut hat, fällt in ein tiefes Loch, wenn er dringend welche braucht. Es ist meist zu spät.

„Niemand hört sich einmal spontan an, welche seltsame wunderschöne Idee ich habe!" Nein, tut keiner, weil man Fremden nicht mit seltsamen Ideen kommen darf, den Kontakten im Netzwerk aber schon… Es ist deshalb ratsam, sich in einem gehörigen Maße mit dem Netzwerken zu befassen. Es sollte klar sein, dass die Bildung von Vertrauen und einer gewissen Nähe eine langfristige Angelegenheit ist, vielleicht längerfristiger noch als Grundlagenforschung!

Die Wissenschaftler aber denken nur in neuen Wissenskategorien – sehr langfristig! – und sie geißeln die kurzfristige Denke der Wirtschaft. Aber das Kommunikatorische sehen sie wiederum sehr kurzfristig. Innovation scheitert daran fast regelmäßig. Niemand will zuhören, und die Idee ist unverständlich, wenn doch einmal jemand zuhört... Wenn man das Erklären der Idee doch vorher ein paar Jahre lang beim Kaffee geübt hätte!

## Niveauloser Unsinn auf Facebook und Twitter

Es gibt jetzt eine neue Mode: das Netzwerken 2.0 per Xing, Facebook, Google+ und Twitter. Da schreiben Leute jeden Mist hin, den sie sonst auf dem Flur sagen: „Ich habe Kopfschmerzen." – „Ich bin wegen der Bahnschranke verspätet." – „Mein Kind hat sich im Auto übergeben." Interessiert das jemanden? Überall hagelt es wütende Verachtung für die intime Preisgabe von allem Banalen im Internet. Dabei ist es oft einfach nur phatische Kommunikation!

Wie das Baby nach Mama schaut, ruft man ein „Hallo?" ins Netz. Dann bekommen wir ein paar Mal „Hallo!" zurück und sind's zufrieden. Neulich habe ich ein Video auf Facebook gepostet. Darin fordere ich ein Mehr an Erziehung. Like, like, like, dann ein Kommentar von meinem Sohn: „Du selbst kannst auch mehr tun! Schenk mir ein Jacuzzi!" – Ich kommentiere zurück: „In die Küche oder ins Schlafzimmer?" Er pariert mit einem Produkt-Link, wo ich mein ganzes Geld anlegen kann... Alles öffentlich! Aber in diesen Momenten ist Johannes einfach da, verstehen Sie? Wie aus dem nichts ein Wink, ein Lächeln. Er ist da. Kanal offen.

Facebook und Twitter haben so etwas wie „Seid ihr alle da?" und dann kommen „Ja, ja, ja!" und like, like, like. Bei Twitter zwei Zeilen... Web 2.0 ist in großen Teilen nicht tiefsinnig, aber eben phatisch! Xing ist das nicht, es ist ein Ausstellungsportal, Google+ auch nicht, es kommuniziert im Broadcast-Stil an andere...

Denken Sie ein bisschen über das Phatische nach und dann noch einmal ein bisschen gnädiger über Facebook.

## Phatisches in Meetings und in der Schule

Neuerdings gibt es das Smartphone. Es ist zu jeder Tages- und Nachtzeit interessant und verlangt gern gegeben Aufmerksamkeit wie früher ein Tamagotchi.

In den Mitarbeitermeetings, in Managermeetings und im Unterricht haben die Teilnehmer die ständige Option, ihre Mails zu checken.

Wenn ein Professor vorträgt, ein Lehrer frontalunterrichtet oder ein Manager berichtet und anordnet, müssen sie heute imstande sein, die Aufmerksamkeit stärker zu binden als das Smartphone. Die Aufmerksamkeit muss über längere Zeit erhalten und ständig erneuert werden. Wer wirklich etwas zu sagen hat, hält die Aufmerksamkeit durch die gebotenen Inhalte und die Art der Darstellung fest, die Augen hängen an des Sprechers Lippen, die Zuhörer sind gebannt. Sie werden inspiriert, unterhalten oder durch neue Erfahrungen schlau... Und sonst? Da muss sich der Lehrer räuspern: „Hallo? Ihr seid in der Schule. Aufpassen! Auch du da in der Ecke!" – Der Chef im Meeting: „Bitte nicht durcheinander, wir haben nur ein Meeting, und das leite nun einmal ich." Wer die phatische Kommunikation immer nur durch solche Appelle aufrechterhalten kann, hat in der Regel nichts zu sagen, ist langweilig, überflüssig, wird ignoriert.

Heute können Sie zu jeder Zeit den Phatischen Test machen: Beginnen Ihre Zuhörer, in der Gegend herumzuschauen? Aus dem Fenster? Tippen Sie auf Smartphones herum? Auf Tablets? Der Blick auf die eifrigen Bildschirmtipper und Fingerwischer zeigt, dass die Kommunikation beendet oder minimiert wird. Wenn Sie mächtig sind, also Zensuren oder Gehaltserhöhungen verteilen dürfen, dann können Sie die Aufmerksamkeit erzwingen. „Handys aus! Vorne abgeben! Ich bin sehr böse, dass ihr euch nicht interessiert!" Da brüllen Sie, anstatt interessant zu sein. Da wandern die Blicke weg vom Smartphone in die Natur hinaus oder sie suchen andere Augen… Man sagt: Die Aufmerksamkeit sinkt. Der, der Aufmerksamkeit befiehlt und nicht bekommt, redet von Aufmerksamkeitsstörungen und erklärt für krank oder ungehorsam, wer nicht interessant findet, was von der Macht für interessant erklärt worden ist. „Das ist für das Leben wichtig!" – „Aber wir brauchen es später nie!" – „Es schult das logische Denken. Es ist völlig egal, woran man das übt." – „Wenn das egal ist, lasst es uns an Interessantem üben!" – „Das geht nicht, weil man dazu den Lehrstoff ganz neu definieren muss. Außerdem lernt ihr dann vielleicht alles ganz wahnsinnig schnell, nur weil es euch interessiert. Es könnte sein, dass dann das logische Denken nicht so erblüht wie bei Uninteressantem. Egal, ich selbst musste da auch durch, danach noch potenziert ein ganzes Studium lang. Ich sehe nicht ein, warum ihr es besser haben solltet."

Lehrer und Manager beanspruchen oder erzwingen Aufmerksamkeit. Der Kanal ist dann zwar zu den Schülern oder Mitarbeitern offen, aber von Unlust, Unterstress und begleitender Müdigkeit in seiner Übertragungskapazität stark heruntergedimmt. Die Kommunikation erfolgt zwar noch, aber schleppend und erzwungen.

## Zwischengefragt: Phatik?

Wäre es nicht an der Zeit, so etwas wie Phatik zu begründen, die Lehre des Phatischen?

- Wie hält man Kanäle offen? Welche? Wozu ist das gut?
- Wie bildet man gute Netzwerke?
- Wann quält man mit zu großer Aufmerksamkeit?
- Wann versenkt man Menschen durch Nichtachtung?
- Wie stark wird Aufmerksamkeit vernichtet bzw. gesteigert durch das In-Aussicht-Stellen von Langweiligkeit, Interessantem, Inspirierendem, Herausforderndem, Authentischem?
- Kann Phatik nicht nur Aussagen über die Existenz und Nichtexistenz von Kanälen machen, sondern auch über die Kapazität der Kanäle oder über die Übertragungsintensität?
- Wie erkennt man die Bereitschaft zum Kommunizieren?
- Haben Menschen verschiedene Kanäle?

Oh, die letzte Frage ist noch richtig thematisiert…

# Mehrkanalmenschen und Wenigkanalmenschen

Menschen haben, scheint mir, etliche Kanäle, nicht nur einen. Sie sind also im mathematischen Jargon Mehrkanalmenschen. Da sie aber nur wenige von den möglichen Kanälen offen haben wollen/können, sind es eigentlich Wenigkanalmenschen.

Die meisten interessieren sich nicht für alles, sondern nur für einiges, wofür sie entsprechend „einen Sinn haben" und was ihre Aufmerksamkeit anzieht:

- Andere Menschen, deren Gardinen und Kindererziehung
- Geld
- Sex
- Liebe
- Karriere
- Neid, Rache, Schadenfreude
- Primzahlen
- Freiheit des Internets etc. etc.

Wofür leben Sie? Was wollen Sie wirklich? Darüber gibt es lange Fragebogen wie etwa zum Feststellen Ihres Reiss-Profiles. Jeder von uns hat für manches einen Sinn und für anderes wieder gar nicht. Manche kleben am Fachwissen, andere glänzen durch Kreativität oder nehmen uns mit Empathie ein. Alle diese Fachabteilungen bilden Sonderkanäle, auf denen wir ansprechbar sind.

Ein guter Teil der Erziehung besteht dann auch darin, Menschen mit einem Sinn für vieles heranzuziehen. Die Kommunikationsproblematik zwischen Menschen ist dann entsprechend stark davon geprägt, welche Kanäle zwischen ihnen überhaupt offen sein können.

„Über Menschen kann man mit ihm nicht reden. Er ist reiner Kopfmensch." – „Planung kannst du bei ihr vergessen. Reiner Instinktmensch." – „Er ist nur an Macht interessiert, die ihn anzieht wie das Licht die Motte."

Im Grunde ist der Mensch schon ganz gut dadurch charakterisiert, worüber man mit ihm überhaupt reden kann, und wie viel, oder?

Da denke ich lebhaft an ein IBM-Verkaufstraining beim virtuosen Raymond Fein zurück… Im Grunde brachte er uns bei, wie man schnell herausbekommt, worüber mit einem noch Unbekannten gut geredet werden kann. Man fragt unschuldig: „Der Verkehr ist schrecklich, haben Sie denn einen Parkplatz finden können?" Darauf gibt es verschiedene Antworten, die klingen so:

- Weh: „Ach, das war gar nicht so einfach – gut dass ich vorgewarnt war, danke! Ist das hier immer so schlimm?"
- Tötender Blick, Marke „Halten Sie mich für blöd?"
- Staunend: „Ja sicher, sonst wäre ich nicht hier."

Die erste Antwort leitet einen empathischen Smalltalk ein, die zweite ist Reaktion eines Machtmenschen, die dritte stammt von einem Logiker. Zum Test fragen Sie noch einmal: „Waren Sie schon einmal in dieser schönen Stadt?"

- Erfüllt: „Wundervoll hier, ich sehe mir nachher einiges an. Was empfehlen Sie?"
- Tötender Blick, Marke „Kommen Sie zur Sache!"
- „Ja." Oder: „Nein."

Wenn Sie solch launiges Fragen ein bisschen üben, sind Sie fast erschüttert, wie wenige Standardkanäle normale Menschen offen halten und welche immer geschlossen sind. Nach ein oder spätestens zwei solcher unschuldiger Fragen wissen Sie viel darüber, welche „Phatik" im Gegenüber herrscht. Einem geht es um die Beziehung, einem um den Erfolg, einem um die Sache. Gute Verkäufer sind Experten in Phatik! Sie gewinnen die Oberhand über den Kunden, indem sie die Kanäle öffnen, die der Kunde präferiert und gerne öffnet… Es ist dann schon fast egal, was man genau beredet, es geht um die richtige Wahl des Kanals.

> Sage mir, welche Phatik du hast, und ich sage dir, was für ein Mensch du bist.

So abgedroschen das klingt – es stimmt. Und wenn dieses Abgedroschene mit einem neuen Wort drin stimmt, dann ist das, was das Wort bezeichnet, sehr wichtig für uns.

# Kapitel 32
# Auf der Suche nach gesundem Menschenverstand

Die Regeln werden zu starr. Alles muss in Ordnungen gepresst werden. Es gibt kaum Freiheit, etwas außerhalb der Prozesse zu entscheiden. Ausnahmen werden als anrüchig gesehen, als Versuch kriminellen Vorgehens. Darf man gar nichts mehr selbst entscheiden? Auch nicht, wenn die Geschäftsprozesse Unsinn vorschreiben? Wo bleibt die Vernunft?

## Der alltägliche Wahnsinn

Eine Ärztin aus meinem familiären Umfeld ist richtig gut und hat lange Berufserfahrung. Sie bekommt von Kollegen oft sehr schwierige Fälle zur Beurteilung und entscheidet dann auf – sagen wir X. „Das könnte sein," sagen die anderen, „aber der Computer hat X nicht unter seinen ersten drei Diagnosevorschlägen." – „Es ist X." – „Aber dann müssen wir lange begründen, warum wir auf X entschieden haben. Wenn später etwas schief geht, sind wir unter Umständen persönlich dran. Es wird diskutiert, warum wir X meinten und warum wir nicht auf den Computer gehört haben. Außerdem ist es in diesem Monat das zweite Mal, dass wir etwas anderes als der Computer machen, jetzt sind wir wahrscheinlich schon verdächtig."

Mein Paket hat 10 Kilo und 14 Gramm, sagt meine Waage daheim. Ich bekomme die 14 Gramm nicht weg, es ist alles minimiert, ich versende signierte Bücher. Die Waage in der Post zeigt 10 Kilo und 13 Gramm. Ich wusste es. Also bin ich jetzt sehr lieb, eigentlich so wie immer. „Können wir das übersehen?" – „Total gerne!", erwidert die Postangestellte, „Aber es ist sinnlos, weil die beim Empfang im Verteilerzentrum nochmals nachwiegen. Dann würden Sie alles zurückbekommen." – „Und die haben keine Toleranz wie bei Radarmessungen?" – „Waagen sind genau." Ach, das weiß ich ja.

Mathefakultät: „Ich studiere Statistik am hiesigen Lehrstuhl und möchte meine Statistik-Scheine anerkennen lassen. Ich habe vorher Statistik in Dortmund studiert." – „Ah, Statistik in Dortmund ist ein spezieller Studiengang, er behandelt fast nur Statistik, sehr anspruchsvoll – kenne ich. Hier aber sind Sie für Mathematik immatrikuliert. Sie können nur Statistikscheine anerkannt bekommen, die Sie im Rahmen eines Mathematik-Studiengangs erworben haben." – „Aber die Scheine in Dortmund sind schwieriger, weil es doch dort hauptsächlich um Statistik geht." – „Vorschrift ist Vorschrift."

G. Dueck, *Dueck's Jahrmarkt der Futuristik,*
DOI 10.1007/978-3-642-55371-4_32, © Springer-Verlag Berlin Heidelberg 2014

Hochrangige interne Preisverleihung zu ganz seltenen Ehren. Wir überlegen, ob wir nicht irgendetwas Weihevolles inszenieren können. Leider ist gerade Investitionsstopp, Sie kennen das ja. Die Einkaufssysteme sind geschlossen. Selbst das Kaffeebestellen für interne Meetings ist verboten (und zwar ganz besonders streng). Da habe ich die Idee, doch Kaffee zu bestellen, und zwar gerade WEIL es so streng verboten wurde. Es kostet dann fast gar nichts, ist aber in diesem Kontext ein ganz besonderes Zeichen an die Teilnehmer. Ich erkläre es einem kläglich-bekümmert dreinschauenden Controller, der das Argument sehr gut findet, aber die Ausnahme als solche absolut nicht mag. „Bezahlen Sie doch den Kaffee einfach selbst, es ist ja nicht viel. Das verraten Sie einfach nicht." Ich lehne ab, die Ausnahme ist nur dann eine Ehre, wenn sie eine Ausnahme ist – also wenn sie trotz seines säuerlichen Gesichtes genehmigt wird. Ich werde nicht unethisch sein und lügen. Nach einigem Hin und Her: Ich bekomme die Genehmigung. Alles gut! Kurz vor der Kaffeebestellung ein Anruf aus dem Controlling. Man hat festgestellt, dass sich die ganze Firma an das Verbot gehalten hat. Excel sagt: Null, Null. „Bitte, dann will ich nicht der Einzige sein. Nein, das will ich nicht."

Das Unternehmenssystem erlaubt keine Hotels über Y Euro pro Nacht. Leider ist das gute Hotel genau am Bahnhof zwei Euro zu teuer. Ich muss oft in diesen Ort. Ich bestelle es trotzdem, es geht nicht. Ich bestelle es per Telefon, das geht. Es ist wie beim Arzt mit X. Ich entscheide X, aber es ist eine Ausnahme. Nun gibt es Ärger. Warum? Ich begründe: „Ich komme mit der Bahn zum Bahnhof. Wenn ich ein anderes Hotel nähme, müsste ich Taxi bezahlen, dann Taxi am nächsten Morgen zur Konferenz. Das ist viel teurer, außerdem kostet es die Zeit. Vom Bahnhof zur Konferenz Messe Ost geht die U-Bahn. Es ist also billiger, spart Zeit und ist angenehmer." – „Das ist einsichtig und klar, aber es erzeugt zu viele Ausnahmen…"

Ein wütender Leser: „Ich arbeite bei (ups), ich bin bis zum Quartalsende fest in einem Projekt verbraten. Ich möchte aber so gerne in einem anderen ganz neuen Projekt mitarbeiten! Ich würde es so lieben! Da habe ich mich einfach bei dem neuen geliebten Projekt angemeldet und muss nun für drei Wochen zwei Projekte gleichzeitig stemmen und mich in das zweite einarbeiten. Mit dem Samstag zusammen arbeite ich jetzt die zweimal vierzig Stunden für die beiden Projekte, am Sonntag lerne ich acht Stunden lang für das neue. Es klappt! Und ich verdiene tonnenvoll Geld für meine Abteilung. Das alles habe ich stolz im System berichtet. Zweimal vierzig Stunden billable plus acht Stunden Fortbildung. Nun aber! Da kommt mein Manager wutschnaubend daher und befiehlt mir, die acht Stunden Fortbildung durch vier Stunden zu ersetzen. „Wissen Sie nicht, dass man nur zehn Prozent Fortbildung haben darf? Wir sind hier keine Schule, sondern eine Firma!" – „Ich habe achtzig Stunden Arbeit plus acht Stunden Fortbildung, das sind zehn Prozent!" – „Das System geht aber fest programmiert von vierzig Wochenstunden aus und erlaubt dann nur vier!" – „Ist mir egal, was das System sagt, die Wahrheit ist achtzig plus acht." – „Ich will, dass Sie vier eintragen. Ich will die acht nicht meinem Chef begründen müssen." – „Ich verdiene irre viel Geld für Sie!" – „Das ist ja auch in Ordnung, aber zuerst muss das System befriedigt werden."

Wir müssten mal – Sie als Leser und ich – ein e-Shortbook mit solchen Erlebnissen zusammenstellen, oder? Na, meine E-Mail haben Sie ja.

# Panik bei Ausnahmen

Die Systeme mögen keine Ausnahmen, das ist es. Jede Ausnahme versetzt irgendwie in Panik, weil sie sehr viel Stress erzeugt. So viel, dass wir mehr und mehr einfach kuschen. Auch ich habe als Manager dann oft händeringend den Mitarbeiter angefleht: „Keine Sinnfragen bitte. Es geht nicht um das Rechthaben." Viele Systeme sind so starr, dass man das System selbst verändern muss, um eine Ausnahme zulassen zu können. Man muss also, um einen Einzelfall nach normaler Weisheit legal entscheiden zu können, gleich „das Gesetz" verändern, was für einen Einzelfall natürlich viel zu viel Aufwand bedeutet. Im Beispiel oben: Ich kann erwirken, dass das Kaffeeverbot gelockert wird und einige Ausnahmen zulässig werden, die sorgfältig formuliert werden müssen. Ich kann aber nicht einfach so eine Ausnahme machen.

Das Ändern von Gesetzen erfordert viele Meetings von sehr hohen Personen, die sich erst Präsentationen, Etatschätzungen und dergleichen anhören müssen. Deshalb bekommt man auf den Wunsch nach einer einzelnen Ausnahme eine glatte brüske Ablehnung, weil man die ungeheure Zumutung in den Raum stellt, eine teure, aufwändige Extrawurst zu wollen. Wenn man aber eine ganz wichtige Ausnahme verlangt, die wirklich viele Fälle und Menschen betrifft, dann wird das Gesetz oder der Geschäftsprozess vielleicht wirklich geändert. Das dauert aber meist viel länger, als es für die jetzige Ausnahme helfen würde. Man hat dann einen erfolgreichen Änderungsvorschlag eingebracht, aber die eigene beantragte Ausnahme natürlich nicht bewilligt bekommen. Daher kapitulieren die meisten Manager bei Ausnahmen auf der Stelle. Mitarbeiter wüten dann umso stärker, weil sie blind für diese politischen Zusammenhänge sind. Sie halten den eigenen Chef für feige und inkompetent, wo er doch nur machtlos ist (er kann zusätzlich inkompetent und feige sein – okay, aber Machtlosigkeit reicht schon).

Ein normaler Manager ist heute so sehr überlastet, dass er vollkommen vom Tagesgeschäft aufgefressen wird, so sagt und empfindet er es selbst. Sein Business hat nicht mehr viel mit Menschenverstand zu tun. Er prozessiert Vorgänge. Jede Ausnahme, so wie die mit den acht Stunden Ausbildungszeit, treibt ihn in den Wahnsinn! Ich weiß noch, wie ich einen Tag vor einem Übersee-Urlaub die Mitteilung bekam, die Gehaltserhöhungen für meine Mitarbeiter im System in den nächsten zehn Tagen zu planen oder das ersatzweise einen Stellvertreter machen zu lassen. Es war schon nach Feierabend. Also füllte ich noch alles auf dem Koffer sitzend brav aus – und fand keinen „enter"- oder „submit"-Knopf! Den sollte ich drücken, sobald ich fertig war – das stand da zu lesen. Es war aber kein Button da. Ich rief Kollegen an. Es nimmt keiner ab. Ich druckte dann die Bedienungsanleitung aus und fand irgendwann, dass ich alle leeren Felder, die gar nicht ausgefüllt werden mussten, zusätzlich mit Nullen auffüllen sollte. Das tat ich, da erschien „submit", und ich durfte jetzt echt urlaubsreif in den Urlaub. Normale Menschen können sich so einen stressigen Manageralltag nicht vorstellen. Es ist so unruhig, alles klingelt, und dann kommen diese entsetzlichen Sinnlosigkeiten wie mit den Nullen. Normale Computernutzer kennen das nur, wenn sie ganz dringend etwas regeln wollen – und dann kommt die Mitteilung „ask your admininstrator". Diese Mitteilung hat mir gefühlt in meinem ganzen Leben nicht ein einziges Mal weitergeholfen, wir haben immer neu installiert. Ich glaube, es muss ein Software-Code für „you are in deep shit" sein.

In den Stellenanzeigen wird immer gefordert, dass der Bewerber „belastbar" sein muss. Greenhorns denken dabei immer, sie müssten in diesem Job sehr hart arbeiten! Weit gefehlt! Es geht darum, diese Panikattacken psychisch in den Griff zu bekommen und mit der Zeit „entspannter damit umgehen zu können". Etwas entspannter! Nicht gleich ganz relaxt oder heiter-resigniert-ausgeglichen – nein, das würde übelgenommen. Im meinen Lieblingscartoon sagt ein alter englischer Manager: „With amused resignation, we implement things we know will fail." So dürfen Sie das natürlich nur fühlen.

Egal, wie die Lage ist: Die Mitarbeiter toben wegen aller verwehrten sinnvollen Ausnahmen und nehmen jede Entschuldigung ihres Chefs als Eingeständnis seiner Schwäche. Diese Wut kocht irgendwann hoch. Ein sehr hoher Manager erfährt eventuell zum Beispiel, dass ein extrem profitabler Mitarbeiter wegen der acht Stunden Weiterbildungszeit gekündigt hat. Er soll laut schimpfend das „Irrenhaus" verlassen haben. Dann knöpft sich das Top-Management den „schuldigen" Manager vor und ist sehr ungehalten, dass er nicht „einfach eine Ausnahme gemacht hat". Sie schimpfen mit ihm, dass er keinen Mut hat, keine Risiken eingeht, sich selbst hinter den Regeln verschanzen will und im Grunde keine Führungspersönlichkeit ist.

Dabei ist er einfach nur machtlos, dass sehen die oberen Chefs genauso wenig ein wie die Mitarbeiter. Deshalb bleibt es bei Ausnahmen gar nicht nur bei einer Panikattacke. Es hagelt von rechts und links, von oben und unten den Vorwurf der Führungsschwäche.

Ich habe oft versucht, hohen Managern zu erklären, warum sie diese Panikattacken falsch einschätzen. Sie selbst lassen doch die Ausnahmen nicht zu! Sie selbst halten doch den Daumen auf dem Kaffeeetat oder dem Hotelpreis! Warum brüllen sie untere Manager an, keine „vernünftigen" Ausnahmen zu machen, und warum schimpfen sie, wenn bei eisernem Gehorsam irgendein Mist herauskommt? Ich glaube, ich weiß es: Das System sagt auch beim Top-Manager selbst, dass sein Hotel zwei Euro zu teuer ist, aber der Topmanager hat ein Sekretariat und ein paar Assistenten! Denen wird gesagt: „Schnitzt eine Lösung!" Und dann werden sie alle kreativ! Ein normaler Manager muss aber seine Ausnahmen selbst ertragen, oder? Top-Manager delegieren Ausnahmen, deshalb sind die Vorstands-Assistenten in der Regel nach einem halben bis ganzen Jahr psychisch am Ende. Wer das durchhält, wird befördert, weil er offensichtlich belastbar ist und die Prozesse aufrecht erhalten kann, obwohl das ganze Volk die Assistenten anfleht, doch ein bisschen auf den Chef einzuwirken! Der Chef hat ja keine Zeit!

Ich denke so gern an einen Tag zurück, wo ein Chef einmal selbst etwas „schnitzen musste". Ich wollte etwas neu regeln, also ein Gesetz ändern. Alle bewiesen mir, dass es nicht gehen könnte. Ich traf dann den Herrscher über alle solche Gesetze und *verspottete* ihn, dass sein ganzer Bereich solchem Unsinn wie bei mir keinen Riegel vorschieben könnte. Er entgegnete, ich sei wohl an falsche Leute geraten. Hin und her. Ich lästerte und kam mit Häme. Ich sagte dann, ich würde eine Flasche Champagner wetten, dass er das auch bei seinem hohen Gehalt nie hinbiegen würde. Topp, die Wette gilt! Dann ging er sofort ans Werk und musste sich nun selbst auch beweisen lassen, dass es nicht geht. Überhaupt nicht! Das wusste ich ja schon. An solch einer schwierigen Stelle fragt mein Schachprogramm Fritz 8 jedes Mal unnachahmlich gehässig (ich habe den Tonfall immer im Ohr): „Wie weiter?" Uiih, das gab Strom, sie haben es irgendwie „verklausuliert geregelt", und ich bekam meine etwas andere Regelung und konnte normal weiterarbeiten.

Im Grunde aber, trotz einiger Regenbogen am Himmel, sind wir in den Prozessen gefangen. Wenn darin kein gesunder Menschenverstand einprogrammiert ist, gibt es eben keinen.


## Drei Prozent Spielraum bitte!

Ich habe einmal als Manager (es war im schon vergangenen Jahrtausend) alle Kosten meiner Mitarbeiter berechnet. Alle! Also auch den Kostenanteil des Sekretariats, der Kantine, ihres Arbeitsplatzes etc. Da kommt wesentlich mehr als das Gehalt heraus, sagen wir das Eineinhalbfache? Dann habe ich zusammengezählt, was „nice to have" wäre, also das Leben erleichtern würde. Da will ein Mitarbeiter eine neue Office-Suite, ein anderer einen Kunden einladen, einer zu einer Konferenz fahren und eine Rede halten. Ab und zu ist jemandem sein Smartphone zu alt, das Sekretariat möchte einen kleinen Farbdrucker nebendran, was weiß ich. Ich habe alles zusammengezählt, alles.

Es kam heraus, dass man mit vielleicht 2000 € pro Mitarbeiter im Jahr so ziemlich alle Ausnahmen gut regeln kann. Das sind bei Softwarefirmen mit gut bezahlten Leuten 2 bis 3 % aller Kosten! Ich habe das ganz früher einmal allen Mitarbeitern lange erklärt, auch, dass wir das Geld für allen „Schnickschnack" nicht so ohne weiteres hätten. Wir könnten es aber leicht wieder hereinholen, wenn sich alle bei den Reisekosten oder Werkstudenten (nur gute einstellen, bitte!) anständig benehmen würden. Wir haben uns dann alle anständig benommen und ich habe einfach alle (in Worten ALLE) kleinen Sonderwünsche nach Extrawürsten genehmigt und nie (NIE) meinen Etat überzogen.

Das ging damals, weil ich einen Etat hatte – wie jeder Manager. Ich durfte final entscheiden. Ich musste keine Mitarbeiter mit vernunftwidrigen Seltsamkeiten auf die Palme jagen. Dafür haben sie die Eigenverantwortung für ihre Kosten übernommen und mir als Manager keine „Baustelle aufgemacht". Alles war friedlich.


## Siechtum des gesunden Menschenverstandes im Komplexen

Diesen Spielraum gibt es nicht mehr, weil wir diese vielen effizienten Prozesse haben. Diese regeln fast das ganze Arbeitsleben nahezu automatisiert.

Wehe aber, etwas nicht Vorhergesehenes oder bunt Vielfältiges tritt ein. Das nicht Vorhergesehene („acht Stunden Weiterbildung") führt zu Systemblüten oder Systemabstürzen („ask your admin"). Das Vielfältige aber ist meist nicht durch einen einzigen Prozess behandelbar, es greift in mehrere ein. Dann aber kommt es zu einem Chaos. Das versuchen die Berater in den nächsten Jahrhunderten zu beseitigen. Schlagwort: „Integration der Prozesse".

Beispiel: „Ich will eine Fortbildungs-Konferenz mit etwa 50 TeilnehmerInnen organisieren. Wir haben keinen großen Raum mehr in unserer Firmenniederlassung, wir sollen die wenigen Ausnahmen dann eben in Hotels stattfinden lassen. Wir haben eines nebenan, aber das ist verboten, es kostet nach irgendwelchen Richtlinien fünf Euro pro Person zu viel. Wir können ein billiges in der Nachbarstadt haben, aber dann brauchten viele Teilnehmer eine Reisegenehmigung. Manche bekommen sie, andere nicht, weil sie in ihrem Bereich eine Sparrunde bei Reisen haben, dann können aus diesen Bereichen keine Teilnehmer eingeladen werden. Wir verhandeln jetzt mit den entsprechenden Bereichsleitern über die Gewährung einer Ausnahme, das zieht sich über Wochen hin. Wir müssen aber dem Hotel bald eine Zusage machen. Die warten auf uns. Wir möchten aber den Termin am Anfang des Quartals wahrnehmen, weil oft im Unternehmen plötzlich alle Ausbildungsveranstaltungen gestrichen werden, um Geld zu sparen. Jeder Bereich spart anders. Manche bei Reisen, manche bei Ausbildung, andere verbieten zeitweise Urlaub oder Abwesenheit. Wir haben diese Konferenz schon zweimal absagen müssen. Es darf doch nicht sein, dass die Bereiche so uneins sind, sodass immer nur einige wenige potentielle Teilnehmer kommen dürfen. Dann kommen zu wenige Teilnehmer und wir verletzen unsere eigenen Sparregeln, dass nämlich Konferenzen nur stattfinden dürfen, wenn sie gut besucht werden. Bei zu wenigen Teilnehmern müssen wir höhere Kosten in Rechnung stellen, dann aber verletzt das die Bestimmungen einzelner Bereiche, die Höchstbeträge für Ausbildung eingeführt haben. Manche Bereiche sagen, dass alle Mitarbeiter schon genug weitergebildet wurden (das sagen die Zahlen) und nun gar nicht bei uns teilnehmen dürfen. Die Mitarbeiter selbst wussten gar nichts von Weiterbildung. Es kam heraus, dass einige Manager die Bereichsfeier als Weiterbildung deklariert haben, weil Feiern gerade verboten waren und Reisen zu Feiern sowieso. Das absolut Schlimmste an unserer Lage ist, dass wir wahrscheinlich unseren Job verlieren, wenn die Konferenzen nicht stattfinden. Wir können dann die vorgeschriebene Mindestzahl von weitergebildeten Mitarbeitern nicht vorweisen. Damit entfällt unsere eigene Existenzberechtigung. Wir baggern jetzt unermüdlich für jede kleine Konferenz. Wir sitzen nur noch in Meetings. Wenn dann doch mal eine Konferenz stattfinden kann, wissen wir gar nicht, was wir denen beibringen sollen. Wir bereiten ja gar nichts mehr vor, weil die Konferenzen fast alle abgesagt werden. Wenn dann doch eine stattfindet, müssen wir über die Nacht irgendwelches Material schnitzen. Bei der Konferenz selbst erzählen wir dann nur noch ganz generische Sachen und machen Rollenspiele und Breakouts, damit den Mitarbeitern selbst einfällt, was wir ihnen beibringen sollen. Die Mitarbeiter bewerten dann die Konferenz sehr schlecht, was dazu führt, dass wir unseren Job verlieren. Deshalb laden wir sie auf unsere Kosten zur Pizza ein und erklären ihnen, dass wir gefeuert werden, wenn sie nicht „sehr gut" ankreuzen. Wir arbeiten alle ganz tierisch viel, aber es kommt eigentlich keine Ausbildung zustande. Jetzt kommen die Kunden und sagen, unsere Mitarbeiter seien nicht gut ausgebildet. Diese Beschwerden bekommen wir dann wieder zurück… Wir sollen mehr Stoff vermitteln und zusätzlich soziale Kompetenz, die angeblich die fachliche gut ersetzen kann. Dazu sollen wir eine Konferenz veranstalten.

Die vielen Regeln verzetteln uns in einen Überlebenskampf. Jeder rettet sich in seinen Prozessen irgendwohin. Alle stöhnen, dass dieses unkoordinierte Vorgehen unter Stress keine Teamarbeit zulässt. Ärzte kommen nicht mehr zum Heilen, Ausbilder nicht zum Lehren, Forscher nicht mehr zu Entdeckungen. Das merken die Systeme und führen immer neue Prozesse ein. „Bitte unterbrechen Sie kurz Ihre Forschung und erläutern Sie, warum Ihre Universität noch keine Eliteuniversität ist. Ihre Meinung ist uns sehr wichtig. Nur dank ihrer Beiträge können wir unsere Prozesse weiter optimieren, verbessern und vermehren."

# Lean Human Concept

Ich glaube, wir laufen in eine Art Parkinson-Prinzip auf IT-Ebene. Erinnern Sie sich an das bekannte Prinzip von C. Northcote Parkinson? In meinen Worten: „Die tatsächlich geleistete Arbeit steigt immerfort an, unabhängig von der zu erbringenden Endleistung." Es liegt nach Parkinson daran, dass Karrieristen immer neue Leute, Praktikanten oder Doktoranden einstellen wollen und mehr Kompetenzen beanspruchen, damit sie ihre Aufgabe aufblähen können und schließlich befördert werden.

Ich glaube, Prozesse sind auch nur Menschen. „Der tatsächliche Prozessaufwand steigt immerfort an, unabhängig von der zu erbringenden Endleistung." Prozesse wollen mehr Kompetenzen erwerben, immer mehr regeln und sie wachsen immer mehr in unser Leben hinein. Von allen Seiten umgarnen sie uns wie Efeu, Oktopusse oder Schlangen und umklammern uns. Sie durchdringen sich gegenseitig und machen sich Konkurrenz. „Dieser Prozess hat Vortritt!" – „Nein, jener, erst muss DAS geklärt werden." Sie dringen darauf, dass neue Unterprozesse erfunden werden, um alles endgültig zu entfilzen und zu vereinfachen.

Parkinson wies seit 1955 in mehreren Studien und Büchern nach, dass sich die Angestellten immer vermehrten – unabhängig von der Gesamtaufgabe. So vergrößerte sich das Kolonialministerium in Großbritannien stetig!

Das geht heute nicht mehr, weil die Prozesse die Menschen abzulösen begannen. Denn Prozesse sind viel billiger als die menschliche Arbeitskraft. Die Welle des Lean Management hat Menschen durch effiziente Prozesse nach und nach ersetzt. Nun aber beginnen die Prozesse, sich wie damals die Menschen selbst zu vergrößern. Die virtuelle Welt dominiert die reale. „Wir können kein neues Werk errichten, weil das in der ERP-Software nicht mehr abbildbar ist."

> Die ich rief, die Geister, werd' ich nun nicht los!

Was können wir tun? Wie können wir uns retten?

Wir brauchen ein integriertes Prozess-Konzept. Es kann nicht sein, dass zum Beispiel manche Prozesse alle Mitarbeiter verpflichtend zu einem Kickoff einladen und dass andere Prozesse die dadurch erzwungenen Reiseanträge aus Einspargründen kategorisch ablehnen. Schaffen wir das, Prozesse des gesunden Menschenverstandes zu bauen?

Ich sehe nicht, dass es jemand ernsthaft versucht, obwohl das Problem doch erkannt wird. Vom meinem einstigen IBM-Chef Sam Palmisano wird kolportiert, dass er unter den vielen Anträgen, neue Prozesse zu etablieren, folgendermaßen stöhnte: „Ihr könnt so viele neue Prozesse einführen wie ihr wollt. Ich genehmige sie alle unter einer einzigen Bedingung: Sie müssen ausnahmslos ohne Eingreifen irgendwelcher Menschen bei unvorhergesehenen Problemen funktionieren. Ich will sie vollautomatisch, sonst gibt es wieder ein Trauma."

Tja.

Ich glaube, dass es damals sehr viele gehört haben. Ich glaube, dass es viele andere CEOs gibt, die das so sagen, aber es wird weiter unten irgendwie nicht verstanden. Es werden keineswegs Prozesse gebaut, die immer funktionieren, sondern solche, denen man sich als Mensch strikter unterordnen muss, was immer sie wollen. „Human follows process." Das macht mich ganz sarkastisch und zynisch. In einer solchen Stimmung rufe ich gleich zum Gegenteil dessen auf, was ich eigentlich will. Ich fürchte, so wird es dann gemacht:

Wir müssen den Menschen grundlegend verändern. Ein Bewusstseinswandel ist bitter nötig. Die Prozesse können nur einfacher werden, wenn wir auf unsere eigene schwierige Individualität verzichten. Wir müssen uns transformieren. Schwierige Menschen verursachen immer wieder Schwierigkeiten in Prozessen. Wir müssen als erst die Menschen vereinfachen, um dann einfachere Prozesse entwerfen zu können. Wir müssen auf den Eigencharakter des Menschen verzichten. Wir müssen den Menschen an sich auf den Prüfstand stellen und fragen: Was von ihm wird wirklich für die Prozesse gebraucht und was nicht? Lassen Sie uns das Überflüssige wegwerfen! Wir entwerfen das Konzept das „Lean Human!"

# Kapitel 33
# Warnung vor Lustlosigkeit auf Identitätssuche

Das Internet revolutioniert uns ganz schnell, aber wir fühlen das gar nicht so. Ich selbst kann das Rasen nur begreifen, wenn ich mich zeitlich umschaue. Mein Verlag kann gerade ein Buch von 2006 nicht einfach so als eBook herausbringen, weil eine solche Möglichkeit nicht im Vertrag geregelt wurde! Damals schworen die Pressefotografen noch auf Kodak-Filme. Meine Frau, Bibliothekarin bei Max Planck, hat den Weihnachts-Kindle lange verschmäht und es jetzt liebgewonnen... Das sind aber nur die Vorboten, die jeweiligen technischen Zeichen. Im Grunde verändern sich unsere Identitäten. Entwickeln wir uns weiter und suchen neue? Oder graben wir uns ein?

## Persönlichkeit, Management, Businessmodell... – wie weiter?

Wir selbst verändern uns und werden vielleicht Digital Immigrants; unsere Kinder haben es dagegen einfach – sie müssen keine neue Identität finden, sie kommen nämlich gleich als Digital Natives auf die Welt. Es gibt immer wieder hoch aufflackernde Diskussionen, dass die Welt jetzt endlich wieder einmal besser werden kann (was manche euphorisch erwarten) oder rabenschwarz schlechter werden muss (was andere scharf bekämpfen). Viele von uns gehen mit der Zeit und wandern digital ein, andere bleiben „Analogs", so lange sie nur können, auch wenn sie schon in der digitalen Welt leben. Ich habe diese in meinem letzten Buch „Analog Exiles" genannt, das sind Mitmenschen, die sich als Analoge seelisch wie im Exil fühlen, wenn sie unter den Digitalen leben (müssen).

Wie sieht die Persönlichkeit 2.0 aus? Wie erziehen wir sie im Sinne von Humboldt 2.0?

Am Arbeitsplatz beobachten wir eine zunehmende Veränderung der Kommunikationswege – weg von den Hierarchien, hin zu „Social Media". Dieser letztere Begriff ist übrigens noch ganz jung, auch wenn er Ihnen schon ganz gut über die Zunge kommen sollte. Wenn Sie es nicht glauben, geben Sie ihn auf dem Portal *Google Trends* ein. Sie sehen grafisch, dass „Social Media" schon seit 2004 vereinzelt gegoogelt wird, dass es aber Artikel zum Begriff erst seit 2008 in nennenswerter Zahl gibt. Seitdem „hebt alles ab"! Die Hierarchien und Abteilungen lösen sich in Unternehmen langsam auf. Mitarbeiter sind jetzt immer mehr in etlichen verschiedenen Projekten, Rollen und Prozessen tätig, wo sie jeweils andere Chefs haben oder selbst Chefs sind. Der Org-Chart wird zum Netz. Gibt es

G. Dueck, *Dueck's Jahrmarkt der Futuristik*,
DOI 10.1007/978-3-642-55371-4_33, © Springer-Verlag Berlin Heidelberg 2014

schon Netz-Org-Charts, die nicht wie Stammbäume aussehen? Wohl nicht… Ein Verant-
wortungsnetz? Welche Menschen sollten in welcher Weise lenken, anordnen, entscheiden
und steuern? Müssen wir nicht alle autoritären Manager gegen neue Manager 2.0 aus-
tauschen? In unternehmerisch agierende Vorbilder, deren positive Energie mitreißt? Wie
gehen Menschen nun miteinander um? Wie werden sie Professionals in der neuen Welt?

Die Unternehmen selbst suchen neue Formen. Sie studieren neue Geschäftsfelder und
Businessmodelle. Sie spüren, dass die Zukunft neue Kulturen erfordert – innen im Unternehmen und im Verhältnis zum Kunden. Die belächelten Anfänge des dot.com Booms
wirken sich über die Zeit aus. Was früher Versuchslabor war, wird jetzt zur Schwelle für
alle, die jeder für sich ein „Second Life" planen müssen. Wie gehen Unternehmen mit
Facebook um? Mit Kunden im Netz? Wie verändern sich Unternehmen selbst? Ich habe
an dieser Stelle schon immer gesagt, dass wir bald Leichenpredigten halten werden. Es
war die ganze Zeit zu sehen, dass das mobile Jahrzehnt die PC-Hersteller schluckt, die
reinen Festnetzanbieter, die Printmedien und Druckmaschinenhersteller, die Informatik-
Vorlesungen und die Finanzinstitute – und dass die Piraten die Politik entern. Ja, neulich
habe ich eine Keynote bei einem evangelischen Kirchentag über die neue Identitätssuche
gehalten – ach, und viele Kommentare zeigen, dass die Pastoren den Wandel nicht in
der richtigen Weise spüren – sie merken schon, dass weniger geglaubt wird und sich die
Kirchen leeren, aber das „ist ein Zeichen der Zeit", denken viele, nicht ein Sterben des
„Geschäftsmodells klassischen Gottesdienstes".


## Widerstandsarten


Wer nicht energisch nach neuen Ufern und Identitäten suchen will, kann

- abwarten,
- sich als älterer Mensch für unbetroffen erklären
- angesichts der Ideale der geforderten Zukunft verzagen
- jedem Trend unkritisch hinterherjagen
- das Anpassen ans Neue mit minimalem Aufwand faken
- das heute Ideale mit den Unvollkommenheiten des Neuen vergleichen und granteln

Die meisten warten ab. Das hemmt das Neue beträchtlich und verzögert den Übergang so
sehr, dass man in gewisser Weise allgemein annehmen kann, es werde gar keinen geben.
Diese Tendenz haben die dot.coms gnadenlos unterschätzt; für diesen Irrtum ist viel Geld
verbrannt worden. „Mein Vorstandsvertrag läuft in drei Jahren aus, das tue ich mir nicht
mehr an!", habe ich so oft gehört.

Viele Leistungsträger der gestrigen Zeit haben Angst, in der neuen Welt nicht mehr zu
genügen. Werden sie dort wieder die Stars sein können oder werden sie auf dem neuen
Turf von den Jüngeren glatt geschlagen? Das befürchten sie, meist zu unrecht. Sie haben
es ja noch nie probiert! Wer einmal seinen Beruf mit Freude gewechselt hat (hab ich), wird
nach dem neuen Erfolg nie wieder so etwas Ängstliches denken…

Auf der anderen Seite sieht das Zeitalter 2.0 für viele irrtümlich wie ein Land aus, in
dem Milch und Honig fließen. Wie Goldsucher ziehen sie rauschhaft los und machen

jeden Trend mit. Sie sind bei Facebook, twittern, sammeln Follower, bloggen, probieren das Eröffnen von Shops im Internet – na, zumindest sind sie trendy und können in jeder Feinheit mitreden – das geht schon ab zwei Stunden Internet-Rumdaddeln pro Tag oder so?! In den Unternehmen probieren sie alle Möglichkeiten neuer Kommunikation, ohne die Managementattitüden der Vergangenheit genügend zu verändern… das klappt oft nicht gut, da wird viel gefaket! Viele Unternehmen haben jetzt Facebook-Fanseiten, aber ohne Fans, die dann durch Rundmails an alle Mitarbeiter beschafft werden oder die man einfach durch Bezahlen von Ads kauft.

Das Hauptmerkmal dieses zögerlichen Aufbruchs in die neue Zeit ist die unverkennbare Unlust. Die Telekoms haben keine Lust auf LTE, die Verlage keine auf eBooks, das Fernsehen keine für die im Kleinen nebenbei betriebenen Internetkanäle, die Energieversorger haben keine Lust auf Solar und Erneuerbarkeit, die Banken lieben die zurückbleibenden Filialen, die sie heute noch nicht geschlossen haben, die Tageszeitungen sind nur noch halb so dick, weil die Anzeigen der Sparten Immobilien, Kontakte, Stellenangebote sich langsam auf Portale im Netz und Apps in Smartphones davonmachen. Die Unlust ist so sehr spürbar, dass man auch von Abwarten sprechen kann, dessen schlechtes Begleitgewissen durch halbherzige Versuche gemildert wird.

Ja, und dann retten uns Theorien und Bücher wie das über „Digitale Demenz" von Manfred Spitzer, der es den Neuerern einmal so richtig zeigt. Spitzer müht sich um das Anbringen von Argumenten dafür, dass alles rund ums Internet unsere Konzentration zersplittert, die Merkfähigkeit mindert und uns keine Unerreichbarkeitsruhe mehr lässt – dass es uns mit seinen Lüsten süchtig macht nach Spielen, Zeitverschwenden und dem Thema Nr. 1! Das Gehirn verändert sich bei dem, der sich haltlos dem Internet hingibt! Die Kinder sind in Gefahr! Beschützt sie vor Smartphones und Tabs! Lasst sie lieber daheim musizieren und aus Büchern lernen, wie es manches Erfolgsmodell von gestern vorschreibt.

Hier wird das Neue nur in seinen hässlichen Farben gesehen. Das Googlen dient nicht etwa dem steten Dazulernen, sondern es ersetzt das Lernen ganz, weil doch bestimmt immer nur bei Bedarf eine Antwort ergoogelt wird, ohne sie sich je zu merken! Facebook dient nicht der Freundschaft – oh nein! Man sieht es ja, da werden Plattitüden und unsägliche Triviales und Peinliches verbreitet, die dann ewig im Netz mit der Person verbunden bleiben! Da wird gemobbt, beschimpft – im Netz statt auf dem Schulhof! Da schreiben Schüler nur ab statt zu denken, das Faken von Doktorarbeiten wird leicht, wo man früher noch abschreiben musste. Die ganze Menschheit wird digital dement, wenn sie sich nicht sofort von ihrem neuen Götzen abwendet…

Ach, das ist doch ein alter rhetorischer Kniff, das Gegnerische nur in den Nachteilen zu sehen und das Propagierte nur in Goldfarben. Dieser Kniff wirkt meistens gut, weil die damit Angegriffenen die eigenen Nachteile energisch bestreiten und niedrig reden. Damit reiten sie sich erst in die Probleme hinein, weil man sie zwingt, sich nur von Fehlern zu reinigen statt das Eigene hochzuhalten. Damit findet die Schlacht auf deren Boden statt, nicht dort, von wo sie ausging… Und das Schlachtfeld des Internets sind die Schießspiele, die Unanständigkeiten, die Verleumdungen, die Süchte und das Triviale.

Mit dieser schmutzigen Sicht erleichtern sich die, die lieber noch abwarten wollen – sie warten weiter ab.

## Multikulti-Übergänge

Viele versuchen den allmählichen Übergang. Geht das? Halbherzig? Ich bin den letzten Jahren so etwas wie Schriftsteller geworden. Das habe ich direkt Ihnen hier zu verdanken! Ich sollte im Jahre 1998 bei der IBM einmal etwas zum Thema *Business Intelligence* schreiben, da habe ich einen launigen Beitrag geliefert, der absolut nicht zum politisch korrekten Stil der Firma passte und vielleicht auch deshalb weithin gelesen wurde. Diesen Artikel reichte ich als Beitrag zu einem geplanten Sonderheft des *Informatik-Spektrums* ein, das aber nicht erschien. Hermann Engesser behielt meinen Beitrag ein und publizierte ihn in drei Teilen (er war lang) in drei aufeinanderfolgenden Heften des *Informatik-Spektrums*. Wegen Ihres positiven Echos schrieb ich noch etwas anderes, daraus wurde mehr, und die heutige Kolumne Beta-Inside war geboren. Ich bot ein Buch zum Thema an (*Wild Duck*) und merkte, dass sich mein Leben verändern könnte. Sollte ich nicht ganz und gar Philosoph werden? Dichter? Wirklich so weit weg springen, wo ich doch in Nachrichtentechnik habilitiert und inzwischen Manager war? Darüber habe ich lange nachgedacht, wirklich sehr lange – es musste ja irgendwie mit meinem Beruf bei der IBM kompatibel sein oder aber sehr revolutionär ausfallen. Ich habe dann so etwa alle Freizeit vieler Jahre freudig geopfert, um mit vollem Herzen und voller Energie im neuen Feld wieder wirklich „spitze" zu sein – so der Plan – und im alten an der Spitze zu bleiben… Das habe ich eisern durchgehalten – Sie können sich ja vorstellen, was in meiner Familie oder in der Firma dazu an Zweifel geäußert wurde. „Du willst etwas bewirken? Statt nur arbeiten? Warum bewirken? Weißt du, was du vorhast?" Und Sie haben ja im letzten Jahr mitbekommen, dass ich zum 60. Geburtstag das „Alte" dann einfach „in Pension" gehen ließ und heute eben das bin, was sich damals, mit meinen ersten Kolumnen hier, schon schwach abzeichnete. Es war ein Jahrzehnt des „reinventing myself".

Und wenn ich nur eines sagen soll, was beim Neuerfinden wichtig ist, um so etwas zu schaffen: Es geht nur mit vollem Herzen und mit einem gewissen Sendungsbewusstsein, das Ganze auch im Sinne der Sprunghöhe wirklich wissen zu wollen. Ich glaube nicht, dass man sich *nebenbei* neu erfinden kann – so wie Leute nebenbei den Doktor oder MBA machen – damit bekommt man vielleicht einen Visitenkartentitel, vollzieht aber keine Neuerfindung! Kein Holz sammeln und Nägel sortieren! Sehnsucht nach dem Meer! Anmerkung: Saint-Exupéry! Immer zitiert, bis zum Überdruss zitiert, aber meist ist von Sehnsucht nach dem Meer, ja von Sehnsucht überhaupt weit und breit nichts zu spüren.

Leider ist es nun so, dass so sehr viele Unternehmen das Neuerfinden nicht ernst nehmen und genauso nebenbei betreiben wie jemand, der am Feierabend noch kurz an seiner Doktorarbeit weitermacht. Die Buchhändler richten irgendwann einen Bestellflachbildschirm ein. „Sie können online bestellen und das Buch dann bei uns abholen – es wird nicht nach Haus geschickt wie bei Amazon, weil wir Wert auf das Persönliche beim Überreichen des Buches Wert legen. Kommen Sie ruhig mal rein zu uns, zu Thalia Heidelberg Innenstadt, und zahlen sie noch 4,50 € Parkhaus und 2 L Benzin drauf, das dauert auch nur ein Stündchen." Gerade kam ein Anruf von Verwandten: „Wir haben einen total schönen Fernseher in einem Riesenmarkt gefunden, da gehen wir immer hin, weil wir nicht blöd sind." Hey, Geiz ist geil! Wir haben eine junge Dame dabeigehabt, die so ein neumodisches iPhone dabei hatte und noch kurz den Amazonpreis abcheckte. „120 € ist es dort billiger! One-Click-Order und ab nach Hause. Wir sind doch nicht blöd."

Abschweifung: Im Heft 2 des Informatik-Spektrums aus dem Jahr 2000 finden Sie noch einen historischen Abschnitt „Amazons Verluste machen reich" aus meiner Kolumne, in der ich die damalige Strategie pries, viele Kunden unter Verlust zu erobern. Da hagelte es böse Kommentare von Lesern, na so etwas, was Sie heute unter Mini-Shit-Storm verstehen würden. Heute sind wir 12 Jahre weiter – und plötzlich merken die Buchketten, die Printmedien und auch der Metrokonzern, dass es ernst wird, sehr ernst. Zwölf volle Jahre später!

Die Berater-Banken geben uns immer noch vollkommen ungerührt ein halbes Prozent für das Tagesgeld, während es bei Direktbanken das Doppelte bis Dreifache an Zinsen gibt. Die Stiftung Finanztest hat festgestellt, dass die Berater der Filialbanken eher schlechter beraten als der erklärende Text auf den Webseiten der Internetbanken. Auch hier dauert es zehn bis zwanzig Jahre bis zum harten Aufschlag – den haben die Banken erst mit Selbstspekulieren und Zocken hinausgezögert und dann so richtig eingeleitet.

Die Kirchen verlieren Gottesdienstbesucher („Na und? Mir ist ein einziger echter Christ bei der Predigt lieber als eine Meute von Absitzern."), nun aber auch langsam mehr und mehr Kirchensteuerzahler, die nun nicht mehr nur nicht in die Kirche kommen, sondern austreten. Dazu kann schlecht „Na, und?" gesagt werden, aber „Was nun?" Vielleicht ein Neudesign der Predigten für Digital Natives? Riesenlautsprecher in die Kirchen statt immer nur Orgel? Pommes Frites und Eis beim Kirchendorftag statt Weinschorle und Leberwurstbrötchen für Zahnproblematiker? „Eis! Fanta! Das wäre Bestechung von Junggläubigen, es ist wie das Begrüßungsgeld für Bankneukunden, Herr Dueck!" Und ich frage: „Und was, bitte, ist Weinschorle?"

Die Universitäten winden sich seit Jahren unter den Notwendigkeiten, angesichts des Internets die Lehre und auch Forschung neu zu erfinden. Nach den Erfolgen der Khan Academy und denen des Bielefelder Professors Jörn Loviscach in der Mathematik fangen jetzt Einzelne an, Hobbyvideos von Vorlesungen zu machen, wo doch Harvard, Princeton & Co schon Großunternehmen planen.

Ich selbst war die letzten Jahre Cloud Manager bei IBM – und ich sehe überall, bei Firmen und Kunden, die schwach säuerlichen Gesichter. „Schau mal, nach vielen Jahren Schmerzen haben wir uns endlich zu Outsourcings entschlossen, das war keine Lustpartie des Übergangs! Und dann haben wir noch dazu vieles nach Asien verlagert. Nun ist es halbwegs stabil, jeder weiß, wie Outsourcing geht. Und jetzt sollen wir alles wegwerfen und mit Cloud anfangen? Ach komm..."

Lange Erklärung, kurzer Sinn: Die Übergänge werden als trübe Mühe und als Notwendigkeit gesehen. Sie werden nicht als freudige Innovation mit Lust betrieben, sondern als erzwungener Wandel, der durch beginnende Schmerzen diktiert wird. Buchhandel, Verlage, Universitäten, Schulen, Banken, Versicherungen, Energieerzeuger wollen nicht wirklich. Sie übernehmen nicht den Frohsinn „Dank Informatik..." der Gesellschaft für Informatik, sondern sie fürchten sich vor dem tiefen Tal...

Was geschieht? Da die Berater spüren, dass niemandem so richtig nach echten Taten zumute ist. Sie merken, dass sie daher nur Anpassungen verkaufen können, wobei ja eigentlich grundlegende Innovation gefordert wäre. Deshalb propagieren die Berater jetzt „Multi-Channel-Strategien". Jedes Unternehmen muss jetzt das Alte weitermachen wie bisher, aber schon etwas ins Internet gehen. Ah, jetzt kann man also bestellte Bücher in der Buchhandlung oder bestellte Medikamente im Drogeriemarkt abholen! Man kann bei der Sparkasse jetzt zu den gleichen Kontogebühren die Kontoführung daheim selbst übernehmen, bekommt aber den Tagesgeldzins eines etablierten Geldinstituts (ein halbes Prozent).

Wird das lange gut gehen? Sollten die Preise in den verschiedenen „Channels" gleich sein? Dann müssen sie eigentlich so hoch sein wie die notwendigen Preise des Hauptchannels (bei Banken die der Filiale) und sind damit nicht konkurrenzfähig. Sollen sie unterschiedlich sein, also „über Internet niedriger"? Dann blutet der Hauptchannel aus... Hott oder Hü? Hü („auf geht's!" oder alt beim Pflügen: „links herum!") oder Hott (alt: „rechtsherum!")? Was soll der Kutscher befehlen? Da gibt es wohl eine Gleichung:

Hü! + Hott! = brrrr! (anhalten)

Ich will jetzt nicht alle Multi-Channel-Strategien für unsinnig erklären, aber diese Lustlosigkeit oder Halbherzigkeit tötet doch, wo Neuerfindung angesagt ist! Es muss doch ein Ziel geben, nicht nur die Abwehrlinie gegen den Profitverfall oder die professorale Existenzberechtigung, Literaturvorlesungen vom Pult aus vorzutragen oder mit Vorlesungen aus der Kreidezeit zu langweilen.

## Ein Königreich für ein Ziel oder eine neue Identität!

Die meisten wollen sich gar nicht neu erfinden – und wenn es schließlich sein muss, stellen sie fest, dass sie schon tot sind – na, mindestens schon etwas kalt.

Bei der IBM ist Mitte der 90er Jahre das so genannte „Verschlafen" des PCs, des DOS oder Betriebssystems („Microsoft") und der Entwicklung von Chips („Intel") so sehr in die Glieder gefahren, dass dort seit dem Amtsantritt von Lou Gerstner das Neuerfinden zu einer hoch angesehenen Top-Angelegenheit geworden ist. IBM hat sich hin zum Service gewandelt, das PC- und Festplattengeschäft aufgegeben, sich dem Outsourcing zugewandt, Asien für eigenes Geschäft erschlossen und plant jetzt den Wandel zu einer mehr Software orientierten Firma. IBM wird jetzt an den Börsen euphorisch gepriesen, vieles richtig gemacht zu haben (die Freude unter den Mitarbeitern könnte besser dazu passen – Wandel ist eine große Belastung, bei aller Freude über den Erfolg!).

Haben Sie selbst mir nicht auch lange Zeit schadenfroh entgegengeschleudert, wie IBM alles, was Microsoft und Intel an Milliarden gemacht haben, selbst verschlief? Ach, was habe ich an Häme von Microsoft hören müssen! „IBM denkt nur in Riesenkisten, Rechenzentren und Monolithen – was Kleineres seht ihr gar nicht, oder? Kleinvieh macht auch Mist!" Hohn, Spott und Schande! Was ist passiert?

Microsoft hat die Smartphones verschlafen, es wurde nur an die großen PCs gedacht, nicht an Handys. Die sind Microsoft zu klein gewesen. Nokia auch! Nokia hatte doch so ein tolles Handy mit Tasten! Kodak hatte in den 70er Jahren bereits Digitalkameras auf dem Reißbrett!

Ich will sagen: Das Verschlafen kommt sehr oft vor, und immer wieder in derselben Form. Bitte schauen sie auf Microsoft, wie es IBM hämt und wenige Jahre später das gleiche Schicksal erleidet! Verschlafen ist sehr leicht und geht immer nach der gleichen Prozedur im Erfolgssolarium! Das Neuerfinden ist das Problem!

Aber wie? Die meisten Manager haben Probleme, eine neue Identität zu entwerfen, die die Grundlage einer Neuerfindung wäre. Da lesen sie begierig Bestseller mit Titeln wie „Was würde Apple tun?", „Was würde Google tun?", „Was würde Amazon tun?".

Das sind eventuell die falschen Bücher, denn Apple, Google, Amazon, Facebook & Co. HABEN ja eine Identität, in die sie langsam hineinwachsen, immer noch weiter und größer! Apple wird schon von Samsung gestört, Facebook von sich selbst, aber immerhin – sie bilden sich noch aus und expandieren. Das Problem aber ist, eine schon voll ausgebildete Identität ganz neu zu formen. Das Umbilden von Identitäten oder eine Neuorientierung des Lebens oder des Geschäftsmodells lernt man doch nicht von Kindern oder Neugründungen. Die haben ein Ziel, eine erhoffte Identität und vor allem unbändige Energie und Lust, alles an den Hörnern zu packen.

Neuerfindung ist eine viel höhere Kunst als nur Erfindung! Fragen Sie Madonna, die hat es mehrmals geschafft – wird aber nun erkennbar müde...

Deutschland hat als Land dieses Problem der Neuerfindung. Staaten wie Singapur oder Südkorea streben auf, China, Indien und Brasilien ebenfalls. Sie erfinden sich wie Neugründungen, aber „wir hier" müssen uns neuerfinden. Wir sind vermeintlich noch „Made in Germany", wir sind im Traum noch „soziale Marktwirtschaft", wir sind weh gefühlte „Exportweltmeister" und nach Ansicht anderer das „Land der Dichter und Denker". Das sind wir alles nicht mehr, aber wir erinnern uns noch daran, also scheint es noch so zu sein. Globale Studien, die uns Mittelmäßigkeit bescheinigen, ignorieren wir, solange der mehr süddeutsche Maschinenbau (der das alles oben Geträumte wohl immer noch ist) uns alle über Wasser hält.

Auch wir in Deutschland brauchen eine neue Identität, ein Ziel und eine Perspektive! Darum geht es, nicht um Steuersätze, Staatsrenten für Verarmte, Mindestlöhne und das immer noch existierende Analphabetentum. Diese Debatten handeln wir uns ein, weil wir eben noch keine Neuerfindung geschafft haben. Deutschland als Ganzes leidet wie eine Großbuchhandlung oder ein Riesenelektronikmarkt unter der neuen Zeit – und wagt sich immer noch nicht wirklich hinein.

Lust, Freude, Sonnenoptimismus brauchen wir wieder, ein Ziel, einen Neuaufbau, für den es die harte Arbeit wieder lohnt. Und die blüht es ganz sicher, das kann ich Ihnen versichern. Immer wieder: Warum erklären wir uns nicht für das Land der Innovation, der Medizin-, Solar-, meinetwegen Gen-, Spezialmaschinen-, Bio-, Nano-, IT- etc. etc. – Technologie und ziehen daraus entschlossen Konsequenzen für Bildung, Vernetzung, Industrieansiedlung und Neubeginn?

Kommen Sie nicht mit Ausreden wie „zu ehrgeizig". Wie hörte ich neulich einen der Chefs, auf die Sie angeblich hören? Ich erinnere mich: „Wir bei Google lieben megaehrgeizige Projekte, da ist der Wettbewerb kaum zu spüren." Im wirklich Neuen müssen Sie nur spitze sein, ohne Blick nach rechts oder links. Nicht Hü und Hott gleichzeitig.

Einfach Hü! Los geht's!

Ade, Land der Dichter und Denker!

Hallo, Land der Lichter und Lenker! Spot an! Hü!

# Kapitel 34
# Wildes Wunschkind Innovation

Alle wollen Innovation! Neues soll geboren werden, es soll Wohlstand und Heil über die Erde bringen. Wir alle wünschen uns die Innovation so sehr. Sie ist unser Wunschkind. Dies Kind soll anders und besser sein als wir selbst, ach dieses Wunschkind, es soll mit dem Alten Schluss machen, sich völlig anders verhalten und uns zum Umdenken begeistern. Und dann? Da wird es geboren, das wilde Wunschkind Innovation. Es ist tatsächlich anders. Das aber ist jetzt ein Problem.

## Die Geburt des Neuen

Das Neue kümmert sich nicht um das Alte, es wächst einfach frech heran, es krabbelt und sabbelt, es kleckert und meckert, mal putzig, meist schmutzig. Es kann am Anfang nichts, hat keine Ahnung von der Welt und eignet sie sich durch Beißen und Begreifen in einer bedenklichen Weise an. Es entwickelt originelle Sichten auf manches. So drollig hatten wir das noch nie gesehen! Im zartesten Alter spielt es schon mit neuester Technologie, es kann die SaugApp am Tablet launchen und nutzt beim Krabbeln das neue Gebäude-Google-Map als Navi… Mit einem Wort: Es nervt unendlich.

Wir müssen aufpassen, dass es nicht die wohlanständigen Bahnen verlässt. „Pass auf! Nicht dahin! Hinter dieser Schwelle ist Pfui! Du, lass das, so geht das nicht. Keiner macht das so. Es ist nicht erlaubt, außerdem bist du dafür zu klein, du kannst leider noch nicht nachdenken, bevor du etwas tust. Das tun wir Erwachsenen alle. Wir bedenken sorgfältig, und meistens muss man dann nichts mehr tun, weil alles zu gefährlich ist. Das ist die Erfahrung, die Ältere so unschätzbar wertvoll macht. Weise ist schließlich, wer schon gar nicht mehr bedenkt und von vorneherein nichts mehr anders macht, es hat doch keinen Zweck. Die Welt ist, wie sie ist. Ach, warum sind Kinder immer neu ganz anders, und man hat seine liebe Mühe damit."

So ist Innovation. Wir wünschen sie uns. Sie soll ganz neu sein, aber lieber doch nicht anders.

G. Dueck, *Dueck's Jahrmarkt der Futuristik,*
DOI 10.1007/978-3-642-55371-4_34, © Springer-Verlag Berlin Heidelberg 2014

## Das Zwanghafte Prinzip besonders im Deutschen

Ich liebe die Gegenüberstellung des zwanghaften und des hysterischen Prinzips aus dem berühmten Buch *Die Grundformen der Angst* von Fritz Riemann (1961). Psychologen sagen, das Zwanghafte sei eine Art Angst vor Veränderung und Wandel, das Hysterische sei eine Angst, dass alles genauso bleibt, wie es immer ist. „Papa, mir ist langweilig!", quarrt das wilde Wunschkind Innovation.

Angelehnt an Rudolf Sponsels Buch *Die vier Grundstrukturen nach Fritz Riemann's Grundformen der Angst* gebe ich kurz eine Skizze:

*Zwanghafte Persönlichkeit* Sie zielt auf Recht und Ordnung, wahr und falsch, jede Frage hat eine richtige Antwort, sie liebt Kontrolle, Macht und Beherrschung. Alles muss perfekt sein. Sie ist gewissenhaft, ehrgeizig, ausdauernd, hartnäckig, sauber und sachlich. Sie strebt nach Sicherheit, Eigentum, ist deshalb vorsichtig und sparsam. Sie ist bodenständig, konservativ, konsequent und immer verlässig. Unter Stress stur und rauchend ärgerlich.

*Hysterische Persönlichkeit* Sie möchte ein anregendes, interessantes, spannendes Leben voller Abwechslung und Abenteuer, dafür sind ihr auch Risiken recht („no risk, no fun"). Sie ist impulsiv, unternehmungslustig, liebt die Show, das Stehen im Mittelpunkt und den damit verbundenen Applaus. Sie giert nach Kontakten, begeisternden Momenten, neuen Ideen. Gleichzeitig ist sie unstet, oberflächlich und immer auf der Suche nach Neuerungen.

Innovation ist „hysterisch", aber passt sie zum normalen Leben in Deutschland? Das ist mehr zwanghaft. Wenn wir einmal von Menschen im engeren Sinne absehen und über andere Kategorien nachdenken – können Sie mir die folgende Feststellung nachfühlen?

*Wissenschaft ist zwanghaft.*

Da ist alles wahr und falsch, sorgsam bewiesen – da wird nicht spekuliert und phantasiert! Jeder Gedanke wird erst bewiesen, dann kommt der nächste Gedanke. Das Beweisen nimmt 999 Promille aller Zeit ein. Wissenschaftler sind ausdauernd und hartnäckig… Sie verstehen schon, was ich meine. Der Elfenbeinturm ist nicht hysterisch. Natürlich gibt es ab und an Innovationen durch Einstein, Daimler, Reis oder Zuse, aber die sind meistens nicht so wirklich an der Universität, weil sie einfach meilenweit drauflos denken und sich kaum einmal ein Jahrzehnt zum Beweisen abringen lassen. Sie bauen unter Jubel drauflos und behaupten meist, das Neue mache Spaß und man brauche eigentlich mehr Begeisterung als IQ. Begeisterung aber wird doch schon früh in Schule und Uni weggeprüft?

Gut – einiges an Hysterischem wird sich in der Wissenschaft mühsam in runden Ecken der Phantasie erhalten können, aber es gibt vollkommen trockengelegte Bereiche der Wissenschaft, in denen das Hysterische fast einen Platzverweis bekommen würde. Ich behaupte einmal – ohne jetzt ganz durch eine ganze Uni zu pilgern:

*Die Betriebswirtschaft ist eine durch und durch zwanghafte Wissenschaft.*

Sie befasst sich mit Methoden und Abläufen, sie analysiert und optimiert. Es geht um Beratermethoden, Managementmethoden, Listen, Rezepte und Verfahrensvorschriften. Juristen und Betriebswirtschaftler kennen durchaus den Begriff der Kreativität (etwa in der Zusammensetzung „kreative Buchführung"), aber da geht es mehr um vorteilhafte Regelabweichungen zum eigenen Nutzen, nicht um *Neues*!

Nun stellt man sich allgemein vor, dass die Wissenschaft neue Ideen gebiert und diese dann von irgendwelchen Wissenschaftlern, Erfindern und dann auch Managern oder Investoren „umgesetzt" werden, wie man sagt. Aber diese Gesellschaftsgruppen sind doch zwanghaft! Sie beweisen oder sie managen 999 Promille ihrer Zeit, sie arbeiten doch nicht wie das wilde Wunschkind Innovation? Sie passen nur auf die Innovationen auf, damit sie der Wissenschaft und der MBA-Prägung entsprechen und nicht davon abweichen und dass sie methodisch und nach Plan erzeugt werden und berechenbare Ergebnisse erzielen.

Wer wilde Kinder methodisch zähmt, normiert oder verdirbt sie. Wer Innovationen nach dem zwanghaften Prinzip hervorbringen will, scheitert also in beiden Fällen. Kann es also überhaupt Innovation geben? Huuih, das habe ich mich gefragt und ein ganzes Buch darüber geschrieben. Es heißt *Das Neue und seine Feinde.* Wer sind die Feinde des Neuen? Fast alle. Kann man trotzdem etwas machen? Ich hätte gerne einen Untertitel wie *Sisyphos schafft es doch* gehabt, aber dann wurde es *Wie Ideen verhindert wird'en und wie sie sich trotzdem durchsetzen.*


## Die Phasen der Innovation


Das erste mir bekannte grobe Innovationsphasenmodell stammt von Arthur Schopenhauer. Von ihm stammt der Satz: *Jede neue Idee durchläuft drei Entwicklungsstufen: In der ersten wird sie belacht, in der zweiten bekämpft, in der dritten ist sie selbstverständlich.* Zuerst lachen wir über die Protagonisten einer Idee! Die ersten Handy-Besitzer waren eitle Dandys, die sich laut labernd wichtig machten, sie breiteten banal öffentlich ihr Privates im Zug oder Restaurant aus, so wie heute die wieder in einer nächsten Runde ausgelachten Trivialtwitterer oder Facebookies („Ich habe überall Fußpilz, Mutti darf es nicht merken"). In einer zweiten Phase, wenn zum Beispiel plötzlich alle im Internet sein sollen oder alle ein Smartphone ständig empfangsbereit halten sollen, schreit die bisher schweigende oder ätzende konservative Mehrheit laut auf und bläst zum Kampf. Jetzt tragen die Gegner Kampfbücher wie *Digitale Demenz* von Manfred Spitzer (Kampfruf der Stammtische: „Klicken macht dumm!") oder *Das Glück der Unerreichbarkeit* von Miriam Meckel (Kampfruf: „Ich bin doch kein Hausdiener!") wie Waffen vor sich her.

Das Buchwesen verlachte Amazon, heute kämpfen sie. Die Mediamärkte und Saturne fanden eBusiness blöd, jetzt müssen sie überleben. Sie alle haben so viel Zeit mit dem Lachen verloren!

Es gibt inzwischen schon akademischere Theorien über Innovation. Geoffrey Moore hat vielleicht den größten Eindruck hinterlassen, theoretisch natürlich. In meiner Lesart des Buches *The Chasm of Innovation* stellt sich die Situation so dar (Abb. 34.1):

Geoffrey Moore hat den Ausdruck „Early Adopters" statt Protagonisten benutzt etc. Ich wollte es etwas mehr Deutsch haben. Erklärung zur Grafik: Ein paar (ausgedrückt durch die Glockenkurve) Protagonisten verherrlichen eine Idee oder einen Plan und haben oft schon Prototypen in Gebrauch, die für normale Menschen noch viel zu viele Macken und Unbequemlichkeiten haben. Im Grunde ist jetzt erst etwas „nur erfunden", es ist ein erstes unreifes Produkt da, oder die Idee kann vorerst nur anhand eines „Leuchtturmprojektes"

# Reaktionen auf Neues

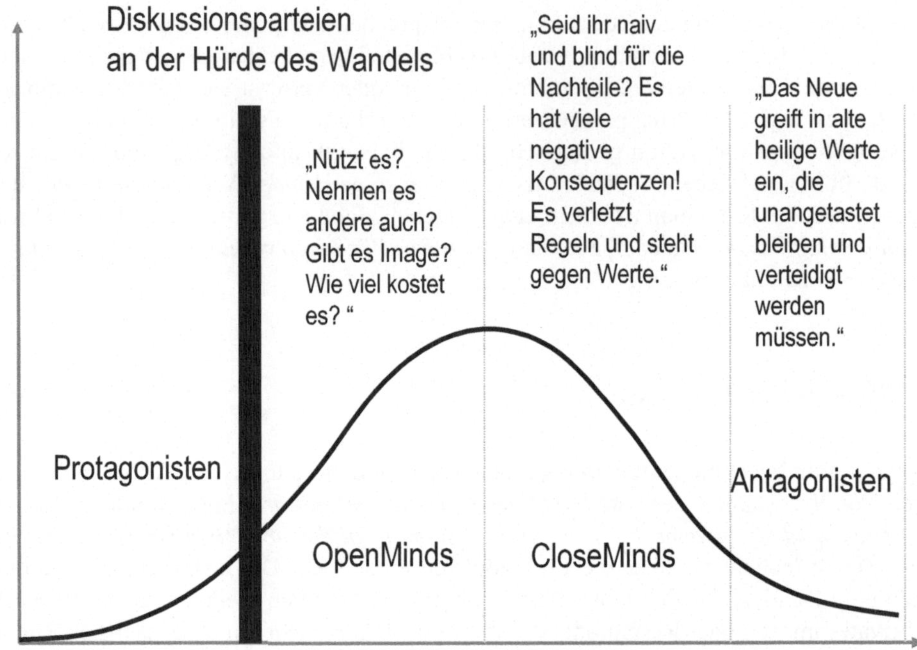


**Abb. 34.1** Reaktionen auf Neues

demonstriert werden. Meist fehlt die Infrastruktur noch ganz („Autos ohne Straßen" oder
„das erste Handy – noch kein zweites da, was angerufen werden könnte"). Die offenen
Menschen, die OpenMinds, registrieren das sehr genau. Sie kaufen nichts, so lange die Sache nicht wirklich reif und irgendwie bezahlbar ist – wobei viel verziehen wird, wenn das
Neue denn wenigstens „affengeil" oder von Apple ist. Zwischen den ersten Protagonisten
und den OpenMinds ist die große Hürde der Innovation. Vor der Hürde ist es eine Idee,
ein Prototyp oder ein Vorzeigeprojekt – hinter der Hürde ist es ein Service oder Produkt.
Eine bloße Erfindung muss über diese hohe Hürde! Erst dann wird eine Innovation aus
der reinen Invention.

Die CloseMinds schauen dieser Entwicklung schaudernd zu und können nicht glauben,
wie „so etwas" überhaupt allgemeines Interesse wecken kann. Sie lachen höhnisch über
den Hype in den Medien. „Google Street View braucht kein Mensch!" – „Cloud Computing klappt gar nicht!" Erst später, wenn die neuen Technologien von den OpenMinds
gekauft werden, vergeht den CloseMinds das Lachen. Nun schimpfen sie! Die Antagonisten schäumen. Meistens ist der Mensch, sein Gehirn oder die Demokratie in Gefahr. „Mein Haus darf nicht bei Google zu sehen sein. Meine Kinder dürfen nur 10 min
wöchentlich ins Internet und Facebook nur bei Enterbung!" So lange CloseMinds über
Cloud Computing lachen, sagen sie: „Geht nicht!", dann, wenn doch es geht, „Es ist nicht

# Verbleibende Resistenzen an der zweiten Hürde

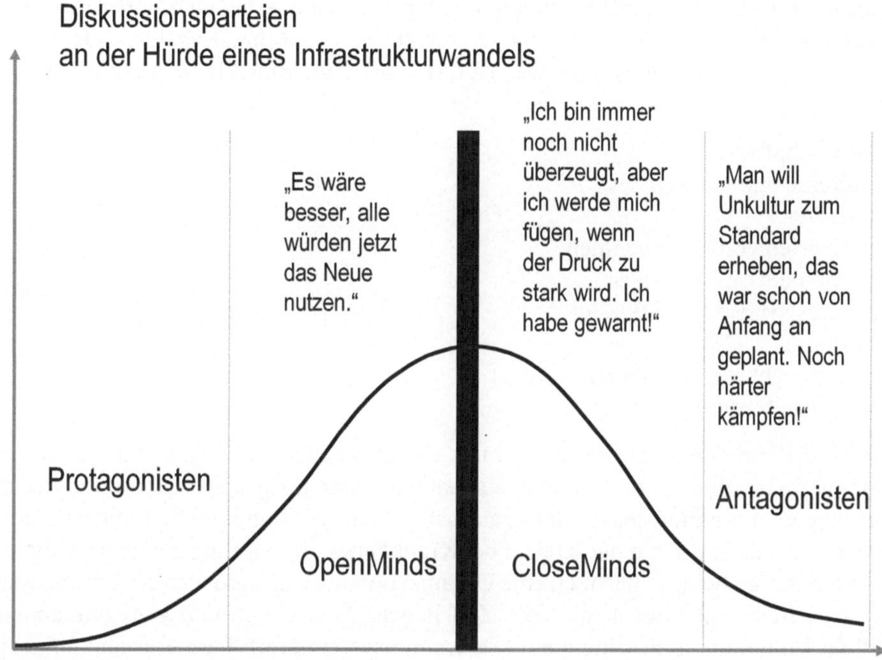


**Abb. 34.2** Die zweite Hürde der Innovation

sicher! Meine Daten werden gestohlen und missbraucht". Die Antagonisten schäumen „Das ist eine ernste Gefahr für die Menschheit!" Da hat sich dann die „Front" schon in die Mitte verschoben (Abb. 34.2).

Viele erfolgreiche Innovationen schlingern noch an der zweiten Hürde, so etwa Facebook. Facebook hat eine Milliarde Nutzer, fast alles OpenMinds. Nun aber, wo die Enkel „Opa, jetzt du auch!" fordern, bricht wieder Krieg aus… „Facebook missbraucht Daten!" Eine Invention muss sich natürlich zuerst einmal überhaupt verkaufen, also eine Innovation werden. Danach oder besser von Anfang an sollte sie sich bemühen, keine Feindschaften zu erzeugen, sonst kann es gleich wieder zum Absturz kommen (z. B. „Energy Drinks töten Kinder!"). Diese zweite Hürde wird – soweit ich sehen kann – noch nirgends thematisiert… Dabei kann es die ersten mühevollen Millionen oder Milliarden kosten („Ich bin wegen der Marktarroganz Applehasser:").

Ich will nun darstellen, wie schwer man sich tut, die erste Hürde zu nehmen. Und ich sage hier noch einmal, dass ich oft fassungslos bin, wie dumm sich Konzerne an der zweiten Hürde benehmen. Das macht mich nicht nur theoretisch als Besserwisser krank, sondern auch als Aktienanleger. Ich glaube, man sollte arrogant wirkende Kleinfirmenaktien kaufen. Es ist gut, wenn sie vor Selbstbewusstsein strotzen. Wenn sie das an der zweiten Hürde nicht besser im Griff haben, verkaufe ich. Da beginnt oft Größennebel, der die CloseMinds und Antagonisten wegwischt und daran Schaden nimmt.

## Die (ungewollten) Feinde der Innovation

Unsere normalen Systeme sind nicht für das Überwinden von Hürden gemacht. Jeder hat einen Job und eine typische Pflicht, Tag für Tag seine Arbeiten zu erledigen. Diese Arbeiten beißen sich mit den Eruptionen durch eine Innovation. Deshalb werden wir alle ungewollt zu Feinden alles Neuen. Wer ist das – wir alle? Eine kleine Auswahl für diese Kolumne:

- Wissenschaftler
- Kongresse und Messen
- Marketing
- Der Vertrieb von Unternehmen
- Management und Manager
- Beratungssysteme und Berater
- Investoren
- Innovationsbücher mit Patentrezepten
- Forschungsförderungssysteme

Bevor ich die nun alle durchhechele, sei mir ein grundlegender Vergleich gestattet. Innovation bringt Unordnung und Risiko in ein stabiles „running system" und wir wissen alle: „never change a winning team". Innovationen stören das Immunsystem eines Unternehmen oder Systems. So wie der Körper bei Krankheiten die Störung sofort beseitigt oder das zumindest versucht, so hat auch eine Organisation unausgesprochen ein Immunsystem von Vorschriften und Regeln, die zum Ziel haben, Ausnahmen und Unregelmäßigkeiten auf ein Minimum zu beschränken. Das Immunsystem greift jede Ausnahme wie eine Krankheit oder einen Feind an. Es ist dabei fast unterschiedslos wütig. Alles Unnormale ist Feind. Alle Innovation ist Feind.

*Wissenschaftler* Sie sehen sich historisch in erster Linie in der Rolle, die Erfindungen und Grundideen, die Visionen und Leitlinien für spätere Innovationen beizusteuern. „Danach muss es von anderen umgesetzt werden." Diese Auffassung, auch dass Forscher gerne Grundlagenforschung betreiben sollen, weicht so langsam dem gesellschaftlichen Wunsch, dass die Wissenschaftler selbst schon für das Umsetzen, also für die Innovationen sorgen sollten. Dieser fromme Wunsch entspringt dem Kopf von heillosen staatlichen Schuldenmachern oder dem von Quartalsgewinntunneldurchblickern – sie wollen mit Wissenschaft Gewinn machen, denn – so die Grundidee der neuen noch zwanghafteren Krisenbetriebswirtschaftslehre – *alles* soll Gewinn machen oder sonst „gleich weg damit". Die Karrieremodelle der Wissenschaftler sind aber seit Jahrhunderten auf das Erringen von Ruhm ausgelegt, nicht von Geld! Wie zwingt man Wissenschaftler, Geld zu verdienen? Die Betriebswirtschaftslehre beginnt mit dem Messen der Wissenschaftlerleistungen. Sie misst Drittmitteleinwerbung („Geld") und Impact Points oder Impact Factors bei Publikationen („Ruhm"). Bis zur Habilitation (Durchschnittsalter bei Habilitation schwankt von Mathematik mit 38,5 Jahren bis 42 in anderen Fächern) wird fast nur auf Ruhm geschaut, danach eher auf Geld. Man erfindet also bis 40, danach wird man Unternehmer? Geht das? Erfinder und Unternehmer stehen praktisch und psychologisch gesehen für zwei ganz unterschiedliche Lebenspläne! Dann forscht man also in Fachgebieten, wo Ruhm winkt, um dann festzustellen, dass hier das Geld erst Jahrzehnte später zu machen ist, nicht gleich nach der Habilitation? Ich will sagen: Bei so divergierenden Zielge knäuel kommt nichts heraus – Forschung schon, weil damit schon früh im Uni-Leben begonnen wird, aber der Schwenk zum Innovator bleibt fast immer aus. Grob gesagt: Der Wissenschaftler bleibt in seinem ganzen Wesen meist vollkommen Protagonist, er bleibt vor der Hürde der Innovation und schaut nicht einmal hinüber, weil vor der Hürde Ruhm geerntet wird und dahinter wahrscheinlich Misserfolg. Da will der Wissenschaftler innerlich gar nichts an seinem Ruhmeswege ändern. Er hat Angst vor dieser Veränderung, wird also zwanghaft.

Neulich habe ich von der Geisteswissenschaft als solcher einen aktiven Beitrag zu Zukunft eingefordert – sie soll nicht immer nur rummeckern und sich nicht in der Papier-Bibliothek hinter Microfiches verschanzen. Hochprofessorale Erwiderung: „Die Geistes- und Kulturwissenschaft hat die Aufgabe, die gesellschaftlichen Entwicklungen historisch-kritisch zu begleiten." Da fällt wohl ein großer Teil der Wissenschaft für die Zukunft weg, die Vergangenheit muss wohl noch aufgearbeitet werden.

*Kongresse und Messen* Sie haben die Aufgabe, neue und meist noch unfertige Produkte schmackhaft zu machen, so dass die ersten OpenMinds sie kaufen und zu ersten Referenz-kunden aufgepäppelt werden. Wieder geht es um die Überwindung der Hürde von der Erfindung, dem Prototyp oder dem Leuchtturmprojekt zur Innovation im Markt. Dafür gibt es Messestände, Poster-Booths und Vorträge. In den Keynotes wird die Zukunft leuchtend ausgemalt („Protagonist"), danach gibt es nicht so wirklich herstellerunabhän-gige Präsentationen, die im Grunde behaupten, dass der Prototyp, mit dem schon seit einer vollen Woche gearbeitet wird, schon ein bewährtes Serienprodukt ist. Man versucht, die Wirklichkeit ein bisschen so zu deformieren, dass der Eindruck entsteht, dass die Hürde schon überwunden ist. Auf den Messen tummeln sich hauptsächlich Protagonisten und Berater, die spätere Geschäftsmöglichkeiten ausloten und die neuesten Buzzwords tanken müssen. OpenMinds verzweifeln an der Fülle des Wortgeschwalles und versuchen her-auszubekommen, was denn nur Foilware ist und was „real" ist. Die Journalisten freuen sich über neue Buzzwords und bekommen Zeilenhonorar für das Erzeugen heißer Luft etc. Das Hypen neuer Ideen auf Messen und Kongressen wird sehr oft zum Bumerang. Alle kommen heim. „Alter Wein in neuen Schläuchen." Kongresse bieten eine Bühne für Verzweifelte, die die Hürde der Innovation per Sprungbrett überspringen wollen. Sie sind eine fette Beute für ein gutes Geschäft! Die Erfinder freuen sich immer so naiv über das Mega-Interesse! Dabei sind doch gar keine CloseMinds auf der Messe gewesen und meist auch nicht viele echte Kunden oder Anwender!

*Marketing* Die Marketingabteilung soll für Aufmerksamkeit sorgen. Das kann sie nicht mit unverständlichem technischem Erfindungsüberzüchtetem. Die Marketingabteilung hilft, aus der Erfindung eine „Message" zu machen. Sie zwingt Erfinder (ja, auch Mar-keting macht das immer ewig gleich und ist zwanghaft), aus einer Idee einen Flyer oder eine DVD zu produzieren, natürlich weichgespült, vage und großversprecherisch („heiße Luft"?). Der Erfinder unterbricht seine Arbeit für längere Zeit, erarbeitet mit der Marke-tingabteilung das Kongressmaterial und geht los, um Standdienst zu machen und seine Flyer so anzubieten, so wie die jungen Leute am Flughafen die goldenen Kreditkarten. Die Erfinder sammeln Visitenkarten von „Kaufinteressenten" oder – in Neudeutsch – sie „generieren Leads". Danach: Messekater.

*Vertrieb* Der Vertrieb wird nicht für Erfindungen bezahlt, sondern nur für Umsatz. In diesem Lichte ist die nächste naheliegende Idee des Erfinders zu sehen, doch noch – an Messen vorbei – einen OpenMind als ersten Kunden zu finden. Er bettelt bei allen Vertriebskollegen, ihn „zum Kunden mitzunehmen". Der Vertrieb aber bekommt oft nur 50 oder 70 % Fixum (Grundgehalt), den Rest gibt es nur bei entsprechendem Umsatzerfolg. Ein normaler Kunde lässt sich zweimal im Jahr für eine halbe oder ganze Stunde besuchen. In diesen wertvollen Sekunden muss der Verkäufer sein Geld machen! Soll er da den Erfinder oder Wissenschaftler mitnehmen?? Na, bestimmt nicht, es kostet ihn Geld! Nun beschwert sich der Erfinder beim Vertriebsmanagement – und es gibt eine Kapriole nach der anderen, die zu tiefen gegenseitigen Animositäten führen. Vertrieb will „perfekte Produkte, preiswert, attraktiv und nicht erklärungsbedürftig". Vertrieb ist in diesem Sinne zwanghaft.

*Management und Manager* Die haben ja schon die Betriebswirtschaftslehre oder gar ein MBA-Curriculum inhaliert und sind daher zwanghaft prädisponiert. Sie wollen alles methodisch, analytisch, planvoll durch einen geordneten Geschäftsprozess regeln, in dem klaren Ziele und Verfahrensanleitungen *zwangsläufig* zum Erfolg führen. Dieser Problemlöseansatz à la MBA versagt bei Innovation. Das wird immer nicht verstanden. Immerhin werden die Misserfolge registriert und dadurch gewürdigt, dass man eigens für Innovation neue MBA-Curricula unter den Flaggen Ideenmanagement, Kreativitätsmanagement, Innovationsmanagement oder Design Thinking ersinnt, die alle mehr oder weniger in Orgien von Meetings, Hirnfreischaltungshappenings und Calls enden. An keiner Stelle denkt mal einer in Ruhe nach oder tut gar etwas... Nein, man wird gezwungen, optimistisch zu sein und die Welt bewegen zu wollen. Danach wird der Erfolg dieser Maßnahmen so drakonisch gemessen, dass er aus den Zahlen irgendwie doch herausinterpretierbar ist. Meist sucht man zufällig schon vorhandene Innovationen und verkauft sie als Erfolg des Managements...

*Beratungssysteme und Berater* Sie liefern die Methoden für das Management. Diese werden immer neu erfunden und neu gebrandet, weil sie ja nicht funktionieren. Es ist wie bei Diäten oder Wellnesspillen, die bei Fehlschlag gewechselt werden. Das Problem ist, dass man Innovation gar nicht planmäßig managen kann – es geht dabei um Unternehmertum, dass muss begleitend trainiert werden! Trainiert, nicht gelehrt! Beratung klärt auf und bringt die ersten Schritte bei – das ist großes, großes Business wie das Erteilen von Nachhilfe – immer geht es unter viel Geld um das Hieven von Fünf auf Vier. Innovation ist aber wie Meisterschülertraining auf Eins Plus. Ein schwieriges und kleines Feld für Berater, da ist kaum Business! Und es erfordert Trainer, keine Jungberater.

Weil das alles nicht gesehen wird, fühlen sich Manager schon dann wohl, wenn ihnen die Berater gegen viel Geld einen Unternehmensinnovationsprozess verpasst haben. Sie sind damit mit Note Vier „versetzt" oder tadelsfrei, sie haben Zeit gewonnen und können nun auf die Früchte des neuen Prozesses warten. Wirkliche Innovationen aber, die ja zufällig im Unternehmen hochkommen könnten, werden nun in diese unsinnige Prozessmühle gesteckt („das muss so sein, sagt der Berater") und fast regelmäßig frustrierend zermahlen.

*Investoren* Ach, das ist ein weites Feld! Sie haben genauso ihre ehernen Prozesse der Kreditwürdigkeit und Risikoabschätzung. Sie wollen zwanghaft Business-Pläne sehen, die nur mit der Standardsteigerungsumsatzkurve erlaubt sind...

*Innovationsbücher mit Patentrezepten* Die heißen dann „Zehn Hauptfehler und wie man sie vermeidet", also in Diätbüchern stände dann „Priorität 4: Nicht so viel essen". Ich habe an dieser Stelle mit meinem eigenen Innovationsbuch ein Fass aufgemacht, das ist ja klar. Ich habe keine Patentrezepte gegeben, aber doch immerhin ein Buch geschrieben. Das ist jetzt ein bisschen delikat, gell? Bücher mit Patentrezepten sind wahrscheinlich nur als Nachhilfe für erstes Verstehen und bloße Awareness geeignet, Bücher ohne Patentrezepte werden vielleicht nicht gekauft? Oder misstrauen Sie mir, wenn ich keine Patentrezepte habe, weil Sie das als Versagen deuten? Also hier kurz: Bücher mit Patentrezepten zwingen wieder alle Innovation in Korsette, was diese nicht überlebt.

*Forschungsförderung* Bald stellen die Unis erfahrene und ausgefuchste Fundraiser ein, die bei jeder EU-Antragslage blitzschnell die richtigen „Antragspackages worden" („worden" ist denglisch, für „Antragslyriker" der Elitezwangsdemos). Die Antragskriterien für Forschungsgelder variieren natürlich stark und unaufhörlich, weil die Förderprogramme davor (wie „Diäten") nicht gefruchtet haben – man will doch nun aber systematisch, methodisch und planvoll prozesshaft Innovationen wie beim Brezelbacken erzwingen! Oft fehlen den Innovatoren die internationalen Kontakte! Da erzwingen die Förderrichtlinien das Teamen mit asiatischen Universitäten. Oft fehlt der Kontakt zum Kunden. Da wird ein Mittelstandsunternehmen im Team zur Pflicht gemacht, bald auch ein Politiker, der nicht genug Geld mit Reden verdient usw. Dadurch wird erzwungen, dass die normalen zehn Fehler der Innovation nicht mehr vorkommen können, weil nun alle „Skills" und „Connections" im Team vorhanden sind – ach, und leider auch deren divergierenden Interessen, die dann eine gewisse kompromisshafte Fadheit im Projekt erzeugen und zu einem durchschnittlichen Scheitern führen. Das wird von den Forschern gar nicht so sehr als Unglück empfunden, weil sie jetzt wieder neue Anträge einreichen – mit neuen Bedingungen, die sie aus dem Pool der Kontakte und Freundschaften aus früheren Teamings mühelos befriedigen. Es ist ja wieder Funding da, Hurra! Es kann weitergeforscht werden, an etwas, was die Regierung gerade interessiert, nicht einmal so sehr einen selbst. Was soll's, Funding ist da! Die Projekte werden von „Doktoranden" getrieben, die entsprechend wechseln, wenn sie ihre Dissertation beendet haben… Die werden nicht danach ausgewählt, ob sie Unternehmer sein können… usw. usw., dies hier nur als kurzer Abriss der Förderung.


# Hin zum Hysterischen!

Das Zwanghafte wünscht sich ein Wunschkind Innovation, aber es erzieht das wilde Kind wie immer, mit den bewährten Methoden, die von alters her aus prachtvollen Wildmustangs geduldige Ackergäule gemacht haben. Alles wird in die alten Formen und Prozesse gepresst.

Die Masse der Wissenschaftler, Manager, Berater und Forschungsförderer sind unausgesprochen übereingekommen, alles noch Unbekannte zu regeln, zu steuern und zu verwalten zu wollen.

Das geht nicht.

Daher ändern sie unaufhörlich die Art der Prozesse und Regeln. Sie bleiben aber bei dem Prinzip, alles regeln zu wollen.

Wirkliche Innovationen sind „disruptiv", sie führen in der Diktion von Thomas Kuhn zu „Paradigmenwechseln". Thomas Kuhn sagt, dass die meisten Wissenschaftler nur kleine neue Rätsel lösen und ein paar Mosaiksteine neu ordnen oder einen Puzzlestein einfügen. Das ist schon bei der methodischen, systematischen und korrekten *Wissenschaft* so, noch viel mehr bei der *Innovation*. Wo zu methodisches Vorgehen in der Wissenschaft eben nicht die Tore zu großen neuen Erkenntnissen öffnet, da schafft auch kein Innovationsmanagement und keine Forschungsförderung neue Googles oder Red Bulls heran...

Innovation findet auf Meisterniveau mit kämpferischen Unternehmertypen statt. Sie unternehmen! Sie finden die Kunden auch ohne den Vertrieb, sie pfeifen auf Flyer oder drucken selbst welche, wenn sie es nötig finden! Sie haben internationale Kontakte – na klar, die brauchen sie doch! Sie lassen sich von erfahrenen Business Angels beraten, aber ja! Raus, raus! Nicht im Saft braten! Sie erzählen jedem, auch dem, der es nicht hören will, von ihrer Idee, sie propagieren, bauen Testmodelle und fragen, entwickeln, modifizieren, und fragen wieder und wieder, bis erste Menschen das alles „geil finden" und fragen, wie viel es kostet und wann es lieferbar ist. Sie agieren auf der hysterischen Seite – ach, darf ich die einmal in den Zusammenhang mit „Agilität" bringen?

Informatiker kennen das Manifesto des Agilen Programmierens, das sich ganz und gar dem Erfolg beim finalen Kunden verschreibt und einen Zickzackweg genau dorthin mit Leidenschaft sucht. Wäre es nicht an der Zeit, sich mit dem Gedanken an so etwas wie „Agile Innovation" zu gewöhnen? Das Agile wird von den einen als Heilsmodell erfolgreichen unternehmerischen Tuns gefeiert, die anderen haften am guten alten schrittweisen Wasserfallmodell des Programmierens, einem des wohlgeordneten, methodischen, planvollen und penibel dokumentierten Prozesses.

Ich habe das Zwanghafte wahrscheinlich hier schon zu sehr gestresst, aber Sie sehen jetzt klar? Das herkömmliche Wasserfallmodulartige und Projektgemanagte ist die zwanghafte Version des Tuns. Alles unter dem Stichwort „Agilität" liegt mehr auf der hysterischen Seite des Handelns. Diese Seiten bekämpfen sich ohne die Erkenntnis, dass es sich in Wahrheit um einen Clash psychologischer Strukturen handelt, der nicht durch Diskussionen aufhebbar ist. Die Wasserfallzwanghaften verweisen immer wieder darauf, dass agile Methoden sehr oft auch scheitern.

Warum ist das so? Das Zwanghafte kann von selbst bei nur durchschnittlichen „Skills" abgearbeitet werden. Man bekommt konkrete Aufgaben mit Meilensteinen und Förderabschlusskolloquiumsterminen. Der Kunde bekommt, was der Prozess erbringt, er hat es so gewollt und unterschrieben. Methodisches Vorgehen führt mit normalen Menschen zum normalen Erfolg, zum Beispiel in der Softwareentwicklung.

Innovation aber spielt in der Meisterklasse. Hier kann doch wohl erwartet werden, dass dort agiles Vorgehen im Schlaf beherrscht wird? Wenn nicht – ab zum Training! Es hat keinen Sinn, Ideen weiter zu verfolgen, wenn man noch keine Entrepreneur-Ausbildung hinter sich hat. Die meisten Erfinder, die einen großen Geistesblitz haben, merken plötzlich gleichzeitig, dass sie zur Umsetzung der Idee fast gar nicht beitragen können, weil sie keine Ahnung davon haben. Da gehen sie zur Nachhilfe und fangen sich Regeln durchschnittlichen Benehmens ein („Regeln"). Im Grunde sollte man bei der Idee schon Unternehmer sein, oder? Also *Pre-Innovation* betreiben, wie ich es in meinen Buch nenne? Man muss doch „Umsetzen" schon vorher können, oder? Wenn denn das Umsetzen schon vorher als Ziel geplant war?

Das, was heute für Innovation gehalten wird, ist eine leichte Übung für einen vorgestellten Ernstfall. Wissenschaftler können sich schon seit Jahrhunderten Flugzeuge vorstellen – umsetzen sollen es andere und wieder andere Geld für Funding ausgeben. Manager können sich ebenfalls schon alles vorstellen, wenn es als Business-Case schriftlich
mit der vorgeschriebenen steigenden Kurve beschrieben wird. Wer aber setzt um?

Unternehmer braucht das Land, Hysterische, deren Kraft das Zwanghafte besiegt. Wir
müssen los! Wirklich handeln, nicht in den gewohnten Bahnen bleiben und allenfalls ein
bisschen üben.

Ich habe im Internet ein geniales Bild gefunden, das passt so wundervoll zum Thema.
Das Bild ist von Peter Petri. Es hat den bezeichnenden Titel: *Sisyphos beginnt sein Training am Strand der Niederlanden mit einem Styropor-Felsen.* Schauen Sie es sich an, unter

http//www.peterpetri.de/paint-sisyphos.html, dann fühlen Sie mit mir, wie es um uns
bestellt ist.

# Kapitel 35
# Bluepedia und die möglichen Folgen

Erinnern Sie sich noch an meine Bluepedia-Kolumne? Die erschien Mitte 2008 als Bericht, wie unser Team bei IBM eine Wikipedia eingeführt hat. Die hieß natürlich Bluepedia nach Big Blue. Das war einer der Anfänge von „Social Media" fast noch vor dem irren Hype, der heute fast schon wieder abklingt, oder besser, der fast Kapriolen schlägt. Das hat viel mit den Hasstiraden rund um die Facebook-Aktien zu tun. Da diskutieren jetzt alle mit, die nur (!) Geld haben, fürchte ich. Und jetzt müssen wir neuerlich Schwung nehmen und Optimismus entfachen.

## Den Blick auf das Eigentliche behalten

Aber es geht wieder aufwärts! Facebook ist vor ein paar Monaten von einem kurzen Nachemissionskurshoch von 45 $ in die Hölle geschickt worden, bis 17,55 $. Ich las noch vor gefühlten wenigen Wochen starke genüsslich sadistische Begründungen, warum Facebookaktien kaum 5 (!) Dollar wert sein sollten. Irgendwann aber wurde ruhiger und die Aktie stieg wieder. Heute – einen Moment bitte, ich hab's: 32 $! Demnächst steht sie wohl da, wo die Träume zu Hause sind? Man könnte fast denken, dass da eine Abwärtsfreimaurerloge den Absturz betrieb, um alles zum halben Preis einzusammeln…

Es ist schwer, in dieser Kampfwelt auf Kurs zu bleiben und immer weiter das Wichtige zu betreiben. Das Internet ist nicht mehr so nett wie in den ehrenamtlichen Zeiten, wo wir zur Wikipedia betrugen und nur ahnten, dass es dort anderswo blühendes eRedlight geben könnte. Aber es war immer klar, dass nach einiger Zeit auch die E-Welt ein Spiegel der realen Welt darstellen würde. Ich habe gerade an der dritten Auflage meines Buches *E-Man* (nun auch eBook!) gearbeitet. Dieses Buch schrieb ich 2001. Vertragen Sie einen Absatz zur Kostprobe – als geschichtliches Dokument, ein Internetzeitalter zurück?

*Die E-Welt ist in weit höherem Maße eine Bühne, als es die alte Welt jemals war. Es laufen Dramen, 24 h am Tag, auf allen Kanälen. Überall geht es um Marktanteile, um Bekanntheitsgrade von Politikern und Künstlern, um reißerischen Inhalt, um alles andere zu übertrumpfen.*

G. Dueck, *Dueck's Jahrmarkt der Futuristik,*
DOI 10.1007/978-3-642-55371-4_35, © Springer-Verlag Berlin Heidelberg 2014

*Die naive Idee wäre es, gute Politik vorzuschlagen oder zu machen, wunderbare Musik darzubieten oder die Herzen der Menschen in eine wegweisende Richtung zu biegen. Das wäre das Eigentliche. Es ist aber viel einfacher, den Marktanteil zu steigern, indem ein gutes Drama aufgeführt wird.*

*Wir schauen nicht mehr normal Tennis oder Fußball an, sondern wir schauen uns in der Hauptsache Kämpfe an. Menschen prallen aufeinander. Sie weinen in der Halbzeit, wüten in der Niederlage, sind höhnisch im Sieg. Politiker inszenieren persönliche Kämpfe, denen nach und nach die meisten von ihnen zum Opfer fallen. Privates wird ausgeschlachtet oder zur Steigerung selbst entblößt und vorgeführt.*

*Es sieht aus wie..., na, wie Wrestling. Das ist nicht ganz richtig, weil es ja beim Wrestling choreographierte Sieger gibt. Nein, es ist nicht so harmlos grausam wie Wrestling.*

Na, das ist das heute schon ganz übliche Überdruss-Jammern. Politik ist ja schon weitgehend Wrestling geworden! Überall Theater um Kanzler-Gehälter und Flughäfen etc. Auf Facebook habe ich mich zur Eröffnungsparty des Berliner Flughafens angemeldet, sie ist am 1. April 2026. Kommen auch Sie mit Ihrer Vuvuzela dazu? Hier klicken: http:// www.facebook.com/events/404222712946474/. Dann wird es heißen: „Es ist soweit, Herr Wowereit!" – „April, April, heute ist Vertrauensabstimmung!" Trubel im Netz! Gleichzeitig aber, neben dieser Zunahme vollen Lebens im Netz, nimmt die Partizipation im Netz ab. Die Blogger sehen, dass ihre Artikel oft nur noch überflogen werden. Die Wikipedia-Schreiber fühlen fertig, wie Trapattoni sagen würde.

Dabei sind wir doch erst am Anfang! Es gibt so vieles, was noch nicht als „Wissen" im Internet steht! Ich habe es Ihnen schon verschiedentlich vorgeträumt:

- Ein Audio-Lexikon aller Musikstücke (in allen Bearbeitungen)
- Mindestens alle Lieder der Kirchen, solo, Chor, Orchester, Orgel, für Playback
- Videos von jedem interessierenden geographischen Punkt auf der Welt
- Souvenirshops für jede Stadt, für „post holiday shopping"
- Videos aller Physikexperimente
- Videos für jedes Kochrezept
- Videos für chemische Experimente (ist ja auch Kochen)
- Videos aller Theaterstücke/Opern etc. in vielen Inszenierungen
- Videos von Serien von Kranken/Krankheiten („100 Mal Masern")
- Audios von Kranken („100 Mal Keuchhusten")
- Bilder von normalen Menschen („100 Mal Blick ins Ohr mit/ohne exogene Partikel")
- Bilder von Gebissen
- Druckfiles für alle 3D-Objekte dieser Welt, man druckt Ersatzteile, Happy Hippos, Hüftgelenke, Plastiken, Verwandtenbüsten, eine Mondbasisstation aus der Staubladung aus der Rakete
- Videos von Vorlesungen über alles, für jedes Thema in verschiedenen Komplexitätsstufen (harte Erarbeitungsversionen für Studierende und leichtere Zugänge für Lehrkräfte, die nicht so viel Zeit haben, allzu Kompliziertes zu lesen)
- Und irgendwann, wenn die Welt didaktisch so weit gereift ist, Video-Aufbauanleitungen für schwedische Möbel und Gardinen

Der Trend geht dabei von reinen Wissensrepräsentationen hin zu Trainingsmaterialien, die aber eben viel teurer in der Produktion sind. Eine Beschreibung von Keuchhusten kann ein guter Experte mal eben liefern, aber 100 Audios mit guten Studioaufnahmen und Einverständniserklärungen der Keuchenden? Das verlangt mehr Mühe, viel mehr.

Wird es möglich sein, immer größere Wikipedias aufzubauen? Werden die Menschen mitmachen wollen und beitragen?


## Professoren kratzen sich am Urheberkopf


Könnten wir vielleicht mit Uni-Vorlesungsskripten beginnen, die überall schon produziert worden sind? Meine Kids sind gerade bei der Promotion. „Was meint Ihr?" Sie sind absolut dafür! Das war ein schönes Hochgefühl für mich, eine gute Idee gehabt zu haben. Aber die ist doch nicht fernliegend? Warum verwirklicht niemand diese Idee? Das hat meist einen von zwei verschiedenen Gründen: Erstens kann es zu schwer sein, und zweitens hat es noch niemand versucht, weil es den normalen Menschen allgemein zu schwer erscheint. Beides kommt oft vor. Häufig geht es einfach nicht, aber in einer Welt der gehemmten wissenschaftlichen Kleinschrittigkeit („evolutionäres Vorgehen") traut sich ja keiner. „Google" sagte neulich so etwas ewig Wahres wie: „Bei Google lieben wir megaehrgeizige Ideen, weil da praktisch keine Konkurrenz ist." Das ist des Pudels Kern! Gut, jetzt wissen wir, warum Google immer siegt, aber wie machen wir es selbst?

Brainstorming. Angenommen, ich soll meine Tafelanschriebe während der Vorlesung ins Netz stellen. Wirklich? Ich beginne mich als Mathe-Prof zu schämen. Da sind bestimmt Fehler drin. Die sind nicht schlimm, offensichtlich triviales Nachrechnen ergänzt das. Studenten merken es nicht während der Vorlesung, sie erkennen später die Fehler im Skript nie, weil sie glauben, sie verstünden es nicht... Aber wenn Kollegen im Netz herumschnüffeln und etwas von mir abkupfern wollen? Ich stelle mir Getwitter im Netz vor, dass „Dueck dicke doofe Schnitzer" im Skript hat. Na, die hat doch jeder! Klar, aber das muss nicht an die große Glocke. Ich muss mich davor fürchten, dass die Kollegen meine Vorlesung zu leicht finden, also zu seicht, weil notwendig ich selbst dann seicht sein muss! Ich bin dann erledigt, ich habe mich geoutet, niederkomplex oder gar trivial zu sein. „Dueck kommt selbst im Wintersemester nicht bis zum elften Beweis des dritten Hämotopie-Satzes! Da wird jeder eine Eins in seiner Kinderspielprüfung machen! Wie in der Biologie!"

In dieser Weise drucksen die Professoren alle, oder? „Ich bin nicht sicher, ob ich das ins Netz stellen will. Ich arbeite ja noch an Ergänzungen [„Druckfehlern"]. Es sind auch noch kleine Redundanzen in meiner Vorlesung. Man kann noch einzelne Teilwörter herausnehmen, ohne dass es falsch wird. Ich bin erst zufrieden, wenn man in dem Augenblick nichts mehr versteht, wenn man ein Wort zu viel weglässt. Das passiert leider oft aus Versehen an der Tafel."

Im Ernst: Sind die Vorlesungsskripte schon gut genug für das Internet? Was ist mit den Urheberrechten? Da sind die Professoren sehr penibel. Die Rechte gehören ihnen selbst. Das ist klar. Aber sind normale Vorlesungen legal, die aus zwei oder drei Vorlesungen zusammengeklaut sind, die man zufällig irgendwie „da hatte", die man vielleicht früher einmal als Assistent betreute? Weiß noch jemand, aus welchen Quellen sie zusammengewürfelt wurden? Darf man Beweise aus Büchern abschreiben oder unterliegen die einem Copyright? Oder sind Beweise der Mathematik oder Versuche der Chemie geistiges

Eigentum? Kann man sie patentieren wie Kochrezepte („McSchildburger")? Lassen sich Warenzeichen eintragen wie „Ich mische es!" oder „Mathefy your Life"?

Ich hatte eigentlich den Plan, das Wissen in den Unis einfach einzusacken und der Menschheit zur Verfügung zu stellen. Der Springer Verlag sponsort am besten daneben die Links zu seinen Büchern, Anbieter von Repetitorien versprechen das Bestehen aller Prüfungen in gemieteten Anzeigeflächen. Google blendet Werbung von Zahlando ein... so wird ein Schuh draus, dachte ich. Wir könnten Sternebewertungen einfügen, so dass es dann wie bei den Köchen auch Sterneprofessoren gibt. Wir könnten Flattr-Buttons, Likes und + 1 einfügen usw. usw.

Aber: Was denken Sie? Was halten Sie davon? Müssen wir noch einmal über das Urheberrecht reden? Darf man die gewöhnlichen Fremdhalbbuchabschreibvorlesungen rechtlich gesehen überhaupt halten? Verpflichtet sich die wissenschaftliche Klasse, die gängige Praxis zu dulden, Gesetze hin oder her? Oder wollen wir die Quellen so korrekt fordern wie in einer Dissertation von Wissenschaftsministern? Haben Sie Freude daran, Bewertungssterne zu erringen?

Ich fürchte, da kommt etwas auf uns zu... Ich traue mich jetzt nicht spontan, ein Unternehmen „Wissensschatzkammer der Welt" (ToKnow = Treasure of Knowledge oder so) zu gründen, das dann von Anwälten zerschossen wird...

Dabei wollte ich so gerne eine Blue-XXL haben! Ich stand die ganze Zeit noch immer mit dem Team von HalloWelt! in Verbindung, das uns ja damals als frisch gegründete Mini-Firma bei IBM die Bluepedia implementierte. Dieses Unternehmen ist nun schon deutlich gewachsen und zählt so um die 15 Mitarbeiter. Die Chefin Anja Ebersbach ist gerade die stellvertretende Vorsitzende des Präsidiums des Wikimedia-Vereins Deutschland.

Irgendwie müssen wir doch anfangen können! Irgendwo muss es eine Ecke ohne Streit und Hemmnis geben, ohne Furcht vor Gesetzen oder Schamgrenzentests von Professoren!

Hmmh. Kennen Sie Fritz? Nicht die Box, das Schachprogramm, das dauernd redet. In solchen Augenblicken, wenn ich gerade verzage, sagt Fritz immer ganz unnachahmlich gehässig: „Wie weiter?" Das motiviert ungemein. Fritz hat das so oft zu mir gesagt, dass mir diese Frage jetzt auch im realen Leben in jeder schlechten Stellung bzw. Lage einfällt. „Wie weiter?" Das fühle ich körperlich, so wie immer noch die Laute der Gegner und Falltüren von Doom 1. „Wie weiter?"


## Blueforge

Wir (HalloWelt und ich) haben uns entschlossen, erst einmal mit Software anzufangen. Wir listen alles an Programmen auf, was es überhaupt gibt! Wie bei Amazon wird alle Software bewertet, kommentiert und verglichen!

Wir dachten uns das so: Im Gegensatz zu Professoren werden die Softwarehäuser doch ein Interesse haben, sich in der Software-Wikipedia (die jetzt von uns Blueforge getauft wurde) zu präsentieren. Sie machen dadurch Werbung, die ohnehin bei Softwarefirmen viel zu viel kostet. Viele Fachleute hielten uns entgegen, dass ja viele Softwarefirmen schon in der normalen Wikipedia Einträge hätten. Ja, aber die zählen wie auf ihrer Homepage immer nur auf, wie toll sie sind – nicht aber, wozu ihre Software gut ist, außer dass sie die Kosten senkt, ungeheure Wettbewerbsvorteile verschafft und vollkommen problemlose Begeisterung bei Installation, Pflege und Nutzern auslöst. Hilfe, das trifft doch nominell auf jede Software zu, dass sie Kosten spart etc. Genau aber die *fehlende* Information, was die Software eigentlich tut, soll Thema werden.

Wir dachten nach. Werden die Unternehmen die Artikel so einpflegen, wie wir das möchten? Werden sie in Heerscharen über uns herfallen? Ich habe mich einmal zur Probe in meine frühere Firma IBM zurückversetzt und mir vorgestellt, dass ich von oben die Bitte erhalte, einen „vorteilhaften IBM-Eintrag" in Blueforge zu gestalten, der vorher meinen Chefs vorgelegt werden muss. Huuih, einen Artikel kann ich schon schreiben, aber so, dass jeder in der Company hellauf begeistert ist? Da kratze ich mich aber ganz arg am Kopf! Ich glaube, ich würde so etwas nur unter tödlicher Deadline und Dauerkaffeekonsum in einer Woche Arbeit hinbekommen, dazu kommen noch Ehrenrunden: „Wir haben uns das ganz anders vorgestellt, knackiger eben. Sie sollten auch darauf hinweisen, dass Kosten gespart werden und Wettbewerbsvorteile winken. Software lässt sich ohne diese Argumente gar nicht verkaufen. Irgendwelche Sachargumente ersetzen wir durch eine Kontakttelefonnummer." Diese Vorstellungen muss ich abwehren, das schaffe ich, aber ich bin dann schuld, wenn keiner anruft...

Da kamen uns Zweifel, ob nicht auch die Blueforge zu einem bloßen Show-Room würde oder gar keine Beachtung fände.

Hey, und dann blitzt da noch eine Idee auf! Bei Amazon kann man die Bücher doch ein bisschen zur Probe lesen! So etwas sollte bei Software auch möglich sein. Idee: Wir programmieren neben jeden Softwareartikel einen Button „Hier einen Tag lang ausprobieren". Und dann wird man irgendwie in die Cloud weitergeleitet, wo eine virtuelle Maschine mit genau diesem Anwendungsprogramm zum Test hochgefahren wird und einen Tag lang zu Diensten steht. Genau. Blueforge haben wir schon, nun noch eine Cloud dazu. Die muss irgendwie im Netz zu finden sein. Na ja, nicht so einfach, aber im Prinzip, oder?

Und wer bezahlt das alles?

Ich stelle mir die CeBIT 2013 oder irgendeine Konferenz mit Messeständen vor. Ich gehe durch die Hallen, in denen irrsinnig viel zu sehen ist, nämlich hauptsächlich ganz gleich aussehende Flachbildschirme, an denen Marketingpersonal lauert, um mich in eine Opportunity zu verwandeln, damit ich zur Leads-Ernte hinzugefügt werden kann. Das weiß ich ganz sicher, dass sie mich einfangen wollen, denn auf dem Gehweg zwischen den Ständen schreite ich wie der keuschreine Gralsritter Parzival und werde an den Seiten von Pfefferminzpäckchen und Dopsbällen, von Kugelschreibern und Gewinnspielen umworben. So muss sich Odysseus mit den Sirenen gefühlt haben. Wenn ich dann wie Rotkäppchen dann doch einen Schritt vom Wege abkomme und der Wolf sofort Kaffee anbietet, werde ich in ein längeres Gespräch verwickelt, aus dem ich mich nur gegen Abgabe meiner Visitenkarte und einen ernsten Hinweis auf einen Termin mit Obama lösen kann. Meine eigentlichen Fragen zur Software werden mit dem Angebot pariert, doch eine Probe-DVD mitzunehmen und alles in Ruhe zu testen. Ich brauche dazu nur einen PC mit einem seltenen Betriebssystem und einem 64 GB Arbeitsspeicher, dazu bekomme ich eine detaillierte Anleitung zur vollständigen Deinstallation auch aller Hilfsprogramme, damit meine Maschine hinterher wieder normal funktionieren kann.

Und da frage ich mich: Ist das noch ein valides Business-Modell? Warum drucken die Firmen so viele Flyer, sammeln händisch Visitenkarten, verteilen DVDs, bauen tagelang Stände auf und ab, installieren brandneue Hardware, damit alles chic wirkt und verbraten unendlich viel Personenpower und erhöhte Hotelmessepreise? Hey, wie viel kostet das denn alles? Jede Messe für jeden Stand vielleicht 20 k€, oder ist das naiv niedrig geschätzt?

Stellen Sie sich vor, jede Software wäre auf Blueforge mit einem Button „Ausprobieren" versehen. Was kostet ein User für einen Tag? In der Cloud nicht wirklich viel, ganz sicher nicht mehr als 5 €, Blueforge-Obulus inklusive. Dann könnten doch statt eines einzigen Konferenzauftrittes mit Silbersponsorship 4000 (vier tausend) Leute in der Cloud probieren, oder? Man muss auch keine DVDs verschenken, die kosten doch allein schon mehr als das Ausprobieren! Und dann probieren auch Leute wie ich. Ich bin nämlich stark introvertiert und mag nicht, wenn mich Leute invasiv beraten. Ich fürchte mich schon, wenn ich bei Peek & Cloppenburg oder bei Engelhorn in Mannheim ein Jackett kaufen muss. Da schleiche ich hinter einem jungen Kunden hinterher, der offensichtlich eine Beraterkostümierung verlangt – auf den stürzen sich die Sirenen, und ich kann für ein kurzes Zeitfenster Bekleidung ohne Bedrängnis anschauen. Meine Frau ist anders, sie entrüstet sich eher, wenn „keiner kommt", ich bin selig. Ich bin ja Techie. Und auf der CeBIT denken irgendwie alle, ich wäre meine Frau. Ich finde das schrecklich... Wenn nun die Hälfte aller Techies – oder drei Viertel, wie ich glaube – so wie ich sind, nicht wie meine Frau, dann ist doch ein ruhiger Tag in der Blueforge-Cloud viel besser? Da trinke ich meinen eigenen privaten Kaffee Guatemala Grande und bin wieder selig...

Diese wichtige Introspektion lässt nur einen Schluss zu: Die Welt braucht eine Software-Wikipedia mit einer Cloud hinten dran...

Stop mit dem bloßen Denken! Wir fangen einfach an.

Wir haben eine Blueforge-Seite hochgezogen. Ich habe vor ein paar Tagen/Wochen meine Follower im Netz gebeten, mit Einträgen zu beginnen, ich habe alle die 10.400 Leute gebeten, die meinen Daily-Dueck-Newsletter beziehen, wenigstens bei einer Wunschaktion auf Blueforge mitzumachen. „Welche Artikel wünschen wir uns?", haben wir gefragt und eine lange Liste bekommen. Bald frage ich vielleicht: „Welche Software würden Sie ausprobieren wollen?"

Inzwischen wächst Blueforge. Nicht übertrieben rasant, weil die Artikel ja einige Arbeit machen, aber wir sind jetzt bei über 600 Artikeln (Mitte Januar 2013). Schauen Sie einmal selbst?

http://blueforge.biz/

„Forge" steht für „aufbauen, erfinden, formen, Bahn brechen" – ja, und Blue ist wie Big Blue, wie Bluepedia und das Produkt BlueSpice der Firma HalloWelt, eine OpenSource Unternehmensversion der Wikipedia, die aus der Bluepedia entstand.

Bauen Sie mit auf? Formen Sie mit? Helfen Sie, die Bahn zu brechen – damit langsam ein immer Größeres entstehen kann? Bitte legen Sie Artikel an, kommentieren Sie Ihre Erfahrungen mit Software, für die es schon Artikel gibt, wünschen Sie sich neue Artikel, damit andere, die sich mit dem Ziel Ihrer Wünsche auskennen, Ihnen den erfüllen. Stimmen Sie mit ab, welche Software Sie gerne in der Cloud ausprobieren würden...

Ja, und jetzt kommt das Problem, dass dieser Artikel erst im April 2013 erscheint, da sind ja schon ein paar Blueforge-Jahre vergangen. Wir probieren gerade technisch „Cloud" mit einem Provider im hohen Norden, wir haben die ersten Softwarefirmen als primäre Kunden angesprochen. Das Modell ist so: Wenn jemand „Ausprobieren" drückt, bekommt er von der Softwarefirma einen Gutscheincode für die Cloud – einfach so oder gegen Abgabe des Namens, je nachdem wie sirenig es sein soll. Über die Gutscheine steuern wir die Abrechnungsfragen (die Begleichung der paar Euro). Irgendwie so wird es, wir sind gerade dran. Schauen Sie einfach heute rein, wie viel wir Ihnen schon bieten können. Tragen Sie bei, nutzen Sie mit – keine DVDs mehr, keine Helpdeskkatastrophen bei Fehlinstallationen. Messe ist jetzt immer, daheim beim Kaffee – und es ist ruhig.

Und wenn das klappt, liebe Leute, dann kommen wir mit den Skripten und Patientenvideos wieder, und ich versuche, Ihren urheberrechtlichen Schutzschirm aufzubrechen und doch alle Materialien ins Netz zu stellen… Zwischendurch lese ich immer wieder in meinem eigenen neuen Buch über das Neue, das ich in der letzten Kolumne besprochen habe. Wir machen gerade alles so, wie ich es darin rate. Also klappt alles, ganz klar.

# Kapitel 36
# Vorstellungsbilder rund um die Informatik

Ohne Informatik läuft nichts. Sie ist die Schlüsseldisziplin des beginnenden Jahrtausends. Sie wird die Welt verbessern und Glück verbreiten, und der Mensch entledigt sich dank Informatik seiner Routinelasten und kann sich seiner eigentlichen Bestimmung widmen, die er noch herausfinden muss (er hatte bislang zu wenig Zeit dafür). Die Informatik ist zu Recht stolz!

## Wechselnde Sichten im Inneren

Die Physik, besonders die Kernphysik, hatte ihre hohen Zeiten, die Psychologie, die Medizin, das Business Management – alle sind irgendwie entscheidend! Alle sind zu Recht stolz! Ohne Biologie oder Chemie geht ja auch nichts! Literatur und Kunst sind am wichtigsten, das ist klar, und hoch oben schweben Philosophie und Theologie. Wenn es aber hart auf hart kommt, entscheiden letztlich doch die Juristen.

Ich will sagen: Die Prioritäten der einzelnen Künste schwanken stark, mal werden sie gehypet, mal verdammt – z. B. wie beim „Ausstieg aus der Atomenergie".

Immer geht es darum, für die jetzige Menschengeneration als besonders fruchtbar hervorzutreten oder ihr die Impulse und Visionen zu geben, die in ihr Energien wachrufen.

Die Informatik ist letztlich Wegbereiter neuer Infrastrukturen der Welt, so wie damals durch Dampfmaschinen, durch Auto & Öl oder durch die Elektrifizierung neue Lebenswelten geschaffen wurden. Wie wird Informatik die Welt verändern? In welcher Rolle sieht sie sich selbst in dem Wandel, den sie einleitet? Stellt sie nur die Forschung als Grundlage bereit? Legt sie selbst Hand an? Ist sie bestrebt, die Richtung der Welt mitzubestimmen? Will sie mindestens an der Diskussion teilnehmen, wohin wir gemeinsam gehen?

Meist haben die neuen Disziplinen genug mit sich selbst zu tun. Sie verändern sich ja auch selbst und neigen dazu, diese inneren Positionierungen für die entscheidenden zu halten. Lange Zeit war Informatik mit Theorieaufbau und Hardwareerfindung befasst, dann kam der ganze Softwarebereich hinzu. Etwa seit dem Jahre 1995 begann die IBM die Servicebereiche forciert aufzubauen. Es galt, den Kunden wirkliche Lösungen zu liefern, nicht einfach „Kisten hinzustellen" oder eine „CD zu schicken". Als ich 1997 zum IBM Distinguished Engineer ernannt wurde, fragten mich einige IBM Fellows, ob ich wirklich dieselbe Gehaltsstufe hätte wie sie. „Ja! Und?" – „Im *Service*?" – „Ja." – „Donnerwetter, das ist ungerecht. Wir bauen Mainframes und ihr stellt sie nur beim Kunden auf – für *dasselbe*

G. Dueck, *Dueck's Jahrmarkt der Futuristik*,
DOI 10.1007/978-3-642-55371-4_36, © Springer-Verlag Berlin Heidelberg 2014

Geld?" Ich versuchte zu erklären, dass Geschäftsprozesse genauso komplex wie Mainframes sein könnten, dass die Einführung großer SAP-Systeme von diesem Kaliber sein könnte und… Nein, sie meinten, dass schon die Softwareleute nicht so richtige Informatiker seien. Von Service-Leuten mit solchen hohen Gehältern aber seien sie wirklich schockiert.

Im Service mussten Probleme gelöst werden. Hic et nunc. Wir konnten gar nicht warten, bis Wissenschaftler etwas wirklich durchdacht hatten. Die Theoretiker hielten die Praktiker für ahnungslos und hoffnungslos hemdsärmelig. Hätten wir sie nicht fragen können? Haben wir versucht, aber hatten sie je eine Antwort? Altavista und Google hatte viele. Dieses Arbeiten ohne feste Grundlage schien Wissenschaftler oder „Solide" mit Grauen zu erfüllen, während Service-Leute beim echten Kunden die wissenschaftlichen Fragestellungen für unfassbar weltfremd hielten, wenn sie sie überhaupt kannten. Ich schrieb damals schon in etwa: „Eine Dissertation über *Unterricht mit Internet* kann zum Bespiel stets gleich nach der Fertigstellung ins Museum."

Ich selbst war ja damals mehr Mathematiker und dann wissenschaftlich Informationstheoretiker – auch da gab es rasende Entwicklungen. Die Anwendung der neuen Erkenntnisse wurde so drängend, dass die Ingenieure immer schon alles verbauten, bevor etwas „bewiesen war". Daraus entstanden wissenschaftliche Weltvorstellungskriege. Die Wissenschaftler erklärten das Niveau der angewendeten Forschung für erschütternd niedrig und redeten voller Verachtung über Anwender, die aus ihrer Sicht nie über das bloß Triviale hinauszukommen schienen. Wütend verzweifeltes „Eure Theorien sind zu nichts zu gebrauchen, weil es so etwas wie ‚ohne Beschränkung der Allgemeinheit' in der Praxis nicht gibt!" prallte auf schwach narzisstisches „Nichts ist so praktisch wie eine gute Theorie."

Wenn sich das Wissenschaftliche in der Welt anwenden lässt, öffnet es sich der Praxis. Naturwissenschaftler werden dann zu Ingenieuren, Labormediziner zu Ärzten, Informatiker zu Prozessarchitekten und Infrastrukturlieferanten. Meist schütteln sich die Wissenschaften und verteidigen aus Liebe die Reinheit der Lehre. Die aber, die die Kunst wirklich beherrschen, wundern sich über die zum Teil absurde Weltabgewandtheit des Elfenbeinturms.

Diese Auseinandersetzung ist stets eine innere gewesen. Ist ein Diplom-Informatiker oder Master für die Wissenschaft ausgebildet oder doch eher eine Art Ingenieur? Weil die Wissenschaft zuerst da war, will sie ihn als möglichen Wissenschaftler sehen. Diejenigen, die Informatik mehr als Anwender oder Ingenieur sehen, wechseln abstrakt enttäuscht in die Bindestrichfächer, in die Bio-, Medizin- oder Sozialinformatik, also in „Dünnbrettbohrerfächer". Ich war damals der erste Assistent für Angewandte Mathematik in der nagelneuen Uni Bielefeld. Angewandt? Dünnbrettbohrer.

Angesichts dieser inneren gegenseitigen Verachtung und des mangelnden Verständnisses kommt kaum der Gedanke auf, wozu denn das Ganze da draußen wirklich gut sein sollte.


## Neue Sichten da draußen

Die Informatik führt im Ganzen zur Ausbildung von großen und komplexen „Betriebssystemen" oder „Operating Systems" in der normalen Welt. Sie vernetzt Menschen aus allen Ländern, ermöglicht eine früher nie vorstellbare Beziehungswelt und verbrüdert alle, die es mögen. Andererseits isoliert sie uns vor Bildschirmen und virtualisiert uns.

Informatik industrialisiert einen großen Teil aller Dienstleistungen und nimmt uns die meisten Routinearbeiten ab. Ein Segen! Aber nicht für die, die nur für Routine bei der Arbeit ausgebildet sind oder taugen. Sie sehen ihren Beruf wegoptimiert und geraten leicht in prekäre Verhältnisse. Die Gesellschaft spaltet sich in „Pro" und „Unpro" wie professionell und nicht professionell. Weil der Computer das Einfache selbst kann, müssen wir Menschen mehr können als dieses Einfache. Wir sind darauf nicht vorbereitet, weil diese Entwicklung so schnell kam. Sie wurde zwar schon in den 70er Jahren unter dem Stichwort „Rationalisierung" beschimpft und befürchtet, aber angesichts der guten wirtschaftlichen Lage damals irgendwie verdrängt.

Die extreme Rationalisierung durch Computer und Internet ist besonders eine Folge rigiden Managements, das „dank Informatik" sehr mächtig geworden ist. Das Management nutzt Informatik zum Messen & Stressen, es macht über Zahlen aus Datenbanken Druck bis zum Burnout und betreibt aus heutiger, schon ganz erschöpfter Sicht, Missbrauch aus „Gier", wie es heißt – oft wird schon offen von Ausbeutung gesprochen.

Alles, was in der Welt angewendet werden kann, hat eine gute und auch eine „böse" Seite, eine technische Seite, eine menschliche und eine gesamtkulturelle. Die Wissenschaft am Anfang fühlt sich auf der nur-guten Seite und empört sich dann, was da draußen mit ihr geschieht.

Informatik mündet in High-Tech, in Triviallustbefriedigung, in Waffenkonstruktionen, in demütigende Incentive-Systeme, in neue Hochbildung, andere Zusammenlebensformen, neue Kulturen und Staatsformen. Informatik bewirkt. Informatik erzeugt Karma, gutes und schlechtes. Als ich Mathematik studierte, war es oft das erklärte Ziel „reiner" Mathematiker, lieber gar kein Karma in der realen Welt zu erzeugen...

Wir woll(t)en mit Informatik natürlich nur gutes Karma hervorbringen – kümmern wir uns aber aktiv darum, die schlechten Nebenwirkungen zu vermeiden und auch couragiert zu bekämpfen?

Wir sehen neue Infrastrukturen entstehen:

- Technische Operating Systems der Welt (Vernetzung, Internet der Dinge, selbstfahrende Autos, Verwaltungen, Lehr- und Wissenssysteme etc.)
- Ökonomische Operating Systems der Welt („Zahlenmanagement", Logistiksysteme, Finanzsysteme, Zahlungssysteme, globalisierte Vernetzung aller Wirtschaftssubjekte)
- Sozialkulturelle Operating Systems (Welt 2.0, neue Arbeitsformen, Work-Life Balance Change, neue Ethik, neue virtuelle Kunstformen)
- „Das Internet als Gesellschaftsbetriebssystem" (neue Gesamtkultur mit einer möglichen Aufwärtsentwicklung der Menschheit)

In Sinne „guten" Karmas soll alles besser, freier, einfacher, befriedigender und menschlich reicher werden. Die Techniker werden aber bald die Panzer verschrotten und mit virtuellen Drohnen kämpfen. Die Manager treiben Handel mit unannehmbaren Risiken und globalem Lohndumping, was uns in die Finanzkrise trieb. Kritiker der Welt 2.0 fürchten reflexartig die digitale Verarmung des Menschlichen und der gesamten Kultur. Das Internet verschiebt Macht in andere Hände und Köpfe, ruiniert viele Wirtschaftszweige und führt zu Geburt von neuen Ökonomien. Karma führt zur „Wiedergeburt" und auch neuem Leiden der Welt... Wir haben Erwartungen und Befürchtungen.

Wie nehmen wir die Verantwortung für das Gute wahr? Es ist verpönt, in Waffenfabriken zu arbeiten. Ist es aber gut, an Risikomodellen für den Computerhandel zu forschen, wenn diese dazu verwendet werden, Risiken nicht etwa zu senken, sondern an Unkundige zu verkaufen, die sie systematisch unterschätzen oder nicht in Betracht ziehen? Darf man Informatik per „Big Data" zur Invasion in die Privatsphäre entwickeln? Incentive Systeme ersinnen und implementieren, die bis zum Burnout menschliche Energie ausreizen? Arbeitstools, die den Menschen zum reinen „Körper" degradieren, die wie ein Navi für den physischen Sklaven agieren?

## Wer sieht was?

Nein, natürlich nicht! Die im Elfenbeinturm wussten schon immer, warum sie den Gedanken an das tatsächliche Wirken nicht mögen und lieber überhaupt kein Karma erzeugen wollen, gerade so, wie es die reine Lehre will. Nach einem Mathematikvortrag antwortete damals ein Kollege auf die Frage, ob man seine Forschung anwenden könne: „Ich schwöre – nein! Nein!! Ich meine…äh, ich hoffe niemals." Wenn aber das Wissenschaftliche in das Ingenieurwesen, vom Erforschten zum Angewandten wechselt, hilft ein verweigerndes Bewusstsein nicht weiter. Es muss verantwortlich Stellung bezogen werden.

Das fällt Informatikern und Ingenieuren schwer, selbst wenn sie es wollen. Sie sind zu protagonistisch oder zu idealistisch. Sie sind überoptimistisch, was eine High-Tech-Zukunft angeht, in der das, was sie an Neuem ersinnen, ganz sicher die Menschheit erlöst. Warum ist das so?

- Sie sehen die Technologie zu isoliert vom Rest der Welt, glauben also, dass die Welt sich schon zum Guten wendet, wenn nur die Technologie es im Prinzip *möglich* macht.
- Sie haben keinen Sinn dafür, wie sich neue Technologie mit dem Menschen verbinden soll, mit seinem Herzen, seiner Seele und seinen geliebten Lebenstraditionen. Technologie ist kalt, sagen die Antagonisten. Technologie ist deshalb Männerdomäne, fühlen viele.
- Sie verstehen nicht, dass alles Neue daraufhin abgeklopft wird, ob es als Waffe taugt, andere Menschen zu betrügen hilft oder anderen Menschen triviale Lüste aufschwatzen lässt, so dass man Geld wie Heu machen kann.

Ich gehe genauer darauf ein:

*Technologie als Trigger für eine bessere Welt*: Abgesehen davon, dass sich Technologie auch missbrauchen lässt, ist etwas Neues normalerweise erst dann fruchtbar, wenn es sich in das sonstige Leben einpassen lässt. Digital-Kameras z. B. brauchen erst die Infrastrukturen neuer Drucker, neuer Fotopapiere, neuer Fotoservices, dazu größere Festplatten auf Computern, größere Durchdringung der Computer an sich, damit jeder neue Fotos auf Bildschirmen daheim betrachten kann etc. Neue Technologien brauchen erst ein ganzes Bündel von umliegenden Strukturen, damit sie sich ins Leben einbetten lassen. Das wird von Messestand-Protagonisten fast immer übersehen, derzeit immer noch bei Cloud-Computing oder jetzt neu beim 3D-Printing.

Viele Technologen, Ingenieure und IT-Experten sind „Manager-Controller-Prozess-Hasser" – ich selbst ja immer wieder, das wissen Sie ja von meinen Kolumnen, insbesondere über *Lean Brain Management*. Manager beglücken die Mitarbeiter oft mit vollkommen naiv optimistisch neu gestrickten Prozessen, mit denen sich angeblich viel Geld sparen und gleichzeitig die Qualität verbessern lässt. Das glauben wir „Techies" unseren Chefs *niemals* und wundern uns über den hundertsten Versuch des Managements, wo doch schon neunundneunzig kläglich scheiterten. Ganz genauso stöhnt das Management über immer neue IT-Tools, die wieder die Probleme des Managements absolut nicht lösen. Zum Beispiel wird dem Management schon sehr lange ein „Entscheider-Cockpit" versprochen, wo sich der Boss wie in 007-Filmen vor einem Riesenbildschirm seine Firma untertan macht und nur noch auf hunderten von Knöpfen wie in einer Boeing 777 herumdrückt und damit zentral alle strammen Entscheidungen trifft. Beide Seiten, Management und Technologen, sehen die Welt naiv, wenn sie glauben, das Schrauben an einer Stelle der Welt würde diese auf der Stelle in Gänze verbessern. Diesen Punkt sehen beide mühelos am anderen ein, dem sie sofort diese beschriebene Naivität bescheinigen, aber nicht im eigenen Selbst. Wir sehen das auch bei Politikern, die schon eine bessere Welt erwarten, wenn sie die Steuerprozentpunkte oder die Verkehrsordnungsstrafen ein bisschen verändern und gleich von Radikalreform schwadronieren. Durch Einzelmaßnahmen ändert sich fast gar nichts zum Guten. Dazu ist unsere Welt zu komplex geworden.

Informatik ist also kein automatischer Heilsbringer! Informatiker müssen schon die ganze Welt anschauen, sonst sehen sie vor lauter Technologie nichts. Dann können sie auch nicht verantwortlich in der Welt Stellung nehmen.

*Informatik für Herz und Begeisterung der normalen Menschen*: Wie gesagt, viele Menschen halten Technologie für „kalt" und „unfertig", deshalb misstrauen sie ihr bei der ersten Begegnung. Genauso kalt wirken Managementstrategien, z. B. „doppelt so schnell wie der Markt zu wachen, wozu jeder Mitarbeiter viele Extrameilen gehen und auch beim Gehalt Abstriche machen soll – jeder muss einen Beitrag leisten, sonst können die Boni nicht fließen". Technologie wird kalt im Sinne von maschinenimmanenter Seelenlosigkeit, Management wirkt oft kaltherzig oder kaltblütig berechnend.

Warmherzigere Führungspersönlichkeiten, volksnahe Politiker oder begeisternde Technologien werden wie Ausnahmen gefeiert: Obama, iPads oder die derzeitigen Hoffnungen, die wir mit dem neuen noch unbekannten Papst verbinden.

Typisch männlich gesprochen wird Technologie nur mit einer „Killerapplikation" begeistert aufgenommen, die wohl so etwas wie das Lustzentrum oder das Herz der Technologie spielen kann. Killerapplikationen beseelen Technologie für uns, Politikerherzen lassen uns freiwillig mitgehen.

Diese im Anfang fast regelmäßig fühlbare Kaltherzigkeit kann man (und das tue ich) als Ausdruck typisch männlichen Denkens und Vorgehens deuten. Dies stellt starre und kühle neue Formen und Strategien in den Raum, wie sich das Neue gegenüber dem Alten und dem Anderen der Konkurrenten „positionieren" soll, damit es im Markt, bei der Karriere oder der Wahl den Sieg davonträgt.

Die Kunden, die Wähler oder die Mitarbeiter erwarten dagegen den Herzenskern einer „Lösung" oder einer „Zukunftsperspektive für alle", die sie mit positiven Gefühlen anfüllen.

Man sagt, dass Jungen wie angehende Ingenieure immer nur basteln und bauen, aber natürlich nicht damit spielen. Sie bauen wieder und wieder auf und zerstören die Sandburgen danach mit Lust. Jungen wie angehende Manager hecken Pläne aus und berauschen sich am Befehlen und Kommandieren – sie arbeiten aber nicht so sehr am Plan selbst. Mädchen, beobachtet man, spielen mit dem Fertigen, sie beseelen es. Sie basteln keine Puppen, sie reden mit ihnen.

Das sind hingehauene Klischees, ich weiß, ich weiß, aber auch Statistiken psychologischer Profile zeigen ganz wissenschaftlich, dass sich die heute typischen Männer und heute typischen Frauen im Mittel den Dingen sachlich-objektiv bzw. persönlich-fühlend anders nähern.

Ich habe über diese Fragen schon oft geschrieben, auch hier: Die männlich kalte Sicht im Management und in der Technologie dominieren so stark, dass Frauen hier frieren. Wenn man aber dort hingeht, wo Technologie die Herzen erfreuen hilft oder begeistert, beim Bloggen, bei der Beratung von Firmen in Bezug auf Web 2.0, beim Kommunizieren über Internet 2.0 oder beim Facebooken dominieren Frauen bzw. sie geben den hier herrschenden Ton an.

Die Männerwelt spürt zwar nicht im Herzen, aber in den Bilanzen sehr wohl, dass es an Softskills, an einfühlender Psychologie, besonders an Empathie und an Gefühl für Kunden und Menschen insgesamt fehlt. Diese in Zahlen objektivierbaren Mangelerscheinungen werden durch Appelle und Empathie-Kurzlehrgänge bekämpft, man ruft zu Kundenverständnis und Zuhören auf. Im Grunde ist es der Versuch, Männer mit der Nase auf das Weltverständnis der Frauen zu stoßen.

Warum lassen wir nicht die Frauen selbst herein? Ihre Sichten, Problemlösungsansätze und Denkweisen?

Solange das nicht geschieht, werden die „Männlichen" hadern, dass die Außenwelt der Informatik, der Mathematik und dem Management eher so kühl begegnet, wie sie eben sind.

Schauen Sie sich einmal das Krabbeln und Gehenlernen der gerade geborenen Piratenpartei an, in der nun dominant informatikaffine Männer eine neue Demokratie per Internetabstimmung proben. Wieder ist es kämpferisch und kalt. Ein schizoider Hauch liegt in der Luft. Ist es nicht so gedacht, dass der normale Herzensmensch bei Zusehen dieser neuen Demokratieversuche Lust bekommen soll, sich selbst freudig einzubringen? Unsere Anfangssympathie für die Piraten mit der Herzenskönigin Marina Weisband wich fast abrupt, als wir beobachteten, dass da doch wieder etwas herb Männliches aufwächst und nicht unser aller Zukunft.

Ein verantwortliches Handeln in der Welt muss auch die Sicht des Herzens einbeziehen. Wir alle kennen den berühmten Satz des kleinen Prinzen: „Man sieht nur mit dem Herzen gut." Oder: „On ne voit bien qu'avec le coeur, l'essentiel est invisible pour les yeux." Da geht uns das Herz auf, wir haben Gänsehaut und verneigen uns tief vor dieser Einsicht. Wenden wir sie aber an? Berücksichtigen wir sie essentiell in unseren Weltsichten? Aber – das müssen wir doch, wenn es nicht zu kalt werden soll!

*Die Internettechnologie wendet sich gegen den Menschen*: Ich habe es schon oben gesagt: Alles kann zum Segen oder als Waffe gebraucht werden, der Hammer oder das Wort, was Sie wollen – auch das Internet. Es ist nicht nur die Infrastruktur unseres künftigen guten Lebens, sondern auch die Infrastruktur der Globalisierung, des unterdrückenden Managements, der Finanzkrise, der Datenmissbräuche, der manipulierenden Drückerwerbung und der beginnenden Hackerkriege. Es automatisiert einfache Berufe und treibt immer mehr Mitmenschen ins Prekariat. Es macht spielsüchtig, sexsüchtig, onlineabhängig.

Kritiker haben jetzt Aufwind, die die digitale Demenz der Menschheit an die Wand malen oder schwarzsehen, wenn Firmenmitarbeiter ständig erreichbar sein sollen. Menschen, die sich nicht selbst fest im Griff haben, werden Opfer kurzfristiger Versuchungen…

Informatiker und Manager zucken oft mit den Achseln: Ahnungslose da draußen! Aber sie werden dann fast ausnahmslos wieder eingefangen. Warum tauschen wir unsere verschiedenen Weltsichten nicht besser gegenseitig aus?

Die meisten Wissenschaftler, Informatiker und Ingenieure bauen zu sehr am Nur-Guten und stellen sich nicht vor, was anderen Leuten dann am Neuen angriffsnützlich oder profitabel erscheinen könnte. Wollen wir dann immer nur sagen: „Das habe ich nicht gewollt!" Soll das reichen?

## Weltteilnahme

Das Nur-Gute muss auch wirklich in die Welt hinaus, es darf nicht allen anderen überlassen werden, wie es in der Zukunft aussieht. Heraus aus dem Kalten, heraus aus dem Männlichen, heraus aus der reinen Technologie. Denken wir an den kleinen Prinzen: „Das Wesentliche ist für die Technologie unsichtbar." Stellen wir uns den Vorwürfen der Kritiker. Geben wir der Welt herzenswarme Visionen und Zukunftsperspektiven. Informatik ist nicht Physik, die den Urgrund des Gottgegebenen erforscht. Technologie ist für einen Zweck gemacht. Den bestimmen wir selbst. Technologie darf nicht unsere Weltsicht bestimmen, sie soll ihr dienen.

# Kapitel 37
# Kopfwäsche durch Android

Immer wieder mahne ich die neuen Infrastrukturen an! Was soll ich tun – ich kann ja immer nur mahnen. Merken Sie, wie sich das Cloud Computing Prinzip langsam in die Dienstleistungsgesellschaft hineinfrisst? Wie sich neue Infrastrukturen bilden, obwohl gegen sie immer erst lange Sturm gelaufen wird? Die großen schon existierenden Systeme schütteln sich, zum Beispiel die Verlage gegen eBooks oder die Autobauer gegen selbstfahrende Taxis, die ja den Privatbesitz von Autos obsolet machen. Wir wollen ganz sicher sein, dass die nächste Welt, in die wir gehen, besser als die jetzige ist – ja, und wir träumen alle mindestens als Mitarbeiter, dass alle mächtigen Gegenwartsplayer vom Neuen profitieren werden.

## Das Internet der Dinge

Vor einigen Monaten stand mir der Sinn nach einem neuen Smartphone, weil mein Supergerät – das teuerste von allen vor drei Jahren – einfach nicht akzeptabel funktioniert. Ich meine, es funktioniert wie immer, aber auf heutigem Stand nicht mehr akzeptabel. Es will auch keiner geschenkt haben. Ich hatte gehört, dass die neue Betriebssystemversion Android 4.1 wirklich gut läuft – keine Klagen. Da suchte ich im Netz unter „Android 4.1", was vor Monaten kaum Treffer ergab. Jetzt aber, wo es ein Samsung S4 gibt, geht es deutlich einfacher.

Irgendwann fand ich beim Suchen eine Samsung Digitalkamera, die ganz normal wie eine Digi-Cam aussah – mit 21fach-Zoom und allem dran, was man sich wünscht. Aber zusätzlich hatte sie kein normales Display hinten dran/drin, sondern einen Android-4.1-Touchscreen. Mit „diesem Teil" kann man telefonieren und facebooken, alle Fotos gleich uploaden und sharen! Es war keine Flachkamera wie ein Smartphone, sondern eine ganz normale Kamera mit einem Knubbel-Objektiv vorne dran, die man absolut nicht in einem Boss-Jackett verschwinden lassen kann. Ich dachte spontan: „Wer braucht denn so etwas?" Na ja, ich hätte im Südafrikaurlaub die Fotos schon per Hotel-WLAN auf Dropbox hochladen können, meine Kinder hätten gleich gewusst, wie es uns geht.

Bei meiner nächsten Keynote war ein hoher Manager von Samsung dabei, den ich sofort neugierig fragte, ob die Menschheit eine solche Kamera wirklich braucht bzw. ob sie nicht etwas verrückt wäre. Antwort: „Sie verkauft sich wie verrückt." Dagegen konnte ich nichts setzen – ich meinte, es wäre doch nützlicher, Android in Waschmaschinen zu

G. Dueck, *Dueck's Jahrmarkt der Futuristik*,
DOI 10.1007/978-3-642-55371-4_37, © Springer-Verlag Berlin Heidelberg 2014

haben als in Kameras? Da lächelte er vielsagend, wollte nicht mehr so viel dazu sagen. Aha, dachte ich, und surfte ab und zu nach „android washing machine".

Und seit einigen Wochen gibt es „alles mit Android"! Waschmaschinen, Trockner und Kühlschränke. Dann folgen bestimmt auch Kaffeemaschinen, Beleuchtungsanlagen, Zimmerschlüssel, Trockenhauben und Türklingeln, oder? Da bekomme ich ganz weitgehende Ideen… Stopp, ich muss erst die Apple-Fans trösten. Ich bitte um Verzeihung, die Samsung Waschmaschinen gibt es natürlich auch mit iOS. Ich gebe aber zu bedenken, dass Apple eher nur Musik und Bücher verkauft, keine Haushaltsmaschinen, wie sie ja Samsung Electronics selbst herstellt. Apple hat so etwas wie die Herrschaft im digitalen Markt (gehabt), aber Samsung ist auch in der „Realwelt" stark und nimmt sich jetzt unseres Haushaltes und unseres Lebens an.

Der Anblick von Waschmaschinen mit Smartphone-Betriebssystem hat mich so stark beeindruckt, dass ich gleich Aktien gekauft habe. Ich bin sicher: Jetzt bildet sich eine neue Infrastruktur für das so genannte „Smart Home". Und dann folgt sofort das „Internet der Dinge".

Ach, was gibt und gab es an tollen Leuchtturmprojekten! Überall präsentierten große Firmen, wie man per Funk die Rollläden hoch und runter fahren kann – alles mit Fernbedienung! Seit etwa 15 Jahren geistert der ätzend dumme „intelligente Kühlschrank" durch die Gazetten, der alles selbst nachbestellt. Weil das schon sooo lange langweilt und immer noch niemand nutzen will, reden neuerdings die Energiespeicherlobbyisten von der nachts mit Billigstrom waschenden Waschmaschine, aus der man 15 h später (nach Arbeitsschluss) zerknitterte Wäsche ziehen kann, die seit zwei Uhr nachts schon gewaschen ist, weil das drei Cents Strom sparte!

Alles kommt aber irgendwie anders. Der Kühlschrank hat bald eine kleine Web-Cam drin, dazu eine Beleuchtung, die per Smartphone angeschaltet wird. Da schaut man einfach per Smartphone unterwegs ganz real in den Kühlschrank hinein und kauft, was noch fehlt, oder? Wenn es an der Haustür klingelt, reden wir mit dem Besucher über Smartphone. Wenn jemand kurz ins Haus will, um ein Paket reinzulegen – gerne, wir schließen auf und wieder ab!

Im Stromzähler brauchen wir keine sündhaft teuren Geräte, die den Zählerstand auf die Straße funken – nein, jetzt geht das alles mit Android – und ab in den Home-DSL-Router! Der wird DAS zentrale Gerät in unserem Haus, von dem aus alle Kommunikationswege verzweigen.

Zusammengefasst: jedes Gerät bekommt einen Touchscreen mit Betriebssystem und Routerverbindung, fertig! Das kostet fast nichts mehr, die billigsten Smartphones kosten ja nur noch so 50 € – da kann ein Android-Elementeinbau nicht die Welt kosten.

Beachten Sie bitte auch, dass die Telekom dabei ist, alle Festnetzanschlüsse auf IP-Telefonie umstellen. Das soll bis 2016 geschehen sein (das wird dann das Datum sein, an dem die Telekom wirklich messen kann, was wir mit dem DSL so tun – dann wird die Drosselungsgrenze scharf!). Ab 2016 hat also praktisch jeder Haushalt in Deutschland einen Router im Haus. Einer Einbindung aller Geräte ins Internet steht nichts mehr im Wege.

Das Internet der Dinge kann jetzt und so kommen. Es ist aber eines von Samsung (man ist dort gerüchteweise beim Implementieren eines eigenen OS) und vielleicht eines von Google – das habe ich jetzt für Sie prägnant herausgearbeitet, nicht wahr?

## Deutsche Infrastruktur? Ach was, in Seoul anrufen!

Diese kesse Überschrift habe ich neulich einmal als „Spruch" auf einer DIN-Konferenz fallengelassen. Die Deutschen tun sich unendlich schwer, sich auf eine eigene, selbstbestimmte Zukunft zu einigen und ein paar nötige Formate und Schnittstellen dafür zu definieren. Man sieht das so schön bei der Suche nach Atommüllendlagerstätten oder der Einigung auf eine Frauenquote. Dabei brauchen wir fast überall neue Standards: Für die Energieübertragung über Netze, für eBooks mit eingebetteten Videos oder für Verkehrsnetze nur selbstfahrender Autos – ja, und das Internet aller Dinge.

Beispiel:Mein Volvo hat 130.000 km in fünfeinhalb Jahren oder an fast genau 2000 Tagen gefahren. Das sind 65 km pro Tag gewesen oder grob geschätzt eine Stunde oder ein Zwölftel der Tageszeit. Wenn Sie Berater sind, kennen Sie Ihre „Utilization", also Ihren eigenen Nutzungsgrad, der am besten nahe bei 100 % liegen sollte. Mein Auto hat eine Utilization von knapp 8,5 % am Tag. Wenn Sie mich als repräsentative Stichprobe akzeptieren, dann scheint es so, dass über den Tag nur knapp 10 % aller Autos gleichzeitig auf der Straße fahren, sonst parken sie. Natürlich gibt es am Morgen und am Feierabend Verkehrsspitzen, aber wir können über den Daumen schätzen, dass nie mehr als 20 % aller Autos gleichzeitig fahrend gebraucht werden. Wenn wir nun den Privatbesitz von Autos verbieten würden und nur selbstfahrende Autos zulassen, kämen wir nach Adam Riese mit 20 % der heutigen Autos aus. Die selbstfahrenden Autos bekämen eine ganz neue Straßenstruktur, Funkbefehle statt Verkehrszeichen und Großaufladestellen statt Tankstellennetze. Parkhäuser können weitgehend entfallen, Parkränder auch, Staus vermeidet der Computer – wir sind also auch schneller da. Jeder hat eine Smartphone-App und tippt ein: „Komm her, Fahrzeuggröße vier! Nach Venedig!" Fertig. Taxi kommt.

Macht nun aber irgendjemand Anstrengungen, sich für diese Zukunft zu rüsten? Meine kleine Rechnung hier zeigt, dass die Idee der Privat-PKWs fünfmal mehr kostet als die der selbstfahrenden Funktaxis. Wo also liegt die Zukunft? Unsere jungen Leute können sich als „Generation Praktikum" kaum alles gleichzeitig leisten: eine Wohnung, ein Auto, zwei Kinder und die Rentenzahlungen an uns Massen von Alten. Es ist klar, dass es bald keine privaten Autos mehr geben sollte.

Handeln wir? Tun wir etwas? Nach meinen Vorträgen bekomme ich Feedback solcher Art: „Nie wird man Privatautos in einem Staat verbieten können." Antwort: „In Singapur kostet es Unsummen, in der Stadt fahren zu dürfen, es ist faktisch schon heute verboten. Da wird Singapur wohl bald der Vorreiter sein?" Anderes Feedback: „Deutschland ist das Land der Autos, ein Drittel aller Arbeitsplätze hängt von Autos ab. Da wären wir schön blöd, wenn wir an unserem eigenen Ast sägen würden." Antwort: „Sehen Sie denn nicht den nahen Tod der Industrie vor Augen?" Und alle lächeln sie mich an. Ich schlage vor, eine super-mega-starke Verkehrsinfrastruktur für die Zeit nach dem Privatauto zu entwerfen und ihre Einführung zu planen. Wird das geschehen? Wird sich ein Minister für Verkehr, Bau und Stadtentwicklung sehr bald darum kümmern, oder denkt er noch zwanzig Jahre lang über die Komplexität von Stadtflughäfen nach? Ach ja, er ist gerade intensiv mit ganz neuartigen Verkehrssündenkatalogen „für Flensburg" befasst – die braucht man aber doch auch nicht mehr im selbstfahrenden Zeitalter!

Wir werden bestimmt wieder Studien in Auftrag geben und darüber streiten, ob „es je so kommt". Später wird in Singapur ein Exempel statuiert, dann wird das Ganze nach

Deutschland exportiert, die selbstfahrenden Autos kommen aus China. Wer dann die neuen Verkehrsregeln wissen will, muss wohl bald in Singapur anrufen. Wer eine Idee haben will, wohin sich das Internet der Dinge entwickeln wird, muss nach Südkorea fliegen oder Google fragen.

## Warum setzt Google nicht die Ergebnisse deutscher Studien um?

Uiih, ich schreibe heute ein bisschen genervt. Hier in Europa bauen wir eigene Navigationssysteme und Suchmaschinen. Die dauern Jahrzehnte länger und sind bei Fertigstellung museumsreif, aber sie sind wissenschaftlich wertvoll und dafür komplex und etwas unpraktisch.

Wir müssen uns immer erst überlegen, was ein Internet der Dinge überhaupt sein soll! Danach erst können wir Deutsche Regeln und Normen festlegen, die dann Jahrzehnte Bestand haben müssen, sonst lohnt es sich nicht, einen viele Jahre währenden DIN-Prozess anzustoßen.

Wir überlegen also und irgendwann ist Android überall drin. Dann meckern wir über die „Amerikaner", so wie früher über die „Japaner". Bald meckern wir vor allem über die „Chinesen", das ist schon heute abzusehen. Wir sind empört: Alle die da draußen fragen uns Ambestenwisser überhaupt nicht und fangen einfach an! Bevor die deutsche Automobilindustrie sich auf Autobatterienormen und Aufladestellen geeinigt hat, verkauft ALDI Elektrofahrräder für 660 € (Stand heute) und bald billiger und besser – und der Hersteller von Fahrrädern hat vielleicht schon heute mehr praktische Ahnung von Batterien als die, die es alles grundsätzlich für alle Zukunft anfangen müssen.

Infrastrukturen lassen sich bestimmt auch im Ganzen planen, das mag ja sein. Angesichts steigender Komplexität der Welt ist das aber zu bezweifeln. Die neuen Strukturen entstehen heute viel eher rund um einen erst ganz kleinen Zweck, der immer größer wird. Zuerst kommt DOS, später Windows, das für Telefone nun wieder zu komplex ist. Android fängt wieder klein von unten an – wird mit der Zeit mächtiger und ist dann gerade richtig für Waschmaschinen…

Dieses Neubeginnen in begrenzten Teilbereichen fällt allen großen Systemen schwer. Clayton M. Christensen prägte in seinem berühmten Buch *The Innovators Dilemma* den Begriff der „disruptive innovation", die in der Regel „von unten" kommt und aus neuen Anwendungsbereichen Kraft gewinnt und dann das Alte und Bestehende angreift und oft gravierend „umpflügt". Was als Handy-Betriebssystem beginnt, zieht in Tablets ein – und schon bricht der „höhere" Markt der PCs und Laptops ein. Google hat jetzt ein ums andere Mal ganz von vorne begonnen, mit Google Earth, Streetview, Maps, Mail…

Und dann schimpfen wir wieder, weil wir uns keine Infrastruktur von außen vorschreiben lassen wollen. Fangen wir selbst immer wieder von unten an? Ja, wir fangen an, aber nicht von unten, sondern gründlich und grundsätzlich mit großen Studien und mit Mammutprojekten größer als der Berliner Flughafen und die Elbphilharmonie zusammen.

## Überall Neubeginn

Am letzten Samstag habe ich den Chef des Autohauses im Supermarkt getroffen, zu dem ich sonst unsere Autos zur Inspektion bringe. Er vertreibt nicht gerade die teuersten Autos, sodass ich dachte, es gehe ihm vielleicht doch nicht so schlecht. „Ach, wissen Sie…“, klagte er, „die jungen Leute fangen heute nicht mehr direkt mit einem gebrauchten Golf an, sie haben nicht mehr richtig das Geld dazu. Sie haben oft keine sichere Arbeitsplatzperspektive und wollen zudem am liebsten in einer lebendigen Innenstadt leben. Es ändert sich etwas, das fühlen wir. Die Jungen wollen das beste Smartphone, aber das Auto ist ihnen zum großen Teil egal. Sie interessieren sich daher verstärkt für das Mitfahren und jetzt mehr und mehr auch für das Car-Sharing. Darüber haben wir noch vor ein paar Jahren sehr laut gelacht. Aber jetzt? Wohin das wohl führt?“ Ich erzählte ihm von den selbstfahrenden Autos in Singapur. „Oh!“, sagte er. „Ich bin schon fünfzig plus. Da komme ich als Unternehmer wohl gerade noch heil heraus.“

„Wohin das wohl führt?“, fragen sich jetzt alle. Die Banken, die Versicherungen, die Verlage – die Autobauer vielleicht bald ebenfalls. Worauf warten sie denn? Brauchen wir denn nicht alle ganz neue Internetbezahlungssyteme, Micropayments oder Urheberschutzdatenstrukturen (Bilder, die von der Internetseite, auf der sie stehen, bei jedem 1000sten View einen Euro an den Fotografen schicken etc.)? Brauchen wir denn nicht Kinderbücher mit ein bisschen Animation drin und dann neuartige eArt-Enjoyer-Geräte? Ist nicht das 3D-Drucken schon auf dem großen Sprung in unser Dasein?

Uns selber bläuen die Unternehmen ein, dass wir lebenslang lernen sollen. „Kaum jemand hat seinen Beruf für lange Zeit“, sagen sie uns und predigen uns „Employability“. Und ich sehe: „Kaum ein Unternehmen hat seinen Unternehmenszweck für lange Zeit.“ Die Unternehmen müssen immer wieder von Neuem anfangen, klein anfangen, ein ums andere Mal. So wie sie uns als Einzelne rauswerfen, wenn wir „outdated“ sind, so gehen auch sie ohne „Survivability“ als ganze Systeme dahin. Dabei wäre so viel zu tun.

„Machen!“ Das sagen doch alle! Schon immer! „Groß denken und klein anfangen.“ – „Probieren geht über Studieren.“ – „Klein übt sich, wer ein Großer werden will.“ – „Besser ist, man lernt es von der Pike auf.“ – „Wenn du es nicht selbst machst, macht's ein anderer.“

Gehen wir nun los? Und Google ruft: „Ick bün all hier.“

# Kapitel 38
# Grenzkontrolle im Kopf

Die amerikanische NSA bespitzelt uns alle, mehr oder weniger. Früher kontrollierten sie uns an den Grenzen und notierten sich die Passnummern. Heute spionieren sie uns im virtuellen Reich hinterher und wissen so ungefähr alles – das fühlen wir. Oder nicht? Ist es uns egal? Was sagen die Piraten dazu? Hörbar laut und gewichtig? Haben wir schon eine Kommission eingesetzt, die ein Endlager für die Daten bestimmt? Ich begebe mich wegen meines nahenden Urlaubs einmal auf dünnes Eis und schreibe ins Blaue. In ein paar Tagen reist die deutsche Delegation in die USA, um zu erfragen, ob sie selbst auch bespitzelt werden. Die Antwort, die sie bekommen, kann durchaus aufrichtig sein, aber sie werden Stillschweigen darüber vereinbaren oder etwas sagen, was mir Unrecht gibt…

## Rundum Business-Intelligence!

So lautete der Titel meiner aller-allerersten Informatik-Spektrum-Kolumne, die ich vor 15 Jahren schrieb. Ich war damals zusammen mit Stefan Pappe (heute IBM Fellow) dabei, für die IBM Deutschland das Data Mining/Data Warehouse Servicegeschäft aufzubauen. Dazu schrieb ich einiges und es entstand meine erste ganz lange Kolumne, die in drei aufeinanderfolgenden Heften erschien (Nr. 4, 5 und 6 in 1999). Diese Kolumne lese ich alle paar Jahre wieder, mit Kopfweh. Sie ist nämlich immer noch bestürzend aktuell. Wenn Sie sich das auch einmal antun wollen? Sehen, wie langsam wir weiterkommen?

Immer noch herrscht Datensammelwut, und „der Stand der Dinge" wird heute zunehmend häufiger vom Chef in allerlei Reports abgefragt. Langfristige Strategien zur Auswertung gibt es kaum, die Daten sind in der Regel nicht integriert, immer noch fehlerhaft und schlecht gepflegt. Wir dachten damals, wir könnten wahre Goldadern in den Datenschätzen finden!

Natürlich konnte man allezeit die Kunden segmentieren, in reiche und arme Kunden, in solche, die oft das Gekaufte umtauschen und andere, die immer den Listenpreis zu zahlen bereit sind. Viel weiter kam man nicht. Heute wird an jeder Ecke beklagt, dass die Unternehmen die Kunden nicht verstehen können, ja sogar auch Apple nicht mehr, weil Steve Jobs bekanntlich gestorben ist. Ja, wenn man die Kunden aus den Daten heraus nicht verstehen kann – ist das nicht eine Bankrott-Erklärung der Bemühungen rund um Auswertung und „Bespitzelung"?

G. Dueck, *Dueck's Jahrmarkt der Futuristik,*
DOI 10.1007/978-3-642-55371-4_38, © Springer-Verlag Berlin Heidelberg 2014

Die so genannten Mega-Trends sind das Thema der Stunde. Jede Tagung diskutiert über Datenbrillen, 3D-Drucken, selbstfahrende Autos oder das Internet der Dinge (siehe schon in meinem 1999 erschienenen Artikel), so wie früher die Smartphones oder Tablets. Die Superexperten, die die Daten für ihr Unternehmen analysieren, sehen diese Trends offenbar nicht, oder? Gibt es denn Smartphones von Siemens? Was geschah mit Sony nach dem Walkman? Warum verpassten Nokia und Blackberry das Neue, ganz zu schweigen von Palm? Kommt Microsoft zurück, nach all der anfänglichen Verachtung für Touchscreen-Tablets?

Nehmen Sie es hin: Die Daten enthalten nicht so wirklich die Zukunft.

Das war früher einmal der Fall, als sich die Welt nur langsam drehte. Damals sagte die Vergangenheit schon einiges für das Morgen aus. Heute? Vergessen!

Unternehmen von heute müssen ihre Zukunft eher unternehmerisch in die Hand nehmen und ihre Zukunft selbst erschaffen, so wie die Politiker auch. Was aber geschieht? Es wird wie eh und je analysiert und ausgewertet, man beschäftigt Kommissionen und Ausschüsse, um aus der Vergangenheit zu lernen. Da sich aber die Welt sehr schnell ändert, sind auch die kürzlich gesammelten und gerade frisch angeschauten Vergangenheitsdaten stets dermaßen erstaunlich neu, dass sich die Kommissionen oder Unternehmensstrategen niemals auf eine analytisch saubere Zukunft einigen können. Die meisten Unternehmen suchen nur nach Gold in den Daten, nicht nach Anzeichen ihres nahen Endes oder wenigstens nach einem für sie nicht wünschenswerten Wandel am Markt, auch nicht nach Zeichen, dass sich ihre Kunden abwenden. Diese dunklen Anzeichen suchen wiederum die Aktienanalysten aus den Daten heraus und konfrontieren dann die Unternehmen mit dem dadurch ausgelösten Kursverlust.

Hilft das alles den Unternehmen auf dem Weg zur Größe oder Rettung? Unternehmen haben leider sehr oft sture Charaktere wie zum Beispiel meine Mutter, die keinesfalls mental einknickte, wenn man ihr ein neues und viel schmackhafteres Rezept für Gänsebraten anpries.

Warum grassiert diese Datenblindheit in Bezug auf Erkenntnis des Ganzen? Ich glaube, es liegt an der Mode der beiden letzten Jahrzehnte, die Daten hauptsächlich zum exzessiven Leistungsmessen der Mitarbeiter und des Managements zu missbrauchen. Man begann, allen Abteilungen und Einzelmenschen Ziele wie Eselsmöhren vor die Nase zu halten und sie dann unerbittlich anzutreiben, diese Ziele um jeden Preis zu erreichen. Wer die Ziele nicht schaffte, musste sich wohl nicht genug angestrengt haben – man analysierte die Arbeitszeiten und rief öfter mal an, um sich um die Ziele besorgt nach der Existenz eines Privatlebens zu erkundigen. Am liebsten würde man heute Mitarbeiter mit jeder Art von Statistik tracken, wie es für die Fußballkommentatoren mit den Fußballerbewegungsprofilen möglich geworden ist. „Sie haben im Spiel mit dem rechten Fuß vierzehn Schritte mehr als mit dem linken gemacht! Gleichen sie das aus!"

Ich habe einmal eine ganz harte Drohung eines ranghohen Managers gehört: „Wenn eure Ergebnisse nicht in den akzeptablen Bereich kommen, reviewen wir euch bis zum bitteren Ende."

Erhobene Daten werden mehr und mehr eben nicht für Erkenntnisse und Wahrheiten genutzt, sondern zur Durchsetzung von Verhaltensänderungen, insbesondere zur künstlichen Erzeugung von Arbeitsbegeisterung. Dazu werden immer sensiblere Datenbanken angelegt, die fast an die Zurschaustellung des gläsernen Mitarbeiters heranreichen. Daran haben wir uns über zwei, drei Dekaden hindurch gewöhnt. Wir lehnen uns nicht mehr auf. Meinetwegen sind überall Kameras, die uns beobachten, „um uns vor Arbeitsunfällen zu beschützen". Es werden ja jetzt so sehr viele Daten über unsere Arbeit erhoben, dass unser Manager absolut keine Zeit hat, sich auch nur annähernd darin zu vertiefen oder gar Erkenntnisse daraus zu ziehen. Er antwortet nicht einmal mehr auf wichtige Mails. Unter Stress ist es wiederum uns selbst egal, beobachtet zu werden. Wir werden beobachtet, okay, das reicht uns, uns zu strecken. Das abstrakte Wissen um Beobachtung treibt uns nur noch generell. Unser Tunnelblick richtet sich auf das Ziel oder die Möhre, nicht auf die Kamera hinter uns.

Aus den Dateninformationen wurden Datenpeitschen. Immer stehen dieselben Fragen im Raum: Wie weit sind Sie mit der Zielerreichung? Wie viel Umsatz? Wie viele Impact Points? Wie viele Haken am Eliteuniantragslyrikband dran? Diese Daten überschatten unser Leben. Wie reagieren wir? Stöhnen und gewöhnen. Die Daten halten uns unter Kontrolle und hetzen uns zur Arbeit. Ich habe darüber schon einmal eine Kolumne geschrieben, über das Panopticon, in dem unter Dauerbeobachtung stehende Menschen ihr Verhalten den Wünschen des nicht einmal notwendig realen Allsehenden anpassen.

Ziemlich schlimm wird es aber, wenn ein Mitarbeiter schuldig gesprochen wurde oder weggeekelt werden soll. Dann gehen die Datenbesitzer dazu über, wirklich alle Daten zu filzen. Hat er die Kilometer bei den Reisekosten korrekt angegeben? Google Maps prüft das genau. Hat er viel Büromaterial entnommen? Meilen gesammelt und privat abgeflogen? Essen auf Konferenzen bekommen und doch einen Verpflegungszuschuss beantragt? Hat er oft zu Hause auf Dienstkosten angerufen? Oder die Bank, an die das Gehalt geht? Im Internet bestellt – während der Dienstzeit? Im Allgemeinen sitzen ALLE im Glashaus, und es hat keinen Sinn, alle Daten zu filzen. Aber wenn nur EINER speziell ausgeguckt wird, dann finden sie irgendetwas – garantiert. Das fürchten wir im Dienst insgeheim alle, aber wir selbst sind doch nicht einzeln dran? Und wenn es doch so käme, was hülfe es, saubere Daten zu haben? Dann finden sie etwas anderes. Wir verdrängen diesen Fall. Wir bekommen keinen Prozess wie bei Kafka, nein. Tüchtigen passiert so etwas nicht.

- Daten bringen Erkenntnisse ans Licht, die Geld bringen oder zu Innovationen führen
- Daten bilden ein Panopticon der Kontrolle und verbreiten allgemeine Furcht
- Daten bringen den Schuldigen gnadenlos zur Strecke

Unser Arbeitsgeber peitscht uns mit erhobenen Leistungsdaten. Das tut Amazon nicht! Google wertet unsere Daten aus und verwöhnt uns mit gut vorbereiteten Vorschlägen. Wenn ich Google Maps aufrufe und einen Ort suche, ahnt oder kennt Google ihn schon, weil ich ja gerade einen Kalendereintrag geöffnet habe, in dem eine Adresse steht. Facebook hat einen guten Überblick über meine Freunde und Freuden („like"). Wir gewöhnen uns langsam daran, dass die großen Internetfirmen alles über uns wissen und uns umwerben, Geld auszugeben.

- Daten verführen uns und bieten uns Hilfe
- Daten führen uns zu Wissen und zur Bekanntschaft mit der Welt
- Daten bilden die Grundlage für neuartige Kriminalität

Das Internet verlockt zu sehr. Es ist noch Neuland, besonders für Politiker – deshalb herrscht eine gewisse Gesetzlosigkeit im Internet, und so sind wohl zwangsläufig für jeden von uns einige Abenteuer zu bestehen. Die Verbrecher phishen, sie schicken Spams, verführen zu Spieleinsätzen, plündern Taschengeldkonten und erzeugen hohe Handyrechnungen. Das sind sehr reale Gefahren! Ich selbst bekomme wohl jeden Tag eine Mail, die mich um Antwort bittet, ob ich den Kongo retten will, eine Suchmaschinenoptimierung brauche oder eine Rückerstattung von Stornogebühren per Klick bestätigen möchte. Sie lauern überall! Dicht bei mir, jeden Tag! Was sollen wir tun? Stöhnen und gewöhnen.

## Unsere Daten und der Geheimdienst

Und neben den Wissenschaftlern, Innovatoren, den Betrügern, der Werbungsumsäuselung und den Datenpeitschen ist da jetzt noch der amerikanische Geheimdienst, der meine Flugdaten wissen will und demnächst das ganze Internet dazu. Der ist mir nicht so hart auf der Pelle wie die Phisher und die Klicksirenen. Er ist eher weiter weg, obwohl wir uns über die Geheimdienste mehr empören. Die dürfen das, was sie tun, genauso wenig wie Betrüger! So empfinden wir es naiv. Aber es ist eine politische Furcht, keine so reale wie vor den Betrugsmails, die wir täglich erhalten.

Was wollen denn die Amerikaner mit den ganzen Daten? Erkenntnisse sammeln? Welche? Angeblich wurden durch die Geheimdienste der Welt in ca. zehn (!) Jahren etwa vierzig (!) Anschläge vereitelt, was immer das heißt. Könnte man mit dem gleichen Geld nicht ganz Afrika verpflegen? Welche Anschläge wurden denn verhindert? Andersherum gefragt: Wie konnte es zu den Anschlägen kommen, die dann doch ausgeführt wurden? Hatte es nicht genug Informationen vor dem 11. September gegeben? Hatte man nicht alle Warnungen vor dem Boston-Anschlag bekommen? Wussten die Deutschen denn nicht genug über die NSU? Wir erleben ein ums andere Mal haarsträubende Unzulänglichkeiten bei der retrospektiven Untersuchung, wie jedes Mal mit der jeweiligen Zukunft umgegangen wurde. Wer alles weiß, bekommt so sehr viele Hinweise auf kommende Übel, dass er den Aufwand, allem nachzugehen, nicht stemmen kann. Vor lauter Einzelheiten wird das Ganze nie wirklich gesehen. Es scheint mit den Geheimdiensten wie mit den großen strategischen Unternehmens-Data-Warehouses: Die Zukunft ändert sich so schnell, dass sie kaum zu antizipieren ist. Was nützt zum Beispiel heute das Wissen um alles Geheime in Ägypten, wenn alles umstürzt, jeden Tag wieder?

Oder ist daran gedacht, mit den Daten der Geheimdienste ein riesiges Panopticon zu erbauen, das uns zur weitgehenden Willfährigkeit verkrümmt? Wird es so kommen, dass uns wir unter Dauervideoüberwachung ununterbrochen politisch korrekt verhalten? Dass wir das auch nur schwach Inkorrekte zu Hause einkapseln oder sorgsam hinter Fassaden verbergen, sodass die Welt offiziell gesehen befriedet ist, weil wir uns insgesamt „gut" benehmen, indem wir selbst die fällige Grenzkontrolle immerwährend im eigenen Kopf durchführen?

Bei allen Unzulänglichkeiten – wenn die Geheimdienste aber einmal EINEN ausgucken, dann ist dieser Einzelne böse dran. Heute kann fast niemand mehr ohne digitale Spuren im Netz leben. Wenn man genau weiß, wen man jagt, dann sucht man ihn und findet ihn in Mails und nach dem tagelangen Anschauen von Beobachtungskameravideos. Bis zum Anschlag auf den Marathon in Boston hatte man „keinen Plan", aber danach ging es unglaublich schnell. Die Täter wurden sofort gefunden. Es ist wie in den Unternehmen! Auf das Ganze gesehen hat man eigentlich zu viele Daten, aber im Einzelnen findet man das Übel sofort – WENN man weiß, was man sucht.

Wird ein Geheimdienst aber sogar kriminelle Handlungen begehen, um dem Land oder dem angestrebten Zustand der Weltdemokratie zu nützen? Ja, das wissen wir aus aller Historie. Welche sind das? Aus den dunklen Agentenfilmen wissen wir, wie früher gemordet und erpresst wurde, wie Formeln gestohlen und Mächtige gestürzt wurden. Was aber kann ein Geheimdienst mit der Daten-Internetwaffe verrichten? Uns muss schwindlig werden. Warum nur wird alles im Prinzip Segensreiche wieder einmal auch als Waffe genutzt?

## Amerika gegen Europa, so herum

Leiden die Amerikaner unter Verfolgungswahn? Ein bisschen müssen wir sie schon verstehen, finde ich, denn der große Terroranschlag vom 11. September war unvorstellbar hart. Stellen Sie sich vor, Terroristen würden den Kölner Dom während einer großen feierlichen Messe vollkommen dem Erdboden gleich machen...

Trotzdem: Warum sind die Geheimdienste der USA so umtriebig? Warum müssen dort alle Menschen Waffen besitzen? Immer wieder erklären Verteidiger dieser Zustände, dass die Demokratie in Amerika geschützt werden müsste. „Und dazu braucht es ein starkes und unabhängiges Amerika, das sich von außen nichts sagen lassen muss."

Normale Logik aus Europa (!) sagt: Wenn ein Land mit demokratischer Verfassung zusammensteht und in ihm eine wundervolle Volksgemeinschaft eine starke Kultur vorlebt, dann weiß sich das Ganze auch gegen Gefahren von außen zu behaupten.

Das scheint in den USA andersherum gesehen zu werden: Ohne ein starkes Amerika ist sofort die Demokratie gefährdet. Die Stärke des Landes wird als unabdingbare Voraussetzung für die Intaktheit der Demokratie gesehen. Also müssen die USA zuerst Stärke zeigen – in jeder Lage und unter allen Bedingungen! Dafür muss manchmal auch die Ethik der Verfassung hinter der Stärke zurückstehen. Die Stärke hat Vorrang vor den Menschenrechten. Kein „pursuit of happiness" in Guantanamo.

Ist das in Ordnung? Darf man punktuell die Menschenrechte missachten, um genau sie dadurch besser schützen zu können? Darf man Gewalt anwenden, um Gewalt zu unterbinden? Gelingt das denn wirksam – überhaupt?

Europäer deeskalieren lieber und streben Frieden an. Jesus hält dem Angreifer die andere Wange hin, um die Gewalt zu beenden. Die Amerikaner beantworten Terroranschläge mit großen jahrelangen Kriegen. Was ist im Prinzip richtig? Was bringt größere Vorteile?

Im Prinzip, philosophisch gesehen, tendieren wir Europäer dazu, uns als kultivierte Gutmenschen zu geben, die Gewaltspiralen vermeiden und zunächst deeskalieren. Wir hier reden und reden. Ist das besser? Erfolgreicher? Was wird passieren, wenn die USA demnächst immer stärker von den Geldern Chinas abhängen und selbst nicht mehr so stark sein werden, wie sie es für unbedingt erforderlich halten? Wie reagieren die USA ohne Möglichkeiten zur Stärke?

Da stehen sich die Primate der Stärke und des unbedingten Respekts der Menschenrechte gegenüber, Eskalationsstrategien gegenüber von Deeskalationen. Es sind zwei verschiedene Kulturen! Und die spannende Frage ist, wie die miteinander klarkommen werden. Schreien die Europäer jetzt auf? Oder halten sie die andere Wange hin? Zeigen sie doch einmal Stärke? Oder kommt es zu unsäglichen „Deals"? So etwa: „Unsere Daten sind unantastbar, dafür essen wir jetzt auch gen-manipulierte Hähnchen."

Wir Europäer fühlen uns ethisch besser als die Amerikaner, die es nach unserer Meinung viel zu weit treiben. Wir sind nämlich lieb! Friedlich! Respektieren den Menschen vor allem anderen! Aber wir wollen nicht unbedingt hart gegen andere Auffassungen kämpfen. Jammern muss reichen.

Also blubbern wir: Ja schon, im Prinzip sollten wir gegen die Amerikaner aufbegehren! Ja schon, die Regierung sollte sich hart zeigen! Aber wir wissen: das tut sie nicht, weil sie so kraftlos ist. Ach schade, es hilft wohl auch nicht, eine andere zu wählen.

Wir handeln ebenso saftlos wie an unserem Arbeitsplatz. Dort hat man uns über zwei Jahrzehnte hinweg überzeugt, dass ZUERST das Unternehmen stark sein muss, bevor wir ein gutes Betriebsklima haben könnten. Am Arbeitsplatz haben wir längst die Logik der Amerikaner akzeptiert und übernommen. Dem Unternehmen muss es gut gehen! Erst dann haben wir Mitarbeiterrechte oder Anspruch auf Mindestlohn. Wir geben sogar unser Vermögen den Pleitebanken und Hasardeuren, damit es ihnen wieder gut geht und uns dann auch. Die Armen bekämpfen ihre Not, indem sie ihr Geld weggeben. Der Respekt vor den Menschen und die betriebliche Ethik können wir uns erst leisten, wenn das Unternehmen floriert. Erst die Stärke des Ganzen, dann die Rechte und das Wohlergehen des Einzelnen.

Wir sind am Arbeitsplatz schon ganz eingeknickt, dort haben wir das Panopticon. Dort ist kein natürlicher Friede mehr, sondern durch Datenauswertungen erschaffene Korrektheit und Arbeitswut eingezogen. Grenzkontrolle im Kopf, immer und überall.

Uns stört nun das Panopticon im Privatleben auch nicht mehr groß. Wir passen uns schon irgendwie an. Wer nichts zu verbergen hat, wird wohl nichts befürchten müssen. „Es gibt so viele, die vor mir dran sein werden."


## Cyber Wars

Etwa um die Zeit meines Abiturs herum marschierten Truppen in Prag ein und stoppten den dortigen „Frühling". Ich erinnere mich an die bedrohlichen Panzer und die wehrlosen Demonstranten. Das kann in Syrien und anderswo noch heute genauso aussehen! Aber wenn hierzulande Panzerkolonnen auf der Straße an uns vorbeifahren, dann sehen sie aus, als stammten sie aus einer vergessenen alten Welt, die irgendwie schon lange dabei ist, zu verrotten. Ein einstiger Stolz des Landes sieht jetzt ganz veraltet, verrostet und nur bedingt wirklichkeitstauglich aus.

Warum geben wir eigentlich jedes Jahr viele Milliarden für solche Inschusshaltung alter Technologien aus? Können wir nicht doch ein paar neumodische Drohnen schicken?

Oder gleich den Krieg ins Internet verlagern? Wir könnten doch Algorithmen entwickeln, die in anderen Ländern die Kraftwerke abstellen oder die bei allen Einwohnern den Google-Calendar löschen, vielleicht auch alle Texte im Internet, die in einer angegriffenen Sprache geschrieben sind. Es heißt, Geheimdienste haben in einigem Ausmaß iranische Zentrifugen zur Urananreicherung durch Computerschadprogramme stilllegen können. Könnten wir nicht ganz neue Bedrohungen erschaffen? Ich meine jetzt nicht, den Terror bekämpfen, sondern selbst digital zu terrorisieren?

Beginnen die Geheimdienste mit der Erforschung neuer „Waffen"? Ist es nicht billiger und unblutiger, mit 10.000 Star-Entwicklern zu kämpfen als mit 300.000 old school

Soldaten? Ist Deutschland dabei? Ist das nicht auch ein Big Business? Warum bauen wir noch Gewehre und Spähpanzer?

Und vor allem: Warum stellt niemand diese offensichtlichen Fragen und fordert entsprechende Milliarden-Programme und einen vollkommenen Schwenk in unserer „Sicherheitspolitik"? Wie sehen Angriffsinformatik und Verteidigungsinformatik aus?

Stille.

Hallo?

Stille.

Hallo, Regierung, was weißt Du?

Cum tacent clamant. Das Schweigen schreit. Oder die Welt ist seltsam anders geworden. Wir sollten langsam sehr laut darüber reden, sonst müssen wir bestimmt bald unser ganzes Geld aufwenden, um von irgendwoher Digital Defense Software downzuloaden. Weil wir eher ahnungslose ethische Gutmenschen sind.

Nachtrag, ein impliziter Verbesserungsvorschlag: Ich selbst kann nicht gut Verkaufsverhandlungen führen. Ich bin zu sehr auf fairen Ausgleich bedacht. Ich habe nach vielen Misserfolgen, bei denen man mich über den Tisch gezogen hatte, besorgt ein Buch über die Kunst des Verhandelns gelesen. Darin wurden viele verschiedene Verhandlungsstrategien diskutiert. Ich wurde zu den vollkommen transparent-authentisch-fairen Menschen gezählt, die bei Verhandlungen und bei „Dealmaking" leider vollkommen berechenbar wären und deshalb praktisch gar nicht mehr beim Dealen vorkommen müssten. Es ist ja alles transparent! Dadurch wäre ich keinerlei Machtfaktor mehr. Folglich würde ich nicht wirklich respektiert. Das Buch kondolierte mir zu meiner Persönlichkeit und prognostizierte hundertprozentiges Scheitern, das ich ja schon hinter mir hatte. Es wurde mir geraten, ab und zu vollkommen und ganz emotional auszurasten, alle paar Monate, um etwas Unvorhersagbares in meine Außenerscheinung zu bringen. Dann würde ich an Respekt gewinnen, weil man sich vor mir fürchten würde. Das habe ich ein paar Mal gemacht. Es klappt! Es ist so, als wenn ein Abgeordneter bei einer kritischen Abstimmung einmal cool für die Gegenseite stimmt. Wenn er es überlebt, wird er ab sofort respektiert. In diesem Sinne müssen wir uns wohl einmal aufraffen, ab und zu eine klare Ansage zu machen. Nicht immer nur deeskalieren und jammern. Friede kann man nur mit Respekt der anderen Seite schaffen, nicht durch Nachgeben allein.

# Kapitel 39
# Wahlen und Internet-Neuland

Diese Kolumne erscheint nach der Wahl. Ist auch egal, oder? Wohl auch egal, was bei der Wahl herauskommt? Zurzeit sehen wir dieses ziemlich müde Treiben mürrisch an. Nichts begeistert so recht. Ich twittere frustriert. „Wäre doch die Entscheidung zwischen Merkel und Steinbrück so aufregend wie zwischen dem Samsung S4 und dem iPhone!" Kommt zurück: „Ist wie die Entscheidung zwischen einem Siemens S25 und einem Nokia 3210." Ich twittere frustriert: „Sie wetteifern nicht, die Besten zu sein, sie begründen, warum sie der Beste sind."

## Obama hat mit Internet gewonnen!

Ja und nein. Jeder von uns hatte damals Obama-Gänsehaut bei seinem charismatischen „Yes, we can!" Diese ansteckende Begeisterung hatte so viel Kraft, dass sie sich über Facebook-Fans verbreiten ließ. Selbst Deutsche posteten zu allem und jedem „Yes, we can!" Manager beendeten ihre Appelle an Mitarbeiter, mehr zu leisten, mit „Yes, we can." Das war doch etwas ganz anderes als: „Liebe Mitbürgerinnen und Mitbürger, bitte tragen Sie persönlich dazu bei, bei Ihren Freunden und Bekannten, im Betrieb und auf der Straße einzuwirken, dass der Staat nach der Wahl gut in meinen Händen aufgehoben ist."

Das Internet bietet unendliche technologische Optionen, eine positive Botschaft in die Welt zu bringen, die Welt lässt sich vom Schreibtisch aus elektrisieren, aber – bitte, vergessen wir das nicht – es muss etwas Elektrisierendes sein.

Immer wieder, bis zum Erbrechen, kommt Red Bull in Innovationsworkshops vor. Thema: So einfach ist es, eine Milliarde zu machen. „Auch du kannst es!" Was aber wäre Red Bull ohne Dosensonderform und den Slogan „verleiht Flü-ü-gel"?

Obama hat damals eine gewaltige Maschinerie angeworfen. Seine Auftritte wirkten wie Lauffeuer, auf Twitter hat er (Stand September 2013) 36 Mio. Follower. Alles also, was er sagt, kann in zehn Sekunden einen großen Teil seiner Wähler erreichen – und diese sollten es am besten auch begierig lesen und sich nicht belästigt fühlen. Wir waren von Obama so sehr beeindruckt, dass wir nur kurz schluckten, als er fast allein auf dieses „Yes, we can!" einen Friedensnobelpreis bekam, worüber er jetzt wohl nachgrübelt, wo er derzeit genau am 11. September fast als einziger noch Syrien angreifen will.

Suchen Sie einmal auf der anderen Seite nach Michelle Obama bei Twitter. Sie hat 5 Mio. Follower bei Twitter. Schauen Sie sich einmal an, was sie so twittert: Immer etwas

G. Dueck, *Dueck's Jahrmarkt der Futuristik,*
DOI 10.1007/978-3-642-55371-4_39, © Springer-Verlag Berlin Heidelberg 2014

den Präsidenten Unterstützendes und Herzwarmes, aber Anfang März 2013 hat sie ganz mit dem Twittern aufgehört. Schluss! Ihr Mann kann ja nicht wiedergewählt werden, warum noch zu Syrien twittern? Wird ihre Herzlichkeit noch gebraucht? Nein? Aufhören.

Irgendwie ist auch bei den Obamas viel professionelles Zweckdenken da. Das verüble ich nicht. Ich stelle es nur fest.

Zwischenfazit: Man kann mit dem Internet gewinnen, aber es scheint fast sicher dazu auch eine „geniale Botschaft" und eine „charismatische Persönlichkeit" nötig zu sein. Die Botschaft sollte begeistern und nicht zu starke Parteifarben aufweisen, sodass man sie ohne Bedenken weitergeben und damit verstärken kann. Ich erinnere mich an die schwarzen IBM-T-Shirts, die uns damals aus den Händen gerissen wurden. IBM spricht man „Eye-Bee-M", also „Auge-Biene-M", das war auf den T-Shirts drauf und eben nicht etwa der Firmenname. In dieser Form ist das T-Shirt für alle tragbar, DAS ist der Clou.

Bei unseren Politikern ist allenfalls haften geblieben, dass Obama „mit dem Internet gewonnen hat" – dass aber Persönlichkeit, Botschaft und ein großer Technologieaufwand mit gigantischen Datenbasen Pate standen, wird vergessen. Der heutige Politiker eröffnet gerade einmal einen Facebook-Account, sodass surfende Reporter sehen, dass er schon in der neuen Zeit lebt und damit okay ist. Das zählt dann für die Statistik, dass bei seiner Partei XY-Prozent „schon im Internet sind".

## Das Internet ist stets gefährlich

Im Krimi-Polizeiverör sagen sie immer: „Alles, was Sie ab jetzt sagen, wird zu Protokoll genommen. Nehmen Sie sich einen Anwalt."

Im Internet wird alles zu Protokoll genommen. Und die NSA sammelt alles! Das beunruhigt uns weniger, wir sorgen uns mehr um das, was über uns leicht ergoogelt werden kann und was im Netz öffentlich an uns kritisiert wird. Es dauert lange, bis man unbeschwert mit dem eigenen öffentlichen Teil im Netz leben kann. Ich selbst bin öfter angegriffen worden, habe es schwer genommen, habe mich verteidigt… Mein Sohn Johannes hat mich öfter in den Arm genommen und beruhigt, dass es eben im Netz immer so sei. „Johannes, die schreiben, ich habe eine nerdige Stimme! Darf man das?" – „Papa, es stimmt doch irgendwo." – „Johannes, man ist doch bitte höflich und schweigt darüber!" – „Papa, das Internet ist so, wie es ist."

Das Internet gibt uns die Möglichkeit, durch energische „Yes, we can!"-Kampagnen bis zum Präsidenten aufzusteigen. Auf der anderen Seite müssen wir befürchten, dass alles über uns „herauskommt", „bekannt wird" und uns im schlimmsten Fall das Schicksal ereilt, „gemobbt" zu werden oder Opfer eines „Shitstorms" zu werden.

Angela Merkel erlebte vor einigen Tagen so eine Art Shitstorm. Also man von ihr harte Worte zur Abhöraffäre der NSA forderte oder hören wollte, lächelte sie wieder so gewohnt vage und sagte, dass das Internet noch Neuland für alle sei… Da brach ein gewaltiger höhnischer Gelächtersturm in Deutschland los. Das Wort Neuland bekam einen neuen Sinn und eine andere Heimat in unseren Assoziationswolken. „Neuland" war ein gefundenes Fressen für lechzende Kritiker im Netz. Eine ätzende Neuland-Lawine wurde losgetreten. Ist Frau Merkel so ahnungslos? Wirklich? Ich bin mir nicht so ganz sicher, ob der Shitstorm ein Bauernopfer war. Denn der Druck, etwas Peinliches oder Kompromittierendes zur NSA-Affäre zu sagen, war mit dem Wort „Neuland" raus, man machte sich „nur noch" über die Rückständigkeit der Kanzlerin lustig.

Für den nächsten Sonntag bin ich als Studiogast bei der WDR-Sendung waszurwahl eingeladen. Es wird vier Sonntagssendungen geben, ich soll zur NSA befragt werden. Thema: „Warum empören sich die Deutschen nicht?" Ich trug alles brav nach der WDR-Anfrage in meinen Kalender ein und dachte an nichts Schlimmes. Da kam bei Twitter die WDR-Ankündigung, dass nun vier Wochen die Studiogäste W, X, Y, Z je für eine Sendung eingeladen wären, alles bekannte Internet-„Blogger". Minuten später ein Kurz-Tweet an „WDR, wilddueck, X, Y, Z": „Penisparade". Ich antwortete, dass ich nur für eine einzige Sendung angefragt worden wäre – „ich habe nichts damit zu tun, wer in den anderen Sendungen Gast ist, männlich oder weiblich". „Doch, jetzt weißt du es, mach was!" Ich: „Feministinnen bemühen sich doch immer um eine kongruente Wortwahl in der Kommunikation, warum jetzt nicht Sie?" – „Bin Krawallfeministin." Etc.

In dieser Weise sitzen wir im Panopticon des Internets. Wir werden beobachtet, geliket, gelobt, mit Hohn überschüttet oder angegriffen. Alles ist für viele oder alle zu sehen! Wir müssen damit umgehen lernen. Wir können in unserem Leben einfach den Sonnenschein genießen und ab und zu bei einem Schauer nass werden. Was zählt das schon? Wir können aber auch furchtsam werden und stets einen Regenschirm herumschleppen, ihn öfter vergessen und immer neu kaufen. So reagieren Menschen im Panopticon. Einige werden ein bisschen achtsamer und bleiben sonst sie selbst, aber die meisten fürchten sich, schon deshalb, weil das Internet für sie oft wirklich Neuland ist. „Wer ein neues Land nicht kennt und das erste Mal dort ist, sollte sich Kleidung für alle Fälle mitnehmen, am besten ganz im Hotel bleiben."

Im Panopticon, dort, wo alle ständig unter Beobachtung stehen oder es wenigstens so glauben, verkrümmen sich die Ängstlichen. Im Internet surfen sie und wittern Gefahren wie Rehe. Sie beziehen vieles auf sich, was nichts mit ihnen zu tun hat. Dieses Verhalten nennt man, wenn es sich etwas mehr ausprägt, Paranoia. Viele werden dadurch braver als sie es sein müssten. Das ist nun im Internet bei allem Offiziellen zu registrieren. Parteien und Unternehmen sind penibel darauf bedacht, nur politisch korrekte Hochglanzstatements abzugeben. Es darf keinerlei Ecke am Kommunizierten geben, die einen Shitstorm produzieren könnte. Des Lebens grüner Baum wird lieber in Einheitsgraugold dargestellt. Bloß nicht anecken, bloß keine negative Aufmerksamkeit, bloß kein Beginn unkontrollierbarer Dispute, die zu Imageschäden führen könnten. Wie sagte meine Mutter? „Denk nach, bevor du etwas sagst." – Und der Pastor: „Gott sieht alles." Dank Internet gilt das nun auch in Bierzelten oder an Stammtischen. Alles wird zu Protokoll genommen.

Im Panopticon verkrümmen sich die Ängstlichen. Das müssen sie nicht. Wer im Netz authentisch bleibt, hat eigentlich nichts zu befürchten. Warum befürchten so viele etwas? Sie sind nicht authentisch.

## Duelle vor der Wahl

Die Ängstlichen verkrümmen sich überall, nicht nur im Internet. Wer im Fernsehen auftritt oder in der Zeitung vorkommt, kann ja ebenfalls sein Fett im Netz abbekommen. TV-Sendungen haben Twitter-Hashtags, Zeitungsartikel sind oft im Netz zu lesen und können dort kommentiert werden. Sehr interessant, was dieser Tage kommentiert wird! Da ist vielleicht noch die meiste Leidenschaft zu verspüren, dort liest man Volkes Handschrift.

Die Bundeskanzlerin und der Herausforderer trafen sich zum TV-„Duell". Gesagt wurde wenig, Leidenschaft kam nicht auf, zu Brisantem wurde abgewiegelt.

Die Meinungsforschungsinstitute geben dem Herausforderer nur sehr theoretische Chancen. Im Fußball würde man sagen: Der Herausforderer muss mit zwei Toren Unterschied gewinnen, der Kanzlerin reicht ein Unentschieden oder eine knappe Niederlage. Die eine kann mauern, der andere muss viel wagen. Sie mauert also souverän, er wagt nicht wirklich. Die Zuschauer wohnen einem unsäglich langweiligen Null zu Null bei. Es ist schrecklich, unter den Kontrahenten ist ja der zukünftige Kanzler, den man lieber strahlend sähe. „Yes, he can!" – „Yes, she can!"

Sie spielen ein grässliches Null zu Null, und die Kommentatoren finden dieses Unentschieden je nach Couleur für die eine Seite oder die andere schmeichelhaft. Auf jeden Fall bricht ein Zahlengewitter im Netz los. Überall Zahlen! So viele Tweets! So viele Likes, + 1's und Mentions! Das Internet spuckt Zahlenergebnisse aus – wie ein Goldesel.

Was bedeuten sie? Sind denn nicht die wenigsten im Internet? Ist eine Twitterstatistik nicht eine die der Twitterer, die eine Minderheit darstellen? Was sagt das Internet überhaupt über den Wahlausgang aus, weil es doch (noch) nicht repräsentativ ist?

*Könnte es sein, dass das Panopticon nicht nur alles beobachtet, sondern auch sehr oft falsch beurteilt?*

Im Netz kann man fabelhaft gut diskutieren, das weiß ich dank meiner Tausenden von Followern selbst sehr gut, aber ich kann nur dankbar sein für die Fülle des Feedbacks und der verschiedenen Argumente. Ich kann nicht folgern, dass es „da draußen in der realen Welt so ist wie hier". Die Firmen und Politiker beginnen aber, das fälschlicherweise anzunehmen. Sie verkrümmen sich auch im realen Leben unter der Furcht eines nicht repräsentativen Shitstorms.


## Du siehst die Wirklichkeit vor lauter Zahlen nicht

„Du siehst den Wald vor lauter Bäumen nicht!", sagten meine Eltern früher zu Menschen, die zu sehr am Einzelnen und in ihrer kleinen Zelle im Panopticon klebten.

Unternehmen und Politik messen im Internet, protokollieren, reden Vorwürfe herunter, putzen sorgsam ihr Image und bleiben hochglänzend vage. Sie kaufen sich Likes, Fans, Followers und betreiben SEO mit großen Hoffnungen.

Gleichzeitig aber verehren sie Obamas Wahlkampf und die fast realitätsverzerrenden legendären Auftritte von Steve Jobs. Im Grunde aller Herzen ist klar, dass es klare Inhalte, Symbole, Hoffnungen, anstachelnde Memes, Ausstrahlungen und Persönlichkeiten sind, die die Welt prägen – mehr noch in der Welt des Netzes, wo sich alles schneller als Licht verbreitet.

Sie wissen, was gewinnt. Aber sie verkrümmen sich im Panopticon.

Sie proklamieren: „Wir haben die besten Produkte für die besten Kunden, sind die attraktivste Firma für Mitarbeiter, wir lieben Kunden, wir lieben die Umwelt und menschliche Diversität – es besteht kein Zweifel, dass wir vom Kern her schon die Nr. 1 sind, die wir noch nicht sind, aber in Kürze sein werden." – „Unsere Partei ist sozial, familienfreundlich, arbeiterfreundlich und unternehmerzugewandt. Wir lehnen Schuldenmacherei ab, senken die Steuern und werden viel mehr Geld für Bildung und Soziales ausgeben. Wir werden nie mehr Krieg machen, nur Drohnen kaufen…"

Das stand früher nur auf teuren Plakaten und in sündhaften teuren Print-Werbeanzeigen – von Zeit zu Zeit, wenn gewählt werden sollte oder ein neues Produkt erschien. Jetzt steht das unauthentische Banale immer und überall. Wir werden damit zugespamt. Da ist das Neuland Internet entstanden und sie zersiedeln es schon mit Müll und verwahrlosten Schuppen. Vor lauter Posts weiß man nicht mehr, was virtuell real ist oder nur virtuell virtuell.


## Politik machen im Netz

Es geht nicht darum, bei Duellen oder Diskussionen besser dazustehen. Das Netz könnte helfen, wirklich Neuland zu gewinnen und zu erschließen.

Wie vereint man Menschen in Crowds, zusammen Neues zu schaffen? Wie erzeugen wir neues Wissen, lehren neu, organisieren und kreieren neu? Wie besiedeln wir den virtuellen Kontinent? Wie eint uns die Politik auf neue Ziele hin und steuert die Energie in die richtige Richtung? Wie schaffen wir es, das Internet als riesigen Chat-Room zu betrachten und wirkliche neue feste Fundamente für eine zukünftige Gesellschaft zu erbauen?

Was ist das Zählen von Klicks und Likes gegen eine Wikipedia? Gegen eine Khan Academy? „Yes, we Khan!"

Wir können neue Universitäten, Bibliotheken anlegen, etwas für die armen Länder tun, Bildungssysteme schaffen, die jedem Einzelnen gerecht werden (den Schwächeren und den Stärkeren), wir können Innovationen erblühen lassen (nicht herbeireden oder aus Geld züchten), wir brauchen eine wirklich entschlossene Industriepolitik, mit so einer, mit der uns Japan einst das Fürchten lehrte.

Ach, es ist so schwer. Für das eine schauen wir nach Finnland und Schweden, für anderes nach Singapur und nach China, dessen Hochkonjunkturen alles retten sollen. Für den Rest aber schielen wir alle auf Zahlen, Shitstorms und Statistiken, auf Wahlen und Stimmzahlen besonders, auf Zufallsäußerungen interviewter Menschen auf der Straße. Wir verkrümmen uns im Panopticon der neuen Medienwelt, wo wir doch das Internet als real zu gewinnendes Neuland erschließen sollten, so wie es sich Faust damals für ein Wattenmeer vorgestellt hat und glücklich unter dieser Vision erlöst ward.

„Yes, we can." Faust drauf.

# Kapitel 40
# Gegen Mesakommunikation und Ethnozentrismus

Ich habe ja schon oft – auch aus eigener Betroffenheit – über den tiefen Graben zwischen „Techies" und „BWLern" geschrieben. Diese beiden Spezies denken einfach mit jeweils anderen Gehirnwindungen! Und die damals von Ihnen von mir erbetenen Ergebniszahlen aus dem AQ-Test („autism quotient") zeigten ja auch extrem unterschiedliche Ergebnisse in den beiden Menschenarten. Es gibt aber noch viel mehr Fronten, an denen sich Menschen nicht verstehen!

## Ethnozentrismus

Die Fans von Dortmund und Schalke verstehen sich nicht, Männer und Frauen angeblich auch nicht – nein, tatsächlich nicht: derzeit soll ja die Frauenquote (von normaler Gerechtigkeit abgesehen) auch die Politik und die Wirtschaft aus dem Tief holen – was die Männer so extrem nicht wollen. „Jungen werden in der Schule wie defekte Mädchen behandelt!", so stöhnte neulich jemand im Internet auf. Noch größere Baustellen stellen wohl die Beziehungen zwischen Vorgesetzen und Mitarbeitern dar. Die Mitarbeiter fühlen sich oft nicht gewürdigt oder respektiert, weil der Chef offenkundig nicht zufrieden ist und dabei eigentlich überhaupt keine Ahnung hat, was sie an täglicher Arbeit wirklich leisten. Der Chef wiederum erklärt ihnen auf ihre Klagen hin sehr ausführlich die Strategie des Unternehmensbereiches, die Notwendigkeiten und die Bedrohungen durch den Wettbewerb. Da hören die Mitarbeiter gar nicht hin. Sie wollen gewürdigt werden und keinen Quark von denen da oben erzählt bekommen. Da merkt der Chef, dass die Mitarbeiter sich absolut nicht für das wirklich Wichtige in der Firma interessieren und nur an ihre befindlichen Egos und ihre konkrete Arbeit denken. Sie wollen auch offensichtlich nicht bei der neuen Strategie mitziehen. Der Chef ist unmutig mit den Mitarbeitern. Die aber nehmen ihm die strategischen Litaneien übel und sind ebenfalls unmutig. Zwischen ihnen entwickelt langsam sich ein tiefer Graben, weil beide das Gefühl haben, dass sich die „Gegen"-Seite nicht richtig für sie interessiert. Beide Seiten erwarten zuerst Interesse des anderen, dann erst sind sie *eventuell* gewillt, selbst Interesse zu zeigen. In Stephen Coveys Millionenbestseller *The Seven Halbit Of Effective People* fordert Habit 5: „First seek to understand, then to be understood". Das tun die meisten Menschen nicht – die meisten sind ja auch nicht schwer erfolgreich. Sie verstehen nicht einmal, wenn sie zuhören. Sie bereiten beim Zuhören nur eine Antwort vor. Während der andere spricht, beurteilen sie

G. Dueck, *Dueck's Jahrmarkt der Futuristik,*
DOI 10.1007/978-3-642-55371-4_40, © Springer-Verlag Berlin Heidelberg 2014

das Gehörte aus ihrer Warte aus. Sie stören sich an Widersprüchen im Gehörten gegen ihren eigenen Standpunkt, sie bereiten eine Antwort vor, den eigenen Standpunkt klarzumachen – sie glauben, damit „einen Rat zu geben".

Für diese Verhaltensweise habe ich ein Fremdwort gefunden: Ethnozentrismus. Ich zitiere die Definition aus der Wikipedia:

*Der Begriff wird auf den US-Soziologen William Graham Sumner zurückgeführt, der in seinem Buch Folkways (1906) „Ethnozentrismus" so definierte: „Ethnozentrismus ist der Fachausdruck für jene Sicht der Dinge, in welcher die eigene Gruppe der Mittelpunkt von Allem ist und alle anderen mit Bezug darauf bemessen und bewertet werden." Sumner hat „Ethnozentrismus" nicht auf „Volk" reduziert, sondern den Begriff sehr umfassend auf die Gruppe bezogen, der ein Mensch sich selbst zuordnet: „Jede Gruppe denkt, ihre Lebensweisen [folkways] seien die richtigen."*

Dieser Begriff ist eigentlich für Gruppen von Menschen mit einer gemeinsamen Weltsicht geprägt worden. Er lässt sich aber ganz gut auf Einzelpersonen anwenden. Jeder von uns gehört ja verschiedenen Gruppen an und sieht die Welt in der jeweiligen Situation mit derjenigen Brille, die er gerade aufhat. Insbesondere hört er den jeweils anderen eher nicht zu, sondern er bereitet eine Winner-Replik vor.

Es gibt so viele verschiedene Fronten, an denen wir gegeneinander kommunizieren können! Ich zähle einmal etliche auf, damit Sie einen Eindruck von der Vielfalt der Problematik bekommen:

- Techie und BWLer
- Natur- und Geisteswissenschaftler
- „Primat des Egoismus" versus „Primat der Kooperation/Gemeinschaft"
- Smith versus Keynes
- Problemlösung: Denke ich nach? Frage ich jemanden? Oder setze ich ein Meeting an?
- Sicht des Lehrlings und des Meisters
- Sicht aus der Machtposition oder aus der dienenden Perspektive
- Weltsichten unter verschiedenen physiologischen Körperzuständen: Depression, Begeisterung, Eustress, Distress, Ärger, Langeweile, Null-Bock
- Politische Parteien
- Essgewohnheitsmilitanzen
- Kultur- und Religionsunterschiede
- Ordnung versus Spontaneität
- Gefühl versus Ratio
- Introversion versus Extraversion
- Zorn der beiden, die die Scheidung einreichten
- Charakterdifferenzen
- Menschen müssen Druck zum Arbeiten haben! Nein, intrinsisch motiviert sein!
- Chemie/Medizin versus Homöopathie
- Werden Menschen als Tier geboren oder mit einem Tabula-Rasa-Gehirn, das nun durch Erziehung gefüllt wird?
- War früher alles besser – und zerstört nicht die Jugend alles Bewährte?

Überall wird zum Teil erbittert um die Deutungshoheit gerungen. Jede Seite stellt fest, dass die andere „nicht so tickt wie wir".

Unternehmen haben ihre verschiedenen Kulturen. In einem Unternehmen haben die Juristen, Controller, Finanzer, Projektleiter, Einkäufer, Verkäufer und Manager so sehr verschiedene Ziele bei ihrer Arbeit, dass sie sich quasi wie Subkulturen in einer größeren Gemeinschaft herausbilden. Sie arbeiten nach Regeln, die außerhalb ihres Bereiches nicht bekannt sind und unvernünftig wirken. Kritik wird als Uneinsichtigkeit abgewiesen. Feindschaften bilden sich heraus. Worauf kommt es am meisten an? Was ist das Wichtigste? Darum geht es.

## Mesakommunikation

Damit sich die Menschen besser verstehen, hat man die Sitte eingeführt, sich in einem Meeting zu treffen und miteinander zu reden. Bei diesem Anlass könnte man zum Beispiel die jeweils anderen auffordern, hinreichend lange und detailliert zu erklären, wie sie ticken. Dann wäre es gut, die verschiedenen Sichten unter einen Hut zu bringen, und zu überlegen, ob es Kompromisse gibt oder mindestens eine friedliche Koexistenz.

Dieses Sich-Aussprechen auf höherer Ebene, das Kommunizieren über die gegenseitige Kommunikation oder Beziehung, wird gemeinhin Metakommunikation genannt. Die findet aber nicht statt! Man zankt sich, wer Recht hat – ohne jeden Fortschritt. „Wie oft soll ich dir noch sagen, dass man die Zahnpastatube nicht in der Mitte quetscht?" Die meisten Menschen verharren in ihrem Meinungsgefängnis und gehen bestimmt nicht hinaus, um einmal den anderen Standpunkt zu sehen und zu verstehen. Jedes Mal bricht ein neuer Krieg aus, wenn jemand an die eigenen Empfindlichkeiten stößt.

Ich habe gegoogelt, ob es ein Fachwort für das Gegenteil von Metakommunikation gibt, also die Verneinung der Möglichkeit einer Metakommunikation. Meta ist griechisch und bedeutet „über" oder „darüber hinaus". Ich gab bei Google ein: „Was ist das Antonym für meta?" Das fragen sich offenbar etliche Menschen, und ich fand den richtig wertvollen Artikel *What is the opposite of meta?* von Joe Cheal (downloaden Sie ihn unter http://www.gwiztraining.com/Whats the opposite of meta.pdf), in dem der Autor das griechische Wort mesa wie deutsch „drinnen" vorschlägt. Der Autor zeigt sich genauso erfreut-erleichtert wie ich, dass „mesa" sprachlautlich so gut zu „meta" passt.

Ja, wir betreiben meist eine Kommunikation von innen heraus – beide Seiten von innen heraus. Dieses Kommunizieren aus dem eigenen inneren Standpunkt heraus möchte ich Mesakommunikation nennen. Diese Art von Kommunikation führt zum so oft empfundenen Scheitern von Meetings oder sie verhindert fruchtbare Teamarbeit. Wir fühlen, dass keiner wirklich vom Anderen lernen will, wir alle haben unseren Job, der Andere ja auch, aber der Andere soll uns bei unserem Job nicht stören. „Ja, Sie sind hier der Jurist, aber Sie sollen nur die Verträge aufsetzen – nicht aber am Inhalt der Vereinbarungen rummäkeln. Sie sind hier nicht als Business-Verhinderer eingestellt worden." Alle sagen so oft: „Das geht nicht." Es ist immer ein anderes „geht nicht". „Geht nicht!", sagt der Jurist (juristisch). „Geht nicht!", findet der Techie (technisch). „Geht nicht!", wehren Finanzer, Controller, Manager oder Einkäufer ab. „Ich will es aber verkaufen!", schreit der Kollege vom Vertrieb, der um seinen Bonus zittert, und schimpft: „Das Verkaufen ist gar nicht so schwer – IHR seid das Problem!"

## Proaktives Zuhören

Früher, als manches wirklich noch besser war, wurden neue Mitarbeiter viele Monate lang ausgebildet. Sie wurden für je ein paar Wochen in verschiedenen Sektionen eines Unternehmens beschäftigt, damit sie das ganze Firmenuniversum vor aller eigener Mitarbeit einmal gesehen und empfunden haben. Sie sollten sich erst „meta" umschauen, bevor sie später „mesa" arbeiten würden (in einer Spezialabteilung).

Heute wird nicht mehr mit so viel Liebe und Nachhaltigkeit ausgebildet, nicht mehr mit der Vorstellung, einen jungen Menschen mit dem Rüstzeug für die nächsten 35 bis 45 Jahre zu versehen, und schon gar nicht „meta". Neu Eingestellte arbeiten gleich gegen Geld, zwar mit Rabatt als „Junior", aber sofort „produktiv", wie gesagt wird. Neue Mitarbeiter arbeiten unsicher los, sie haben den Tunnelblick auf die Bewährung der ersten Tage gerichtet. Sie sehen nur ihr erstes Projekt und dann später die Fachrichtung, in der ihre Abteilung normalerweise Projekte ableistet. Im ersten Projekt haben sie etwas gelernt, das bauen sie in einem zweiten und dritten aus – und ehe sie sichs versehen, sind sie Spezialexperte in einem klitzekleinen Teil der Welt. Dort sind sie nun – drinnen: „mesa".

Bald streiten sie sich! Mit „den anderen Fraktionen", mit anderen Interessen, die ihnen von innen heraus dubios erscheinen. Sie treffen die anderen in Meetings und betreiben Mesakommunikation.

Ist das allen so bewusst? Sehen wir, dass eine zu enge Ausbildung das ideale Seichtgebiet für unergiebige Meetings bildet? Dass zu oft „was bedeutet das für mich" gefragt wird? Dass es kaum zu profunden Diskussionen kommen kann, weil niemand vom anderen viel versteht oder gesehen hat?

Ich könnte jetzt wettern, dass die Ausbildung so schlecht geworden ist. Ich könnte schimpfen, dass Informatiker auf die Menschheit losgelassen werden, die an der Uni nie etwas über juristische, kaufmännische oder finanzielle Probleme und Risiken von z. B. Softwareprojekten gehört haben. Ich frage jetzt einfach: Was tun in der Not?

Zuerst muss diese Not einmal überhaupt erkannt werden. Der Tunnelblick beim „training on the job" oder beim „learning by doing" erkennt da nichts. Und wenn sie erkannt worden ist – dann kann ich nur zum Lernen, Lernen und nochmals Lernen aufrufen.

Es geht mir NICHT um das Lernen im eigenen Fach („mesa"), das findet ja statt! Es geht um das Erlernen dessen, was die anderen tun, mit denen man zusammenarbeitet. Wenn Sie als Informatiker nach China geschickt werden, stoßen Sie doch offensichtlich auf die Anforderung, sich mit der chinesischen Sprache und der fremden Arbeitskultur vertraut zu machen. Aber – so sage ich noch einmal – auch das Juristische, Kaufmännische und Finanzielle ist für Informatiker „chinesisch"!

Was können Sie wirklich tun? Eine Anekdote: Mein Sohn Johannes wollte ein Praktikum bei einer 50-Personen-Firma mitten im Studium absolvieren. Wir sprachen darüber, was er wohl arbeiten würde. Ich hatte viele Praktikanten erlebt, die eigentlich mangels Betreuung oder Planung mehr oder weniger herumstehen, denen nicht viel zugetraut wird und die dann doch nur kopieren, Kaffee kochen, Folien mit Graphiken zu verschönern versuchen oder etwas hin und her tragen. Ich bat Johannes, sich so zu verhalten: „Gehe eine Woche von Schreibtisch zu Schreibtisch – ALLE durch – und sage etwas in dieser Art: „Ich bin Johannes, neu hier, habe noch keine echte Aufgabe. Ich habe Zeit. Viel Zeit. Bitte erklären Sie mir jetzt auf einen Kaffee, was Sie hier in der Firma tun, und ich überlege mir, wie ich Ihnen helfen kann. Sie können Johannes zu mir sagen." Das hat er wirklich gemacht, ich war schwer begeistert. Er verstand auf diese Weise in wenigen Tagen das ganze Unternehmen, er sah sofort Problemzonen und begann, Vorschläge zu machen und anzupacken…

Das würde ich *jedem* raten. Gehen Sie in jedes Büro, in dem jemand mit Ihnen zu tun hat, und sehen Sie eine Zeit lang bei der Arbeit zu. Fragen Sie proaktiv und hören Sie zu. Lernen Sie alles. Alles. Lernen Sie, wie alles tickt. Helfen Sie jedem und schauen Sie, ob die Hilfe ankam und Gutes bewirkte. Beim Helfen lernt man ungemein, es ist ja teilweise wie Zuhören.

Es ist unvorstellbar, wie viel Zeit man sparen kann, weil man raus aus dem „mesa" kommt, weil sich der Horizont auftut, der Tellerrand sichtbar wird und „meta" möglich wird.

Die neue Bundesregierung könnte ein halbes Jahr lang jeden Tag irgendwo jemandem bei der Arbeit zuschauen und sich erklären lassen, wie alles tickt. Dann erst könnten sie mit dem Regieren beginnen und sie wären im Nu fertig, weil sie dann viel mehr Metaoptionen im Umgang miteinander hätten. Auch mit uns, die wir oft nicht wissen, was sie tun. Wir sehen nur, dass die Politiker Lagerkämpfe aufführen. Das ist „mesa" und macht uns verdrießlich. Unsere Chefs sind „mesa", die anderen Abteilungen auch…

Es gibt viele Lehrgänge in „aktivem Zuhören", aber das meine ich nicht! Aktives Zuhören zielt nicht auf ein Lernen ab, sondern es bemüht sich, einem anderen empathisch bei seinen Problemschilderungen zuzuhören, um ihm vielleicht anschließend helfen zu können. Es ist ein Verhalten in einer akuten Problemlage des Anderen: Nicht werten, nicht kommentieren, keinen vorschnellen Rat geben! Aktives Zuhören soll eben auch nicht „mesa" sein. Ich meine jetzt wirklich „proaktives Zuhören". Es geht dabei nicht so sehr um Empathie mit dem anderen, nicht um ein akutes Problem, sondern um das allgemein neugierige und offene Lernen, wie alles tickt, um eine langfristige Dauerinitiative, die Prioritäten, Denkweisen, Egoismen, Prozesse, Gewohnheiten und ungeschriebenen Regeln kennen zu lernen, und immer zu aktualisieren.

Dann hat man zuerst einmal das Rüstzeug, „meta" zu wirken – natürlich nur das Rüstzeug. Sie können ja die breitesten Grundlagen für Metakommunikation in sich tragen und alles darüber wissen – meinetwegen – aber das heißt ja noch nicht unbedingt, dass Sie damit gleich schon kommunizieren können. Aber die eigene Enge ist schon einmal weg, so wie jemand mit vielen neuen Augen von einer Rucksackweltreise zurückkehrt.

Wer viele Augen hat, kann irgendwie nicht so wirklich „mesa" sein, denke ich. Er wird nicht so ethnozentrisch sein. Er sollte doch in allen Kanälen verstehen und senden können, wäre auf allen Frequenzen dabei und würde es leicht haben, mit vielen Menschen auf einer Wellenlänge zu sein.

Es gibt diesmal wieder ein Buch zu dieser Kolumne. Es heißt *Verständigung im Turm zu Babel* und ist als Kurz-eBook erschienen. Als gedrucktes Buch würde es vielleicht 70 Seiten haben. Es ist mein erstes Experiment mit einem reinen eBook. Viele echte Bücher bekommen ja die Kritik „das Ganze hätte der Autor auch auf 20 Seiten statt auf 200 sagen können". Ich versuche es einmal mit 70. Das hat beim Schreiben Freude gemacht – es artete nicht in Plackerei aus. Und Sie müssen nur einen Grundgedanken nach dem anderen lesen, ohne dass Sie unter Redundanz stöhnen. Ja, und es kostet nur so viel wie ein guter Hamburger. Ach ja, aber kein Papier mehr. Was meinen Sie dazu? Wie ist Ihre Resonanz? Stoßen jetzt Schriftsteller wie ich eine neue Sachbuchzeit an? Gefällt Ihnen die?

# Literatur

**G. Dueck,**
Life Alienation
*Informatik Spektrum, Band 30, August, Heft 4, Seite 285–289 (2007).*
**G. Dueck,**
Didaktik für Profs und Mathetik für Studis!
*Informatik Spektrum, Band 30, Oktober, Heft 5, Seite 356–361 (2007).*
**G. Dueck,**
Das Momentum eines Projektes
*Informatik Spektrum, Band 30, Dezember, Heft 6, Seite 452–456 (2007).*
**G. Dueck,**
Geisteswissenschaft und Informatik
*Informatik Spektrum, Band 31, Februar, Heft 1, Seite 84–88 (2008).*
**G. Dueck,**
Der Turing-Mensch und Phasic Instinct
*Informatik Spektrum, Band 31, April, Heft 2, Seite 173–178 (2008).*
**G. Dueck,**
Bluepedia
*Informatik Spektrum, Band 31, Juni, Heft 3, Seite 262–269 (2008).*
**G. Dueck,**
Sport – dank Technologie
*Informatik Spektrum, Band 31, August, Heft 4, Seite 353–357 (2008).*
**G. Dueck,**
Mathegier gepaart mit Tunnelblick
*Informatik Spektrum, Band 31, Oktober, Heft 5, Seite 499–504 (2008).*
**G. Dueck,**
Projekte, Strukturen und Herzblutenergie
*Informatik Spektrum, Band 31, Dezember, Heft 6, Seite 613–618 (2008).*
**G. Dueck,**
Culture Technologies – Dreimal mehr in Herz und Kopf!
*Informatik Spektrum, Band 32, Februar, Heft 1, Seite 65–69 (2009).*
**G. Dueck,**
Dynamische Infrastrukturen
*Informatik Spektrum, Band 32, April, Heft 2, Seite 175–180 (2009).*
**G. Dueck,**
Cloud – Über die Wolke des IT-Himmels
*Informatik Spektrum, Band 32, Juni,, Heft 3, Seite 260–266 (2009).*
**G. Dueck,**
Zukunftsausschau
*Informatik Spektrum, Band 32, August, Heft 4, Seite 344–349 (2009).*
**G. Dueck,**
Blitzkarriere
*Informatik Spektrum, Band 32, Oktober, Heft 5, Seite 404–409 (2009).*

G. Dueck, *Dueck's Jahrmarkt der Futuristik,*
DOI 10.1007/978-3-642-55371-4, © Springer-Verlag Berlin Heidelberg 2014

**G. Dueck,**
Das Erhabene, die Sterne und die Informatik
*Informatik Spektrum, Band 32, Dezember, Heft 6, Seite 534–537 (2009).*
**G. Dueck,**
Das Zahlenwahlspiel, die Finanzkrise und mein Geduldigkeitsproblem
*Informatik Spektrum, Band 33, Februar, Heft 1, Seite 70–76 (2010).*
**G. Dueck,**
Internet – aber viel mehr davon, bitte!
*Informatik Spektrum, Band 33, April, Heft 2, Seite 208–212 (2010).*
**G. Dueck,**
Shift happens oder AUFBRECHEN!
*Informatik Spektrum, Band 33, Juni, Heft 3, Seite 309–314 (2010).*
**G. Dueck,**
Leichenpredigt zu Lebzeiten
*Informatik Spektrum, Band 33, August, Heft 4, Seite 398–403 (2010).*
**G. Dueck,**
Lebensabschnittstheorien
*Informatik Spektrum, Band 33, Oktober, Heft 5, Seite 509–513 (2010).*
**G. Dueck,**
Mein Zwitterleben – real und digirreal
*Informatik Spektrum, Band 33, Dezember, Heft 6, Seite 654–660 (2010).*
**G. Dueck,**
Automotivierte IT
*Informatik Spektrum, Band 34, Januar, Heft 1, Seite 84–89 (2011).*
**G. Dueck,**
Neurotisierende Optimierung
*Informatik Spektrum, Band 34, April, Heft 2, Seite 214–219 (2011).*
**G. Dueck,**
Cloudwirbel
*Informatik Spektrum, Band 34, Juni, Heft 3, Seite 309–313 (2011).*
**G. Dueck,**
Kooperation, Frauen und die F-Quote
*Informatik Spektrum, Band 34, August, Heft 4, Seite 408–412 (2011).*
**G. Dueck,**
Professionelle Intelligenz
*Informatik Spektrum, Band 34, Oktober, Heft 5, Seite 509–513 (2011).*
**G. Dueck,**
OpenEmpowerment
*Informatik Spektrum, Band 34, Dezember, Heft 6, Seite 607–612 (2011).*
**G. Dueck,**
Shuhari und zu viel Shu im Kopf
*Informatik Spektrum, Band 35, Februar, Heft 1, Seite 50–54 (2012).*
**G. Dueck,**
Untrolle in Meetings und im Leben
*Informatik Spektrum, Band 35, April, Heft 2, Seite 136–140 (2012).*
**G. Dueck,**
Genial daneben – die totale Evaluation
*Informatik Spektrum, Band 35, Juni, Heft 3, Seite 209–214 (2012).*
**G. Dueck,**
Über Phatische Kommunikation, das Netzwerken und Wenigkanalmenschen
*Informatik Spektrum, Band 35, August, Heft 4, Seite 306–310 (2012).*
**G. Dueck,**
Auf der Suche nach gesundem Menschenverstand
*Informatik Spektrum, Band 35, Oktober, Heft 5, Seite 360–364 (2012).*

**G. Dueck,**
Warnung vor Lustlosigkeit auf der Identitätssuche
*Informatik Spektrum, Band 35, Dezember, Heft 6, Seite 425–456 (2012).*
**G. Dueck,**
Wildes Wunschkind Innovation
*Informatik Spektrum, Band 36, Januar, Heft 1, Seite 104–110 (2013).*
**G. Dueck,**
Bluepedia und die möglichen Folgen
*Informatik Spektrum, Band 36, März, Heft 2, Seite 191–195 (2013).*
**G. Dueck,**
Vorstellungsbilder rund um die Informatik
*Informatik Spektrum, Band 36, Juni, Heft 3, Seite 324–328 (2013).*
**G. Dueck,**
Kopfwäsche durch Android
*Informatik Spektrum, Band 36, August, Heft 4, Seite 394–397 (2013).*
**G. Dueck,**
Grenzkontrolle im Kopf
*Informatik Spektrum, Band 36, Oktober, Heft 5, Seite 469–473 (2013).*
**G. Dueck,**
Wahlen und Internetneuland
*Informatik Spektrum, Band 36, Dezember, Heft 6, Seite 552–555 (2013).*